微　积　分

刘颖芬　肖运鸿　主　编

科 学 出 版 社

北　京

内 容 简 介

本书是江西省高校精品课程“微积分”的配套教材.本书主要包括了函数、极限与连续,导数与微分,微分中值定理与导数的应用,不定积分,定积分,二元函数微积分,微分方程与差分方程,无穷级数,微积分学中的数学实验,微积分学中的数学模型共10章内容.每章有习题,书末附有考研模拟试题及答案.本书结构清晰,逻辑关系清楚,内容由浅入深,语言表述流畅,过渡自然,例题丰富,可读性强.

本书可作为理工类及经管类专业的教材,也可供相关人员参考使用.

图书在版编目(CIP)数据

微积分/刘颖芬,肖运鸿主编.—北京:科学出版社,2011

ISBN 978-7-03-031593-9

Ⅰ.①微… Ⅱ.①刘…②肖… Ⅲ.①微积分-高等学校-教材 Ⅳ.①O172

中国版本图书馆CIP数据核字(2011)第114398号

责任编辑:胡云志 任俊红 房 阳 / 责任校对:陈玉凤
责任印制:赵 博 / 封面设计:华路天然工作室

科学出版社出版
北京东黄城根北街16号
邮政编码:100717
http://www.sciencep.com
保定市中画美凯印刷有限公司印刷
科学出版社发行 各地新华书店经销
*
2011年6月第 一 版 开本:720×1000 1/16
2025年7月第十九次印刷 印张:23 3/4
字数:470 000

定价:59.00元

(如有印装质量问题,我社负责调换)

本书编委会

主编 刘颖芬 肖运鸿

参编 曹 新 张 艳 马 丽

谢显华 潘 坚

前　言

本书是江西省高校精品课程“微积分”的建设成果之一，其主要特点是将数学实验及数学模型与微积分的相关内容有机结合；设置了部分带※号和★号的内容，以适应理工类及经管类分层教学的需要；配有两类共十套考研数学模拟试题，以满足不同层次的学生进行自测的需要.

本书主要包括一元函数、二元函数微积分，微分方程与差分方程，无穷级数，微积分学中的数学实验，共 10 章内容. 各章配有习题，书末附有考研模拟试题，全部习题和考研模拟试题的答案. 学时数 80～112.

本书结构清晰，逻辑关系清楚，内容由浅入深，行文流畅，过渡自然，例题丰富，便于自学. 可作为理工类及经管类专业的教材或教学参考书.

本书由江西省赣南师范学院数学与计算机科学学院刘颖芬教授、肖运鸿教授主编. 参加本书编写工作的还有赣南师范学院数学与计算机科学学院的曹新、张艳、马丽、潘坚、谢显华等老师.

本书在编写过程中，江西赣南师范学院刘福来教授、黄贤通教授给予了细心指导，科学出版社对本书的出版给予了热情支持和帮助，赣南师范学院教务处、数学与计算机科学学院也给予了大力支持，在此一并致谢！

限于编者水平，加之时间较为仓促，书中不妥之处在所难免，希望专家、同行、读者批评指正，使之在教学实践中不断得以完善.

编　者

2011 年 5 月

目　　录

第 1 章　函数、极限与连续

本章要点　本章以数列极限与函数极限定义为基础，讨论极限的一些重要性质以及运算法则，同时介绍与极限概念密切相关的另一个重要概念——连续，以及连续函数的重要性质.

1.1　函　　数

本节主要回顾函数的概念、性质及基本初等函数.

1.1.1　区间与邻域

本书中常用的集合有：$\mathbf{N}$ 为自然数集，$\mathbf{N}^+$ 为正整数集，$\mathbf{Z}$ 为整数集，$\mathbf{Q}$ 为有理数集，$\mathbf{R}$ 为实数集，$\mathbf{R}^+$ 为正实数集.

区间和一点的邻域是常用的实数集.

设 a,b 为实数，且 $a<b$.

(1) 满足不等式 $a<x<b$ 的所有实数 x 的集合称为以 a,b 为端点的开区间，记作 (a,b)，见图 1.1，即

$$(a,b)=\{x\in\mathbf{R}\mid a<x<b\}.$$

(2) 满足不等式 $a\leqslant x\leqslant b$ 的所有实数 x 的集合称为以 a,b 为端点的闭区间，记作 $[a,b]$，见图 1.2，即

$$[a,b]=\{x\in\mathbf{R}\mid a\leqslant x\leqslant b\}.$$

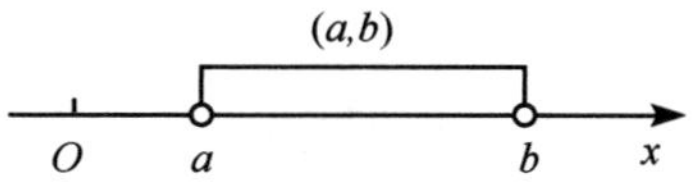

图 1.1

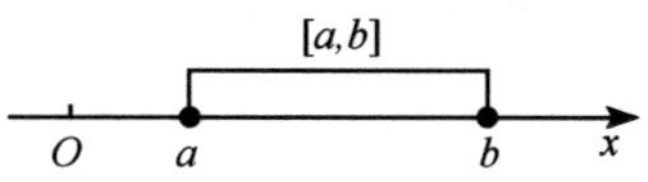

图 1.2

(3) 满足不等式 $a\leqslant x<b$ ($a<x\leqslant b$) 的所有实数 x 的集合称为以 a,b 为端点的半开半闭区间，记作 $[a,b)$（或 $(a,b]$），见图 1.3(a)（或见图 1.3(b)），即

$$[a,b)=\{x\in\mathbf{R}\mid a\leqslant x<b\},\quad (a,b]=\{x\in\mathbf{R}\mid a<x\leqslant b\}).$$

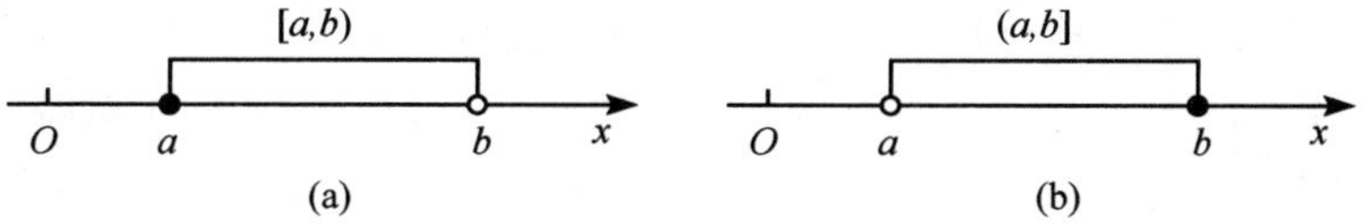

图 1.3

以上三类区间称为有限区间，a 称为区间的左端点，b 称为区间的右端点，$b-a$ 称为区间的长. 关于无限区间有以下几类：

(4) $(-\infty,b)=\{x\in\mathbf{R}\mid x<b\}$；$(-\infty,b]=\{x\in\mathbf{R}\mid x\leqslant b\}$.

(5) $(a,+\infty)=\{x\in\mathbf{R}\mid x>a\}$；$[a,+\infty)=\{x\in\mathbf{R}\mid x\geqslant a\}$，如图 1.4 所示.

(6) $(-\infty,+\infty)=\{x\in\mathbf{R}\}$.

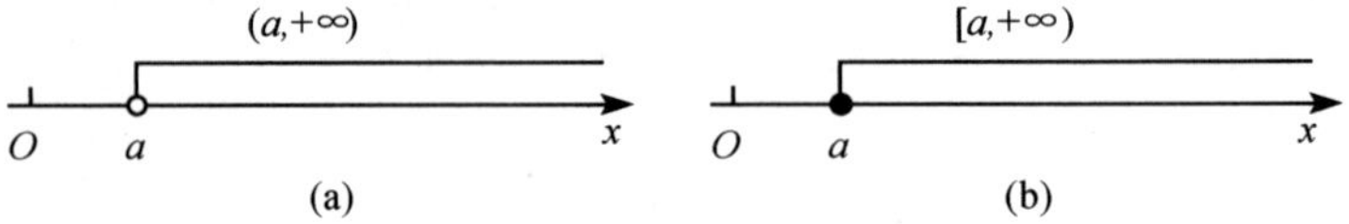

图 1.4

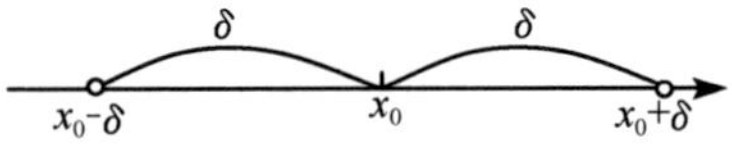

图 1.5

邻域：设 $x_0,\delta\in\mathbf{R}$，$\delta>0$，称开区间 $(x_0-\delta,x_0+\delta)=\{x\in\mathbf{R}\mid |x-x_0|<\delta\}$ 为点 x_0 的 δ 邻域，记作 $U(x_0,\delta)$，点 x_0 称为邻域的中心，δ 为邻域的半径，如图 1.5 所示.

若将邻域 $U(x_0,\delta)$ 的中心 x_0 去掉，则称其为点 x_0 的去心邻域，记作 $\mathring{U}(x_0,\delta)$，即

$$\mathring{U}(x_0,\delta)=(x_0-\delta,x_0)\cup(x_0,x_0+\delta)=\{x\in\mathbf{R}\mid 0<|x-x_0|<\delta\}.$$

注 对于开区间 (a,b)，$\forall$（任意）$x_0\in(a,b)$，$\exists$（存在）$\delta>0$，满足 $U(x_0,\delta)\subset(a,b)$. 但是对于 $(a,b]$ 中的点 b（$[a,b)$ 中的点 a）却没有这个性质，请读者自己验证.

1.1.2 函数

函数是微积分研究的主要对象，它反映了变量之间的一种对应关系.

1. 函数的定义

先来看一个例子：在自由落体运动中，设物体下落的时间为 t，下落的距离为 s，假定开始下落的时刻为 $t=0$，落地的时刻为 $t=T$，则由物理知识可知

$$s=\frac{1}{2}gt^2,\quad t\in[0,T]\quad(g\text{ 为重力加速度}).$$

在这个关系中，距离 s 随着时间 t 的变化而变化，当下落的时间 t 在 $[0,T]$ 内取定一个值时，对应的 s 也就随之确定.

若抽去所考察变量的具体意义，则 $s=\frac{1}{2}gt^2$ 表达了两个变量之间的一种对应关系. 当一个变量在某一个范围内每取一个数值时，另一个变量就有唯一确定的一个值与之对应，两个变量之间的这种对应关系就是**函数**概念的实质.

定义 1.1.1 如果 X 是一非空实数集合，设有一个对应法则 f，使对每一个 $x\in X$，都有唯一确定的实数 y 与之对应，则称这个对应法则 f 为定义在 X 上的一个**函数关系**，或称变量 y 为变量 x 的**函数**，记作 $y=f(x)$，$x\in X$. 称 X 为**定义域**，x 为**自变量**，y 为**因变量**.

2. 对函数定义的注记

(1) 由定义可知,若定义域和对应法则确定,则函数确定,而与用什么符号表示无关,故定义域和对应法则是函数最本质的两要素. 若两个函数相等,则要求两个函数的这两要素分别相同,缺一不可.

(2) 当 x 取遍 X 中的每个数值时,对应的函数值的全体组成的数集 $Y=\{y\mid y=f(x),x\in X\}$ 称为函数 f 的值域.

(3) 以后一般用小写字母 f,g 或 φ,ψ 等表示函数的记号,定义域 X 也常用 D 或 D_f 表示.

3. 函数的表示法

函数的表示法有很多,常用的有三种:解析法、列表法、图像法.

例 1.1.1　$y=\sqrt{3x-1}$.

这是用解析式表达 y 与 x 之间的函数关系. 其定义域为 $X=\left[\frac{1}{3},+\infty\right)$.

例 1.1.2　某城市 2009 年各月甲型 H1N1 流感确诊病例数(单位:人)如表 1.1 所示.

表 1.1

月份 t	1	2	3	4	5	6	7	8	9	10	11	12
确诊数 s	3	5	10	11	5	7	8	5	19	120	134	67

表 1.1 表示了某城市 2009 年各月甲型 H1N1 流感确诊病例数 s 随月份 t 而变化的函数关系. 这个函数是用列表表示的,它的定义域 $X=\{1,2,3,\cdots,12\}$.

例 1.1.3　某河道的一个断面图形如图 1.6 所示,其深度与一岸边 O 到测量点的距离 x 之间的对应关系由图 1.6 中曲线所示.

这里深度 y 与测距 x 之间的函数关系是用图形表示的,它的定义域 $X=[0,b]$.

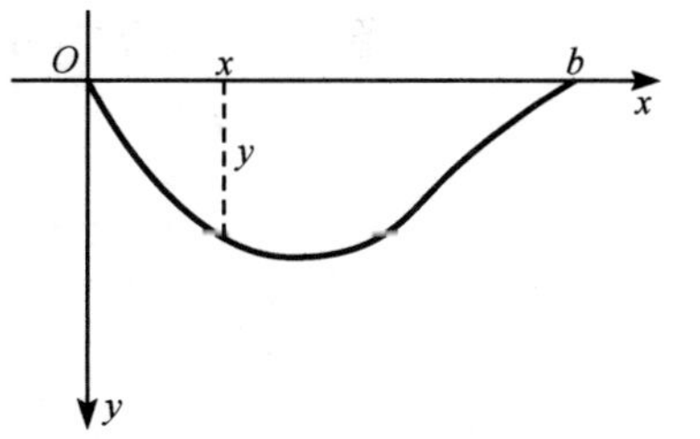

图 1.6

4. 函数定义域的求法

对于用解析式表达的函数,其定义域就是使解析式有意义的 x 的集合(如例 1.1.1). 下面再给出几个求定义域的例子:

例 1.1.4　求函数 $y=\dfrac{1}{\sqrt{2-x^2}}$ 的定义域.

分析　要使 $\sqrt{2-x^2}$ 有意义须使 $2-x^2\geqslant 0$,又 $\sqrt{2-x^2}$ 作分母故须使 $2-x^2>0$.

解　由 $2-x^2>0$,得 $x^2<2$,故 $-\sqrt{2}<x<\sqrt{2}$,故函数的定义域为 $(-\sqrt{2},\sqrt{2})$.

例 1.1.5 求函数 $y=\dfrac{\ln(3-x)}{\sqrt{|x|-1}}$的定义域.

分析 要使 $y=\dfrac{\ln(3-x)}{\sqrt{|x|-1}}$有意义,必须使其分子、分母同时有意义,故须使 $3-x>0$ 和 $|x|-1>0$ 同时成立.

解 由$\begin{cases}3-x>0,\\|x|-1>0,\end{cases}$得 $x<-1$ 或 $1<x<3$,故函数的定义域为$(-\infty,-1)$或$(1,3)$.

1.1.3 函数的特性

1. 函数的奇偶性

由函数 $y=x^2$(图 1.7)和 $y=|x|$的图像可知其关于 y 轴对称,而 $y=x^3$ 和 $y=\sin x$ 的图像关于原点对称,这些对称性对于函数而言便是奇偶性.

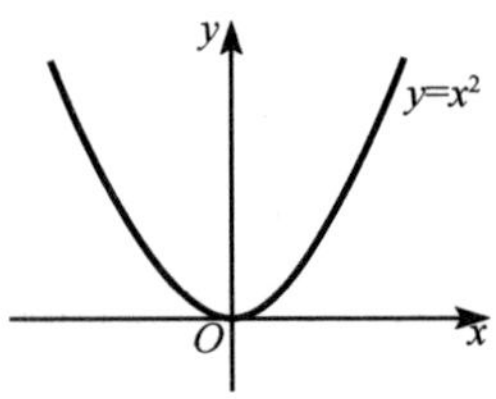

图 1.7

定义 1.1.2 设函数 $y=f(x)$的定义域 X 关于原点对称,若对任意 $x\in X$,都有 $f(x)=f(-x)$,则称 $y=f(x)$为**偶函数**;若对任意 $x\in X$,都有 $f(x)=-f(-x)$,则称 $y=f(x)$为**奇函数**,既不是偶函数也不是奇函数的函数称为**非奇非偶函数**.

由定义可知,奇函数的图像关于原点对称,偶函数的图像关于 y 轴对称.

例 1.1.6 判断 $y=f(x)=\sin x\log_a(x+\sqrt{x^2+1})$($a>0$ 且 $a\neq1$)的奇偶性.

解 由于

$$\sqrt{x^2+1}+x>\sqrt{x^2}+x=|x|+x\geqslant 0,$$

故 $y=f(x)$的定义域为$(-\infty,+\infty)$关于原点对称.

又

$$\begin{aligned}f(-x)&=\sin(-x)\log_a(-x+\sqrt{(-x)^2+1})\\&=-\sin x\log_a\frac{(\sqrt{x^2+1}-x)(\sqrt{x^2+1}+x)}{\sqrt{x^2+1}+x}\\&=-\sin x\log_a\frac{1}{\sqrt{x^2+1}+x}\\&=-\sin x(-\log_a(x+\sqrt{x^2+1}))\\&=f(x),\end{aligned}$$

故 $y=f(x)=\sin x\log_a(x+\sqrt{x^2+1})$为偶函数.

2. 函数的周期性

设函数 $y=f(x)$的定义域为 X,如果存在一个正数 l,使得对一切 $x\in X$ 有 $f(x\pm l)=f(x)$,则称 f 为**周期函数**,l 为 f 的一个**周期**. 显然,若 l 为 f 的一个周期,则

nl(n 为正整数)也是 f 的一个周期. 若在周期函数 f 的所有周期中有一个最小的正周期,则称此最小正周期为 f 的**基本周期**,或简称**周期**. 我们通常所称的周期即为基本周期.

从图形上看,设 $y=f(x)$ 是以 l 为周期的一个周期函数,在每个长度为 l 的区间上,函数图形有相同的形状(图 1.8).

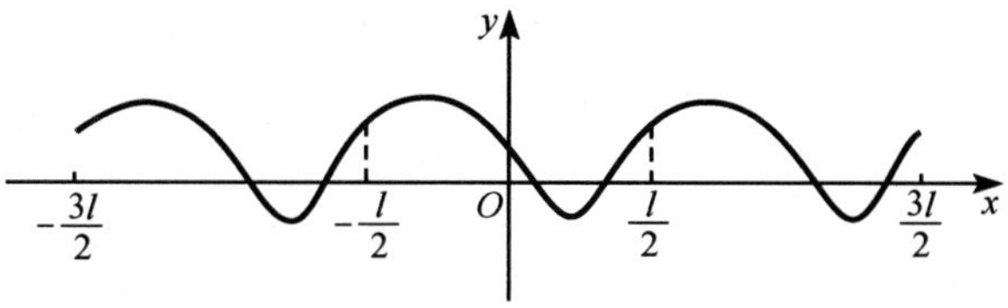

图 1.8

例 1.1.7　设函数 $y=f(x)$ 为以 ω 为周期的周期函数,试证函数 $y=f(ax)(a>0)$ 是以 $\frac{\omega}{a}$ 为周期的周期函数.

分析　要证 $y=f(ax)$ 为以 $\frac{\omega}{a}$ 为周期的函数,即要证

$$y=f(ax)=f\left(a\left(x+\frac{\omega}{a}\right)\right)=f(ax+\omega).$$

证明　由于 $y=f(x)$ 以 ω 为周期,故

$$f(ax)=f(ax+\omega)=f\left(a\left(x+\frac{\omega}{a}\right)\right),$$

故 $y=f(ax)$ 是以 $\frac{\omega}{a}$ 为周期的周期函数.

由例 1.1.7 知,$\sin ax(a>0)$ 的周期为 $\frac{2\pi}{a}$.

3. 函数的单调性

对于函数 $y=kx$ 的图像,我们知道当 $k>0$ 是一条沿 x 轴正向上升的直线,当 $k<0$ 是一条沿 x 轴正向下降的直线,这种性质反映在函数上就是函数的**单调性**.

定义 1.1.3　设 $f(x)$ 为定义在 X 上的一个函数,区间 $I\subseteq X$,若对任意 $x_1,x_2\in I$,如果当 $x_1<x_2$ 时,总有 $f(x_1)\leqslant f(x_2)$,则称此函数在 I 内是**单调增加**(或称**单调递增**)的;如果当 $x_1<x_2$ 时,总有 $f(x_1)\geqslant f(x_2)$,则称此函数在 I 内是**单调减少**(或称**单调递减**)的.

特别地,若对任意 $x_1,x_2\in I$,如果当 $x_1<x_2$ 时,总有 $f(x_1)<f(x_2)$严格成立,则称此函数在 I 内是严格单调增加(或称严格单调递增)的;如果当 $x_1<x_2$ 时,总有 $f(x_1)>f(x_2)$,则称此函数在 I 内是严格单调减少(或称严格单调递减)的.

从图形上看,单调递增函数的图像是沿 x 轴正向上升的曲线(图 1.9),单调递减函数的图像是沿 x 轴正向下降的曲线(图 1.10).

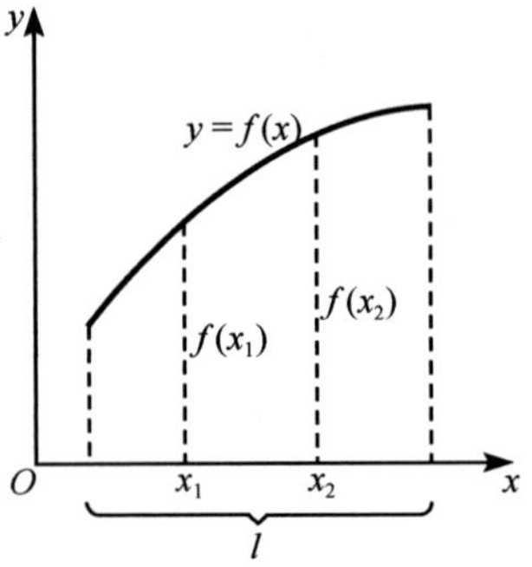

图 1.9

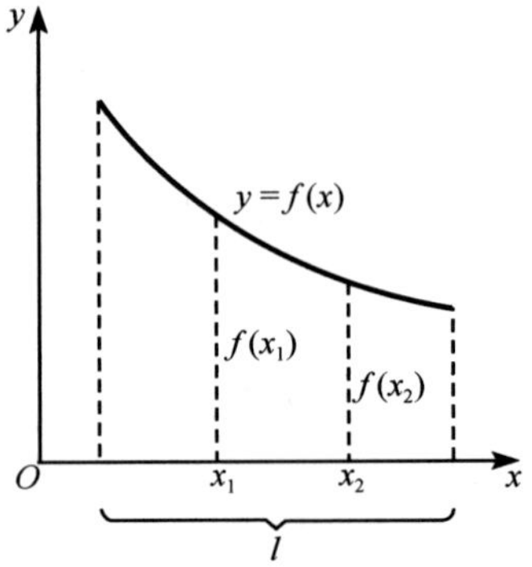

图 1.10

例 1.1.8　判断函数 $y=f(x)=1-3x^2$ 的单调性.

解　函数 $y=1-3x^2$ 的定义域为$(-\infty,+\infty)$,对任意 $x_1,x_2\in(-\infty,+\infty)$,若 $x_1<x_2$,则

$$
\begin{aligned}
f(x_1)-f(x_2)&=(1-3x_1^2)-(1-3x_2^2)=3x_2^2-3x_1^2\\
&=3(x_2-x_1)(x_2+x_1),
\end{aligned}
$$

故 $f(x_1)$与 $f(x_2)$的大小关系依赖于 x_1+x_2 的符号.

由于$(-\infty,+\infty)=(-\infty,0)\cup[0,+\infty)$,若 $x_1,x_2\in(-\infty,0)$时,$x_1+x_2<0$,故 $f(x_1)-f(x_2)<0$,$f(x)$在$(-\infty,0)$上是严格单调递增的;

若 $x_1,x_2\in[0,+\infty)$时,$x_1+x_2>0$,故 $f(x_1)-f(x_2)>0$,$f(x)$在$[0,+\infty)$上是严格单调递减的.

因此,函数 $y=f(x)=1-3x^2$ 在$(-\infty,+\infty)$上不是单调函数.

4. 函数的有界性

对于函数 $y=\sin x$,如图 1.11 所示,可以用 $y=\pm 2$ 两条平行于 x 轴的直线括住;但是对于 $y=x$,任意两条平行于 x 轴的直线 $y=\pm C$ 都无法将其括住,这种性质反映在函数上就是函数的**有(无)界性**.

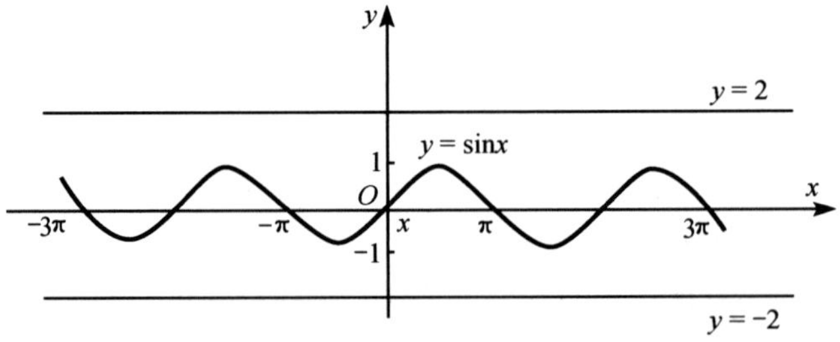

图 1.11

定义 1.1.4　设函数 $y=f(x)$是定义在 X 上的函数，若$\exists M>0$使得对$\forall x\in X$，都有$|f(x)|\leqslant M$，则称 $y=f(x)$为 X 上的**有界函数**. $M(-M)$称为 $y=f(x)$的一个**上(下)界**.

若不存在这样的 M，即对$\forall M>0$，$\exists x\in X$，使得$|f(x)|>M$，则称 $y=f(x)$为 X 上的**无界函数**.

类似地，可以定义有(无)上(下)界函数，请读者结合前述定义给出合理的定义.

例如，当 $x\in(-\infty,+\infty)$时，$|\cos x|\leqslant 1$，故 $y=f(x)=\cos x$ 在$(-\infty,+\infty)$上是有界的，而 $f(x)=\tan x$ 在$\left(-\dfrac{\pi}{2},\dfrac{\pi}{2}\right)$内是无界的.

同时还要指出的是：对于函数 $y=\dfrac{1}{x}$在$(0,2)$上是无界的，但在$[1,+\infty)$上却是有界的. 因此在讨论函数的有界性时应同时指出其自变量的相应范围.

1.1.4　复合函数、反函数、隐函数、分段函数

1. 复合函数

对于函数 $y=f(x)=\sin x^2$ 我们可以引入中间变量 u，使得 $y=f(x)=\sin x^2$ 可看成 $y=\sin u, u=x^2$ 的合成，从而将 $y=\sin x^2$ 这个较复杂的函数看成两个较为简单的函数的合成以便于研究，这就需要研究复合函数.

定义 1.1.5　设函数 $y=f(u)$的定义域为 D_f，函数 $u=g(x)$的值域 Z_g，$Z_g\cap D_f\neq\varnothing$，则称 $y=f(g(x))=f\circ g(x)$为复合函数，x 为自变量，y 为因变量，u 称为中间变量，其定义域 $D_{f\circ g}=\{x|x\in D_g, g(x)\in D_f\}$.

复合函数的作用关系如图 1.12 所示.

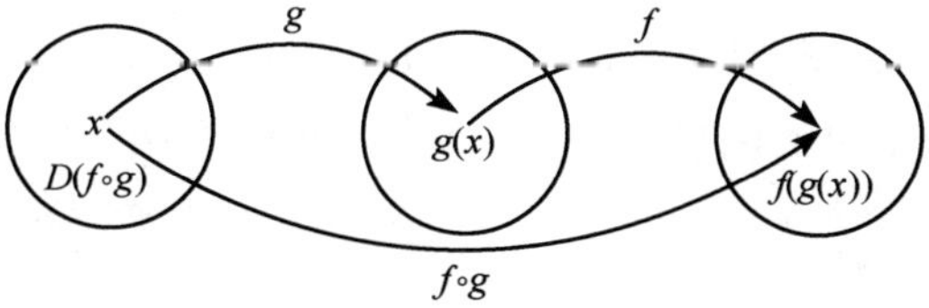

图 1.12

例 1.1.9　设函数 f 和 φ 分别是

$$f(u)=\sqrt{u},\ u\in[0,+\infty),\quad u=\varphi(x)=a^2-x^2,\ x\in(-\infty,+\infty), a>0.$$

故$(f\circ\varphi)(x)=\sqrt{a^2-x^2}$.

其定义域

$$D_{f\circ\varphi}=\{x\mid x\in(-\infty,+\infty), a^2-x^2\in[0,+\infty)\}=\{x\mid -a\leqslant x\leqslant a\}.$$

例 1.1.10　指出复合函数 $y=\arcsin(\ln(2x+1))$的复合过程并求其定义域.

解　原函数可以看作 $y=\arcsin u, u=\ln v, v=2x+1$ 复合而成，其定义域为

$$D_{f\circ\varphi}=\{x\mid 2x+1>0,\ln(2x+1)\in[-1,1]\}=\left[\frac{1-\mathrm{e}}{2\mathrm{e}},\frac{\mathrm{e}-1}{2}\right].$$

2. 反函数

由 $y=ax(a\neq 0)$可得 $x=\dfrac{y}{a}(x,y\in\mathbf{R})$这是反函数问题.

定义 1.1.6 设 $y=f(x)$是定义在 D_f 上的一个函数,值域为 Z_f,如果对于 $\forall y\in Z_f$ 有一个确定的且满足 $y=f(x)$的 $x\in D_f$ 与之对应,其对应法则记为 f^{-1},则称这个定义在 Z_f 上的函数 $x=f^{-1}(y)$为 $y=f(x)$的反函数,或称它们互为**反函数**.

注 (1) 对于函数 $y=f(x)$,x 为自变量,定义域为 D_f,y 为因变量,值域为 Z_f;对于函数 $x=f^{-1}(y)$,y 为自变量,定义域为 Z_f,x 为因变量,值域为 D_f.

(2) 由于函数可用不同符号表示,对于 $x=f^{-1}(y)$,我们习惯上用 x 表示自变量,y 表示因变量,故此函数也可记为 $y=f^{-1}(x)$,但定义域和值域仍然为 Z_f 和 D_f.

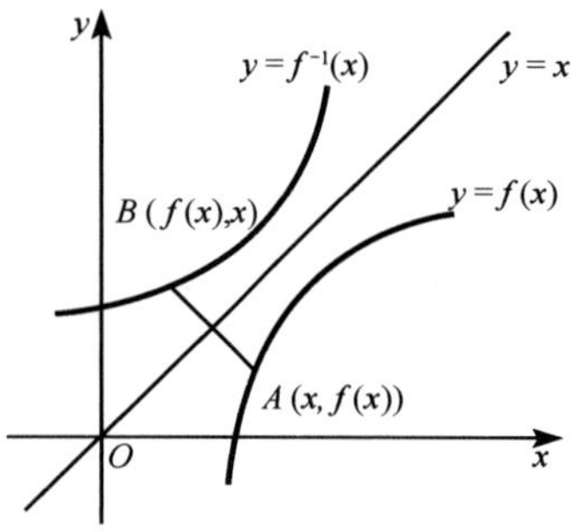

图 1.13

(3) $y=f^{-1}(x)$与 $y=f(x)$的关系是 x 与 y 互换,故它们的图形是对称于直线 $y=x$ 的,如图 1.13 所示.

(4) 若 $y=f(x)$有反函数,则对应关系 f 必是一一对应的,即 $\forall x_1,x_2\in D_f$,$x_1\neq x_2$,则 $f(x_1)\neq f(x_2)$. 例如,$y=x^2$ 在$(-\infty,+\infty)$内不是一一对应的,故 $y=x^2$ 在$(-\infty,+\infty)$上没有反函数,但若将 $y=x^2$ 的定义域限定为$(0,+\infty)$,则此时 $y=x^2$ 在 $D_f=(0,+\infty)$有反函数 $y=\sqrt{x}$.

例 1.1.11 求 $y=x^3+2$ 的反函数.

解 $y=x^3+2$ 的定义域为$(-\infty,+\infty)=D_f$,值域 $Z_f=(-\infty,+\infty)$,又 $x^3=y-2$,即 $x=(y-2)^{\frac{1}{3}}$,故 $y=x^3+2$ 的反函数为 $y=(x-2)^{\frac{1}{3}}$.

3. 隐函数

一般地,若一个函数的因变量是用自变量的解析式表示出来的称其为显函数,如 $y=\sin x$,$y=x^2$ 等,而有些函数,它的因变量与自变量的对应法则是用一个方程 $F(x,y)=0$ 表示的,称为隐函数,如 $xy-1=0$,$x^2+y^2=r^2$,$x^3+y^3=6xy$ 等.

4. 分段函数

对于显式函数 $y=f(x)$,有些函数在其定义域内可以用一个解析式表示,但是也有一些函数在其定义域的不同部分由不同的解析式表示. 例如,$y=|x|=\begin{cases}x, & x\geqslant 0,\\ -x, & x<0\end{cases}$在$(-\infty,0)$和$[0,+\infty)$上的解析式就不同,这种函数称为分段函数. 在

实际生活中,分段函数是常见函数.

例 1.1.12　某市出租车按如下规定收费:当行驶里程不超过 2km 时,按起步价 5 元收取;当行驶里程超过 2km 时,除起步费外,对于超过 2km 且不超过 10km 部分,按每千米 1.8 元计费,对于超过 10km 的部分,按每千米 2.4 元计费.试写出车费 C 与行驶里程 s 之间的函数关系.

解　当 $s\leqslant 2$(km)时,$C=5$(元);

当 $2<s\leqslant 10$(km)时,$C=5+1.8(s-2)$(元);

当 $s>10$(km)时,$C=5+1.8(10-2)+2.4(s-10)$(元).

故

$$C(s)=\begin{cases}5, & 0<s\leqslant 2,\\ 1.8s+1.4, & 2<s\leqslant 10,\\ 2.4s-4.6, & s>10.\end{cases}$$

为一个分段函数.

注　分段函数的定义域是各段定义域的并集,如上例中定义域为$(0,+\infty)$.

1.1.5　初等函数

基本初等函数:

(1) 常值函数:$y=C$(C 为常数).

(2) 幂函数:$y=x^{\mu}$(μ 为常数).

(3) 指数函数:$y=a^x$($a>0,a\neq 1,a$ 为常数).

(4) 对数函数:$y=\log_a x$($a>0,a\neq 1,a$ 为常数).

(5) 三角函数:$y=\sin x,y=\cos x,y=\tan x,y=\cot x,y=\sec x,y=\csc x$.

(6) 反三角函数:$y=\arcsin x,y=\arccos x,y=\arctan x,y=\text{arccot}\,x$.

初等函数:由基本初等函数经过有限次的四则运算及有限次的复合所构成,并且可以用一个式子表示的函数叫做初等函数.例如,$y=\sqrt{1-x^2}$,$y=\sin x^2$,$y=\arccos\sqrt{x}$等都是初等函数.

初等函数的表达形式直接明了,研究也相对方便,应用十分广泛,是本书中主要讨论的函数.

1.1.6　函数关系的建立

为了解决应用问题,先要给问题建立数学模型,即建立函数关系,为此需确定问题中的因变量与自变量,再根据题意建立等式从而得出函数关系,然后根据问题的实际意义确定函数的定义域,这个过程就称为函数关系的建立.

下面我们通过几个实例来介绍如何建立函数关系,为今后应用数学知识解决实际问题奠定基础.

例 1.1.13　《中华人民共和国个人所得税法》(2007 年)规定,公民全月工资、奖金所得不超过 2000 元部分不必交税，超过 2000 元的部分为全月应纳税所得额. 此项纳税按表 1.2 分段累进计算.

表 1.2

应纳税所得额	税 率
不超过 500 元部分	5%
超过 500 元到 2000 元部分	10%
超过 2000 元到 5000 元部分	15%
超过 5000 元到 20000 元部分	20%
……	……

(1) 有一人某月工资奖金收入额为 2900 元，应纳个人所得税多少元?

(2) 有人某月缴纳个人所得税 250 元，他该月的工资奖金收入为多少?

解 设月工资奖金收入额为 x，应缴纳个人所得税为 y，则

当 $x\leqslant 2000$ 时，$y=0$；

当 $0<x-2000\leqslant 500$，即 $2000<x\leqslant 2500$ 时，

$$y=0.05(x-2000)=0.05x-100;$$

当 $500<x-2000\leqslant 2000$，即 $2500<x\leqslant 4000$ 时，

$$y=0.1(x-2500)+500\times 0.05=0.1x-225;$$

当 $2000<x-2000\leqslant 5000$，即 $4000<x\leqslant 7000$ 时，

$$y=0.15(x-4000)+1500\times 0.1+500\times 0.05=0.15x-425;$$

当 $5000<x-2000\leqslant 20000$，即 $7000<x\leqslant 22000$ 时，

$$y=0.2(x-7000)+0.15\times 3000+1500\times 0.1+500\times 0.05=0.2x-775;$$

……

因此

$$y=f(x)=\begin{cases}0, & x\leqslant 2000, & y=0,\\ 0.05x-100, & 2000<x\leqslant 2500, & 0<y\leqslant 25,\\ 0.1x-225, & 2500<x\leqslant 4000, & 25<y\leqslant 175,\\ 0.15x-425, & 4000<x\leqslant 7000, & 175<y\leqslant 625,\\ 0.2x-775, & 7000<x\leqslant 22000, & 625<y\leqslant 3625,\\ \quad\cdots & & \quad\cdots\end{cases}$$

故 $y(2900)=f(2900)=0.1\times 2900-225=65$(元)，即工资奖金收入额为 2900 元时，应缴纳个人所得税 65 元；

当某人某月缴纳个人所得税 250 元，由上式可知他的工资奖金收入额介于 4000 和 7000 元之间，再由 $f(x)=250$，即 $0.15x-425=250$，解得 $x=4500$，即他的工资奖金收入为 4500 元.

例 1.1.14 用铁皮做一个容积为 v 的圆柱形罐头筒，试将它的全面积表示成底半

径的函数,并确定此函数的定义域.

解　设圆柱形罐头筒的表面积为 S,底半径为 r,又容积为 v,故高 $h=\frac{v}{\pi r^2}$,因此

$$S = 2\pi r^2 + 2\pi rh = 2\pi r^2 + 2\pi r \frac{v}{\pi r^2} = 2\left(\pi r^2 + \frac{v}{r}\right),$$

根据问题的实际意义可知该函数的定义域为 $r\in(0,+\infty)$.

1.2　极　　限

在微积分中,极限是一个重要的基本概念,是微积分中其他一些重要概念如微分、积分、级数等的理论依据.因此,有关极限的概念、理论与方法,自然成为微积分的理论基石,本节将讨论数列极限与函数极限的定义、性质及基本计算方法.

1.2.1　数列的极限

1. 数列的相关概念

公元前 4 世纪,我国春秋战国时期哲学家庄子(约公元前 369～前 286)的哲学名著《庄子·天下篇》一书中有一段富有哲理的名句:"一尺之棰,日取其半,万世不竭."第一日取后剩下$\frac{1}{2}$尺,第二日取后剩下$\frac{1}{4}$尺,第三日取后剩下$\frac{1}{8}$尺,依此取下后,第 n 日剩下$\frac{1}{2^n}$,这样每日剩下的棰就构成了一个数列.

定义 1.2.1　一个定义在正整数集合上的函数 $x_n=f(n)$(称为整标函数),当自变量 n 按正整数 $1,2,3,\cdots,n,\cdots$ 依次增大的顺序取值时,函数值按相应的顺序排成一串数:

$$x_1,x_2,x_3,\cdots,x_n,\cdots$$

称为一个无穷数列,简称**数列**,记为 $\{x_n\}$.数列中的每一个数称为数列的项,x_n 称为数列的一般项(通项).

数列的例子:

$\left\{\frac{1}{n}\right\}:1,\frac{1}{2},\frac{1}{3},\cdots,\frac{1}{n},\cdots;$

$\left\{\frac{n+1}{n}\right\}:2,\frac{3}{2},\frac{4}{3},\cdots,\frac{n+1}{n},\cdots;$

$\left\{\frac{1+(-1)^n}{2}\right\}:0,1,0,\cdots,\frac{1+(-1)^n}{2},\cdots;$

$\{n^2\}:1,4,9,\cdots,n^2,\cdots.$

若存在正整数 M,对所有的 n 都满足 $|x_n|\leqslant M$,则称数列 $\{x_n\}$ 为**有界数列**,否则称为**无界数列**.

若存在实数 A,对一切 n 都满足 $x_n \geqslant A$,则称$\{x_n\}$为下有界,A 是$\{x_n\}$的一个下界.同样,若存在实数 B,对一切 n 都满足 $x_n \leqslant B$,则称$\{x_n\}$为上有界,B 是$\{x_n\}$的一个上界.

例如,数列$\left\{\frac{1}{n}\right\}$,$\left\{\frac{n+1}{n}\right\}$,$\{(-1)^n\}$是有界数列;数列$\{n^2\}$,$\left\{n\cos\frac{n\pi}{2}\right\}$是无界数列.

称数列$\{x_n\}$为**有界数列**是指$\{x_n\}$既有上界又有下界.

数列$\{x_n\}$若满足 $x_1 \leqslant x_2 \leqslant x_3 \leqslant \cdots \leqslant x_n \leqslant x_{n+1} \leqslant \cdots$,则称数列$\{x_n\}$为单调递增数列;若满足 $x_1 \geqslant x_2 \geqslant x_3 \geqslant \cdots \geqslant x_n \geqslant x_{n+1} \geqslant \cdots$,则称数列$\{x_n\}$为单调递减数列.单调递增数列与单调递减数列统称为单调数列.

任取数列$\{x_n\}$中无穷多项按原有顺序所构成的新数列称为数列$\{x_n\}$的子数列,简称子列,如

$$x_1, x_3, x_5, x_7, \cdots, x_{2n-1}, \cdots,$$

$$x_2, x_6, x_{10}, x_{14}, \cdots, x_{4n-2}, \cdots$$

均为$\{x_n\}$的子数列,子数列通常简记为$\{x_{n_k}\}$

$$x_{n_1}, x_{n_2}, x_{n_3}, \cdots, x_{n_k}, \cdots,$$

这里 $n_1 < n_2 < n_3 < \cdots < n_k < n_{k+1} < \cdots$,其中 n_k 的下标 k 是子数列的项的序号(即子列的第 k 项的序号).

2. 数列的极限

为了深入研究数列$\{x_n\}$的变化状态,下面通过例子考察当 n 无限增大时,对应的$\{x_n\}$的相关变化趋势.

本节有关庄子例中我们把逐日取下的棰的长度顺次取出,便得到数列$\left\{\frac{1}{2^n}\right\}$,这是一个无穷递缩等比数列.当 n 越来越大时,通项 $a_n=\frac{1}{2^n}$越来越接近于常数 0,即当 n 趋于无穷大时,通项 a_n 无限地趋于一个固定的常数 0,于是 0 就称为数列$\left\{\frac{1}{2^n}\right\}$当 $n\to\infty$ 时的极限.

定义 1.2.2 给定数列$\{x_n\}$,如果当 $n\to\infty$ 时,x_n 无限地趋近于某一个常数 a,则称 a 为数列$\{x_n\}$当 $n\to\infty$ 时的**极限**,或者说数列$\{x_n\}$当 $n\to\infty$ 时收敛于 a,记作 $\lim\limits_{n\to\infty} x_n = a$ 或 $x_n \to a\,(n\to\infty)$.如果数列没有极限,就称该数列是**发散**的.

然而上述定义中所说的“n 无限增大时”,x_n 与 a“无限接近”,都是一种模糊的说法.“n 无限增大时”的含义是什么?x_n 与 a“无限接近”又如何刻画呢?我们知道两个数 a 与 b 之间的接近程度可以用这两个数的差的绝对值来度量(在一维坐标上$|b-a|$表示点 a 与 b 之间的距离),$|b-a|$越小,a 与 b 就越接近.

考察数列$\left\{1+\frac{1}{n}\right\}$,$\left\{1+\frac{1}{n}\right\}$是以 1 为极限,$x_n$ 与常数 1 的接近程度可用$|x_n-1|=$

$\frac{1}{n}$小于某个正数 ε 来表示，若令 $\varepsilon_1=\frac{1}{10}$，要使 $|x_n-1|=\frac{1}{n}<\varepsilon_1$，则当 $n>10$ 时，x_n 都能满足与 1 的距离小于$\frac{1}{10}$，即对于 x_{10} 以后的任一项 $x_{11},x_{12},\cdots$都能满足$\left|\frac{1}{n}\right|<\frac{1}{10}$；若再取一个更小的正数 $\varepsilon_2=\frac{1}{100}$，要使$\left|\frac{1}{n}\right|<\frac{1}{100}$，只要 $n>100$；……由此可见，对于数列 $\{x_n\}=\left\{1+\frac{1}{n}\right\}$，无论给定多么小的正数 ε，在 n 无限增大的变化过程中，总有一个时刻，在那个时刻以后(即 n 充分大以后)，$|x_n-1|=\left|\frac{1}{n}\right|=\frac{1}{n}$都小于事先给定的正数 ε. 一般地对于任意小的正数 ε，要使 $|x_n-1|=\frac{1}{n}<\varepsilon$，则当 $n>\left[\frac{1}{\varepsilon}\right]=N$ 时，数列$\left\{1+\frac{1}{n}\right\}$从 $N+1$ 项以后所有的 x_n 都能满足 $|x_n-1|<\varepsilon$. 此时我们说数列$\{x_n\}$以 1 为极限. 有了对“无限接近”与“无限增大”的精确描述，下面给出极限的严格数学定义.

定义 1.2.3　设数列$\{x_n\}$，若存在一个常数 a，对任意给定的正数 ε(无论它多么小)，总存在正整数 N，使得当 $n>N$ 时，恒有 $|x_n-a|<\varepsilon$ 成立，则称 a 是数列$\{x_n\}$的**极限**，或者称数列$\{x_n\}$收敛于 a，记为

$$\lim_{n\to\infty}x_n=a \quad 或 \quad x_n\to a \quad (n\to\infty).$$

下面给出“数列$\{x_n\}$当 $n\to\infty$时收敛于 a”的几何解释：

若$\lim\limits_{n\to\infty}x_n=a$，则对于任给的 $\varepsilon>0$，无论它多么小，都存在正整数 N，在$\{x_n\}$中，从第 $N+1$ 项开始以后所有各项全部落在 a 的 ε 邻域中，在这个邻域之外，最多只有$\{x_n\}$的有限项 $x_1,x_2,\cdots,x_N$(图 1.14).

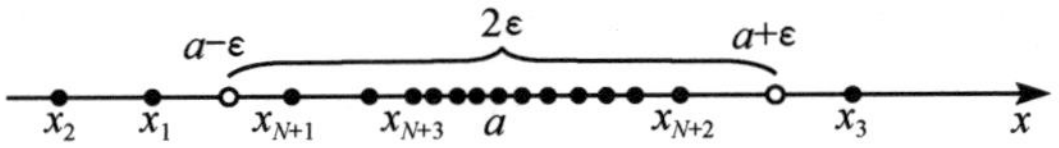

图 1.14

为了表示方便，我们利用前面提到的记号“∀”表示“对于任意给定的”或“对于每一个”，记号“∃”表示“存在”. 于是数列极限$\lim\limits_{n\to\infty}x_n=a$ 的定义可表述为

$\forall\varepsilon>0$，∃正整数 N，当 $n>N$ 时，有 $|x_n-a|<\varepsilon$.

对数列极限的定义应注意以下两点：

(1) **定义中的常数 ε 具有二重性**：即 ε 既具有很小正数的固定性，又具有任意小的任意性. 因为它是固定的正数，所以才能由 $|x_n-a|<\varepsilon$ 求得相应的时刻 N，从而 $|x_n-a|<\varepsilon$ 刻画 x_n 与 a 的接近程度；又由 ε 可以任意小，所以才能由 $|x_n-a|<\varepsilon$ 反映 x_n 无限趋于 a 的变化趋势.

(2) **ε 是事先给定的，N 是由 ε 确定的，它随着 ε 的不同而不同，有时记作** $N=N(\varepsilon)$. 一般说来，ε 越小 N 越大. 同时由于 N 是通过不等式 $|x_n-a|<\varepsilon$ 求得的，因而对应于该 ε 的 N 不是唯一的，关键是反映变化过程时刻的 N 的存在性，而不是它的唯

一性.

例 1.2.1 用数列极限的定义证明$\lim\limits_{n\to\infty}\frac{n+1}{n}=1$.

证明 令 $x_n=\frac{n+1}{n}$,$a=1$,$|x_n-a|=\left|\frac{n+1}{n}-1\right|=\frac{1}{n}$.

任给 $\varepsilon>0$,要使$|x_n-1|=\frac{1}{n}<\varepsilon$,只要 $n>\frac{1}{\varepsilon}$. 取正整数 $N\geqslant\left[\frac{1}{\varepsilon}\right]$,则当 $n>N$ 时,恒有$|x_n-1|<\varepsilon$.

由定义知,$\lim\limits_{n\to\infty}\frac{n+1}{n}=1$.

3. 收敛数列的性质

性质 1.2.1(唯一性) 收敛数列的极限必唯一.

证明(反证法) 设$\{x_n\}$有两个极限 a 与 b,且 $a\neq b$. 由数列极限的定义,对于任意给定的 $\varepsilon>0$,$\exists N_1\in\mathbf{N}^+$,当 $n>N_1$ 时,有$|x_n-a|<\frac{\varepsilon}{2}$;对上述给定的 ε,又 $\exists N_2\in\mathbf{N}^+$,当 $n>N_2$ 时有$|x_n-b|<\varepsilon$,取 $N=\max\{N_1,N_2\}$,则当 $n>N$ 时,有

$$|a-b|=|a-x_n+x_n-b|\leqslant|x_n-a|+|x_n-b|<\frac{\varepsilon}{2}+\frac{\varepsilon}{2}=\varepsilon,$$

若取 $\varepsilon=\frac{1}{2}|a-b|$,代入上面不等式得$|a-b|<\frac{1}{2}|a-b|$这是不可能的,这就表明原假设错误,从而$\{x_n\}$不可能有两个不同的极限,故极限唯一.

性质 1.2.2(有界性) 收敛数列必为有界数列.

证明 设数列$\{x_n\}$收敛于 a,由数列极限的定义,由 ε 的任意性,故不妨取 $\varepsilon=1$,相应地$\exists$正整数 N,当 $n>N$ 时,$|x_n-a|<1$,即

$$a-1<x_n<a+1\quad(n>N),$$

取 $M=\max\{x_1,x_2,\cdots,x_N,a+1\}$,$m=\min\{x_1,x_2,\cdots,x_N,a-1\}$,对$\forall n$,均有

$$m\leqslant x_n\leqslant M,$$

即数列既有上界又有下界,故有界.

注 本性质的逆命题不成立,即有界数列未必收敛,所以数列有界是数列收敛的必要不充分条件.

性质 1.2.3(保号性) 若$\lim\limits_{n\to\infty}x_n=a$,且 $a>0$(或 $a<0$),则必存在($\exists$)正整数 N,当 $n>N$ 时,恒有 $x_n>0$(或 $x_n<0$).

证明 不妨假设 $a>0$ 取 $\varepsilon=\frac{a}{2}$,$\exists$正整数 N,当 $n>N$ 时,有

$$|x_n-a|<\frac{a}{2},\quad 即\ 0<\frac{a}{2}<x_n<\frac{3}{2}a.$$

根据该定理,可得如下推论:

推论 1.2.1　若 $x_n>0$(或 $x_n<0$)且 $\lim\limits_{n\to\infty}x_n=a$，则 $a\geqslant 0$(或 $a\leqslant 0$).

注　上述推论中的等号不能丢. 例如，$x_n=\dfrac{1}{n}>0$，但 $\lim\limits_{n\to\infty}\dfrac{1}{n}=0$.

性质 1.2.4(收敛数列与其子列间的关系)　如果数列 $\{x_n\}$ 收敛于 a，那么它的任一子列也收敛，且极限也是 a.

由性质 1.2.4 可知，如果数列 $\{x_n\}$ 有两个子列分别收敛于不同的极限，则该数列 $\{x_n\}$ 发散. 例如，数列 $1,-1,1,\cdots,(-1)^{n+1},\cdots$ 的两个子列 $\{x_{2k-1}\}$ 和 $\{x_{2k}\}$ 分别收敛于 1 和 -1，因此数列 $\{x_n\}(n=1,2,\cdots)$ 是发散的，这个例子还说明了一个发散的数列可能有收敛的子列，同时也说明了有界数列不一定收敛.

1.2.2　函数的极限

1. 函数极限的定义

数列 $\{x_n\}$ 可以看成是定义在正整数集上的函数 $x_n=f(n)$，$n\in\mathbf{N}^+$，它的极限是一种特殊函数的极限，如果将数列极限概念中的函数为 $f(n)$ 而自变量的变化过程为 $n\to\infty$ 等特殊性撇开，这样可以给出函数极限的定性概念：在自变量的某个变化过程中，如果对应的函数值无限接近于某个确定的数，那么这个确定的数就叫做自变量在这一变化过程中函数的极限. 而这个极限又是与自变量的变化过程密切相关的，故自变量的变化过程不同，函数的极限就有不同的表现形式. 下面主要研究两类情形

(1) 自变量 x 无限地趋于有限数 x_0(记作 $x\to x_0$)时，对应的函数值 $f(x)$ 的变化情形；

(2) 自变量 x 的绝对值 $|x|$ 无限增大即趋于无穷大(记作 $x\to\infty$)时，对应的函数值 $f(x)$ 的变化情形.

1) 自变量 x 无限地趋于有限数 x_0 时函数的极限

先看两个例子.

例 1.2.2　考察函数 $y=f(x)=x+1(x\in\mathbf{R})$ 当 x 无限地趋于常数 $x_0=1$(记作 $x_0\to 1$)时的变化趋势. 为此把点 $x_0=1$ 附近的自变量 x 与它对应的函数值 $f(x)$ 列成表 1.3.

表 1.3

x	0.9	0.98	0.99	0.999	1	1.001	1.01	1.011	1.02	1.1
$f(x)=x+1$	1.9	1.98	1.99	1.999	2	2.001	2.01	2.011	2.02	2.1

由表 1.3 可知，当 x 从点 x_0 的左右近旁越来越接近于 1 时，函数 $f(x)$ 的值就越来越接近于常数 2，并且要多接近就有多接近. 即当 x 与 $x_0=1$ 的差的绝对值 $|x-x_0|=|x-1|$ 无限变小趋于 0 时，函数 $f(x)$ 与常数 $a=2$ 的差的绝对值 $|f(x)-a|=|f(x)-2|$ 也无限变小趋于 0. 显然，当 $x\to 1$ 时函数 $f(x)$ 以 2 为极限.

例 1.2.3　考察函数 $y=g(x)=\dfrac{x^2-1}{x-1}(x\in\mathbf{R},x\neq 1)$ 当 $x\to 1$ 时的变化趋势.

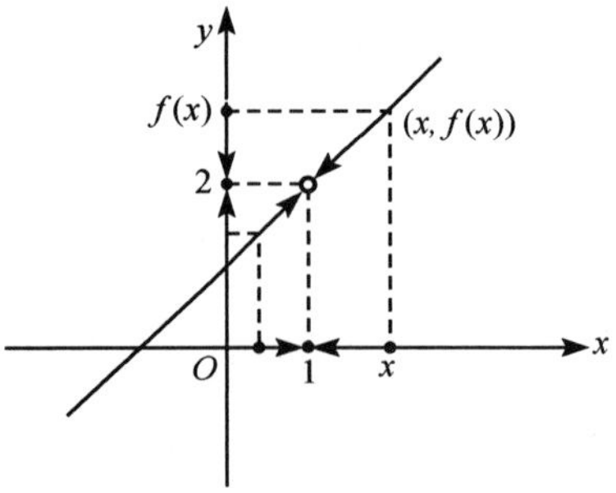

图 1.15

解　该函数与例 1.2.2 中的函数有所不同，它在点 $x_0=1$ 处无定义，但函数 $g(x)$ 除 $x_0=1$ 以外的所有点其对应的函数为 $g(x)=\dfrac{x^2-1}{x-1}=x+1$ 与例 1.2.1 中的函数 $f(x)$ 完全相同. 结合图 1.15 可知，当 $x\to 1$ 时函数 $g(x)$ 以 2 为极限.

由上面两个例子可以看出，我们研究 x 趋于 1 时函数 $f(x)$ 与 $g(x)$ 的极限，是指 x 充分接近于 1 时 $f(x)$ 与 $g(x)$ 的变化趋势，而不是求在 $x=1$ 时对应的函数值. 因此，研究 x 趋于 1 时 $f(x)$ 与 $g(x)$ 的极限问题与函数在 $x=1$ 处是否有定义无关.

定义 1.2.4　设函数 $f(x)$ 在点 x_0 的某一去心邻域有定义，如果存在一常数 A，对任意给定的正数 ε（不论它多么小），总存在另一正数 δ（与 ε 有关），使得满足 $0<|x-x_0|<\delta$ 的一切 x 能使 $|f(x)-A|<\varepsilon$ 恒成立，那么常数 A 就叫做函数 $f(x)$ 当 $x\to x_0$ 时的极限，记作

$$\lim_{x\to x_0} f(x)=A \quad 或 \quad f(x)\to A(x\to x_0);$$

如果这样的常数 A 不存在，那么称 $x\to x_0$ 时，$f(x)$ 的极限不存在.

上述定义可简写为 $\lim\limits_{x\to x_0} f(x)=A \Leftrightarrow \forall\varepsilon>0, \exists\delta>0$，当 $0<|x-x_0|<\delta$ 时，总有 $|f(x)-A|<\varepsilon$ 成立.

对函数极限的定义应注意以下两点：

(1) **定义中的常数 ε 具有二重性**：即 ε 既具有很小正数的固定性，又具有随意小的任意性. 因为它是固定的正数，所以才能由 $|f(x)-A|<\varepsilon$ 求得相应的时刻 δ，再由 $|x-x_0|<\delta$ 刻画 x 与 x_0 的接近程度；又由 ε 可以任意小，所以才能由 $|f(x)-A|<\varepsilon$ 反映 $f(x)$ 无限趋于 A 的变化趋势.

(2) **ε 是事先给定的，δ 是由 ε 确定的，它随着 ε 的给定而给定，有时记作 $\delta=\delta(\varepsilon)$.** 一般说来，$\varepsilon$ 越小 δ 越小. 由于 δ 是通过不等式 $|f(x)-A|<\varepsilon$ 求得的，因而对应于该 ε 的 δ 不是唯一的，关键是反映变化过程时刻的 δ 的存在性，而不是它的唯一性.

当 $x\to x_0$ 时 $f(x)$ 以 A 为极限的**几何意义**是：

对任意给定的正数 ε，不论 ε 多么小，即不论 $y=A-\varepsilon$ 与 $y=A+\varepsilon$ 间的带形区域多么狭窄，总可以找到相应的正数 δ，当 $y=f(x)$ 的图形上的点的横坐标 x 落在邻域 $(x_0-\delta, x_0+\delta)$ 内，但当 $x\neq x_0$ 时，这些点对应的纵坐标 $f(x)$ 都满足不等式

$$|f(x)-A|<\varepsilon \quad 或 \quad A-\varepsilon<f(x)<A+\varepsilon,$$

亦即这些点落在图 1.16 的矩形区域内.

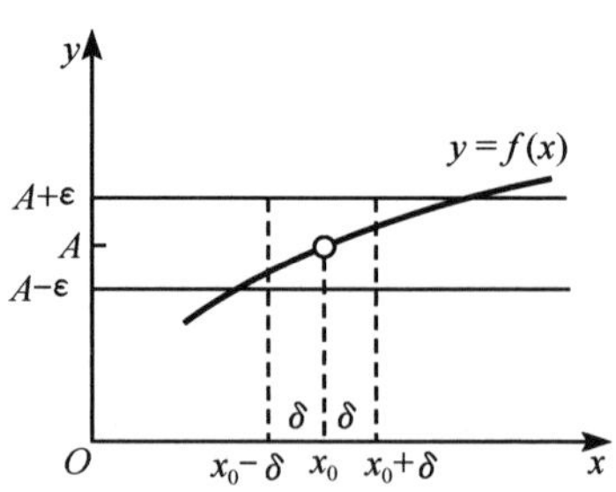

图 1.16

例 1.2.4　证明$\lim\limits_{x\to x_0}C=C$，其中 C 为一常数.

证明　这里$|f(x)-A|=|C-C|=0$，因此对$\forall\varepsilon>0$，可以任取$\delta>0$，当$0<|x-x_0|<\delta$时，使不等式

$$|f(x)-A|=|C-C|=0<\varepsilon$$

成立，所以

$$\lim_{x\to x_0}C=C.$$

例 1.2.5　证明$\lim\limits_{x\to x_0}(ax+b)=ax_0+b(a,b\in\mathbf{R}$ 且 $a\neq0)$.

证明　这里$|f(x)-A|=|a||x-x_0|$，因此对$\forall\varepsilon>0$，可以取$\delta=\dfrac{\varepsilon}{|a|}$，当$0<|x-x_0|<\delta$时，能使不等式

$$|f(x)-A|=|a||x-x_0|<\varepsilon$$

成立，所以

$$\lim_{x\to x_0}(ax+b)=ax_0+b.$$

例 1.2.6　证明$\lim\limits_{x\to0}(x^2+1)=1$.

证明　这里$|f(x)-A|=|(x^2+1)-1|=|x|^2$，因此对$\forall\varepsilon>0$，总可以取$\delta=\sqrt{\varepsilon}$，当$0<|x|<\delta$时，能使不等式

$$|f(x)-A|=|x|^2<\varepsilon,$$

成立，所以

$$\lim_{x\to0}(x^2+1)=1.$$

例 1.2.7　证明$\lim\limits_{x\to1}\dfrac{x^2-1}{x-1}=2$.

证明　这里函数在$x=1$处是没有定义的，但由极限的定义知，函数当$x\to1$时的极限是否存在与它在该点是否有定义并无关系. 事实上，对$\forall\varepsilon>0$，可以取$\delta=\varepsilon$，当$0<|x-1|<\delta$时，能使不等式

$$|f(x)-A|=\left|\frac{x^2-1}{x-1}-2\right|=|x-1|<\varepsilon$$

成立，所以

$$\lim_{x\to1}\frac{x^2-1}{x-1}=2.$$

在上述$x\to x_0$时的函数极限的定义中，x是以任何方式趋于x_0的，即x既可从x_0的左侧，也可从x_0的右侧趋于x_0. 但在有些具体问题中，只需考虑或只能考虑x仅从x_0的左侧(即$x<x_0$)趋于x_0(记作$x\to x_0-0$或x_0^-)，或者从x_0的右侧(即$x>x_0$)趋于x_0(记作$x\to x_0+0$或x_0^+).

如果x从x_0的左侧趋于x_0时，对应的函数值$f(x)$无限接近于某个确定的常数A，则A叫作$f(x)$当$x\to x_0$时的**左极限**，记作

$$\lim_{x\to x_0^-} f(x) = A \quad \text{或} \quad f(x_0-0)=A;$$

如果 x 从 x_0 的右侧趋于 x_0 时，对应的函数值 $f(x)$ 无限接近于某个确定的常数 A，则 A 称为 $f(x)$ 当 $x\to x_0$ 时的**右极限**，记作

$$\lim_{x\to x_0^+} f(x) = A \quad \text{或} \quad f(x_0+0)=A.$$

根据 $x\to x_0$ 时函数 $f(x)$ 的极限的定义以及左极限和右极限的定义，容易证明：**函数 $f(x)$ 当 $x\to x_0$ 时极限存在的充分必要条件是左极限及右极限各自存在并且相等**，即

$$\lim_{x\to x_0} f(x) = A \Leftrightarrow \lim_{x\to x_0^-} f(x) = \lim_{x\to x_0^+} f(x) = A.$$

因此，即使 $f(x_0-0)$ 和 $f(x_0+0)$ 都存在，但它们不相等，则 $\lim\limits_{x\to x_0} f(x)$ 仍不存在.

例 1.2.8 求函数

$$f(x)=\begin{cases} x^2+1, & x<0, \\ 0, & x=0, \\ x-1, & x>0. \end{cases}$$

当 $x\to 0$ 时的左极限和右极限，并证明当 $x\to 0$ 时，$f(x)$ 极限不存在.

解 由例 1.2.5 和例 1.2.6 可知，当 $x<0$ 时，$f(x)=x^2+1$，故 $f(x)$ 的左极限是

$$\lim_{x\to 0^-} f(x) = \lim_{x\to 0^-}(x^2+1) = 1;$$

当 $x>0$ 时，$f(x)=x-1$，故 $f(x)$ 的右极限是

$$\lim_{x\to 0^+} f(x) = \lim_{x\to 0^+}(x-1) = -1.$$

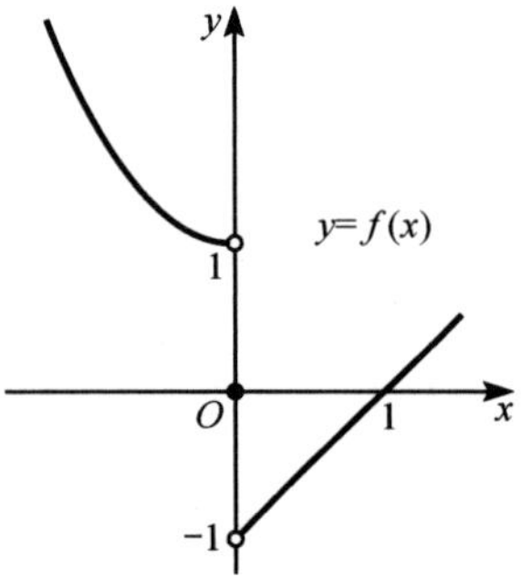

图 1.17

由于左右极限不相等，所以 $f(x)$ 的极限不存在(图 1.17).

2) 自变量 x 无限地趋于无穷大时函数的极限

首先给出自变量 x 无限地趋于无穷大时函数的极限的定性概念即：如果在 $x\to\infty$ 的过程中，其对应的函数值无限地趋于某一个确定的常数 A，那么 A 叫做函数 $f(x)$ 当 $x\to\infty$ 时的极限，对应的定义为：

定义 1.2.5 设函数 $f(x)$ 当 $|x|$ 大于某一正数时有定义，如果存在常数 A，对于任意给定的正数 ε（不论它多么小），总存在充分大的正数 X，使得当 x 满足 $|x|>X$ 时对应的函数值 $f(x)$ 都能使

$$|f(x)-A|<\varepsilon$$

成立，那么常数 A 就称为函数 $f(x)$ 当 $x\to\infty$ 时的极限，记作

$$\lim_{x\to\infty} f(x) = A \quad \text{或} \quad f(x)\to A \quad (\text{当 } x\to\infty).$$

上述定义简写为：$\lim\limits_{x\to\infty} f(x)=A \Leftrightarrow \forall\varepsilon>0, \exists X>0$，当 $|x|>X$ 时有 $|f(x)-A|<\varepsilon$

这里所谓 x 趋于无穷大，实际上包括三种情形：

(1) x 既可取正值，也可取负值，而 $|x|$ 无限增大，记作 $x\to\infty$；

(2) x 取正值无限增大，记作 $x\to+\infty$，只需要将上述定义中的 $|x|>X$ 改为 $x>$

X,其对应的极限形式记作

$$\lim_{x\to+\infty} f(x)=A \quad 或 \quad f(x)\to A \quad (当\ x\to+\infty);$$

(3) x 取负值而$|x|$无限增大,记作 $x\to-\infty$,只需要将上述定义中的$|x|>X$ 改为 $x<-X$,其对应的极限形式记作

$$\lim_{x\to-\infty} f(x)=A \quad 或 \quad f(x)\to A \quad (当\ x\to-\infty).$$

$\lim\limits_{x\to\infty}f(x)=A$ 的**几何意义**是:作直线 $y=A-\varepsilon$ 和 $y=A+\varepsilon$,则总存在一个正数 X,使得当$|x|>X$(即 $x>X$ 或 $x<-X$)时,函数 $y=f(x)$的图形位于这两条直线之间(图 1.18).

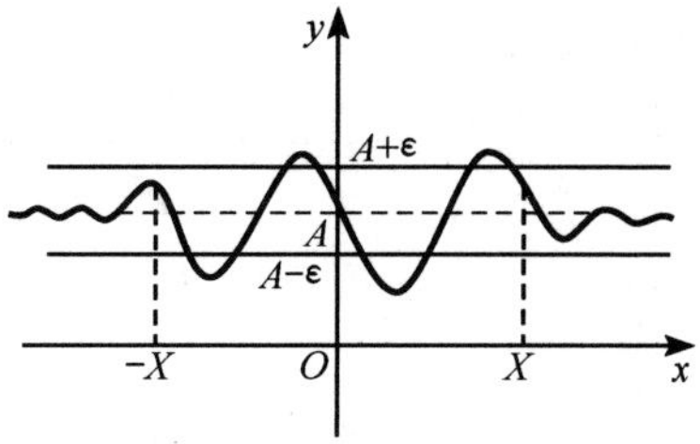

图 1.18

由上面的分析可知:

$$\lim_{x\to\infty}f(x)=A \Leftrightarrow \lim_{x\to+\infty}f(x)=\lim_{x\to-\infty}f(x)=A.$$

例 1.2.9　证明$\lim\limits_{x\to\infty}\dfrac{1}{x}=0$.

证明　$\forall\varepsilon>0$,要使$\left|\dfrac{1}{x}-0\right|=\dfrac{1}{|x|}<\varepsilon$ 成立,即

$$|x|>\frac{1}{\varepsilon},$$

取 $X=\dfrac{1}{\varepsilon}$,当$|x|>X$ 时,有

$$\left|\frac{1}{x}-0\right|<\varepsilon$$

成立,即$\lim\limits_{x\to\infty}\dfrac{1}{x}=0$.

2. 函数极限的性质

本节所讨论函数极限的各种情形也具有类似于 1.2.1 小节的数列极限的性质. 我们只对 $x\to x_0$ 的情形加以叙述,当 $x\to\infty$时也有类似的定理.

定理 1.2.1(唯一性)　若$\lim\limits_{x\to x_0}f(x)=A$ 存在,那么此极限唯一.

该定理的证明类似于数列极限唯一性的证明.

定理 1.2.2(局部有界性)　若$\lim\limits_{x\to x_0}f(x)=A$ 存在,则 $f(x)$在 x_0 的某个去心邻域 $\mathring{U}(x_0,\delta)$内有界,即存在常数 $M>0$ 和 $\delta>0$,使得当 $0<|x-x_0|<\delta$ 时,有$|f(x)|\leqslant M$.

证明　因为$\lim\limits_{x\to x_0}f(x)=A$,所以取 $\varepsilon=1$,则存在 $\delta>0$,使得当 $0<|x-x_0|<\delta$ 时,有

$$|f(x)-A|<1,$$

即

$$|f(x)|\leqslant|f(x)-A|+|A|<|A|+1,$$

记 $M=|A|+1$,则定理 1.2.2 得证.

定理 1.2.3(局部保号性) 若$\lim\limits_{x\to x_0}f(x)=A>0$(或$<0$),则存在常数$\delta>0$,使得当$0<|x-x_0|<\delta$时,有$f(x)>0$(或$<0$).

证明 不妨设$A>0$.

因为$\lim\limits_{x\to x_0}f(x)=A>0$,故取$\varepsilon>0(\varepsilon<A)$,则$\exists\delta>0$,当$0<|x-x_0|<\delta$时,有

$$|f(x)-A|<\varepsilon\Rightarrow f(x)>A-\varepsilon>0.$$

类似地可证明$A<0$的情形.

由定理 1.2.3,易得以下**推论**:

推论 1.2.2 若在x_0的某一去心邻域$\mathring{U}(x_0,\delta)$内$f(x)\geqslant 0$(或$f(x)\leqslant 0$),而且$\lim\limits_{x\to x_0}f(x)=A$,那么$A\geqslant 0$(或$A\leqslant 0$).

注 上述推论的结论中的等号不能丢.例如,$f(x)=\begin{cases}x^2, & x\neq 0,\\ 1, & x=0.\end{cases}$,有$f(x)>0$,但$\lim\limits_{x\to 0}f(x)=0$.

1.2.3 极限的运算法则

前面介绍了极限的定义,由极限的定义只能验证某个常数是否是某个函数的极限,而不能求出某个函数的极限.在接下来的这一节里,我们将介绍函数极限的运算法则,并利用这些法则去求一些函数的极限.

定理 1.2.4 设$\lim f(x)=A,\lim g(x)=B$,则

$$\lim[f(x)\pm g(x)]=\lim f(x)\pm\lim g(x)=A\pm B.$$

定理 1.2.5 设$\lim f(x)=A,\lim g(x)=B$,则

$$\lim[f(x)g(x)]=[\lim f(x)][\lim g(x)]=AB.$$

定理 1.2.6 设$\lim f(x)=A,\lim g(x)=B$,且$B\neq 0$,则

$$\lim\frac{f(x)}{g(x)}=\frac{\lim f(x)}{\lim g(x)}=\frac{A}{B}.$$

注 在上述定理中,符号“lim”下方没有标明自变量的变化过程,意思是指以上定理对自变量的任何一种变化过程都成立,而且对数列极限也是成立的,对每个定理,“lim”表示自变量的同一变化过程.

下面以$x\to x_0$过程为例证定理 1.2.4,另两个定理留给读者考虑.

因为$\lim\limits_{x\to x_0}f(x)=A$,即对$\forall\varepsilon>0,\exists\delta_1>0$,对于当$0<|x-x_0|<\delta_1$时,有

$$|f(x)-A|<\frac{\varepsilon}{2}.$$

又$\lim\limits_{x\to x_0}g(x)=B$,则对上述$\varepsilon>0,\exists\delta_2>0$,对于当$0<|x-x_0|<\delta_2$时,有

$$|g(x)-B|<\frac{\varepsilon}{2}.$$

于是对上述$\varepsilon>0$,取$\delta=\min\{\delta_1,\delta_2\}$,当$0<|x-x_0|<\delta$时,有

$$|(f(x)+g(x))\pm(A+B)|=|(f(x)-A)\pm(g(x)-B)|$$

$$\leqslant |f(x)-A|+|g(x)-B|$$
$$\leqslant \frac{\varepsilon}{2}+\frac{\varepsilon}{2}=\varepsilon,$$

由极限定义可知

$$\lim_{x\to x_0}[f(x)\pm g(x)]=\lim_{x\to x_0}f(x)\pm\lim_{x\to x_0}g(x)=A\pm B.$$

读者可类似证明定理 1.2.4 中当 $x\to\infty$ 时情形. 于是定理 1.2.4 得证.

定理 1.2.4 和定理 1.2.5 的结论可以推广到有限个函数相加减、相乘的情形.

定理 1.2.5 有以下推论：

推论 1.2.3　若 $\lim f(x)$ 存在，C 为常数，则 $\lim Cf(x)=C\lim f(x)$.

这里 $\lim C=C$，由定理 1.2.5 即得推论 1.2.3，因此求极限时可把常数因子提到极限符号外面.

推论 1.2.4　若 $\lim f(x)$ 存在，n 为正整数，则 $\lim[f(x)]^n=[\lim f(x)]^n$.

定理 1.2.7　若 $f(x)\geqslant g(x)$，且 $\lim f(x)=A$，$\lim g(x)=B$，那么 $A\geqslant B$.

证明　令 $h(x)=f(x)-g(x)$，则 $h(x)\geqslant 0$，由定理 1.2.4 有

$$\lim h(x)=\lim[f(x)-g(x)]=\lim f(x)-\lim g(x)=A-B.$$

由推论 1.2.2，有 $A-B\geqslant 0$，即 $A\geqslant B$.

例 1.2.10　求 $\lim\limits_{x\to 1}(3x+5)$.

解　$\lim\limits_{x\to 1}(3x+5)=3\lim\limits_{x\to 1}x+\lim\limits_{x\to 1}5=3+5=8.$

例 1.2.11　求 $\lim\limits_{x\to 2}x^4$.

解　$\lim\limits_{x\to 2}x^4=(\lim\limits_{x\to 2}x)^4=2^4=16.$

例 1.2.12　求 $\lim\limits_{x\to -1}\dfrac{2x^2+1}{x^3+4x^2+4x}$.

解　$$\lim_{x\to -1}\frac{2x^2+1}{x^3+4x^3+4x}=\frac{2\lim\limits_{x\to -1}x^2+\lim\limits_{x\to -1}1}{\lim\limits_{x\to -1}x^3+4\lim\limits_{x\to -1}x^2+4\lim\limits_{x\to -1}x}=\frac{2+1}{-1+4-4}=-3.$$

一般地，对于多项式

$$P(x)=a_0x^n+a_1x^{n-1}+\cdots+a_{n-1}x+a_n,$$

由极限四则运算定理及推论，得

$$\lim_{x\to x_0}P(x)=a_0\lim_{x\to x_0}x^n+a_1\lim_{x\to x_0}x^{n-1}+\cdots+a_{n-1}\lim_{x\to x_0}x+\lim_{x\to x_0}a_n$$
$$=a_0x_0^n+a_1x_0^{n-1}+\cdots+a_{n-1}x_0+a_n=P(x_0).$$

对于有理函数

$$f(x)=\frac{P(x)}{Q(x)},$$

其中 $P(x)$，$Q(x)$ 均为 x 的多项式，且 $Q(x_0)\neq 0$，有

$$\lim_{x\to x_0}f(x)=\frac{\lim\limits_{x\to x_0}P(x)}{\lim\limits_{x\to x_0}Q(x)}=\frac{P(x_0)}{Q(x_0)}=f(x_0).$$

注 当 $Q(x_0)=0$ 时,关于商的极限法则不能应用,需要特别考虑.

例 1.2.13 求 $\lim\limits_{x\to 1}\dfrac{x^2-1}{x^3-1}$.

分析 当 $x\to 1$ 时,$x^2-1\to 0$,$x^3-1\to 0$,因此不能用商的极限的运算法则,但可以通过因式分解约去使分子、分母同时为零的因式来求解.

解 $\lim\limits_{x\to 1}\dfrac{x^2-1}{x^3-1}=\lim\limits_{x\to 1}\dfrac{(x+1)(x-1)}{(x^2+x+1)(x-1)}=\lim\limits_{x\to 1}\dfrac{x+1}{x^2+x+1}=\dfrac{2}{3}$.

在这里我们不加证明地指出:一切基本初等函数在其定义域内的每点处都有以下性质:若 $f(x)$ 是基本初等函数,设其定义域为 D,且 $x_0\in D$,则有

$$\lim_{x\to x_0}f(x)=f(x_0).$$

例如,$f(x)=\sqrt[3]{x}=x^{\frac{1}{3}}$ 属于基本初等函数,它在点 $x=1$ 有定义,所以

$$\lim_{x\to 1}\sqrt[3]{x}=\lim_{x\to 1}x^{\frac{1}{3}}=1.$$

定理 1.2.8(复合函数的极限运算法则) 设函数 $y=f(g(x))$ 是由函数 $u=g(x)$ 与函数 $y=f(u)$ 复合而成,$y=f(g(x))$ 在点 x_0 的某一去心邻域内有定义,若 $\lim\limits_{x\to x_0}g(x)=u_0$,$\lim\limits_{u\to u_0}f(u)=A$,且存在一正数 δ,$\forall\, x\in\mathring{U}(x_0,\delta)$,有 $g(x)\neq u_0$,则 $\lim\limits_{x\to x_0}f(g(x))=A$.

证明从略.

1.2.4 极限存在准则、两个重要极限

前面介绍的极限运算法则是在假定函数极限存在的前提下给出的,本节将给出两个判定极限存在的准则,这在理论上有着重要的意义.另外,作为应用准则的例子,我们还将讨论两个重要极限 $\lim\limits_{x\to 0}\dfrac{\sin x}{x}=1$ 及 $\lim\limits_{x\to\infty}\left(1+\dfrac{1}{x}\right)^x=\mathrm{e}$.

1. 夹逼准则

以下的准则 I 和准则 I′ 均称为极限的**夹逼准则**.

准则 I 如果数列 $\{x_n\}$,$\{y_n\}$,$\{z_n\}$$(n=1,2,\cdots)$满足下列条件:

(1) $y_n\leqslant x_n\leqslant z_n(n=1,2,\cdots)$;

(2) $\lim\limits_{n\to\infty}y_n=\lim\limits_{n\to\infty}z_n=a$.

那么数列 $\{x_n\}$ 的极限存在,且 $\lim\limits_{n\to\infty}x_n=a$.

证明 因为当 $n\to\infty$ 时,$y_n\to a$ 以及 $z_n\to a$,所以根据数列极限的定义可得:对任意给定的正数 ε,总存在相应的正整数 N_1,N_2,使得当 $n>N_1$ 时,有 $|y_n-a|<\varepsilon$,以及当 $n>N_2$ 时,有 $|z_n-a|<\varepsilon$,现在取 $N=\max\{N_1,N_2\}$,则当 $n>N$ 时,

$$|y_n-a|<\varepsilon,\quad |z_n-a|<\varepsilon$$

同时成立,即

$$a-\varepsilon<y_n<a+\varepsilon,\quad a-\varepsilon<z_n<a+\varepsilon,$$

又由定理中条件(1)可知，当 $n>N$ 时，有

$$a-\varepsilon<y_n\leqslant x_n\leqslant z_n<a+\varepsilon,$$

即

$$|x_n-a|<\varepsilon$$

成立. 于是 $\lim\limits_{n\to\infty}x_n=a$.

将上述数列的夹逼准则推广至函数极限，有

准则 Ⅰ′　如果函数 $f(x)$，$g(x)$，$h(x)$ 在 x_0 的某一去心邻域内(或 $|x|$ 充分大时)有定义，且满足以下条件：

(1) 存在 x_0 的某一去心邻域 $\mathring{U}(x_0,\delta)$(或存在正数 X)，对于任意的 $x\in\mathring{U}(x_0,\delta)$(或对任意的 $|x|>X$)有 $g(x)\leqslant f(x)\leqslant h(x)$；

(2) $\lim\limits_{\substack{x\to x_0\\(x\to\infty)}}g(x)=\lim\limits_{\substack{x\to x_0\\(x\to\infty)}}h(x)=A$.

那么函数 $\lim\limits_{\substack{x\to x_0\\(x\to\infty)}}f(x)$ 的极限存在，且 $\lim\limits_{\substack{x\to x_0\\(x\to\infty)}}f(x)=A$.

作为准则 Ⅰ′的应用，下面给出并证明一个重要极限.

$$\lim_{x\to 0}\frac{\sin x}{x}=1.$$

这个公式从几何直观来看是十分明显的，首先注意到，函数 $\frac{\sin x}{x}$ 对于一切 $x\neq 0$ 都有定义.

因为 $\frac{\sin(-x)}{-x}=\frac{-\sin x}{-x}=\frac{\sin x}{x}$，所以当 x 改变符号时 $\frac{\sin x}{x}$ 的值不变，故只讨论 x 由正值趋向于 0 的情形就可以了.

作单位圆，如图 1.19 所示. 设 $\angle AOB=x\left(0<x<\frac{\pi}{2}\right)$，则 $\triangle AOB$ 的面积 < 扇形 AOB 的面积 < $\triangle AOD$ 的面积，而

$$\triangle AOB\text{ 的面积}=\frac{1}{2}OA\cdot BC=\frac{1}{2}\cdot 1\cdot\sin x=\frac{1}{2}\sin x,$$

$$\text{扇形 }AOB\text{ 的面积}=\frac{1}{2}\cdot 1^2\cdot x=\frac{1}{2}x,$$

$$\triangle AOD\text{ 的面积}=\frac{1}{2}OA\cdot AD=\frac{1}{2}\cdot 1\cdot\tan x=\frac{1}{2}\tan x,$$

所以

$$\frac{1}{2}\sin x<\frac{1}{2}x<\frac{1}{2}\tan x,$$

即

$$\sin x<x<\tan x,$$

同除以 $\sin x$，有

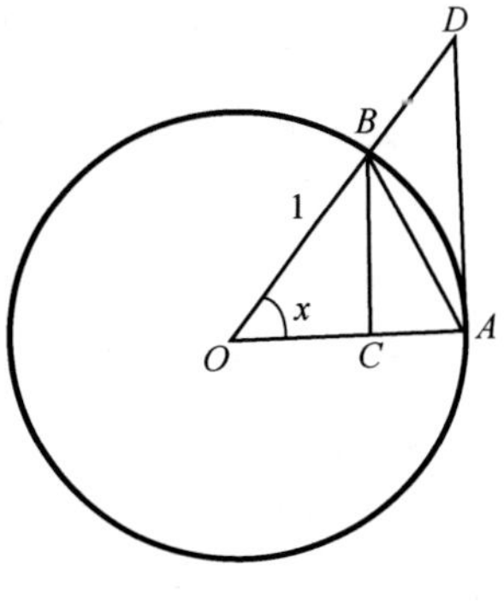

图 1.19

$$1<\frac{x}{\sin x}<\frac{\tan x}{\sin x}=\frac{1}{\cos x},$$

从而

$$\cos x<\frac{\sin x}{x}<1. \tag{1.1}$$

由 1.2.3 小节指出的基本初等函数的性质：基本初等函数在其定义域内任意一点处的极限值等于函数在该点处的取值. 于是有

$$\lim_{x\to 0}\cos x=1,$$

又

$$\lim_{x\to 0}1=1,$$

所以由式(1.1)和准则 I′即得 $\lim\limits_{x\to 0}\frac{\sin x}{x}=1$. 函数 $y=\frac{\sin x}{x}$ 的图形如图 1.20 所示.

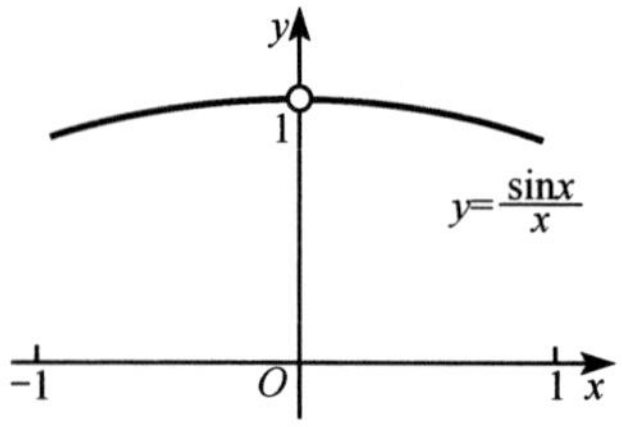

图 1.20

例 1.2.14　求 $\lim\limits_{x\to 0}\frac{x}{\tan x}$.

解　$\lim\limits_{x\to 0}\frac{x}{\tan x}=\lim\limits_{x\to 0}\left(\frac{x}{\sin x}\cdot\cos x\right)=\lim\limits_{x\to 0}\frac{x}{\sin x}\cdot\lim\limits_{x\to 0}\cos x=1.$

例 1.2.15　求 $\lim\limits_{x\to 0}\frac{1-\cos x}{\frac{1}{2}x^2}$.

解　$\lim\limits_{x\to 0}\frac{1-\cos x}{\frac{1}{2}x^2}=\lim\limits_{x\to 0}\frac{4\sin^2\frac{x}{2}}{x^2}=\lim\limits_{x\to 0}\frac{\sin^2\frac{x}{2}}{\left(\frac{x}{2}\right)^2}=\lim\limits_{x\to 0}\left(\frac{\sin\frac{x}{2}}{\frac{x}{2}}\right)^2=1.$

例 1.2.16　求 $\lim\limits_{x\to 0}\frac{\arcsin x}{x}$.

解　令 $t=\arcsin x$，则 $x=\sin t$，当 $x\to 0$ 时，有 $t\to 0$，于是

$$\lim_{x\to 0}\frac{\arcsin x}{x}=\lim_{t\to 0}\frac{t}{\sin t}=1.$$

例 1.2.17　证明 $\lim\limits_{n\to\infty}\left(\frac{1}{\sqrt{n^2-1}}+\frac{1}{\sqrt{n^2-2}}+\cdots+\frac{1}{\sqrt{n^2-n}}\right)=1$.

证明　记

$$a_n=\frac{1}{\sqrt{n^2-1}}+\frac{1}{\sqrt{n^2-2}}+\cdots+\frac{1}{\sqrt{n^2-n}},$$

则

$$a_n<\frac{1}{\sqrt{n^2-n}}+\frac{1}{\sqrt{n^2-n}}+\cdots+\frac{1}{\sqrt{n^2-n}}=\frac{n}{\sqrt{n^2-n}},$$

且

$$a_n > \frac{1}{\sqrt{n^2-1}} + \frac{1}{\sqrt{n^2-1}} + \cdots + \frac{1}{\sqrt{n^2-1}} = \frac{n}{\sqrt{n^2-1}},$$

即

$$\frac{n}{\sqrt{n^2-1}} < a_n < \frac{n}{\sqrt{n^2-n}}.$$

因为

$$\lim_{n\to\infty}\frac{n}{\sqrt{n^2-1}} = 1,\quad \lim_{n\to\infty}\frac{n}{\sqrt{n^2-n}} = 1,$$

由夹逼准则可知

$$\lim_{n\to\infty}a_n = \lim_{n\to\infty}\left(\frac{1}{\sqrt{n^2-1}} + \frac{1}{\sqrt{n^2-2}} + \cdots + \frac{1}{\sqrt{n^2-n}}\right) = 1.$$

2. 单调有界收敛准则

下面介绍数列的另外一个收敛准则:单调有界收敛准则.

准则 II　单调有界数列必有极限.

由性质 1.2.2 知收敛数列必有界,但有界数列不一定收敛. 准则 II 表明:如果数列不仅有界,并且单调的话,那么这个数列必有极限,也就是说这个数列一定收敛. 值得注意的是,准则 II 仅是数列极限存在的一个充分条件而非必要条件,比如数列 $\left\{\frac{(-1)^n}{n}\right\}$ 收敛,但并不单调.

对准则 II 不作证明,只给出如下的几何解释.

从数轴上看,对应于单调数列的点 x_n 只能向一个方向移动,所以只有两种可能情形:或者点 x_n 沿着数轴运动至无穷远($x_n\to+\infty$ 或 $x_n\to-\infty$);或者点 x_n 无限地趋于某一个定点 A(图 1.21),也就是说 x_n 有极限.

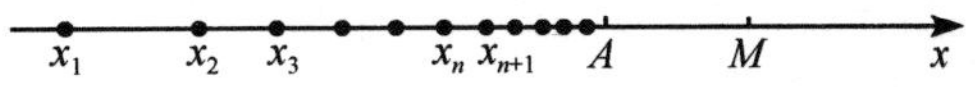

图 1.21

由于现在假定数列 x_n 是有界的,由有界定义可知数列的每一点 x_n 都落在某个闭区间 $[-M,M]$ 内,因此上述第一种情形就不可能发生了,于是该数列有极限,由极限的保号性可知这个极限的绝对值不会超过 M.

作为准则 II 的应用,我们讨论另一个重要极限

$$\lim_{x\to\infty}\left(1+\frac{1}{x}\right)^x.$$

这里 $x\to\infty$,既包括 $x\to+\infty$,也包括 $x\to-\infty$. 下面我们先考虑 $x\to+\infty$ 时的一种特殊情形,即 x 取整数趋向于 $+\infty$ 的情形.

设 $x_n=\left(1+\frac{1}{n}\right)^n$,我们来证明数列 x_n 单调增加并且有界,按牛顿二项展开式,有

$$x_n = \left(1+\frac{1}{n}\right)^n = 1 + \frac{n}{1!}\cdot\frac{1}{n} + \frac{n(n-1)}{2!}\cdot\frac{1}{n^2} + \frac{n(n-1)(n-2)}{3!}\cdot\frac{1}{n^3} + \cdots$$

$$+\frac{n(n-1)\cdots(n-n+1)}{n!}\cdot\frac{1}{n^n}$$

$$=1+1+\frac{1}{2!}\left(1-\frac{1}{n}\right)+\frac{1}{3!}\left(1-\frac{1}{n}\right)\left(1-\frac{2}{n}\right)+\cdots$$

$$+\frac{1}{n!}\left(1-\frac{1}{n}\right)\left(1-\frac{2}{n}\right)\cdots\left(1-\frac{n-1}{n}\right).$$

类似地，

$$x_{n+1}=1+1+\frac{1}{2!}\left(1-\frac{1}{n+1}\right)+\frac{1}{3!}\left(1-\frac{1}{n+1}\right)\left(1-\frac{2}{n+1}\right)+\cdots$$

$$+\frac{1}{n!}\left(1-\frac{1}{n+1}\right)\left(1-\frac{2}{n+1}\right)\cdots\left(1-\frac{n-1}{n+1}\right)$$

$$+\frac{1}{(n+1)!}\left(1-\frac{1}{n+1}\right)\left(1-\frac{2}{n+1}\right)\cdots\left(1-\frac{n}{n+1}\right).$$

比较 x_n 与 x_{n+1} 的展开式，可以看到除了前两项相等外，x_n 的每一项都小于 x_{n+1} 的对应项，此外 x_{n+1} 比 x_n 还多了最后一正项，因此

$$x_n < x_{n+1},$$

这表明数列 $\{x_n\}$ 是单调增加的，此外数列 $\{x_n\}$ 还是有上界的，因为

$$x_n<1+1+\frac{1}{2!}+\frac{1}{3!}+\cdots+\frac{1}{n!}<2+\frac{1}{1\times2}+\frac{1}{2\times3}+\cdots+\frac{1}{(n-1)\times n}$$

$$=3-\frac{1}{n}<3,$$

这就说明数列 $\{x_n\}$ 是有上界的，又 $x_n>0>-3$，则 $\forall n\in\mathbf{N}^+$ 有 $|x_n|<3$，故 $\{x_n\}$ 有界. 根据极限存在准则 II，这个数列 $\{x_n\}$ 必有极限，通常用字母 e 来表示该极限. 即

$$\lim_{n\to\infty}\left(1+\frac{1}{n}\right)^n=\mathrm{e}.$$

可以证明，当 x 取实数而趋向于 $+\infty$ 或 $-\infty$ 时，函数 $\lim\limits_{x\to\infty}\left(1+\frac{1}{x}\right)^x$ 的极限存在且也等于 e，因此

$$\lim_{x\to\infty}\left(1+\frac{1}{x}\right)^x=\mathrm{e}.$$

这个 e 是无理数，它的值为 2.718281828459045…. 指数函数 $y=\mathrm{e}^x$ 以及自然对数 $y=\ln x=\log_{\mathrm{e}}x$ 中的 e 就是这个数.

若令 $t=\frac{1}{x}$，则当 $x\to\infty$ 时，$t\to0$，上面的极限可改写为

$$\lim_{t\to0}(1+t)^{\frac{1}{t}}=\mathrm{e}.$$

例 1.2.18 求 $\lim\limits_{x\to\infty}\left(1-\frac{1}{x}\right)^{-x}$.

解 令 $t=-x$，则当 $x\to\infty$ 时，$t\to\infty$，

$$\lim_{x\to\infty}\left(1-\frac{1}{x}\right)^{-x}=\lim_{t\to\infty}\left(1+\frac{1}{t}\right)^{t}=\mathrm{e}.$$

例 1.2.19　求$\lim\limits_{x\to0}\dfrac{\ln(1+x)}{x}$.

解　由于$\dfrac{\ln(1+x)}{x}=\ln(1+x)^{\frac{1}{x}}$,故

$$\lim_{x\to0}\frac{\ln(1+x)}{x}=\lim_{x\to0}\ln(1+x)^{\frac{1}{x}}=\ln\lim_{x\to0}(1+x)^{\frac{1}{x}}=\ln\mathrm{e}=1.$$

例 1.2.20　求$\lim\limits_{x\to0}\dfrac{\mathrm{e}^x-1}{x}$.

解　令 $t=\mathrm{e}^x-1$,则 $x=\ln(t+1)$,且当 $x\to0$ 时,$t\to0$,于是

$$\lim_{x\to0}\frac{\mathrm{e}^x-1}{x}=\lim_{t\to0}\frac{t}{\ln(t+1)}=\frac{1}{\lim\limits_{t\to0}\dfrac{\ln(t+1)}{t}}=1.$$

上述计算结果主要是利用了例 1.2.19 的结果.

在利用第二个重要极限来计算函数极限时,常遇到形如$[f(x)]^{g(x)}$的函数(通常称为幂指函数)的极限,若已知 $\lim f(x)=A>0$,$\lim g(x)=B$,那么

$$\lim[f(x)]^{g(x)}=A^B.$$

例 1.2.21　求$\lim\limits_{x\to\infty}\left(\dfrac{x+1}{x-1}\right)^x$.

解　$\lim\limits_{x\to\infty}\left(\dfrac{x+1}{x-1}\right)^x=\lim\limits_{x\to\infty}\left[\left(1+\dfrac{2}{x-1}\right)^{\frac{x-1}{2}}\right]^2\cdot\left(1+\dfrac{2}{x-1}\right)=\mathrm{e}^2\cdot1=\mathrm{e}^2$.

例 1.2.22　设 $x_0=1,x_1=1+\dfrac{x_0}{1+x_0},\cdots,x_{n+1}=1+\dfrac{x_n}{1+x_n}$,证明$\lim\limits_{n\to\infty}x_n$ 存在,并求此极限.

解　由题意知 $x_n>0(n=0,1,2,\cdots)$,$x_1-x_0=\dfrac{1}{2}>0$,所以 $x_1>x_0$. 不妨设 $x_{k-1}<x_k$,则

$$x_{k+1}-x_k=\left(1+\frac{x_k}{1+x_k}\right)-\left(1+\frac{x_{k-1}}{1+x_{k-1}}\right)=\frac{x_k-x_{k-1}}{(1+x_k)(1+x_{k-1})}>0,$$

因此$\{x_n\}$单调增加,再由

$$1\leqslant x_n=1+\frac{x_{n-1}}{1+x_{n-1}}=2-\frac{1}{1+x_{n-1}}<2,$$

所以$\{x_n\}$单调增加且有界. 因此,由准则 II,$\lim\limits_{n\to\infty}x_n$ 存在,设$\lim\limits_{n\to\infty}x_n=l$,则由

$$\lim_{n\to\infty}x_n=\lim_{n\to\infty}\left(1+\frac{x_{n-1}}{1+x_{n-1}}\right),$$

得

$$l=1+\frac{l}{1+l},$$

故

$$l=\frac{1\pm\sqrt{5}}{2}.$$

又 $1\leqslant x_n<2$,由极限的保号性,故 $1\leqslant l\leqslant 2$,$l=\frac{1-\sqrt{5}}{2}$舍去,所以

$$\lim_{n\to\infty}x_n=\frac{1+\sqrt{5}}{2}.$$

1.2.5 无穷小与无穷大

1. 无穷小

在极限的研究中,极限为 0 的函数起着重要的作用,需要进行专门的讨论,为此先引进如下定义.

定义 1.2.6 如果函数 $f(x)$当 $x\to x_0$(或 $x\to\infty$)时以 0 为极限,那么称函数 $f(x)$为当 $x\to x_0$(或 $x\to\infty$)时的无穷小.

特别地,以 0 为极限的数列$\{x_n\}$称为 $n\to\infty$时的无穷小.

因为$\lim\limits_{x\to 2}(x-2)=0$,所以函数 $x-2$ 称为当 $x\to 2$ 时的无穷小.

因为$\lim\limits_{x\to\infty}\frac{1}{x^2}=0$,所以函数$\frac{1}{x^2}$称为当 $x\to\infty$时的无穷小.

注 无穷小是以 0 为极限的函数,是针对某一变化过程而言的;任何一个绝对值很小的非零常数都不是无穷小.特别地,0 可以看成是任何一个变化过程中的无穷小,因为如果 $f(x)\equiv 0$,那么对任意的 $\varepsilon>0$,总有$|f(x)|<\varepsilon$.

按极限的定义,我们得到:$f(x)$为 $x\to x_0$(或 $x\to\infty$)时的无穷小$\Leftrightarrow\forall\varepsilon>0$,$\exists\delta>0$(或$\exists X>0$),当 $0<|x-x_0|<\delta$(或$|x|>X$)时,有$|f(x)|<\varepsilon$.

下面介绍无穷小与函数极限之间的关系,这些关系在以后的证明中有非常重要的作用.

定理 1.2.9 函数 $f(x)$在某个极限过程中以常数 A 为极限的充分必要条件是:$f(x)$能表示为 A 与无穷小$\alpha(x)$之和的形式,即 $f(x)=A+\alpha(x)$.换句话说,定理又可叙述为:

$$\lim_{\substack{x\to x_0\\(x\to\infty)}}f(x)=A\Leftrightarrow f(x)=A+\alpha(x),$$

其中$\alpha(x)$当 $x\to x_0$(或 $x\to\infty$)时为无穷小.

证明 必要性.设 $\lim\limits_{\substack{x\to x_0\\(x\to\infty)}}f(x)=A$,故

$$\forall\varepsilon>0,\exists\delta>0(\text{或 }X>0),$$

对$\forall\, 0<|x-x_0|<\delta$(或$|x|>X$)时,有

$$|f(x)-A|<\varepsilon.$$

令 $\alpha(x)=f(x)-A$，则对 $\forall\, 0<|x-x_0|<\delta$（或 $|x|>X$），有

$$|\alpha(x)|=|\alpha(x)-0|<\varepsilon,\quad \text{即} \lim_{\substack{x\to x_0\\(x\to\infty)}}\alpha(x)=0.$$

充分性. 设 $f(x)=A+\alpha(x)$，其中 $\lim\limits_{\substack{x\to x_0\\(x\to\infty)}}\alpha(x)=0$，于是 $\forall\,\varepsilon>0$，$\exists\,\delta>0$（或 $X>0$），对 $\forall\, x$：$0<|x-x_0|<\delta$（或 $|x|>X$）时，有

$$|\alpha(x)|=|f(x)-A|<\varepsilon,\quad \text{即} \lim_{\substack{x\to x_0\\(x\to\infty)}}f(x)=A.$$

无穷小具有以下性质：

定理 1.2.10　有限个无穷小的代数和仍为无穷小量.

定理 1.2.10 可由极限的四则运算法则推得.

定理 1.2.11　有界量与无穷小的乘积仍为无穷小.

定理 1.2.11 可由极限的四则运算法则以及夹逼准则得证.

推论 1.2.5　常数与无穷小的乘积仍为无穷小.

推论 1.2.6　有限个无穷小的乘积仍为无穷小.

注　两个无穷小的商未必是无穷小，如 $x\to 0$ 时，x^2 与 $3x^2$ 都是无穷小，但由 $\lim\limits_{x\to 0}\dfrac{3x^2}{x^2}=3$ 可知，$\dfrac{3x^2}{x^2}$ 当 $x\to 0$ 时不是无穷小.

例 1.2.23　求极限 $\lim\limits_{x\to 0}\left(x\sin\dfrac{1}{x}\right)$.

解　由于 $\left|\sin\dfrac{1}{x}\right|\leqslant 1\,(x\neq 0)$，故 $\sin\dfrac{1}{x}$ 在 $x=0$ 的任一去心邻域内有界. 而函数 x 是 $x\to 0$ 时的无穷小，由定理 1.2.11 知 $x\sin\dfrac{1}{x}$ 是 $x\to 0$ 时的无穷小量，即

$$\lim_{x\to 0}\left(x\sin\frac{1}{x}\right)=0.$$

图 1.22 是计算机绘制的 $y=x\sin\dfrac{1}{x}$ 的图形，从中可见当 x 接近于 0 时，其对应的函数值虽然交替地取正负值，但“振幅”越来越小无限地趋近于 0.

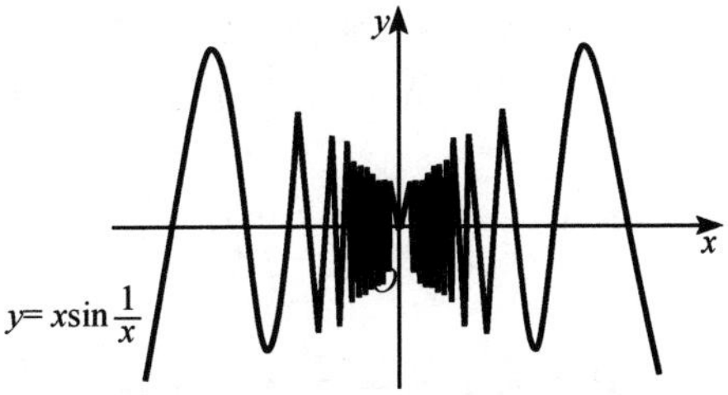

图 1.22

2. 无穷大

在讨论数列的极限时，当 $n\to\infty$ 时，不是所有的数列都有极限，同样当 $x\to x_0$ 或 $x\to\infty$ 时，并不是所有的函数都有极限. 在自变量变化过程中函数没有极限时，将会出现各种不同情况，其中最重要的一种就是在自变量变化过程中，函数的绝对值无限增大的情况. 此时函数虽然没有极限，但为了叙述方便，

我们也说它的极限为无穷大.精确地说,有下述定义:

定义 1.2.7 设函数在 x_0 的某一去心邻域有定义(或 $|x|$ 大于某一正数时有定义).如果对于任意给定的正数 M(不论它多么大),总存在正数 δ(或正数 X),只要 x 满足:

$$0<|x-x_0|<\delta \quad (\text{或 } |x|>X),$$

对应的函数值 $f(x)$ 总满足

$$|f(x)|>M,$$

则称函数 $f(x)$ 为当 $x\to x_0$(或 $x\to\infty$)时的**无穷大**.

注 (1) 当 $x\to x_0$(或 $x\to\infty$)时,函数 $f(x)$ 为无穷大,其极限是**不存在**的.但为了方便起见,记作

$$\lim_{\substack{x\to x_0\\(x\to\infty)}} f(x)=\infty.$$

(2) 无穷大是一个动态量,不是数,任何一个绝对值很大的常数都不是无穷大.此外,无穷大不同于无界量,比如数列 $0,1,0,2,\cdots,0,n,\cdots$ 是无界量,但它不是 $n\to\infty$ 的无穷大.

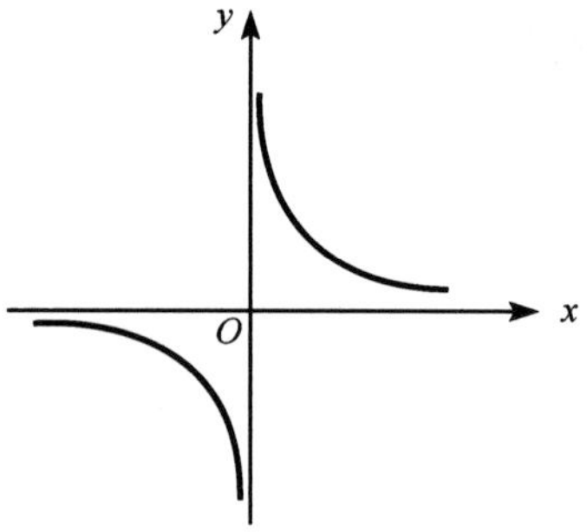

图 1.23

例 1.2.24 证明 $\lim\limits_{x\to 0}\dfrac{1}{x}=\infty$(图 1.23).

证明 对任意给定的正数 $M>0$,要使

$$\left|\frac{1}{x}\right|>M,$$

只要

$$|x-0|=|x|<\frac{1}{M},$$

所以,取 $\delta=\dfrac{1}{M}$,则只要 x 满足不等式

$$0<|x-0|<\delta=\frac{1}{M},$$

就有

$$\left|\frac{1}{x}\right|>M,$$

即

$$\lim_{x\to 0}\frac{1}{x}=\infty.$$

下面的定理说明了无穷大与无穷小之间的关系,即

定理 1.2.12 在自变量的同一变化过程中,若 $f(x)$ 为无穷大,则 $\dfrac{1}{f(x)}$ 为无穷小;反之,若 $f(x)$ 为无穷小,且 $f(x)\neq 0$,则 $\dfrac{1}{f(x)}$ 为无穷大.

证明　不妨设 $\lim\limits_{x \to x_0} f(x)=\infty$，下证 $\lim\limits_{x \to x_0} \frac{1}{f(x)}=0$.

$\forall \varepsilon>0$，由 $f(x)$ 为 $x \to x_0$ 时的无穷大定义可知，对于 $M=\frac{1}{\varepsilon}$，存在相应的 $\delta>0$，当 $0<|x-x_0|<\delta$ 时，有

$$|f(x)|>M=\frac{1}{\varepsilon},$$

从而

$$\left|\frac{1}{f(x)}\right|<\varepsilon,$$

所以 $\frac{1}{f(x)}$ 当 $x \to x_0$ 时为无穷小.

反之，设 $\lim\limits_{x \to x_0} f(x)=0$，且 $f(x) \neq 0$，下证 $\lim\limits_{x \to x_0} \frac{1}{f(x)}=\infty$.

$\forall M>0$，由 $f(x)$ 为 $x \to x_0$ 时的无穷小定义可知，对于 $\varepsilon=\frac{1}{M}$，存在相应的 $\delta>0$，当 $0<|x-x_0|<\delta$ 时，有

$$|f(x)|<\varepsilon=\frac{1}{M},$$

因为 $f(x) \neq 0$，从而

$$\left|\frac{1}{f(x)}\right|>M,$$

所以 $\frac{1}{f(x)}$ 当 $x \to x_0$ 时为无穷大.

类似地可证 $x \to \infty$ 时的情形. 这一定理表明无穷小(非零)与无穷大互成倒数关系. 例如，当 $x \to 0$ 时，x 为无穷小，$\frac{1}{x}$ 为无穷大.

注　无穷大与无穷小不同的是，在自变量的同一变化过程中，两个无穷大相加或相减的结果是不确定的. 因此无穷大没有和无穷小那样类似的性质，需要具体问题具体分析.

例 1.2.25　求 $\lim\limits_{x \to 0} \frac{x^2+1}{x}$.

解　$x \to 0$ 时，分母趋于零，但 $x^2+1 \to 1(\neq 0)$，此时不能直接用商的极限运算法则，由于

$$\lim_{x \to 0} \frac{x}{x^2+1}=\frac{0}{1}=0,$$

由定理 1.2.12 推得

$$\lim_{x \to 0} \frac{x^2+1}{x}=\infty.$$

例 1.2.26　求 $\lim\limits_{x \to \infty} \frac{x^3-1}{3x^3+x^2+1}$.

分析 当$x\to\infty$时,$x^3-1\to\infty$,$3x^3+x^2+1\to\infty$.因此不能用商的极限的运算法则,但由于分子、分母关于x的最高次数相同都等于3,所以可用x^3同时去除分子、分母后求解.

解 $\lim\limits_{x\to\infty}\dfrac{x^3-1}{3x^3+x^2+1}=\lim\limits_{x\to\infty}\dfrac{1-\left(\dfrac{1}{x}\right)^3}{3+\dfrac{1}{x}+\left(\dfrac{1}{x}\right)^3}=\dfrac{1-0}{3+0+0}=\dfrac{1}{3}$.

这是由于$\lim\limits_{x\to\infty}\dfrac{1}{x}=0$(见例1.2.9)且

$$\lim_{x\to\infty}\frac{a}{x^n}=a\lim_{x\to\infty}\frac{1}{x^n}=a\left(\lim_{x\to\infty}\frac{1}{x}\right)^n=a\cdot 0=0,$$

其中a为常数,n为正整数.

例 1.2.27 求$\lim\limits_{x\to\infty}\dfrac{x^2-2x-3}{5x^4+x^2-1}$.

解 先用x^4同时去除分子、分母后求极限,有

$$\lim_{x\to\infty}\frac{x^2-2x-3}{5x^4+x^2-1}=\lim_{x\to\infty}\frac{\left(\dfrac{1}{x}\right)^2-2\left(\dfrac{1}{x}\right)^3-3\left(\dfrac{1}{x}\right)^4}{5+\left(\dfrac{1}{x}\right)^2-\left(\dfrac{1}{x}\right)^4}=\frac{0}{5}=0.$$

例 1.2.28 求$\lim\limits_{x\to\infty}\dfrac{5x^4+x^2-1}{x^2-2x-3}$.

解 应用例1.2.27及定理1.2.12可得

$$\lim_{x\to\infty}\frac{5x^4+x^2-1}{x^2-2x-3}=\infty.$$

关于$x\to\infty$的情形,综合例1.2.26、例1.2.27、例1.2.28,我们不难证明以下结论:对于一般的有理函数

$$f(x)=\frac{a_0x^m+a_1x^{m-1}+\cdots+a_m}{b_0x^n+b_1x^{n-1}+\cdots+b_n},\quad m,n\in\mathbf{N}^+,$$

有

$$\lim_{x\to\infty}f(x)=\lim_{x\to\infty}\frac{a_0x^m+a_1x^{m-1}+\cdots+a_m}{b_0x^n+b_1x^{n-1}+\cdots+b_n}=\begin{cases}a_0/b_0, & m=n,\\ 0, & m<n,\\ \infty, & m>n.\end{cases}$$

因为数列是特殊的函数,上述结论对数列固然也成立.

例 1.2.29 求$\lim\limits_{n\to\infty}\left(\dfrac{1}{n}+\dfrac{2}{n}+\cdots+\dfrac{n}{n}\right)$.

解 原式$=\lim\limits_{n\to\infty}\dfrac{n(n+1)}{2n}=\infty$.

例 1.2.30 求$\lim\limits_{n\to\infty}(\sqrt{n+1}-\sqrt{n})$.

解 当$n\to\infty$时,此为“$\infty-\infty$”所以不能用差的极限运算法则,先变形,再求极限.

$$\lim_{n\to\infty}(\sqrt{n+1}-\sqrt{n})=\lim_{n\to\infty}\frac{(\sqrt{n+1}-\sqrt{n})(\sqrt{n+1}+\sqrt{n})}{\sqrt{n+1}+\sqrt{n}}=\lim_{n\to\infty}\frac{1}{\sqrt{n+1}+\sqrt{n}}=0.$$

这里求极限的方法称为对分子“有理化法”，当然也有对分母的“有理化法”.

3. 无穷小的比较

定理 1.2.10 及推论 1.2.6 揭示了两个无穷小的和、差、乘积仍为无穷小的性质，那么两个无穷小的商呢？例如：

当 $x\to 0$ 时，$x,3x,x^2$ 都是无穷小，而

$$\lim_{x\to 0}\frac{x^2}{x}=0,\quad \lim_{x\to 0}\frac{x}{x^2}=\infty,\quad \lim_{x\to 0}\frac{3x}{x}=3.$$

可见，两个无穷小商的极限有各种不同情况，反映了不同的无穷小趋向于零的“快慢”程度，就上面几个例子来说，在 $x\to 0$ 的过程中，$x^2\to 0$ 比 $x\to 0$“快些”，反过来 $x\to 0$ 比 $x^2\to 0$“慢些”，而 $x\to 0$ 与 $3x\to 0$“快慢相仿”.

下面来研究两个无穷小之间的比较. 值得注意的是，下面的 α 及 β 都是在同一变化中的无穷小，且 $\alpha\neq 0$，$\lim\frac{\beta}{\alpha}$ 也是在这一变化过程中的极限.

定义 1.2.8　如果 $\lim\frac{\beta}{\alpha}=0$，就说 β 是比 α 高阶的无穷小，记作 $\beta=o(\alpha)$；

如果 $\lim\frac{\beta}{\alpha}=\infty$，就说 β 是比 α 低阶的无穷小；

如果 $\lim\frac{\beta}{\alpha}=c\neq 0$，就说 β 与 α 是同阶无穷小；

如果 $\lim\frac{\beta}{\alpha}=1$，就说 β 与 α 是等价无穷小，记作 $\alpha\sim\beta$；

如果 $\lim\frac{\beta}{\alpha^k}=c\neq 0,k>0$，就说 β 是关于 α 的 k 阶无穷小.

引例中：

因为 $\lim\limits_{x\to 0}\frac{x^2}{x}=0$，所以当 $x\to 0$ 时，x^2 是比 x 高阶的无穷小；

因为 $\lim\limits_{x\to 0}\frac{x}{x^2}=\infty$，所以当 $x\to 0$ 时，x 是比 x^2 低阶的无穷小；

因为 $\lim\limits_{x\to 0}\frac{3x}{x}=3$，所以当 $x\to 0$ 时，$3x$ 与 x 是同阶无穷小；

又因为 $\lim\limits_{x\to\infty}\dfrac{\frac{1}{x}}{\frac{1}{x+1}}=1$，所以当 $x\to\infty$ 时，$\frac{1}{x}$ 与 $\frac{1}{x+1}$ 是等价无穷小，即

$$\frac{1}{x}\sim\frac{1}{x+1}\quad(x\to\infty).$$

关于等价无穷小,有下面两个定理.

定理 1.2.13 β与α是等价无穷小的充分必要条件是

$$\beta=\alpha+o(\alpha).$$

定理 1.2.14 设$\alpha\sim\alpha'$,$\beta\sim\beta'$,且$\lim\frac{\beta'}{\alpha'}$存在,则

$$\lim\frac{\beta}{\alpha}=\lim\frac{\beta'}{\alpha'}.$$

定理 1.2.13 与定理 1.2.14 请读者应用极限的运算法则自己完成证明.

注 定理 1.2.14 表明:求两个无穷小之比的极限时,分子及分母都可用等价无穷小来代替.如果用来代替的无穷小选得适当的话,可以使计算简化.但是这种代替只能在无穷小的乘除式子中进行,加减时不可以.

例如,$\lim\limits_{x\to\infty}\dfrac{\frac{1}{x}-\frac{1}{x+1}}{\frac{1}{x^2}}=\lim\limits_{x\to\infty}\dfrac{\frac{1}{x}-\frac{1}{x}}{\frac{1}{x^2}}=0$.此解法是错误的!

这时不能用无穷小$\frac{1}{x}$替代等价无穷小$\frac{1}{x+1}$,当$x\to\infty$时.

正确的解法是:$\lim\limits_{x\to\infty}\dfrac{\frac{1}{x}-\frac{1}{x+1}}{\frac{1}{x^2}}=\lim\limits_{x\to\infty}\dfrac{x^2}{x^2+x}=\lim\limits_{x\to\infty}\dfrac{1}{1+\frac{1}{x}}=1$.

由重要极限一、例 1.2.14、例 1.2.15、例 1.2.16、例 1.2.19 及例 1.2.20 可知,当$x\to0$时,$x\sim\sin x\sim\arcsin x\sim\tan x\sim\arctan x\sim\ln(x+1)\sim e^x-1$,这是些常用的等价无穷小.

例 1.2.31 证明:当$x\to0$时,$(1+x)^\alpha-1\sim\alpha x$($\alpha\neq0$是常数).

分析 要证明当$x\to0$时,$(1+x)^\alpha-1\sim\alpha x$,即证$\lim\limits_{x\to0}\dfrac{(1+x)^\alpha-1}{\alpha x}=1$.

(1) 当$\alpha>0$时,

$$\lim_{x\to0}\frac{(1+x)^\alpha-1}{\alpha x}=\lim_{x\to0}\frac{e^{\alpha\ln(1+x)}-1}{\alpha x}=\lim_{x\to0}\frac{\alpha\ln(1+x)}{\alpha x}=1.$$

(2) 当$\alpha<0$时,$-\alpha>0$,有

$$\lim_{x\to0}\frac{(1+x)^\alpha-1}{\alpha x}=\lim_{x\to0}\frac{1-(1+x)^{-\alpha}}{\alpha x(1+x)^{-\alpha}}=\lim_{x\to0}\frac{1}{(1+x)^{-\alpha}}\lim_{x\to0}\frac{(1+x)^{-\alpha}-1}{-\alpha x}=1.$$

综合(1)(2)知,当$x\to0$时,$(1+x)^\alpha-1\sim\alpha x$($\alpha\neq0$是常数)

注 (1) 这也是一个常用的等价无穷小;

(2) 例题的证明过程中用到了当$x\to0$时,$x\sim e^x-1$及$x\sim\ln(x+1)$

例 1.2.32 求极限$\lim\limits_{x\to0}\dfrac{\tan3x}{x^2\sin5x}(1-\cos x)$.

解　由定理 1.2.14 和上面结论，当 $x\to 0$ 时，$x\sim\sin x\sim\tan x$，$1-\cos x\sim\frac{1}{2}x^2$，得

$$\lim_{x\to 0}\frac{\tan 3x}{x^2\sin 5x}(1-\cos x)=\lim_{x\to 0}\frac{3x}{5x^3}\frac{1}{2}x^2=\frac{3}{10}.$$

1.3　函数的连续性

连续是微积分最重要的概念之一，本节将从实际生活例子入手，利用极限工具，引出函数连续的概念，并介绍闭区间上连续函数的重要性质.

1.3.1　函数连续性的概念

在自然界中，许多现象是连续变化的，如流体的流动，气温、气压的变化，植物的生长等，都是连续地变化着的. 这种现象反映到函数关系上，就是函数的连续性. 下面先引进增量的概念，然后描述连续性，并引出函数连续性的定义.

1. 点连续的定义

设变量 u 从它的一个初值 u_1 变到终值 u_2，终值与初值的差 u_2-u_1 就叫做变量 u 的增量，记作 Δu，即

$$\Delta u=u_2-u_1.$$

注　Δu 可以是正的，也可以是负的. 当 Δu 为正时，变量 u 从 u_1 变到 $u_2=u_1+\Delta u$ 时是增大的；当 Δu 为负时，变量 u 是减小的. 记号 Δu 是一个整体.

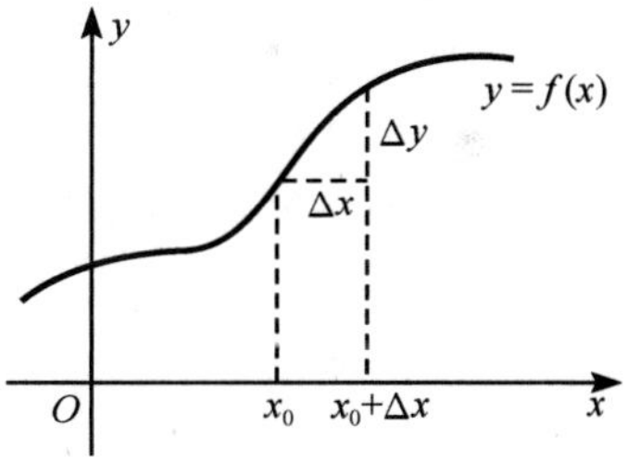

图 1.24

假定函数 $y=f(x)$ 在点 x_0 的某一邻域内有定义. 当自变量 x 在该邻域内从 x_0 变到 $x_0+\Delta x$，函数值 y 相应地从 $f(x_0)$ 变到 $f(x_0+\Delta x)$，因此函数 y 对应增量为

$$\Delta y=f(x_0+\Delta x)-f(x_0).$$

这个关系式对应的几何解释如图 1.24 所示.

如果当 Δx 趋于零时，函数 y 的对应增量 Δy 也趋于零，即

$$\lim_{\Delta x\to 0}\Delta y=0,$$

或

$$\lim_{\Delta x\to 0}[f(x_0+\Delta x)-f(x_0)]=0.$$

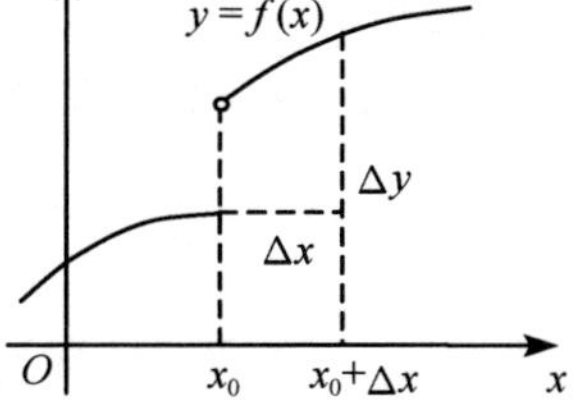

图 1.25

那么就称函数 $y=f(x)$ 在点 x_0 处是连续的. 对于图 1.25 的函数来说，在点 x_0 处不满足这个条件，所以它在点 x_0 处不连续. 下面给出函数在一点处连续的定义.

定义 1.3.1　设函数 $y=f(x)$ 在点 x_0 的某一邻域

有定义，若

$$\lim_{\Delta x \to 0} \Delta y = \lim_{\Delta x \to 0} [f(x_0 + \Delta x) - f(x_0)] = 0$$

成立，那么就称函数 $y=f(x)$ 在点 x_0 处是连续的.

值得注意的是，在连续的定义中，令 $x=x_0+\Delta x$，即 $\Delta x=x-x_0$，则当 $\Delta x \to 0$ 时，有 $x \to x_0$，且 $\Delta y=f(x_0+\Delta x)-f(x_0)=f(x)-f(x_0)$，因而 $\lim\limits_{\Delta x \to 0} \Delta y=0$，故

$$\lim_{x \to x_0} [f(x) - f(x_0)] = 0,$$

即

$$\lim_{x \to x_0} f(x) = f(x_0).$$

于是连续的定义又可叙述为：

设函数 $y=f(x)$ 在点 x_0 的某一邻域内有定义，如果 $\lim\limits_{x \to x_0} f(x)=f(x_0)$，那么就称函数 $y=f(x)$ 在点 x_0 处连续.

利用 ε-δ 语言，函数 $y=f(x)$ 在点 x_0 处连续的定义还可叙述为：

$f(x)$ 在点 x_0 连续 $\Leftrightarrow \forall \varepsilon>0, \exists \delta>0$，当 $|x-x_0|<\delta$ 时，有 $|f(x)-f(x_0)|<\varepsilon$.

2. 左连续与右连续的定义

在点连续的定义中，如果 x 仅从 x_0 的一侧趋于 x_0，就有左连续与右连续的概念.

如果 $\lim\limits_{x \to x_0^-} f(x)=f(x_0)$ 存在，则称 $y=f(x)$ 在点 x_0 左连续.

如果 $\lim\limits_{x \to x_0^+} f(x)=f(x_0)$ 存在，则称 $y=f(x)$ 在点 x_0 右连续.

有了点连续和左、右连续的概念，就容易得到在区间上连续的概念. 在区间上每一点都连续的函数，叫做在该区间上的连续函数，或者说函数在该区间上连续. 如果区间包括端点，那么函数在右端点连续是指左连续，在左端点连续是指右连续.

例 1.3.1　证明 $y=x^2$ 在 $x=x_0$ 处连续.

证明　函数 $y=x^2$ 在 $x=x_0$ 处的增量

$$\Delta y = (x_0 + \Delta x)^2 - x_0^2 = 2x_0 \Delta x + (\Delta x)^2,$$

由于

$$\lim_{\Delta x \to 0} \Delta y = \lim_{\Delta x \to 0} [2x_0 \Delta x + (\Delta x)^2] = 0,$$

按定义，函数 $y=x^2$ 在 $x=x_0$ 处连续.

例 1.3.2　证明 $y=\cos x$ 在它的定义区间 $(-\infty,+\infty)$ 处处连续.

证明　在函数的定义区间内任意取一点 x_0，给 x_0 以增量 Δx，相应的函数的增量为

$$\begin{aligned}\Delta y &= f(x_0 + \Delta x) - f(x_0) = \cos(x_0 + \Delta x) - \cos x_0 \\ &= -2\sin\left(x_0 + \frac{\Delta x}{2}\right)\sin\frac{\Delta x}{2},\end{aligned}$$

由于 $\lim\limits_{\Delta x \to 0} \sin\dfrac{\Delta x}{2}=0$，又 $\left|-2\sin\left(x_0+\dfrac{\Delta x}{2}\right)\right| \leqslant 2$，根据有界量乘以无穷小量依然为无穷小

量，故

$$\lim_{\Delta x\to 0}\Delta y = 0.$$

所以 $\cos x$ 在 x_0 处连续，但 x_0 为任意取定的一点，因此 $\cos x$ 在它的定义区间$(-\infty,+\infty)$上连续.

同理可以证明 $y=\sin x$ 在$(-\infty,+\infty)$上连续.

1.3.2　函数的间断点

定义 1.3.2　设函数 $f(x)$在点 x_0 的某一去心邻域内有定义，若函数 $f(x)$在点 x_0 处出现如下三种情况之一：

(1) $f(x)$在点 x_0 处无定义；

(2) $f(x)$在点 x_0 有定义，但$\lim\limits_{x\to x_0}f(x)$不存在；

(3) $\lim\limits_{x\to x_0}f(x)\neq f(x_0)$，

则称函数 $f(x)$在点 x_0 处间断，点 x_0 称为函数 $f(x)$的间断点.

通常又把间断点分为以下两种类型：若函数 $f(x)$在点 x_0 处左极限 $f(x_0-0)$和右极限 $f(x_0+0)$都存在，则称点 x_0 为函数 $f(x)$的第一类间断点. 第一类间断点又分为可去间断点与跳跃间断点. 当 $f(x_0-0)=f(x_0+0)$，即极限$\lim\limits_{x\to x_0}f(x)$存在时，则称点 x_0 为函数 $f(x)$的可去间断点；当 $f(x_0-0)\neq f(x_0+0)$时，则称点 x_0 为函数 $f(x)$的跳跃间断点. 若函数 $f(x)$在点 x_0 处的左右极限至少有一个不存在，则称点 x_0 为 $f(x)$的第二类间断点，其中无穷间断点(即使$\lim\limits_{x\to x_0}f(x)=\infty$的点 x_0)为最常见的第二类间断点.

下面举例判断函数间断点的类型.

例 1.3.3　函数 $y=\dfrac{\sin x}{x}$除了在 $x=0$ 点之外都有定义，故 $x=0$ 是其间断点，由于

$$\lim_{x\to 0^-}\frac{\sin x}{x}=\lim_{x\to 0^+}\frac{\sin x}{x}=\lim_{x\to 0}\frac{\sin x}{x}=1,$$

故 $x=0$ 为函数 $y=\dfrac{\sin x}{x}$的第一类间断点中的可去间断点.

例 1.3.4　由符号函数

$$y=f(x)=\operatorname{sgn}x=\begin{cases}1, & x>0,\\ 0, & x=0,\\ -1, & x<0\end{cases}$$

可知函数 $y=\operatorname{sgn}x$ 在 $x=0$ 处有定义，$f(0)=0$，但

$$\lim_{x\to 0^-}\operatorname{sgn}x=-1\neq 1=\lim_{x\to 0^+}\operatorname{sgn}x,$$

故 $x=0$ 为函数 $y=\operatorname{sgn}x$ 的第一类间断点中的跳跃间断点(图 1.26).

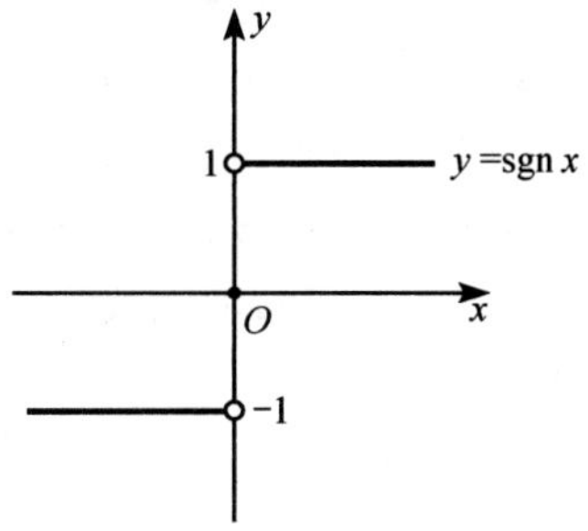

图 1.26

例 1.3.5　正切函数 $y=\tan x$ 在 $x=\frac{\pi}{2}$ 处没有定义，且 $\lim\limits_{x\to\frac{\pi}{2}}\tan x=\infty$，故称 $x=\frac{\pi}{2}$ 是函数 $y=\tan x$ 的第二类间断点中的无穷间断点.

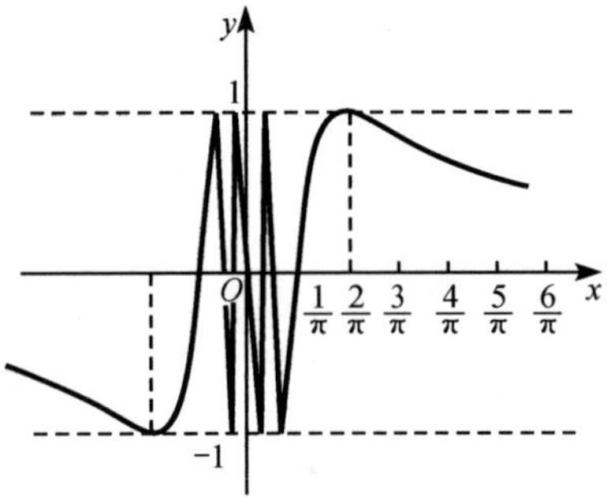

图 1.27

例 1.3.6　函数 $y=\sin\frac{1}{x}$ 在 $x=0$ 处没有定义，且当 $x\to 0$ 时，函数值在 -1 与 1 之间无限次变动，函数 $y=\sin\frac{1}{x}$ 在 $x=0$ 处左右极限分别不存在，故极限不存在. 我们称 $x=0$ 是函数 $y=\sin\frac{1}{x}$ 的第二类间断点中的**振荡间断点**(图 1.27).

一般地，在 $x\to x_0$ 的过程中，若函数值 $f(x)$ 无限地在两个不同数之间变动，则把 x_0 叫做 $f(x)$ 的**振荡间断点**.

1.3.3　初等函数的连续性

1. 连续函数的和、差、积、商的连续性

由函数在一点连续的定义和极限的四则运算法则，可得出下面的定理.

定理 1.3.1　设函数 $f(x)$ 和 $g(x)$ 在点 x_0 处连续，则它们的和(差)$f\pm g$、积 $f\cdot g$ 及商 $\frac{f}{g}$(当 $g(x_0)\neq 0$ 时)都在点 x_0 处连续.

例 1.3.7　因 $\tan x=\frac{\sin x}{\cos x}$，$\cot x=\frac{\cos x}{\sin x}$，而 $\sin x$ 和 $\cos x$ 都在区间 $(-\infty,+\infty)$ 内连续，故由定理 1.3.1 知 $\tan x$ 和 $\cot x$ 在其定义域内连续.

2. 反函数与复合函数的连续性

关于反函数与复合函数的连续性有下述定理：

定理 1.3.2　如果函数 $y=f(x)$ 在某区间上单调增加(或减少)且连续，则它的反函数 $x=f^{-1}(y)$ 在相应的区间上单调增加(或减少)且连续.

从几何直观上看，若函数 $y=f(x)$ 在区间 $[a,b]$ 上单调增加且连续(图 1.28)，则函数 $y=f(x)$ 的图形是一条上升、不间断的曲线，$y=f(x)$ 与其反函数 $x=f^{-1}(y)$ 的图形是同一条曲线，可见 $x=f^{-1}(y)$ 在对应区间 $[f(a),f(b)]$ 上单调增加且连续.

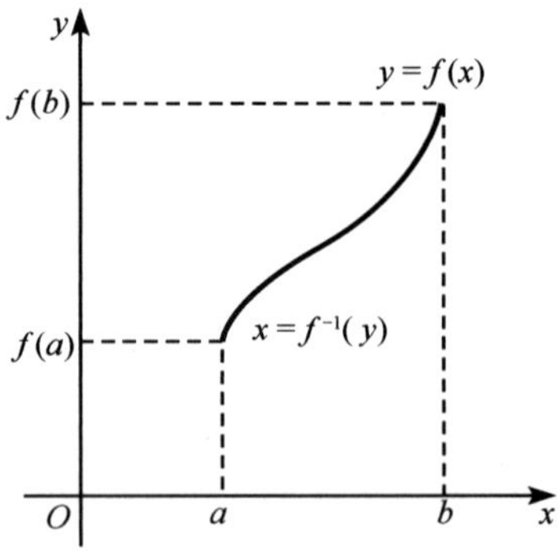

图 1.28

例 1.3.8　讨论函数 $y=\arctan x$ $(x\in(-\infty,+\infty))$ 的连续性.

解　由于 $y=\tan x$ 在 $\left(-\frac{\pi}{2},\frac{\pi}{2}\right)$ 上单调增加且连续，由定理1.3.2可知，$y=\tan x$ 的反函数 $x=\arctan y$ 在 $(-\infty,+\infty)$ 上连续，因此函数 $y=\arctan x$ 在 $(-\infty,+\infty)$ 上连续. 类似地 $y=\arcsin x$，$y=\arccos x$，$y=\text{arccot}\,x$ 都在定义区间上连续.

注　基本初等函数在其定义域内每点处连续，也就是说，基本初等函数在其定义域内是连续的.

定理1.3.3　设函数 $u=\varphi(x)$ 在 x_0 处连续且 $u_0=\varphi(x_0)$，函数 $y=f(x)$ 在 u_0 处连续，则复合函数 $y=f(\varphi(x))$ 在 x_0 处连续.

例1.3.9　讨论函数 $y=\ln(x+1)$ 的连续性.

解　函数 $y=\ln(x+1)$ 可以看作由 $y=\ln u$ 及 $u=x+1$ 复合而成. $\ln u$ 当 $0<u<+\infty$ 时是连续的，$x+1$ 当 $x\in\mathbf{R}$ 时是连续的. 根据定理1.3.3，函数 $y=\ln(x+1)$ 在区间 $(-1,+\infty)$ 上是连续的.

3. 初等函数的连续性

因为基本初等函数在其定义域内都是连续的，根据初等函数的定义，结合定理1.3.1和定理1.3.3可得出：一切初等函数在其定义区间内都是连续的，所谓的定义区间是指包含在定义域内的区间.

由函数在一点 x_0 处连续的定义可知，如果 $f(x)$ 是初等函数，且 x_0 是 $f(x)$ 定义区间内的一点，则

$$\lim_{x\to x_0}f(x)=f(x_0).$$

例如，点 $x_0=0$ 是初等函数 $f(x)=e^{\sin x}$ 的定义域 $\mathbf{R}$ 内的一点，所以

$$\lim_{x\to 0}e^{\sin x}=e^{\sin 0}=e^0=1.$$

1.3.4　闭区间上连续函数的性质

下面介绍闭区间上连续函数的三个重要性质. 由于证明要用到实数理论，只能从几何直观加以说明，将严格的证明略去.

1. 最大值和最小值定理与有界性

若函数 $f(x)$ 在区间 I 上有定义，如果存在 $x_0\in I$，使得对于任一 $x\in I$ 都满足

$$f(x)\leqslant f(x_0)\quad (f(x)\geqslant f(x_0)),$$

则称 $f(x_0)$ 是函数 $f(x)$ 在区间 I 上的最大值(最小值).

注　(1) 有些函数在定义域内有最大值(最小值)，例如函数 $f(x)=\sin x$ 在区间 $[-\pi,\pi]$ 上有最大值1和最小值 -1；在区间 $[1,e^2]$ 内函数 $y=\ln x$ 的最大值为2，最小值为0. 但有些函数却没有，例如函数 $f(x)=\frac{1}{x}$ 在区间 $(0,1)$ 既没有最大值也没有最小值.

(2) 一般地，函数的最大值大于最小值，但有时最大值与最小值也可以相等，如常

值函数.下面给出函数有界且最大值和最小值存在的充分条件.

定理 1.3.4(最大值和最小值定理与有界性)　若函数 $f(x)$ 在闭区间 $[a,b]$ 上连续,则 $f(x)$ 在 $[a,b]$ 上一定有最大值和最小值.即存在 $\xi_1,\xi_2\in[a,b]$,使得对任意 $x\in[a,b]$,有

$$f(\xi_2)\leqslant f(x)\leqslant f(\xi_1),$$

ξ_1,ξ_2 分别为函数 $f(x)$ 的最大值点和最小值点,因此函数 $f(x)$ 在 $[a,b]$ 上有界.

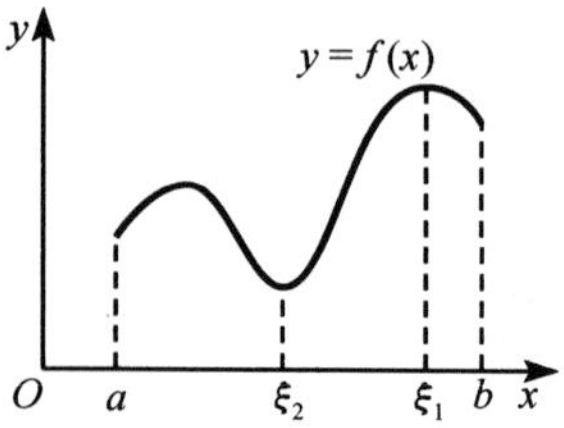

图 1.29

这个性质从几何上看是明显的,设函数 $y=f(x)$ 在闭区间 $[a,b]$ 上连续,则 $y=f(x)$ 在几何上表示一条连续的曲线,从图 1.29 不难看出,对任意的 $x\in[a,b]$,$f(x)$ 有界,且至少有一点 $\xi_1\in[a,b]$,使 $f(\xi_1)$ 是 $f(x)$ 在 $[a,b]$ 上的最大值;又至少存在一点 $\xi_2\in[a,b]$,使 $f(\xi_2)$ 是 $f(x)$ 在 $[a,b]$ 上的最小值.

需要指出的是,函数的最大值与最小值都是唯一的,而最大值点与最小值点却不一定是唯一的.

注　定理中闭区间和连续两个条件缺一不可.例如,函数 $f(x)=\dfrac{1}{x}$ 在区间 $(0,1)$ 上是连续的,但这个区间 $(0,1)$ 上既没有最大值也没有最小值.另外,如果函数 $f(x)$ 在 $[a,b]$ 上有间断(不连续)点,定理的结论也不一定成立.例如,

$$y=f(x)=\begin{cases}x^2-1, & -1\leqslant x<0,\\ 0, & x=0,\\ -x^2+1, & 0<x\leqslant 1\end{cases}$$

在闭区间 $[-1,1]$ 上有间断点 $x=0$,函数虽在闭区间 $[-1,1]$ 上有界,但是既无最大值也无最小值.

2. 零点定理与介值定理

满足函数 $f(x)=0$ 的点称为函数 $f(x)$ 的零点.

定理 1.3.5(零点定理)　设函数 $f(x)$ 在闭区间 $[a,b]$ 上连续,且端点值 $f(a)$ 与 $f(b)$ 异号(即 $f(a)\cdot f(b)<0$),那么至少存在一点 $\xi(a<\xi<b)$,使得 $f(\xi)=0$.

从几何直观看,定理 1.3.5 表明:如果连续曲线弧 $y=f(x)$ 的两个端点位于 x 轴的异侧,那么这段弧与 x 轴至少存在一个交点(图 1.30).

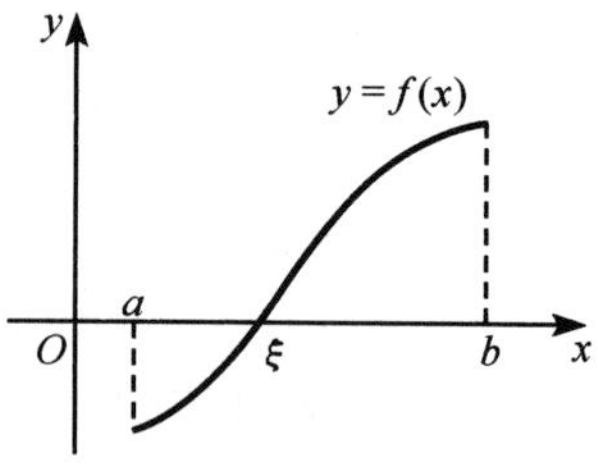

图 1.30

定理 1.3.6(介值定理)　设函数 $f(x)$ 在闭区间 $[a,b]$ 上连续,其端点值 $f(a)$ 与 $f(b)$ 各自取不同数值 A 与 B,那么对于 A 与 B 之间的任意一个数 C,在开区间 (a,b) 内至少存在一点 ξ,使得 $f(\xi)=C(a<\xi<b)$.

证明　设 $\varphi(x)=f(x)-C$,则由已知条件可得 $\varphi(x)$ 在闭区间 $[a,b]$ 上连续,且

$\varphi(a)=A-C$ 与 $\varphi(b)=B-C$ 异号，根据零点定理，在开区间 (a,b) 内至少存在一点 ξ，使得

$$\varphi(\xi)=0,\quad a<\xi<b,$$

即

$$f(\xi)=C.$$

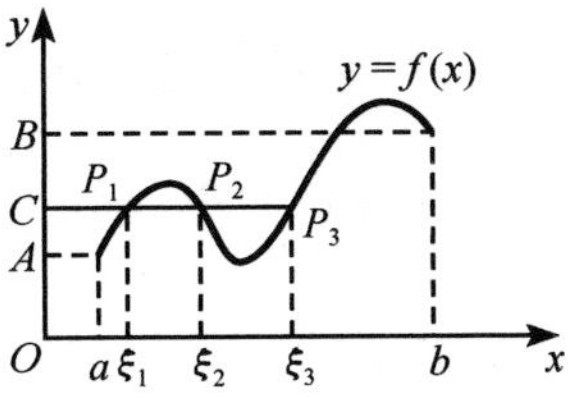

图 1.31

从几何直观上看（图 1.31），这个定理表达了连续函数这样一个性质：连续变化的变量从一个值变到另一个值的过程中，一定要经过一切中间值而不会漏掉任何一个.

推论 1.3.1　在闭区间上的连续函数一定可以取得到介于最大值 M 与最小值 m 之间的一切值.

证明　设 $m=f(x_1)$，$M=f(x_2)$，若 $m=M$，则结论显然成立；假设 $m\neq M$，在闭区间 $[x_1,x_2]$（或 $[x_2,x_1]$）上应用介值定理，即得上述结论.

例 1.3.10　证明方程 $x^3-6x+2=0$ 在开区间 $(0,1)$ 内至少有一个实根.

证明　设 $f(x)=x^3-6x+2$，则函数 $f(x)$ 在闭区间 $[0,1]$ 上连续，又

$$f(0)=2>0,\quad f(1)=-3<0,$$

根据零点定理，在开区间 $(0,1)$ 内至少存在一点 $\xi(0<\xi<1)$，使得 $f(\xi)=0$，即方程 $x^3-6x+2=0$ 在开区间 $(0,1)$ 内至少有一个实根.

例 1.3.11　证明方程 $x=a\sin x+b$，其中 $a>0$，$b>0$，至少有一个正根，并且它不超过 $a+b$.

证明　设 $f(x)=x-a\sin x-b$ 可知函数 $f(x)$ 在闭区间 $[0,a+b]$ 上连续，又

$$f(0)=-b<0,\quad f(a+b)=a(1-\sin(a+b))\geqslant 0,$$

若 $f(a+b)=0$ 结论显然成立；若 $f(a+b)>0$，根据零点定理，在开区间 $(0,a+b)$ 内至少存在一点 $\xi(0<\xi<a+b)$，使得 $f(\xi)=0$，即方程 $x=a\sin x+b$ 在区间 $(0,a+b]$ 内至少有一个实根.

例 1.3.12　假设函数 $f(x)$ 在闭区间 $[0,1]$ 上连续，并且对 $[0,1]$ 上任一点 x，有 $0\leqslant f(x)\leqslant 1$. 试证明 $[0,1]$ 中必存在一点 c，使得 $f(c)=c$（c 称为函数 $f(x)$ 的不动点）.

证明　令 $g(x)=f(x)-x$，则 $g(x)$ 在 $[0,1]$ 上连续，由于 $0\leqslant f(x)\leqslant 1$，故有 $g(0)\geqslant 0$，$g(1)\leqslant 0$.

若 $g(0)=0$ 或 $g(1)=0$，可取 $c=0$ 或 1；若 $g(0)>0$，$g(1)<0$，故由零点定理知，存在 $c\in(0,1)$，使得 $g(c)=0$ 即有 $f(c)=c$.

★1.4　经济学上的应用

在经济分析中，对成本、价格、收益等经济量的数量关系的研究，越来越受到人们的关注和重视. 对于经济学中的实际问题而言，经常有多个经济变量同时出现. 本节主要讨论常见经济变量之间的函数关系.

1.4.1　常见的经济函数

在经济学中,我们经常会应用以下经济函数.

1. 需求函数

为了理解需求函数的定义,首先介绍需求量的概念:某一商品的需求量是指关于一定的价格水平,在一定的时间内,消费者愿意且有支付能力购买的商品量.

值得注意的是:在分析消费以及由此产生的需求中,需求量并不等同于实际购买量,因为需求量与商品的供给情况无关;而实际购买量与商品的供给情况密切相关.一般地,消费者对于某种商品的需求是由多种因素决定的,如人口、收入、气候、偏好、该商品的价格和其他商品的价格等.

如果除该商品的价格外,其他因素在给定的时期内变化很少,即可认为其他因素对该商品的需求暂无影响,则需求量 Q 可仅看成是该商品价格 P 的函数,记作 $Q=f(P)$,称其为需求函数.在应用中,我们也常用函数 $P=f^{-1}(Q)$,它也称为需求函数.

一般地,商品的价格越高,其需求量会越小,即需求函数是一个单调减少的函数.

在经济学中,有以下常见的需求函数形式:

线性函数 $Q=-aP+b$,其中 $a,b>0$,表示该商品的需求量随着价格的上升线性减少;

幂函数 $Q=kP^{-a}$,其中 $k,a>0$,表示该商品的需求量随着价格的上升呈幂函数形式减少;

指数函数 $Q=ae^{-bP}$,其中 $a,b>0$,表示该商品的需求量随着价格的上升呈指数函数形式减少.

其中最常用的是线性函数 $Q=-aP+b$.特别地,当 $P=0$ 时,$Q=b$ 表示当价格为零时,消费者对商品的需求量为 b,b 就是市场上对该商品的饱和需求量.当 $Q=0$ 时,$P=\frac{b}{a}$,这表示当价格上涨到 $\frac{b}{a}$ 时,没有人愿意购买该产品.因此,函数 $Q=-aP+b$ 的定义域为 $\left[0,\frac{b}{a}\right]$.

2. 供给函数

某一商品的供给量是指在一定的价格条件下,在一定时期内生产者愿意生产并可供出售的商品量.一般地,供给量也是由多个因素决定的,如果除该商品的价格外,其他因素在给定的时期内变化很小,即可认为其他因素对该商品的需求暂无影响,则供给量 Q 可仅看成是该商品价格 P 的函数,记作 $Q=\varphi(P)$,称为供给函数.

一般来说,商品的价格越高,其供给量会越大,即供给函数是一个单调增加的函数.

在经济学中,有以下常见的供给函数形式:

线性函数 $Q=aP+b$，其中 $a,b>0$，表示该商品的供给量随着价格的上升线性增加；

幂函数 $Q=kP^{a}$，其中 $k,a>0$，表示该商品的供给量随着价格的上升呈幂函数形式增加；

指数函数 $Q=ae^{bP}$，其中 $a,b>0$，表示该商品的供给量随着价格的上升呈指数函数形式增加.

有了需求函数和供给函数就可以来研究均衡价格了.

设某商品的需求函数为 $Q=f(P)$，供给函数为 $Q=\varphi(P)$，则在同一坐标系中可作出需求曲线 D 和供给曲线 S（图 1.32），需求曲线 D 和供给曲线 S 的交点 (P_0,Q_0) 就是供需平衡点，P_0 称为均衡价格.

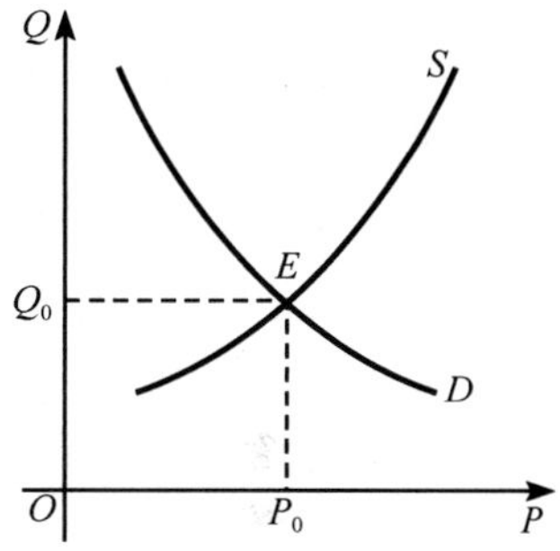

图 1.32

3. 生产函数

任何一种产品的生产，都是各种生产要素（最主要的是劳动力和资本）投入后的结果，生产函数描述了一定时期内各生产要素的投入量与产品的最大可能产量之间的关系. 本节只考虑一个投入变量，而其余要素作为常量.

设投入量为 x，产出量为 $y=g(x)$，常用的生产函数为 $y=g(x)=cx^{\alpha}$，当 $\alpha>1$ 时，$g(2x)=c(2x)^{\alpha}=c\cdot 2^{\alpha}x^{\alpha}>2g(x)$，即当投入增加一倍时，产出增加超过一倍，这是所谓的规模报酬递增；当 $\alpha<1$ 时，$g(2x)<2g(x)$，即当投入增加一倍时，产出增加不到一倍，这是所谓的规模报酬递减；当 $\alpha=1$ 时，$g(2x)=2g(x)$，即当投入增加一倍时，产出也增加一倍，这是所谓的规模报酬不变.

4. 成本函数

成本是生产一定数量产品所需要的各种生产要素投入的费用总额，用 C 表示，它包含固定成本和可变成本. 固定成本是指支付固定生产要素的费用，如厂房、设备等的折旧等，它与具体的生产数量无关；可变成本是指支付可变生产要素的费用，它包括原材料、燃料、生产工人的工资等，它随着具体的产量变动而变动.

若用 Q 表示产量，则总成本可用 $C(Q)$ 表示，$C(Q)=C_1+C_2(Q)$，其中 C_1 表示固定成本；$C_2(Q)$ 表示可变成本.

平均每件产品的成本称为**平均成本**，若用 $\overline{C}(Q)$ 表示，则

$$\overline{C}(Q)=\frac{C(Q)}{Q}=\frac{C_1+C_2(Q)}{Q}.$$

5. 收益函数

总收益是生产者出售一定数量产品所得到的全部收入，用 R 表示，若售出产品数量为 Q，则 $R=R(Q)$，且 $\overline{R}=\frac{R(Q)}{Q}$ 表示平均收益. 特别地，若售出产品的价格均为 P，则

$$R(Q) = PQ, \quad \overline{R} = P.$$

6. 利润函数

利润是生产中获得的总收益与总成本之差,若用 L 表示,则

$$L(Q) = R(Q) - C(Q).$$

1.4.2 函数在经济学中的应用

下面通过一些具体的例子来介绍函数在经济学中的具体应用.

例 1.4.1 有两家健身俱乐部,第一家每月会费 300 元,每次健身收费 1 元,第二家每月会费 200 元,每次健身收费 2 元,若只考虑经济因素,消费者该如何选择健身俱乐部?

解 设每月健身次数为 x,则第一家健身俱乐部需要的费用为 $y_1=300+x$;

第二家健身俱乐部需要的费用为 $y_2=200+2x$.

当 $x<100$ 时,$y_1(x)>y_2(x)$,即该选择第二家俱乐部;

当 $x>100$ 时,$y_1(x)<y_2(x)$,即该选择第一家俱乐部;

当 $x=100$ 时,$y_1(x)=y_2(x)$,即两家俱乐部收费一样.

例 1.4.2 已知某产品的价格为 P,需求函数为 $Q=50-5P$,成本函数为 $C=20+4Q$,求利润 L 与产量 Q 之间的函数关系? 产量 Q 为多少时利润 L 最大及最大利润是多少?

解 由需求函数 $Q=50-5P$ 知

$$P = 10 - \frac{Q}{5},$$

故收益函数为

$$R = P \cdot Q = 10Q - \frac{Q^2}{5},$$

利润函数

$$\begin{aligned} L(Q) &= R(Q) - C(Q) = 10Q - \frac{Q^2}{5} - 20 - 4Q = -\frac{Q^2}{5} + 6Q - 20 \\ &= -\frac{1}{5}(Q-15)^2 + 25. \end{aligned}$$

因此当 $Q=15$ 时取得最大利润,最大利润为 25.

习 题 1

1. 求邻域半径 δ,使 $x\in U(-1,\delta)$时,$|2x+2|<\varepsilon$. 又若 ε 分别为 0.1,0.01,0.001 时,上述 δ 各等于多少?

2. 求下列函数的定义域：

(1) $y=\sqrt{1-x^2}+\arctan x$；　　(2) $f(x)=\lg\frac{1+x}{1-x}-e^{\frac{1}{x}}$；

(3) $f(x)=\frac{1}{x}+\ln(x+1)$；　　(4) $f(x)=\frac{x}{x^2-5x+6}$.

3. 下列各对函数中哪些相同？哪些不同？

(1) $f(x)=\lg x^3, g(x)=3\lg|x|$；

(2) $f(x)=\sqrt{(x-1)^2}, g(x)=|x-1|$；

(3) $f(x)=\sqrt{1-\sin^2 x}, g(x)=\cos x$；

(4) $f(x)=x, g(x)=\sin(\arcsin x)$.

4. 设 $f(x)=\sqrt{1+x^2}$，求下列函数值：

$$f(0),\quad f(1),\quad f(-1),\quad f\left(\frac{1}{a}\right),\quad f(x_0),\quad f(x_0+h).$$

5. 下列函数中哪些是偶函数？哪些是奇函数？哪些是非奇非偶函数？

(1) $y=x^3(1-x^2)$；　　(2) $f(x)=\arctan(\cos x)$；

(3) $f(x)=\frac{e^x-1}{e^{-x}+1}$；　　(4) $f(x)=\cos x+2|\sin x|$.

6. 下列函数中哪些是周期函数？并指出其周期：

(1) $y=1+\cos 2\pi x$；　　(2) $f(x)=\sin x-\cos x$；

(3) $f(x)=x\cos\frac{1}{x}$；　　(4) $f(x)=|\cos x|$.

7. 指出下列函数的复合过程：

(1) $y=(1+\sin^2 x)^3$；　　(2) $f(x)=e^{\sqrt{\tan(x-1)}}$；

(3) $f(x)=\sqrt{\cos\frac{1}{x^3-1}}$.

8. 设 $f(x)$ 是 $(-\infty,+\infty)$ 上的奇函数，$f(1)=l$ 且对 $\forall x\in\mathbf{R}$，有

$$f(x+2)-f(x)=f(2).$$

(1) 试用 l 表示 $f(2)$ 和 $f(5)$；

(2) 问 l 取何值时，$f(x)$ 是以 2 为周期的周期函数.

9. 设 $f(x)=\frac{1}{1+x^2}$，求 $f(f(x))$，$f\left(\frac{1}{f(x)}\right)$.

10. 设

$$f(x)=\begin{cases}0, & x\leqslant 0,\\ -x^2, & x>0,\end{cases}\qquad g(x)=\begin{cases}0, & x\leqslant 0,\\ x, & x>0.\end{cases}$$

求 $f(f(x))$，$g(g(x))$，$f(g(x))$，$g(f(x))$.

11. 小型电风扇每台售价 100 元，成本为 60 元，厂方为鼓励销售商大量采购，决定凡是订购量超过 100 台以上的，每多订购 1 台售价就降低 0.02 元，但最低价为每台 80 元：

(1) 将每台的实际售价 P 表示为订购量 x 的函数；

(2) 将厂方所获的利润 L 表示成订购量 x 的函数；

(3) 某一商行订购了 1000 台，厂方可获多少利润？

12. 把半径为 R 的一圆形铁皮，自中心处剪去中心角为 α 的一扇形后围成一无底圆锥. 试将这圆

锥的体积表示为 α 的函数.

13. 一种汽车出厂价 60000 元，使用后它的价值按年降价率 $\frac{1}{3}$ 的标准贬值，试求此车的价值 y(元)与使用时间 t(年)的函数关系.

14. 按照银行规定，某种外币一年期存款的年利率为 4.2%，半年期存款的年利率为 4.0%. 每笔存款到期后，银行自动将其转存为同样期限的存款. 设将总数为 a 单位货币的该种外币存入银行，两年后取出，问存何种期限的存款能有较多的收益，多多少？

15. 在“充分”、“必要”和“充分且必要”三者中选择一个正确的填入下列空格中：

(1) 数列 $\{x_n\}$ 有界是数列 $\{x_n\}$ 收敛的________条件，数列 $\{x_n\}$ 收敛是数列 $\{x_n\}$ 有界的________条件；

(2) $f(x)$ 在 x_0 的某一去心邻域内有界是 $\lim\limits_{x\to x_0} f(x)$ 存在的________条件，$\lim\limits_{x\to x_0} f(x)$ 存在是 $f(x)$ 在 x_0 的某一去心邻域内有界的________条件；

(3) $f(x)$ 在 x_0 的某一去心邻域内无界是 $\lim\limits_{x\to x_0} f(x)=\infty$ 的________条件，$\lim\limits_{x\to x_0} f(x)=\infty$ 是 $f(x)$ 在 x_0 的某一去心邻域内无界的________条件；

(4) $f(x)$ 当 $x\to x_0$ 时的右极限 $f(x_0+0)$ 及左极限 $f(x_0-0)$ 都存在且相等是 $\lim\limits_{x\to x_0} f(x)$ 存在的________条件；

(5) $\lim\limits_{x\to x_0} f(x)$ 存在是函数 $f(x)$ 在点 x_0 处连续的________条件，函数 $f(x)$ 在点 x_0 处连续是 $\lim\limits_{x\to x_0} f(x)$ 存在的________条件.

16. (1) 已知 a,b 为常数，若 $\lim\limits_{x\to\infty}\left(\frac{x^2+2}{x}-ax-b\right)=1$，则 a,b 分别是多少？

(2) 已知 a,b 为常数，若 $\lim\limits_{x\to -1}\frac{ax+b}{x+1}=1$，则 a,b 分别是多少？

(3) 已知 a,b 为常数，若 $\lim\limits_{n\to\infty}\frac{an^3+bn+1}{2n+1}=2$，则 a,b 分别是多少？

17. 求下列极限：

(1) $\lim\limits_{n\to\infty}\frac{6n^2+n}{3n^2+1}$；

(2) $\lim\limits_{n\to\infty}\frac{3^n+(-2)^n}{3^{n+1}+(-2)^{n+1}}$；

(3) $\lim\limits_{n\to\infty}\frac{1+2+\cdots+n}{n^2-1}$；

(4) $\lim\limits_{n\to\infty}\frac{1+\frac{1}{2}+\frac{1}{2^2}+\cdots+\frac{1}{2^{n-1}}}{1-\frac{1}{3}+\frac{1}{3^2}+\cdots+(-1)^{n-1}\frac{1}{3^{n-1}}}$；

(5) $\lim\limits_{n\to\infty}\left(\frac{1}{1\cdot 2}+\frac{1}{2\cdot 3}+\cdots+\frac{1}{n(n+1)}\right)$；

(6) $\lim\limits_{n\to\infty}(\sqrt{n+2}-\sqrt{n+1})\sqrt{n}$；

(7) $\lim\limits_{x\to 1}\frac{x^3+2x^2-3x}{x^2+x-2}$；

(8) $\lim\limits_{h\to 0}\frac{(x+2h)^3-x^3}{h}$；

(9) $\lim\limits_{x\to 0}\frac{(1+x)^m-1}{(1+x)^n-1}$($m,n$ 是自然数)；

(10) $\lim\limits_{x\to 0}\frac{\sqrt{x}-1}{\sqrt[3]{x}-1}$；

(11) $\lim\limits_{x\to+\infty}(\sqrt{x^2+x}-x)$；

(12) $\lim\limits_{x\to\infty}2x^2\left(1-\cos\frac{1}{2x}\right)$；

(13) $\lim\limits_{x\to+\infty}\frac{\sqrt{x^2+x}-\sqrt{x+1}}{x}$；

(14) $\lim\limits_{x\to\infty}\frac{x\sin x}{1+x^2}$；

(15) $\lim\limits_{x\to+\infty}(\sin\sqrt{x+1}-\sin\sqrt{x})$；　　(16) $\lim\limits_{x\to\infty}(e^{\frac{1}{x}}-1)x$.

18. 利用夹逼定理证明：

$$\lim_{n\to\infty}\left(\frac{1}{n^2+1}+\frac{1}{n^2+2}+\cdots+\frac{1}{n^2+n}\right)=0.$$

19. 利用单调有界必有极限的准则证明下列数列的极限存在并求极限：

(1) 设 $a_1=5, a_{n+1}=\sqrt{4+a_n}(n=1,2,\cdots)$；

(2) 设 $a_1>0$，且 $a_{n+1}=\frac{1}{2}\left(a_n+\frac{a}{a_n}\right)(a>0)(n=1,2,\cdots)$.

20. 当 $x\to0$ 时，下列无穷小量与 x 相比是什么阶的无穷小量：

(1) $x^3+\sin x^2$；　　(2) $\ln(1+3x)+\sqrt{x}$；

(3) $\sin x+2\arcsin x$；　　(4) $(x+1)\arctan x$.

21. 已知函数

$$f(x)=\begin{cases}(\cos x+1)^{-\sin^2 x}, & x\neq0,\\ a, & x=0\end{cases}$$

在 $x=0$ 处连续，则 $a=$________.

22. 选择以下两题中给出的四个结论中的一个正确的结论.

(1) 设 $f(x)=2^x+e^x-2$ 则当 $x\to0$ 时，有(　　).

(A) $f(x)$是 x 的等价无穷小　　(B) $f(x)$与 x 同阶但非等价无穷小

(C) $f(x)$是比 x 高阶的无穷小　　(D) $f(x)$是比 x 低阶的无穷小

(2) 设

$$f(x)=\frac{3^{\frac{1}{x}}-1}{3^{\frac{1}{x}}+1},$$

则 $x=0$ 是 $f(x)$的(　　).

(A) 可去间断点　　(B) 跳跃间断点

(C) 第二类间断点　　(D) 连续点

23. 求下列函数的间断点并确定其所属类型，如果是可去间断点则补充定义使它连续.

(1) $y=\frac{1-\cos2x}{x^2}$；　　(2) $y=\frac{\cos\frac{\pi}{2}x}{x^2(x+1)}$；

(3) $y=\sin x\cos\frac{1}{x}$；　　(4) $y=\frac{x^2-1}{x^2-5x+4}$；

(5) $y=\begin{cases}x-1, & x\leqslant1,\\ 4-x, & x>1;\end{cases}$　　(6) $y=\begin{cases}\frac{3^{\frac{1}{x}}-1}{3^{\frac{1}{x}}+1}, & x\neq0,\\ 1, & x=1.\end{cases}$

24. 证明：方程 $x^3-5x=2$ 至少有一个根介于 2 与 3 之间.

25. 证明：方程 $x=m\sin x+n(m>0,n>0)$至少有一个正根，并且它不超过 $m+n$.

26. 若 $f(x)$在$[a,b]$上连续，$a<x_1<x_2<b$，则在$[x_1,x_2]$上必有一点 ξ，使

$$f(\xi)=\frac{f(x_1)+f(x_2)}{2}.$$

那么，本题可作怎样的推广？

27. 一名登山爱好者从早晨 6:00 开始攀登某座山峰，在下午 6:00 到达峰顶；第二天早晨 6:00 再从山顶沿着原路下山，下午 6:00 到达山脚. 试利用介值定理说明，这名登山爱好者必在这两天的某一相同时刻经过登山路线的同一地点.

28. 许多药物进入人体后，其药量 q 随时间 t 按指数规律减少：$q(t)=q_0\mathrm{e}^{-kt}$，其中 k 随具体药物而定的常数($k>0$)，t 为服药后经过的时间，q_0 为服药的剂量. 因此当病人服某种药物，若每次服药的剂量均为 q_0，两次服药之间的间隔时间为 T，则刚刚服下第 $n+1$ 次药后体内留存的药物总量为

$$Q_n=q_0+q_0\mathrm{e}^{-kT}+q_0\mathrm{e}^{-2kT}+\cdots+q_0\mathrm{e}^{-nkT}.$$

(1) 假设病人无数次限制地按上述方式服该种药物，那么最终人体内所含药量可达多少？

(2) 假设该药物进入人体 4 小时后，药量减为原来的一半，求常数 k 的值. 又若病人每隔 8 小时服一次药，每次服用 2mg，那么(1)中求得的药量为多少？

第 2 章　导数与微分

本章要点　本章与第 3 章将介绍一元函数微分学，导数与微分是其两个核心概念. 导数是研究函数相对于自变量的变化率，微分是研究当自变量有微小变化时，相应函数值变化的近似情况. 本章介绍导数与微分的概念及计算.

2.1　导数的概念

本节从物理及数学上的实例入手，利用极限工具，引出函数的导数概念，并介绍函数的导数与函数连续的关系.

2.1.1　引例

1. 质点做变速直线运动的瞬时速度

问题提出　现有一质点做变速直线运动，路程 s 与时间 t 的关系为 $s=s(t)$，求质点做变速直线运动在 t_0 时刻的瞬时速度.

分析　我们知道，当质点做匀速直线运动时，若质点在 t 时间段内，走过的路程为 s，则 $\frac{s}{t}$ 为质点在 t 时间段内的平均速度 $\bar{v}$，即 $\bar{v}=\frac{s}{t}$，再利用极限定义，可求出变速直线运动的瞬时速度.

设质点从时刻 t_0 到时刻 t，在 $\Delta t=t-t_0$ 时间段内，经过的路程为 $\Delta s=s(t)-s(t_0)=s(t_0+\Delta t)-s(t_0)$，则 Δt 时间段内，质点的平均速度为

$$\bar{v}=\frac{\Delta s}{\Delta t}=\frac{s(t_0+t)-s(t_0)}{\Delta t}.$$

当时间段 $|\Delta t|$ 越小时，$\bar{v}$ 越接近于时刻 t_0 的瞬时速度.

当 $\Delta t\to 0$ 时，如果平均速度 $\bar{v}=\frac{\Delta s}{\Delta t}=\frac{s(t_0+t)-s(t_0)}{\Delta t}$ 的极限存在，设为 $v(t_0)$，则质点在 t_0 时刻的瞬时速度

$$v(t_0)=\lim_{\Delta t\to 0}\frac{\Delta s}{\Delta t}=\lim_{\Delta t\to 0}\frac{s(t_0+t)-s(t_0)}{\Delta t}. \tag{2.1}$$

2. 曲线在某点的切线斜率

问题提出　已知曲线 $c: y=f(x)$，求曲线 c 上点 $M(x_0,y_0)$ 处的切线斜率.

分析　求过 $M(x_0,y_0)$ 点的曲线 c 的割线斜率，利用极限定义求出过点 $M(x_0,y_0)$ 的切线斜率.

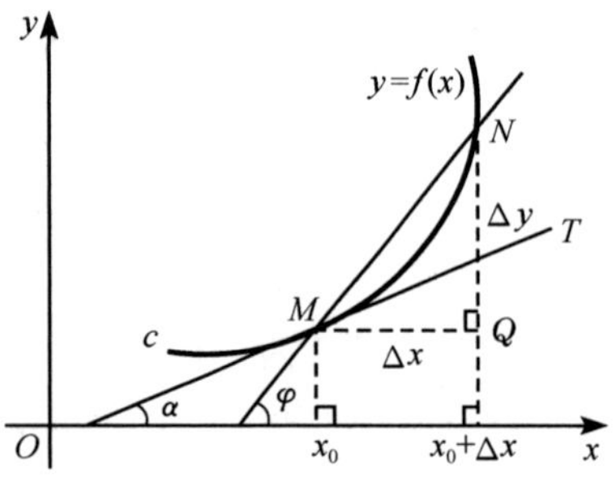

图 2.1

如图 2.1 所示，定点 $M(x_0, y_0)$ 及动点 $N(x_0+\Delta x, y_0+\Delta y)$ 在曲线 c 上，作曲线的割线 MN，设其倾斜角为 φ，则动割线 MN 的斜率为 $\tan\varphi=\frac{\Delta y}{\Delta x}=\frac{f(x_0+\Delta x)-f(x_0)}{\Delta x}$，当 N 沿曲线 c 无限接近 M 时，即当 $\Delta x\to 0$ 时，MN 的极限位置就是曲线 c 过点 M 的切线 MT，此时割线的倾斜角 φ 趋于切线的倾斜角 α，故切线的斜率为

$$k=\tan\alpha=\lim_{\Delta x\to 0}\tan\varphi=\lim_{\Delta x\to 0}\frac{\Delta y}{\Delta x}=\lim_{\Delta x\to 0}\frac{f(x_0+\Delta x)-f(x_0)}{\Delta x}. \tag{2.2}$$

式(2.1)、式(2.2)的实际意义完全不同，一个是物理学上质点做变速直线运动的瞬时速度，另一个是解析几何中曲线的切线斜率问题，但是抽象到函数关系上却是同一个表达式，这个式子叫函数在某点的导数.

2.1.2　导数的定义

定义 2.1.1(点导数)　设函数 $y=f(x)$ 在点 x_0 的某个邻域内有定义，当自变量 x 在 x_0 处取得增量 Δx(点 $x_0+\Delta x$ 也在该邻域内)时，相应函数 y 的增量 $\Delta y=f(x_0+\Delta x)-f(x_0)$；如果极限 $\lim\limits_{\Delta x\to 0}\frac{\Delta y}{\Delta x}=\lim\limits_{\Delta x\to 0}\frac{f(x_0+\Delta x)-f(x_0)}{\Delta x}$ 存在，则称函数 $y=f(x)$ 在点 x_0 处可导，并称此极限为函数 $y=f(x)$ 在点 x_0 处的导数(或微商)，记为 $y'|_{x=x_0}$，$f'(x_0)$，$\left.\frac{dy}{dx}\right|_{x=x_0}$ 或 $\left.\frac{df(x)}{dx}\right|_{x=x_0}$，即

$$f'(x_0)=\lim_{\Delta x\to 0}\frac{\Delta y}{\Delta x}=\lim_{\Delta x\to 0}\frac{f(x_0+\Delta x)-f(x_0)}{\Delta x}. \tag{2.3}$$

关于导数的说明：

(1) 点导数是函数在点 x_0 处的变化率，它反映了函数随自变量的变化而变化的快慢程度.

(2) 如果函数 $y=f(x)$ 在开区间 I 内的每点处都可导，就称函数 $f(x)$ 在开区间 I 内可导.

(3) 对于任一 $x\in I$，都对应着 $f(x)$ 的一个确定的导数值，这个函数叫做原函数 $f(x)$ 的导函数. 记作 y'，$f'(x)$，$\frac{dy}{dx}$ 或 $\frac{df(x)}{dx}$，即

$$y'=\lim_{\Delta x\to 0}\frac{f(x+\Delta x)-f(x)}{\Delta x}\quad 或\quad f'(x)=\lim_{h\to 0}\frac{f(x+h)-f(x)}{h}.$$

显然，$f'(x_0)=f'(x)|_{x=x_0}$.

(4) 单侧导数.

左导数：$f'_{-}(x_0)=\lim\limits_{\Delta x\to 0^-}\dfrac{f(x_0+\Delta x)-f(x_0)}{\Delta x}=\lim\limits_{x\to x_0^-}\dfrac{f(x)-f(x_0)}{x-x_0}$；

右导数：$f'_{+}(x_0)=\lim\limits_{\Delta x\to 0^+}\dfrac{f(x_0+\Delta x)-f(x_0)}{\Delta x}=\lim\limits_{x\to x_0^+}\dfrac{f(x)-f(x_0)}{x-x_0}$.

函数 $f(x)$在点 x_0 处可导$\Leftrightarrow$函数 $f(x)$的左导数 $f'_{-}(x_0)$和右导数 $f'_{+}(x_0)$都存在且相等.

(5) 函数 $f(x)$在闭区间$[a,b]$上可导，是指函数 $f(x)$在开区间(a,b)内可导，且 $f'_{+}(a)$及 $f'_{-}(b)$都存在.

(6) 如果$\lim\limits_{\Delta x\to 0}\dfrac{\Delta y}{\Delta x}=\lim\limits_{\Delta x\to 0}\dfrac{f(x_0+\Delta x)-f(x_0)}{\Delta x}$不存在，则称函数 $y=f(x)$在点 x_0 处不可导.

2.1.3　由定义求简单函数的导数

步骤　(1) 求增量：给定自变量增量 $\Delta x\neq 0$，求函数增量 $\Delta y=f(x+\Delta x)-f(x)$；

(2) 算比值：$\dfrac{\Delta y}{\Delta x}=\dfrac{f(x+\Delta x)-f(x)}{\Delta x}$；

(3) 求极限：$y'=\lim\limits_{\Delta x\to 0}\dfrac{\Delta y}{\Delta x}=\lim\limits_{\Delta x\to 0}\dfrac{f(x+\Delta x)-f(x)}{\Delta x}$.

例 2.1.1　求常数函数 $y=f(x)=c$(c 是常数)的导数.

解　(1) 给定自变量增量 $\Delta x\neq 0$，则 $\Delta y=c-c=0$.

(2) 算比值：$\dfrac{\Delta y}{\Delta x}=\dfrac{0}{\Delta x}=0$.

(3) 求极限：$y'=c'=\lim\limits_{\Delta x\to 0}\dfrac{\Delta y}{\Delta x}=\lim\limits_{\Delta x\to 0}0=0$.

故 $c'=0$.

例 2.1.2　求幂函数 $y=x^n$(n 为正整数)的导数.

解　(1) 给定自变量增量 $\Delta x\neq 0$，则

$$\begin{aligned}\Delta y&=f(x+\Delta x)-f(x)=(x+\Delta x)^n-x^n\\&=nx^{n-1}\Delta x+\frac{n(n-1)}{2!}x^{n-2}(\Delta x)^2+\cdots+(\Delta x)^n.\end{aligned}$$

(2) $\dfrac{\Delta y}{\Delta x}=nx^{n-1}+\dfrac{n(n-1)}{2!}x^{n-2}\Delta x+\cdots+(\Delta x)^{n-1}$.

(3)

$$y'=(x^n)'=\lim_{\Delta x\to 0}\frac{\Delta y}{\Delta x}=\lim_{\Delta x\to 0}\left(nx^{n-1}+\frac{n(n-1)}{2!}x^{n-2}\Delta x+\cdots+(\Delta x)^{n-1}\right)=nx^{n-1},$$

即$(x^n)'=nx^{n-1}$.

特别地，当 $n=1$ 时，有$(x)'=1$.

以后可以证明,对任意的实数 μ,有$(x^{\mu})'=\mu x^{\mu-1}$,如

$$(\sqrt{x})' = \frac{1}{2\sqrt{x}}.$$

例 2.1.3 求正弦函数 $y=\sin x$ 的导数及$(\sin x)'\Big|_{x=\frac{\pi}{4}}$.

解 $\Delta y=f(x+\Delta x)-f(x)=\sin(x+\Delta x)-\sin x=2\cos\left(x+\frac{\Delta x}{2}\right)\cdot\sin\frac{\Delta x}{2}$,

$$\frac{\Delta y}{\Delta x} = \cos\left(x+\frac{\Delta x}{2}\right)\frac{\sin\frac{\Delta x}{2}}{\frac{\Delta x}{2}}.$$

因为 $\cos x$ 是连续函数,则

$$\lim_{\Delta x\to 0}\cos\left(x+\frac{\Delta x}{2}\right)= \cos x.$$

又$\lim\limits_{\Delta x\to 0}\frac{\sin\frac{\Delta x}{2}}{\frac{\Delta x}{2}}=1$,有

$$y' = \lim_{\Delta x\to 0}\frac{\Delta y}{\Delta x} = \lim_{\Delta x\to 0}\cos\left(x+\frac{\Delta x}{2}\right)\frac{\sin\frac{\Delta x}{2}}{\frac{\Delta x}{2}}$$

$$= \lim_{\Delta x\to 0}\cos\left(x+\frac{\Delta x}{2}\right)\cdot\lim_{\Delta x\to 0}\frac{\sin\frac{\Delta x}{2}}{\frac{\Delta x}{2}} = \cos x,$$

即$(\sin x)'=\cos x$.

同理,$(\cos x)'=-\sin x$.

例 2.1.4 求对数函数 $f(x)=\log_a x\ (x>0,0<a\neq 1)$的导数.

解 $f(x+\Delta x)=\log_a(x+\Delta x)\ (x+\Delta x>0)$,

$$\Delta y = f(x+\Delta x)-f(x) = \log_a(x+\Delta x)-\log_a x = \log_a\left(1+\frac{\Delta x}{x}\right),$$

$$\frac{\Delta y}{\Delta x} = \frac{1}{\Delta x}\log_a\left(1+\frac{\Delta x}{x}\right)= \frac{1}{x}\log_a\left(1+\frac{\Delta x}{x}\right)^{\frac{x}{\Delta x}},$$

有

$$y' = \lim_{\Delta x\to 0}\frac{\Delta y}{\Delta x} = \lim_{\Delta x\to 0}\frac{1}{x}\log_a\left(1+\frac{\Delta x}{x}\right)^{\frac{x}{\Delta x}}$$

$$= \frac{1}{x}\log_a\left[\lim_{\Delta x\to 0}\left(1+\frac{\Delta x}{x}\right)^{\frac{x}{\Delta x}}\right] = \frac{1}{x}\log_a \mathrm{e} = \frac{1}{x\ln a},$$

即$(\log_a x)'=\frac{1}{x\ln a}$.

特别地，当 $a=\mathrm{e}$ 时有 $(\ln x)'=\dfrac{1}{x}$.

注　还有一些基本初等函数的导数待介绍完导数的运算法则后再给出.

例 2.1.5　讨论函数 $f(x)=|x|$ 在 $x=0$ 处的可导性.

解　$\lim\limits_{\Delta x\to 0}\dfrac{\Delta y}{\Delta x}=\lim\limits_{\Delta x\to 0}\dfrac{f(0+\Delta x)-f(0)}{\Delta x}=\lim\limits_{\Delta x\to 0}\dfrac{|\Delta x|}{\Delta x}$.

(1) 当 $\Delta x>0$ 时，

$$f'_{+}(0)=\lim_{\Delta x\to 0^{+}}\frac{\Delta y}{\Delta x}=\lim_{\Delta x\to 0^{+}}\frac{\Delta x}{\Delta x}=1.$$

(2) 当 $\Delta x<0$ 时，

$$f'_{-}(0)=\lim_{\Delta x\to 0^{-}}\frac{\Delta y}{\Delta x}=\lim_{\Delta x\to 0^{-}}\frac{-\Delta x}{\Delta x}=-1,$$

即 $f'_{-}(0)\neq f'_{+}(0)$.

所以，函数 $f(x)=|x|$ 在 $x=0$ 点处不可导，如图 2.2 所示.

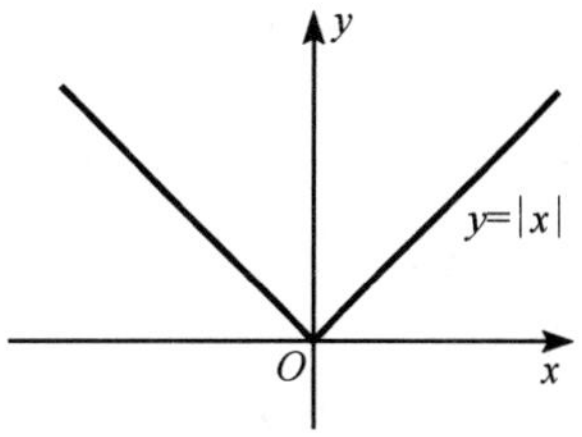

图 2.2

2.1.4　导数的几何意义与物理意义

1. 导数的几何意义

$f'(x_0)$ 表示曲线 $y=f(x)$ 在点 $M(x_0,y_0)$ 处的切线 MT 的斜率(图 2.1)，即

$$f'(x_0)=\tan\alpha,\quad \alpha\neq\frac{\pi}{2}.$$

切线方程为

$$y-y_0=f'(x_0)(x-x_0).$$

当 $f'(x_0)\neq 0$ 时，法线方程为

$$y-y_0=-\frac{1}{f'(x_0)}(x-x_0).$$

当 $f'(x_0)=0$ 时，法线方程为 $x=x_0$.

例 2.1.6　求抛物线 $y=x^2$ 在点(1,1)处的切线的斜率，并写出在该点处的切线方程和法线方程.

解　由导数的几何意义得抛物线在点(1,1)处的切线斜率为

$$k=y'\big|_{x=1}=2x\big|_{x=1}=2.$$

所求的切线方程为 $y-1=2(x-1)$，即 $2x-y-1=0$.

法线方程为 $y-1=-\dfrac{1}{2}(x-1)$，即 $x+2y-3=0$.

2. 导数的物理意义

设质点做变速直线运动的运动方程为 $s=s(t)$，则 $s'(t_0)$ 为质点在 t_0 时刻的瞬时速度.

2.1.5 可导与连续的关系

定理 2.1.1 可导函数都是连续函数.

证明 设函数 $y=f(x)$在点 x_0 处可导,给定自变量的增量是 Δx,相应地函数的增量是

$$\Delta y = f(x_0+\Delta x)-f(x_0),$$

有$\lim\limits_{\Delta x\to 0}\dfrac{\Delta y}{\Delta x}=f'(x_0)$,则

$$\lim_{\Delta x\to 0}\Delta y=\lim_{\Delta x\to 0}\frac{\Delta y}{\Delta x}\cdot\Delta x=\lim_{\Delta x\to 0}\frac{\Delta y}{\Delta x}\cdot\lim_{\Delta x\to 0}\Delta x=f'(x_0)\cdot 0=0,$$

即函数 $y=f(x)$在点 x_0 处连续.

注 定理的逆命题不成立,即连续函数未必可导.如例 2.1.5.

例 2.1.7 讨论函数 $f(x)=\begin{cases}1, & x\leqslant 0,\\ \cos x, & 0<x\leqslant 1,\\ x^2, & 1<x\end{cases}$在点 $x=0$,$x=1$ 处的连续性与可导性.

解 (1) 在点 $x=0$ 处,因为

$$f'_-(0)=\lim_{x\to 0^-}\frac{f(x)-f(0)}{x-0}=\lim_{x\to 0^-}\frac{1-1}{x}=0,$$

$$f'_+(0)=\lim_{x\to 0^+}\frac{f(x)-f(0)}{x-0}=\lim_{x\to 0^+}\frac{\cos x-1}{x}=\lim_{x\to 0^+}\frac{-\frac{1}{2}x^2}{x}=0,$$

即 $f'_-(0)=f'_+(0)$,则 $f(x)$在点 $x=0$ 处可导,故也在 $x=0$ 处连续.

(2) 在点 $x=1$ 处,

$$\lim_{x\to 1^-}f(x)=\lim_{x\to 1^-}\cos x=\cos 1,$$

$$\lim_{x\to 1^+}f(x)=\lim_{x\to 1^+}x^2=1,$$

因为$\lim\limits_{x\to 1^-}f(x)\neq\lim\limits_{x\to 1^+}f(x)$,则 $f(x)$在点 $x=1$ 处不连续,故在点 $x=1$ 处也不可导.

例 2.1.8 求常数 a,b 使得 $f(x)=\begin{cases}e^x, & x\geqslant 0,\\ ax+b & x<0\end{cases}$在 $x=0$ 点处可导.

解 若使 $f(x)$在 $x=0$ 点可导,必使之连续,故$\lim\limits_{x\to 0+}f(x)=\lim\limits_{x\to 0-}f(x)=f(0)$,有

$$e^0=a\cdot 0+b\Rightarrow b=1.$$

又若使 $f(x)$在 $x=0$ 点可导,必使之左右导数存在,且相等,由函数知,左右导数是存在的,且

$$f'_-(0)=\lim_{x\to 0^-}\frac{(ax+b)-e^0}{x-0}=a,$$

$$f'_{+}(0)=\lim_{x\to 0+}\frac{e^x-e^0}{x-0}=1,$$

所以若有 $a=1$,则 $f'_{-}(0)=f'_{+}(0)$,此时 $f(x)$在 $x=0$ 点可导.

所以所求常数为 $a=b=1$.

2.2　一阶导数基本求法

本节介绍几种常用的求一元函数的一阶导数的方法,它是求一元函数的高阶导数以及多元函数导数的基础.

2.2.1　四则运算法

定理 2.2.1　设函数 $u(x)$和 $v(x)$在点 x 处可导,则函数 $u(x)\pm v(x)$,$u(x)\cdot v(x)$以及$\frac{u(x)}{v(x)}$($v(x)\neq 0$)在 x 处也可导,且

(1) $[u(x)\pm v(x)]'=u'(x)\pm v'(x)$.

(2) $[u(x)v(x)]'=u'(x)v(x)+u(x)v'(x)$. 特别地,$[cv(x)]'=cv'(x)$.

(3) $\left[\frac{u(x)}{v(x)}\right]'=\frac{u'(x)v(x)-u(x)v'(x)}{v^2(x)}$ ($v(x)\neq 0$). 特别地,

$$\left[\frac{1}{v(x)}\right]'=-\frac{v'(x)}{v^2(x)}.$$

证明　(1) 设 $y=u(x)\pm v(x)$,有

$$\begin{aligned}\Delta y&=[u(x+\Delta x)\pm v(x+\Delta x)]-[u(x)\pm v(x)]\\&=[u(x+\Delta x)-u(x)]\pm[v(x+\Delta x)-v(x)]=\Delta u\pm\Delta v,\end{aligned}$$

$$\frac{\Delta y}{\Delta x}=\frac{\Delta u}{\Delta x}\pm\frac{\Delta v}{\Delta x},$$

于是

$$\lim_{\Delta x\to 0}\frac{\Delta y}{\Delta x}=\lim_{\Delta x\to 0}\frac{\Delta u}{\Delta x}\pm\lim_{\Delta x\to 0}\frac{\Delta v}{\Delta x}=u'(x)\pm v'(x),$$

即函数 $u(x)\pm v(x)$在 x 可导,且$[u(x)\pm v(x)]'=u'(x)\pm v'(x)$.

(2) 设 $y=u(x)v(x)$,有

$$\begin{aligned}\Delta y&=u(x+\Delta x)v(x+\Delta x)-u(x)v(x)\\&=u(x+\Delta x)v(x+\Delta x)-u(x+\Delta x)v(x)+u(x+\Delta x)v(x)-u(x)v(x)\\&=u(x+\Delta x)[v(x+\Delta x)-v(x)]+v(x)[u(x+\Delta x)-u(x)]\\&=u(x+\Delta x)\Delta v+v(x)\Delta u,\end{aligned}$$

$$\frac{\Delta y}{\Delta x}=u(x+\Delta x)\frac{\Delta v}{\Delta x}+v(x)\frac{\Delta u}{\Delta x},$$

由可导必连续,函数 $u(x)$在 x 连续,即$\lim\limits_{\Delta x\to 0}u(x+\Delta x)=u(x)$,于是

$$\lim_{\Delta x \to 0} \frac{\Delta y}{\Delta x} = \lim_{\Delta x \to 0} u(x+\Delta x) \lim_{\Delta x \to 0} \frac{\Delta v}{\Delta x} + v(x) \lim_{\Delta x \to 0} \frac{\Delta u}{\Delta x} = u(x)v'(x) + u'(x)v(x),$$

即函数 $u(x)v(x)$ 在 x 可导，且 $[u(x)v(x)]'=u(x)v'(x)+u'(x)v(x)$.

注 $[u(x)v(x)]' \neq u'(x)v'(x)$.

(3) 先考虑特殊情况. 设 $y=\frac{1}{v(x)}$，有

$$\Delta y = \frac{1}{v(x+\Delta x)} - \frac{1}{v(x)} = \frac{v(x)-v(x+\Delta x)}{v(x)v(x+\Delta x)} = \frac{-\Delta v}{v(x)v(x+\Delta x)},$$

$$\frac{\Delta y}{\Delta x} = \frac{-\frac{\Delta v}{\Delta x}}{v(x)v(x+\Delta x)},$$

$$\lim_{\Delta x \to 0} \frac{\Delta y}{\Delta x} = \frac{-\lim\limits_{\Delta x \to 0} \frac{\Delta v}{\Delta x}}{v(x) \lim\limits_{\Delta x \to 0} v(x+\Delta x)} = \frac{-v'(x)}{[v(x)]^2},$$

即函数 $\frac{1}{v(x)}$ 在 x 可导，且 $\left[\frac{1}{v(x)}\right]'=\frac{-v'(x)}{[v(x)]^2}$，于是有

$$\left[\frac{u(x)}{v(x)}\right]' = \left[u(x)\frac{1}{v(x)}\right]' = u'(x)\frac{1}{v(x)} + u(x)\left[\frac{1}{v(x)}\right]'$$

$$= u'(x)\frac{1}{v(x)} + u(x)\frac{-v'(x)}{[v(x)]^2} = \frac{u'(x)v(x)-u(x)v'(x)}{[v(x)]^2}.$$

注 $\left[\frac{u(x)}{v(x)}\right]' \neq \frac{u'(x)}{v'(x)}$.

推广 若有限个函数 $u_1(x), u_2(x), \cdots, u_n(x)$ 在 x 处都可导，则

$$[u_1(x) \pm u_2(x) \pm \cdots \pm u_n(x)]' = u_1'(x) \pm u_2'(x) \pm \cdots \pm u_n'(x),$$

$$[u_1(x)u_2(x)\cdots u_n(x)]' = u_1'(x)u_2(x)\cdots u_n(x) + u_1(x)u_2'(x)\cdots u_n(x) + \cdots + u_1(x)u_2(x)\cdots u_n'(x).$$

例 2.2.1 设 $y=x^3-\ln x+\cos x+\ln 5$，求 y'.

解 由 2.1 节的例题知，$(x^3)'=3x^2$，$(\ln x)'=\frac{1}{x}$，$(\cos x)'=-\sin x$，$(\ln 5)'=0$，

$$y' = (x^3-\ln x+\cos x+\ln 5)' = (x^3)'-(\ln x)'+(\cos x)'+(\ln 5)'$$

$$= 3x^2 - \frac{1}{x} - \sin x.$$

例 2.2.2 设 $y=\sqrt{x}\sin x$，求 y'.

解 $y'=(\sqrt{x}\sin x)'=\sqrt{x}(\sin x)'+\sin x(\sqrt{x})'$

$$=\sqrt{x}\cos x+\sin x\frac{1}{2\sqrt{x}}=\sqrt{x}\cos x+\frac{\sin x}{2\sqrt{x}}.$$

例 2.2.3 求正切函数 $y=\tan x$ 的导数.

解 $y'=(\tan x)'=\left(\frac{\sin x}{\cos x}\right)'=\frac{(\sin x)'\cos x-\sin x(\cos x)'}{\cos^2 x}$

$$=\frac{\cos^2+\sin^2 x}{\cos^2 x}=\frac{1}{\cos^2 x}=\sec^2 x.$$

注　同理可求出余切函数 $y=\cot x$ 的导数，$y'=(\cot x)'=-\csc^2 x$.

例 2.2.4　求正割函数 $y=\sec x$ 的导数.

解　$y'=(\sec x)'=\left(\dfrac{1}{\cos x}\right)'=-\dfrac{(\cos x)'}{\cos^2 x}=\dfrac{\sin x}{\cos^2 x}=\tan x\sec x.$

注　同理可求出余割函数 $y=\csc x$ 的导数，$y'=(\csc x)'=-\cot x\csc x$.

2.2.2　反函数求导法

定理 2.2.2　若函数 $y=f(x)$ 在 x 的某邻域连续、严格单调，且在 x 处可导，$f'(x)\neq 0$，则它的反函数 $x=\varphi(y)$ 在 $y(y=f(x))$ 可导，并且

$$\varphi'(y)=\frac{1}{f'(x)}.$$

证明　因为函数 $y=f(x)$ 在 x 的某邻域严格单调，则函数 $y=f(x)$ 在 x 的某邻域存在反函数 $x=\varphi(y)$. 设反函数 $x=\varphi(y)$ 在点 y 的自变量的改变量是 $\Delta y(\Delta y\neq 0)$，有

$$\Delta x=\varphi(y+\Delta y)-\varphi(y),\quad \Delta y=f(x+\Delta x)-f(x).$$

已知函数 $y=f(x)$ 在 x 的某邻域连续和严格单调，则反函数 $x=\varphi(y)$ 在 y 的某邻域也连续和严格单调，有 $\Delta y\to 0\Leftrightarrow\Delta x\to 0$，$\Delta y\neq 0\Leftrightarrow\Delta x\neq 0$，于是，

$$\frac{\Delta x}{\Delta y}=\frac{1}{\dfrac{\Delta y}{\Delta x}},\quad 有\quad \lim_{\Delta y\to 0}\frac{\Delta x}{\Delta y}=\lim_{\Delta x\to 0}\frac{1}{\dfrac{\Delta y}{\Delta x}}=\frac{1}{\lim\limits_{\Delta x\to 0}\dfrac{\Delta y}{\Delta x}}=\frac{1}{f'(x)},$$

即反函数 $x=\varphi(y)$ 在 y 可导，并且 $\varphi'(y)=\dfrac{1}{f'(x)}$.

注　由于 $y=f(x)$ 与 $x=\varphi(y)$ 互为反函数，上述公式也可以写成 $f'(x)=\dfrac{1}{\varphi'(y)}$.

例 2.2.5　求反正弦函数 $y=\arcsin x(-1<x<1)$ 的导数.

解　因为 $y=\arcsin x$ 在 $(-1,1)$ 上连续、严格单调，则存在反函数

$$x=\sin y,\quad -\frac{\pi}{2}<y<\frac{\pi}{2}.$$

由反函数的求导法则，有

$$(\arcsin x)'=\frac{1}{(\sin y)'}=\frac{1}{\cos y},\quad -\frac{\pi}{2}<y<\frac{\pi}{2},$$

$$\cos y=\sqrt{1-\sin^2 y}=\sqrt{1-x^2},$$

从而有

$$(\arcsin x)'=\frac{1}{\sqrt{1-x^2}}.$$

同理可得：反余弦函数的导数 $(\arccos x)'=-\dfrac{1}{\sqrt{1-x^2}}$.

反正切函数的导数$(\arctan x)'=\dfrac{1}{1+x^2}$.

反余切函数的导数$(\text{arccot} x)'=-\dfrac{1}{1+x^2}$.

例 2.2.6 求指数函数 $y=a^x(a>0,a\neq1)$的导数.

解 已知指数函数 $y=a^x$ 是对数函数 $x=\log_a y$ 的反函数,有

$$(a^x)'=\frac{1}{(\log_a y)'}=\frac{1}{\dfrac{1}{y\ln a}}=y\ln a=a^x\ln a,$$

即

$$(a^x)'=a^x\ln a.$$

特别地,当 $a=\mathrm{e}$ 时,有$(\mathrm{e}^x)'=\mathrm{e}^x$.

2.2.3 复合函数求导法

定理 2.2.3 如果函数 $u=g(x)$在 x 可导,函数 $y=f(u)$在相应点 $u=g(x)$可导,则复合函数 $y=f(g(x))$在 x 也可导,且$\dfrac{\mathrm{d}y}{\mathrm{d}x}=f'(u)g'(x)$或$\dfrac{\mathrm{d}y}{\mathrm{d}x}=\dfrac{\mathrm{d}y}{\mathrm{d}u}\dfrac{\mathrm{d}u}{\mathrm{d}x}$.

证明 给 x 处有改变量 $\Delta x(\neq0)$,u 相应的改变量 $\Delta u=g(x+\Delta x)-g(x)$($\Delta u$ 可能为 0),从而 y 相应的改变量为 $\Delta y=f(u+\Delta u)-f(u)$,因函数 $y=f(u)$在相应点 u 可导,则当 $\Delta u\neq0$ 时,

$$\lim_{\Delta u\to0}\frac{\Delta y}{\Delta u}=f'(u).$$

根据极限与无穷小量的关系,$\dfrac{\Delta y}{\Delta u}=f'(u)+\alpha$,其中$\lim\limits_{\Delta u\to0}\alpha=0$,即

$$\Delta y=f'(u)\Delta u+\alpha\Delta u.$$

事实上,当 $\Delta u=0$ 时上式也成立. 故

$$\begin{aligned}\frac{\mathrm{d}y}{\mathrm{d}x}&=\lim_{\Delta x\to0}\frac{\Delta y}{\Delta x}=\lim_{\Delta x\to0}\left(f'(u)\frac{\Delta u}{\Delta x}+\alpha\frac{\Delta u}{\Delta x}\right)\\&=f'(u)\lim_{\Delta x\to0}\frac{\Delta u}{\Delta x}+\lim_{\Delta x\to0}\alpha\lim_{\Delta x\to0}\frac{\Delta u}{\Delta x}\\&=f'(u)g'(x)+\lim_{\Delta x\to0}\alpha g'(x)=f'(u)g'(x)\end{aligned}$$

或$\dfrac{\mathrm{d}y}{\mathrm{d}x}=\dfrac{\mathrm{d}y}{\mathrm{d}u}\dfrac{\mathrm{d}u}{\mathrm{d}x}$.

推广(链式法则) 若有有限多个函数复合时,也有类似的结果.

例如,$y=f(u)$,$u=\varphi(v)$,$v=\psi(x)$,若 $f'(u)$,$\varphi'(v)$,$\psi'(x)$都存在,则有

$$\frac{\mathrm{d}y}{\mathrm{d}x}=\frac{\mathrm{d}y}{\mathrm{d}u}\frac{\mathrm{d}u}{\mathrm{d}v}\frac{\mathrm{d}v}{\mathrm{d}x}=f'(u)\varphi'(v)\psi'(x)=y'_u u'_v v'_x.$$

注 对复合函数求导时,要从外层向内层逐层求导,不要遗漏,也不要重复. 在对每

一层函数求导数时,要特别注意它是对哪一个变量求导,然后这个变量作为函数再对下一个变量求导,直到求出对 x 的导数.

例 2.2.7　设 $x>0$,求幂函数 $y=x^\alpha$(α 是实数)的导数.

解　将 $y=x^\alpha$ 化为 $y=e^{\alpha\ln x}(x>0)$. 它是函数 $y=e^u$ 与 $u=\alpha\ln x$ 的复合函数. 由复合函数求导法则,有

$$(x^\alpha)'=(e^{\alpha\ln x})'=(e^u)'(\alpha\ln x)'=e^u\frac{\alpha}{x}=e^{\alpha\ln x}\frac{\alpha}{x}=x^\alpha\frac{\alpha}{x}=\alpha x^{\alpha-1},$$

即 $(x^\alpha)'=\alpha x^{\alpha-1}(x>0)$.

例 2.2.8　设 $y=\ln(-x)(x<0)$,求 y'.

解　函数 $y=\ln(-x)(x<0)$是函数 $y=\ln u$ 与 $u=-x$ 的复合函数. 由复合函数求导法则有

$$[\ln(-x)]'=(\ln u)'(-x)'=\frac{1}{u}\cdot(-1)=\frac{1}{x}.$$

将这一结果与 $(\ln x)'=\frac{1}{x}$ 合并,有

$$(\ln|x|)'=\frac{1}{x},\quad x\neq 0.$$

注　对复合函数的分解比较熟练后,就不必再写出中间变量.

例 2.2.9　设 $y=\ln\sin x$,求 y'.

解　$y'=(\ln\sin x)'=\frac{1}{\sin x}(\sin x)'=\frac{\cos x}{\sin x}=\cot x.$

例 2.2.10　设 $y=\ln(x+\sqrt{a^2+x^2})$,求 y'.

解

$$\begin{aligned}y'&=[\ln(x+\sqrt{a^2+x^2})]'=\frac{1}{x+\sqrt{a^2+x^2}}(x+\sqrt{a^2+x^2})'\\&=\frac{1}{x+\sqrt{a^2+x^2}}\left[1+\frac{(a^2+x^2)'}{2\sqrt{a^2+x^2}}\right]=\frac{1}{\sqrt{a^2+x^2}}.\end{aligned}$$

例 2.2.11　设 $y=\sin nx\sin^n x$(n 为常数),求 y'.

解

$$\begin{aligned}y'&=(\sin nx)'\sin^n x+\sin nx(\sin^n x)'\\&=n\cos nx\sin^n x+n\sin nx\sin^{n-1}x\cos x\\&=n\sin^{n-1}x\sin(n+1)x.\end{aligned}$$

2.2.4　公式法

基本初等函数的求导公式:

(1) $(c)'=0$,其中 c 是常数.

(2) $(x^\alpha)'=\alpha x^{\alpha-1}$,其中 α 是实数.

(3) $(\log_a x)'=\frac{1}{x\ln a}$,$(\ln|x|)'=\frac{1}{x}$,$x\neq 0$.

(4) $(a^x)'=a^x\ln a,(e^x)'=e^x$.

(5) $(\sin x)'=\cos x,(\cos x)'=-\sin x$,

$(\tan x)'=\sec^2 x,(\cot x)'=-\csc^2 x$,

$(\sec x)'=\tan x\sec x,(\csc x)'=-\cot x\csc x$.

(6) $(\arcsin x)'=\dfrac{1}{\sqrt{1-x^2}},(\arccos x)'=-\dfrac{1}{\sqrt{1-x^2}}$,

$(\arctan x)'=\dfrac{1}{1+x^2},(\operatorname{arccot} x)'=-\dfrac{1}{1+x^2}$.

2.2.5 隐函数求导法

隐函数的定义 以方程 $F(x,y)=0$ 的形式确定的函数称为隐函数.

隐函数求导法 在方程 $F(x,y)=0$ 的两端同时对自变量 x 求导数,并注意 y 是 x 的函数,y 的函数 $\varphi(y)$ 是 x 的复合函数.对 $\varphi(y)$ 求导时要用复合函数求导法.然后经整理变形求出 y'. y' 的结果中可含 x 与 y.若 y 是自变量,同理可求出 x',x' 的结果中可含 x 与 y.

例 2.2.12 求方程 $xy+2x^2-3y-9=0$ 确定的函数 $y=f(x)$ 的导数.

分析 此题可显式化,但是商的形式求导更麻烦,利用隐函数求导法更简单.

解 方程两端对 x 求导数(注意 y 是 x 的函数),有

$$(xy+2x^2-3y-9)'=0',\quad 得\ y+xy'+4x-3y'=0,$$

解得隐函数的导数 $y'=\dfrac{4x+y}{3-x}$.

例 2.2.13 求圆 $x^2+y^2=4$ 上点 $(\sqrt{2},\sqrt{2})$ 处的切线方程.

分析 此题可显式化,但是有两个显函数也麻烦,还是利用隐函数求导法更简单.

解 方程两边对 x 求导数(注意 y 是 x 的函数),有

$$\frac{d}{dx}(x^2+y^2)=0,\quad 即\ x+yy'=0,$$

得 $y'=-\dfrac{x}{y}$,故 $y'|_{(\sqrt{2},\sqrt{2})}=-1$,则圆过点 $(\sqrt{2},\sqrt{2})$ 的切线方程为

$$y-\sqrt{2}=-(x-\sqrt{2}),\quad 即\ x+y-2\sqrt{2}=0.$$

例 2.2.14 求由方程 $e^y+xy-e=0$ 所确定的隐函数 $y=f(x)$ 的导数.

解 方程两边对 x 求导数(注意 y 是 x 的函数),有

$$\frac{d}{dx}(e^y+xy-e)=0,\quad 即\ e^y\frac{dy}{dx}+y+x\frac{dy}{dx}=0,$$

从而

$$\frac{dy}{dx}=-\frac{y}{x+e^y},\quad x+e^y\neq 0.$$

2.2.6　对数求导法

对于形如 $y=[u(x)]^{v(x)}$（称为幂指函数）的函数求导或求有限个函数相乘、相除$\left(\text{例如 } y=\dfrac{u(x)\cdot v(x)\cdot w(x)}{f(x)\cdot g(x)}\right)$的导数，常用对数求导法.

等式两边取以 e 为底的对数，利用对数的性质化简右边，两边再对自变量 x 求导.

例 2.2.15　求幂指函数 $y=x^x(x>0)$的导数.

解　等式两边取以 e 为底的对数有 $\ln y=x\ln x$，再对 x 求导数得$\dfrac{y'}{y}=\ln x+1$，即

$$y'=y(\ln x+1)=x^x(\ln x+1).$$

例 2.2.16　设 $y=\dfrac{(x+1)\sqrt[3]{x-1}}{(x+4)^2\mathrm{e}^x}$，求 y'.

解　等式两边取以 e 为底的对数有

$$\ln y=\ln(x+1)+\frac{1}{3}\ln(x-1)-2\ln(x+4)-x,$$

两边对 x 求导数得

$$\frac{y'}{y}=\frac{1}{x+1}+\frac{1}{3(x-1)}-\frac{2}{x+4}-1,$$

即

$$y'=\frac{(x+1)\sqrt[3]{x-1}}{(x+4)^2\mathrm{e}^x}\left[\frac{1}{x+1}+\frac{1}{3(x-1)}-\frac{2}{x+4}-1\right].$$

2.2.7　参数方程求导法

参数方程的一般形式是$\begin{cases}x=\varphi(t),\\ y=\psi(t),\end{cases}$ $\alpha\leqslant t\leqslant\beta$. 若 $x=\varphi(t)$与 $y=\psi(t)$都可导，$\varphi'(t)\neq0$且 $x=\varphi(t)$存在反函数 $t=\varphi^{-1}(x)$，则 y 是 x 的复合函数，即 $y=\psi(\varphi^{-1}(x))$.

由复合函数与反函数的求导法则有

$$\frac{\mathrm{d}y}{\mathrm{d}x}=\frac{\mathrm{d}y}{\mathrm{d}t}\frac{\mathrm{d}t}{\mathrm{d}x}=\psi'(t)[\varphi^{-1}(x)]'=\psi'(t)\frac{1}{\varphi'(t)}=\frac{\psi'(t)}{\varphi'(t)}.$$

例 2.2.17　求摆线$\begin{cases}x=a(t-\sin t),\\ y=a(1-\cos t)\end{cases}$在 $t=\dfrac{\pi}{2}$处的切线方程.

解　由参数方程的求导法则知

$$\frac{\mathrm{d}y}{\mathrm{d}x}=\frac{\dfrac{\mathrm{d}y}{\mathrm{d}t}}{\dfrac{\mathrm{d}x}{\mathrm{d}t}}=\frac{a\sin t}{a-a\cos t}=\frac{\sin t}{1-\cos t},$$

则

$$\left.\frac{\mathrm{d}y}{\mathrm{d}x}\right|_{t=\frac{\pi}{2}}=\frac{\sin\frac{\pi}{2}}{1-\cos\frac{\pi}{2}}=1.$$

当 $t=\frac{\pi}{2}$ 时，$x=a\left(\frac{\pi}{2}-1\right)$，$y=a$，故所求的切线方程为

$$y-a=x-a\left(\frac{\pi}{2}-1\right),$$

即

$$y=x+a\left(2-\frac{\pi}{2}\right).$$

2.3　高阶导数

本节介绍如何求基本初等函数及它们线性运算的高阶导数，两个函数乘积的高阶导数(即莱布尼茨(Leibniz)公式)，隐函数及函数由参数方程给出的二阶导数.

2.3.1　初等函数的高阶导数

(1) **二阶导数的定义**　一般地，函数 $y=f(x)$ 的导数 $y'=f'(x)$ 仍是 x 的函数，如果函数 $y'=f'(x)$ 的导数存在，这个导数就叫做原来函数 $y=f(x)$ 的二阶导数，记作 y''，$f''(x)$ 或 $\frac{\mathrm{d}^2y}{\mathrm{d}x^2}$.

二阶导数定义的极限形式　$f''(x)=\lim\limits_{\Delta x\to 0}\frac{f'(x+\Delta x)-f'(x)}{\Delta x}$.

(2) **三阶导数的定义**　如果 $y''=f''(x)$ 的导数存在，其导数就叫做 $y=f(x)$ 的三阶导数，记作 y'''，$f'''(x)$ 或 $\frac{\mathrm{d}^3y}{\mathrm{d}x^3}$.

(3) **n 阶导数的定义**　一般地，如果 $y=f(x)$ 的 $n-1$ 阶导数 $y^{(n-1)}=f^{(n-1)}(x)$ 的导数存在，其导数就叫做 $y=f(x)$ 的 n 阶导数，记作 $y^{(n)}$，$f^{(n)}(x)$ 或 $\frac{\mathrm{d}^ny}{\mathrm{d}x^n}$.

例 2.3.1　求幂函数 $y=x^{\mu}$(μ 是任意常数)的 n 阶导数公式.

解　$y'=\mu x^{\mu-1}$,

$y''=\mu(\mu-1)x^{\mu-2}$,

$y'''=\mu(\mu-1)(\mu-2)x^{\mu-3}$,

……

一般可得

$$y^{(n)}=\mu(\mu-1)(\mu-2)\cdots(\mu-n+1)x^{\mu-n},$$

即

$$(x^{\mu})^{(n)} = \mu(\mu-1)(\mu-2)\cdots(\mu-n+1)x^{\mu-n}.$$

当 $\mu=n$ 时，得

$$(x^{n})^{(n)} = n(n-1)(n-2)\cdots 3\cdot 2\cdot 1 = n!（常数）,$$

而 $(x^n)^{(n+1)}=(x^n)^{(n+2)}=\cdots=0$，即 n **次幂函数的一切高于** n **阶的导数都是零.**

例 2.3.2　求指数函数 $y=\mathrm{e}^x$ 及 $y=a^x$ 的 n 阶导数.

解　(1) $y'=\mathrm{e}^x, y''=\mathrm{e}^x, y'''=\mathrm{e}^x,\cdots$. 一般地，$y^{(n)}=\mathrm{e}^x$.

(2) $y'=(\ln a)a^x, y''=(\ln a)^2a^x,\cdots$. 一般地，

$$y^{(n)} = (\ln a)^n a^x.$$

例 2.3.3　求三角函数 $y=\sin x$ 的 n 阶导数.

解　$y'=\cos x=\sin\left(x+\dfrac{\pi}{2}\right)$,

$y''=\cos\left(x+\dfrac{\pi}{2}\right)=\sin\left(x+2\cdot\dfrac{\pi}{2}\right)$,

……

$y^{(n)}=\sin\left(x+n\dfrac{\pi}{2}\right)$.

同理可得 $(\cos x)^{(n)}=\cos\left(x+n\dfrac{\pi}{2}\right)$.

例 2.3.4　求对数函数 $y=\ln(1+x)$ 的 n 阶导数.

解　$y'=\dfrac{1}{1+x}, y''=-\dfrac{1}{(1+x)^2}, y'''=\dfrac{1\cdot 2}{(1+x)^3},\cdots, y^{(n)}=(-1)^{n-1}\dfrac{(n-1)!}{(1+x)^n}$.

如果函数 $u(x)$，$v(x)$ 都具有 n 阶导数，则其代数和的 n 阶导数是它们的 n 阶导数的代数和：$(u\pm v)^{(n)}=u^{(n)}\pm v^{(n)}$.

例 2.3.5　求 $y=(x^4+3x^2-2x+7+\mathrm{e}^{3x})$ 的 $n(n>4)$ 阶导数.

解　$y^{(n)}=(x^4+3x^2-2x+7+\mathrm{e}^{3x})^{(n)}$

$=(x^4+3x^2-2x+7)^{(n)}+(\mathrm{e}^{3x})^{(n)}=3^n\mathrm{e}^{3x}$.

2.3.2　两个函数乘积的高阶导数

莱布尼茨公式　如果函数 $u=u(x)$ 及 $v=v(x)$ 都具有 n 阶导数，那么

$$(uv)' = u'v + uv',$$
$$(uv)'' = u''v + 2u'v' + uv'',$$
$$(uv)''' = u'''v + 3u''v' + 3u'v'' + uv'''.$$

用数学归纳法可以证明

$$(uv)^{(n)} = u^{(n)}v + \mathrm{C}_n^1u^{(n-1)}v' + \mathrm{C}_n^2u^{(n-2)}v'' + \cdots + \mathrm{C}_n^ku^{(n-k)}v^{(k)} + \cdots + uv^{(n)}.$$

上式为**莱布尼茨公式**，其中系数 $\mathrm{C}_n^k=\dfrac{n(n-1)\cdots(n-k+1)}{k!}$ 恰好与 $(u+v)^n$ 牛顿二项式定理的系数相同.

例 2.3.6 $y=x^2e^{2x}$，求 $y^{(20)}$.

解 设 $u=e^{2x}$，$v=x^2$，则

$$u'=2e^{2x},\quad u''=2^2e^{2x},\quad \cdots,\quad u^{(20)}=2^{20}e^{2x},$$
$$v'=2x,\quad v''=2,\quad v'''=0.$$

由莱布尼茨公式得

$$\begin{aligned}y^{(20)}&=u^{(20)}v+C_{20}^1u^{(19)}v'+C_{20}^2u^{(18)}v''\\&=2^{20}\cdot e^{2x}\cdot x^2+20\cdot 2^{19}\cdot e^{2x}\cdot 2x+190\cdot 2^{18}\cdot e^{2x}\cdot 2\\&=2^{20}e^{2x}(x^2+20x+95).\end{aligned}$$

2.3.3 隐函数的二阶导数

先用隐函数求导法求出隐函数的一阶导数，然后再对 x 求导，仍注意 y 是 x 的函数，对 y 函数求导要用复合求导法，并将一阶导数代入即可.

例 2.3.7 求由方程 $x-y+\frac{1}{2}\sin y=0$ 所确定的隐函数 y 的二阶导数$\frac{d^2y}{dx^2}$.

解 应用隐函数的求导法得

$$1-\frac{dy}{dx}+\frac{1}{2}\cos y\cdot\frac{dy}{dx}=0,\quad \text{于是}\frac{dy}{dx}=\frac{2}{2-\cos y}.$$

上式两边再对 x 求导得

$$\frac{d^2y}{dx^2}=\frac{-2\sin y\frac{dy}{dx}}{(2-\cos y)^2}=\frac{-4\sin y}{(2-\cos y)^3}.$$

2.3.4 由参数方程所确定函数的二阶导数

设参数方程$\begin{cases}x=\varphi(t),\\y=\psi(t),\end{cases}\alpha\leqslant t\leqslant\beta$确定 y 为 x 的函数，若 $x=\varphi(t)$ 与 $y=\psi(t)$ 都是二阶可导的，且 $\varphi'(t)\neq 0$，因参数方程所确定函数的一阶导数为$\frac{dy}{dx}=\frac{\psi'(t)}{\varphi'(t)}$，所以

$$\begin{aligned}\frac{d^2y}{dx^2}&=\frac{d}{dx}\left(\frac{dy}{dx}\right)=\frac{d}{dx}\left(\frac{\psi'(t)}{\varphi'(t)}\right)=\frac{d}{dt}\left(\frac{\psi'(t)}{\varphi'(t)}\right)\cdot\frac{dt}{dx}\\&=\frac{\psi''(t)\varphi'(t)-\psi'(t)\varphi''(t)}{\varphi'^2(t)}\frac{1}{\varphi'(t)}=\frac{\psi''(t)\varphi'(t)-\psi'(t)\varphi''(t)}{\varphi'^3(t)}.\end{aligned}$$

例 2.3.8 求摆线$\begin{cases}x=a(t-\sin t),\\y=a(1-\cos t)\end{cases}$确定的函数 $y=f(x)$ 的二阶导数.

解法一 由例 2.2.17 知

$$\frac{dy}{dx}=\frac{\sin t}{1-\cos t},$$

则

$$\frac{d^2y}{dx^2}=\frac{d}{dx}\left(\frac{dy}{dx}\right)=\frac{d}{dt}\left(\frac{\sin t}{1-\cos t}\right)\cdot\frac{dt}{dx}$$
$$=\frac{(\sin t)'(1-\cos t)-\sin t(1-\cos t)'}{(1-\cos t)^2}\cdot\frac{1}{a(1-\cos t)}=-\frac{1}{a(1-\cos t)^2}.$$

解法二　设 $x=\varphi(t)=a(t-\sin t)$，$y=\psi(t)=a(1-\cos t)$，则

$$\varphi'(t)=a(1-\cos t),\quad \psi'(t)=a\sin t,$$
$$\varphi''(t)=a\sin t,\quad \psi''(t)=a\cos t.$$

代入公式 $\frac{d^2y}{dx^2}=\frac{\psi''(t)\varphi'(t)-\psi'(t)\varphi''(t)}{\varphi'^3(t)}$ 得

$$\frac{d^2y}{dx^2}=\frac{a^2\cos t(1-\cos t)-a^2\sin^2 t}{a^3(1-\cos t)^3}=-\frac{1}{a(1-\cos t)^2}.$$

2.4　微　　分

本节从实例出发，给出微分的定义和几何意义，揭示微分与导数的等价关系，从而得到微分的基本公式和运算法则.

2.4.1　引例

例 2.4.1　一块正方形金属薄片受温度变化的影响，其边长由 x_0 变到 $x_0+\Delta x$，问此薄片的面积改变了多少？当 $|\Delta x|$ 很微小时，正方形的面积改变的近似值是多少？

解　设此正方形的边长为 x，面积为 A，则 A 是 x 的函数 $A=x^2$. 当边长由 x_0 变到 $x_0+\Delta x$，金属薄片的面积改变量为

$$\Delta A=(x_0+\Delta x)^2-(x_0)^2=2x_0\cdot\Delta x+(\Delta x)^2.$$

当 $\Delta x\to 0$ 时，$(\Delta x)^2$ 是比 Δx 高阶的无穷小量，即 $(\Delta x)^2=o(\Delta x)$，因此当 $|\Delta x|$ 很小时，我们用 $2x_0\cdot\Delta x$ 近似地表示 ΔA，即 $\Delta A\approx 2x_0\cdot\Delta x$，$2x_0\cdot\Delta x$ 称为 ΔA 的线性主部，是正方形的面积改变的近似值.

几何意义　如图 2.3 所示，$2x_0\cdot\Delta x$ 表示两个长为 x_0 宽为 Δx 的长方形面积（图中单线阴影部分）；$(\Delta x)^2$ 表示边长为 Δx 的正方形的面积（图中双线阴影部分）.

因为 $A'|_{x=x_0}=2x_0$，$\Delta A=(A'|_{x=x_0})\cdot\Delta x+(\Delta x)^2$，从而 $\Delta A\approx(A'|_{x=x_0})\cdot\Delta x$（$|\Delta x|$ 很小）.

注　上述结论对于一般的函数都成立.

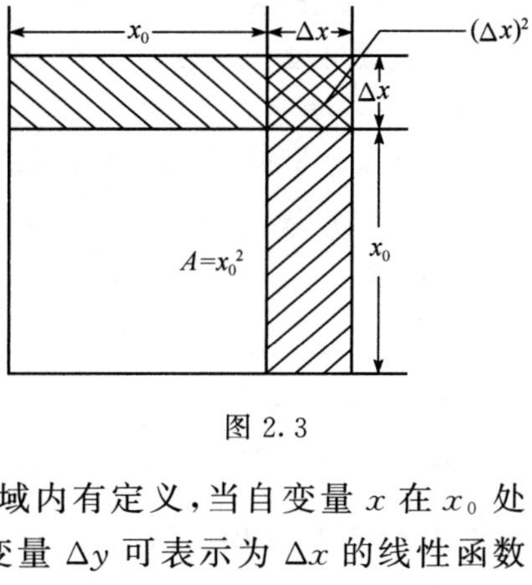

图 2.3

2.4.2　微分的定义

定义 2.4.1　若函数 $y=f(x)$ 在点 x_0 的某个领域内有定义，当自变量 x 在 x_0 处取增量 Δx（点 $x_0+\Delta x$ 也在该领域内），相应函数改变量 Δy 可表示为 Δx 的线性函数

$A\Delta x$(A 为不依赖 Δx 的常数)与较 Δx 高阶的无穷小量两部分之和,即

$$\Delta y = A\Delta x + o(\Delta x),$$

则称函数 $f(x)$在点 x_0 **可微**,$A\Delta x$ 称为函数 $f(x)$在点 x_0 的**微分**,记为 $\mathrm{d}y|_{x=x_0}=A\Delta x$ 或 $\mathrm{d}f(x_0)=A\Delta x$.

可见,$\Delta y\approx A\Delta x$ 或 $\Delta y\approx \mathrm{d}y$,其误差是 $o(\Delta x)$.

2.4.3 微分与导数的关系

定理 2.4.1 函数 $f(x)$在点 x_0 可微的充要条件是函数 $f(x)$在点 x_0 可导,且当函数 $f(x)$在点 x_0 可微时,其微分一定是 $\mathrm{d}y|_{x=x_0}=f'(x_0)\Delta x$.

证明 必要性. 设函数 $f(x)$在点 x_0 可微,即 $\Delta y=A\Delta x+o(\Delta x)$,其中 A 是与 Δx 无关的常数. 用 Δx 除之得

$$\frac{\Delta y}{\Delta x} = A + \frac{o(\Delta x)}{\Delta x},$$

有

$$\lim_{\Delta x\to 0}\frac{\Delta y}{\Delta x} = A + \lim_{\Delta x\to 0}\frac{o(\Delta x)}{\Delta x} = A.$$

故 $A=f'(x_0)$.

充分性. 设函数 $y=f(x)$在点 x_0 可导,即$\lim\limits_{\Delta x\to 0}\dfrac{\Delta y}{\Delta x}=f'(x_0)$或

$$\frac{\Delta y}{\Delta x} = f'(x_0) + \alpha,\alpha \to 0(\text{当 } \Delta x \to 0 \text{ 时}),$$

从而

$$\Delta y = f'(x_0)\Delta x + \alpha\Delta x = f'(x_0)\Delta x + o(\Delta x),$$

其中 $f'(x_0)$是与 Δx 无关的常数,$o(\Delta x)$比 Δx 是高阶无穷小,于是函数 $f(x)$在点 x_0 可微.

结论 函数 $f(x)$在点 x_0 可微与可导是等价的,并且 $A=f'(x_0)$. 于是函数 $f(x)$在点 x_0 的微分 $\mathrm{d}y=f'(x_0)\Delta x$.

定义 2.4.2 函数 $y=f(x)$在任意点 x 处的微分,称为函数的微分,记作 $\mathrm{d}y$ 或 $\mathrm{d}f(x)$,即 $\mathrm{d}y=f'(x)\Delta x$.

例 2.4.2 求 $y=x^2$ 在 $x=2$ 处的微分,并求当 $\Delta x=0.1$ 时的微分.

解 (1) $\mathrm{d}y|_{x=2}=(x^2)'|_{x=2}\Delta x=2x|_{x=2}\cdot\Delta x=4\Delta x$.

(2) $\mathrm{d}y\Big|_{\substack{x=2\\ \Delta x=0.1}}=(x^2)'\cdot\Delta x\Big|_{\substack{x=2\\ \Delta x=0.1}}=2x\Delta x\Big|_{\substack{x=2\\ \Delta x=0.1}}=0.4$.

例 2.4.3 求 $y=x$ 的微分.

解 $\mathrm{d}y=(x)'\Delta x=1\cdot\Delta x=\Delta x=\mathrm{d}x$.

注 上例说明自变量的增量 Δx 就是自变量的微分,即 $\mathrm{d}x=\Delta x$. 从此,$f(x)$的微分可记为 $\mathrm{d}y=f'(x)\mathrm{d}x$;得$\dfrac{\mathrm{d}y}{\mathrm{d}x}=f'(x)$;说明函数的导数等于函数的微分与自变量微分之

商. 因此,导数亦称微商.

2.4.4　微分的几何意义

如图 2.4 所示,MT 是曲线 $y=f(x)$ 在点 $M(x_0,f(x_0))$ 的切线. 已知切线 MT 的斜率

$$\tan\alpha = f'(x_0),$$

$$\Delta y = f(x_0+\Delta x)-f(x_0) = NQ,$$

$$\mathrm{d}y = f'(x_0)\Delta x = \tan\alpha\cdot\Delta x = \frac{PQ}{\Delta x}\Delta x = PQ.$$

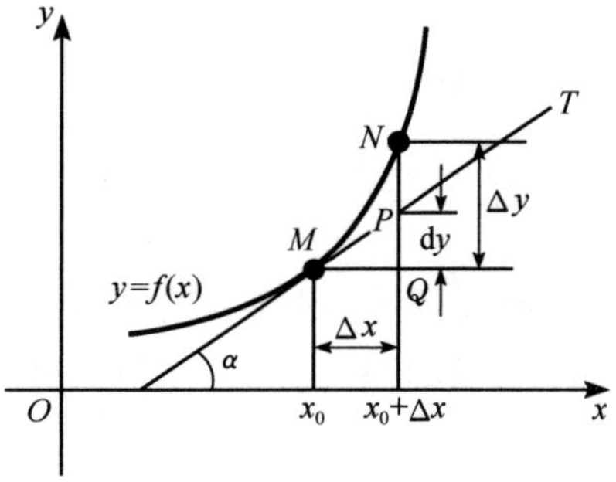

图 2.4

由此可见,微分 $\mathrm{d}y=PQ$ 是曲线 $y=f(x)$ 在点 $M(x_0,y_0)$ 的切线 MT 的纵坐标的改变量. 因此,用 $\mathrm{d}y$ 近似代替 Δy,就是用在点 $M(x_0,y_0)$ 处切线的纵坐标的改变量 PQ 近似代替函数 $f(x)$ 的改变量 NQ,误差 $NP=NQ-PQ=\Delta y-\mathrm{d}y=o(\Delta x)$.

微分的几何意义　曲线 $y=f(x)$ 在点 $(x_0,f(x_0))$ 处,当自变量取得改变量 Δx 时,曲线在该点处切线纵坐标的改变量即是该点处的微分.

2.4.5　微分的基本公式及运算法则

由定义知 $\mathrm{d}y=f'(x)\mathrm{d}x$,则由导数的基本公式和运算法则可以得到相应的微分基本公式和运算法则.

1. 微分的基本公式

(1) $\mathrm{d}c=0$,其中 c 是常数.

(2) $\mathrm{d}(x^\alpha)=\alpha x^{\alpha-1}\mathrm{d}x$,其中 α 是实数.

(3) $\mathrm{d}(\log_a x)=\dfrac{1}{x\ln a}\mathrm{d}x$, $\mathrm{d}(\ln x)=\dfrac{1}{x}\mathrm{d}x$.

(4) $\mathrm{d}(a^x)=a^x\ln a\,\mathrm{d}x$, $\mathrm{d}(\mathrm{e}^x)=\mathrm{e}^x\mathrm{d}x$.

(5) $\mathrm{d}(\sin x)=\cos x\mathrm{d}x$, $\mathrm{d}(\cos x)=-\sin x\mathrm{d}x$,

$\mathrm{d}(\tan x)=\sec^2 x\mathrm{d}x$, $\mathrm{d}(\cot x)=-\csc^2 x\mathrm{d}x$,

$\mathrm{d}(\sec x)=\tan x\sec x\mathrm{d}x$, $\mathrm{d}(\csc x)=-\cot x\csc x\mathrm{d}x$.

(6) $\mathrm{d}(\arcsin x)=\dfrac{1}{\sqrt{1-x^2}}\mathrm{d}x$, $\mathrm{d}(\arccos x)=-\dfrac{1}{\sqrt{1-x^2}}\mathrm{d}x$,

$\mathrm{d}(\arctan x)=\dfrac{1}{1+x^2}\mathrm{d}x$, $\mathrm{d}(\mathrm{arccot}\,x)=-\dfrac{1}{1+x^2}\mathrm{d}x$.

2. 微分的运算法则

设 $u=u(x)$, $v=v(x)$ 均可导,则

(1) $\mathrm{d}(u \pm v)=\mathrm{d}u \pm \mathrm{d}v$;

(2) $\mathrm{d}(uv)=v\mathrm{d}u+u\mathrm{d}v$;

(3) $\mathrm{d}(cu)=c\mathrm{d}u$;

(4) $\mathrm{d}\left(\frac{u}{v}\right)=\frac{v\mathrm{d}u-u\mathrm{d}v}{v^2}(v \neq 0)$.

3. 复合函数的微分法则(微分形式的不变性)

设 $y=f(u)$, $u=g(x)$ 都可导,则复合函数 $y=f(g(x))$ 的微分为

$$\mathrm{d}y=y'_x\mathrm{d}x=f'(u)g'(x)\mathrm{d}x=f'(u)\mathrm{d}u=y'_u\mathrm{d}u,$$

即不论 u 为自变量还是中间变量,均有 $\mathrm{d}y=y'_u\mathrm{d}u=f'(u)\mathrm{d}u$,也就是微分形式的不变性.

例 2.4.4 求 $y=\ln 3x+\arctan x$ 的微分.

解法一 $y'=(\ln 3x+\arctan x)'=(\ln 3x)'+(\arctan x)'$

$$=\frac{1}{x}+\frac{1}{1+x^2}=\frac{1+x+x^2}{x(1+x^2)},$$

则

$$\mathrm{d}y=\frac{1+x+x^2}{x(1+x^2)}\mathrm{d}x.$$

解法二 $\mathrm{d}y=\mathrm{d}(\ln 3x+\arctan x)=\mathrm{d}(\ln 3x)+\mathrm{d}(\arctan x)$

$$=\frac{1}{x}\mathrm{d}x+\frac{1}{1+x^2}\mathrm{d}x=\frac{1+x+x^2}{x(1+x^2)}\mathrm{d}x.$$

例 2.4.5 求 $y=\mathrm{e}^x\sin x$ 的微分.

解 $\mathrm{d}y=(\mathrm{e}^x\sin x)'\mathrm{d}x=\mathrm{e}^x(\sin x+\cos x)\mathrm{d}x$ 或

$$\mathrm{d}y=\sin x\mathrm{d}\mathrm{e}^x+\mathrm{e}^x\mathrm{d}\sin x=\mathrm{e}^x(\sin x+\cos x)\mathrm{d}x.$$

例 2.4.6 求 $y=[\sin(3x+2)]^3$ 的微分.

解 $\mathrm{d}y=\mathrm{d}[\sin(3x+2)]^3=3\sin^2(3x+2)\mathrm{d}\sin(3x+2)$

$$=3\sin^2(3x+2)\cos(3x+2)\mathrm{d}(3x+2)$$

$$=9\sin^2(3x+2)\cos(3x+2)\mathrm{d}x.$$

4. 隐函数的微分:对方程两边求微分

例 2.4.7 求由方程 $x^2+2xy-2y^2=1$ 所确定的隐函数 $y=f(x)$ 的微分.

解 对方程两边求微分:

$$\mathrm{d}(x^2+2xy-2y^2)=0,$$

即

$$\mathrm{d}(x^2)+2\mathrm{d}(xy)-\mathrm{d}(2y^2)=0,$$

$$x\mathrm{d}x+y\mathrm{d}x+x\mathrm{d}y-2y\mathrm{d}y=0,$$

则 $\mathrm{d}y=\frac{x+y}{2y-x}\mathrm{d}x$.

2.4.6 微分在近似计算中的应用

1. 计算函数增量的近似值

若 $y=f(x)$ 在点 x_0 处的导数 $f'(x_0)\neq 0$，且当 $|\Delta x|$ 很小时，

$$\Delta y\big|_{x=x_0}\approx \mathrm{d}y\big|_{x=x_0}=f'(x_0)\Delta x.$$

例 2.4.8 半径为 10cm 的金属圆片加热后，半径伸长了 0.05cm，问面积约增大了多少？

解 设圆面积为 S，则 $S=\pi r^2$，$r=10\text{cm}$，$\Delta r=0.05\text{cm}$，则面积增大了

$$\Delta S\approx \mathrm{d}S=2\pi r\cdot\Delta r=2\pi\times 10\times 0.05=\pi(\text{cm}^2).$$

2. 计算函数的近似值

由 $\Delta y=f(x_0+\Delta x)-f(x_0)\approx f'(x_0)\Delta x$ 得

$$f(x_0+\Delta x)\approx f(x_0)+f'(x_0)\Delta x.$$

例 2.4.9 计算 $\cos 60°30'$ 的近似值.

解 设 $f(x)=\cos x$，则 $f'(x)=-\sin x$，其中 $x_0=\dfrac{\pi}{3}$，$\Delta x=\dfrac{\pi}{360}$.

$$\cos 60°30'=\cos\left(\frac{\pi}{3}+\frac{\pi}{360}\right)\approx\cos\frac{\pi}{3}-\sin\frac{\pi}{3}\,\frac{\pi}{360}$$

$$=\frac{1}{2}-\frac{\sqrt{3}}{2}\,\frac{\pi}{360}\approx 0.4924.$$

3. 几个近似公式

当 $|x|$ 很小时，由 $f(x)\approx f(0)+f'(0)x$ 可得几个常用近似公式：

(1) $\sqrt[n]{1+x}\approx 1+\dfrac{1}{n}x$；　(2) $\sin x\approx x$；

(3) $\tan x\approx x$；　(4) $\mathrm{e}^x\approx 1+x$；

(5) $\ln(1+x)\approx x$；　(6) $\arcsin x\approx x$.

证明 只证(1). 设 $f(x)=\sqrt[n]{1+x}$，则 $f'(x)=\dfrac{1}{n}(1+x)^{\frac{1}{n}-1}$，

$$f(0)=1,\quad f'(0)=\frac{1}{n},$$

则当 $|x|$ 很小时，

$$f(x)\approx f(0)+f'(0)x=1+\frac{x}{n},\quad \text{即}\ \sqrt[n]{1+x}\approx 1+\frac{x}{n}.$$

同理可证其他几个公式.

例 2.4.10 计算下列各数的近似值：

(1) $\sqrt[3]{998.5}$；(2) $\mathrm{e}^{-0.03}$.

解 (1) $\sqrt[3]{998.5}=\sqrt[3]{1000-1.5}=\sqrt[3]{1000\left(1-\frac{1.5}{1000}\right)}$

$$=10\sqrt[3]{1-0.0015}\approx10\left(1-\frac{1}{3}\times0.0015\right)=9.995.$$

(2) $e^{-0.03}\approx1-0.03=0.97.$

习 题 2

1. 一物体的运动方程为 $s=t^2+6$,求下列各值:

(1) 物体在 $t=2$ 到 $t=2+\Delta t$ 这段时间的平均速度;

(2) 物体在 $t=2$ 时的速度.

2. 设 $f(x)=3+2x$,试按导数的定义求 $f'(x)$及 $f'(2)$.

3. 设 $f(x)$为偶函数,且 $f'(0)$存在,证明 $f'(0)=0$.

4. 问曲线 $y=\ln x$ 上的哪一点处的切线与直线 $y=2x+1$ 平行?

5. 讨论下列函数在给定点处的连续性和可导性:

(1) $y=\begin{cases}x^2+1, & x\leqslant1,\\ 2x^3, & x>1\end{cases}$ 在点 $x=1$ 处; (2) $y=\begin{cases}x^2\cos\dfrac{1}{x}, & x\neq0,\\ 0, & x=0\end{cases}$ 在点 $x=0$ 处;

(3) $y=\begin{cases}\ln(1+x), & -1<x\leqslant0,\\ \sqrt{1+x}-\sqrt{1-x}, & 0<x<1\end{cases}$ 在点 $x=0$ 处.

6. 已知函数 $f(x)=\begin{cases}x^2, & x\leqslant1,\\ ax+b, & x>1,\end{cases}$ 问 a,b 取何值时,函数 $f(x)$在 $x=1$ 处可导.

7. 求下列各函数的导数:

(1) $y=2x^2+3x-\sin\dfrac{\pi}{2}$; (2) $y=3\sqrt{x}-\dfrac{1}{x}+2$;

(3) $y=x^{2011}+2011^x$; (4) $y=e^x(\sin x+\cos x)$;

(5) $y=x^2\ln x$; (6) $y=(x-1)(x-2)(x-3)$;

(7) $y=(3x+1)^2$; (8) $y=\dfrac{2x}{x+1}$;

(9) $y=\dfrac{1-\sqrt{x}}{1+\sqrt{x}}$; (10) $y=\dfrac{x\cos x}{1+\sin x}$.

8. 求曲线 $y=\tan x$ 在点 $x=\pi$ 处的切线和法线方程.

9. 求下列各函数的导数:

(1) $y=(2x+1)^3$; (2) $y=\ln\cos x$;

(3) $y=e^{2x^2}$; (4) $y=3^{\sin x}$;

(5) $y=\sec\dfrac{1}{x}$; (6) $y=\ln(x+\sqrt{x^2+a^2})$;

(7) $y=\sqrt{\tan\dfrac{x}{3}}$; (8) $y=x\tan^2x-\sqrt{1+x^2}+1$;

(9) $y=\left(\dfrac{2x}{1+3x}\right)^3$; (10) $y=\ln(\ln2x)$.

10. 求下列各函数的二阶导数：

(1) $y=\ln(2+x^2)$；　　(2) $y=x\arctan x$；

(3) $y=\dfrac{e^{2x}}{x}$；　　(4) $y=\arcsin x^2$.

11. 已知 $y=x^2\sin x$，求 $y^{(10)}$.

12. 求下列函数的导数(其中 $f(x)$二阶可导)：

(1) $y=f(\ln x)$，求$\dfrac{dy}{dx}$；　　(2) $y=xe^{f(x)}$，求$\dfrac{d^2y}{dx^2}$.

13. 下列各题中的方程均确定 y 是 x 的函数，求$\dfrac{dy}{dx}$：

(1) $y=x\ln y$；　　(2) $y^3+3x^2y+x^3-1=0$；

(3) $x+y=e^{xy}$；　　(4) $x\sin y-y+2=0$.

14. 利用对数求导法求下列函数的导数：

(1) $y=x^{\sin x}\ (x>0)$；　　(2) $y=\dfrac{\sqrt{x-1}\cdot\sqrt[3]{2-x}}{\sqrt[4]{2x-3}\cdot\sqrt[5]{x-4}}$；

(3) $y=(\cos x)^{\tan x}$；　　(4) $y=x\sqrt{\dfrac{x}{1+x}}$.

15. 求下列函数的导数$\dfrac{dy}{dx}$(其中 a 为一非零常数)：

(1) $\begin{cases}x=e^t\cos t,\\ y=e^t\sin 2t;\end{cases}$　　(2) $\begin{cases}x=at^3,\\ y=2t-t^2.\end{cases}$

16. 求下列各函数的微分：

(1) $y=2x^3$　　(2) $y=xe^{x^2}$；

(3) $y=e^x\cos 2x$；　　(4) $y=\sin^n mx$；

(5) $y=\cot\dfrac{x}{2}$；　　(6) $y=\operatorname{arccot}\sqrt{2x}$.

17. 求下列各式的近似值：

(1) $\sqrt[3]{8.03}$；　　(2) $\ln 1.02$；

(3) $e^{0.06}$；　　(4) $\sin 30°10'$.

第 3 章　微分中值定理与导数的应用

本章要点　本章主要介绍建立导数与函数联系的重要定理——微分中值定理，以及导数在求函数的极限、研究函数的性态、计算曲率与曲率半径和在实际中的应用.

3.1　微分中值定理

微分中值定理是微分学的理论基础，是沟通导数值与函数值之间的桥梁，是利用导数的局部性质推断函数的整体性质的工具. 本节介绍微分中值定理.

3.1.1　罗尔(Rolle)定理

1. 定理

定理 3.1.1　如果函数 $f(x)$ 满足以下条件：

(1) 在闭区间 $[a,b]$ 上连续；

(2) 在开区间 (a,b) 内可导；

(3) $f(a)=f(b)$，

则至少存在一点 $\xi\in(a,b)$，使得 $f'(\xi)=0$.

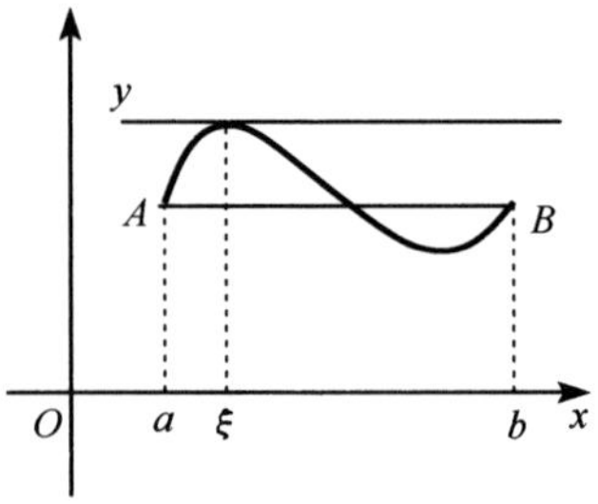

图 3.1

分析　如图 3.1 所示，$f'(\xi)=0$ 的几何意义是过该点的切线平行于 x 轴，显然 ξ 可能是函数的最大值(或最小值)的点.

因此，需要证明的是(1) $f(x)$ 在 (a,b) 内存在取最大值(或最小值)的点 ξ；(2) $f'(\xi)=0$.

证明　因为 $f(x)$ 在 $[a,b]$ 上连续，根据连续函数的性质，$f(x)$ 在 $[a,b]$ 上必有最大值 M 和最小值 m.

(1) 如果 $m=M$，则 $f(x)$ 在 $[a,b]$ 上恒为常数 M，因此在 (a,b) 内恒有 $f(x)=M$，于是，(a,b) 内每一点都可取为定理的 ξ；

(2) 如果 $m<M$，因 $f(a)=f(b)$，则 M 与 m 中至少有一个不等于端点 a 处的函数值 $f(a)$，设 $M\neq f(a)$，从而，在 (a,b) 内至少有一点 ξ，使得 $f(\xi)=M$.

下面证明，在点 ξ，有 $f'(\xi)=0$.

事实上，因为 $f(\xi)=M$ 是最大值，所以不论 Δx 为正或负，只要 $\xi+\Delta x\in(a,b)$，恒有 $f(\xi+\Delta x)\leqslant f(\xi)$，由 $f(x)$ 在 ξ 点可导及极限的保号性，

$$f'(\xi)=\lim_{\Delta x\to 0^+}\frac{f(\xi+\Delta x)-f(\xi)}{\Delta x}\leqslant 0,\quad f'(\xi)=\lim_{\Delta x\to 0^-}\frac{f(\xi+\Delta x)-f(\xi)}{\Delta x}\geqslant 0.$$

因此必有

$$f'(\xi)=0.$$

定理得证.

2. 应用

(1) 求根的区间：一般地，求函数方程 $f(x)=0$ 的根用零点存在定理 $f(\xi)=0$；求导数方程 $f'(x)=0$ 的根用罗尔定理 $f'(\xi)=0$.

例 3.1.1 不求出函数 $f(x)=(x-1)(x-2)(x-3)(x-4)$ 的导数，说明方程 $f'(x)=0$ 有几个实根，并指出它们所在的区间.

解 因为 $f(x)=(x-1)(x-2)(x-3)(x-4)$ 在 $[1,4]$ 上可导，又

$$f(1)=f(2)=f(3)=f(4),$$

所以 $f(x)$ 在 $[1,2]$，$[2,3]$，$[3,4]$ 上分别满足罗尔定理的条件，因此 $f'(x)=0$ 至少有三个实根，分别位于区间 $(1,2)$，$(2,3)$，$(3,4)$ 内. 又知 $f'(x)$ 是三次多项式，故 $f'(x)=0$ 至多有三个实根. 于是方程 $f'(x)=0$ 恰有三个实根，分别位于区间 $(1,2)$，$(2,3)$，$(3,4)$ 内.

(2) 证明：可用于一些定理的证明，如下面的拉格朗日中值定理等.

3.1.2 拉格朗日(Lagrange)中值定理

1. 定理

定理 3.1.2 如果函数 $f(x)$ 满足条件：

(1) 在闭区间 $[a,b]$ 上连续；

(2) 在开区间 (a,b) 内可导，则至少存在一点 $\xi\in(a,b)$，使得

$$f'(\xi)=\frac{f(b)-f(a)}{b-a}\quad 或\quad f(b)-f(a)=f'(\xi)(b-a).$$

证明分析 罗尔定理是拉格朗日定理的特殊情况，于是想到应用罗尔定理来证明拉格朗日定理. 要证的等式变形为

$$f'(\xi)-\frac{f(b)-f(a)}{b-a}=0,$$

即

$$\left[f(x)-\frac{f(b)-f(a)}{b-a}x\right]'_{x=\xi}=0,$$

为此，构造一个辅助函数 $F(x)$.

$$F(x)=f(x)-\frac{f(b)-f(a)}{b-a}x,$$

则要证明的结论归结为：在 (a,b) 内至少存在一点 ξ，使得 $F'(\xi)=0$.

证明 作辅助函数

$$F(x)=f(x)-\frac{f(b)-f(a)}{b-a}x.$$

显然 $F(x)$ 在 $[a,b]$ 上连续，在 (a,b) 内可导.

又

$$\begin{aligned}F(b)-F(a)&=f(b)-\frac{f(b)-f(a)}{b-a}b-\left(f(a)-\frac{f(b)-f(a)}{b-a}a\right)\\&=[f(b)-f(a)]\left(1-\frac{b}{b-a}+\frac{a}{b-a}\right)=0,\end{aligned}$$

所以 $F(b)=F(a)$，$F(x)$ 满足罗尔定理的条件.

于是，在 (a,b) 内至少存在一点 ξ，使 $F'(\xi)=0$，即

$$f'(\xi)-\frac{f(b)-f(a)}{b-a}=0,$$

亦即

$$f'(\xi)=\frac{f(b)-f(a)}{b-a}$$

或

$$f(b)-f(a)=f'(\xi)(b-a).$$

2. 形式

因为 $a<\xi<b$，可知 $0<\xi-a<b-a$，即 $0<\frac{\xi-a}{b-a}<1$.

令 $\theta=\frac{\xi-a}{b-a}$，则

$$\xi=a+\theta(b-a),\quad 0<\theta<1,$$

所以，拉格朗日定理常写成

$$f(b)-f(a)=f'[a+\theta(b-a)](b-a),\quad 0<\theta<1.$$

注 (1) 拉格朗日定理一共有三种形式，要学会灵活应用；

(2) 拉格朗日定理的证明方法是辅助函数法，这是一种常用方法.

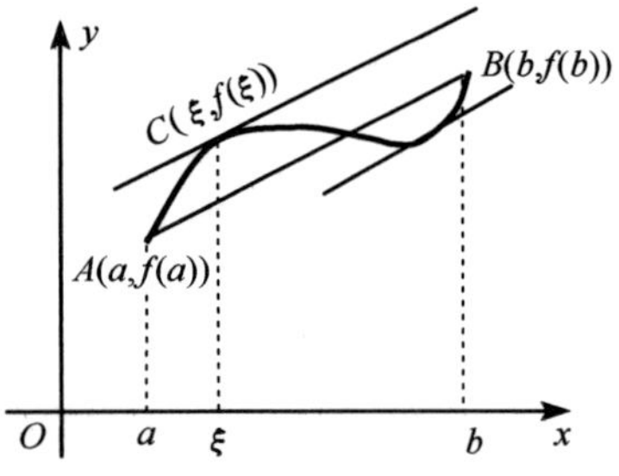

图 3.2

3. 几何意义

如图 3.2 所示，$\frac{f(b)-f(a)}{b-a}$ 就是割线 AB 的斜率，而 $f'(\xi)$ 就是曲线 $y=f(x)$ 上点 $C(\xi,f(\xi))$ 的切线斜率. 拉格朗日定理的几何意义是：若区间 $[a,b]$ 上有一条连续曲线，除区间端点外，曲线上每一点都有不

垂直于 x 轴的切线，则曲线上至少有一点 $C(\xi, f(\xi))$，过 C 点的切线与割线 AB 平行.

4. 应用

主要用于证明定理、等式及不等式.

推论 3.1.1　如果函数 $f(x)$ 在区间 (a,b) 内任意一点的导数 $f'(x)$ 都等于零，则函数 $f(x)$ 在区间 (a,b) 内是一个常数.

证明　设 x_1, x_2 是区间 (a,b) 内任意两点，不妨设 $x_1 < x_2$，$f(x)$ 在区间 $[x_1, x_2]$ 上满足拉格朗日定理的两个条件，因此有：

$$f(x_2) - f(x_1) = f'(\xi)(x_2 - x_1), \quad \xi \in (x_1, x_2).$$

由假设 $f'(\xi)=0$，所以 $f(x_1)=f(x_2)$.

区间 (a,b) 内任意两点的函数值相等，所以 $f(x)$ 在区间 (a,b) 内是一常数.

推论 3.1.2　如果函数 $f(x)$ 与 $g(x)$ 在区间 (a,b) 内每一点的导数 $f'(x)$ 与 $g'(x)$ 都相等，则这两个函数在区间 (a,b) 内至多相差一个常数.

证明　由已知，对任意 $x \in (a,b)$ 有 $f'(x)=g'(x)$，因此

$$[f(x) - g(x)]' = f'(x) - g'(x) = 0 \quad (\text{对任意 } x \in (a,b)).$$

由推论 3.1.1 知，函数 $f(x)-g(x)$ 在区间 (a,b) 内是一个常数，设此常数为 c，则有

$$f(x) - g(x) = c.$$

注　上述推论在不定积分中十分有用.

例 3.1.2　证明等式 $\arcsin x + \arccos x = \frac{\pi}{2}(-1<x<1)$.

证明　对任意 $x \in (-1,1)$，有

$$(\arcsin x + \arccos x)' = \frac{1}{\sqrt{1-x^2}} - \frac{1}{\sqrt{1-x^2}} = 0.$$

由推论 3.1.2 可知，

$$\arcsin x + \arccos x = c \quad (c \text{ 为常数}).$$

再设 $x=0$，有

$$c = \arcsin 0 + \arccos 0 = \frac{\pi}{2},$$

即当 $-1<x<1$ 时有

$$\arcsin x + \arccos x = \frac{\pi}{2}.$$

例 3.1.3　证明不等式 $\frac{x}{1+x} < \ln(1+x) < x, x>0$.

证明　设函数 $f(t)=\ln(1+t)(t>0)$. 显然此函数在 $[0,x](x>0)$ 满足拉格朗日定理的条件，有

$$\ln(1+x) - \ln 1 = (\ln(1+t))'\big|_{t=\xi} x, \quad 0 < \xi < x,$$

即 $\ln(1+x)=\frac{x}{1+\xi}$，而 $\frac{1}{1+x}<\frac{1}{1+\xi}<1$ 从而有

$$\frac{x}{1+x} < \ln(1+x) < x, \quad x > 0.$$

3.1.3 柯西(Cauchy)中值定理

定理 3.1.3 设函数 $f(x)$与 $g(x)$满足条件：

(1) 在闭区间$[a,b]$上连续；

(2) 在开区间(a,b)内可导；

(3) 对任意 $x\in(a,b)$，有 $g'(x)\neq 0$，

则至少存在一点 $\xi\in(a,b)$使得

$$\frac{f(b)-f(a)}{g(b)-g(a)} = \frac{f'(\xi)}{g'(\xi)}. \tag{3.1}$$

分析 式(3.1)变形为

$$\frac{f(b)-f(a)}{g(b)-g(a)}g'(\xi) - f'(\xi) = 0, \quad a < \xi < b.$$

上式可以写成

$$\left[f(x) - \frac{f(b)-f(a)}{g(b)-g(a)}g(x)\right]'\Bigg|_{x=\xi} = 0.$$

令 $F(x)=f(x)-\dfrac{f(b)-f(a)}{g(b)-g(a)}g(x)$，验证 $F(x)$满足罗尔定理的条件即可.

证明 因为 $g(b)-g(a)\neq 0$. 事实上，若 $g(b)=g(a)$，由罗尔定理，在(a,b)内存在一点 ξ，使 $g'(\xi)=0$，与条件(3)矛盾. 作辅助函数

$$F(x) = f(x) - \frac{f(b)-f(a)}{g(b)-g(a)}g(x).$$

$F(x)$在$[a,b]$上连续，在(a,b)内可导，

$$\begin{aligned} F(b)-F(a) &= f(b) - \frac{f(b)-f(a)}{g(b)-g(a)}g(b) - \left(f(a) - \frac{f(b)-f(a)}{g(b)-g(a)}g(a)\right) \\ &= (f(b)-f(a)) - \frac{f(b)-f(a)}{g(b)-g(a)}(g(b)-g(a)) = 0, \end{aligned}$$

即 $F(b)=F(a)$，$F(x)$满足罗尔定理的条件

由罗尔定理，在(a,b)内至少存在一点 ξ，使得 $F'(\xi)=0$，即

$$f'(\xi) - \frac{f(b)-f(a)}{g(b)-g(a)}\cdot g'(\xi) = 0,$$

从而有$\dfrac{f(b)-f(a)}{g(b)-g(a)}=\dfrac{f'(\xi)}{g'(\xi)}$.

3.1.4 微分中值定理间的关系

如图 3.3 所示.

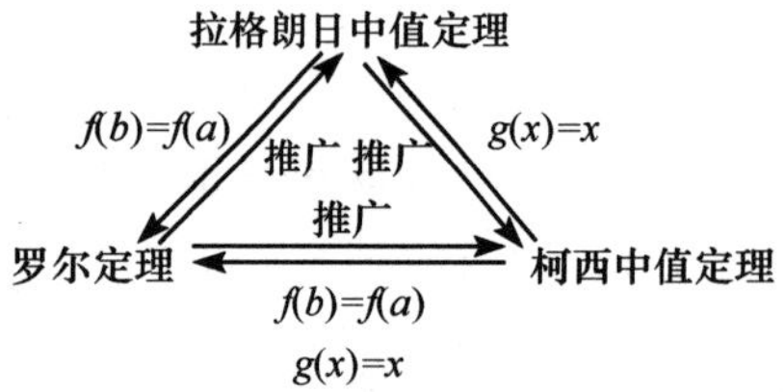

图 3.3

3.2　洛必达法则

在求$\lim\limits_{x\to a}\frac{f(x)}{g(x)}$或$\lim\limits_{x\to\infty}\frac{f(x)}{g(x)}$时，若 $f(x)$，$g(x)$同趋于 0，或同趋于∞，则此时上述极限可能存在，也可能不存在. 要根据具体的函数作进一步确定，如$\lim\limits_{x\to 0}\frac{\sin x}{x}$，$\lim\limits_{x\to\infty}\frac{x^m}{x^n}$. 通常把这种极限称为$\frac{0}{0}$或$\frac{\infty}{\infty}$的不定型，它是不能用"商的极限等于极限的商"的法则来计算的. 本节运用导数来求形如$\frac{0}{0}$或$\frac{\infty}{\infty}$不定型的极限，这就是洛必达(L'Hospital)法则，并对形如 $0\cdot\infty$，$\infty-\infty$，0^0，1^∞，∞^0 也可化为$\frac{0}{0}$或$\frac{\infty}{\infty}$型，用洛必达法则求极限.

3.2.1　$\frac{0}{0}$或$\frac{\infty}{\infty}$不定型

定理 3.2.1(洛必达法则)　设函数 $f(x)$和 $g(x)$满足条件：

(1) 在点 a 的某个去心邻域$\mathring{U}(a)$内可导，且 $g'(x)\neq 0$；

(2) $\lim\limits_{x\to a}f(x)=\lim\limits_{x\to a}g(x)=0$(或$\infty$)；

(3) $\lim\limits_{x\to a}\frac{f'(x)}{g'(x)}=A$(或$\infty$)，

则$\lim\limits_{x\to a}\frac{f(x)}{g(x)}=\lim\limits_{x\to a}\frac{f'(x)}{g'(x)}=A$(或$\infty$).

证明　仅证明$\frac{0}{0}$型. 将函数 $f(x)$与 $g(x)$在 a 作连续拓展，并不影响极限，即设

$$f_1(x)=\begin{cases}f(x), & x\neq a,\\ 0, & x=a,\end{cases}\quad g_1(x)=\begin{cases}g(x), & x\neq a,\\ 0, & x=a,\end{cases}$$

则函数 $f_1(x)$与 $g_1(x)$在 a 的邻域$U(a)$内连续. 对任意 $x\in U(a)$，在以 x 与 a 为端点的区间上，$f_1(x)$与 $g_1(x)$满足柯西中值定理的条件，则在 x 与 a 之间存在一点ξ，使

$$\frac{f_1(x)-f_1(a)}{g_1(x)-g_1(a)}=\frac{f_1'(\xi)}{g_1'(\xi)}.$$

已知 $f_1(a)=g_1(a)=0$，对任意 $x\in\mathring{U}(a)$，有 $f_1(x)=f(x)$，$g_1(x)=g(x)$，$f'(\xi)=f'(\xi)$，$g_1'(\xi)=g'(\xi)$，从而$\frac{f(x)}{g(x)}=\frac{f'(\xi)}{g'(\xi)}$.

因为ξ在x 与 a 之间，所以当 $x\to a$ 时，有 $\xi\to a$，由条件(3)，有

$$\lim_{x\to a}\frac{f(x)}{g(x)}=\lim_{\xi\to a}\frac{f'(\xi)}{g'(\xi)}=\lim_{x\to a}\frac{f'(x)}{g'(x)}=A(\text{或}\ \infty).$$

注　(1) 洛必达法则的三个条件缺一不可；

(2) 上述定理对自变量 x 的其他变化趋势,如 $x\to\infty$ 等也同样成立;

(3) 如果$\lim\limits_{x\to a}\dfrac{f'(x)}{g'(x)}$还是$\dfrac{0}{0}$型$\left(\text{或}\dfrac{\infty}{\infty}\text{型}\right)$,且导函数 $f'(x)$ 与 $g'(x)$ 能满足定理中 $f(x)$ 与 $g(x)$ 所要满足的条件,可再使用洛必达法则,则有 $\lim\limits_{x\to a}\dfrac{f(x)}{g(x)}=\lim\limits_{x\to a}\dfrac{f'(x)}{g'(x)}=\lim\limits_{x\to a}\dfrac{f''(x)}{g''(x)}$,以此类推.

例 3.2.1 求$\lim\limits_{x\to 0}\dfrac{\sin x}{x}$.

解法一 这是重要极限一,则$\lim\limits_{x\to 0}\dfrac{\sin x}{x}=1$.

解法二 当 $x\to 0$ 时,$\sin x\sim x$,利用等价无穷小量替换可得

$$\lim_{x\to 0}\frac{\sin x}{x}=\lim_{x\to 0}\frac{x}{x}=1.$$

解法三 此题为$\dfrac{0}{0}$型,用洛必达法则可得

$$\lim_{x\to 0}\frac{\sin x}{x}=\lim_{x\to 0}\frac{\cos x}{1}=\lim_{x\to 0}\cos x=1.$$

例 3.2.2 求极限$\lim\limits_{x\to 0}\dfrac{1-\cos x}{x^2}$.

解法一 用重要极限一,$\lim\limits_{x\to 0}\dfrac{1-\cos x}{x^2}=\lim\limits_{x\to 0}\dfrac{2\sin^2\dfrac{x}{2}}{x^2}=\dfrac{1}{2}\lim\limits_{x\to 0}\left(\dfrac{\sin\dfrac{x}{2}}{\dfrac{x}{2}}\right)^2=\dfrac{1}{2}$.

解法二 当 $x\to 0$ 时,$1-\cos x\sim\dfrac{1}{2}x^2$,利用等价无穷小量替换可得

$$\lim_{x\to 0}\frac{1-\cos x}{x^2}=\lim_{x\to 0}\frac{\frac{1}{2}x^2}{x^2}=\frac{1}{2}.$$

解法三 此题为$\dfrac{0}{0}$型,用洛必达法则,有

$$\lim_{x\to 0}\frac{1-\cos x}{x^2}=\lim_{x\to 0}\frac{\sin x}{2x}=\frac{1}{2}.$$

例 3.2.3 求极限$\lim\limits_{x\to 0}\dfrac{a^x-b^x}{x}$.

解 $\lim\limits_{x\to 0}\dfrac{a^x-b^x}{x}=\lim\limits_{x\to 0}\dfrac{a^x\ln a-b^x\ln b}{1}=\ln\dfrac{a}{b}$.

例 3.2.4 求极限 $\lim\limits_{x\to +\infty}\dfrac{\pi-2\arctan x}{\ln\left(1+\dfrac{1}{x}\right)}$.

解 $$\lim_{x\to+\infty}\frac{\pi-2\arctan x}{\ln\left(1+\frac{1}{x}\right)}=\lim_{x\to+\infty}\frac{-\frac{2}{1+x^2}}{\frac{1}{1+\frac{1}{x}}\cdot\left(-\frac{1}{x^2}\right)}=\lim_{x\to+\infty}\frac{2(x+x^2)}{1+x^2}$$
$$=\lim_{x\to+\infty}\frac{2(1+2x)}{2x}=2.$$

例 3.2.5 求极限$\lim\limits_{x\to0}\frac{x-\sin x}{x^3}$.

解 $\lim\limits_{x\to0}\frac{x-\sin x}{x^3}=\lim\limits_{x\to0}\frac{1-\cos x}{3x^2}$.

上式右端还是“$\frac{0}{0}$”型不定式的极限,并且满足法则的条件,所以

$$\lim_{x\to0}\frac{1-\cos x}{3x^2}=\lim_{x\to0}\frac{\sin x}{6x}=\frac{1}{6},$$

则$\lim\limits_{x\to0}\frac{x-\sin x}{x^3}=\frac{1}{6}$.

例 3.2.6 求极限$\lim\limits_{x\to0}\frac{6\sin x-6x+x^3}{x^5}$.

解 $\lim\limits_{x\to0}\frac{6\sin x-6x+x^3}{x^5}=\lim\limits_{x\to0}\frac{6\cos x-6+3x^2}{5x^4}$.

上式右端还是“$\frac{0}{0}$”型不定式的极限,并且满足法则的条件,所以

$$\lim_{x\to0}\frac{6\cos x-6+3x^2}{5x^4}=\lim_{x\to0}\frac{-6\sin x+6x}{20x^3}.$$

还是“$\frac{0}{0}$”型,继续使用洛必达法则

$$\lim_{x\to0}\frac{-6\sin x+6x}{20x^3}=\lim_{x\to0}\frac{-6\cos x+6}{60x^2}=\lim_{x\to0}\frac{6\sin x}{120x}=\frac{1}{20}.$$

例 3.2.7 求极限 $\lim\limits_{x\to\frac{\pi}{2}^+}\frac{\ln\left(x-\frac{\pi}{2}\right)}{\tan x}$.

解 $$\lim_{x\to\frac{\pi}{2}^+}\frac{\ln\left(x-\frac{\pi}{2}\right)}{\tan x}=\lim_{x\to\frac{\pi}{2}^+}\frac{\frac{1}{x-\frac{\pi}{2}}}{\frac{1}{\cos^2x}}=\lim_{x\to\frac{\pi}{2}^+}\frac{\cos^2x}{x-\frac{\pi}{2}}=\lim_{x\to\frac{\pi}{2}^+}\frac{-2\cos x\sin x}{1}=0.$$

例 3.2.8 求极限 $\lim\limits_{x\to+\infty}\frac{(\ln x)^2}{\sqrt{x}}$.

解 $$\lim_{x\to+\infty}\frac{(\ln x)^2}{\sqrt{x}}=\lim_{x\to+\infty}\frac{2(\ln x)\cdot\frac{1}{x}}{\frac{1}{2}x^{-\frac{1}{2}}}=\lim_{x\to+\infty}\frac{4\ln x}{x^{\frac{1}{2}}}=\lim_{x\to+\infty}\frac{4\cdot\frac{1}{x}}{\frac{1}{2}x^{-\frac{1}{2}}}=\lim_{x\to+\infty}\frac{8}{x^{\frac{1}{2}}}=0.$$

例 3.2.9　求极限 $\lim\limits_{x\to+\infty}\dfrac{x^n}{e^x}$($n$ 为正整数).

解　$\lim\limits_{x\to+\infty}\dfrac{x^n}{e^x}=\lim\limits_{x\to+\infty}\dfrac{nx^{n-1}}{e^x}=\cdots=\lim\limits_{x\to+\infty}\dfrac{n!}{e^x}=0.$

3.2.2　$0\cdot\infty$,$\infty-\infty$,0^0,1^∞,∞^0 不定型

对于上述不定型可采用倒数变型、或通分、或取对数等方法化为$\dfrac{0}{0}$或$\dfrac{\infty}{\infty}$不定型,再用洛必达法则求极限.

1. $0\cdot\infty$型$\left(\text{倒数变型法化为}\dfrac{0}{0}\text{或}\dfrac{\infty}{\infty}\text{不定型}\right)$

例 3.2.10　求极限$\lim\limits_{x\to0}x^2e^{\frac{1}{x^2}}$.

解　$\lim\limits_{x\to0}x^2e^{\frac{1}{x^2}}=\lim\limits_{x\to0}\dfrac{e^{\frac{1}{x^2}}}{\frac{1}{x^2}}=\lim\limits_{x\to0}\dfrac{e^{\frac{1}{x^2}}\left(-\frac{2}{x^3}\right)}{-\frac{2}{x^3}}=\lim\limits_{x\to0}e^{\frac{1}{x^2}}=+\infty.$

2. $\infty-\infty$型$\left(\text{通分化为}\dfrac{0}{0}\text{或}\dfrac{\infty}{\infty}\text{不定型}\right)$

例 3.2.11　求极限$\lim\limits_{x\to1}\left(\dfrac{2}{x^2-1}-\dfrac{1}{x-1}\right)$.

解　$\lim\limits_{x\to1}\left(\dfrac{2}{x^2-1}-\dfrac{1}{x-1}\right)=\lim\limits_{x\to1}\dfrac{2-(x+1)}{x^2-1}=\lim\limits_{x\to1}\dfrac{1-x}{x^2-1}=\lim\limits_{x\to1}\dfrac{-1}{x+1}=-\dfrac{1}{2}.$

3. 0^0,1^∞,∞^0 型$\left(\text{取对数法,再化为}\dfrac{0}{0}\text{或}\dfrac{\infty}{\infty}\text{不定型}\right)$

例 3.2.12　求极限 $\lim\limits_{x\to0^+}x^{\sin x}$.

解　$\lim\limits_{x\to0^+}\sin x\ln x=\lim\limits_{x\to0^+}\dfrac{\ln x}{\frac{1}{\sin x}}=\lim\limits_{x\to0^+}\dfrac{\frac{1}{x}}{-\frac{\cos x}{\sin^2x}}=-\lim\limits_{x\to0^+}\dfrac{\sin^2x}{x\cos x}=0,$

故 $\lim\limits_{x\to0^+}x^{\sin x}=\lim\limits_{x\to0^+}e^{\sin x\ln x}=e^0=1.$

例 3.2.13　求极限$\lim\limits_{x\to1}x^{\frac{1}{1-x}}$.

解　$\lim\limits_{x\to1}x^{\frac{1}{1-x}}=\lim\limits_{x\to1}e^{\frac{\ln x}{1-x}}=e^{\lim\limits_{x\to1}\frac{\ln x}{1-x}}=e^{\lim\limits_{x\to1}\frac{\frac{1}{x}}{-1}}=e^{-1}.$

例 3.2.14　求极限 $\lim\limits_{x\to+\infty}x^{\frac{1}{x}}$.

解　$\lim\limits_{x\to+\infty}x^{\frac{1}{x}}=\lim\limits_{x\to+\infty}e^{\frac{\ln x}{x}}=e^{\lim\limits_{x\to+\infty}\frac{\ln x}{x}}=e^{\lim\limits_{x\to+\infty}\frac{\frac{1}{x}}{1}}=e^0=1.$

小结　在使用洛必达法则求极限时,

(1) 求“$\frac{0}{0}$”,“$\frac{\infty}{\infty}$”型不定式的极限，可考虑直接应用洛必达法则，其他不定式应先化为“$\frac{0}{0}$”或“$\frac{\infty}{\infty}$”型才可应用.

(2) 在每次使用洛必达法则后，都应先尽可能化简，然后考虑是否可以继续使用洛必达法则；若发现用其他的方法很方便，就不必用洛必达法则；也常用洛必达法则和其他方法相结合求极限.

(3) 洛必达法则的条件(3)仅是充分条件，当 $\lim\limits_{\substack{x\to a\\(x\to\infty)}}\frac{f'(x)}{g'(x)}$ 不存在时，不能断定 $\lim\limits_{\substack{x\to a\\(x\to\infty)}}\frac{f(x)}{g(x)}$ 也不存在，只能说明此时不能应用洛必达法则，而需应用其他方法求极限.

例 3.2.15　求极限 $\lim\limits_{x\to\infty}\frac{x+\sin x}{x}$.

解　因为极限 $\lim\limits_{x\to\infty}\frac{(x+\sin x)'}{(x)'}=\lim\limits_{x\to\infty}\frac{1+\cos x}{1}$ 不存在，故不能应用洛必达法则，而

$$\lim_{x\to\infty}\frac{x+\sin x}{x}=\lim_{x\to\infty}\left(1+\frac{\sin x}{x}\right)=1.$$

例 3.2.16　求极限 $\lim\limits_{x\to 0}\frac{x^2\sin\frac{1}{x}}{\sin x}$.

解　这是“$\frac{0}{0}$”不定型，因极限 $\lim\limits_{x\to 0}\frac{2x\sin\frac{1}{x}-\cos\frac{1}{x}}{\cos x}$ 不存在，故不能应用洛必达法则，而

$$\lim_{x\to 0}\frac{x^2\sin\frac{1}{x}}{\sin x}=\lim_{x\to 0}\left(\frac{x}{\sin x}\cdot x\sin\frac{1}{x}\right)=\frac{\lim\limits_{x\to 0}x\sin\frac{1}{x}}{\lim\limits_{x\to 0}\frac{\sin x}{x}}=0.$$

3.3　利用导数研究函数的性态与作图

可以利用导数研究函数的单调性、极值性、凹凸性等特性，并利用这些特性较准确地作出函数图形.

3.3.1　函数的单调性

1. 定义

定义 3.3.1　满足 $f'(x)=0$ 的点称为函数 $y=f(x)$ 的驻点.

观察图 3.4 及图 3.5.

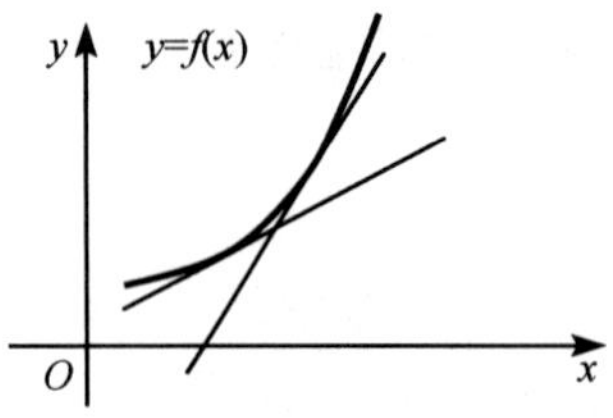

图 3.4

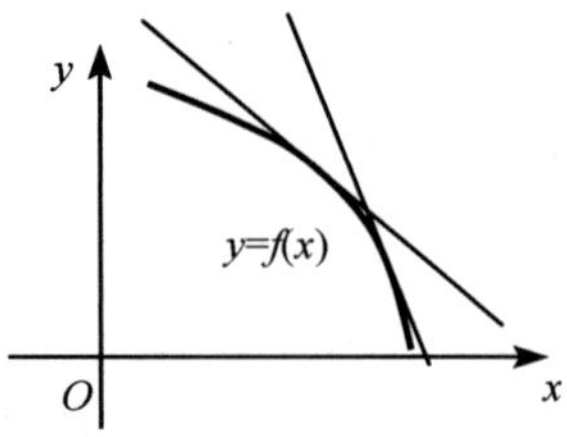

图 3.5

2. 定理

定理 3.3.1 如果函数 $y=f(x)$在开区间 I 上可导，且对一切 $x\in I$ 都有 $f'(x)>0$(或<0)，则函数 $y=f(x)$在开区间 I 上单调增加(或减少).

证明 仅证 $f'(x)>0$ 的情形. $\forall x_1,x_2\in I$ 且 $x_1<x_2$，函数 $f(x)$在区间$[x_1,x_2]$满足拉格朗日中值定理的条件，有

$$f(x_2)-f(x_1)=f'(\xi)(x_2-x_1),\quad \xi\in(x_1,x_2).$$

当 $f'(x)>0$ 时$\forall x\in I$，有

$$f'(\xi)>0,\quad \xi\in(x_1,x_2)\subset I.$$

又 $x_2-x_1>0$，所以 $f(x_2)-f(x_1)>0$，即 $y=f(x)$在开区间 I 上单调增加.

同理可证函数的单调减少性.

注 (1) 在定理 3.3.1 中，区间 I 可以是有限区间，也可以是无穷区间；

(2) 如果区间 I 是闭区间，只要补充函数 $y=f(x)$在端点连续，定理 3.3.1 仍然成立.

3. 函数单调性的应用

1) 求函数 $y=f(x)$的单调区间

步骤：(1) 确定函数的定义域；

(2) 求函数 $y=f(x)$的导函数 $f'(x)$，令 $f'(x)=0$ 得驻点；

(3) 驻点将定义域分成若干小区间，在每个小区间中利用定理 3.3.1 可以判定函数的单调性，从而确定函数的单调区间. 可列表.

例 3.3.1 判定函数 $f(x)=x^3-6x^2+9x+10$ 的单调性和单调区间.

解 (1) 函数的定义域为$(-\infty,+\infty)$.

(2) $f'(x)=3x^2-12x+9=3(x^2-4x+3)=3(x-1)(x-3)$.

令 $f'(x)=0$ 得驻点 1 与 3.

(3) 驻点将$(-\infty,+\infty)$分成三个区间，列表如下：

x	$(-\infty,1)$	$(1,3)$	$(3,+\infty)$
$f'(x)$	+	−	+
$f(x)$	↗	↘	↗

符号“↗”表示严格增加，“↘”表示严格减小，则函数 $f(x)=x^3-6x^2+9x+10$ 在$(-\infty,1]$及$(3,+\infty)$内单调增加；在$(1,3]$内单调减少.

2）证明不等式

应用函数的单调性是证明不等式的又一种方法. 这种方法关键是要构造出单调函数，一般方法是将不等号改为减号即可.

例 3.3.2　证明：当 $x>1$ 时，$2\sqrt{x}>3-\frac{1}{x}$.

证明　令 $f(x)=2\sqrt{x}-\left(3-\frac{1}{x}\right)$，则

$$f'(x)=\frac{1}{\sqrt{x}}-\frac{1}{x^2}=\frac{1}{x^2}\left(x\sqrt{x}-1\right).$$

因为当 $x>1$ 时，$f'(x)>0$，所以在 $[1,+\infty)$ 上 $f(x)$ 为单调增加的，从而当 $x>1$ 时，$f(x)>f(1)$. 故 $f(x)>f(1)=0$，即 $2\sqrt{x}-\left(3-\frac{1}{x}\right)>0$，也即

$$2\sqrt{x}>3-\frac{1}{x},\quad x>1.$$

3.3.2　函数的极值

1. 定义

定义 3.3.2　设函数 $y=f(x)$ 在点 x_0 的某一邻域 $U(x_0)$ 内有定义，并且 $\forall x\in U(x_0)$，有 $f(x_0)\geqslant f(x)$（或 $f(x_0)\leqslant f(x)$），则称 $f(x_0)$ 为函数 $f(x)$ 的**极大值**（或**极小值**），x_0 称为函数 $f(x)$ 的**极大点**（或**极小点**），极大值与极小值统称为函数的**极值**，极大值点与极小值点统称为函数的**极值点**.

说明　(1) 函数 $f(x)$ 的极大值和极小值概念是局部性的，极值点 x_0 一定是函数定义域的内点，区间的端点没有极值的概念.

(2) $f(x_0)$ 是函数 $f(x)$ 的一个极大值，但 $f(x_0)$ 不一定是函数 $f(x)$ 的最大值. 关于极小值也类似.

(3) 函数 $f(x)$ 在定义域 I 上可能存在多个极大值与极小值，但函数的极大值不一定大于函数的极小值.

2. 极值存在的必要条件和充分条件

定理 3.3.2（极值存在的必要条件）　如果函数 $y=f(x)$ 在点 x_0 处可导，且在 x_0 点取得极值，则 $f'(x_0)=0$.

证明　不妨设函数 $y=f(x)$ 在点 x_0 处取极大值，即存在 x_0 的某邻域 $U(x_0)$，$\forall x\in U(x_0)$ 有 $f(x)\leqslant f(x_0)$ 或 $f(x)-f(x_0)\leqslant 0$. 因此，

当 $x>x_0$ 时，$\frac{f(x)-f(x_0)}{x-x_0}\leqslant 0$；

当 $x<x_0$ 时，$\frac{f(x)-f(x_0)}{x-x_0}\geqslant 0$.

由 $f(x)$ 在点 x_0 可导及极限的保号性,有

$$f'(x_0)=f'_+(x_0)=\lim_{\Delta x\to 0^+}\frac{f(x)-f(x_0)}{x-x_0}\leqslant 0,$$

$$f'(x_0)=f'_-(x_0)=\lim_{\Delta x\to 0^-}\frac{f(x)-f(x_0)}{x-x_0}\geqslant 0,$$

于是有 $f'(x_0)=0$.

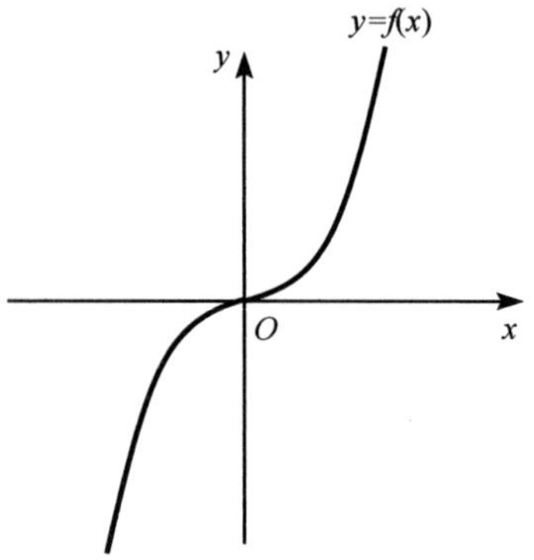

图 3.6

说明 (1) 定理表述的是函数可导的点且是极值点,则这点的导数等于 0;但函数不可导的点(如尖点)也可能取得极值,如函数 $y=|x|$ 在(0,0)点,如图 2.2 所示.

(2) 可导函数 $f(x)$ 的极值点必定是它的驻点;但函数的驻点却不一定是极值点,如函数 $y=f(x)=x^3$ 在(0,0)点,如图 3.6 所示.

问题 怎样的驻点是极值点?

定理 3.3.3(判别极值的第一充分条件) 设函数 $f(x)$ 在点 x_0 连续,且在 x_0 的某去心邻域 $\mathring{U}(x_0,\delta)$ 内可导,又 $f'(x_0)=0$ 或 $f'(x_0)$ 不存在,

(1) 如果在 $(x_0-\delta,x_0)$ 内 $f'(x)>0$,而在 $(x_0,x_0+\delta)$ 内 $f'(x)<0$,则函数 $f(x)$ 在点 x_0 取极大值 $f(x_0)$;

(2) 如果在 $(x_0-\delta,x_0)$ 内 $f'(x)<0$,而在 $(x_0,x_0+\delta)$ 内 $f'(x)>0$,则函数 $f(x)$ 在点 x_0 取极小值 $f(x_0)$;

(3) 如果在 $(x_0-\delta,x_0)$ 及 $(x_0,x_0+\delta)$ 内 $f'(x)$ 不变号,则 $f(x)$ 在点 x_0 处不取极值.

证明 (1) 当 $x\in(x_0-\delta,x_0)$ 时,$f'(x)>0$,函数单调增加;当 $x\in(x_0,x_0+\delta)$ 时,$f'(x)<0$,函数单调减少,又由于函数 $f(x)$ 在点 x_0 处连续,因此当 $x\in\mathring{U}(x_0,\delta)$,总有 $f(x)<f(x_0)$,从而 $f(x_0)$ 为 $f(x)$ 的一个极大值.

(2) 同理可证明.

(3) 因为 $f'(x)$ 不变号,所以当 $x\in\mathring{U}(x_0,\delta)$ 时恒有 $f'(x)>0$ 或 $f'(x)<0$,即函数在 $U(x_0,\delta)$ 内单调增加或单调减少. 故 $f(x_0)$ 不可能为极值.

3. 确定极值点和极值的步骤

(1) 确定函数 $y=f(x)$ 的定义域;

(2) 求函数 $y=f(x)$ 的导函数 $f'(x)$,令 $f'(x)=0$ 得驻点,同时也求出使 $f'(x)$ 不存在的点(可能出现在分段函数的分段点上或使 $f'(x)$ 没有意义的点上);

(3) 上述两类点将定义域分成若干小区间,在每个小区间中利用定理 3.3.1 可以判定函数的单调性,再利用定理 3.3.3 确定函数 $y=f(x)$ 的所有极值点及极值. 可列表.

例 3.3.3 求函数 $f(x)=2x^3-3x^2-12x+21$ 的极值.

解 (1) 函数 $f(x)=2x^3-3x^2-12x+21$ 的定义域为 $(-\infty,+\infty)$.

(2) $f'(x)=6x^2-6x-12=6(x+1)(x-2)$.

令 $f'(x)=0$,解得 $x_1=-1,x_2=2$,没有使 $f'(x)$不存在的点.

(3) 列表如下：

x	$(-\infty,-1)$	-1	$(-1,2)$	2	$(2,+\infty)$
$f'(x)$	$+$	0	$-$	0	$+$
$f(x)$	↗	极大值 28	↘	极小值 1	↗

则-1是函数 $f(x)$的极大点,极大值是 $f(-1)=28$;2 是函数 $f(x)$的极小点,极小值是 $f(2)=1$.

例 3.3.4　求函数 $f(x)=(x-1)\sqrt[3]{x^2}$的极值.

解　(1) 函数 $f(x)=(x-1)\sqrt[3]{x^2}$的定义域为$(-\infty,+\infty)$.

(2) $f'(x)=x^{\frac{2}{3}}+\dfrac{2}{3}(x-1)x^{-\frac{1}{3}}=\dfrac{5x-2}{3x^{\frac{1}{3}}}$.

令 $f'(x)=0$ 得 $x=\dfrac{2}{5}$;又当 $x=0$ 时,$f'(x)$不存在.

(3) 列表如下：

x	$(-\infty,0)$	0	$\left(0,\dfrac{2}{5}\right)$	$\dfrac{2}{5}$	$\left(\dfrac{2}{5},+\infty\right)$
$f'(x)$	$+$	不存在	$-$	0	$+$
$f(x)$	↗	极大值 0	↘	极小值$-\dfrac{3}{5}\sqrt[3]{\dfrac{4}{25}}$	↗

则函数 $f(x)=(x-1)\sqrt[3]{x^2}$在 $x=0$ 处取极大值 0,在 $x=\dfrac{2}{5}$处取极小值 $f\left(\dfrac{2}{5}\right)=-\dfrac{3}{5}\sqrt[3]{\dfrac{4}{25}}$,如图 3.7 所示.

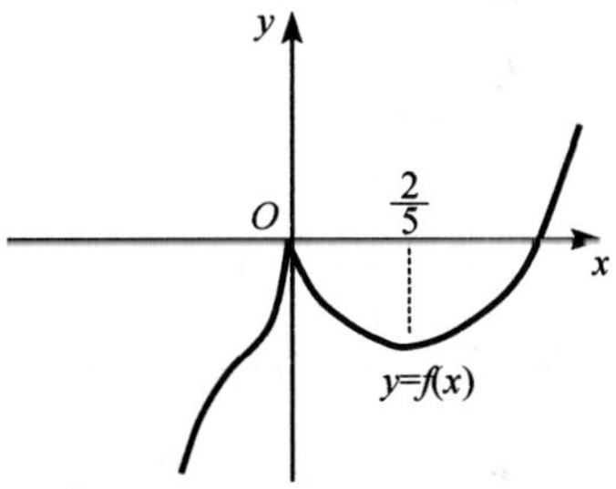

图 3.7

定理 3.3.4(判别极值的第二充分条件)　设函数 $y=f(x)$在 x_0 处具有二阶导数,$f'(x_0)=0,f''(x_0)\neq0$,则 x_0 是函数 $f(x)$的极值点,且

(1) 当 $f''(x_0)>0$ 时,函数 $f(x)$在 x_0 处取得极小值 $f(x_0)$;

(2) 当 $f''(x_0)<0$ 时,函数 $f(x)$在 x_0 处取得极大值 $f(x_0)$.

证明　(1) 因为 $f''(x_0)>0$,由二阶导数的定义及 $f'(x_0)=0$ 得

$$f''(x_0)=\lim_{x\to x_0}\frac{f'(x)-f'(x_0)}{x-x_0}=\lim_{x\to x_0}\frac{f'(x)}{x-x_0}.$$

又由极限的保号性,在 x_0 的某一去心邻域内有$\dfrac{f'(x)}{x-x_0}>0$,当 $x<x_0$ 时,有 $f'(x)<0$;当 $x>x_0$ 时,$f'(x)>0$,由定理 3.3.3,函数 $f(x)$在 x_0 处取得极小值 $f(x_0)$.

(2) 同理可证.

例 3.3.5 求函数 $f(x)=x^3-3x^2-9x+2$ 的极值.

解 $f'(x)=3x^2-6x-9=3(x+1)(x-3)$.

令 $f'(x)=0$,可得驻点 $x_1=-1,x_2=3$,又

$$f''(x)=6x-6.$$

由于 $f''(-1)=-12<0$,故 $f(-1)=7$ 为 $f(x)$的极大值,而 $f''(3)=12>0$,故 $f(3)=-25$ 为 $f(x)$的极小值.

注 判别极值的第二充分条件只适合 $f'(x)=0$,即函数在驻点上取极值的情况,并且$f''(x)\neq 0$ 时.

3.3.3 函数的最值

求闭区间$[a,b]$上的连续函数 $f(x)$的最值,方法如下:

(1) 求出函数 $f(x)$在(a,b)内的驻点及不可导的点,设为 $x_1,x_2,\cdots,x_n$;

(2) 计算出函数值 $f(a),f(x_1),f(x_2),\cdots,f(x_n),f(b)$;

(3) 将上述函数值进行比较,其中最大者是最大值,最小者是最小值.

注 在实际应用中,若求出驻点唯一,则该点即是取最值的点,是取最大值还是最小值由实际问题而定.

例 3.3.6 求函数 $f(x)=x^3-3x^2-9x+2$ 在区间$[-4,4]$上的最大值与最小值.

解 因为 $f(x)=x^3-3x^2-9x+2$ 在闭区间$[-4,4]$上连续,则可以取得最大值与最小值.由例 3.3.5 知 $f(x)=x^3-3x^2-9x+2$ 在$(-4,4)$内的两个驻点为 $x_1=-1$, $x_2=3$ 连同端点一起有

x	-4	-1	3	4
$f(x)$	-74	7	-25	-18

所以 $f(x)=x^3-3x^2-9x+2$ 在$[-4,4]$上的最大值为 7,最小值为-74.

例 3.3.7 求函数 $f(x)=(x-1)\sqrt[3]{x^2}$在$[-1,1]$上的最大值和最小值.

解 因为 $f(x)=(x-1)\sqrt[3]{x^2}$在$[-1,1]$上连续,则可以取得最大值与最小值.由例 3.3.4 知,函数 $f(x)=(x-1)\sqrt[3]{x^2}$在$(-1,1)$内有一个驻点 $x=\dfrac{2}{5}$以及使 $f'(x)$不存在的点 $x=0$,连同端点一起有

x	-1	0	$\frac{2}{5}$	1
$f(x)$	-2	0	$-\frac{3}{5}\sqrt[3]{\frac{4}{25}}$	0

则在$[-1,1]$上,函数的最大值为 0,最小值为-2.

例 3.3.8 在半径为 R 的半圆内,内接一个一边与直径平行的矩形,求矩形的最大面积.

解 如图 3.8 所示,设 $OB=x$,则 $BC=\sqrt{R^2-x^2}$.矩形的面积为

$$S = 2x\sqrt{R^2 - x^2},\quad 0 < x < R,$$

$$S' = 2\sqrt{R^2 - x^2} - 2x^2\frac{1}{\sqrt{R^2 - x^2}} = 0,$$

得 $x=\frac{\sqrt{2}}{2}R$，驻点唯一，则 $x=\frac{\sqrt{2}}{2}R$ 时，矩形的面积最大，最大面积为 $S=R^2$.

例 3.3.9　把一根直径为 d 的圆木锯成截面为矩形的梁(图 3.9)，问矩形截面的高 h 和宽 b 应如何选择才能使梁的抗弯截面模量 $W\left(W=\frac{1}{6}bh^2\right)$ 最大？

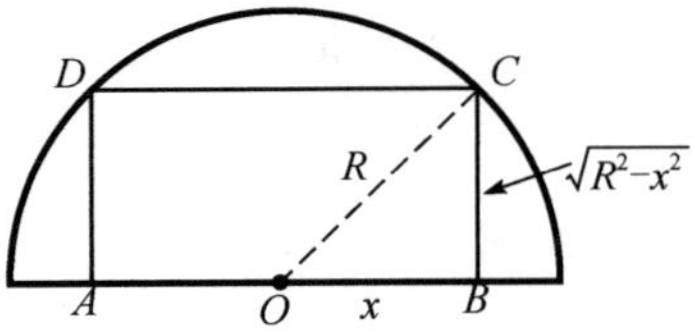

图 3.8

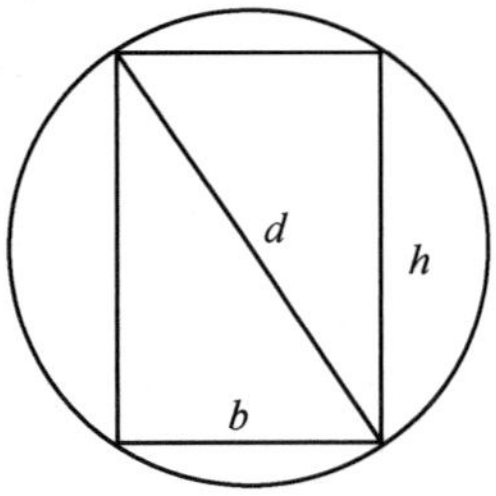

图 3.9

解　把 W 表示成 b 的函数：

$$W = \frac{1}{6}bh^2 = \frac{1}{6}b(d^2 - b^2),\quad 0 < b < d.$$

令 $W'=\frac{1}{6}(d^2-3b^2)=0$，解得驻点 $b=\sqrt{\frac{1}{3}}d=\frac{\sqrt{3}}{3}d$.

由于梁的最大抗弯截面模量一定存在，而且在 $(0,d)$ 内部取得；现在函数 W 在 $(0,d)$ 内只有一个驻点 $b=\frac{\sqrt{3}}{3}d$，所以当 $b=\frac{\sqrt{3}}{3}d$ 时，抗弯截面模量 W 最大，这时 $h=\frac{\sqrt{6}}{3}d$.

3.3.4　曲线的凹凸性与拐点

1. 凹凸性

函数的单调性和极值，还不能准确地反映函数图形的主要特性. 例如，如图 3.10 所示，$y=x^2$ 和 $y=\sqrt{x}$ 都在 $(0,1)$ 内单调上升，但两者的图像却有明显的差别——它们的弯曲方向不同. 这种差别就是所谓的“凹凸性”的问题.

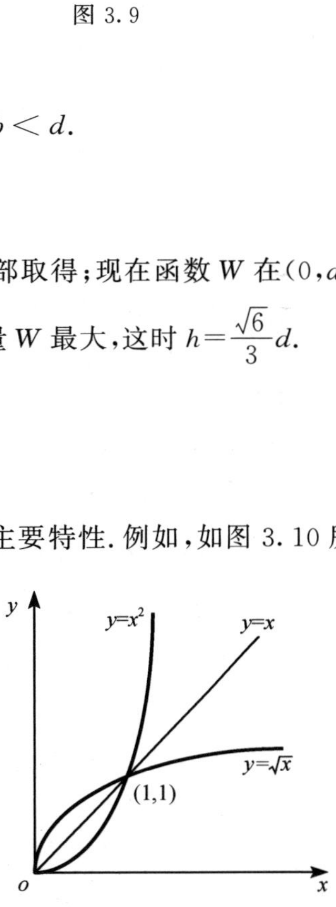

图 3.10

定义 3.3.3　设函数 $f(x)$ 在 $[a,b]$ 上连续，如果对 (a,b) 内任意两点 x_1 和 x_2，恒有 $f\left(\frac{x_1+x_2}{2}\right)<\frac{f(x_1)+f(x_2)}{2}$，那么称 $f(x)$ 在 $[a,b]$ 上的图形是**凹的**，如图 3.11(a)所示；如果对 (a,b) 内任意两点 x_1 和

x_2,恒有 $f\left(\frac{x_1+x_2}{2}\right)>\frac{f(x_1)+f(x_2)}{2}$,那么称 $f(x)$在$[a,b]$上的图形是**凸的**,如图 3.11(b)所示.

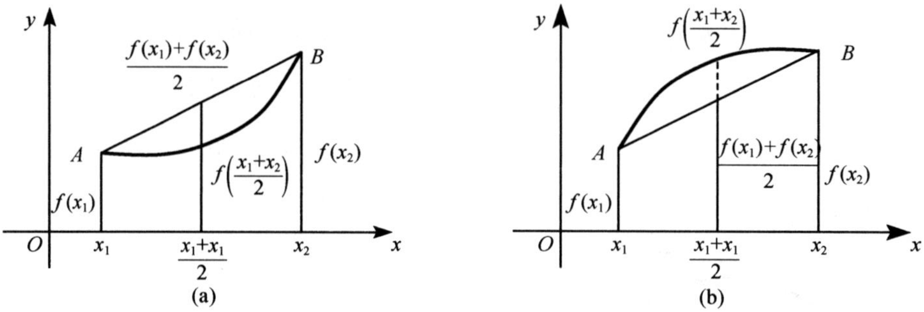

图 3.11

问题 函数的凹凸性和函数的导数之间的联系,如图 3.12 所示.

图 3.12

当曲线 $f(x)$的图形为凹时,从左到右,曲线上每点的切线斜率由小变大,即 $f'(x)$单调增加.反之当曲线 $f(x)$的图形为凸时,$f'(x)$单调减少.

定理 3.3.5 设 $f(x)$在$[a,b]$上连续,在(a,b)内具有一阶和二阶导数,则

(1) 若在(a,b)内 $f''(x)>0$,则 $f(x)$在$[a,b]$上的图形是凹的;

(2) 若在(a,b)内 $f''(x)<0$,则 $f(x)$在$[a,b]$上的图形是凸的.

证明 (1) 设 x_1 和 x_2 为(a,b)内任意两点,不妨设 $x_1<x_2$,记 $x_0=\frac{x_1+x_2}{2}$,并记 $x_2-x_0=x_0-x_1=h$,则 $x_1=x_0-h$,$x_2=x_0+h$,由拉格朗日中值定理,有

$$f(x_0+h)-f(x_0)=f'(x_0+\theta_1 h)h,\quad 0<\theta_1<1,$$
$$f(x_0)-f(x_0-h)=f'(x_0-\theta_2 h)h,\quad 0<\theta_2<1,$$

两式相减,

$$f(x_0+h)+f(x_0-h)-2f(x_0)=[f'(x_0+\theta_1 h)-f'(x_0-\theta_2 h)]h.$$

对 $f'(x)$在区间$[x_0-\theta_2 h,x_0+\theta_1 h]$上再应用一次拉格朗日中值定理,得

$$[f'(x_0+\theta_1 h)-f'(x_0-\theta_2 h)]h=f''(\xi)(\theta_1+\theta_2)h^2,\quad x_0-\theta_2 h<\xi<x_0+\theta_1 h.$$

由定理的条件,$f''(\xi)>0$,故有

$$f(x_0+h)+f(x_0-h)-2f(x_0)>0,$$

即

$$\frac{f(x_0+h)+f(x_0-h)}{2}>f(x_0),$$

亦即

$$\frac{f(x_1)+f(x_2)}{2}>f\left(\frac{x_1+x_2}{2}\right).$$

所以，$f(x)$在$[a,b]$上的图形是凹的.

类似地可证明(2).

2. 拐点

定义 3.3.4　连续曲线 $y=f(x)$若在点$(x_0,f(x_0))$两侧，曲线发生了凹凸变化，则称此点为曲线的**拐点**.

注　(1) 拐点是曲线上的点，是二维点，与驻点和极值点不同.

(2) 拐点不仅可能在使 $f''(x)=0$ 的点上取得，也可能在使 $f''(x)$不存在的点上取得.

求曲线 $f(x)$的拐点的步骤：

(1) 确定函数 $f(x)$的定义域；

(2) 求 $f''(x)$，令 $f''(x)=0$，求出在定义域内的实根和使 $f''(x)$不存在的点，即得到可能是拐点的点；

(3) 上述点将定义域分成若干小区间，在每个小区间上判定 $f''(x)$的符号，利用定理 3.3.5 确定函数在每个区间上的凹凸性，从而由拐点的定义确定函数的拐点.

例 3.3.10　讨论函数 $f(x)=x^4-2x^3+1$ 的凹凸性及拐点.

解　(1) $f(x)=x^4-2x^3+1$ 的定义域为$(-\infty,+\infty)$.

(2) $f'(x)=4x^3-6x^2$，$f''(x)=12x^2-12x=12(x-1)x$.

令 $f''(x)=0$，解得 $x_1=0$ 和 $x_2=1$. 它们将定义域分成三个区间，列表如下：

x	$(-\infty,0)$	0	$(0,1)$	1	$(1,+\infty)$
$f''(x)$	+	0	−	0	+
$f(x)$	∪	1	∩	0	∪

则函数的凹区间为$(-\infty,0)$及$(1,+\infty)$，凸区间为$(0,1)$；拐点为$(0,1)$和$(1,0)$.

注　“∪”表示凹，“∩”表示凸.

例 3.3.11　讨论函数 $f(x)=\sqrt[3]{x}$的凹凸性及拐点.

解　$f(x)=\sqrt[3]{x}$的定义域为$(-\infty,+\infty)$.

$$f'(x)=\frac{1}{3\sqrt[3]{x^2}},\quad f''(x)=-\frac{2}{9\sqrt[3]{x^5}},$$

二阶导数在$(-\infty,+\infty)$内无零点，但 $x=0$ 是 $f''(x)$不存在的点，它把$(-\infty,+\infty)$分

成两个区间.列表如下:

x	$(-\infty,0)$	0	$(0,+\infty)$
$f''(x)$	$+$	不存在	$-$
$f(x)$	$\cup$	0	$\cap$

则在$(-\infty,0)$内,$f''(x)>0$,曲线是凹的;在$(0,+\infty)$内,$f''(x)<0$,曲线是凸的,点$(0,0)$是曲线的拐点.

3.3.5 曲线的渐近线

1. 定义

定义 3.3.5 如果曲线上的一点沿着曲线无限远移时,该点与某条直线的距离趋于零,那么这条直线就叫曲线的**渐近线**.

2. 渐近线的分类

1) 垂直渐近线

如果$\lim\limits_{x\to x_0} f(x)=\infty$,则直线 $x=x_0$ 为曲线 $y=f(x)$的一条垂直渐近线.

如对于函数 $y=\ln x$,显然函数 $y=\ln x$ 在 $x=0$ 处无定义,且有 $\lim\limits_{x\to 0^+}\ln x=-\infty$,因此 $x=0$ 为曲线 $y=\ln x$ 的一条垂直渐近线.

2) 水平渐近线

如果曲线 $y=f(x)$的定义域为$(-\infty,+\infty)$,且$\lim\limits_{x\to\infty} f(x)=b$($b$ 为常数),那么 $y=b$ 为曲线 $y=f(x)$的一条**水平渐近线**.

例如,对于函数 $y=\arctan x$,因为

$$\lim_{x\to+\infty}\arctan x=\frac{\pi}{2} \quad 及 \quad \lim_{x\to-\infty}\arctan x=-\frac{\pi}{2},$$

所以 $y=\frac{\pi}{2}$,$y=-\frac{\pi}{2}$都是曲线 $y=\arctan x$ 的水平渐近线.

3) 斜渐近线

如果有$\lim\limits_{x\to\infty}[f(x)-(ax+b)]=0$,其中 a,b 均为常数,且 $a\neq 0$,则称直线 $y=ax+b$ 为曲线 $y=f(x)$的**斜渐近线**.

设直线 $y=ax+b$ 是曲线 $y=f(x)$的一条斜渐近线,因为

$$\lim_{x\to\infty}[f(x)-(ax+b)]=0, \tag{3.2}$$

则有

$$\lim_{x\to\infty}\frac{f(x)-ax-b}{x}=\lim_{x\to\infty}\left[\frac{f(x)}{x}-a-\frac{b}{x}\right]=\lim_{x\to\infty}\left[\frac{f(x)}{x}-a\right]=0,$$

即

$$\lim_{x\to\infty}\frac{f(x)}{x}=a. \tag{3.3}$$

由式(3.2)得

$$\lim_{x\to\infty}[f(x)-ax]=b, \tag{3.4}$$

所以,如果直线 $y=ax+b$ 是曲线 $y=f(x)$ 的斜渐近线,则可由式(3.3)与式(3.4)求出 a 与 b,从而得到斜渐近线的方程.

注　(1) 只有(3.3)与(3.4)极限都存在,曲线才有斜渐近线;

(2) 垂直渐近线、水平渐近线与斜渐近线三者可能均不存在;也可能存在一种;至多存在两种,因为水平渐近线与斜渐近线不可能同时存在.

例 3.3.12　求曲线 $y=\dfrac{x^2}{x+1}$ 的渐近线.

解　(1) 由于 $\lim\limits_{x\to\infty}\dfrac{x^2}{x+1}=\infty$,因此该曲线无水平渐近线.

(2) 因为函数 $y=\dfrac{x^2}{x+1}$ 在 $x=-1$ 处无定义,且有

$$\lim_{x\to-1^-}\frac{x^2}{x+1}=-\infty,\quad \lim_{x\to-1^+}\frac{x^2}{x+1}=+\infty,$$

故曲线 $y=\dfrac{x^2}{x+1}$ 有垂直渐近线 $x=-1$.

(3) 因为 $\lim\limits_{x\to\infty}\dfrac{f(x)}{x}=\lim\limits_{x\to\infty}\dfrac{x^2}{x(x+1)}=1$,

$$\lim_{x\to\infty}[f(x)-x]=\lim_{x\to\infty}\left(\frac{x^2}{x+1}-x\right)=-1,$$

因此,$y=x-1$ 为该曲线的一条斜渐近线.

例 3.3.13　求曲线 $y=2x+\arctan\dfrac{x}{2}$ 的渐近线.

解　(1) 垂直渐近线. 因为当 x 趋于任何有限数时,y 都不会趋于∞,故它没有垂直渐近线.

(2) 斜渐近线.

$$a_1=\lim_{x\to+\infty}\frac{f(x)}{x}=\lim_{x\to+\infty}\left(2+\frac{\arctan\frac{x}{2}}{x}\right)=2,$$

$$b_1=\lim_{x\to+\infty}[f(x)-2x]=\lim_{x\to+\infty}\left(2x+\arctan\frac{x}{2}-2x\right)=\lim_{x\to+\infty}\arctan\frac{x}{2}=\frac{\pi}{2},$$

所以,$y=2x+\dfrac{\pi}{2}$ 是曲线 $y=f(x)$ 的一条斜渐近线.

又

$$a_2=\lim_{x\to-\infty}\frac{f(x)}{x}=\lim_{x\to-\infty}\left(2+\frac{\arctan\frac{x}{2}}{x}\right)=2,$$

$$b_2 = \lim_{x\to-\infty}[f(x)-2x] = \lim_{x\to-\infty}\arctan\frac{x}{2} = -\frac{\pi}{2},$$

所以，$y=2x-\frac{\pi}{2}$是曲线 $y=f(x)$的另一条斜渐近线.

则曲线 $y=2x+\arctan\frac{x}{2}$有两条斜渐近线，即 $y=2x+\frac{\pi}{2}$和 $y=2x-\frac{\pi}{2}$.

3.3.6 描绘简单函数的图形

函数的图形有助于直观研究函数，所以掌握一般函数图形的描绘方法很有必要.综合上述对函数性态的研究，可得出描绘函数图形的一般步骤：

(1) 确定函数的定义域；

(2) 研究函数的奇偶性和周期性；

(3) 求出 $f'(x)$，$f''(x)$的零点和不存在的点，用所求出的点把定义域分成若干区间，列表确定每个区间上函数的单调性、极值性、凹凸性，求出极值点和拐点；

(4) 确定函数是否存在渐近线；

(5) 在直角坐标系中，描出上述特殊点，再作些辅助点，画出渐近线，然后按照曲线的性态逐段描图.

例 3.3.14 描绘函数 $y=e^{-x^2}$ 的图形.

解 (1) $f(x)$的定义域是$(-\infty,+\infty)$.

(2) $f(x)$为偶函数，无周期性.

(3) $f'(x)=-2xe^{-x^2}$，$f''(x)=2(2x^2-1)e^{-x^2}$.

$f'(x)$的零点是 0，$f''(x)$的零点是$-\frac{1}{\sqrt{2}}$与$\frac{1}{\sqrt{2}}$，它们把定义域分成 4 个区间，列表如下：

x	$\left(-\infty,-\frac{1}{\sqrt{2}}\right)$	$-\frac{1}{\sqrt{2}}$	$\left(-\frac{1}{\sqrt{2}},0\right)$	0	$\left(0,\frac{1}{\sqrt{2}}\right)$	$\frac{1}{\sqrt{2}}$	$\left(\frac{1}{\sqrt{2}},+\infty\right)$
$f'(x)$	+		+	0	−		−
$f''(x)$	+	0	−		−	0	+
$f(x)$	↗		↗	极大点	↘		↘
	∪	拐点$\left(-\frac{1}{\sqrt{2}},\frac{1}{\sqrt{e}}\right)$	∩		∩	拐点$\left(\frac{1}{\sqrt{2}},\frac{1}{\sqrt{e}}\right)$	∪

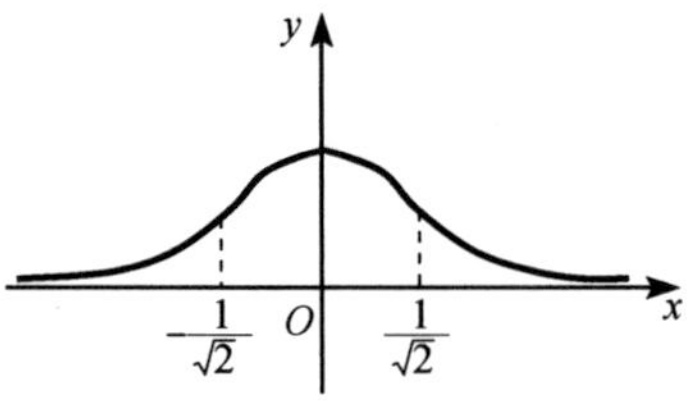

图 3.13

(4) 因为$\lim_{x\to\infty}e^{-x^2}=0$，所以 $y=0$ 是水平渐近线.

(5) 综合上述讨论，绘出函数的图形(图 3.13).

例 3.3.15 描绘函数 $y=\frac{2x^2}{x^2-1}$的图形.

解 (1) $f(x)$的定义域为$(-\infty,-1)\cup(-1,1)\cup(1,+\infty)$.

(2) $f(x)$为偶函数,无周期性.

(3) $f'(x)=-\dfrac{4x}{(x^2-1)^2}$, $f''(x)=\dfrac{12x^2+4}{(x^2-1)^3}$.

$f(x)$和$f'(x)$的零点是$x=0$;在$x=\pm1$处,$f(x)$,$f'(x)$,$f''(x)$均不存在.

用$-1,0,1$三点把定义域分为 4 个区间,并列表如下:

x	$(-\infty,-1)$	$(-1,0)$	0	$(0,1)$	$(1,+\infty)$
$f'(x)$	+	+	0	−	−
$f''(x)$	+	−	−4	−	+
$f(x)$	↗	↗	极大点	↘	↘
	∪	∩	0	∩	∪

(4) 考察曲线的渐近线:

因为$\lim\limits_{x\to-1}f(x)=\infty$, $\lim\limits_{x\to+1}f(x)=\infty$,所以$x=\pm1$均是垂直渐近线,又$\lim\limits_{x\to\infty}f(x)=2$,所以$y=2$是一条水平渐近线.

(5) 绘出函数$y=\dfrac{2x^2}{x^2-1}$的图形(图 3.14).

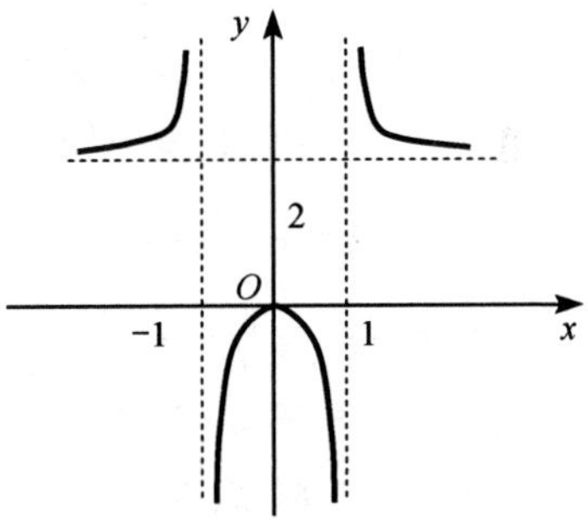

图 3.14

注　例 3.3.14 及例 3.3.15 中$f(x)$均为偶函数,图形关于y轴对称,列表及作图均可以只考虑$x\geqslant0$部分,$x<0$部分利用对称性得到.

例 3.3.16　试作出函数$y=\dfrac{(x-3)^2}{4(x-1)}$的图形.

解　(1) $f(x)$的定义域为$(-\infty,1)\cup(1,+\infty)$.

(2) $f(x)$非奇非偶,无周期性.

(3) $f'(x)=\dfrac{(x-3)(x+1)}{4(x-1)^2}$, $f''(x)=\dfrac{2}{(x-1)^3}$.

$f'(x)$的零点是$x_1=-1$, $x_2=3$, $f''(x)$无零点,列表如下:

x	$(-\infty,-1)$	−1	$(-1,1)$	$(1,3)$	3	$(3,+\infty)$
$f'(x)$	+	0	−	−	0	+
$f''(x)$	−	−	−	+	+	+
$f(x)$	↗	极大点	↘	↘	极小点	↗
	∩		∩	∪		∪

(4) 考察曲线的渐近线:

因为$\lim\limits_{x\to1}\dfrac{(x-3)^2}{4(x-1)}=\infty$,所以$x=1$是垂直渐近线.

又

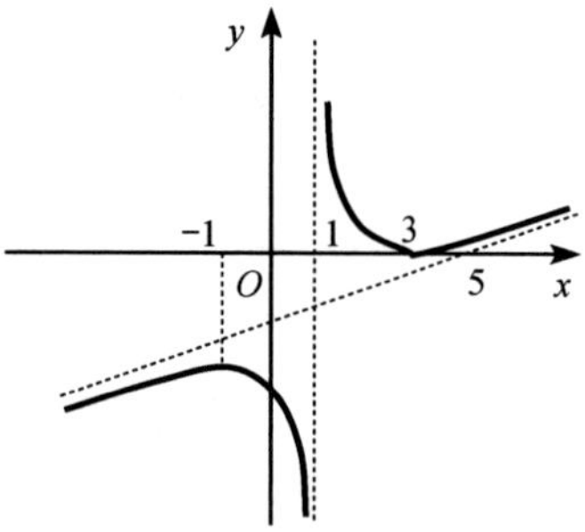

图 3.15

$$\lim_{x\to\infty}\frac{f(x)}{x}=\lim_{x\to\infty}\frac{(x-3)^2}{4(x-1)\cdot x}=\frac{1}{4},$$

$$\lim_{x\to\infty}\left(f(x)-\frac{1}{4}x\right)=\lim_{x\to\infty}\left[\frac{(x-3)^2}{4(x-1)}-\frac{1}{4}x\right]$$

$$=\lim_{x\to\infty}\frac{-5x+9}{4(x-1)}=-\frac{5}{4},$$

所以，$y=\frac{1}{4}x-\frac{5}{4}$是 $f(x)$的斜渐近线.

(5) 综合上述讨论，绘出函数的图形(图 3.15).

※3.4 曲率与曲率半径

曲率及曲率半径是描述曲线局部的弯曲程度的量. 本节给出曲率的定义，在弧微分计算公式的基础上导出曲率及曲率半径的计算公式，并应用公式解题.

3.4.1 弧微分

设曲线 $y=f(x)$在区间(a,b)内具有连续导数. 要求曲线上任一点 M 处的弧微分. 不妨设点 $M(x_0,y_0)$，M 点相邻处的动点 $N(x_0+\Delta x, y_0+\Delta y)$，过 M 点作 $y=f(x)$的切线 MT，如图 3.16 所示.

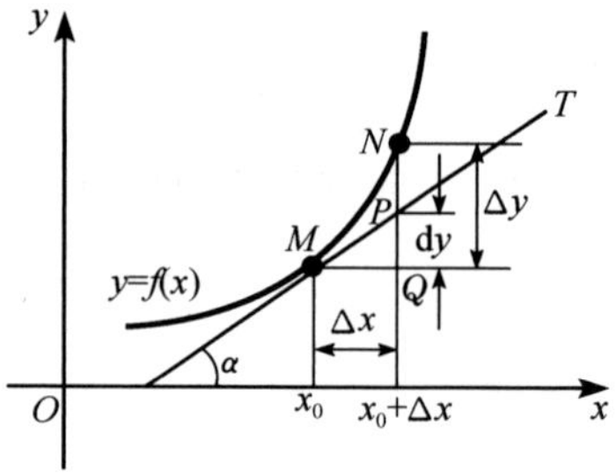

图 3.16

$|MQ|=|\Delta x|$， $|NQ|=|\Delta y|$， $|PQ|=|\mathrm{d}y|$，

则$|NP|=|\Delta y-\mathrm{d}y|$.

在直角三角形 MNQ 中，

$$|MN|=\sqrt{(\Delta x)^2+(\Delta y)^2}.$$

又设切线 MT 对于 x 轴的倾角为 α，因此$|MP|=|\sec\alpha\cdot\Delta x|$，

$$|MN|<\widehat{MN}<|MP|+|NP|,$$

即

$$\sqrt{(\Delta x)^2+(\Delta y)^2}<|\Delta S|<|\sec\alpha\cdot\Delta x|+|\Delta y-\mathrm{d}y|,$$

其中$|\Delta S|$表示弧长$\widehat{MN}$. 令 $\Delta x\to 0$，有

$$\sqrt{(\Delta x)^2+(\Delta y)^2}\to\sqrt{(\mathrm{d}x)^2+(\mathrm{d}y)^2}=\sqrt{1+y'^2}\,|\mathrm{d}x|,$$

$$|\sec\alpha\cdot\Delta x|=\sqrt{1+\tan^2\alpha}\cdot|\Delta x|=\sqrt{1+y'^2}\cdot|\Delta x|\to\sqrt{1+y'^2}\cdot|\mathrm{d}x|,$$

$$|\Delta y-\mathrm{d}y|\to 0\quad(\text{当 }\Delta x\to 0\text{ 时}),$$

所以$|\Delta S|\to\sqrt{1+y'^2}\cdot|\mathrm{d}x|$，即$|\mathrm{d}s|\to\sqrt{1+y'^2}\cdot|\mathrm{d}x|$.

定义依 x 增大方向作为曲线的正方向，即 N 在 M 的右边时，$\Delta S>0$，N 在 M 的左边时 $\Delta S<0$.

因此 ΔS 与 Δx 的正负号相同，于是有

$$ds = \sqrt{1+y'^2}dx,$$

这就是弧微分公式.

3.4.2　曲率

1. 曲率的定义

曲率是描述曲线局部的弯曲程度的量. 由图 3.17 和图 3.18 可知，曲线的弯曲程度与弧段切线的转角大小成正比，与弧段长度成反比.

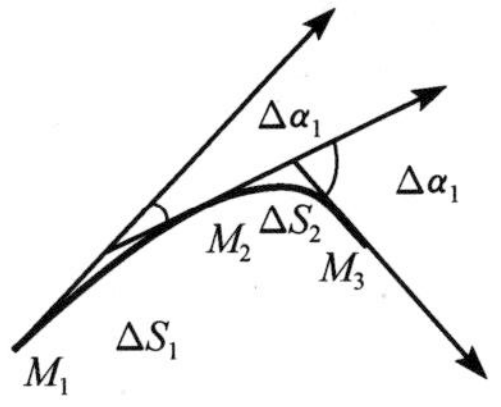

图 3.17　弧段转角越大弯曲程度越大

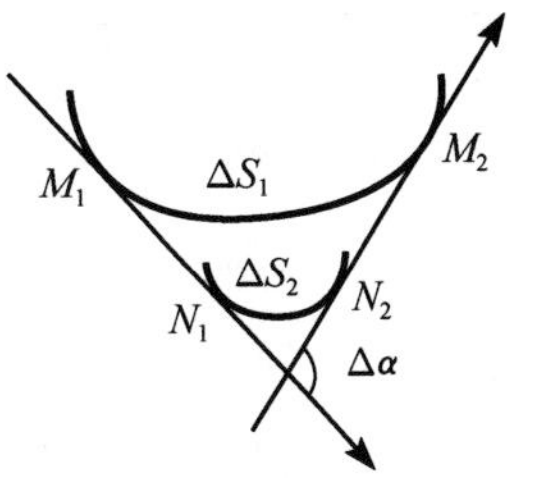

图 3.18　转角相同弧段越短弯曲程度越大

设曲线 C 是光滑的，M_0 为基点，$|\widehat{MM'}|=|\Delta S|$，$M$ 到 M' 切线转角为 $|\Delta\alpha|$，如图 3.19 所示.

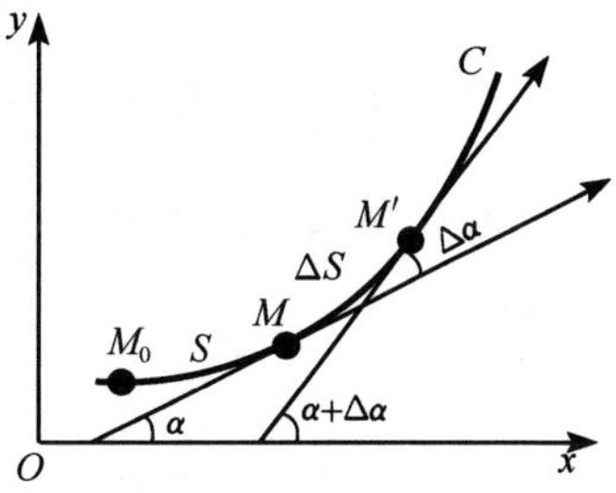

图 3.19

定义 3.4.1　弧段 $\widehat{MM'}$ 的平均曲率为 $\overline{K}=\left|\frac{\Delta\alpha}{\Delta S}\right|$.

定义 3.4.2　曲线 C 在点 M 处的曲率 $K=\lim\limits_{\Delta S\to 0}\left|\frac{\Delta\alpha}{\Delta S}\right|$. 在 $\lim\limits_{\Delta S\to 0}\frac{\Delta\alpha}{\Delta S}$ 存在的条件下 $K=\left|\frac{d\alpha}{ds}\right|$.

2. 曲率的计算公式

1）直角坐标下

设 $y=f(x)$ 具有二阶导数，因为

$$\tan\alpha = y',\quad \alpha = \arctan y',\quad d\alpha = \frac{y''}{1+y'^2}dx,$$

又 $ds=\sqrt{1+y'^2}dx$，所以

$$K = \left|\frac{d\alpha}{ds}\right| = \frac{|y''|}{(1+y'^2)^{\frac{3}{2}}}.$$

例 3.4.1　计算直线 $y=ax+b$ 上任一点的曲率.

解　因为 $y'=a$，$y''=0$，所以

$$K = \frac{|y''|}{(1+y'^2)^{\frac{3}{2}}} = 0,$$

即直线的曲率处处为 0(直线不弯曲).

例 3.4.2　抛物线 $y=ax^2+bx+c$ 上哪一点处的曲率最大?

解　因为 $y'=2ax+b, y''=2a$,所以

$$K=\frac{|2a|}{[1+(2ax+b)^2]^{\frac{3}{2}}}.$$

显然,当 $x=-\frac{b}{2a}$ 时,$K_{最大}=|2a|$.

又因为 $\left(-\frac{b}{2a},\frac{4ac-b^2}{4a}\right)$ 为抛物线的顶点,所以抛物线在顶点处的曲率最大.

2) 参数的方程形式

设曲线的参数方程为 $\begin{cases}x=\varphi(t),\\ y=\psi(t),\end{cases}$ 其中 $\varphi(t),\psi(t)$ 二阶可导,则

$$\frac{\mathrm{d}y}{\mathrm{d}x}=\frac{\psi'(t)}{\varphi'(t)},\quad \frac{\mathrm{d}^2y}{\mathrm{d}x^2}=\frac{\varphi'(t)\psi''(t)-\varphi''(t)\psi'(t)}{\varphi'^3(t)},$$

代入 $K=\frac{|y''|}{(1+y'^2)^{\frac{3}{2}}}$ 得

$$K=\frac{|\varphi'(t)\psi''(t)-\varphi''(t)\psi'(t)|}{[\varphi'^2(t)+\psi'^2(t)]^{\frac{3}{2}}}.$$

例 3.4.3　计算半径为 R 的圆上任一点的曲率.

解　圆的参数方程为 $\begin{cases}x=R\cos t,\\ y=R\sin t,\end{cases}$ 所以

$$x'=-R\sin t,\quad y'=R\cos t,$$
$$x''=-R\cos t,\quad y''=-R\sin t.$$

代入参数形式的曲率公式中得

$$K=\frac{|R^2(\sin^2t+\cos^2t)|}{(R^2\sin^2t+R^2\cos^2t)^{\frac{3}{2}}}=\frac{1}{R},$$

即圆上各点处的曲率等于半径的倒数,且半径越小曲率越大.

3.4.3　曲率半径

因为圆的半径等于圆的曲率的倒数.所以对于一般的曲线,我们把它在各点的曲率的倒数称为它在该点的曲率半径,记为 R,即

$$R=\frac{1}{K}\quad(如\ K=0,说明曲率半径为+\infty).$$

注　曲线上一点处的曲率半径越大,曲线在该点处的曲率越小(曲线越平坦);曲率半径越小,曲率越大(曲线越弯曲).

例 3.4.4　飞机沿抛物线 $y=\frac{x^2}{4000}$(单位:m)做俯冲飞行,在原点 O 处的速度为 $v=$

400m/s，飞行员体重 70kg，求俯冲到原点时，飞行员对座椅的压力.

解　在原点 O 处飞行员受到两个力的作用，即自身重力 P 和座椅对飞行员的反弹力 Q，他们的合力 $Q-P$ 为飞行员随飞机俯冲到 O 点时所需的向心力 F，即

$$Q-P=F \text{ 或 } Q=F+P.$$

视飞行员在点 O 做匀速圆周运动时，其向心力为

$$F=\frac{mv^2}{R} \quad (R \text{ 为圆半径也即曲率半径}).$$

因为

$$y'\big|_{x=0}=\frac{x}{2000}\bigg|_{x=0}=0,\quad y''=\frac{1}{2000},$$

所以在 O 点处的曲率 $K=\dfrac{1}{2000}$，即曲率半径 $R=2000\text{m}$，所以

$$F=\frac{70\times(400)^2}{2000}=5600(\text{N}).$$

又 $Q=F+P=5600+70\times 9.8=6286(\text{N})$，因为飞行员对座椅的压力和座椅对飞行员的反力大小相等，方向相反，所以，飞行员对座椅的压力为 6286N.

★3.5　导数的经济应用

本节主要介绍导数在经济学上求边际、弹性及最值等方面的应用，并作出经济解释.

3.5.1　边际

1. 边际的概念

1）平均变化率

平均变化率就是函数增量与自变量增量之比.

2）瞬时变化率

瞬时变化率就是函数对自变量的导数，或当自变量的增量趋于零时平均变化率的极限，即如果函数 $y=f(x)$ 在 x_0 处可导，则在 $(x_0, x_0+\Delta x)$ 内的平均变化率为 $\dfrac{\Delta y}{\Delta x}$；在 x_0 处的瞬时变化率为

$$f'(x_0)=\lim_{\Delta x\to 0}\frac{f(x_0+\Delta x)-f(x_0)}{\Delta x}.$$

3）边际函数

设 $y=f(x)$ 在 x 处可导，则称 $f'(x)$ 为 $f(x)$ 的**边际函数**，$f'(x_0)$ 称为边际函数 $f'(x)$ 在 $x=x_0$ 处的**边际函数值**.

经济意义　当 $x=x_0$ 时，x 改变一个单位，y 改变 $f'(x_0)$ 个单位.

例 3.5.1　设函数 $y=3x^3$，求 y 在 $x=2$ 时的边际函数值.

解 因为 $y'=9x^2$,所以 $y'|_{x=2}=36$.

经济意义 当 $x=2$ 时,x 改变一个单位(增加或减少一个单位),y 改变 36 个单位(增加或减少 36 个单位).

2. 经济学中常见的边际函数

1) 边际成本

设总成本函数 $C=C(Q)$,Q 为产量,则生产 Q 个单位产品时的边际成本函数为 $C'(Q)=\dfrac{\mathrm{d}C(Q)}{\mathrm{d}Q}$.

经济意义 当生产 Q 个单位产品前最后增加的那个单位产量所花费的成本,或生产 Q 个单位产品后增加的那个单位产量所花费的成本.

例 3.5.2 设总成本函数

$$C(Q)=0.001Q^3-0.3Q^2+40Q+1000.$$

求边际成本函数及 $Q=50$ 单位时的边际成本,并解释后者的经济意义.

解 (1) 边际成本函数为

$$C'(Q)=\frac{\mathrm{d}C(Q)}{\mathrm{d}Q}=0.003Q^2-0.6Q+40.$$

(2) $Q=50$ 单位时的边际成本

$$C'(Q)\big|_{Q=50}=(0.003Q^2-0.6Q+40)\big|_{Q=50}=17.5.$$

这表示生产第 50 个或第 51 个单位产品时所花费的成本为 17.5.

例 3.5.3 某工厂生产 Q 个单位产品的总成本 C 为产量 Q 的函数:

$$C(Q)=1100+\frac{1}{1200}Q^2.$$

求:(1) 生产 900 个单位产品时的总成本和平均成本;

(2) 生产 900 个单位产品到 1000 个单位产品时的总成本的平均变化率;

(3) 生产 900 个单位产品时的边际成本.

解 (1) 生产 900 个单位产品时的总成本为

$$C(Q)\big|_{Q=900}=\left(1100+\frac{1}{1200}Q^2\right)\bigg|_{Q=900}=1775.$$

平均成本为 $\bar{C}=\dfrac{C(Q)|_{Q=900}}{900}=\dfrac{1775}{900}\approx 1.97$.

(2) 生产 900 个单位产品到 1000 个单位产品时的总成本的平均变化率为

$$\frac{\Delta C(Q)}{\Delta Q}=\frac{C(1000)-C(900)}{1000-900}\approx\frac{1933-1775}{100}=1.58.$$

(3) 生产 900 个单位产品时的边际成本为

$$C'(Q)\big|_{Q=900}=\frac{1}{600}Q\big|_{Q=900}=1.5.$$

2）边际收益

设总收益函数为 $R=PQ$，P 为价格，Q 为销售量. 设需求函数为 $P=P(Q)$，则总收益函数为 $R=QP(Q)$；平均收益为 $\bar{R}=\frac{R}{Q}=P(Q)$.

经济意义　价格 $P(Q)$ 可视为从需求量（即销售量）Q 上获得的平均收益.

边际收益为 $R'=\frac{\mathrm{d}R}{\mathrm{d}Q}=P(Q)+QP'(Q)$.

经济意义　当销售 Q 个单位时，多销售一个单位产品或少销售一个单位产品使其增加或减少的收益.

例 3.5.4　设某产品的需求函数为 $P=20-\frac{Q}{5}$，其中 P 为价格，Q 为销售量. 求销售量为 15 个单位时的总收益、平均收益与边际收益. 并求当销售量从 15 个单位增加到 20 个单位时收益的平均变化率.

解　总收益为 $R=QP(Q)=20Q-\frac{Q^2}{5}$，故销售量为 15 个单位时，

总收益为

$$R\big|_{Q=15}=\left(20Q-\frac{Q^2}{5}\right)\bigg|_{Q=15}=255.$$

平均收益为

$$\bar{R}\big|_{Q=15}=\frac{R}{Q}\bigg|_{Q=15}=P(Q)\big|_{Q=15}=17.$$

边际收益为

$$R'\big|_{Q=15}=\frac{\mathrm{d}R}{\mathrm{d}Q}\bigg|_{Q=15}=\left(20-\frac{2}{5}Q\right)\bigg|_{Q=15}=14.$$

当销售量从 15 个单位增加到 20 个单位时收益的平均变化率为

$$\frac{\Delta R}{\Delta Q}=\frac{R(20)-R(15)}{20-15}=\frac{320-255}{5}=13.$$

3）边际利润

总利润 $L(Q)$ 的导数 $L'(Q)$ 称为**边际利润**.

经济意义　若已经生产了 Q 个单位产品，再生产一个单位产品所增加的总利润.

边际利润为 $L'(Q)=R'(Q)-C'(Q)$，当 $L'(Q)>0$，其经济意义是，如果产量已达到 Q，再多生产一个单位产品，所增加的收益大于所增加的成本，总利润有所增加；反之，当 $L'(Q)<0$，再多生产一个单位产品，所增加的收益小于所增加的成本，总利润将有所减少.

例 3.5.5　设总利润函数 $L(Q)$（单位：元）与每日产量 Q（单位：件）的关系为 $L(Q)=100Q-5Q^2$，试确定每日生产 5，10，15 件的边际利润，并说明其经济意义.

解 边际利润函数为 $L'(Q)=100-10Q$，则

$$L'(Q)\big|_{Q=5}=100-10Q\big|_{Q=5}=50,$$
$$L'(Q)\big|_{Q=10}=100-10Q\big|_{Q=10}=0,$$
$$L'(Q)\big|_{Q=15}=100-10Q\big|_{Q=15}=-50.$$

经济意义 当生产量为每日 5 件时，再增加 1 件，利润将增加 50 元；当产量每月为 10 件时，再增加 1 件，利润不变；当产量为 15 件时，再增加 1 件，利润将减少 50 元. 故对厂家来说，并非生产的产品数量越多，利润越高.

3.5.2 弹性

1. 弹性的概念

1）平均相对变化率

设函数 $y=f(x)$ 在 x 处有自变量增量为 Δx，函数增量为 Δy，$\dfrac{\Delta x}{x}$ 与 $\dfrac{\Delta y}{y}$ 分别称为自变量与函数的相对改变量(或相对增量)；称 $\dfrac{\frac{\Delta y}{y}}{\frac{\Delta x}{x}}$ 为 x 到 $x+\Delta x$ 的平均相对变化率.

例 3.5.6 设函数为 $y=x^2$，当 x 从 8 增加到 10 时，求其相对增量及平均相对变化率.

解 当 x 从 8 增加到 10 时，相应的 y 从 64 增加到 100，即自变量 x 的绝对增量 $\Delta x=2$，函数 y 的绝对增量 $\Delta y=36$. 又 $\dfrac{\Delta x}{x}=\dfrac{2}{8}=25\%$，$\dfrac{\Delta y}{y}=\dfrac{36}{64}=56.25\%$，即当 x 从 8 增加到 10 时，x 增加了 25%，y 相应地增加了 56.25%. 而 $\dfrac{\frac{\Delta y}{y}}{\frac{\Delta x}{x}}=\dfrac{56.25\%}{25\%}=2.25$，该式表示在(8,10)内，从 $x=8$ 时起，x 增加 1%，则相应的 y 增加 2.25%.

2）弹性的定义

设函数 $y=f(x)$ 在 x 点可导，函数的相对改变量 $\dfrac{\Delta y}{y}=\dfrac{f(x+\Delta x)-f(x)}{f(x)}$ 与自变量的相对改变量 $\dfrac{\Delta x}{x}$ 之比 $\dfrac{\frac{\Delta y}{y}}{\frac{\Delta x}{x}}$ 称为函数 $y=f(x)$ 从 x 到 $x+\Delta x$ **两点间的弹性**.

当 $\Delta x\to 0$ 时，$\dfrac{\frac{\Delta y}{y}}{\frac{\Delta x}{x}}$ 的极限称为 $y=f(x)$ 在 x 点的**弹性**，记作 $\dfrac{Ey}{Ex}$，即

$$\frac{Ey}{Ex}=\lim_{\Delta x\to 0}\frac{\dfrac{\Delta y}{y}}{\dfrac{\Delta x}{x}}=y'\frac{x}{y}.$$

由于$\dfrac{Ey}{Ex}$也是 x 的函数,故称之为函数 $y=f(x)$的弹性函数.

例 3.5.7　求函数 $y=3+2x$ 在 $x=3$ 处的弹性.

解　因为 $y'=2$,且$\dfrac{Ey}{Ex}=y'\dfrac{x}{y}=\dfrac{2x}{3+2x}$则函数 $y=3+2x$ 在 $x=3$ 处的弹性为

$$\left.\frac{Ey}{Ex}\right|_{x=3}=\left.\frac{2x}{3+2x}\right|_{x=3}=\frac{2}{3}.$$

2. 经济学中常见的弹性函数

1) 需求的价格弹性

设需求函数 $Q_d=Q(P)$可导,则$\dfrac{\dfrac{\Delta Q}{Q}}{\dfrac{\Delta P}{P}}$称为该商品在 P 到 $P+\Delta P$ **两点间的需求价格弹性**;

而 $E_d=\dfrac{EQ}{EP}=\lim\limits_{\Delta P\to 0}\dfrac{\dfrac{\Delta Q}{Q}}{\dfrac{\Delta P}{P}}=\dfrac{dQ}{dP}\dfrac{P}{Q}$称为在 P 时**需求的价格弹性**.

注　由于需求函数 $Q_d=Q(P)$一般为价格的递减函数,它的边际函数$\dfrac{dQ}{dP}$小于零,故需求的价格弹性 E_d 会取负值.但为讨论问题方便起见,取$|E_d|$,也称之为需求的价格弹性,记为 ξ,即 $\xi=\xi(P)=|E_d|=-\dfrac{dQ}{dP}\dfrac{P}{Q}$.

需求的价格弹性与总收益的关系如下:

总收益 R 是商品价格 P 与销售量 Q 的乘积,即

$$R=PQ_d=PQ(P),$$

其中 $Q_d=Q(P)$是需求价格函数.

$$R'=Q(P)+PQ'(P)=Q(P)\left(1+Q'(P)\frac{P}{Q(P)}\right)=Q(P)(1-\xi).$$

(1) 若 $\xi<1$,此时 $R'>0$,R 递增,即价格上涨,则总收益增加;价格下跌,则总收益减少.

(2) 若 $\xi>1$,此时 $R'<0$,R 递减,即价格上涨,则总收益减少;价格下跌,则总收益增加.

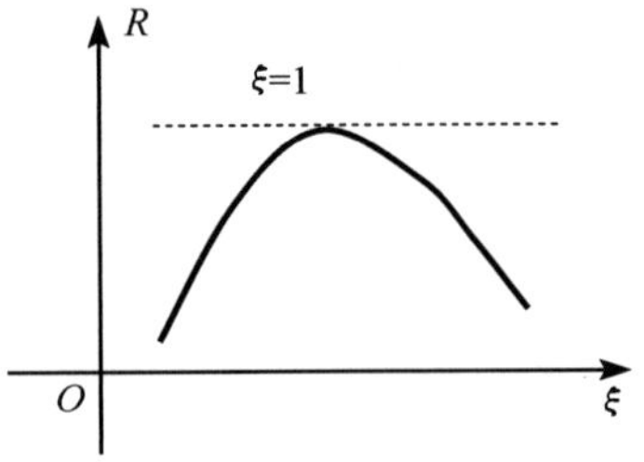

图 3.20

(3) 若 $\xi=1$,此时 $R'=0$,R 取得最大值.

综上所述,总收益的变化受需求的价格弹性的制约,随商品需求价格弹性的变化而变化,其关系如图 3.20 所示.

例 3.5.8 设商品需求函数为 $Q_d=Q(P)=12-\frac{P}{2}$

(1) 求需求的价格弹性函数;

(2) 求 $P=6$ 时的需求价格弹性;

解 (1) $\xi=|E_d|=-\frac{dQ}{dP}\cdot\frac{P}{Q}=\frac{1}{2}\frac{P}{12-\frac{P}{2}}=\frac{P}{24-P}$.

(2) $\xi|_{P=6}=\left.\frac{P}{24-P}\right|_{P=6}=\frac{6}{24-6}=\frac{1}{3}$.

2) 供给的价格弹性

设供给函数 $Q_s=Q(P)$可导,则$\frac{\frac{\Delta Q}{Q}}{\frac{\Delta P}{P}}$称为该商品在 P 到 $P+\Delta P$ **两点间的供给价格弹性**;

而 $E_s=\frac{EQ}{EP}=\lim\limits_{\Delta P\to 0}\frac{\frac{\Delta Q}{Q}}{\frac{\Delta P}{P}}=\frac{dQ}{dP}\frac{P}{Q}$称为在 P 时**供给的价格弹性**.

注 由于供给函数 $Q_s=Q(P)$一般为价格的递增函数.即价格上涨,供给量相应增加,而价格下跌,供给量相应减少.

例 3.5.9 设某商品的供给函数为 $Q_s=4+5P$,求供给价格弹性函数及 $P=2$ 时的供给的价格弹性.

解 因为

$$E_s=\frac{dQ}{dP}\frac{P}{Q}=\frac{5P}{4+5P},$$

当 $P=2$ 时供给的价格弹性 $E_s=\frac{5}{7}$.

3) 收益弹性

总收益 R 是商品价格 P 与销售量 Q(即需求量)的乘积,即 $R=PQ$,故有

收益的价格弹性为

$$\frac{ER}{EP}=\frac{dR}{dP}\frac{P}{R};$$

收益的销售弹性为

$$\frac{ER}{EQ}=\frac{dR}{dQ}\frac{Q}{R}.$$

例 3.5.10　设 R,P,Q 分别表示销售总收益、商品价格、销售量，证明收益的价格弹性 $\frac{ER}{EP}=1-\xi$，收益的销售弹性 $\frac{ER}{EQ}=1-\frac{1}{\xi}$，其中 ξ 为需求的价格弹性.

证明　设需求函数 $Q_d=Q(P)$，则 $R=PQ_d=PQ(P)$，则

收益的价格弹性为

$$\frac{ER}{EP}=\frac{E(PQ)}{EP}=\frac{d(PQ)}{dP}\frac{P}{PQ}=\frac{1}{Q}\left(Q+P\frac{dQ}{dP}\right)=1+\frac{dQ}{dP}\frac{P}{Q}=1-\xi;$$

收益的销售弹性为

$$\begin{aligned}\frac{ER}{EQ}&=\frac{E(PQ)}{EQ}=\frac{d(PQ)}{dQ}\cdot\frac{Q}{PQ}=\frac{1}{P}\frac{d(PQ)}{dQ}\\&=\frac{1}{P}\left(P+Q\frac{dP}{dQ}\right)=1-\frac{1}{-\frac{dQ}{dP}\frac{P}{Q}}=1-\frac{1}{\xi}.\end{aligned}$$

3.5.3　最值问题

在经济学上通常遇到求最大利润、最大收益以及经济批量等问题.这类经济问题常转化成数学模型(或目标函数)，求其最大值或最小值.

1. 最大利润问题

例 3.5.11　某工厂在一个月生产某产品 Q 件时，总成本费为 $C(Q)=5Q+200$(万元)，得到的收益为 $R(Q)=10Q-0.01Q^2$(万元)，问一个月生产多少产品时，所获利润最大?

解　利润可表示为

$$L(Q)=R(Q)-C(Q)=5Q-0.01Q^2-200,\quad 0<Q<+\infty.$$

令 $L'(Q)=5-0.02Q=0$ 得 $Q=250$.有唯一驻点，由于这是一个实际问题，因此 $Q=250$ 即是利润最大值点，从而得到利润最大值为 $L(250)=425$(万元)，即一个月生产 250 件产品时的利润最大.

例 3.5.12　某产品生产 x 单位的总成本为 $C(x)=300+\frac{1}{12}x^3-5x^2+170x$，每单位产品的价格是 134 元，求使利润最大的产量.

解　生产 x 单位时，总收入 $R(x)=134x$，总利润为

$$\begin{aligned}L(x)&=R(x)-C(x)=134x-\left(300+\frac{1}{12}x^3-5x^2+170x\right)\\&=-\frac{1}{12}x^3+5x^2-36x-300\quad(0<x<+\infty),\end{aligned}$$

$$L'(x)=-\frac{1}{4}x^2+10x-36=-\frac{1}{4}(x-36)(x-4).$$

令 $L'(x)=0$ 得 $x_1=4,x_2=36$.又 $L''(x)=-\frac{1}{2}x+10$，而 $L''(4)=8>0$，所以 $L(x)$

在 $x=4$ 有极小值；$L''(36)=-8<0$，所以 $L(x)$ 在 $x=36$ 有极大值，$L(36)=996$. 因此生产 36 单位个产品时，利润最大，最大利润为 996 元.

2. 最大收益问题

例 3.5.13 某商品的需求量 Q 是价格 P 的函数 $Q=Q(P)=75-P^2$，问 P 为何值时，总收益最大？

解 总收益可表示为

$$R(P) = PQ(P) = 75P - P^3, \quad P > 0.$$

令 $R'(P)=75-3P^2=0$，得 $P=5$. 有唯一驻点，由于这是一个实际问题，因此 $P=5$ 即是收益的最大值点，从而得到收益的最大值为 $R(5)=250$.

3. 库存问题

库存问题就是要求出使总费用(存储费与订购费之和)最小的订货批量(即经济批量). 为了使问题简化，假设：

(1) 不允许缺货；

(2) 当库存量将为零时，可立即得到补充；

(3) 需求是连续均匀的，单位时间内的需求量是常数，这样，平均库存量为最大库存量的一半.

若某企业某种货物的年需求量为 s，每次订货费为 c_1，单位货物储存一年的费用为 c_2，每次订购量为 q，货物的单价为 p，于是

(1) 年订货次数为 $\frac{s}{q}$，年订货费为 $\frac{s}{q}c_1$.

(2) 全年每天平均库存量为 $\frac{q}{2}$，年存储费为 $\frac{q}{2}c_2$，则全年的总费用为

$$C = \frac{c_1 s}{q} + \frac{c_2 q}{2}.$$

上式对 q 求导得

$$\frac{\mathrm{d}C}{\mathrm{d}q} = -\frac{c_1 s}{q^2} + \frac{c_2}{2}, \quad \frac{\mathrm{d}^2 C}{\mathrm{d}^2 q} = \frac{2c_1 s}{q^3} > 0.$$

令 $\frac{\mathrm{d}C}{\mathrm{d}q}=0$，解得

最优经济批量为 $q^* = \sqrt{\frac{2c_1 s}{c_2}}$；

最优订货次数为 $E=\frac{s}{q^*}=\sqrt{\frac{c_2 s}{2c_1}}$；

最小年总费用为 $C^* = \sqrt{2c_1 c_2 s}$.

例 3.5.14 某商店每年销售某种商品 10000kg，每次订货的手续费为 40 元，商品

的单价为 2 元/kg，存储费是平均库存商品价值的 10%，求最优订货批量.

解　设订货批量为 q，则年订货费为 $40\times\frac{10^4}{q}$，年存储费为 $2\times\frac{q}{2}\times 0.1$，因此全年总费用为 $C=40\times\frac{10^4}{q}+0.1q$，

$$\frac{dC}{dq}=-\frac{4\times 10^5}{q^2}+0.1.$$

令 $\frac{dC}{dq}=0$ 解得最优订货批量为 $q^*=2000$.

习　题　3

1. 对函数 $y=e^{2x^2}+1$ 在区间$[-2,2]$上验证罗尔定理的正确性，并给出定理中的数值 ξ.

2. 对函数 $y=\ln(x+1)$在区间$[0,1]$上验证拉格朗日中值定理的正确性，并给出定理中的数值 ξ.

3. 证明方程 $x^3-3x+1=0$ 有且仅有一个小于 1 的正实根.

4. 证明不等式：$|\operatorname{arccot}x_2-\operatorname{arccot}x_1|\leqslant|x_2-x_1|$.

5. 设函数 $f(x)$在$[0,\pi]$上连续，且在$(0,\pi)$内可导，证明至少存在一点 $\xi\in(0,\pi)$，使得 $f'(\xi)=-f(\xi)\cot\xi$.

6. 求下列极限：

(1) $\lim\limits_{x\to 2}\frac{x^2-4}{x-2}$；　(2) $\lim\limits_{x\to 0}\frac{e^x-e^{-x}}{x}$；

(3) $\lim\limits_{x\to 0}\frac{\sin 2x}{\tan 7x}$；　(4) $\lim\limits_{x\to\infty}\frac{\ln(1+x)}{x^n}(n>0)$；

(5) $\lim\limits_{x\to+\infty}x\left(\frac{\pi}{2}-\arctan x\right)$；　(6) $\lim\limits_{x\to 0^+}x^{\tan x}$；

(7) $\lim\limits_{x\to 1}\left(\frac{2x}{x-1}-\frac{1}{\ln x}\right)$；　(8) $\lim\limits_{x\to 0^+}\left(\ln\frac{1}{x}\right)^x$；

(9) $\lim\limits_{x\to 0}\frac{\ln(1+x-\sin x)}{\arcsin x^3}$；　(10) $\lim\limits_{x\to 0}\frac{x^2\cos\frac{1}{x}}{\tan x}$.

7. 求下列函数的单调区间：

(1) $y=2x^3-9x^2+12x-3$；　(2) $y=\frac{x}{1+x^2}$；

(3) $y=\sqrt[3]{x^2}$；　(4) $y=(x^2-1)^3+2$.

8. 证明：当 $x>0$ 时，$\ln(1+x)>\frac{x}{1+x}(x>0)$.

9. 求下列各函数在给定区间上的最值：

(1) $y=\ln(2+x^2)$，$[-1,3]$；　(2) $y=3x^4-4x^3+1$，$[-1,1]$；

(3) $y=x-\frac{3}{2}x^{\frac{2}{3}}$，$\left[-1,\frac{27}{8}\right]$.

10. 求下列函数的凹凸区间及拐点：

(1) $y=(x-2)^{\frac{5}{3}}$；　(2) $y=x^3-2x^2+1$；

(3) $y=xe^x$.

11. 欲做一个底为正方形，容积为 $108\mathrm{m}^3$ 的长方体开口容器，怎样做才能使得所用材料最省？

12. 做一个容积为 $V\mathrm{m}^3$ 的无盖圆柱形蓄水池，已知池底单位造价为周围单位造价的两倍，问蓄水池的尺寸怎样设计才能使得总造价最低？

13. 作出下列函数的图形：

(1) $y=2x^3-x^2-4x+2$；　　(2) $y=\dfrac{x^2}{x+1}$；

(3) $y=\ln(2+x^2)$；　　(4) $y=\dfrac{3}{1+2e^{-x}}$.

※14. 求曲线 $xy=1$ 在点(1,1)处的曲率.

※15. 求曲线 $x=\ln(1+t^2)$，$y=t-\arctan t$ 在 $t=1$ 的曲率.

※16. 飞机沿抛物线 $y=\dfrac{x^2}{10000}$(单位为 m)做俯冲飞行，在坐标原点 O 处的速度为 $v=200\mathrm{m/s}$，飞行员体重 70kg，求飞机俯冲到原点时，座椅对飞行员的反力.

★17. 某工厂生产某种型号的车床，已知一年中库存费与生产准备费的和与每批产量 x 的函数关系为

$$P(x)=\frac{ab}{x}+\frac{c}{2}x,\quad x\in(0,a),$$

其中 a 为年产量，b 为每批次的生产准备费，c 为每台产品的库存费. 问在不考虑生产能力的条件下，每批生产多少台，$P(x)$最小？

★18. 设某商品的价格和销售量的关系为 $P(Q)=20-\dfrac{Q}{4}$，成本函数为 $C(Q)=60+3Q$，

(1) 求销售量为 10 时的边际成本，边际收益以及边际利润；

(2) 问 Q 为多大时，总利润最大？

★19. 设某商品的需求函数为 $Q=10-\dfrac{P}{2}$，

(1) 求需求弹性函数；

(2) 求 $P=3$ 时的需求弹性；

(3) 在 $P=3$ 时，若价格上涨 1%，总收益增加还是减少？

(4) P 为何值时，总收益最大？ 最大的总收益是多少？

第 4 章　不定积分

本章要点　本章和第 5 章介绍一元函数积分学，原函数与定积分是两个核心概念. 求一个函数的原函数与求一个函数的导函数是一个互逆的过程，原函数即反导函数. 定积分则是一类特殊和式的极限，与原函数概念有着深刻的联系. 本章介绍原函数、不定积分的概念及不定积分的计算.

4.1　不定积分的概念

在微分学中，我们讨论过怎样求一个函数的导数问题. 但是有时需要讨论相反的问题：已知一个函数的导数（或微分），求这个函数. 这是积分学中的一个基本问题.

4.1.1　原函数的概念

定义 4.1.1　如果对任一 $x\in I$，都有

$$F'(x)=f(x) \quad \text{或} \quad \mathrm{d}F(x)=f(x)\mathrm{d}x,$$

则称 $F(x)$ 为 $f(x)$ 在区间 I 上的**原函数**.

例如，$(\sin x)'=\cos x$，即 $\sin x$ 是 $\cos x$ 的一个原函数.

$(x^2)'=2x$，即 x^2 是 $2x$ 的一个原函数；又 $(x^2+1)'=2x$，所以 x^2+1 也是 $2x$ 的一个原函数；对于任意常数 C，都有 $C'=0$，因而 $(x^2+C)'=2x$，所以函数族 x^2+C 是 $2x$ 的原函数.

类似地，还可以考察其他函数的原函数. 上述例子中涉及的 $\cos x$，$2x$ 都有原函数. 而且，如果原函数存在的话，有无数多个. 现在的问题是：①是否任给一个函数都能求出其原函数？②如果能求出原函数，任意两个原函数之间有什么关系？

对第一个问题，这里先给出一个充分条件：

定理 4.1.1　如果函数 $f(x)$ 在区间 I 上连续，则 $f(x)$ 在区间 I 上一定有原函数.

由于初等函数在其定义区间上都是连续函数，所以初等函数在其定义区间上都有原函数.

对第二个问题，设 $F(x)$ 与 $G(x)$ 为 $f(x)$ 在区间 I 上的任意两个原函数，则有

$$F'(x)=G'(x)=f(x),$$

于是

$$[F(x)-G(x)]'=F'(x)-G'(x)=f(x)-f(x)=0,$$

所以 $F(x)-G(x)=C$，即 $F(x)=G(x)+C$（C 为任给常数）. 从而有：

定理 4.1.2　如果函数 $f(x)$ 在区间 I 上存在原函数，则其任意两个原函数只差一

个常数项.

这个定理表明:若 $F(x)$ 是 $f(x)$ 在区间 I 上的一个原函数,则函数族 $F(x)+C$(其中 C 为任意常数)都是 $f(x)$ 的原函数. 由于 C 是任意常数,所以 $F(x)+C$ 是 $f(x)$ 在区间 I 上的全体原函数的一般表达式,由此引出不定积分的概念.

4.1.2 不定积分的概念

定义 4.1.2 如果函数 $F(x)$ 是 $f(x)$ 的一个原函数,那么 $f(x)$ 的全体原函数称为函数 $f(x)$ 的不定积分,记作 $\int f(x)\mathrm{d}x$, 函数 $f(x)$ 的不定积分的一般表达式为 $F(x)+C$(C 为任意常数),即

$$\int f(x)\mathrm{d}x = F(x) + C,$$

其中记号 $\int$ 称为积分号,$f(x)$ 称为被积函数,$f(x)\mathrm{d}x$ 称为被积表达式,x 称为积分变量,C 为积分常数.

求已知函数的不定积分的运算称为积分法,求不定积分 $\int f(x)\mathrm{d}x$,就是求 $f(x)$ 的全体原函数. 为此,只需求得 $f(x)$ 的一个原函数 $F(x)$,然后再加上任意常数 C.

例 4.1.1 求函数 $f(x)=x^2$ 的不定积分.

解 因为 $\left(\frac{1}{3}x^3\right)'=x^2$,所以

$$\int x^2\mathrm{d}x = \frac{1}{3}x^3 + C.$$

例 4.1.2 求 $\int \frac{1}{x}\mathrm{d}x$.

解 因为,$x>0$ 时,$(\ln x)'=\frac{1}{x}$;$x<0$ 时,$[\ln(-x)]'=\frac{1}{-x}(-x)'=\frac{1}{x}$,得 $(\ln|x|)'=\frac{1}{x}$,因此有

$$\int \frac{1}{x}\mathrm{d}x = \ln|x| + C.$$

例 4.1.3 设曲线过点(2,3),且其上任一点处切线的斜率为该点的横坐标,求曲线的方程.

解 设曲线方程为 $y=f(x)$,其上任一点 (x,y) 处切线的斜率为 $\frac{\mathrm{d}y}{\mathrm{d}x}=x$,从而

$$y = \int x\mathrm{d}x = \frac{1}{2}x^2 + C.$$

由 $y(2)=3$,得 $C=1$,因此所求曲线方程为

$$y = \frac{1}{2}x^2 + 1.$$

4.1.3　不定积分的几何意义

通常,我们把 $y=f(x)$在定义区间 I 上的原函数图形称为 $f(x)$的积分曲线. 于是,在几何上$\int f(x)\mathrm{d}x$ 表示 $f(x)$ 的某一积分曲线沿纵轴方向任意平移所得一切积分曲线组成的曲线族 $F(x)+C$. 由于积分曲线族中每一条积分曲线在点 x 处的切线斜率都等于 $f(x)$,因此它们在点 x 处的切线相互平行. 如果已知 $f(x)$的原函数满足条件:在点 x_0 处原函数的值为 y_0,就可以确定积分常数 C 的值,如图 4.1 所示.

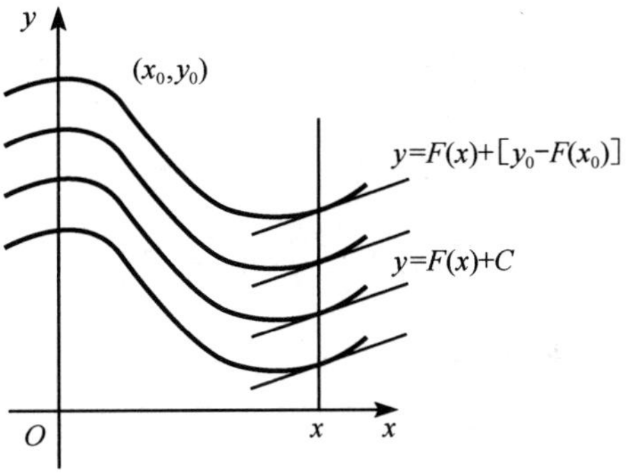

图 4.1

4.1.4　不定积分的性质

利用不定积分的定义不难得出如下性质:

性质 4.1.1　微分运算与积分运算互为逆运算,即

(1) $\dfrac{\mathrm{d}}{\mathrm{d}x}\int f(x)\mathrm{d}x = f(x)$　或　$\mathrm{d}\int f(x)\mathrm{d}x = f(x)\mathrm{d}x$;

(2) $\int F'(x)\mathrm{d}x = F(x)+C$　或　$\int \mathrm{d}F(x) = F(x)+C$.

特别地,$\int \mathrm{d}x = x+C$.

性质 4.1.2　两个函数代数和的不定积分等于各个函数不定积分的代数和,即

$$\int[f(x)\pm g(x)]\mathrm{d}x = \int f(x)\mathrm{d}x \pm \int g(x)\mathrm{d}x.$$

性质 4.1.2 可以推广到有限多个函数代数和的情形:

$$\int[f_1(x)\pm f_2(x)\pm\cdots\pm f_n(x)]\mathrm{d}x = \int f_1(x)\mathrm{d}x \pm \int f_2(x)\mathrm{d}x \pm\cdots\pm \int f_n(x)\mathrm{d}x.$$

性质 4.1.3　被积函数中不为零的常数因子可以移到积分符号的前面,即

$$\int kf(x)\mathrm{d}x = k\int f(x)\mathrm{d}x,\quad k\text{ 为常数},k\neq 0.$$

4.1.5　不定积分的基本公式

因为微分运算与积分运算互为逆运算,所以由基本导数或基本微分公式反向推导,可以得到相应的基本积分公式. 例如,因为$\left(\dfrac{a^x}{\ln a}\right)'=a^x(a>0,a\neq1)$,所以$\dfrac{a^x}{\ln a}$是 a^x 的原函数,于是得到

$$\int a^x\mathrm{d}x = \frac{a^x}{\ln a}+C,\quad a>0,a\neq 1.$$

类似地,可以得到其他积分公式——基本积分公式:

(1) $\int k\mathrm{d}x = kx + C$($k$ 是常数);

(2) $\int x^{\mu}\mathrm{d}x = \frac{1}{\mu+1}x^{\mu+1} + C$;

(3) $\int \frac{1}{x}\mathrm{d}x = \ln|x| + C$;

(4) $\int \mathrm{e}^{x}\mathrm{d}x = \mathrm{e}^{x} + C$;

(5) $\int a^{x}\mathrm{d}x = \frac{a^{x}}{\ln a} + C(a > 0, a \neq 1)$;

(6) $\int \cos x\mathrm{d}x = \sin x + C$;

(7) $\int \sin x\mathrm{d}x = -\cos x + C$;

(8) $\int \frac{1}{\cos^2 x}\mathrm{d}x = \int \sec^2 x\mathrm{d}x = \tan x + C$;

(9) $\int \frac{1}{\sin^2 x}\mathrm{d}x = \int \csc^2 x\mathrm{d}x = -\cot x + C$;

(10) $\int \frac{1}{1+x^2}\mathrm{d}x = \arctan x + C$;

(11) $\int \frac{1}{\sqrt{1-x^2}}\mathrm{d}x = \arcsin x + C$;

(12) $\int \sec x\tan x\mathrm{d}x = \sec x + C$;

(13) $\int \csc x\cot \mathrm{d}x = -\csc x + C$.

以上 13 个积分公式组成基本积分公式,它们是计算不定积分的基础. 利用不定积分的性质以及基本积分公式,并对被积函数进行简单的恒等变形,就可以计算一些简单函数的不定积分.

例 4.1.4　求 $\int \sqrt{x}(x^2-5)\mathrm{d}x$.

解

$$\int \sqrt{x}(x^2-5)\mathrm{d}x = \int (x^{\frac{5}{2}} - 5x^{\frac{1}{2}})\mathrm{d}x = \int x^{\frac{5}{2}}\mathrm{d}x - 5\int x^{\frac{1}{2}}\mathrm{d}x$$

$$= \frac{2}{7}x^3\sqrt{x} - \frac{10}{3}x\sqrt{x} + C.$$

例 4.1.5　求 $\int \frac{x^4}{1+x^2}\mathrm{d}x$.

解

$$\int \frac{x^4}{1+x^2}\mathrm{d}x = \int \frac{x^4-1+1}{1+x^2}\mathrm{d}x = \int \frac{(x^2+1)(x^2-1)+1}{1+x^2}\mathrm{d}x$$

$$= \int \left(x^2 - 1 + \frac{1}{1+x^2}\right) dx = \int x^2 dx - \int dx + \int \frac{1}{1+x^2} dx$$

$$= \frac{1}{3}x^3 - x + \arctan x + C.$$

例 4.1.6　求 $\int \frac{(x-1)^3}{x^2} dx$.

解　$$\int \frac{(x-1)^3}{x^2} dx = \int \frac{x^3 - 3x^2 + 3x - 1}{x^2} dx = \int \left(x - 3 + \frac{3}{x} - \frac{1}{x^2}\right) dx$$

$$= \int x dx - 3\int dx + 3\int \frac{1}{x} dx - \int \frac{1}{x^2} dx$$

$$= \frac{1}{2}x^2 - 3x + 3\ln|x| + \frac{1}{x} + C.$$

例 4.1.7　求 $\int \sin^2 \frac{x}{2} dx$.

解　$$\int \sin^2 \frac{x}{2} dx = \int \frac{1-\cos x}{2} dx = \int \frac{1}{2} dx - \frac{1}{2}\int \cos x dx = \frac{1}{2}(x - \sin x) + C.$$

例 4.1.8　求 $\int \tan^2 x dx$.

解　$$\int \tan^2 x dx = \int (\sec^2 x - 1) dx = \int \sec^2 x dx - \int dx = \tan x - x + C.$$

例 4.1.9　某企业生产一种环保产品,每日生产的产品总成本 y 的变化率(即边际成本)是日产量 x 的函数 $y' = 6 + \frac{25}{\sqrt{x}}$,已知固定成本为 2000 元,求总成本与日产量的函数关系.

解　因为总成本是总成本变化率的原函数,因而有

$$y = \int \left(6 + \frac{25}{\sqrt{x}}\right) dx = 6x + 50\sqrt{x} + C.$$

已知固定成本为 2000 元,即当 $x=0$ 时,$y=2000$,因此有 $C=2000$.

因而得到总成本 y 与日产量 x 的函数关系为

$$y = 6x + 50\sqrt{x} + 2000.$$

4.2　不定积分的计算方法

利用基本积分公式与不定积分的基本性质,能够积出的不定积分非常有限.因此,有必要进一步研究不定积分的计算方法.4.1 节提到对被积函数的恒等变形,本节探讨被积函数的恒等变换——换元积分法.这是不定积分最基本也是最重要的方法,基本思想是:利用变量代换,使得被积表达式变形为基本积分公式的情形.这种变换过程的实质是把复合函数的微分法反过来用于求不定积分,利用中间变量的代换,得到复合函数的积分

法. 换元积分法依据对变量的不同变换方式分为第一换元积分法和第二换元积分法.

4.2.1 第一换元积分法——凑微分法

设 $u=\varphi(x)$ 可导, $F(u)$ 在 $\varphi(x)$ 的值域区间上可导且 $F'(u)=f(u)$, 由链式法则有

$$\frac{\mathrm{d}}{\mathrm{d}x}F(\varphi(x)) = F'(u)\varphi'(x) = f(u)\varphi'(x) = f(\varphi(x))\varphi'(x).$$

这表明 $F(\varphi(x))$ 为 $f(\varphi(x))\varphi'(x)$ 的一个原函数, 于是

$$\int f(\varphi(x))\varphi'(x)\mathrm{d}x = \left[\int f(u)\mathrm{d}u\right]_{u=\varphi(x)} = [F(u)+C]_{u=\varphi(x)} = F(\varphi(x))+C.$$

因此有

定理 4.2.1 设 $F(u)$ 为 $f(u)$ 的原函数, $u=\varphi(x)$ 可微, 则

$$\int f(\varphi(x))\varphi'(x)\mathrm{d}x = \int f(u)\mathrm{d}u = F(u)+C = F(\varphi(x))+C.$$

上述公式的意义在于: 当积分 $\int f(\varphi(x))\varphi'(x)\mathrm{d}x$ 不容易计算, 而 $f(u)$ 的原函数容易求得时, 可以作变量代换 $u=\varphi(x)$, 将 $\int f(\varphi(x))\varphi'(x)\mathrm{d}x$ 转换为 $\int f(u)\mathrm{d}u$, 在求出原函数 $F(u)$ 后再将 $u=\varphi(x)$ 回代得到 $F(\varphi(x))+C$. 由于这里作了变量代换 $u=\varphi(x)$, 因此这一方法就称为**第一换元积分法**, 另外, 由于我们把积分表达式 $f(\varphi(x))\varphi'(x)$"凑" 成了 $f(u)\mathrm{d}u$, 因而这一方法也常常被称为**凑微分法**.

如何使用第一换元积分法呢? 假设要求 $\int g(x)\mathrm{d}x$, 如果函数 $g(x)$ 可以化为 $g(x)=f(\varphi(x))\varphi'(x)$, 那么

$$\int g(x)\mathrm{d}x = \int f(\varphi(x))\varphi'(x)\mathrm{d}x = \left[\int f(u)\mathrm{d}u\right]_{u=\varphi(x)} = F(\varphi(x))+C.$$

这里关键在于将 $g(x)$ 看成一个复合函数与中间变量对积分变量导数的乘积 $f(\varphi(x))\varphi'(x)$.

例 4.2.1 求不定积分 $\int \frac{1}{3+2x}\mathrm{d}x$.

解 被积函数 $g(x)=\frac{1}{3+2x}$ 由 $y=f(u)=\frac{1}{u}$ 与 $u=3+2x$ 复合而成, 因而

$$g(x) = \frac{1}{3+2x} = \frac{1}{2}\times\frac{1}{3+2x}\times(3+2x)'.$$

所以

$$\begin{aligned}\int \frac{1}{3+2x}\mathrm{d}x &= \frac{1}{2}\int\frac{1}{3+2x}(3+2x)'\mathrm{d}x = \frac{1}{2}\int\frac{1}{3+2x}\mathrm{d}(3+2x) = \frac{1}{2}\int\frac{1}{u}\mathrm{d}u \\ &= \frac{1}{2}\ln|u|+C = \frac{1}{2}\ln|3+2x|+C.\end{aligned}$$

例 4.2.2 求不定积分 $\int x\sqrt{1-x^2}\mathrm{d}x$.

解 被积函数为两项相乘,将复杂的一项 $\sqrt{1-x^2}$ 看作由 $y=f(u)=\sqrt{u}$ 与 $u=1-x^2$ 复合而成的函数;将简单的另一项 x 看成中间变量 $u=1-x^2$ 对积分变量的导数:$x=-\frac{1}{2}(1-x^2)'$. 所以,

$$\begin{aligned}\int x\sqrt{1-x^2}\,\mathrm{d}x&=-\frac{1}{2}\int\sqrt{1-x^2}(1-x^2)'\mathrm{d}x\\&=-\frac{1}{2}\int(1-x^2)^{\frac{1}{2}}\mathrm{d}(1-x^2)=-\frac{1}{2}\int u^{\frac{1}{2}}\mathrm{d}u\\&=-\frac{1}{3}u^{\frac{3}{2}}+C=-\frac{1}{3}(1-x^2)^{\frac{3}{2}}+C.\end{aligned}$$

例 4.2.3 求不定积分 $\int\tan x\,\mathrm{d}x$.

解 被积函数是基本初等函数,但基本积分表中只有正弦、余弦函数的积分公式. 因而,必须将正切函数转化:$\tan x=\frac{\sin x}{\cos x}$. 再将被积函数看成由 $y=f(u)=\frac{1}{u}$ 与 $u=\cos x$ 复合的函数和中间变量 $u=\cos x$ 对积分变量导数的乘积.

$$\begin{aligned}\int\tan x\,\mathrm{d}x&=\int\frac{\sin x}{\cos x}\mathrm{d}x=-\int\frac{1}{\cos x}\cdot(\cos x)'\mathrm{d}x=-\int\frac{1}{\cos x}\mathrm{d}(\cos x)\\&=-\int\frac{1}{u}\mathrm{d}u=-\ln|u|+C=-\ln|\cos x|+C.\end{aligned}$$

类似地,可得 $\int\cot x\,\mathrm{d}x=\ln|\sin x|+C$.

在对变量代换比较熟练以后,就不一定写出中间变量 u 了.

例 4.2.4 求不定积分 $\int\frac{1}{x^2-a^2}\mathrm{d}x$.

解

$$\begin{aligned}\int\frac{1}{x^2-a^2}\mathrm{d}x&=\frac{1}{2a}\int\left(\frac{1}{x-a}-\frac{1}{x+a}\right)\mathrm{d}x\\&=\frac{1}{2a}\left[\int\frac{1}{x-a}\mathrm{d}(x-a)-\int\frac{1}{x+a}\mathrm{d}(x+a)\right]\\&=\frac{1}{2a}(\ln|x-a|-\ln|x+a|)+C\\&=\frac{1}{2a}\ln\left|\frac{x-a}{x+a}\right|+C.\end{aligned}$$

例 4.2.5 求不定积分 $\int\sec x\,\mathrm{d}x$.

解

$$\begin{aligned}\int\sec x\,\mathrm{d}x&=\int\frac{1}{\cos x}\mathrm{d}x=\int\frac{1}{\sin\left(x+\frac{\pi}{2}\right)}\mathrm{d}\left(x+\frac{\pi}{2}\right)\\&=\ln\left|\csc\left(x+\frac{\pi}{2}\right)-\cot\left(x+\frac{\pi}{2}\right)\right|+C=\ln|\sec x+\tan x|+C.\end{aligned}$$

类似地，或利用三角函数诱导公式，可以求得$\int \csc x\mathrm{d}x = \ln|\csc x - \cot x| + C$.

4.2.2　不定积分第二换元积分法

如果$\int f(\varphi(x))\varphi'(x)\mathrm{d}x$难求，但$\int f(u)\mathrm{d}u$易求，则可以通过第一换元积分法求出$\int f(\varphi(x))\varphi'(x)\mathrm{d}x$. 反过来，如果$\int f(u)\mathrm{d}u$难求，而$\int f(\varphi(x))\varphi'(x)\mathrm{d}x$易求，则可以引入变换：$u=\varphi(x)$而求得$\int f(u)\mathrm{d}u$，这就是**第二换元积分法**.

定理 4.2.2　设$x=\psi(t)$是单调的可导函数，且$\psi'(t)\neq 0$，又设$f(\psi(t))\psi'(t)$具有原函数$\Phi(t)$，则

$$\int f(x)\mathrm{d}x = \left[\int f(\psi(t))\psi'(t)\mathrm{d}t\right]_{t=\psi^{-1}(x)} = [\Phi(t)]_{t=\psi^{-1}(x)} + C = \Phi[\psi^{-1}(x)] + C,$$

其中$t=\psi^{-1}(x)$为$x=\psi(t)$的反函数.

第二换元积分法与第一换元积分法的区别仅仅在于：第一类换元法是将新的变量(中间变量)设为原来的积分变量的函数，而第二换元法则是将原来的积分变量设为新变量的函数.

例 4.2.6　求不定积分$\int \dfrac{x\mathrm{d}x}{\sqrt{x-5}}$.

解　被积函数可以看成两项相乘，但无法运用第一换元法. 为了将无理函数转换成有理函数，引入变换，令$t=\sqrt{x-5}(t\geqslant 0)$，从而$x=t^2+5$，此时$\mathrm{d}x=2t\mathrm{d}t$，于是

$$\int \frac{x\mathrm{d}x}{\sqrt{x-5}} = \int \frac{(t^2+5)}{t}2t\mathrm{d}t = 2\int (t^2+5)\mathrm{d}t = 2\left(\frac{t^3}{3}+5t\right)+C.$$

再将$t=\sqrt{x-5}$代回得

$$\int \frac{x\mathrm{d}x}{\sqrt{x-5}} = \frac{2}{3}(x+10)(x-5)^{\frac{1}{2}} + C.$$

例 4.2.7　求不定积分$\int \dfrac{\sqrt[3]{x}}{x(\sqrt{x}+\sqrt[3]{x})}\mathrm{d}x$.

解　为了能同时化去$\sqrt{x}$和$\sqrt[3]{x}$，令$x=t^6$，那么$\mathrm{d}x=6t^5\mathrm{d}t$，因此有

$$\begin{aligned}\int \frac{\sqrt[3]{x}}{x(\sqrt{x}+\sqrt[3]{x})}\mathrm{d}x &= \int \frac{t^2}{t^6(t^3+t^2)}\cdot 6t^5\mathrm{d}t = 6\int \frac{1}{t(t+1)}\mathrm{d}t = 6\int\left(\frac{1}{t}-\frac{1}{t+1}\right)\mathrm{d}t \\ &= 6(\ln|t|-\ln|t+1|)+C = 6\ln\frac{\sqrt[6]{x}}{\sqrt[6]{x}+1}+C.\end{aligned}$$

例 4.2.8　求不定积分$\int \sqrt{a^2-x^2}\mathrm{d}x(a>0)$.

解　为了将无理函数化为有理函数，令$x=a\sin t, -\dfrac{\pi}{2}\leqslant t\leqslant\dfrac{\pi}{2}$，则

$$\sqrt{a^2-x^2}=a\cos t,\quad dx=a\cos t dt,$$

因此有

$$\begin{aligned}\int\sqrt{a^2-x^2}dx&=\int a\cos t a\cos t dt=a^2\int\cos^2 t dt=a^2\int\frac{1+\cos 2t}{2}dt\\&=\frac{a^2}{2}t+\frac{a^2}{4}\sin 2t+C=\frac{a^2}{2}t+\frac{a^2}{2}\sin t\cos t+C\\&=\frac{a^2}{2}\arcsin\frac{x}{a}+\frac{a^2}{2}\frac{x}{a}\frac{\sqrt{a^2-x^2}}{a}+C\\&=\frac{a^2}{2}\arcsin\frac{x}{a}+\frac{1}{2}x\sqrt{a^2-x^2}+C.\end{aligned}$$

例 4.2.9　求不定积分$\int\frac{dx}{\sqrt{a^2+x^2}}(a>0)$.

解　令 $x=a\tan t,-\frac{\pi}{2}\leqslant t\leqslant\frac{\pi}{2}$,则

$$\sqrt{a^2+x^2}=a\sec t,\quad dx=a\sec^2 t dt,$$

因此有

$$\begin{aligned}\int\frac{dx}{\sqrt{a^2+x^2}}&=\int\frac{1}{a\sec t}a\sec^2 t dt=\int\sec t dt=\ln|\sec t+\tan t|+C'\\&=\ln\left|\frac{\sqrt{a^2+x^2}}{a}+\frac{x}{a}\right|+C'=\ln|x+\sqrt{x^2+a^2}|+C\end{aligned}$$

(其中 $C=C'-\ln a$).

例 4.2.10　求不定积分$\int\frac{dx}{\sqrt{x^2-a^2}}(a>0)$.

解　令 $x=a\sec t\left(t\in\left(0,\frac{\pi}{2}\right)\cup\left(\frac{\pi}{2},\pi\right)\right)$,则

$$\sqrt{x^2-a^2}=a|\tan t|,\quad dx=a\sec t\tan t dt,$$

因此有

$$\begin{aligned}\int\frac{dx}{\sqrt{x^2-a^2}}&=\int\frac{a\sec t\tan t dt}{a|\tan t|}=\pm\int\sec t dt=\pm\ln(\sec t+\tan t)+C'\\&=\ln|x+\sqrt{x^2-a^2}|+C.\end{aligned}$$

4.2.3　不定积分分部积分法

对于被积函数是函数乘积的情形,我们分别采用过恒等变形、恒等变换(即逆用复合函数求导法)等办法.现在将两个函数乘积的导数公式变形后使用,并由此引出一种新的积分方法,以解决原来解决不了的一类问题.

如果 $u=u(x),v=v(x)$都具有连续的导数,则 $u(x)v(x)$可导,且

$$[u(x)v(x)]'=u'(x)v(x)+u(x)v'(x),$$

移项得

$$u(x)v'(x) = [u(x)v(x)]' - u'(x)v(x).$$

对等式两边求不定积分,得

$$\int u(x)v'(x)\mathrm{d}x = u(x)v(x) - \int u'(x)v(x)\mathrm{d}x$$

或

$$\int u(x)\mathrm{d}v(x) = u(x)v(x) - \int v(x)\mathrm{d}u(x).$$

上两式称为**分部积分公式**. 如果求$\int u(x)v'(x)\mathrm{d}x$困难,而求$\int u'(x)v(x)\mathrm{d}x$比较容易,就可以通过分部积分公式将求$\int u(x)v'(x)\mathrm{d}x$转化为求$\int u'(x)v(x)\mathrm{d}x$.

例 4.2.11 求不定积分$\int x\mathrm{e}^x\mathrm{d}x$.

解 对于被积函数$x\mathrm{e}^x$,选择$u(x)$,$v(x)$有两种方案:

(1) 令$u(x)=x$,则$v'(x)=\mathrm{e}^x$;

(2) 令$u'(x)=x$,则$v(x)=\mathrm{e}^x$.

下面分别讨论:

方案(1):

$$\int x\mathrm{e}^x\mathrm{d}x = \int x(\mathrm{e}^x)'\mathrm{d}x = \int x\mathrm{d}\mathrm{e}^x = x\mathrm{e}^x - \int \mathrm{e}^x\mathrm{d}x = x\mathrm{e}^x - \mathrm{e}^x + C;$$

方案(2):

$$\begin{aligned}\int x\mathrm{e}^x\mathrm{d}x &= \int\left(\frac{1}{2}x^2\right)'\mathrm{e}^x\mathrm{d}x = \int \mathrm{e}^x\mathrm{d}\left(\frac{1}{2}x^2\right) = \left(\frac{1}{2}x^2\right)\mathrm{e}^x - \int\frac{1}{2}x^2\mathrm{d}\mathrm{e}^x\\ &= \frac{1}{2}x^2\mathrm{e}^x - \frac{1}{2}\int x^2\mathrm{e}^x\mathrm{d}x.\end{aligned}$$

显然,按方案(1)处理,即“凑”$\mathrm{d}\mathrm{e}^x$,问题得以简化并被解决;而按方案(2)处理,即“凑”$\mathrm{d}\left(\frac{1}{2}x^2\right)$,问题却变得比原来复杂. 因此,如何选择凑微分的对象是个关键,一般考虑一下两条:

(1) 先考虑$v'(x)$,要便于求出原函数$v(x)$;

(2) 再考虑利用分部积分公式后,$\int v(x)\mathrm{d}u(x)$比$\int u(x)\mathrm{d}v(x)$便于积出.

例 4.2.12 求不定积分$\int x\cos x\mathrm{d}x$.

解 $$\begin{aligned}\int x\cos x\mathrm{d}x &= \int x(\sin x)'\mathrm{d}x = \int x\mathrm{d}(\sin x) = x\sin x - \int \sin x\mathrm{d}x\\ &= x\sin x + \cos x + C.\end{aligned}$$

例 4.2.13 求不定积分$\int x\ln x\mathrm{d}x$.

解 $$\int x\ln x\mathrm{d}x = \int\left(\frac{1}{2}x^2\right)'\ln x\mathrm{d}x = \frac{1}{2}\int\ln x\mathrm{d}(x^2)$$

$$= \frac{1}{2}\left[x^2\ln x - \int x^2\mathrm{d}\ln x\right] = \frac{1}{2}\left[x^2\ln x - \int x\mathrm{d}x\right]$$

$$= \frac{1}{2}\left[x^2\ln x - \frac{1}{2}x^2\right] + C = \frac{1}{2}x^2\ln x - \frac{1}{4}x^2 + C.$$

例 4.2.14 求不定积分$\int 2x\arctan x\mathrm{d}x$.

解 $$\int 2x\arctan x\mathrm{d}x = \int(x^2)'\arctan x\mathrm{d}x = \int\arctan x\mathrm{d}(x^2)$$

$$= x^2\arctan x - \int x^2\mathrm{d}\arctan x = x^2\arctan x - \int\frac{x^2}{1+x^2}\mathrm{d}x$$

$$= x^2\arctan x - \int\left(1 - \frac{1}{1+x^2}\right)\mathrm{d}x$$

$$= x^2\arctan x - x + \arctan x + C.$$

例 4.2.15 求不定积分$\int\sec^3 x\mathrm{d}x$.

解 $$\int\sec^3 x\mathrm{d}x = \int\sec x\mathrm{d}(\tan x) = \sec x\tan x - \int\tan x\mathrm{d}(\sec x)$$

$$= \sec x\tan x - \int\sec x\tan^2 x\mathrm{d}x$$

$$= \sec x\tan x - \int\sec x(\sec^2 x - 1)\mathrm{d}x$$

$$= \sec x\tan x - \int\sec^3 x\mathrm{d}x + \int\sec x\mathrm{d}x.$$

因此

$$\int\sec^3 x\mathrm{d}x = \frac{1}{2}(\sec x\tan x + \ln|\sec x + \tan x|) + C.$$

例 4.2.16 求不定积分$\int\sin\sqrt{x}\mathrm{d}x$.

解 先去掉被积函数中的根号，为此，令$\sqrt{x}=t$，从而 $x=t^2$，$\mathrm{d}x=2t\mathrm{d}x$. 因此

$$\int\sin\sqrt{x}\mathrm{d}x = 2\int t\sin t\mathrm{d}t = -2\int t\mathrm{d}(\cos t) = -2t\cos t + 2\int\cos t\mathrm{d}t$$

$$= -2t\cos t + 2\sin t + C = -2\sqrt{x}\cos\sqrt{x} + 2\sin\sqrt{x} + C.$$

※4.3 有理函数的积分

前面讨论过被积函数为有理分式或无理分式的情形，主要是利用简单的变形或换

元的方法加以解决.下面通过分式的恒等变形进一步探讨有理函数的积分及可化为有理函数的积分.

4.3.1 有理函数的积分

形如

$$\frac{P(x)}{Q(x)}=\frac{a_0x^n+a_1x^{n-1}+\cdots+a_{n-1}x+a_n}{b_0x^m+b_1x^{m-1}+\cdots+b_{m-1}x+b_m} \tag{4.1}$$

的函数称为有理函数.其中 $a_0,a_1,a_2,\cdots,a_n$ 及 $b_0,b_1,b_2,\cdots,b_m$ 为常数,且 $a_0\neq0,b_0\neq0$,m 和 n 为非负整数.

如果分子多项式 $P(x)$的次数 n 小于分母多项式$Q(x)$的次数 m,称分式为真分式;如果分子多项式 $P(x)$的次数 n 大于分母多项式$Q(x)$的次数 m,称分式为假分式.利用多项式除法可将任一假分式转化为多项式与真分式之和.因此,仅讨论真分式的积分.

由于任一多项式 $Q(x)$在实数范围内能分解为一次因式和二次质因式的乘积,即

$$Q(x)=b_0(x-a)^{\alpha}\cdots(x-b)^{\beta}(x^2+px+q)^{\lambda}\cdots(x^2+rx+s)^{\mu}, \tag{4.2}$$

其中 $p^2-4q<0,\cdots,r^2-4s<0$.

如果 $Q(x)$能分解为式(4.2),则式(4.1)可分解为

$$\begin{aligned}\frac{P(x)}{Q(x)}=&\frac{A_1}{(x-a)^{\alpha}}+\frac{A_2}{(x-a)^{\alpha-1}}+\cdots+\frac{A_{\alpha}}{(x-a)}\\&+\cdots\\&+\frac{B_1}{(x-b)^{\beta}}+\frac{B_2}{(x-b)^{\beta-1}}+\cdots+\frac{B_{\beta}}{(x-b)}\\&+\frac{M_1x+N_1}{(x^2+px+q)^{\lambda}}+\frac{M_2x+N_2}{(x^2+px+q)^{\lambda-1}}+\cdots+\frac{M_{\lambda}x+N_{\lambda}}{(x^2+px+q)}\\&+\cdots\\&+\frac{R_1x+S_1}{(x^2+rx+s)^{\mu}}+\frac{R_2x+S_2}{(x^2+rx+s)^{\mu-1}}+\cdots+\frac{R_{\mu}x+S_{\mu}}{(x^2+rx+s)},\end{aligned}$$

其中 $A_i,\cdots,B_i,M_i,N_i,\cdots,R_i$ 及 S_i 等都是常数.

例 4.3.1 求不定积分$\int\frac{2x-1}{x^2-5x+6}\mathrm{d}x$.

解 先将被积函数化为部分分式之和,因为

$$\frac{2x-1}{x^2-5x+6}=\frac{2x-1}{(x-3)(x-2)},$$

故设

$$\frac{2x-1}{(x-3)(x-2)}=\frac{A}{x-3}+\frac{B}{x-2},$$

A,B 为待定系数.利用恒等式对应系数相等,或在上式中取特殊的 x 值,解得 $A=5$,

$B=-3$. 从而，

$$\int \frac{2x-1}{x^2-5x+6}\mathrm{d}x=\int \frac{5}{x-3}\mathrm{d}x-\int \frac{3}{x-2}\mathrm{d}x = 5\ln|x-3|-3\ln|x-2|+C$$
$$=\ln\left|\frac{(x-3)^5}{(x-2)^3}\right|+C.$$

例 4.3.2　求不定积分$\displaystyle\int \frac{1}{(2x+1)(1+x^2)}\mathrm{d}x$.

解　设$\dfrac{1}{(2x+1)(x^2+1)}=\dfrac{A}{2x+1}+\dfrac{Bx+C}{x^2+1}$,其中 A,B,C 为待定系数.求解得到 $A=\dfrac{4}{5}$,$B=-\dfrac{2}{5}$,$C=\dfrac{1}{5}$.从而有

$$\int \frac{1}{(1+2x)(1+x^2)}\mathrm{d}x=\int \frac{\frac{4}{5}}{1+2x}+\frac{-\frac{2}{5}x+\frac{1}{5}}{1+x^2}\mathrm{d}x$$
$$=\frac{2}{5}\int \frac{2}{1+2x}\mathrm{d}x-\frac{1}{5}\int \frac{2x}{1+x^2}\mathrm{d}x+\frac{1}{5}\int \frac{1}{1+x^2}\mathrm{d}x$$
$$=\frac{2}{5}\int \frac{1}{1+2x}\mathrm{d}(1+2x)-\frac{1}{5}\int \frac{1}{1+x^2}\mathrm{d}(1+x^2)+\frac{1}{5}\int \frac{1}{1+x^2}\mathrm{d}x$$
$$=\frac{2}{5}\ln|1+2x|-\frac{1}{5}\ln(1+x^2)+\frac{1}{5}\arctan x+C.$$

例 4.3.3　求不定积分求$\displaystyle\int \frac{x-1}{x^2+2x+3}\mathrm{d}x$.

解　由于分母是二次质因式,考察分子与分母的关系,将分子变形为分母的导数:

$$x-1=\frac{1}{2}(2x+2)-2=\frac{1}{2}(x^2+2x+3)'-2,$$

从而有

$$\int \frac{x-1}{x^2+2x+3}\mathrm{d}x=\int \frac{\frac{1}{2}(2x+2)-2}{x^2+2x+3}\mathrm{d}x=\frac{1}{2}\int \frac{2x+2}{x^2+2x+3}\mathrm{d}x-2\int \frac{\mathrm{d}x}{x^2+2x+3}$$
$$=\frac{1}{2}\int \frac{\mathrm{d}(x^2+2x+3)}{x^2+2x+3}-2\int \frac{\mathrm{d}(x+1)}{(x+1)^2+\left(\sqrt{2}\right)^2}$$
$$=\frac{1}{2}\ln(x^2+2x+3)-\sqrt{2}\arctan\frac{x+1}{\sqrt{2}}+C.$$

4.3.2　可化为有理函数的积分

例 4.3.4　求不定积分$\displaystyle\int \frac{\sin x}{\sin x+\cos x}\mathrm{d}x$.

解　被积函数是三角函数有理式,可以选择不同的变换途径将其化为有理函数的

积分：

(1) 如果利用万能公式作变量代换 $u=\tan\frac{x}{2}$，可得 $\sin x=\frac{2u}{1+u^2}$，$\cos x=\frac{1-u^2}{1+u^2}$，$dx=\frac{2}{1+u^2}du$，

因此得

$$\begin{aligned}\int\frac{\sin x}{\sin x+\cos x}dx&=\int\frac{\frac{2u}{1+u^2}}{\frac{2u}{1+u^2}+\frac{1-u^2}{1+u^2}}\cdot\frac{2}{1+u^2}du=\int\frac{4u}{(1+u^2)(-u^2+2u+1)}du\\&=\int\frac{u+1}{u^2+1}du-\int\frac{1-u}{1+2u-u^2}du\\&=\int\frac{1}{1+u^2}du+\frac{1}{2}\int\frac{1}{1+u^2}d(1+u^2)-\frac{1}{2}\int\frac{1}{1+2u-u^2}d(1+2u-u^2)\\&=\arctan u+\frac{1}{2}\ln(1+u^2)-\frac{1}{2}\ln|1+2u-u^2|+C\\&=\frac{x}{2}+\frac{1}{2}\ln\left|\frac{1+\tan^2\frac{x}{2}}{1+2\tan\frac{x}{2}-\tan^2\frac{x}{2}}\right|+C.\end{aligned}$$

(2) 如果对被积函数进行变形，则有

$$\begin{aligned}\int\frac{\sin x}{\sin x+\cos x}dx&=\frac{1}{2}\int\frac{(\sin x+\cos x)-(\cos x-\sin x)}{\sin x+\cos x}dx\\&=\frac{1}{2}\int dx-\frac{1}{2}\int\frac{d(\sin x+\cos x)}{\sin x+\cos x}\\&=\frac{x}{2}-\frac{1}{2}\ln|\sin x+\cos x|+C.\end{aligned}$$

(3) 如果利用三角恒等式，并令 $x-\frac{\pi}{4}=u$，则有

$$\begin{aligned}\int\frac{\sin x}{\sin x+\cos x}dx&=\int\frac{\sin\left(\left(x-\frac{\pi}{4}\right)+\frac{\pi}{4}\right)}{\sqrt{2}\cos\left(x-\frac{\pi}{4}\right)}dx=\int\frac{\sin\left(u+\frac{\pi}{4}\right)}{\sqrt{2}\cos u}du\\&=\frac{1}{2}\int(\tan u+1)du=\frac{u}{2}-\frac{1}{2}\ln|\cos u|+C\\&=\frac{x}{2}-\frac{\pi}{8}-\frac{1}{2}\ln\left|\cos\left(x-\frac{\pi}{4}\right)\right|+C.\end{aligned}$$

例 4.3.5 求不定积分 $\int\frac{1}{6\sqrt{x}(1+\sqrt[3]{x})}dx$.

解 为了同时化去被积函数中出现的两个根式，令 $x=t^6$，得 $dx=6t^5dt$，代入得

$$\int \frac{\mathrm{d}x}{6\sqrt{x}(1+\sqrt[3]{x})} = \int \frac{t^5\,\mathrm{d}t}{(1+t^2)t^3} = \int \frac{t^2}{1+t^2}\mathrm{d}t = \int\left(1-\frac{1}{1+t^2}\right)\mathrm{d}t$$

$$= t - \arctan t + C = \sqrt[6]{x} - \arctan\sqrt[6]{x} + C.$$

例 4.3.6　求不定积分$\int \frac{1}{x}\sqrt{\frac{x+1}{x}}\mathrm{d}x$.

解　为了化去被积函数中的根式,令$\sqrt{\frac{x+1}{x}}=t$,于是 $x=\frac{1}{t^2-1}$,$\mathrm{d}x=-\frac{2t\mathrm{d}t}{(t^2-1)^2}$.

$$\int \frac{1}{x}\sqrt{\frac{x+1}{x}}\mathrm{d}x = \int (t^2-1)t\cdot\frac{-2t}{(t^2-1)^2}\mathrm{d}t = -2\int\frac{t^2}{t^2-1}\mathrm{d}t$$

$$= -2\int\left(1+\frac{1}{t^2-1}\right)\mathrm{d}t = -2t - \ln\left|\frac{t-1}{t+1}\right| + C$$

$$= -2\sqrt{\frac{1+x}{x}} + 2\ln\left|\sqrt{\frac{1+x}{x}}+1\right| + \ln|x| + C.$$

习　题　4

1. 一曲线通过点$(\mathrm{e}^2,3)$,且在任意一点处的切线斜率等于该点横坐标的倒数,求该曲线方程.

2. 一物体由静止开始直线运动,经 t 秒后的速度为 $3t^2$(m/s),问:

(1) 经 3s 后物体离开出发点的距离是多少?

(2) 物体与出发点的距离为 360m 时经过了多少时间?

3. 已知某产品产量的变化率是时间 t 的函数 $f(t)=at+b$(a,b 是常数). 设此产品 t 时的产量函数为 $P(t)$,已知 $P(0)=0$,求 $P(t)$.

4. 求下列不定积分:

(1) $\int(2-x)^3\mathrm{d}x$;　(2) $\int(2^x-x^2)\mathrm{d}x$;

(3) $\int(\sqrt{x}-1)(\sqrt[3]{x}+1)\mathrm{d}x$;　(4) $\int\frac{x^2-\sqrt{x}+1}{x\sqrt{x}}\mathrm{d}x$;

(5) $\int\sqrt{x\sqrt{x\sqrt{x}}}\mathrm{d}x$;　(6) $\int\frac{\mathrm{e}^{2x}-3^x}{\mathrm{e}^x}\mathrm{d}x$;

(7) $\int\left(\frac{3}{1+x^2}-\frac{2}{\sqrt{1-x^2}}\right)\mathrm{d}x$;　(8) $\int\frac{\cos 2x}{\cos x+\sin x}\mathrm{d}x$;

(9) $\int\frac{2+x^2}{x^2(1+x^2)}\mathrm{d}x$;　(10) $\int\cot^2 x\mathrm{d}x$.

5. 求下列不定积分:

(1) $\int(4x-3)^3\mathrm{d}x$;　(2) $\int\frac{1}{\sqrt{1-2x}}\mathrm{d}x$;

(3) $\int x\cos x^2\mathrm{d}x$;　(4) $\int\frac{x}{\sqrt{2-x^2}}\mathrm{d}x$;

(5) $\int \frac{3x^2}{1+x^3}dx$； (6) $\int x^2 e^{x^3} dx$；

(7) $\int \frac{\sin\sqrt{x}}{\sqrt{x}}dx$； (8) $\int \frac{e^{\sqrt{x}}}{\sqrt{x}}dx$；

(9) $\int \frac{3^{\frac{1}{x}}}{x^2}dx$； (10) $\int \frac{\sec^2\frac{1}{x}}{x^2}dx$；

(11) $\int \frac{e^x}{1+e^x}dx$； (12) $\int e^x(1+e^x)dx$；

(13) $\int \frac{\ln^2 x}{x}dx$； (14) $\int \frac{\sqrt{1+\ln x}}{x}dx$；

(15) $\int \frac{1}{x(1+\ln x)}dx$； (16) $\int \frac{1}{x(1+\ln^2 x)}dx$；

(17) $\int (1-\sin x)^6 \cos x dx$； (18) $\int \frac{\sin x}{\cos x+2}dx$；

(19) $\int \frac{4}{4+x^2}dx$； (20) $\int \frac{1}{\sqrt{4-3x^2}}dx$；

(21) $\int \frac{2\tan x}{\cos^2 x}dx$； (22) $\int \frac{2\cot x+3}{\sin^2 x}dx$；

(23) $\int \frac{3\arctan^2 x}{1+x^2}dx$； (24) $\int \frac{1}{\arcsin^2 x\sqrt{1-x^2}}dx$；

(25) $\int \cos^2 2x dx$； (26) $\int \sin^4 x\cos^3 x dx$；

(27) $\int \sin 3x\sin 5x dx$； (28) $\int \frac{1}{\sqrt{2x-3}+1}dx$；

(29) $\int \frac{\sqrt{x}}{\sqrt{x}-1}dx$； (30) $\int \frac{1}{\sqrt{x}+\sqrt[3]{x^2}}dx$；

(31) $\int \frac{1}{x^2\sqrt{1-x^2}}dx$； (32) $\int \frac{1}{\sqrt{x^2+1}}dx$；

(33) $\int \frac{1}{x\sqrt{x^2-1}}dx$； (34) $\int \frac{\sqrt{x^2-1}}{x}dx$.

6. 求下列不定积分：

(1) $\int xe^{-x}dx$； (2) $\int x\sin 3x dx$；

(3) $\int (x^2+1)\ln x dx$； (4) $\int \frac{x\arcsin x}{\sqrt{1-x^2}}dx$；

(5) $\int (\arcsin x)^2 dx$； (6) $\int x^3\ln x dx$.

(7) $\int e^{3x}\sin x dx$； (8) $\int e^{\sqrt{x}}dx$；

(9) $\int \frac{\ln\ln x}{x}dx$； (10) $\int x^3(\ln x)^2 dx$.

7. 求下列不定积分：

(1) $\int \frac{2x+1}{x^2+3x-10}dx$； (2) $\int \frac{3}{x^3+1}dx$；

(3) $\int \frac{x^2+1}{(x+1)^2(x-1)}\mathrm{d}x$；

(4) $\int \frac{1}{x(x^2+1)}\mathrm{d}x$；

(5) $\int \frac{1}{(1+x^2)(1+x+x^2)}\mathrm{d}x$；

(6) $\int \frac{1}{3+(\sin x)^2}\mathrm{d}x$；

(7) $\int \frac{1}{3+\cos x}\mathrm{d}x$；

(8) $\int \frac{1}{1+\sin x+\cos x}\mathrm{d}x$；

(9) $\int \frac{x^{\frac{3}{2}}+1}{\sqrt{x}+1}\mathrm{d}x$；

(10) $\int \frac{1}{\sqrt{x}+\sqrt[4]{x}}\mathrm{d}x$；

(11) $\int \frac{1}{\sqrt[3]{(x+1)^2(x-1)^4}}\mathrm{d}x$；

(12) $\int \frac{\sqrt{x(x+1)}}{\sqrt{x}+\sqrt{x+1}}\mathrm{d}x$.

8. 设函数 $f(x)=\begin{cases}x+2, & x\leqslant 0,\\ 3x, & x>0,\end{cases}$求$\int f(x)\mathrm{d}x$.

9. 如果$\frac{\sin x}{x}$是 $f(x)$的一个原函数，证明：

$$\int xf'(x)\mathrm{d}x=\cos x-\frac{2\sin x}{x}+C.$$

10. 若 $f'(\mathrm{e}^x)=1+\mathrm{e}^{2x}$，且 $f(0)=0$，求 $f(x)$.

11. 设某商品的需求量 Q 是价格 P 的函数，该商品的最大需求量为 1000(即 $P=0$ 时，$Q=1000$)，已知需求量的变化率为 $Q'(P)=-1000\cdot\ln 3\cdot\left(\frac{1}{3}\right)^P$. 求需求量 Q 与价格 P 的函数关系.

第5章 定 积 分

本章要点 定积分是积分学的又一个重要概念，它由求面积、体积、变力做功等问题引出，是一类特殊的和式的极限——对各种连续变量的无限“累加”问题，它与原函数概念的内在而深刻的联系引出了牛顿-莱布尼茨公式.本章介绍定积分的概念、计算、推广和应用.

5.1 定积分的概念

定积分概念的产生有着丰富的现实背景，它是从许多实际问题中抽象概括出来的，是一种特殊类型的极限.

5.1.1 定积分的概念

1. *曲边梯形面积*

设 $y=f(x)$ 在 $[a,b]$ $(a<b)$ 上连续非负，由直线 $x=a$，$x=b$，$y=0$ 及 $y=f(x)$ 所围成的图形，称为曲边梯形.如图 5.1 所示，其中曲线弧 $y=f(x)$ 称为曲边，线段 ab 称为底边.

怎样求曲边梯形的面积呢？由图可知，曲边梯形的面积取决于区间 $[a,b]$ 与定义在这个区间上的函数 $f(x)$.如果 $f(x)$ 在区间 $[a,b]$ 上为常数 h，则此时曲边梯形为矩形，其面积为 $h(b-a)$.现在的问题是 $f(x)$ 在区间 $[a,b]$ 上不是常数，而是变化着的，因此求面积就不能简单地利用矩形面积公式计算.不过，由于 $f(x)$ 是区间 $[a,b]$ 上的连续函数，当 x 变化不大时，$f(x)$ 的变化也不大.因此，如果将区间 $[a,b]$ 分割成许多小区间，相应地将曲边梯形分割成许多小曲边梯形，每个区间上对应的小曲边梯形可以近似地看成小矩形.所有的小矩形面积的和，就是整个曲边梯形面积的近似值，如图 5.2 所示.

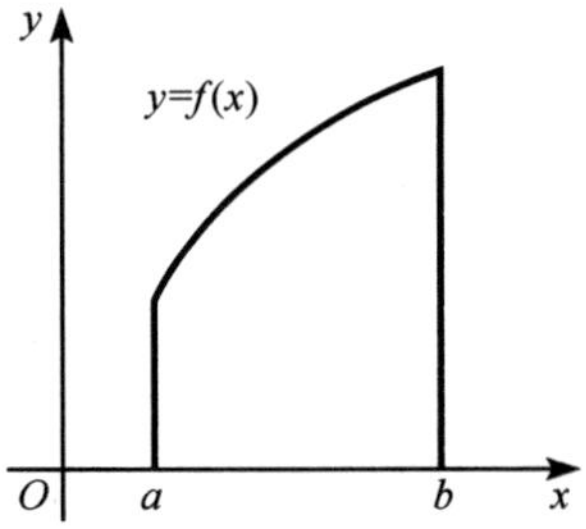

图 5.1

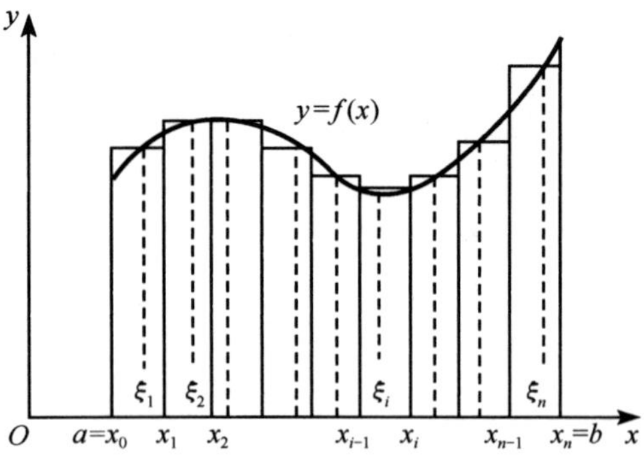

图 5.2

显然，分割得越细，近似的程度越高. 因而，将区间$[a,b]$无限地细分，并使每个小曲边梯形的底边长都趋近于零，则小矩形面积之和的极限就定义为所要求的曲边梯形的面积.

根据上述分析，求曲边梯形面积的具体做法为：

(1) 分割. 在区间$[a,b]$中任意插入若干个分点

$$a = x_0 < x_1 < x_2 < \cdots < x_{n-1} < x_n = b,$$

把$[a,b]$分成 n 个小区间

$$[x_0,x_1],\quad [x_1,x_2],\quad \cdots,\quad [x_{i-1},x_i],\quad \cdots,\quad [x_{n-1},x_n].$$

它们的长度依次为

$$\Delta x_1 = x_1 - x_0,\quad \Delta x_2 = x_2 - x_1,\quad \cdots,\quad \Delta x_n = x_n - x_{n-1}.$$

将区间$[x_{i-1},x_i]$上的小曲边梯形的面积记作 $\Delta A_i(i=1,2,\cdots,n)$.

(2) 替代、求和. 过每一个分点作平行于 y 轴的直线段，把曲边梯形分成 n 个小曲边梯形，在每个小区间$[x_{i-1},x_i]$上任取一点 ξ_i，以$[x_{i-1},x_i]$为底，$f(\xi_i)$为高的小矩形近似替代第 $i(i=1,2,\cdots,n)$个小曲边梯形，把这样得到的 n 个小矩形面积之和作为所求曲边梯形面积 A 的近似值，即

$$A \approx f(\xi_1)\Delta x_1 + f(\xi_2)\Delta x_2 + \cdots f(\xi_i)\Delta x_i + \cdots + f(\xi_n)\Delta x_n = \sum_{i=1}^{n} f(\xi_i)\Delta x_i.$$

(3) 求极限. 设 $\lambda=\max\{\Delta x_1,\Delta x_2,\cdots,\Delta x_n\}$，当 $\lambda\to 0$ 时，则得曲边梯形的面积：

$$A = \lim_{\lambda\to 0}\sum_{i=1}^{n} f(\xi_i)\Delta x_i.$$

2. *质点运动的路程*

设某物体做直线运动，已知速度 $v=v(t)$是时间间隔$[T_1,T_2]$上 t 的连续函数，且 $v(t)\geqslant 0$，计算在这段时间内物体所经过的路程 S. 采用前一例子的处理方法求路程.

(1) 分割. 在$[T_1,T_2]$内任意插入若干个分点

$$T_1 = t_0 < t_1 < t_2 < \cdots < t_{n-1} < t_n = T_2,$$

把$[T_1,T_2]$分成 n 个小段

$$[t_0,t_1],\quad [t_1,t_2],\quad \cdots,\quad [t_{i-1},t_i],\quad \cdots,\quad [t_{n-1},t_n].$$

各小段时间长依次为

$$\Delta t_1 = t_1 - t_0,\quad \Delta t_2 = t_2 - t_1,\quad \cdots,\quad \Delta t_n = t_n - t_{n-1}.$$

相应各段的路程为

$$\Delta S_1,\quad \Delta S_2,\quad \cdots,\quad \Delta S_n.$$

(2) 替代、求和. 在$[t_{i-1},t_i]$上任取一个时刻 $\tau_i(t_{i-1}\leqslant\tau_i\leqslant t_i)$，以 τ_i 时的速度$v(\tau_i)$来代替$[t_{i-1},t_i]$上各个时刻的速度，则得

$$\Delta S_i \approx v(\tau_i)\Delta t_i,\quad i = 1,2,\cdots,n.$$

进一步得到

$$S \approx v(\tau_1)\Delta t_1 + v(\tau_2)\Delta t_2 + \cdots + v(\tau_i)\Delta t_i + \cdots + v(\tau_n)\Delta t_n = \sum_{i=1}^{n} v(\tau_i)\Delta t_i.$$

(3) 求极限. 设 $\lambda=\max\{\Delta t_1,\Delta t_2,\cdots,\Delta t_n\}$, 当 $\lambda\to 0$ 时, 得质点在 $[T_1,T_2]$ 经过的路程:

$$S=\lim_{\lambda\to 0}\sum_{i=1}^{n}v(\tau_i)\Delta t_i.$$

以上两个例子有着不同的实际背景,但求这些量时所使用的数学方法是完全相同的,它们都是求一类和式的极限:面积 $A=\lim\limits_{\lambda\to 0}\sum\limits_{i=1}^{n}f(\xi_i)\Delta x_i$;路程 $S=\lim\limits_{\lambda\to 0}\sum\limits_{i=1}^{n}v(\tau_i)\Delta t_i$. 在数学、物理以及其他许多学科中普遍存在着求类似和式极限的问题,称这类和式的极限为定积分.

3. 定积分的定义

将上述方法进行抽象概括并以精确语言加以表述就得到定积分的定义:

定义 5.1.1　设函数 $f(x)$ 在 $[a,b]$ 上有界,在 $[a,b]$ 中任意插入若干个分点

$$a=x_0<x_1<x_2<\cdots<x_{n-1}<x_n=b$$

把区间 $[a,b]$ 分成 n 个小区间:

$$[x_0,x_1],\quad [x_1,x_2],\quad \cdots,\quad [x_{i-1},x_i],\quad \cdots,\quad [x_{n-1},x_n].$$

各个小区间的长度依次为

$$\Delta x_1=x_1-x_0,\quad \Delta x_2=x_2-x_1,\quad \cdots,\quad \Delta x_n=x_n-x_{n-1}.$$

在每个小区间 $[x_{i-1},x_i]$ 上任取一点 $\varepsilon_i(x_{i-1}\leqslant\varepsilon_i\leqslant x_i)$, 作 $f(\varepsilon_i)$ 与小区间长度 Δx_i 的乘积 $f(\varepsilon_i)\Delta x_i(i=1,2,\cdots,n)$, 并求和 $S=\sum\limits_{i=1}^{n}f(\varepsilon_i)\Delta x_i$. 记 $\lambda=\max\{\Delta x_1,\Delta x_2,\cdots,\Delta x_n\}$, 若对 $[a,b]$ 的任一分法,和小区间 $[x_{i-1},x_i]$ 上点 ε_i 的任意取法,当 $\lambda\to 0$ 时,和 S 总趋于确定的极限 I, 这时我们称这个极限 I 为函数 $f(x)$ 在区间 $[a,b]$ 上的**定积分**,记作 $\int_a^b f(x)\mathrm{d}x$, 即

$$\int_a^b f(x)\mathrm{d}x=I=\lim_{\lambda\to 0}\sum_{i=1}^{n}f(\varepsilon_i)\Delta x_i,$$

其中 $f(x)$ 叫做**被积函数**, $f(x)\mathrm{d}x$ 叫做**被积表达式**, x 叫做**积分变量**, a 叫做**积分下限**, b 叫做**积分上限**, $[a,b]$ 叫做**积分区间**.

根据定积分的定义,前面讨论的两个引例可以用定积分概念来描述:

曲线 $y=f(x)(f(x)\geqslant 0)$ 在区间 $[a,b]$ 上的曲边梯形的面积就是函数 $f(x)$ 在区间 $[a,b]$ 上的定积分,即 $A=\int_a^b f(x)\mathrm{d}x$.

质点以速度 $v=v(t)(v(t)\geqslant 0)$ 做变速直线运动,在时间间隔 $[T_1,T_2]$ 内经过的路程 S 就是 $v(t)$ 在区间 $[T_1,T_2]$ 上的定积分,即 $S=\int_{T_1}^{T_2}v(t)\mathrm{d}t$.

关于定积分的定义,应注意一下几点:

(1) 定积分 $\int_a^b f(x)\mathrm{d}x$ 是积分和式的极限，是一个数值. 它只与被积函数 $f(x)$ 和积分区间 $[a,b]$ 有关，而与积分变量的记号无关，即

$$\int_a^b f(x)\mathrm{d}x = \int_a^b f(t)\mathrm{d}t = \int_a^b f(u)\mathrm{d}u.$$

(2) 在定积分 $\int_a^b f(x)\mathrm{d}x$ 的定义中，总是假设 $a<b$，为了今后使用方便，对于 $a=b$，$a>b$ 的情况，特作如下规定：

当 $a=b$ 时，$\int_a^b f(x)\mathrm{d}x = 0$；

当 $a>b$ 时，$\int_a^b f(x)\mathrm{d}x = -\int_b^a f(x)\mathrm{d}x$.

(3) 如果函数 $f(x)$ 在区间 $[a,b]$ 上的定积分 $\int_a^b f(x)\mathrm{d}x$ 存在，则称函数 $f(x)$ 在区间 $[a,b]$ 上可积.

函数 $f(x)$ 在区间 $[a,b]$ 上满足什么条件一定可积呢？下面给出两个可积的充分条件：

定理 5.1.1 若 $f(x)$ 在 $[a,b]$ 上连续，则 $f(x)$ 在 $[a,b]$ 上可积.

定理 5.1.2 若 $f(x)$ 在 $[a,b]$ 上有界，且只有有限个第一类间断点，则 $f(x)$ 在 $[a,b]$ 上可积.

4. 定积分的几何意义

如果函数 $f(x)$ 在区间 $[a,b]$ 上非负，则定积分 $\int_a^b f(x)\mathrm{d}x$ 表示曲线 $y=f(x)$ 在区间 $[a,b]$ 上的曲边梯形的面积.

如果函数 $f(x)$ 在区间 $[a,b]$ 上非正，则定积分 $\int_a^b f(x)\mathrm{d}x$ 表示曲线 $y=f(x)$ 在区间 $[a,b]$ 上的曲边梯形的面积的相反数，如图 5.3 所示.

如果函数 $f(x)$ 在区间 $[a,b]$ 上既取正值又取负值，则定积分 $\int_a^b f(x)\mathrm{d}x$ 表示介于曲线 $y=f(x)$，直线 $x=a$，$x=b$ 及 Ox 轴之间的各部分面积的代数和，如图 5.4 所示.

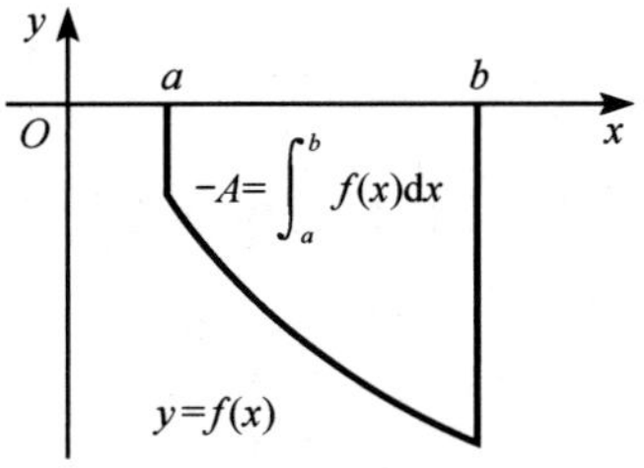

图 5.3

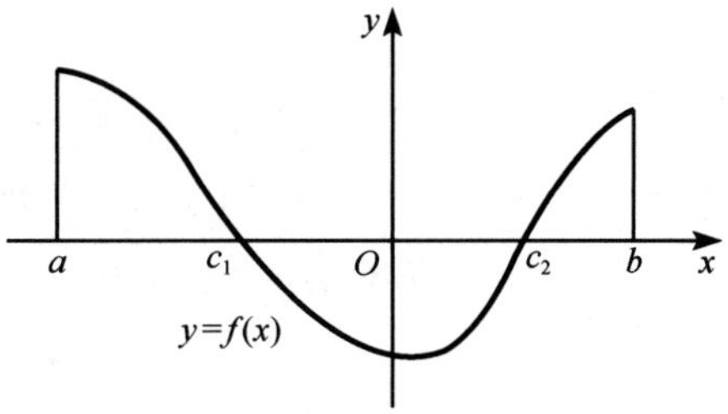

图 5.4

5. 利用定积分的定义计算定积分

例 5.1.1　利用定积分定义计算 $\int_0^1 x^2 \mathrm{d}x$.

解　$f(x)=x^2$ 在[0,1]上连续,故可积. 为方便计算,我们可以对[0,1]进行 n 等分,分点 $x_i=\frac{i}{n}, i=1,2,\cdots,n-1$, ξ_i 取相应小区间的右端点,故

$$\sum_{i=1}^{n} f(\xi_i)\Delta x_i = \sum_{i=1}^{n} \xi_i^2 \Delta x_i = \sum_{i=1}^{n} x_i^2 \Delta x_i = \sum_{i=1}^{n}\left(\frac{i}{n}\right)^2 \frac{1}{n} = \frac{1}{n^3}\sum_{i=1}^{n} i^2$$

$$= \frac{1}{n^3}\frac{1}{6}n(n+1)(2n+1) = \frac{1}{6}\left(1+\frac{1}{n}\right)\left(2+\frac{1}{n}\right).$$

当 $\lambda \to 0$ 时(即 $n\to\infty$ 时),由定积分的定义得

$$\int_0^1 x^2 \mathrm{d}x = \frac{1}{3}.$$

5.1.2　定积分的性质

在下面的讨论中,我们总是假设函数在所讨论的区间上都是可积的. 由定积分的定义以及极限的运算法则,可以推出定积分有以下性质:

性质 5.1.1　函数和(差)的定积分等于它们的定积分的和(差),即

$$\int_a^b [f(x) \pm g(x)]\mathrm{d}x = \int_a^b f(x)\mathrm{d}x \pm \int_a^b g(x)\mathrm{d}x.$$

证明　$\int_a^b [f(x) \pm g(x)]\mathrm{d}x = \lim\limits_{\lambda\to 0}\sum_{i=1}^{n}[f(\xi_i) \pm g(\xi_i)]\Delta x_i.$

$$= \lim_{\lambda\to 0}\sum_{i=1}^{n} f(\xi_i)\Delta x_i \pm \lim_{\lambda\to 0}\sum_{i=1}^{n} g(\xi_i)\Delta x_i$$

$$= \int_a^b f(x)\mathrm{d}x \pm \int_a^b g(x)\mathrm{d}x.$$

推论 5.1.1　有限个函数代数和的定积分等于各个函数定积分的代数和,即

$$\int_a^b [f_1(x) \pm f_2(x) \pm \cdots \pm f_n(x)]\mathrm{d}x = \int_a^b f_1(x)\mathrm{d}x \pm \int_a^b f_2(x)\mathrm{d}x \pm \cdots \pm \int_a^b f_n(x)\mathrm{d}x.$$

性质 5.1.2　被积函数的常数因子可以提到积分号外面,即

$$\int_a^b kf(x)\mathrm{d}x = k\int_a^b f(x)\mathrm{d}x \quad (k \text{ 是常数}).$$

证明　$\int_a^b kf(x)\mathrm{d}x = \lim\limits_{\lambda\to 0}\sum_{i=1}^{n} kf(\xi_i)\Delta x_i = k\lim\limits_{\lambda\to 0}\sum_{i=1}^{n} f(\xi_i)\Delta x_i = k\int_a^b f(x)\mathrm{d}x.$

性质 5.1.3　如果将积分区间分成两部分,则在整个区间上的定积分等于这两个区间上定积分之和,即设 $a<c<b$,则

$$\int_a^b f(x)\mathrm{d}x = \int_a^c f(x)\mathrm{d}x + \int_c^b f(x)\mathrm{d}x.$$

证明　因为函数 $f(x)$在区间$[a,b]$上可积,所以无论把区间$[a,b]$怎样分割,积分

和式的极限都是不变的，因而在分割区间时，总是可以把点 c 作为一个分点，那么$[a,b]$上的积分和等于$[a,c]$上积分和式加上$[c,b]$上积分和式，即

$$\sum_{[a,b]} f(\xi_i)\Delta x_i = \sum_{[a,c]} f(\xi_i)\Delta x_i + \sum_{[c,b]} f(\xi_i)\Delta x_i.$$

令 $\lambda\to 0$，上式两端同时取极限，即得

$$\int_a^b f(x)\mathrm{d}x = \int_a^c f(x)\mathrm{d}x + \int_c^b f(x)\mathrm{d}x.$$

注 无论 a,b,c 的相对位置如何，总有上述等式成立.

性质 5.1.4 如果在区间$[a,b]$上，$f(x)\equiv 1$，则 $\int_a^b f(x)\mathrm{d}x = \int_a^b \mathrm{d}x = b-a$.

性质 5.1.5 如果在区间$[a,b]$上，$f(x)\geqslant 0$，则

$$\int_a^b f(x)\mathrm{d}x \geqslant 0,\quad a<b.$$

推论 5.1.2 如果在$[a,b]$上，$f(x)\leqslant g(x)$，则

$$\int_a^b f(x)\mathrm{d}x \leqslant \int_a^b g(x)\mathrm{d}x,\quad a<b.$$

推论 5.1.3 $\left|\int_a^b f(x)\mathrm{d}x\right| \leqslant \int_a^b |f(x)|\mathrm{d}x$.

性质 5.1.6 设 M 与 m 分别是函数 $f(x)$在$[a,b]$上的最大值与最小值，则

$$m(b-a) \leqslant \int_a^b f(x)\mathrm{d}x \leqslant M(b-a),\quad a<b.$$

这个性质表明，由被积函数在积分区间上的最大值与最小值，可以估计积分值的大致范围.

性质 5.1.7(定积分中值定理) 如果函数 $f(x)$在闭区间$[a,b]$上连续，则在积分区间$[a,b]$上至少存在一点 ξ，使下式成立：

$$\int_a^b f(x)\mathrm{d}x = f(\xi)(b-a),\quad a\leqslant \xi \leqslant b.$$

证明 由性质 5.1.6，$m\leqslant \dfrac{1}{b-a}\int_a^b f(x)\mathrm{d}x \leqslant M$；再由闭区间上连续函数的介值定理，知在$[a,b]$上至少存在一点 ξ，使 $f(\xi)=\dfrac{1}{a-b}\int_a^b f(x)\mathrm{d}x$，故得此性质.

显然无论 $a>b$，还是 $a<b$，上述等式恒成立.

积分中值定理的几何意义是：由曲线 $y=f(x)$，直线 $x=a$，$x=b$ 与 x 轴所围成的曲边梯形的面积，等于以区间$[a,b]$为底边，以这个区间上某一点 ξ 处曲线 $f(x)$ 的纵坐标 $f(\xi)$ 为高的矩形的面积，如图 5.5 所示.

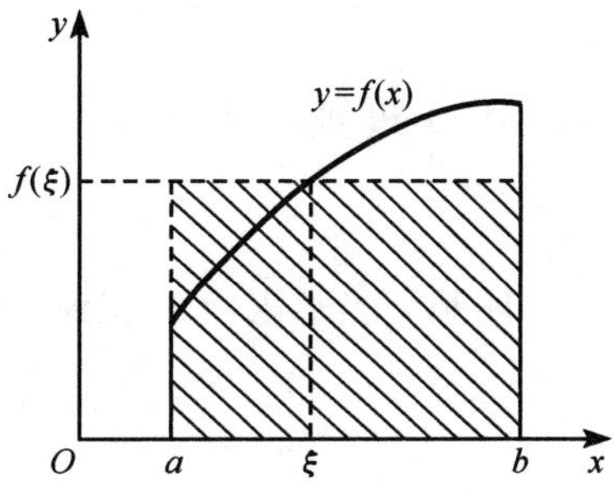

图 5.5

如果函数 $y=f(x)$ 在闭区间 $[a,b]$ 上连续，常称 $\frac{1}{b-a}\int_a^b f(x)\mathrm{d}x$ 为 $f(x)$ 在 $[a,b]$ 上的平均值.

5.2 变上限积分

5.1 节讨论了定积分的概念与性质，并用了一个十分简单的例子说明怎样按定义直接计算定积分. 从这个例子可以看出，在一般情形下，如果都按定义去计算，即使对于在定义区间上连续的基本初等函数，采用特殊的分割、特定的选点，进而通过和式极限来计算定积分也往往是非常困难的. 为此需要寻找计算定积分的简便易行的方法. 本节将探讨原函数与变上限积分的关系，为揭示变上限积分与定积分计算之间的关系奠定基础.

5.2.1 变上限积分与原函数存在定理

定义 5.2.1 设 $f(x)$ 在 $[a,b]$ 上连续，x 为 $[a,b]$ 上任一点，则积分

$$\Phi(x)=\int_a^x f(x)\mathrm{d}x$$

存在，且对于给定的 $x(a\leqslant x\leqslant b)$ 的一个值，就有一个积分值与之对应，所以上限为变量的定积分 $\int_a^x f(t)\mathrm{d}t$ 是积分上限的函数，这个函数称为**变上限积分**.

注 在变上限积分中，积分上限 x 与被积表达式 $f(x)\mathrm{d}x$ 中的积分变量 x 是两个不同的概念，在求积分过程中上限 x 是固定不变的，而积分变量 x 在下限与上限之间变化. 为了不引起混淆，依据定积分与积分变量的记号无关的性质，将积分变量用 t 表示，从而

$$\Phi(x)=\int_a^x f(t)\mathrm{d}t.$$

函数 $\Phi(x)$ 具有如下的重要性质：

定理 5.2.1 如果函数 $f(x)$ 在区间 $[a,b]$ 上连续，则变上限积分所确定的函数

$$\Phi(x)=\int_a^x f(t)\mathrm{d}t$$

在 $[a,b]$ 上可导，且其导数为

$$\Phi'(x)=\frac{\mathrm{d}}{\mathrm{d}x}\int_a^x f(t)\mathrm{d}t=f(x),\quad a\leqslant x\leqslant b.$$

证明 当上限由 x 变到 $x+\Delta x$ 时，函数的增量为

$$\begin{aligned}\Delta\Phi(x)&=\Phi(x+\Delta x)-\Phi(x)=\int_a^{x+\Delta x}f(t)\mathrm{d}t-\int_a^x f(t)\mathrm{d}t\\&=\int_x^{x+\Delta x}f(t)\mathrm{d}t.\end{aligned}$$

由积分中值定理，有

$$\Delta\Phi(x) = f(\xi)\Delta x,$$

这里，ξ 在 x 与 $x+\Delta x$ 之间，上式两边同时除以 Δx，得

$$\frac{\Delta\Phi(x)}{\Delta x} = f(\xi).$$

由于 $f(x)$ 在 $[a,b]$ 上连续，因而 $\Delta x\to 0$ 时，$\xi\to x$，因此有

$$\Phi'(x) = f(x).$$

这个定理说明了一个重要结论：若 $f(x)$ 为连续函数，则变上限积分所确定的函数 $\int_a^x f(t)\mathrm{d}t$ 对积分上限 x 的导数等于被积函数 $f(t)$ 在积分上限 x 处的值 $f(x)$.

结合原函数概念，即得下述定理：

定理 5.2.2（原函数存在定理） 如果函数 $f(x)$ 在区间 $[a,b]$ 上连续，则函数

$$\Phi(x) = \int_a^x f(t)\mathrm{d}t$$

是 $f(x)$ 的一个原函数.

5.2.2 对变上限积分的积分上限求导的有关问题

例 5.2.1 计算下列函数的导数：

(1) $\int_a^x t^2\sin t\mathrm{d}t$； (2) $\int_0^{\sqrt{x}}\cos t^2\mathrm{d}t$.

解 (1) $\dfrac{\mathrm{d}}{\mathrm{d}x}\int_a^x t^2\sin t\mathrm{d}t = x^2\sin x$.

(2) 设 $F(u)=\int_0^u\cos t^2\mathrm{d}t$，则 $\int_0^{\sqrt{x}}\cos t^2\mathrm{d}t$ 可以看成由 $F(u)=\int_0^u\cos t^2\mathrm{d}t$ 和 $u=\sqrt{x}$ 复合得到. 根据复合函数求导法则与定理 5.2.1，有

$$\frac{\mathrm{d}}{\mathrm{d}x}\int_0^{\sqrt{x}}\cos t^2\mathrm{d}t = \frac{\mathrm{d}}{\mathrm{d}u}\int_0^u\cos t^2\mathrm{d}t\cdot\frac{\mathrm{d}\sqrt{x}}{\mathrm{d}x} = \cos u^2\cdot\frac{1}{2\sqrt{x}} = \frac{\cos x}{2\sqrt{x}} = \frac{\sqrt{x}\cos x}{2x}.$$

一般地，有

若 $f(x)$ 为连续函数，则有 $\dfrac{\mathrm{d}}{\mathrm{d}x}\int_x^b f(t)\mathrm{d}t = -f(x)$.

若 $f(x)$ 为连续函数，$\varphi(x)$ 为可导函数，则有

$$\frac{\mathrm{d}}{\mathrm{d}x}\int_a^{\varphi(x)} f(t)\mathrm{d}t = f(\varphi(x))\cdot\varphi'(x),$$

$$\frac{\mathrm{d}}{\mathrm{d}x}\int_{\varphi(x)}^b f(t)\mathrm{d}t = -f(\varphi(x))\cdot\varphi'(x).$$

例 5.2.2 计算下列函数的导数：

(1) $\int_x^{x^2}\sin t\mathrm{d}t$； (2) $\int_{\sin x}^{x^2}\mathrm{e}^{-t^2}\mathrm{d}t$.

解　(1) $\frac{\mathrm{d}}{\mathrm{d}x}\left(\int_x^{x^2}\sin t\mathrm{d}t\right)=\frac{\mathrm{d}}{\mathrm{d}x}\left(\int_x^0\sin t\mathrm{d}t+\int_0^{x^2}\sin t\mathrm{d}t\right)$

$$=\frac{\mathrm{d}}{\mathrm{d}x}\left(-\int_0^x\sin t\mathrm{d}t+\int_0^{x^2}\sin t\mathrm{d}t\right)$$

$$=-\sin x+2x\sin x^2.$$

(2) $\frac{\mathrm{d}}{\mathrm{d}x}\left(\int_{\sin x}^{x^2}\mathrm{e}^{-t^2}\mathrm{d}t\right)=\frac{\mathrm{d}}{\mathrm{d}x}\left(\int_{\sin x}^0\mathrm{e}^{-t^2}\mathrm{d}t+\int_0^{x^2}\mathrm{e}^{-t^2}\mathrm{d}t\right)$

$$=\frac{\mathrm{d}}{\mathrm{d}x}\left(-\int_0^{\sin x}\mathrm{e}^{-t^2}\mathrm{d}t+\int_0^{x^2}\mathrm{e}^{-t^2}\mathrm{d}t\right)$$

$$=-\mathrm{e}^{-\sin^2 x}\cos x+2x\mathrm{e}^{-x^4}.$$

例 5.2.3　求 $\lim\limits_{x\to 0}\frac{\int_0^x\arctan t\mathrm{d}t}{x^2}$.

解　这是$\frac{0}{0}$型的极限问题,根据洛必达法则,有

$$\lim_{x\to 0}\frac{\int_0^x\arctan t\mathrm{d}t}{x^2}=\lim_{x\to 0}\frac{\left(\int_0^x\arctan t\mathrm{d}t\right)'}{(x^2)'}=\lim_{x\to 0}\frac{\arctan x}{2x}$$

$$=\frac{1}{2}\lim_{x\to 0}\frac{(\arctan x)'}{(x)'}=\frac{1}{2}\lim_{x\to 0}\frac{1}{1+x^2}=\frac{1}{2}.$$

例 5.2.4　设 $f(x)$在$[0,+\infty)$内连续且 $f(x)>0$,证明函数

$$F(x)=\frac{\int_0^x tf(t)\mathrm{d}t}{\int_0^x f(t)\mathrm{d}t}$$

在$(0,+\infty)$内为单调增加函数.

证明　考察 $F(x)$在$(0,+\infty)$上的一阶导数:因为

$$\frac{\mathrm{d}}{\mathrm{d}x}\int_0^x tf(t)\mathrm{d}t=xf(x),\quad \frac{\mathrm{d}}{\mathrm{d}x}\int_0^x f(t)\mathrm{d}t=f(x),$$

故

$$F'(x)=\frac{xf(x)\int_0^x f(t)\mathrm{d}t-f(x)\int_0^x tf(t)\mathrm{d}t}{\left(\int_0^x f(t)\mathrm{d}t\right)^2}=\frac{f(x)\int_0^x(x-t)f(t)\mathrm{d}t}{\left(\int_0^x f(t)\mathrm{d}t\right)^2}>0,$$

所以 $F(x)$在$(0,+\infty)$内为单调增加函数.

例 5.2.5　设 $b>0$,且 $f(x)$在$[0,b]$上连续、单调增加,求证:

$$2\int_0^b xf(x)\mathrm{d}x\geqslant b\int_0^b f(x)\mathrm{d}x.$$

证明　作辅助函数

$$F(t)=2\int_0^t xf(x)\mathrm{d}x-t\int_0^t f(x)\mathrm{d}x,$$

则 $F(0)=0$，且当 $t\in[0,b]$时有

$$F'(t)=2tf(t)-\int_0^t f(x)\mathrm{d}x-tf(t)=tf(t)-\int_0^t f(x)\mathrm{d}x.$$

由积分中值定理，存在 $\xi\in(0,t)\subset(0,b)$，使得 $\int_0^t f(x)\mathrm{d}x=f(\xi)t$，所以

$$F'(t)=tf(t)-tf(\xi)=t[f(t)-f(\xi)]\geqslant 0.$$

从而，$F(t)$在$[0,b]$上单调增加，故有 $F(b)\geqslant F(0)$，即

$$2\int_0^b xf(x)\mathrm{d}x\geqslant b\int_0^b f(x)\mathrm{d}x.$$

5.3　牛顿-莱布尼茨公式

原函数存在定理一方面说明连续函数一定有原函数，另一方面又揭示了连续函数的定积分与不定积分之间的关系，即变上限积分 $\int_a^x f(t)\mathrm{d}t$ 是 $f(x)$ 的一个原函数，从而 $\int_a^b f(t)\mathrm{d}t$ 可以通过 $f(x)$的原函数来计算：

设 $f(x)$在区间$[a,b]$上连续，且 $F(x)$是 $f(x)$在$[a,b]$上的任意一个原函数，又知 $\int_a^x f(t)\mathrm{d}t$ 也是 $f(x)$在$[a,b]$上的一个原函数. 这样就有

$$F(x)=\int_a^x f(t)\mathrm{d}t+C.$$

因为

$$F(a)=C+\int_a^a f(t)\mathrm{d}t=C,\quad F(b)=C+\int_a^b f(t)\mathrm{d}t,$$

所以

$$F(b)-F(a)=\int_a^b f(t)\mathrm{d}t=\int_a^b f(x)\mathrm{d}x.$$

这就是微积分基本定理：

定理 5.3.1　设 $f(x)$在区间$[a,b]$上连续，且 $F(x)$是 $f(x)$在$[a,b]$上的任意一个原函数，则

$$\int_a^b f(x)\mathrm{d}x=F(b)-F(a)=[F(x)]_a^b=F(x)\Big|_a^b.$$

上式称为牛顿(Newton)-莱布尼茨(Leibniz)公式，也称为微积分基本公式. 牛顿-莱布尼茨公式为定积分的计算提供了简便的方法：求出被积函数 $f(x)$的任一原函数 $F(x)$；计算 $F(x)$在积分区间$[a,b]$上的增量 $F(b)-F(a)$. 该公式把定积分的计算归结为寻求原函数的问题，揭示了定积分与不定积分的内在联系.

例 5.3.1　求定积分 $\int_0^2 x^3\mathrm{d}x$.

解　因为$\frac{x^4}{4}$是x^3的一个原函数,根据牛顿-莱布尼茨公式,有

$$\int_0^2 x^3 \mathrm{d}x = \frac{x^4}{4}\bigg|_0^2 = \frac{2^4}{4} - \frac{0^4}{4} = 4.$$

例 5.3.2　求定积分$\int_{-1}^{\frac{\sqrt{3}}{3}} \frac{1}{1+x^2}\mathrm{d}x$.

解　因为 $\arctan x$ 是$\frac{1}{1+x^2}$的一个原函数,根据牛顿-莱布尼茨公式,有

$$\int_{-1}^{\frac{\sqrt{3}}{3}} \frac{1}{1+x^2}\mathrm{d}x = \arctan x\bigg|_{-1}^{\frac{\sqrt{3}}{3}} = \frac{5\pi}{12}.$$

例 5.3.3　求定积分$\int_{-2}^{5} |3-x|\,\mathrm{d}x$.

解　
$$\begin{aligned}\int_{-2}^{5} |3-x|\,\mathrm{d}x &= \int_{-2}^{3}(3-x)\mathrm{d}x + \int_{3}^{5}(x-3)\mathrm{d}x \\ &= \left(3x-\frac{1}{2}x^2\right)\bigg|_{-2}^{3} + \left(\frac{1}{2}x^2-3x\right)\bigg|_{3}^{5} = \frac{29}{2}.\end{aligned}$$

例 5.3.4　计算余弦函数 $f(x)=\cos x$ 在$\left[-\frac{\pi}{2},\frac{\pi}{2}\right]$上与 x 轴所围成的平面图形的面积.

解　由定积分的几何意义,知所围成的图形为曲边梯形,从而面积为

$$A = \int_{-\frac{\pi}{2}}^{\frac{\pi}{2}} \cos x\mathrm{d}x = \sin x\bigg|_{-\frac{\pi}{2}}^{\frac{\pi}{2}} = 2.$$

例 5.3.5　设 $f(x)=\begin{cases}2x+1, & |x|\leqslant 2, \\ 1+x^2, & 2<x\leqslant 4,\end{cases}$ 求 k 的值,使$\int_k^3 f(x)\mathrm{d}x = \frac{40}{3}$.

解　
$$\begin{aligned}\int_k^3 f(x)\mathrm{d}x &= \int_k^2(2x+1)\mathrm{d}x + \int_2^3(1+x^2)\mathrm{d}x \\ &= (x^2+x)\bigg|_k^2 + \left(x+\frac{x^3}{3}\right)\bigg|_2^3 = \frac{40}{3} - k^2 - k,\end{aligned}$$

即$\frac{40}{3}-k^2-k=\frac{40}{3}$. 因此 $k^2+k=0$,解得 $k=0$ 或 $k=1$.

例 5.3.6　求函数 $f(x) = \int_0^x (t-1)\mathrm{d}t$ 的极值.

解　考察函数 $f(x)$的一阶导数与二阶导数,有 $f'(x)=x-1, f''(x)=1$. 令 $f'(x)=x-1=0$,得 $x=1$,又 $f''(1)=1>0$,所以 $f(x)$在点 $x=1$ 处有极小值:

$$f(1) = \int_0^1 (t-1)\mathrm{d}t = -\frac{1}{2}.$$

5.4　定积分的计算方法

牛顿-莱布尼茨公式说明,计算定积分只需要找到被积函数的原函数,然后计算其

在积分区间上的增量即可.因而我们在第4章探讨的求原函数(不定积分)的第一、第二换元积分法,以及分部积分法,在一定条件下,都能用于计算定积分.

5.4.1 第一换元积分法

利用第一换元积分法求定积分,与求不定积分几乎完全一致.只是在求解过程中不出现中间变量,换元与回代在头脑中完成,因而积分变量不改变.

例 5.4.1 求定积分 $\int_0^{\frac{\pi}{2}}\cos^5 x\sin x\mathrm{d}x$.

解 $\int_0^{\frac{\pi}{2}}\cos^5 x\sin x\mathrm{d}x=-\int_0^{\frac{\pi}{2}}\cos^5 x\mathrm{d}(\cos x)=-\frac{\cos^6 x}{6}\Big|_0^{\frac{\pi}{2}}=\frac{1}{6}$.

例 5.4.2 求定积分 $\int_{\mathrm{e}}^{\mathrm{e}^3}\frac{\sqrt{1+\ln x}}{x}\mathrm{d}x$.

解 $\int_{\mathrm{e}}^{\mathrm{e}^3}\frac{\sqrt{1+\ln x}}{x}\mathrm{d}x=\int_{\mathrm{e}}^{\mathrm{e}^3}\sqrt{1+\ln x}\mathrm{d}(1+\ln x)=\frac{2}{3}(1+\ln x)^{\frac{3}{2}}\Big|_{\mathrm{e}}^{\mathrm{e}^3}=\frac{4}{3}(4-\sqrt{2})$.

例 5.4.3 求定积分 $\int_0^{\pi}\sqrt{\sin^3 x-\sin^5 x}\mathrm{d}x$.

解

$$\begin{aligned}\int_0^{\pi}\sqrt{\sin^3 x-\sin^5 x}\mathrm{d}x&=\int_0^{\pi}\sin^{\frac{3}{2}}x\,|\cos x|\,\mathrm{d}x\\&=\int_0^{\frac{\pi}{2}}\sin^{\frac{3}{2}}x\mathrm{d}(\sin x)-\int_{\frac{\pi}{2}}^{\pi}\sin^{\frac{3}{2}}x\mathrm{d}(\sin x)\\&=\left(\frac{2}{5}\sin^{\frac{5}{2}}x\right)\Big|_0^{\frac{\pi}{2}}-\left(\frac{2}{5}\sin^{\frac{5}{2}}x\right)\Big|_{\frac{\pi}{2}}^{\pi}=\frac{4}{5}.\end{aligned}$$

如果在运用第一换元积分法求定积分的过程中,引入中间变量并改变相应的积分上下限,则可直接计算定积分,而不必回代积分变量.以例5.4.2为例:

$$\int_{\mathrm{e}}^{\mathrm{e}^3}\frac{\sqrt{1+\ln x}}{x}\mathrm{d}x=\int_{\mathrm{e}}^{\mathrm{e}^3}\sqrt{1+\ln x}\mathrm{d}(1+\ln x).$$

引入中间变量:令 $1+\ln x=t$,且 $x=\mathrm{e}$ 时,$t=2$;$x=\mathrm{e}^3$ 时,$t=4$.从而

$$\int_{\mathrm{e}}^{\mathrm{e}^3}\sqrt{1+\ln x}\mathrm{d}(1+\ln x)=\int_2^4\sqrt{t}\mathrm{d}t=\frac{2}{3}t^{\frac{3}{2}}\Big|_2^4=\frac{4}{3}(4-\sqrt{2}).$$

上面的解法也就是第二换元积分法.

5.4.2 第二换元积分法

定理 5.4.1 设 $f(x)$ 在区间 $[a,b]$ 上连续,令 $x=\varphi(t)$,如果

(1) $\varphi(t)$ 在区间 $[\alpha,\beta]$ 上有连续的导数 $\varphi'(t)$;

(2) 当 t 从 α 变到 β 时,$\varphi(t)$ 从 $\varphi(\alpha)=a$ 单调地变到 $\varphi(\beta)=b$,则有

$$\int_a^b f(x)\mathrm{d}x=\int_{\alpha}^{\beta}f(\varphi(t))\varphi'(t)\mathrm{d}t. \tag{5.1}$$

证明　设 $\int f(x)\mathrm{d}x = F(x)+C$，则由不定积分的换元公式可得

$$\int f(\varphi(t))\varphi'(t)\mathrm{d}t = F(\varphi(t))+C.$$

于是有

$$\int_a^b f(x)\mathrm{d}x = F(x)\Big|_a^b = F(b)-F(a) = F(\varphi(\beta))-F(\varphi(\alpha))$$

$$= \int_\alpha^\beta f(\varphi(t))\varphi'(t)\mathrm{d}t.$$

式(5.1)就是定积分的换元公式. 如果从左到右使用式(5.1)，就是第二换元积分法；从右到左使用式(5.1)，就是第一换元积分法.

注　计算定积分时，尽管可以先求出原函数，再用牛顿-莱布尼茨公式求出定积分的值. 但是在用换元法求原函数时，还要代回原来的变量，这一步有时较为复杂. 而利用式(5.1)计算定积分，在作变量代换的同时，只要相应地替换积分上、下限，就不必代回原来的变量，因而更为简单.

例 5.4.4　求定积分 $\int_0^4 \frac{x+2}{\sqrt{2x+1}}\mathrm{d}x$.

解　令 $\sqrt{2x+1}=t$，则 $x=\frac{1}{2}(t^2-1)$，$\mathrm{d}x=t\mathrm{d}t$. 当 $x=0$ 时，$t=1$；当 $x=4$ 时，$t=3$.

所以

$$\int_0^4 \frac{x+2}{\sqrt{2x+1}}\mathrm{d}x = \int_1^3 \frac{\frac{t^2-1}{2}+2}{t}\cdot t\mathrm{d}t = \frac{1}{2}\int_1^3 (t^2+3)\mathrm{d}t$$

$$= \frac{1}{2}\left(\frac{t^3}{3}+3t\right)\Big|_1^3 = \frac{22}{3}.$$

例 5.4.5　求定积分 $\int_0^{\frac{1}{\sqrt{2}}} \frac{x^4}{\sqrt{1-x^2}}\mathrm{d}x$.

解　令 $x=\sin t$，则 $\mathrm{d}x=\cos t\mathrm{d}t$. 当 $x=0$ 时，$t=0$；当 $x=\frac{1}{\sqrt{2}}$ 时，$t=\frac{\pi}{4}$. 所以

$$\int_0^{\frac{1}{\sqrt{2}}} \frac{x^4}{\sqrt{1-x^2}}\mathrm{d}x = \int_0^{\frac{\pi}{4}} \frac{\sin^4 t}{\sqrt{1-\sin^2 t}}\cdot\cos t\mathrm{d}t = \int_0^{\frac{\pi}{4}} \sin^4 t\mathrm{d}t$$

$$= \frac{1}{4}\int_0^{\frac{\pi}{4}} (1-2\cos 2t+\cos^2 2t)\mathrm{d}t$$

$$= \frac{1}{4}\int_0^{\frac{\pi}{4}} \left(1-2\cos 2t+\frac{1+\cos 4t}{2}\right)\mathrm{d}t$$

$$= \frac{1}{4}\left(\frac{3}{2}t-\sin 2t+\frac{1}{8}\sin 4t\right)\Big|_0^{\frac{\pi}{4}} = \frac{1}{32}(3\pi-8).$$

例 5.4.6　设 $f(x)$ 在闭区间 $[-a,a]$ 上连续，求证：

$$\int_{-a}^{a} f(x)\mathrm{d}x = \int_{0}^{a}[f(x)+f(-x)]\mathrm{d}x.$$

证明　令 $x=-u$，则对于 $\int_{-a}^{0} f(x)\mathrm{d}x$ 有

$$\int_{-a}^{0} f(x)\mathrm{d}x = \int_{a}^{0} f(-u)\mathrm{d}(-u) = \int_{0}^{a} f(-u)\mathrm{d}u = \int_{0}^{a} f(-x)\mathrm{d}x,$$

从而

$$\int_{-a}^{a} f(x)\mathrm{d}x = \int_{-a}^{0} f(x)\mathrm{d}x + \int_{0}^{a} f(x)\mathrm{d}x = \int_{0}^{a} f(-x)\mathrm{d}x + \int_{0}^{a} f(x)\mathrm{d}x$$
$$= \int_{0}^{a}[f(x)+f(-x)]\mathrm{d}x.$$

作为例 5.4.6 的直接推论，有

对于闭区间 $[-a,a]$ 上的连续函数 $f(x)$，当 $f(x)$ 为奇函数时，$\int_{-a}^{a} f(x)\mathrm{d}x = 0$；当 $f(x)$ 为偶函数时，$\int_{-a}^{a} f(x)\mathrm{d}x = 2\int_{0}^{a} f(x)\mathrm{d}x$.

例 5.4.7　计算 $\int_{-1}^{1} \frac{x^2}{1+\mathrm{e}^x}\mathrm{d}x$.

解　利用换元积分法难以找到被积函数的原函数，注意到积分区间关于原点对称. 令 $f(x)=\frac{x^2}{1+\mathrm{e}^x}$，并考察 $f(x)+f(-x)$：

$$f(x)+f(-x) = \frac{x^2}{1+\mathrm{e}^x} + \frac{x^2}{1+\mathrm{e}^{-x}} = x^2,$$

因此有

$$\int_{-1}^{1} \frac{x^2}{1+\mathrm{e}^x}\mathrm{d}x = \int_{0}^{1} x^2\mathrm{d}x = \frac{1}{3}.$$

例 5.4.8　设 $f(x)$ 是以 T 为周期的连续函数，a 是一个给定的常数，证明：

$$\int_{a}^{a+T} f(x)\mathrm{d}x = \int_{0}^{T} f(x)\mathrm{d}x.$$

证明　由定积分对区间的可加性，有

$$\int_{a}^{a+T} f(x)\mathrm{d}x = \int_{a}^{0} f(x)\mathrm{d}x + \int_{0}^{T} f(x)\mathrm{d}x + \int_{T}^{a+T} f(x)\mathrm{d}x.$$

令 $u=x-T$，则对于 $\int_{T}^{a+T} f(x)\mathrm{d}x$ 有

$$\int_{T}^{a+T} f(x)\mathrm{d}x = \int_{0}^{a} f(u+T)\mathrm{d}u = \int_{0}^{a} f(u)\mathrm{d}u = \int_{0}^{a} f(x)\mathrm{d}x,$$

所以

$$\int_{a}^{a+T} f(x)\mathrm{d}x = \int_{0}^{T} f(x)\mathrm{d}x.$$

5.4.3　分部积分法

由不定积分的分部积分法即得定积分的分部积分法：

$$\int_a^b u(x)v'(x)\mathrm{d}x = \left[\int u(x)v'(x)\mathrm{d}x\right]\Big|_a^b = [u(x)v(x)]\Big|_a^b - \int_a^b u'(x)v(x)\mathrm{d}x,$$

简记为

$$\int_a^b uv'\mathrm{d}x = uv\Big|_a^b - \int_a^b vu'\mathrm{d}x$$

或

$$\int_a^b u\mathrm{d}v = uv\Big|_a^b - \int_a^b v\mathrm{d}u.$$

例 5.4.9　计算 $\int_0^{\frac{1}{\sqrt{2}}}\arccos x\mathrm{d}x$.

解　$\int_0^{\frac{1}{\sqrt{2}}}\arccos x\mathrm{d}x = x\arccos x\Big|_0^{\frac{1}{\sqrt{2}}} - \int_0^{\frac{1}{\sqrt{2}}}\frac{x}{\sqrt{1-x^2}}\mathrm{d}x = \frac{\sqrt{2}\pi}{8} - \frac{\sqrt{2}}{2} + 1.$

例 5.4.10　计算 $\int_1^{\mathrm{e}^2}\frac{1}{\sqrt{x}}(\ln x)^2\mathrm{d}x$.

解

$$\begin{aligned}\int_1^{\mathrm{e}^2}\frac{1}{\sqrt{x}}(\ln x)^2\mathrm{d}x &= 2\int_1^{\mathrm{e}^2}(\ln x)^2\mathrm{d}\sqrt{x} = 2\sqrt{x}(\ln x)^2\Big|_1^{\mathrm{e}^2} - 2\int_1^{\mathrm{e}^2}\frac{2}{\sqrt{x}}\ln x\mathrm{d}x\\ &= 8\mathrm{e} - 8\int_1^{\mathrm{e}^2}\ln x\mathrm{d}\sqrt{x} = 8\mathrm{e} - 8\sqrt{x}\ln x\Big|_1^{\mathrm{e}^2} + 8\int_1^{\mathrm{e}^2}\frac{1}{\sqrt{x}}\mathrm{d}x\\ &= 8\mathrm{e} - 16.\end{aligned}$$

例 5.4.11　设 $f(x) = \int_1^{x^2}\frac{\sin t}{t}\mathrm{d}t$,求$\int_0^1 xf(x)\mathrm{d}x$.

解

$$\begin{aligned}\int_0^1 xf(x)\mathrm{d}x &= \frac{1}{2}\int_0^1 f(x)\mathrm{d}x^2 = \frac{1}{2}x^2f(x)\Big|_0^1 - \frac{1}{2}\int_0^1 x^2f'(x)\mathrm{d}x\\ &= \frac{1}{2}f(1) - \frac{1}{2}\int_0^1 x^2\cdot\frac{\sin x^2}{x^2}\cdot 2x\mathrm{d}x = -\frac{1}{2}\int_0^1\sin x^2\mathrm{d}x^2\\ &= \frac{1}{2}\cos x^2\Big|_0^1 = \frac{1}{2}(\cos 1 - 1).\end{aligned}$$

5.5　广义积分

前面讨论的定积分,均满足两个前提:一是积分区间$[a,b]$是有限的;二是被积函数$f(x)$是有界的.然而,由于一些现实问题研究的需要,必须把积分区间推广为无限区间,将被积函数推广为无界函数.推广后的积分不同于通常意义下的定积分,故称之为广义积分.解决广义积分的基本思想是利用极限工具,将广义积分化为定积分处理.

5.5.1　无穷限广义积分

定义 5.5.1　设函数 $f(x)$在区间$[a,+\infty)$上连续,取 $b>a$,如果极限

$$\lim_{b\to+\infty}\int_a^b f(x)\mathrm{d}x$$

存在，则称此极限为**函数** $f(x)$ **在无穷区间** $[a,+\infty)$ **上的广义积分**，记作 $\int_a^{+\infty} f(x)\mathrm{d}x$，即

$$\int_a^{+\infty} f(x)\mathrm{d}x = \lim_{b\to+\infty}\int_a^b f(x)\mathrm{d}x,$$

这时也称广义积分 $\int_a^{+\infty} f(x)\mathrm{d}x$ **收敛**或**存在**；如果上述极限不存在，函数 $f(x)$ 在无穷区间 $[a,+\infty)$ 上的广义积分 $\int_a^{+\infty} f(x)\mathrm{d}x$ 就没有意义，习惯上称广义积分 $\int_a^{+\infty} f(x)\mathrm{d}x$ **不存在**或**发散**.

定义 5.5.2 设函数 $f(x)$ 在区间 $(-\infty,b]$ 上连续，取 $a<b$，如果极限

$$\lim_{a\to-\infty}\int_a^b f(x)\mathrm{d}x$$

存在，则称此极限为**函数** $f(x)$ **在无穷区间** $(-\infty,b]$ **上的广义积分**，记作 $\int_{-\infty}^b f(x)\mathrm{d}x$，即

$$\int_{-\infty}^b f(x)\mathrm{d}x = \lim_{a\to-\infty}\int_a^b f(x)\mathrm{d}x,$$

这时也称广义积分 $\int_{-\infty}^b f(x)\mathrm{d}x$ **收敛**；如果上述极限不存在，就称广义积分 $\int_{-\infty}^b f(x)\mathrm{d}x$ **发散**.

定义 5.5.3 设函数 $f(x)$ 在区间 $(-\infty,+\infty)$ 上连续，如果广义积分

$$\int_{-\infty}^0 f(x)\mathrm{d}x \quad 和 \quad \int_0^{+\infty} f(x)\mathrm{d}x$$

都收敛，则称上述两广义积分之和为**函数** $f(x)$ **在无穷区间** $(-\infty,+\infty)$ **上的广义积分**，记作 $\int_{-\infty}^{+\infty} f(x)\mathrm{d}x$，即

$$\int_{-\infty}^{+\infty} f(x)\mathrm{d}x = \int_{-\infty}^0 f(x)\mathrm{d}x + \int_0^{+\infty} f(x)\mathrm{d}x = \lim_{a\to-\infty}\int_a^0 f(x)\mathrm{d}x + \lim_{b\to+\infty}\int_0^b f(x)\mathrm{d}x,$$

这时也称广义积分 $\int_{-\infty}^{+\infty} f(x)\mathrm{d}x$ **收敛**；否则就称广义积分 $\int_{-\infty}^{+\infty} f(x)\mathrm{d}x$ **发散**.

例 5.5.1 计算广义积分 $\int_4^{+\infty} \frac{4}{x^2-2x-3}\mathrm{d}x$.

解

$$\begin{aligned}\int_4^{+\infty} \frac{4}{x^2-2x-3}\mathrm{d}x &= \lim_{b\to+\infty}\int_4^b \frac{4}{x^2-2x-3}\mathrm{d}x \\ &= \lim_{b\to+\infty}\int_4^b \left(\frac{1}{x-3}-\frac{1}{x+1}\right)\mathrm{d}x \\ &= \lim_{b\to+\infty}[\ln(x-3)-\ln(x+1)]\Big|_4^b \\ &= \lim_{b\to+\infty}\left(\ln\frac{b-3}{b+1}-\ln\frac{4-3}{4+1}\right) = 0+\ln5 = \ln5.\end{aligned}$$

例 5.5.2 计算广义积分 $\int_{-\infty}^{+\infty} x\mathrm{e}^{-x^2}\mathrm{d}x$.

解 $\int_{-\infty}^{+\infty} x e^{-x^2} dx = \int_{-\infty}^{0} x e^{-x^2} dx + \int_{0}^{+\infty} x e^{-x^2} dx$

$$= \lim_{a\to-\infty}\int_a^0 x e^{-x^2} dx + \lim_{b\to+\infty}\int_0^b x e^{-x^2} dx$$

$$= -\frac{1}{2}\left[\lim_{a\to-\infty}\int_a^0 e^{-x^2} d(-x^2) + \lim_{b\to+\infty}\int_0^b e^{-x^2} d(-x^2)\right]$$

$$= -\frac{1}{2}\lim_{a\to-\infty} e^{-x^2}\Big|_a^0 - \frac{1}{2}\lim_{b\to+\infty} e^{-x^2}\Big|_0^b$$

$$= -\frac{1}{2}\lim_{a\to-\infty}(1-e^{-a^2}) - \frac{1}{2}\lim_{b\to+\infty}(e^{-b^2}-1) = 0.$$

例 5.5.3 讨论广义积分 $\int_c^{+\infty} \frac{1}{x^p} dx \,(c>0)$ 的敛散性.

证明 当 $p=1$ 时,

$$\int_c^{+\infty} \frac{1}{x^p} dx = \int_c^{+\infty} \frac{1}{x} dx = \lim_{b\to+\infty} \ln x\Big|_c^b = +\infty.$$

当 $p\neq 1$ 时,

$$\int_c^{+\infty} \frac{1}{x^p} dx = \lim_{b\to+\infty} \frac{x^{1-p}}{1-p}\Big|_c^b = \begin{cases} +\infty, & p<1, \\ \dfrac{c^{1-p}}{p-1}, & p>1, \end{cases}$$

故而,广义积分 $\int_c^{+\infty} \frac{1}{x^p} dx$ 在 $p\leqslant 1$ 时发散,在 $p>1$ 时收敛.

例 5.5.4 计算广义积分 $B_n = \int_0^{+\infty} x^n e^{-x} dx$ 的值(n 为正整数).

解 $B_n = \int_0^{+\infty} x^n e^{-x} dx = -\int_0^{+\infty} x^n de^{-x} = -\lim_{b\to+\infty} x^n e^{-x}\Big|_0^b + n\int_0^{+\infty} x^{n-1} e^{-x} dx$

$$= n\int_0^{+\infty} x^{n-1} e^{-x} dx = nB_{n-1}.$$

又 $B_0 = \int_0^{+\infty} e^{-x} dx = -\lim_{b\to+\infty} e^{-x}\Big|_0^b = 1$, 所以

$$B_n = \int_0^{+\infty} x^n e^{-x} dx = n!B_0 = n!.$$

5.5.2 无界函数的广义积分

下面讨论被积函数为无界函数的情形.

定义 5.5.4 设函数 $f(x)$ 在 $(a,b]$ 上连续,且 $\lim_{x\to a^+} f(x) = \infty$(即 $f(x)$ 在点 a 处无界). 取 $\varepsilon>0$,如果极限 $\lim_{\varepsilon\to 0^+}\int_{a+\varepsilon}^b f(x)dx$ 存在,则称此极限为**函数 $f(x)$ 在 $(a,b]$ 上的广义积分**,仍然记作 $\int_a^b f(x)dx$, 即

$$\int_a^b f(x)dx = \lim_{\varepsilon\to 0^+}\int_{a+\varepsilon}^b f(x)dx,$$

这时也称广义积分 $\int_a^b f(x)\mathrm{d}x$ **收敛**. 如果上述极限不存在,则称广义积分 $\int_a^b f(x)\mathrm{d}x$ **发散**.

定义 5.5.5　设函数 $f(x)$ 在 $[a,b)$ 上连续,且 $\lim\limits_{x\to b^-} f(x)=\infty$(即 $f(x)$ 在点 b 处无界). 取 $\varepsilon>0$,如果极限 $\lim\limits_{\varepsilon\to0^+}\int_a^{b-\varepsilon} f(x)\mathrm{d}x$ 存在,则称此极限为**函数 $f(x)$ 在 $[a,b)$ 上的广义积分**,仍然记作 $\int_a^b f(x)\mathrm{d}x$, 即

$$\int_a^b f(x)\mathrm{d}x=\lim_{\varepsilon\to0^+}\int_a^{b-\varepsilon} f(x)\mathrm{d}x,$$

这时也称广义积分 $\int_a^b f(x)\mathrm{d}x$ **收敛**. 如果上述极限不存在,则称广义积分 $\int_a^b f(x)\mathrm{d}x$ **发散**.

定义 5.5.6　设函数 $f(x)$ 在 $[a,b]$ 上除点 $c(a<c<b)$ 外连续,而在点 c 的邻域内无界,如果两个广义积分 $\int_a^c f(x)\mathrm{d}x$ 与 $\int_c^b f(x)\mathrm{d}x$ 都收敛,则称 $\int_a^b f(x)\mathrm{d}x$ **收敛**,此时

$$\int_a^b f(x)\mathrm{d}x=\int_a^c f(x)\mathrm{d}x+\int_c^b f(x)\mathrm{d}x=\lim_{\varepsilon\to0^+}\int_a^{c-\varepsilon} f(x)\mathrm{d}x+\lim_{\varepsilon'\to0^+}\int_{c+\varepsilon'}^b f(x)\mathrm{d}x.$$

否则,就称广义积分**发散**.

例 5.5.5　计算广义积分 $\int_0^a \frac{\mathrm{d}x}{\sqrt{a^2-x^2}}\quad(a>0)$.

解
$$\int_0^a \frac{\mathrm{d}x}{\sqrt{a^2-x^2}}=\lim_{\varepsilon\to0^+}\int_0^{a-\varepsilon}\frac{\mathrm{d}x}{\sqrt{a^2-x^2}}=\lim_{\varepsilon\to0^+}\arcsin\frac{x}{a}\Big|_0^{a-\varepsilon}$$
$$=\lim_{\varepsilon\to0^+}\left[\arcsin\frac{a-\varepsilon}{a}-0\right]=\frac{\pi}{2}.$$

注　无界函数的广义积分形同定积分,故应考察被积函数在积分区间上的无界点.

例 5.5.6　计算广义积分 $\int_0^2 \frac{1}{(x-1)^2}\mathrm{d}x$.

解
$$\int_0^2 \frac{1}{(x-1)^2}\mathrm{d}x=\int_0^1 \frac{1}{(x-1)^2}\mathrm{d}x+\int_1^2 \frac{1}{(x-1)^2}\mathrm{d}x$$
$$=\lim_{\varepsilon\to0^+}\int_0^{1-\varepsilon}\frac{1}{(x-1)^2}\mathrm{d}x+\lim_{\varepsilon\to0^+}\int_{1+\varepsilon}^2\frac{1}{(x-1)^2}\mathrm{d}x.$$

因为 $\lim\limits_{\varepsilon\to0^+}\int_0^{1-\varepsilon}\frac{1}{(x-1)^2}\mathrm{d}x=\infty$,所以广义积分 $\int_0^2\frac{1}{(x-1)^2}\mathrm{d}x$ 发散.

例 5.5.7　讨论广义积分 $\int_a^b \frac{\mathrm{d}x}{(b-x)^p}(a<b)$ 的敛散性.

证明　当 $p=1$ 时,

$$\int_a^b\frac{\mathrm{d}x}{b-x}=\lim_{\varepsilon\to0^+}\int_a^{b-\varepsilon}\frac{\mathrm{d}x}{b-x}=-\lim_{\varepsilon\to0^+}[\ln(b-x)]\Big|_0^{b-\varepsilon}=+\infty;$$

当 $p\neq1$ 时,

$$\int_a^b\frac{\mathrm{d}x}{(b-x)^p}=-\lim_{\varepsilon\to0^+}\frac{(b-x)^{1-p}}{1-p}\Big|_a^{b-\varepsilon}=\begin{cases}\dfrac{(b-a)^{1-p}}{1-p}, & p<1,\\ +\infty, & p>1.\end{cases}$$

从而广义积分 $\int_a^b \frac{\mathrm{d}x}{(b-x)^p}$ 在 $p\geqslant 1$ 时发散，在 $p<1$ 时收敛.

5.6 定积分的应用

利用“分割—替代—求和—求极限”求曲边梯形面积时，需要注意两个方面：一是所求的量(面积)与区间$[a,b]$有关——所求量对于区间$[a,b]$具有可加性；二是在引出面积的积分表达式的四个步骤中，主要是第二步——替代：用 $f(\xi_i)\Delta x_i$ 近似替代 ΔA_i. 由于这种替代过程在每一个小区间上都是一致的，因而可以进一步简化，用 ΔA 表示任意一个小区间$[x,x+\mathrm{d}x]$上的小曲边梯形的面积，这样就有 $\Delta A\approx f(x)\mathrm{d}x$，从而 $A=\sum\Delta A$. 我们把 $f(x)\mathrm{d}x$ 叫做面积元素(或面积微元)，记为 $\mathrm{d}A=f(x)\mathrm{d}x$. 于是，$A=\sum\Delta A\approx\sum f(x)\mathrm{d}x$，故而

$$A=\lim_{n\to\infty}\sum f(x)\mathrm{d}x=\int_a^b f(x)\mathrm{d}x.$$

这个方法通常叫做元素法(或微元法). 利用微元法解题的步骤可以归结为

(1) 选取一个积分变量 x(或其他)，并确定其变化区间$[a,b]$；

(2) 在$[a,b]$中取代表性小区间$[x,x+\mathrm{d}x]$，求出该区间上所求量 A 的部分量 ΔA 的近似值 $\Delta A\approx f(x)\mathrm{d}x$($f(x)$在$[a,b]$上连续)，则称 $f(x)\mathrm{d}x$ 为量 A 的元素，且记作 $\mathrm{d}A=f(x)\mathrm{d}x$；

(3) 以 A 的元素 $\mathrm{d}A$ 作被积表达式，在$[a,b]$上取定积分，得

$$A=\lim_{n\to\infty}\sum f(x)\mathrm{d}x=\int_a^b f(x)\mathrm{d}x.$$

5.6.1 几何应用

1. 平面图形的面积

1) 直角坐标系下平面图形的面积

利用定积分可以解决比曲边梯形复杂的平面图形的面积.

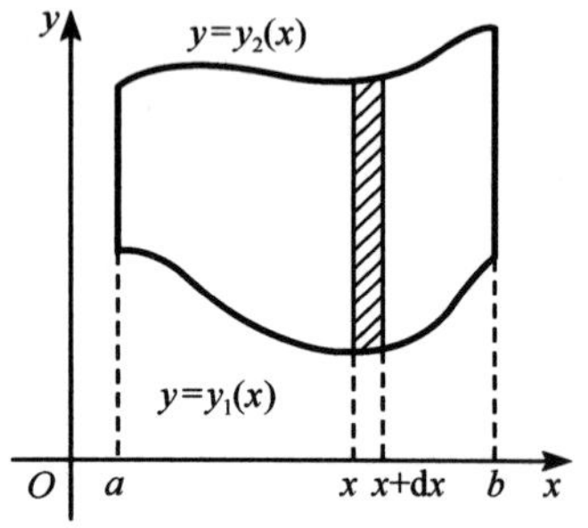

图 5.6

设 $y=y_1(x)$，$y=y_2(x)$在区间$[a,b]$($a<b$)上连续，并且在$[a,b]$上恒有 $y_1(x)\leqslant y_2(x)$. 现在考察由 $y=y_1(x)$，$y=y_2(x)$及直线 $x=a$，$x=b$ 所围成图形的面积 A.

用微元法分析(图 5.6)：

(1) 在区间$[a,b]$上任取一小区间$[x,x+\mathrm{d}x]$，设此小区间上的面积为 ΔA，则 ΔA 近似于高为 $y_2(x)-y_1(x)$，底为 $\mathrm{d}x$ 的小矩形的面积，从而得到面积微元

$$\mathrm{d}A=[y_2(x)-y_1(x)]\mathrm{d}x.$$

(2) 以 dA 即 $[y_2(x)-y_1(x)]dx$ 为被积表达式,在区间 $[a,b]$ 上作定积分,就是所求图形的面积 A,即

$$A=\int_a^b[y_2(x)-y_1(x)]dx.$$

类似地,设 $x=x_1(y)$,$x=x_2(y)$ 在区间 $[c,d]$($c<d$)上连续,且在 $[c,d]$ 上恒有 $x_1(y)\leqslant x_2(y)$,则由 $x=x_1(y)$,$x=x_2(y)$ 及直线 $y=c$,$y=d$ 所围成图形(图 5.7)的面积为

$$A=\int_c^d[x_2(y)-x_1(y)]dy.$$

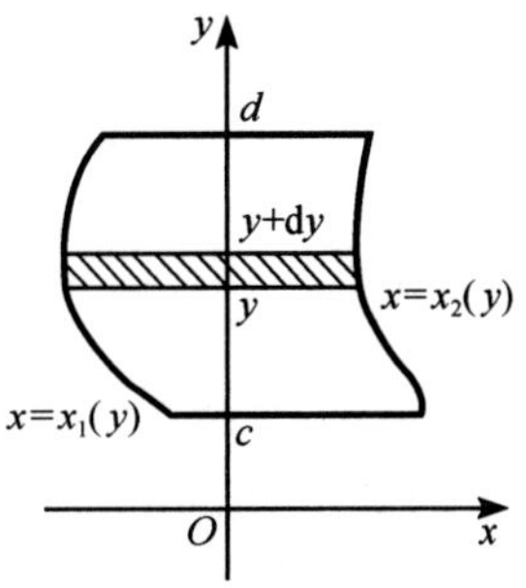

图 5.7

例 5.6.1 求由曲线 $y=x^2$,$y=-\frac{3}{2}x$ 及 $x=2$ 所围成平面图形的面积.

解 如图 5.8 所示,取 x 为积分变量,则积分区间为 $[0,2]$,面积微元为 $dA=\left[x^2-\left(-\frac{3}{2}x\right)\right]dx$.

以面积微元在积分区间 $[0,2]$ 上作定积分,得所求面积是

$$A=\int_0^2\left[x^2-\left(-\frac{3}{2}x\right)\right]dx=\left(\frac{x^3}{3}+\frac{3x^2}{4}\right)\Bigg|_0^2=\frac{17}{3}.$$

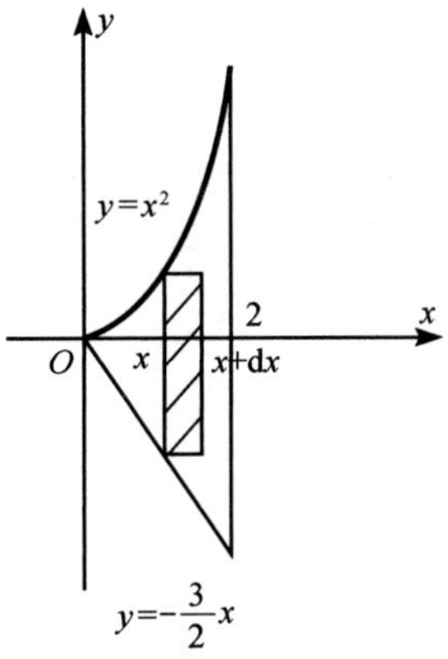

图 5.8

例 5.6.2 求由抛物线 $y^2=2x$ 与直线 $y=x-4$ 所围成的图形的面积.

解 如图 5.9(a)所示,求得抛物线与直线的交点为 $(2,-2)$ 与 $(8,4)$.

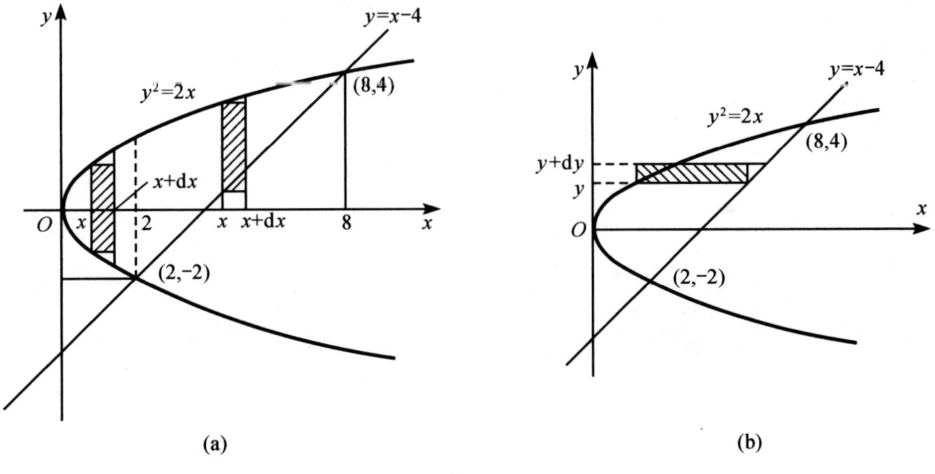

图 5.9

若以 x 为积分变量,则积分区间为 $[0,8]$,面积微元在区间 $[0,8]$ 的不同部分为:在 $[0,2]$ 上为 $dA=[\sqrt{2x}-(-\sqrt{2x})]dx=2\sqrt{2x}dx$;在 $[2,8]$ 上为 $dA=[\sqrt{2x}-(x-4)]dx$. 从

而所求面积是

$$A=\int_0^2 2\sqrt{2x}\,\mathrm{d}x+\int_2^8[\sqrt{2x}-(x-4)]\,\mathrm{d}x$$
$$=2\sqrt{2}\left(\frac{2}{3}x^{\frac{3}{2}}\right)\Big|_0^2+\left[\sqrt{2}\left(\frac{2}{3}x^{\frac{3}{2}}\right)-\frac{x^2}{2}+4x\right]\Big|_2^8=18.$$

若以 y 为积分变量,则积分区间为$[-2,4]$(图 5.9(b)).面积微元在区间$[-2,4]$上为 $\mathrm{d}A=\left[(y+4)-\frac{1}{2}y^2\right]\mathrm{d}y$. 于是所求面积是

$$A=\int_{-2}^4\left[(y+4)-\frac{1}{2}y^2\right]\mathrm{d}y=\left(\frac{y^2}{2}+4y-\frac{y^3}{6}\right)\Big|_{-2}^4=18.$$

从本例可以知道,若积分变量选得恰当,可以使计算简化.

例 5.6.3 求由曲线 $y=\frac{x^2}{2}$,$y=\frac{1}{1+x^2}$与直线 $x=-\sqrt{3}$,$x=\sqrt{3}$所围成的图形的面积.

解 如图 5.10 所示,因为图形关于 y 轴对称,故所求面积为第一象限内两部分图形面积之和的两倍. 又两曲线交点的横坐标为 $x=1$,取 x 为积分变量比较简单,此时积分区间为$[0,1]\cup[1,\sqrt{3}]$,于是所求面积为

$$A=2\left[\int_0^1\left(\frac{1}{1+x^2}-\frac{x^2}{2}\right)\mathrm{d}x+\int_1^{\sqrt{3}}\left(\frac{x^2}{2}-\frac{1}{1+x^2}\right)\mathrm{d}x\right]$$
$$=2\left[\left(\arctan x-\frac{x^3}{6}\right)\Big|_0^1+\left(\frac{x^3}{6}-\arctan x\right)\right]\Big|_1^{\sqrt{3}}$$
$$=\frac{1}{3}(\pi+3\sqrt{3}-2).$$

2) 极坐标系下平面图形的面积

如果平面图形是通过旋转而得到的,则用极坐标处理比较方便.

设曲线的极坐标方程为 $r=r(\theta)$,$r(\theta)$在区间$[\alpha,\beta]$上连续,且 $r(\theta)\geqslant 0$. 求由曲线 $r=r(\theta)$与射线 $\theta=\alpha$,$\theta=\beta$ 所围成的曲边扇形的面积(图 5.11).

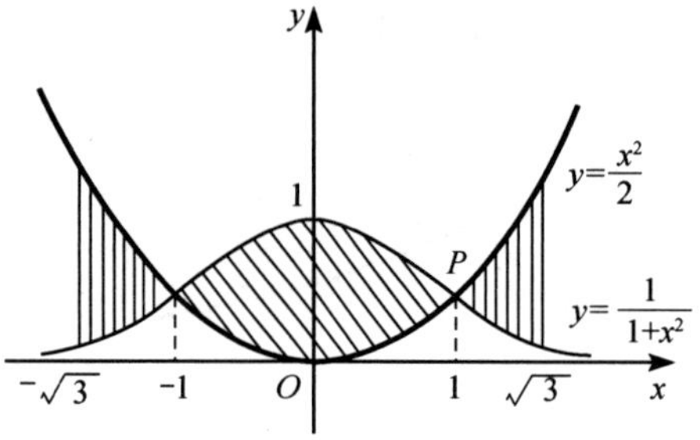

图 5.10

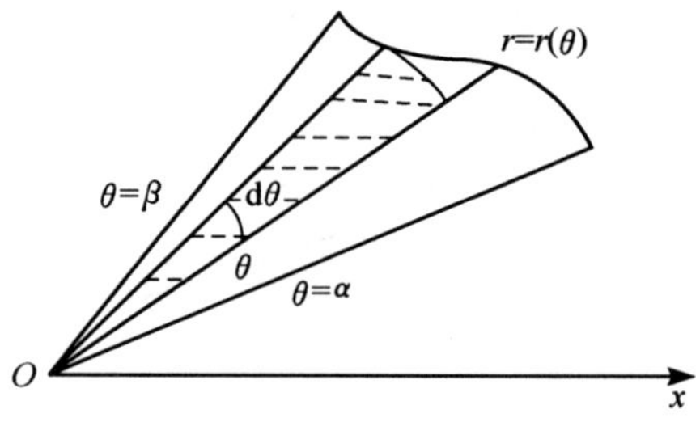

图 5.11

取 θ 为积分变量,在积分区间$[\alpha,\beta]$上任取一小区间$[\theta,\theta+\mathrm{d}\theta]$,作一小曲边扇形,它的面积可以用半径为 $r(\theta)$,中心角为 $\mathrm{d}\theta$ 的扇形来近似地代替,于是面积微元为

$$dA = \frac{1}{2}r^2(\theta)d\theta.$$

以此为被积表达式，在$[\alpha,\beta]$上作定积分，则得所求曲边扇形的面积

$$A = \int_\alpha^\beta dA = \int_\alpha^\beta \frac{1}{2}r^2(\theta)d\theta.$$

例 5.6.4 求心形线 $r=a(1+\cos\theta)(a>0)$所围成图形的面积.

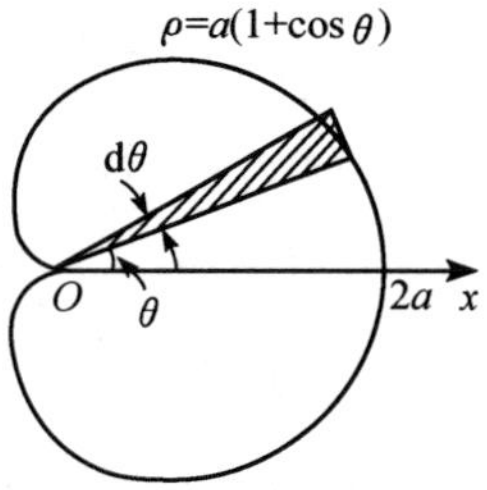

图 5.12

解 如图 5.12 所示. 心形线所围成的图形关于极轴对称，因而所求图形的面积为极轴上方图形面积的两倍.

考察极轴上方图形，积分变量 θ 的范围$[0,\pi]$. 在$[0,\pi]$上任取一小区间$[\theta,\theta+d\theta]$，于是面积微元为

$$dA = \frac{1}{2}r^2(\theta)d\theta = \frac{1}{2}a^2(1+\cos\theta)^2d\theta,$$

从而，所求面积为

$$A = 2\int_0^\pi \frac{1}{2}a^2(1+\cos\theta)^2d\theta = a^2\int_0^\pi(1+2\cos\theta+\cos^2\theta)d\theta$$
$$= a^2\int_0^\pi\left(\frac{3}{2}+2\cos\theta+\frac{1}{2}\cos2\theta\right)d\theta = \frac{3}{2}\pi a^2.$$

2. 平面曲线的弧长

设曲线弧 $y=f(x)(a\leqslant x\leqslant b)$，$f(x)$在$[a,b]$上有一阶连续导数，$x=a$ 对应于弧上点 A，$x=b$ 对应于弧上点 B，现在探求曲线弧$\overset{\frown}{AB}$的长.

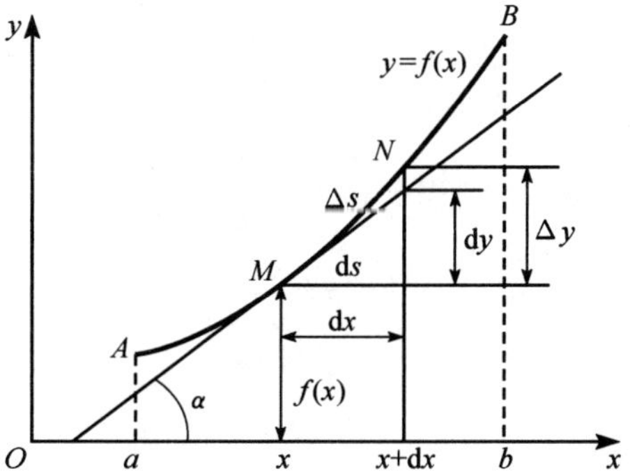

图 5.13

如图 5.13 所示，取 x 为积分变量，其变化区间为$[a,b]$. 在$[a,b]$上任取一小区间$[x,x+dx]$，设与此小区间相对应的曲线弧$\overset{\frown}{MN}$的弧长为 Δs. 我们用该曲线在点$(x,f(x))$处的切线上相应的一小段的长度 ds 近似地替代 Δs，即

$$\Delta s \approx ds = \sqrt{(dx)^2+(dy)^2}.$$

从而得到弧长微元为 $ds=\sqrt{(dx)^2+(dy)^2}$. 以$\sqrt{(dx)^2+(dy)^2}$为被积表达式，在区间$[a,b]$上作定积分，便得所求的弧长为

$$s = \int_a^b ds = \int_a^b \sqrt{(dx)^2+(dy)^2}. \tag{5.2}$$

(1) 如果曲线弧$\overset{\frown}{AB}$的方程为$\begin{cases}x=x,\\y=f(x)\end{cases}(a\leqslant x\leqslant b)$，且 $f(x)$在$[a,b]$上有一阶连续导数，则曲线弧$\overset{\frown}{AB}$的长由式(5.2)得

$$s=\int_a^b \mathrm{d}s=\int_a^b \sqrt{(\mathrm{d}x)^2+(\mathrm{d}y)^2}=\int_a^b \sqrt{1+y'^2}\,\mathrm{d}x.$$

(2) 如果曲线弧$\widehat{AB}$的方程为$\begin{cases}x=\varphi(t),\\ y=\psi(t)\end{cases}(\alpha\leqslant t\leqslant\beta)$,且 $\varphi(t),\psi(t)$在$[\alpha,\beta]$上具有连续导数,则曲线弧$\widehat{AB}$的长由式(5.2)得

$$s=\int_a^b \mathrm{d}s=\int_a^b \sqrt{(\mathrm{d}x)^2+(\mathrm{d}y)^2}=\int_\alpha^\beta \sqrt{\varphi'^2(t)+\psi'^2(t)}\,\mathrm{d}t=\int_\alpha^\beta \sqrt{x'^2+y'^2}\,\mathrm{d}t.$$

(3) 如果曲线弧$\widehat{AB}$的方程为$r=r(\theta)(\alpha\leqslant\theta\leqslant\beta)$,且 $r=r(\theta)$在$[\alpha,\beta]$上具有连续导数,则曲线弧$\widehat{AB}$的长由式(5.2)得

$$s=\int_a^b \mathrm{d}s=\int_a^b \sqrt{(\mathrm{d}x)^2+(\mathrm{d}y)^2}=\int_\alpha^\beta \sqrt{r^2(\theta)+r'^2(\theta)}\,\mathrm{d}\theta.$$

例 5.6.5 在曲线 $y=2x^{\frac{3}{2}}$上取弧$\widehat{AB}$,其端点的横坐标分别为 $x=\frac{1}{3}$与 $x=\frac{5}{3}$,求$\widehat{AB}$的长.

解 取 x 为积分变量,则积分区间为$\left[\frac{1}{3},\frac{5}{3}\right]$. 因为 $y=2x^{\frac{3}{2}}$,$y'=3x^{\frac{1}{2}}$,故弧长微元为

$$\mathrm{d}s=\sqrt{1+y'^2}\,\mathrm{d}x=\sqrt{1+9x}\,\mathrm{d}x.$$

从而$\widehat{AB}$的长为

$$s=\int_{\frac{1}{3}}^{\frac{5}{3}} \sqrt{1+9x}\,\mathrm{d}x=\frac{1}{9}\cdot\frac{2}{3}(1+9x)^{\frac{3}{2}}\Big|_{\frac{1}{3}}^{\frac{5}{3}}=4\frac{4}{27}.$$

例 5.6.6 求星形线$\begin{cases}x=a\cos^3 t,\\ y=a\sin^3 t\end{cases}(a>0)$的全长.

解 如图 5.14 所示,由于星形线是关于坐标轴对称的,因而只需要计算其在第一象限内的弧长,然后乘以 4 即可.

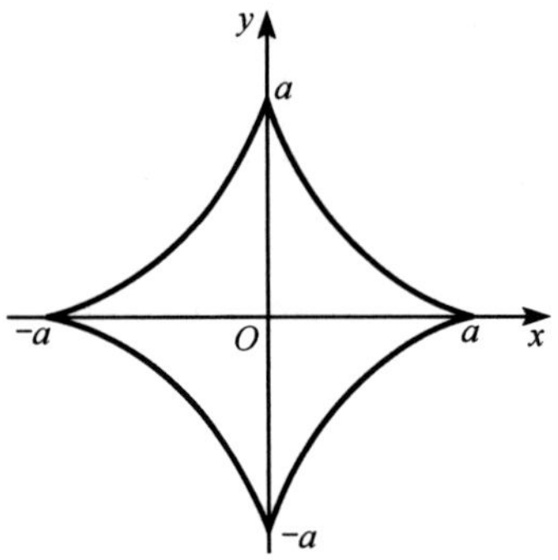

图 5.14

取参数 t 为积分变量,则积分区间为$\left[0,\frac{\pi}{2}\right]$. 因为

$$x'(t)=-3a\cos^2 t\sin t,\quad y'(t)=3a\sin^2 t\cos t.$$

所以有

$$\mathrm{d}s=\sqrt{\varphi'^2(t)+\phi'^2(t)}\,\mathrm{d}t=3a\sin t\cos t\,\mathrm{d}t.$$

于是星形线全长为

$$s=4\int_0^{\frac{\pi}{2}} 3a\sin t\cos t\,\mathrm{d}t=6a\sin^2 t\Big|_0^{\frac{\pi}{2}}=6a.$$

例 5.6.7 求心形线 $r=a(1+\cos\theta)(a>0)$的弧长.

解 由于心形线关于极轴对称,因而只需要计算极轴上方的弧长,再乘以 2 即可. 取 θ 为积分变量,则积分区间为$[0,\pi]$. 弧长微元为

$$\mathrm{d}s=\sqrt{r^2(\theta)+r'^2(\theta)}\,\mathrm{d}\theta=\sqrt{a^2(1+\cos\theta)^2+a^2(-\sin\theta)^2}\,\mathrm{d}\theta=2a\cos\frac{\theta}{2}\mathrm{d}\theta,$$

所求弧长为

$$s = 2\int_0^{\pi} 2a\cos\frac{\theta}{2}\mathrm{d}\theta = 8a\sin\frac{\theta}{2}\bigg|_0^{\pi} = 8a.$$

3. 旋转体的侧面积与体积

平面上一条曲线弧绕着该平面内的一直线旋转一周而产生的曲面称为**旋转曲面**，或称为**旋转体侧面**，由旋转曲面和底面围成的几何体称为**旋转体**. 下面讨论旋转体侧面积与体积的计算.

1) 旋转体的侧面积

设 xOy 平面上有一段曲线弧 $y=f(x)$，$f(x)$在$[a,b]$上有连续导数，且 $f(x)\geqslant 0$，曲线弧绕 x 轴旋转一周得到旋转曲面 S（图 5.15）. 为了求得旋转曲面 S 的面积，取 x 为积分变量，在积分区间$[a,b]$上任取一小区间$[x,x+\mathrm{d}x]$，这一小区间对应的小弧段$\widehat{MN}$绕 x 轴旋转一周得到一圈带状曲面，它的面积近似地等于以 $2\pi y$ 为长，以弧长微元 $\mathrm{d}s=\sqrt{1+y'^2}\mathrm{d}x$ 为宽的带状面积 $2\pi y\mathrm{d}s$. 从而得到面积元素为

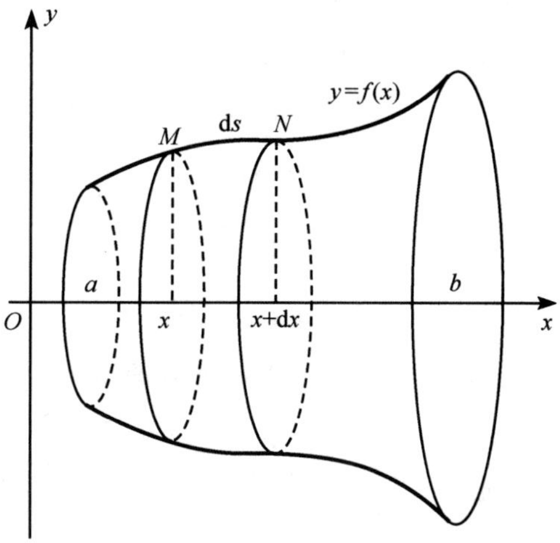

图 5.15

$$\mathrm{d}S = 2\pi y\mathrm{d}s = 2\pi y\sqrt{1+y'^2}\mathrm{d}x = 2\pi y\sqrt{1+f(x)'^2}\mathrm{d}x.$$

以 $\mathrm{d}S$ 为被积表达式，在$[a,b]$上作定积分，于是得到旋转曲面的侧面积

$$S = \int_a^b \mathrm{d}S = 2\pi\int_a^b f(x)\sqrt{1+f'^2(x)}\mathrm{d}x.$$

注 若曲线弧由参数方程$\begin{cases}x=\varphi(t),\\ y=\phi(t)\end{cases}(\alpha\leqslant t\leqslant\beta)$确定，则由该弧段绕 x 轴旋转一周得到的旋转曲面的侧面积为

$$S = \int_a^b \mathrm{d}S = 2\pi\int_\alpha^\beta \phi(t)\sqrt{\varphi'^2(t)+\phi'^2(x)}\mathrm{d}t.$$

若曲线弧段由极坐标方程 $r=r(\theta)(\alpha\leqslant\theta\leqslant\beta)$ 给出，可先将其化为直角坐标系下方程$\begin{cases}x=r(\theta)\cos\theta,\\ y=r(\theta)\sin\theta\end{cases}(\alpha\leqslant\theta\leqslant\beta)$，再依参数方程的方法处理.

例 5.6.8 求曲线 $y=x^3$ 介于 $x=0$ 与 $x=1$ 之间的一段弧绕 x 轴旋转一周得到的旋转体的侧面积.

解 取 x 为积分变量，则积分区间为$[0,1]$. $\mathrm{d}S=2\pi y\sqrt{1+y'^2}\mathrm{d}x=2\pi x^3\sqrt{1+9x^4}\mathrm{d}x$，于是所求侧面积

$$S = \int_0^1 2\pi x^3\sqrt{1+9x^4}\mathrm{d}x = \frac{\pi}{2}\int_0^1\sqrt{1+9x^4}\mathrm{d}x^4$$

$$= \frac{\pi}{18} \cdot \frac{2}{3}(1+9x^4)^{\frac{3}{2}} \Big|_0^1 = \frac{\pi}{27}(10\sqrt{10}-1).$$

例 5.6.9 求抛物线 $y=x^2$ 位于 $x=1$ 与 $x=2$ 之间的一段弧绕着 y 轴旋转一周所得曲面的侧面积.

解 弧长微元 $\mathrm{d}s=\sqrt{1+y'^2}\,\mathrm{d}x=\sqrt{1+4x^2}\,\mathrm{d}x$. 因为绕 y 轴旋转，所以带状曲面的长为 $2\pi x$，宽仍为弧长微元 $\mathrm{d}s$. 于是所求曲面的侧面积为

$$S = 2\pi\int_1^2 x\sqrt{1+4x^2}\,\mathrm{d}x = \frac{\pi}{4}\int_1^2 \sqrt{1+4x^2}\,\mathrm{d}(4x^2)$$

$$= \frac{\pi}{4} \cdot \frac{2}{3}(1+4x^2)^{\frac{3}{2}} \Big|_1^2 = \frac{\pi}{6}(17\sqrt{17}-5\sqrt{5}).$$

2) 旋转体的体积

设在 xOy 平面上由连续曲线 $y=f(x)$，直线 $x=a$ 与 $x=b(a<b)$ 及 x 轴围成的曲边梯形绕 x 轴旋转一周(图 5.16)，现在探讨此旋转体体积的求法.

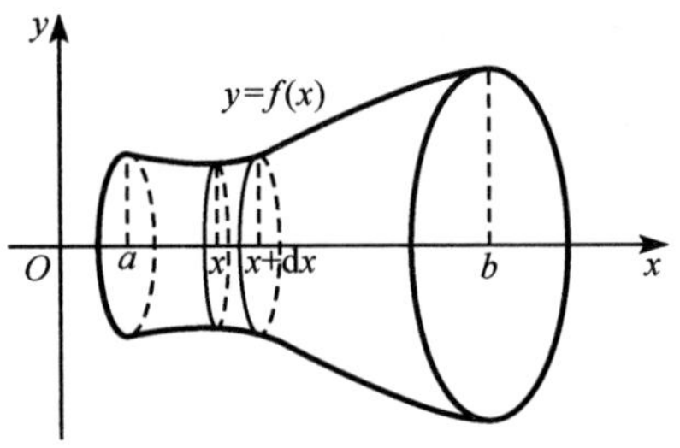

图 5.16

取 x 为积分变量，则积分区间为 $[a,b]$. 在 $[a,b]$ 上任取一小区间 $[x,x+\mathrm{d}x]$，与此小区间对应的小曲边梯形旋转得到的小旋转体的体积记为 ΔV，用以 $f(x)$ 为底面半径，以 $\mathrm{d}x$ 为高的圆柱体的体积近似地代替小旋转体的体积 ΔV. 于是得到体积微元为 $\mathrm{d}V=\pi f^2(x)\mathrm{d}x$. 以 $\mathrm{d}V$ 为被积表达式，在区间 $[a,b]$ 上作定积分，即得所求旋转体的体积，记为 V_x，且

$$V_x = \pi\int_a^b [f(x)]^2\mathrm{d}x.$$

同理可得，由连续曲线 $x=\varphi(y)$，直线 $y=c$ 与 $y=d(c<d)$ 及 y 轴所围成的曲边梯形绕 y 轴旋转一周所得的旋转体的体积为

$$V_y = \pi\int_c^d [\varphi(y)]^2\mathrm{d}y.$$

例 5.6.10 求由椭圆 $\frac{x^2}{a^2}+\frac{y^2}{b^2}=1$ 所围成的图形分别绕 x 轴与 y 轴旋转而成的立体体积.

解 将绕 x 轴旋转所得立体体积记为 V_x，从 $\frac{x^2}{a^2}+\frac{y^2}{b^2}=1$ 中解出 $y=\frac{b}{a}\sqrt{a^2-x^2}$，从而 $\mathrm{d}V=\pi f^2(x)\mathrm{d}x=\pi\left[\frac{b}{a}\sqrt{a^2-x^2}\right]^2\mathrm{d}x$. 于是这个旋转体的体积为

$$V_x = \int_{-a}^a \pi\left(\frac{b}{a}\sqrt{a^2-x^2}\right)^2\mathrm{d}x = \frac{\pi b^2}{a^2}\int_{-a}^a (a^2-x^2)\mathrm{d}x = \frac{4}{3}\pi ab^2.$$

将绕 y 轴旋转所得立体体积记为 V_y，从 $\frac{x^2}{a^2}+\frac{y^2}{b^2}=1$ 中解出 $x=\frac{a}{b}\sqrt{b^2-y^2}$，从而

$\mathrm{d}V=\pi\varphi^2(y)\mathrm{d}y=\pi\left(\frac{a}{b}\sqrt{b^2-y^2}\right)^2\mathrm{d}y$. 于是这个旋转体的体积为

$$V_y=\int_{-b}^{b}\pi\left(\frac{a}{b}\sqrt{b^2-y^2}\right)^2\mathrm{d}y=\frac{\pi a^2}{b^2}\int_{-b}^{b}(b^2-y^2)\mathrm{d}y=\frac{4}{3}\pi a^2 b.$$

例 5.6.11 求由圆 $x^2+(y-b)^2=a^2(b>a)$绕 x 轴旋转所得圆环的体积.

解 首先将圆 $x^2+(y-b)^2=a^2$ 分成两个部分:上半圆周 $y=b+\sqrt{a^2-x^2}$和下半圆周 $y=b-\sqrt{a^2-x^2}$,所求的体积是以上半圆周为曲边梯形和以下半圆周为曲边梯形分别绕 x 轴旋转所得立体体积之差,于是得到

$$\begin{aligned}V&=\pi\int_{-a}^{a}[(b+\sqrt{a^2-x^2})^2-(b-\sqrt{a^2-x^2})^2]\mathrm{d}x\\&=2\pi\int_0^a 4b\sqrt{a^2-x^2}\mathrm{d}x=2\pi^2a^2b.\end{aligned}$$

4. 平行截面面积为已知的立体体积

在求旋转体的体积过程中,关键一步是求出体积微元.因此,如果一个几何体不是旋转体,但能够计算出该几何体垂直于一定轴的各个截面的面积,则可求出体积微元,从而用定积分算出其体积.

如图 5.17 所示,设有一几何体介于过点 $x=a$,$x=b(a<b)$且垂直于 x 轴的两平面之间,以 $A(x)$表示过点 x 且垂直于 x 轴的平面截该几何体所得截面的面积,又 $A(x)$为 x 的连续函数.取 x 为积分变量,则积分区间为$[a,b]$,在$[a,b]$上任取一小区间$[x,x+\mathrm{d}x]$,且与此小区间相对应的那部分几何体的体积为 ΔV,则 ΔV 近似于以 $A(x)$为底,以 $\mathrm{d}x$ 为高的柱体的体积,从而得到体积微元为 $\mathrm{d}V=A(x)\mathrm{d}x$.以 $A(x)\mathrm{d}x$ 为被积表达式,在区间$[a,b]$上作定积分,就得到所求几何体的体积为

$$V_x=\int_a^b A(x)\mathrm{d}x.$$

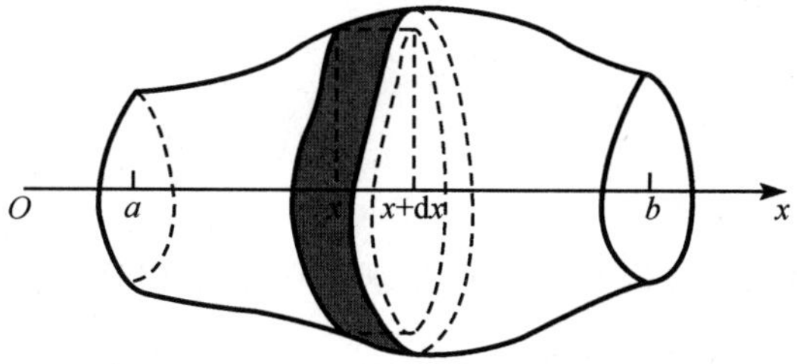

图 5.17

类似地,若一几何体介于过点 $y=c$,$y=d(c<d)$且垂直于 y 轴的两平面之间,以 $A(y)$表示过点 y 且垂直于 y 轴的平面截该几何体所得截面的面积,又 $A(y)$为 y 的连续函数,则该几何体的体积为

$$V_y=\int_c^d A(y)\mathrm{d}y.$$

例 5.6.12 一平面经过半径为 a 的圆柱体的底面中心，并与底面成 α 角 $\left(0<\alpha<\frac{\pi}{2}\right)$，求介于截面与底面之间的几何体(楔形体)的体积.

解 如图 5.18 所示，取平面与圆柱底面的交线为 x 轴，底面上过圆心且垂直于 x 轴的直线为 y 轴，则底面圆的方程为 $x^2+y^2=a^2$. 依平行于坐标轴的方向截楔形体，则有两种方案可供选择：

思路一. 如图 5.18(a)所示. 用一组垂直于 x 轴的平行平面截楔形体，所得平行截面都是直角三角形，两直角边分别为 y 与 $y\tan\alpha$，则平行截面面积为

$$A(x)=\frac{1}{2}y\cdot y\tan\alpha=\frac{1}{2}(a^2-x^2)\tan\alpha,$$

于是所求楔形体的体积为

$$V_x=\frac{1}{2}\int_{-a}^{a}(a^2-x^2)\tan\alpha\mathrm{d}x=\frac{2}{3}a^3\tan\alpha.$$

思路二. 如图 5.18(b)所示. 用一组垂直于 y 轴的平行平面截楔形体，所得平行截面都是矩形，两邻边分别为 $2x$ 与 $y\tan\alpha$，则平行截面面积为

$$A(y)=2x\cdot y\tan\alpha=2y\sqrt{a^2-y^2}\tan\alpha,$$

于是所求楔形体的体积为

$$V_y=2\int_{0}^{a}y\sqrt{a^2-y^2}\tan\alpha\mathrm{d}y=\frac{2}{3}a^3\tan\alpha.$$

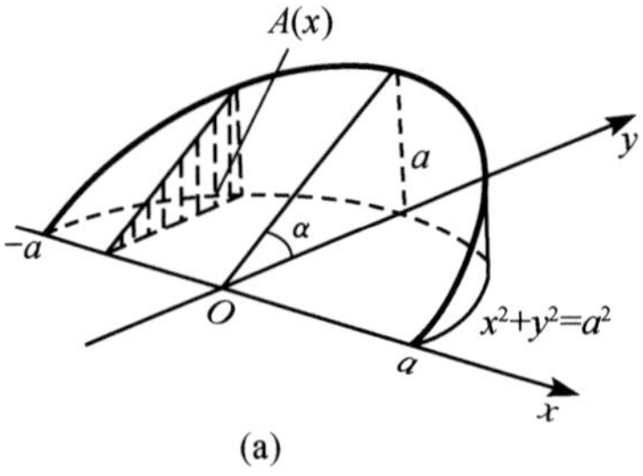

(a)

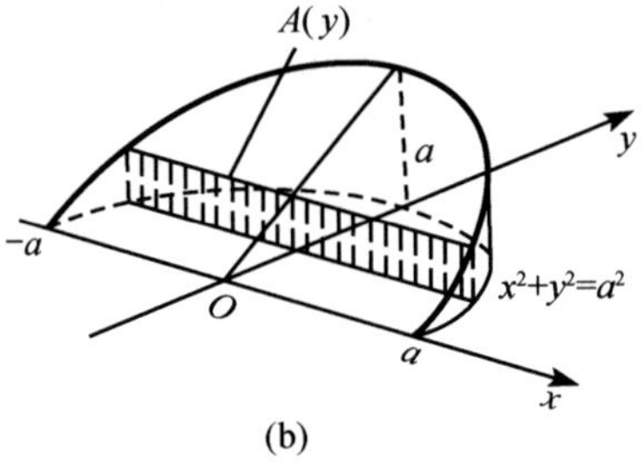

(b)

图 5.18

5. 函数的平均值

对于一组离散的数据，可以利用平均数来刻画该组数据的平均水平. 比如，某同学参加了 n 次测试，每次测试的成绩为 $x_1,x_2,\cdots,x_n$，则可以用 $\bar{x}=\frac{x_1+x_2+\cdots+x_n}{n}$ 作为该同学测试成绩的近似值.

但是，有时需要考虑某个连续函数 $f(x)$ 在区间 $[a,b]$ 上所取一切函数值的平均值. 比如，某地一昼夜的平均气温. 怎样求连续函数 $f(x)$ 在 $[a,b]$ 上的平均值呢？借助极限这一工具，将连续函数的平均值化为离散数据的平均值来处理.

把区间 $[a,b]$ n 等分，分点为：$a=x_0<x_1<x_2<\cdots<x_n=b$，每个小区间的长度为

$\Delta x=\dfrac{b-a}{n}$. 设在这些分点处的函数值分别为：$y_0,y_1,y_2,\cdots,y_n$，则可用 $y_0,y_1,y_2,\cdots,y_{n-1}$ 的平均值 $\dfrac{y_0+y_1+y_2+\cdots+y_{n-1}}{n}$ 近似地代替 $f(x)$ 在 $[a,b]$ 上的平均值 $\bar{y}$，即

$$\bar{y}\approx\frac{y_0+y_1+y_2+\cdots+y_{n-1}}{n}.$$

如果 n 取得比较大，即每个小区间的长度 Δx 比较小，那么 $\dfrac{y_0+y_1+y_2+\cdots+y_{n-1}}{n}$ 就比较准确地表示了函数 $f(x)$ 在 $[a,b]$ 上的平均值 $\bar{y}$.

于是称极限 $\lim\limits_{n\to\infty}\dfrac{y_0+y_1+y_2+\cdots+y_{n-1}}{n}$ 为函数 $f(x)$ 在 $[a,b]$ 上的平均值，即

$$\bar{y}=\lim_{n\to\infty}\frac{y_0+y_1+y_2+\cdots+y_{n-1}}{n}.$$

对上式恒等变形，有

$$\begin{aligned}\bar{y}&=\lim_{n\to\infty}\frac{y_0+y_1+y_2+\cdots+y_{n-1}}{n}=\lim_{n\to\infty}\frac{y_0+y_1+y_2+\cdots+y_{n-1}}{b-a}\cdot\frac{b-a}{n}\\&=\lim_{\Delta x\to 0}\frac{y_0+y_1+y_2+\cdots+y_{n-1}}{b-a}\cdot\Delta x=\frac{1}{b-a}\lim_{\Delta x\to 0}\sum_{i=1}^{n}y_{i-1}\Delta x\\&=\frac{1}{b-a}\lim_{\Delta x\to 0}\sum_{i=1}^{n}f(x_{i-1})\Delta x\\&=\frac{1}{b-a}\int_a^b f(x)\mathrm{d}x.\end{aligned}$$

因此，函数 $f(x)$ 在 $[a,b]$ 上的平均值 $\bar{y}$ 等于函数 $f(x)$ 在 $[a,b]$ 上的定积分除以区间长度 $b-a$. 这就是定积分中值定理的几何意义所揭示的内涵，这样也从不同的角度导出了定积分中值定理.

例 5.6.13　计算纯电阻电路中正弦交流电 $i=I_{\mathrm{m}}\sin\omega t$ 在一个周期上的平均功率.

解　设电阻为 R，则功率 $p=ui=Ri^2=RI_{\mathrm{m}}^2\sin^2\omega t$，又周期 $T=\dfrac{2\pi}{\omega}$. 所以，

$$\bar{p}=\frac{1}{\frac{2\pi}{\omega}}\int_0^{\frac{2\pi}{\omega}}RI_{\mathrm{m}}^2\sin^2\omega t\,\mathrm{d}t=\frac{RI_{\mathrm{m}}^2}{2}.$$

※5.6.2　物理应用

1. 变力沿直线所做的功

如果一个物体受到一个恒力 F 的作用，在 F 的作用下沿直线移动了距离 s. 则力 F 所做的功为 $W=F\cdot s$. 如果物体在直线运动的过程中受到的力是变化的，怎样求变力

对物体所做的功呢?

设物体在一个与 x 轴平行的变力 $F(x)$作用下沿 x 轴由 $x=a$ 移动到 $x=b$,且 $F(x)$ 是 x 的连续函数.在$[a,b]$上任取一小区间$[x,x+\mathrm{d}x]$,由于在这个小区间上变力变化很小,可以近似地以 x 处的力 $F(x)$作为该小区间上的恒力,从而得功微元 $\mathrm{d}W=F(x)\mathrm{d}x$.以此为被积表达式,在$[a,b]$上作定积分,得到变力 $F(x)$在$[a,b]$上所做的功为

$$W=\int_a^b F(x)\mathrm{d}x.$$

例 5.6.14 设 40N 的力使弹簧从自然长度 10cm 拉长到 15cm,问需要做多大的功才能克服弹簧恢复力,将伸长的弹簧从 15cm 处再拉长 3cm?

解 由胡克定律,弹簧的恢复力 $F(x)$与伸长的长度 x 成正比,即

$$F(x)=kx,$$

其中 k 为弹簧的倔强系数.

当弹簧从 10cm 拉长到 15cm 时,伸长了 0.05m,由 $F(0.05)=40$,即 $40=0.05k$.解得 $k=800$,于是 $F(x)=800x$.

当弹簧从 15cm 拉长到 18cm 时,克服弹簧的恢复力所做的功为

$$W=\int_{0.05}^{0.08}800x\mathrm{d}x=1.56(\mathrm{J}).$$

例 5.6.15 在底面积为 S 的圆柱形容器中盛有一定量的气体.在等温条件下,由于气体膨胀,把容器中的活塞(面积为 S)从 a 处推移到 b.计算在活塞移动过程中,气体压力所做的功.

解 以圆柱底面中心为原点,活塞运动方向为正方向建立坐标轴,则活塞的位置可以用 x 来表示.

在等温条件下,气体压强 p 与气体体积 V 成反比:$p=\frac{k}{V}$(k 为常数),又 $V=xS$.因而作用在活塞上的力为

$$F(x)=p\cdot S=\frac{k}{V}\cdot S=\frac{k}{x}.$$

取 x 为积分变量,则积分区间为$[a,b]$.在$[a,b]$上任取一小区间$[x,x+\mathrm{d}x]$,当活塞从 x 移动到 $x+\mathrm{d}x$ 时,变力所做的功近似地等于$\frac{k}{x}\mathrm{d}x$,即功微元 $\mathrm{d}W=\frac{k}{x}\mathrm{d}x$.于是所求的功为

$$W=\int_a^b\frac{k}{x}\mathrm{d}x=k\ln\frac{b}{a}.$$

例 5.6.16 有一圆锥形蓄水池,内储满水,池水直径为 20m,池深 15m,现在要将池内的水全部抽到池外,需做多少功?

解 如图 5.19 所示建立坐标系.以 y 为积分变量,则积分区间为$[0,15]$.在$[0,15]$上取以小区间$[y,y+\mathrm{d}y]$,以小区间对应的水层重量为 ΔF,ΔF 近似地等于以$|AB|$为底半径,以 $\mathrm{d}y$ 为高的薄圆柱水层的重量 $\mathrm{d}F$,于是有 $\mathrm{d}F=\rho V=\rho\pi|AB|^2\mathrm{d}y$(其中 ρ 为水

的密度). 又 $|AB|=x=\frac{2}{3}y$,从而 $\mathrm{d}F=\frac{39200\pi}{9}y^2\mathrm{d}y$. 若将这层水抽到池外,位移为 $15-y$,于是功微元为

$$\mathrm{d}W=\mathrm{d}F\cdot(15-y)=\frac{39200\pi}{9}y^2(15-y)\mathrm{d}y.$$

从而将全部的水抽到池外所需做的功为

$$W=\int_0^{15}\frac{39200\pi}{9}y^2(15-y)\mathrm{d}y=1.8375\times10^7(\mathrm{J}).$$

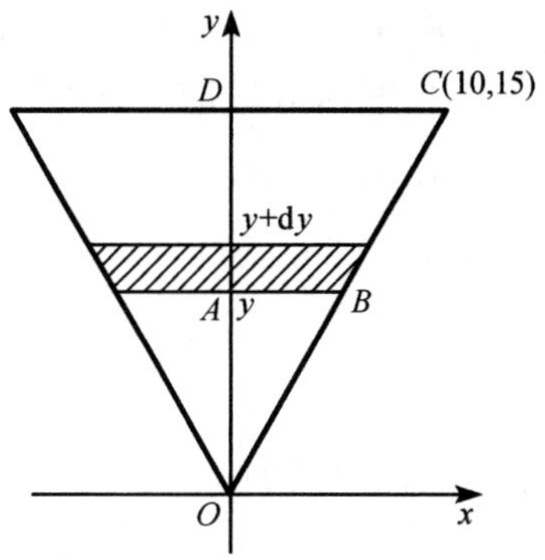

图 5.19

2. 液体的静压力

我们知道,在液体中深度为 h 处的压强为 $p=\rho gh$ (ρ 为液体的密度,g 为重力加速度),若有一面积为 A 的平板水平地放在液体的深度 h 处,则液体对平板一侧产生的静压力为:$P=pA=\rho ghA$.

设一曲边梯形状薄板 $ABCD$ 垂直浸在液体中,如图 5.20 所示建立坐标系. 薄板的上、下沿 AD 和 BC 平行于液面,分别距离液面 a 和 b,薄板的曲边 CD 的方程为 $y=f(x)$. 在$[a,b]$上任取一小区间$[x,x+\mathrm{d}x]$,这一小曲边梯形的面积微元为 $\mathrm{d}A=f(x)\mathrm{d}x$,且设液体作用于这一小曲边梯形的静压力为 ΔP. 当 $\mathrm{d}x$ 很小时,小曲边梯形上各点的压强近似地看成不变,等于 x 处的压强. 于是,静压力微元为 $\mathrm{d}P=\rho gx\mathrm{d}A=\rho gxf(x)\mathrm{d}x$. 静压力微元 $\mathrm{d}P$ 在$[a,b]$上的定积分就是薄板 $ABCD$ 受到的总的静压力

$$P=\int_a^b\mathrm{d}P=\int_a^b\rho gxf(x)\mathrm{d}x.$$

例 5.6.17　某水库的闸门形状为等腰梯形,它的两条底边各长为 10m 和 6m,高为 20m,较长的底边与水面相齐. 计算闸门一侧所受的水压力.

解　如图 5.21 所示建立坐标系,则梯形闸门一腰 AB 的方程为 $y=3-\frac{1}{10}(x-20)$,即 $y=5-\frac{x}{10}$.

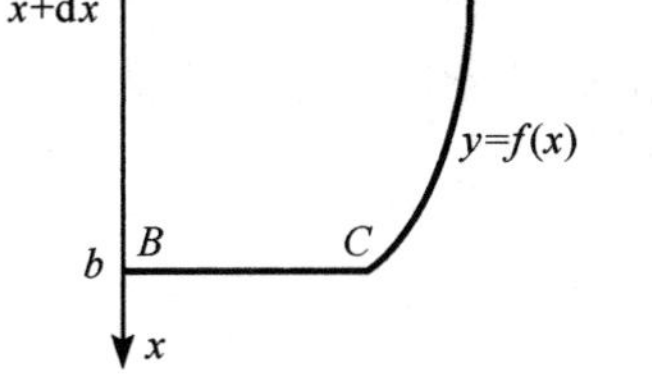

图 5.20

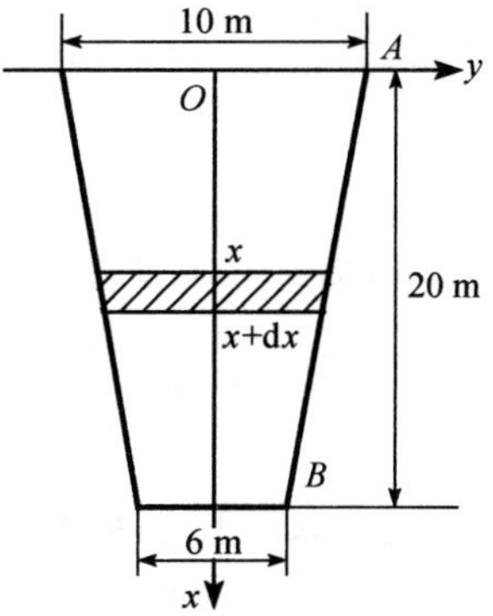

图 5.21

取 x 为积分变量，则积分区间为[0,20]. 在[0,20]上任取一小区间$[x,x+\mathrm{d}x]$，与该小区间对应的小梯形各点处受到的水压强近似地等于 $xg(\mathrm{kN/m^2})$，小梯形的长近似地等于 $2y=2\left(5-\frac{x}{10}\right)=10-\frac{x}{5}$. 高度为 $\mathrm{d}x$，所以小梯形一侧所受的水压力近似地等于

$$\mathrm{d}P = gx\left(10-\frac{x}{5}\right)\mathrm{d}x$$

此即水压力微元，从而闸门一侧所受的水压力为

$$P=\int_0^{20}\mathrm{d}P=\int_0^{20}gx\left(10-\frac{x}{5}\right)\mathrm{d}x=g\left(2000-\frac{1600}{3}\right)\approx 14373(\mathrm{kN}).$$

3. 引力

由万有引力定律可知，两个质量分别为 m_1 和 m_2 的质点，若相距 r，则彼此之间的引力大小为 $F=G\frac{m_1m_2}{r^2}$.

如果要求一细长杆对一个质点的引力，由于细长杆上各点到质点的距离不一样，而且引力的方向也不断变化，因此无法直接应用以上公式. 我们采用微元法解决这类问题.

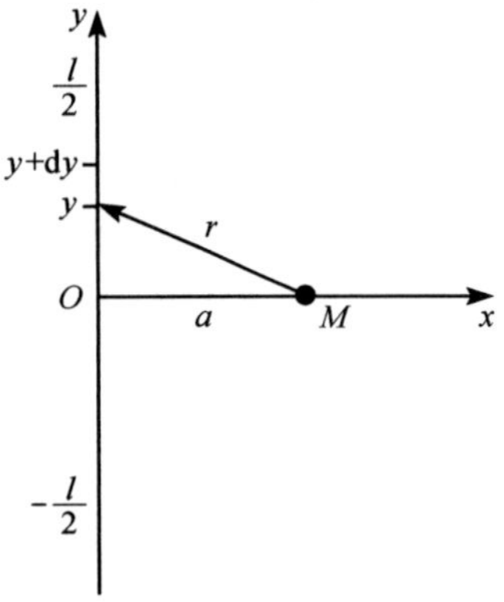

图 5.22

例 5.6.18 设有一长度为 l、线密度为 μ 的均匀细直棒，在它的中垂线上距棒 a 单位处有一质量为 m 的质点 M. 求此细直棒对质点 M 的引力.

解 如图 5.22 所示建立坐标系.

取 y 为积分变量，则积分区间为 $\left[-\frac{l}{2},\frac{l}{2}\right]$. 在 $\left[-\frac{l}{2},\frac{l}{2}\right]$上任取一小区间$[y,y+\mathrm{d}y]$. 将细直棒上对应于$[y,y+\mathrm{d}y]$的一段近似地看成质点，则其质量为 $\mu\mathrm{d}y$，且与 M 的距离为 $r=\sqrt{a^2+y^2}$. 按两个质点之间的引力计算这小段细直棒对质点 M 的引力 ΔF：

$$\Delta F\approx G\frac{m\mu\mathrm{d}y}{a^2+y^2},$$

由此得到 ΔF 在水平方向分力 ΔF_x 的近似值，也就是细直棒对质点 M 的引力在水平方向的分力微元为 $\mathrm{d}F_x=-G\frac{am\mu\mathrm{d}y}{(a^2+y^2)^{\frac{3}{2}}}$，于是引力在水平方向上的分力为

$$F_x=-\int_{-\frac{l}{2}}^{\frac{l}{2}}\mathrm{d}F_x=-\int_{-\frac{l}{2}}^{\frac{l}{2}}G\frac{am\mu\mathrm{d}y}{(a^2+y^2)^{\frac{3}{2}}}=-\frac{2Gm\mu l}{a\sqrt{4a^2+l^2}}.$$

另外，由对称性可知，引力在竖直方向上的分力 $F_y=0$.

*5.6.3 经济应用

1. 已知边际函数求原函数

在经济学中，由边际函数求总函数（即原函数），常采用不定积分；求总函数在某范围内的总量则常采用定积分. 例如，设某产品的边际产量为 $\frac{\mathrm{d}Q(t)}{\mathrm{d}t}=f(t)$，则总产量由不定积分表示为：$Q=\int f(t)\mathrm{d}t$，而该产品在时间段 $[a,b]$ 内的总产量则用定积分计算：$Q=\int_a^b f(t)\mathrm{d}t$；设某产品的边际成本为 $\frac{\mathrm{d}C(Q)}{\mathrm{d}Q}=C'(Q)$，则总成本由不定积分表示为 $C(Q)=\int C'(Q)\mathrm{d}Q$，而该产品从产量 a 到产量 b 的总成本则用定积分计算：$C(Q)=\int_a^b C'(Q)\mathrm{d}Q$；设某商品的边际收益为 $\frac{\mathrm{d}R(Q)}{\mathrm{d}Q}=R'(Q)$，则总是收益由不定积分表示为：$R(Q)=\int R'(Q)\mathrm{d}Q$，而销售该商品 N 个获得的总收益则用定积分计算：$R(Q)=\int_0^N R'(Q)\mathrm{d}Q$.

例 5.6.19 某产品的边际成本为 $C'(Q)=2$（万元/百台），边际收入为 $R'(Q)=7-Q$（万元/百台），其中 Q 为产量，它的固定成本为 1 万元. 问：

(1) 当产品的产量为多少时，总利润 $L(Q)$ 达到多少？

(2) 从总利润最大时再生产 2 百台，总利润增加多少？

解 因为边际成本为 $C'(Q)=2$，所以总成本函数为

$$C(Q)=\int C'(Q)\mathrm{d}Q=\int 2\mathrm{d}Q=2Q+C_1.$$

由 $C(0)=1$ 得 $C_1=1$，因而总成本函数为 $C(Q)=2Q+1$ 因为边际收入为 $R'(Q)=7-Q$，所以总收入函数为

$$R(Q)=\int R'(Q)\mathrm{d}Q=\int(7-Q)\mathrm{d}Q=7Q-\frac{1}{2}Q^2+C_2.$$

由 $R(0)=0$ 得 $C_2=0$，因而总收入函数为 $R(Q)=7Q-\frac{1}{2}Q^2$.

所以，总利润函数 $L(Q)$ 为

$$L(Q)=R(Q)-C(Q)=5Q-\frac{1}{2}Q^2-1.$$

(1) $L'(Q)=\dfrac{\mathrm{d}\left(5Q-\frac{1}{2}Q^2-1\right)}{\mathrm{d}Q}=5-Q$，由 $L'(Q)=0$ 得 $Q=5$.

对于实际问题，最大利润是存在的，且极值唯一，故当 $Q=5$（百台）时，利润最大，最大利润为 $L(5)=11.5$（万元）.

(2) 从最大利润的 $Q=5$(百台)增加到 $Q=7$(百台)时，总利润增加量为

$$\int_5^7 L'(Q)\mathrm{d}Q=\int_5^7(5-Q)\mathrm{d}Q=-2(\text{万元}),$$

即从利润最大时，再多生产 2 百台，总利润减少了 2 万元.

例 5.6.20　已知生产某种商品 x 单位时，边际收益函数为 $R'(x)=200-\dfrac{x}{50}$(元/单位). 求生产 x 单位时总收益 $R(x)$ 以及平均单位收益 $\bar{R}(x)$.

解　生产 x 单位时总收益 $R(x)$ 即边际收益函数 $R'(x)=200-\dfrac{x}{50}$ 在 $[0,x]$ 上的定积分

$$R(x)=\int_0^x R'(x)\mathrm{d}x=\int_0^x\left(200-\frac{x}{50}\right)\mathrm{d}x=200x-\frac{x^2}{100}.$$

此时的平均收益为

$$\bar{R}(x)=\frac{R(x)}{x}=200-\frac{x}{100}.$$

2. 由变化率求总量

例 5.6.21　设某产品在某时刻 t 时的总产量变化率为 $f(t)=100+12t-0.6t^2$(单位/小时). 求从 $t=2$ 到 $t=4$ 这两个小时的总产量.

解　因为总产量 $P(t)$ 是它的变化率的原函数，所以

$$\int_2^4 f(t)\mathrm{d}t=\int_2^4(100+12t-0.6t^2)\mathrm{d}t=260.8,$$

即所求的总产量是 260.8 单位.

例 5.6.22　已知某一产品每天生产 x 单位时，总费用的变化率是 $f(x)=0.4x-12$(元/单位)，求总费用 $F(x)$. 如果这种产品的销售价是 20 元，求总利润 $L(x)$.

解　由于总费用是其变化率的原函数，因此生产 x 单位时的总费用就是求变化率 $f(x)$ 在 $[0,x]$ 上的定积分，于是有

$$F(x)=\int_0^x f(x)\mathrm{d}x=\int_0^x(0.4x-12)\mathrm{d}x=0.2x^2-12x.$$

因为销售收入 $R(x)=20x$，所以总利润 $L(x)$ 为

$$L(x)=R(x)-F(x)=20x-(0.2x^2-12x)=32x-0.2x^2.$$

习　题　5

1. 试用定积分表示下列几何量或物理量：

(1) 由抛物线 $y=x^2$，直线 $y=4-3x$ 及 x 轴围成的曲边梯形的面积 $A=$________；

(2) 一物体受与位移同方向的力 F 的作用做直线运动，力 F 是位移 s 的函数：$F=F(s)=s^2+1$，则物体由 $s=2$ 移动到 $s=5$ 时，力 F 所做的功 $W=$________；

(3) 一质点做直线运动,速度为 $v=4+t^2$,则从 $t=0$ 到 $t=3$ 的时间内,该质点所走的路程 $s=$ ________.

2. 利用定积分的几何意义求下列定积分:

(1) $\int_0^1 \sqrt{1-x^2}\,dx$;　　(2) $\int_1^3 |x-2|\,dx$.

3. 利用定积分的定义计算:

(1) $\int_0^4 (2x+3)\,dx$;　　(2) $\int_0^1 e^x\,dx$.

4. 不计算定积分,比较下列各组积分值的大小:

(1) $\int_0^1 x\,dx$ 与 $\int_0^1 x^2\,dx$;　　(2) $\int_1^2 \ln x\,dx$ 与 $\int_1^2 \ln^2 x\,dx$;

(3) $\int_0^{\frac{\pi}{2}} \sin x\,dx$ 与 $\int_0^{\frac{\pi}{2}} x\,dx$;　　(4) $\int_0^1 e^x\,dx$ 与 $\int_0^1 e^{x^2}\,dx$.

5. 利用定积分的性质,估计下列积分值的范围:

(1) $\int_0^2 e^{x^2-x}\,dx$;　　(2) $\int_{\frac{\pi}{4}}^{\frac{5}{4}\pi} (1+\sin^2 x)\,dx$.

6. 求下列函数的导数:

(1) $F(x)=\int_1^x \sqrt{1+t^2}\,dt$;　　(2) $F(x)=\int_x^{-1} t e^{-t}\,dt$;

(3) $F(x)=\int_0^{x^2} \frac{1}{\sqrt{1+t^2}}\,dt$;　　(4) $F(x)=\int_{\sin x}^{x^2} 2t\,dt$.

7. 求下列极限:

(1) $\lim\limits_{x\to 0}\frac{\int_0^x \cos^2 t\,dt}{x}$;　　(2) $\lim\limits_{x\to 0}\frac{\left(\int_0^x e^{t^2}\,dt\right)^2}{\int_0^x t e^{2t^2}\,dt}$;

(3) $\lim\limits_{x\to 0}\frac{\int_0^{x^3} \arctan\sqrt[3]{t}\,dt}{\ln(1+x^4)}$;　　(4) $\lim\limits_{h\to 0^+}\frac{1}{h}\int_{x-h}^{x+h} \cos t^2\,dt\ (h>0)$.

8. 讨论函数 $F(x)=\int_0^x t(t-4)\,dt$ 在[−1,5]上的单调性,并求极值.

9. 求下列定积分:

(1) $\int_2^6 (x^2-1)\,dx$;　　(2) $\int_0^a \sqrt{x}(\sqrt{a}-\sqrt{x})^2\,dx$;

(3) $\int_0^1 \frac{1}{x^2+6x+9}\,dx$;　　(4) $\int_0^{\pi} \cos^2\frac{x}{2}\,dx$;

(5) $\int_0^{\frac{\pi}{4}} \tan^2\theta\,d\theta$;　　(6) $\int_0^1 \frac{1}{\sqrt{4-x^2}}\,dx$;

(7) $\int_{-e-1}^{-2} \frac{1}{1+x}\,dx$;　　(8) $\int_{-1}^0 \frac{3x^4+3x^2+1}{x^2+1}\,dx$;

(9) $\int_0^{2\pi} |\sin x|\,dx$;　　(10) $\int_{-1}^2 |x^2-x|\,dx$.

10. 设 $f(x)=\begin{cases} x+1, & x\leqslant 1, \\ \frac{1}{2}x^2, & x>1, \end{cases}$ 求 $\int_0^2 f(x)\,dx$.

11. 求下列定积分：

(1) $\int_{\frac{\pi}{3}}^{\pi}\sin\left(x+\frac{\pi}{3}\right)dx$；　(2) $\int_{-2}^{1}\frac{1}{(11+5x)^3}dx$；

(3) $\int_0^{\frac{\pi}{3}}\sin\theta\cos^3\theta d\theta$；　(4) $\int_0^{\pi}(1-\sin^3\varphi)d\varphi$；

(5) $\int_{\frac{\pi}{4}}^{\frac{\pi}{2}}\cos^2\theta d\theta$；　(6) $\int_0^1\sqrt{4-x^2}dx$；

(7) $\int_1^5\frac{\sqrt{x-1}}{x}dx$；　(8) $\int_0^8\frac{1}{\sqrt[3]{x}+1}dx$；

(9) $\int_0^{\ln 2}\sqrt{e^x-1}dx$；　(10) $\int_1^{e^2}\frac{1}{x\sqrt{1+\ln x}}dx$；

(11) $\int_0^2\frac{1}{\sqrt{x+1}+\sqrt{(x+1)^3}}dx$；　(12) $\int_0^1\frac{1}{e^x+e^{-x}}dx$；

(13) $\int_{-\frac{\pi}{2}}^{\frac{\pi}{2}}\sqrt{\cos x-\cos^3 x}dx$；　(14) $\int_0^{\pi}\sqrt{1+\cos 2x}dx$.

12. 设 $f(x)=\int_1^x e^{-t^2}dt$，求$\int_0^1 f(x)dx$.

13. 利用函数的奇偶性，求下列定积分：

(1) $\int_{-\pi}^{\pi}x^2\sin x dx$；　(2) $\int_{-\frac{\pi}{2}}^{\frac{\pi}{2}}4\cos^4\varphi d\varphi$；

(3) $\int_{-2}^{2}(x-3)\sqrt{4-x^2}dx$；　(4) $\int_{-1}^{1}\frac{\sin x+\arctan^2 x}{1+x^2}dx$.

14. 设 $f(x)$是连续函数，又 $F(x)=\int_a^x f(t)dt, a\neq 0$.

(1) 证明：若 $f(x)$是奇函数，则 $F(x)$必定是偶函数；

(2) 反之，若 $f(x)$是偶函数，则 $F(x)$必定是奇函数吗？为什么？

15. 证明：

(1) $\int_0^{\frac{\pi}{2}}\sin^m\theta d\theta=\int_0^{\frac{\pi}{2}}\cos^m\theta d\theta$，$m$ 为自然数；

(2) $\int_0^1 x^m(1-x)^n dx=\int_0^1 x^n(1-x)^m dx$，$m,n$ 为自然数.

16. 求下列定积分：

(1) $\int_0^1 xe^{2x}dx$；　(2) $\int_0^1 x\ln(1+x)dx$；

(3) $\int_0^{\frac{\pi}{2}}x^2\cos x dx$；　(4) $\int_0^{2\pi}e^{2x}\cos x dx$；

(5) $\int_0^1\ln(x^2+1)dx$；　(6) $\int_0^1\arctan^2 x dx$；

(7) $\int_1^2 x\log_2 x dx$；　(8) $\int_0^{\pi}(x\sin x)^2dx$；

(9) $\int_{\frac{1}{e}}^{e}|\ln x|dx$；　(10) $\int_0^{2\pi}\frac{x(1+\cos 2x)}{2}dx$.

17. 若函数 $f(x)$在区间[0,1]上连续，证明：

$$\int_0^1\left[\int_0^x f(t)\mathrm{d}t\right]\mathrm{d}x=\int_0^1(1-x)f(x)\mathrm{d}x.$$

18. 判断下列广义积分的敛散性,如果收敛,求出广义积分的值:

(1) $\int_1^{+\infty}\frac{1}{x^3}\mathrm{d}x$; (2) $\int_{-\infty}^0 \mathrm{e}^{2x}\mathrm{d}x$;

(3) $\int_{-\infty}^{+\infty}\frac{1}{x^2+9}\mathrm{d}x$; (4) $\int_{\mathrm{e}}^{+\infty}\frac{1}{x(\ln x)^2}\mathrm{d}x$;

(5) $\int_0^1\frac{x\mathrm{d}x}{\sqrt{1-x^2}}$; (6) $\int_0^1\frac{\arcsin x}{\sqrt{1-x^2}}\mathrm{d}x$;

(7) $\int_0^1\ln x\mathrm{d}x$; (8) $\int_1^{\mathrm{e}}\frac{1}{x\sqrt{1-\ln^2 x}}\mathrm{d}x$.

19. 当 k 为何值时,广义积分 $\int_2^{+\infty}\frac{1}{x(\ln x)^k}\mathrm{d}x$ 收敛?当 k 为何值时,广义积分发散?

20. 求下列平面图形的面积:

(1) 曲线 $y=x^2-8$ 与直线 $2x+y+8=0$,$y=-4$ 所围成的图形;

(2) 曲线 $y=\frac{1}{x}$ 与直线 $y=x$,$x=\mathrm{e}$ 所围成的图形;

(3) 曲线 $y=x^2$ 与 $y=2-x^2$ 所围成的图形;

(4) 曲线 $y=x^2$,$4y=x^2$ 与直线 $y=1$ 所围成的图形;

(5) 曲线 $y=\sin x$,$y=\cos x$ 与直线 $x=0$,$x=\frac{\pi}{2}$ 所围成的图形;

(6) 曲线 $y=\frac{1}{4}x^2$ 与 $y=\frac{8}{x^2+4}$ 所围成的图形;

(7) 曲线 $y^2=4x$ 及其在点(1,2)处的法线所围成的图形;

(8) 曲线 $y=\sqrt{2x}$ 及其在点(2,2)处的切线与 $y=0$ 所围成的图形;

(9) 曲线 $y=x^3-3x+2$ 在 x 轴上介于两极值点间的曲边梯形.

21. 求两曲线 $r=3\cos\theta$ 及 $r=1+\cos\theta$ 所围成图形的公共部分的面积.

22. 求曲线 $y=\frac{2}{3}x^{\frac{3}{2}}$ 上相应于 x 从 3 到 8 的一段弧长.

23. 求抛物线 $y^2=2px$ 从顶点到这曲线上的一点 $M(x,y)$ 的一段弧长.

24. 将绕在半径为 a 的圆上的细线放开拉直,使细线与圆周始终相切,则细线端点画出的轨迹叫做圆的渐开线,它的方程为

$$x=a(\cos t+t\sin t),\quad y=a(\sin t-t\cos t),$$

求出渐开线上相应于 t 从 0 变化到 π 的一段弧的长度.

25. 求由下列平面图形分别绕 x 轴、y 轴旋转一周所形成的旋转体的体积:

(1) 曲线 $y=\sqrt{x}$ 与直线 $x=1$,$x=4$,$y=0$ 所围成的图形;

(2) 在区间 $\left[0,\frac{\pi}{2}\right]$ 上,曲线 $y=\sin x$ 与直线 $x=\frac{\pi}{2}$,$y=0$ 所围成的图形;

(3) 曲线 $y=x^3$ 与直线 $x=2$,$y=0$ 所围成的图形;

(4) 曲线 $x^2+y^2=1$ 与 $y^2=\frac{3x}{2}$ 所围成的两个图形中较小的一块.

26. 设有一截锥体,其高为 h,上、下底均为椭圆,椭圆的长轴、短轴的长分别为 $2a$,$2b$;$2A$,$2B$,求

这截锥体的体积.

27. 一立体的底面是半径为 R 的圆,且垂直于底面上一条固定直径的所有截面都是等边三角形.求此立体的体积.

28. 求函数 $y=2xe^{-x}$ 在$[0,2]$上的平均值.

29. 直径为 20cm,高为 80cm 的圆筒内充满压强为 10N/cm^2 的蒸汽.设温度保持不变,要使蒸汽体积缩小一半,问需要做多少功?

30. 一物体按规律 $x=ct^3$ 做直线运动,介质的阻力与速度的平方成正比.求物体由 $x=0$ 移至 $x=a$ 时,克服介质阻力所做的功.

31. 用铁锤将一枚铁钉击入木板,设木板对铁钉的阻力与铁钉击入木板的深度成正比,在击打第一次时,经铁钉击入 1cm. 如果铁锤每次击打铁钉所做的功相等. 问锤击第二次时,铁钉又被击入多少?

32. 洒水车上的水箱是一个卧置的椭圆柱体,其横截面的长短轴长分别为 2m 和 1.5m,当水箱注满水时,求水箱的一个端面所受的力.

33. 一底为 8cm、高为 6cm 的等腰三角形薄片垂直地浸在水中,顶点在上面,底边在下面. 且底边与水面平行,而顶点离水面 3cm,求该薄片的一个面所受到的压力.

34. 设有一长度为 l、线密度为 μ 的均匀细直棒,在与棒的一端垂直距离为 a 单位处有一质量为 m 的质点 M,求这细直棒对质点 M 的引力.

★35. 某产品的边际成本 $C'=1$,边际收益为产量 x(百台)的函数 $R'(x)=5-x$. 求产量 x 等于多少时,总利润 $L(x)$ 最大?

★36. 已知某产品总产量的变化率是时间 t(年)的函数:$f(t)=2t+t(t\geqslant 0)$,求第一个五年和第二个五年的总产量各为多少?

第 6 章　二元函数微积分

本章要点　本章将在一元函数微积分的基础上，讨论二元函数的微积分. 具体来说，将讨论二元函数以及二元函数的极限、连续、偏导数、全微分、二重积分等. 二元函数微积分与一元函数微积分有许多相似之处，但也有许多不同之处，甚至在某些方面有着本质的区别.

6.1　二元函数的基本概念

为了将一元函数微积分推广到二元的情形，首先需要把一元函数的有关概念加以推广.

6.1.1　平面点集

1. 邻域

设 $P_0(x_0, y_0)$ 是 xOy 平面上的一个定点，δ 是某一正数. 与点 $P_0(x_0, y_0)$ 距离小于 δ 的点 $P(x, y)$ 的全体，称为点 P_0 的 δ 邻域，记为 $U(P_0, \delta)$，即 $U(P_0, \delta)=\{P \mid |PP_0|<\delta\}$，也就是

$$U(P_0, \delta)=\{(x, y) \mid \sqrt{(x-x_0)^2+(y-y_0)^2}<\delta\}.$$

在几何上，$U(P_0, \delta)$ 就是 xOy 平面上以点 $P_0(x_0, y_0)$ 为中心、$\delta>0$ 为半径的圆内部的点 $P(x, y)$ 的全体.

点 P_0 的去心 δ 邻域，记为 $\mathring{U}(P_0, \delta)$，即

$$\mathring{U}(P_0, \delta)=\{P \mid 0<|PP_0|<\delta\}=\{(x, y) \mid 0<\sqrt{(x-x_0)^2+(y-y_0)^2}<\delta\}.$$

当不需要强调邻域的半径时，通常用 $U(P_0)$ 表示点 P_0 的某个邻域，用 $\mathring{U}(P_0)$ 表示点 P_0 的某个去心邻域.

2. 区域

设 E 是平面上的一个点集，P 是平面上的一个点. 如果存在点 P 的某一邻域 $U(P) \subset E$，则称 P 为 E 的内点. 显然，E 的内点属于 E.

如果 E 的点都是内点，则称 E 为开集. 例如，集合 $E_1=\{(x, y) \mid 1<x^2+y^2<4\}$ 中每个点都是 E_1 的内点，因此 E_1 为开集.

如果点 P 的任一邻域内既有属于 E 的点，也有不属于 E 的点(点 P 本身可以属于 E，也可以不属于 E)，则称 P 为 E 的边界点. E 的边界点的全体称为 E 的边界. 例如上

例中，E_1 的边界是圆周 $x^2+y^2=1$ 和 $x^2+y^2=4$.

如果点 P 的任一去心邻域内总有属于 E 的点，则称 P 为 E 的聚点. 点集 E 的聚点，可以属于 E，也可以不属于 E.

设 D 是点集，如果对于 D 内任何两点，都可用折线连接起来，且该折线上的点都属于 D，则称点集 D 是连通的.

连通的开集称为区域或开区域. 例如，$\{(x,y)\mid x+y>0\}$ 及 $\{(x,y)\mid 4<x^2+y^2<9\}$ 都是区域.

开区域连同它的边界一起所构成的点集，称为闭区域. 例如，$\{(x,y)\mid x+y\geqslant 0\}$ 及 $\{(x,y)\mid 4\leqslant x^2+y^2\leqslant 9\}$ 都是闭区域.

对于平面点集 E，如果存在某一正数 r，使得

$$E\subset U(O,r),$$

其中 O 是坐标原点，则称 E 为有界点集，否则称为无界点集. 例如，$\{(x,y)\mid 1\leqslant x^2+y^2\leqslant 4\}$ 是有界闭区域，$\{(x,y)\mid x+y>0\}$ 是无界开区域.

6.1.2 二元函数概念

在很多自然现象以及实际问题中，经常遇到多个变量（如三个变量）之间的依赖关系.

例 6.1.1 长方形的面积 S 和它的边长 x 与 y 之间具有关系

$$S=xy,$$

这里，当 x,y 在集合 $\{(x,y)\mid x>0,y>0\}$ 内取定一对值 (x,y) 时，S 的对应值就随之确定.

例 6.1.2 一定量的理想气体的压强 p、体积 V 和绝对温度 T 之间具有关系

$$p=\frac{RT}{V},$$

其中 R 为常数. 这里，当 V,T 在集合 $\{(V,T)\mid V>0,T>T_0\}$ 内取定一对值 (V,T) 时，p 的对应值就随之确定.

定义 6.1.1 设在某个变化过程中有三个变量 x,y 和 z，D 是平面上的一个非空点集. 如果当变量 x,y 在 D 内任取一组值时，变量 z 按照某一确定的法则 f 总有唯一确定的数值与之对应，则称变量 z 为变量 x,y 的二元函数，通常记为

$$z=f(x,y),\quad (x,y)\in D,$$

其中点集 D 称为该函数的定义域，x,y 称为自变量，z 称为因变量. 数集

$$\{z\mid z=f(x,y),(x,y)\in D\}$$

称为该函数的值域.

与一元函数类似，我们约定：在一般地讨论用解析式表达的二元函数 $z=f(x,y)$ 时，其定义域就是使这个解析式有意义的变量 x,y 的一切值所组成的点 (x,y) 的集合.

例如，函数 $z=\ln(x+y)$ 的定义域为点集 $\{(x,y)\mid x+y>0\}$，如图 6.1 所示. 又如，

函数 $z=\arcsin(x^2+y^2)$ 的定义域为点集 $\{(x,y)\mid x^2+y^2\leqslant 1\}$，如图 6.2 所示.

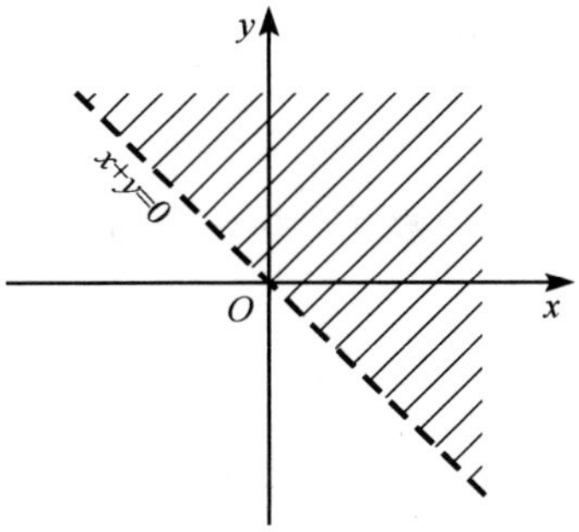

图 6.1

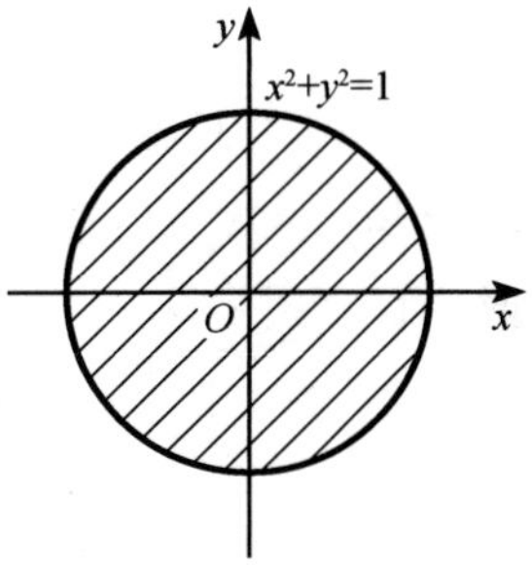

图 6.2

设函数 $z=f(x,y)$ 的定义域为 D. 对于任意取定的点 $P(x,y)\in D$，对应的函数值为 $z=f(x,y)$. 这样，以 x 为横坐标、y 为纵坐标、$z=f(x,y)$ 为竖坐标在空间直角坐标系中就确定一点 $M(x,y,z)$. 当 (x,y) 遍取 D 上的一切点时，得到一个空间点集

$$\{(x,y,z)\mid z=f(x,y),(x,y)\in D\},$$

这个点集称为二元函数 $z=f(x,y)$ 的图形，该图形是一张空间曲面.

6.1.3　二元函数的极限

定义 6.1.2　设二元函数 $f(x,y)$ 在点 $P_0(x_0,y_0)$ 的某个去心邻域内有定义. 如果存在常数 A，使得当动点 $P(x,y)$ 沿任意路径趋于点 $P_0(x_0,y_0)$ 时，函数 $f(x,y)$ 总无限趋于 A，则称常数 A 为函数 $f(x,y)$ 当 $(x,y)\to(x_0,y_0)$ 时的极限，记作

$$\lim_{(x,y)\to(x_0,y_0)} f(x,y)=A$$

或 $f(x,y)\to A$（当 $(x,y)\to(x_0,y_0)$ 时）.

在上述定义中，“如果存在常数 A，使得当动点 $P(x,y)$ 沿任意路径趋于点 $P_0(x_0,y_0)$ 时，函数 $f(x,y)$ 总无限趋于 A”可以进一步精确表述为：“如果存在常数 A，使得对于任意的 $\varepsilon>0$，都存在一个数 $\delta>0$，当动点 $P\in\mathring{U}(P_0,\delta)$ 时，总有 $|f(x,y)-A|<\varepsilon$.”

二元函数的极限又称为二重极限. 应该指出，所谓二重极限存在，是指 $P(x,y)$ 以任何方式趋于 $P_0(x_0,y_0)$ 时，函数都无限接近于 A. 因此，如果 $P(x,y)$ 以某一种特殊方式，例如沿着一条直线或定曲线趋于 $P_0(x_0,y_0)$ 时，即使函数无限接近于某一确定值，我们也不能由此断定函数的极限存在. 但是反过来，如果当 $P(x,y)$ 以不同方式趋于 $P_0(x_0,y_0)$ 时，函数趋于不同的值，那么就可以断定这函数的极限不存在.

例如，考察函数

$$f(x,y)=\begin{cases}\dfrac{xy}{x^2+y^2}, & x^2+y^2\neq 0,\\ 0, & x^2+y^2=0\end{cases}$$

在点 $(0,0)$ 处的极限是否存在.

显然,当点 $P(x,y)$沿 x 轴趋于点(0,0)时, $\lim\limits_{\substack{(x,y)\to(0,0)\\ y=0}} f(x,y)=\lim\limits_{x\to 0}f(x,0)=0$;又当点 $P(x,y)$沿 y 轴趋于点(0,0)时, $\lim\limits_{\substack{(x,y)\to(0,0)\\ x=0}} f(x,y)=\lim\limits_{y\to 0}f(0,y)=0$.

虽然点 $P(x,y)$以上述两种特殊方式(沿 x 轴或沿 y 轴)趋于原点时函数的极限存在并且相等,但是 $\lim\limits_{(x,y)\to(0,0)} f(x,y)$并不存在. 这是因为当点 $P(x,y)$沿着直线 $y=kx$ 趋于点(0,0)时,有

$$\lim_{\substack{(x,y)\to(0,0)\\ y=kx}} \frac{xy}{x^2+y^2}=\lim_{x\to 0}\frac{kx^2}{x^2+k^2x^2}=\frac{k}{1+k^2}.$$

显然它是随着 k 的值的不同而改变的.

例 6.1.3 求 $\lim\limits_{(x,y)\to(0,2)} \dfrac{\sin(xy)}{x}$.

解 $\lim\limits_{(x,y)\to(0,2)} \dfrac{\sin(xy)}{x}=\lim\limits_{xy\to 0}\dfrac{\sin(xy)}{xy}\lim\limits_{y\to 2}y=1\cdot 2=2$.

6.1.4 二元函数的连续性

定义 6.1.3 设二元函数 $f(x,y)$在点 $P_0(x_0,y_0)$的某个邻域内有定义,如果

$$\lim_{(x,y)\to(x_0,y_0)} f(x,y)=f(x_0,y_0),$$

则称函数 $f(x,y)$在点 $P_0(x_0,y_0)$处连续.

如果函数 $f(x,y)$在开区域(或闭区域)D 内的每一点都连续,那么就称函数 $f(x,y)$在 D 内连续,或者称 $f(x,y)$是 D 内的连续函数.

若函数 $f(x,y)$在点 $P_0(x_0,y_0)$不连续,则称 P_0 为函数 $f(x,y)$的间断点.

注 某些二元函数的间断点可以形成 xOy 平面内的一条曲线.

例如,对于函数

$$z=\cos\frac{1}{x^2+y^2-1}$$

而言,其间断点就是圆周 $x^2+y^2=1$ 上的所有点.

与闭区间上的一元连续函数的性质相类似,有界闭区域上的二元连续函数也有如下性质.

性质 6.1.1(有界性) 有界闭区域 D 上的二元连续函数是 D 上的有界函数.

性质 6.1.2(最大值和最小值定理) 在有界闭区域 D 上的二元连续函数,在 D 上一定有最大值和最小值. 这就是说,在 D 上至少有一点 P_1 及一点 P_2,使得对于一切 $P\in D$, 有

$$f(P_2)\leqslant f(P)\leqslant f(P_1).$$

性质 6.1.3(介值定理) 有界闭区域 D 上的二元连续函数,必取得介于最大值和最小值之间的任何值.

一切二元初等函数在其定义区域内是连续的. 所谓定义区域是指包含在定义域内

的区域或闭区域.

二元函数在连续点处的极限值等于函数在该点的函数值.

例 6.1.4　求 $\lim\limits_{(x,y)\to(1,2)}\dfrac{x+y}{xy}$.

解　函数 $f(x,y)=\dfrac{x+y}{xy}$是初等函数,它在区域 $D=\{(x,y)\mid x>0,y>0\}$内有定义.因 $P_0(1,2)\in D$,故

$$\lim_{(x,y)\to(1,2)}\frac{x+y}{xy}=f(1,2)=\frac{3}{2}.$$

例 6.1.5　求 $\lim\limits_{(x,y)\to(0,0)}\dfrac{\sqrt{xy+1}-1}{xy}$.

解　$\lim\limits_{(x,y)\to(0,0)}\dfrac{\sqrt{xy+1}-1}{xy}=\lim\limits_{(x,y)\to(0,0)}\dfrac{xy+1-1}{xy(\sqrt{xy+1}+1)}=\lim\limits_{(x,y)\to(0,0)}\dfrac{1}{\sqrt{xy+1}+1}=\dfrac{1}{2}$.

6.2　二元函数微分法

本节主要考察二元函数偏导数和全微分等概念,并介绍二元函数偏导数的计算方法.

6.2.1　二元函数偏导数的定义

对于二元函数 $z=f(x,y)$,它有两个自变量 x,y.但是,如果只有自变量 x 变化,而自变量 y 固定(即看作常量),这时它便成为只有一个自变量 x 的一元函数,该函数对 x 的导数,就称为二元函数 z 对于 x 的偏导数,即有如下定义:

定义 6.2.1　设函数 $z=f(x,y)$在点(x_0,y_0)的某一邻域内有定义,当 y 固定在 y_0 而 x 在 x_0 处有增量 Δx 时,相应地函数有增量 $f(x_0+\Delta x,y_0)-f(x_0,y_0)$,称为 $z=f(x,y)$在点(x_0,y_0)处对 x 的偏增量.如果

$$\lim_{\Delta x\to 0}\frac{f(x_0+\Delta x,y_0)-f(x_0,y_0)}{\Delta x}$$

存在,则称此极限为函数 $z=f(x,y)$在点(x_0,y_0)处对 x 的偏导数,记作

$$\left.\frac{\partial z}{\partial x}\right|_{\substack{x=x_0\\y=y_0}},\quad \left.\frac{\partial f}{\partial x}\right|_{\substack{x=x_0\\y=y_0}},\quad \left.z_x\right|_{\substack{x=x_0\\y=y_0}}\quad 或\quad f_x(x_0,y_0).$$

根据定义有

$$\left.\frac{\partial z}{\partial x}\right|_{\substack{x=x_0\\y=y_0}}=\lim_{\Delta x\to 0}\frac{f(x_0+\Delta x,y_0)-f(x_0,y_0)}{\Delta x}.\tag{6.1}$$

类似地,当 x 固定在 x_0 而 y 在 y_0 处有增量 Δy 时,增量 $f(x_0,y_0+\Delta y)-f(x_0,y_0)$称为 $z=f(x,y)$在点(x_0,y_0)处对 y 的偏增量.函数 $z=f(x,y)$在点(x_0,y_0)处对 y

的偏导数定义为

$$\lim_{\Delta y \to 0} \frac{f(x_0, y_0 + \Delta y) - f(x_0, y_0)}{\Delta y}.$$

并记作

$$\left.\frac{\partial z}{\partial y}\right|_{\substack{x=x_0\\y=y_0}}, \quad \left.\frac{\partial f}{\partial y}\right|_{\substack{x=x_0\\y=y_0}}, \quad \left.z_y\right|_{\substack{x=x_0\\y=y_0}} \quad 或 \quad f_y(x_0, y_0).$$

于是有

$$\left.\frac{\partial z}{\partial y}\right|_{\substack{x=x_0\\y=y_0}} = \lim_{\Delta y \to 0} \frac{f(x_0, y_0 + \Delta y) - f(x_0, y_0)}{\Delta y}. \tag{6.2}$$

如果函数 $z=f(x,y)$ 在区域 D 内每一点 (x,y) 处对 x 的偏导数都存在，那么这个偏导数就是 x,y 的函数，它就称为函数 $z=f(x,y)$ 对自变量 x 的偏导函数，记作

$$\frac{\partial z}{\partial x}, \quad \frac{\partial f}{\partial x}, \quad z_x \quad 或 \quad f_x(x,y).$$

类似地，可以定义函数 $z=f(x,y)$ 对自变量 y 的偏导函数，记作

$$\frac{\partial z}{\partial y}, \quad \frac{\partial f}{\partial y}, \quad z_y \quad 或 \quad f_y(x,y).$$

6.2.2 二元函数偏导数的计算方法

1. 定义法

此法就是直接根据二元函数偏导数的定义进行计算.

例 6.2.1 求 $z=x^2+3xy+y^2$ 在点 $(1,2)$ 处的偏导数.

解 根据偏导数的定义，得

$$\begin{aligned}\left.\frac{\partial z}{\partial x}\right|_{\substack{x=1\\y=2}} &= \lim_{\Delta x \to 0} \frac{f(1+\Delta x, 2) - f(1,2)}{\Delta x} \\ &= \lim_{\Delta x \to 0} \frac{[(1+\Delta x)^2 + 3(1+\Delta x)\cdot 2 + 2^2] - [1^2 + 3\cdot 1\cdot 2 + 2^2]}{\Delta x} \\ &= \lim_{\Delta x \to 0}(8+\Delta x) \\ &= 8.\end{aligned}$$

同理可求得

$$\left.\frac{\partial z}{\partial y}\right|_{\substack{x=1\\y=2}} = 7.$$

2. 化一元函数法

此法就是把二元函数 $z=f(x,y)$ 的一个自变量（x 或 y）看作常数，从而化为一元函数，再根据一元函数求导法求出原函数的相应偏导数.

例 6.2.2　求 $z=x^2\sin y$ 的偏导数.

解　把 y 看作常数,对 x 求导得

$$\frac{\partial z}{\partial x}=2x\sin y.$$

把 x 看作常数,对 y 求导得

$$\frac{\partial z}{\partial y}=x^2\cos y.$$

例 6.2.3　设 $z=x^y(x>0,x\neq1)$,求证:

$$\frac{x}{y}\frac{\partial z}{\partial x}+\frac{1}{\ln x}\frac{\partial z}{\partial y}=2z.$$

证明　因为$\frac{\partial z}{\partial x}=yx^{y-1}$,$\frac{\partial z}{\partial y}=x^y\ln x$,所以

$$\frac{x}{y}\frac{\partial z}{\partial x}+\frac{1}{\ln x}\frac{\partial z}{\partial y}=\frac{x}{y}yx^{y-1}+\frac{1}{\ln x}x^y\ln x=x^y+x^y=2z.$$

3. 复合函数的链式求偏导法

二元函数的复合函数有多种情形,如

(1) 设 $z=f(u,v)$,$u=\varphi(t)$,$v=\psi(t)$,则 $z=f(\varphi(t),\psi(t))$是 t 的复合函数,u,v 为中间变量.

(2) 设 $z=f(u,v)$,$u=\varphi(x,y)$,$v=\psi(x,y)$,则 $z=f(\varphi(x,y),\psi(x,y))$是 x,y 的复合函数,u,v 为中间变量.

(3) 设 $z=f(u,v)$,$u=\varphi(x,y)$,$v=\psi(y)$,则 $z=f(\varphi(x,y),\psi(y))$是 x,y 的复合函数, u,v 为中间变量.

对以上各种复合函数,分别有如下类似于一元复合函数的链式求偏导法:

定理 6.2.1　如果函数 $u=\varphi(t)$及 $v=\psi(t)$都在点 t 可导,函数 $z=f(u,v)$在对应点(u,v)具有连续偏导数,则复合函数 $z=f(\varphi(t),\psi(t))$在点 t 可导,且其导数可用下列公式计算:

$$\frac{\mathrm{d}z}{\mathrm{d}t}=\frac{\partial z}{\partial u}\frac{\mathrm{d}u}{\mathrm{d}t}+\frac{\partial z}{\partial v}\frac{\mathrm{d}v}{\mathrm{d}t}.$$

证明从略.

$z=f(\varphi(t),\psi(t))$的链式关系如图 6.3(a)所示.

定理 6.2.2　如果 $u=\varphi(x,y)$及 $v=\psi(x,y)$都在点(x,y)具有对 x 及对 y 的偏导数,函数 $z=f(u,v)$在对应点(u,v)具有连续偏导数,则复合函数 $z=f(\varphi(x,y),\psi(x,y))$在点$(x,y)$的两个偏导数存在,且可用下列公式计算:

$$\frac{\partial z}{\partial x}=\frac{\partial z}{\partial u}\frac{\partial u}{\partial x}+\frac{\partial z}{\partial v}\frac{\partial v}{\partial x},$$

$$\frac{\partial z}{\partial y}=\frac{\partial z}{\partial u}\frac{\partial u}{\partial y}+\frac{\partial z}{\partial v}\frac{\partial v}{\partial y}.$$

证明从略.

$z=f(\varphi(x,y),\psi(x,y))$的链式关系如图 6.3(b)所示.

定理 6.2.3　如果函数 $u=\varphi(x,y)$在点(x,y)具有对 x 及对 y 的偏导数,函数 $v=\psi(y)$在点 y 可导,函数 $z=f(u,v)$在对应点(u,v)具有连续偏导数,则复合函数 $z=f(\varphi(x,y),\psi(y))$在点$(x,y)$的两个偏导数存在,且有

$$\frac{\partial z}{\partial x}=\frac{\partial z}{\partial u}\frac{\partial u}{\partial x},\quad \frac{\partial z}{\partial y}=\frac{\partial z}{\partial u}\frac{\partial u}{\partial y}+\frac{\partial z}{\partial v}\frac{\mathrm{d}v}{\mathrm{d}y}.$$

证明从略.

$z=f(\varphi(x,y),\psi(y))$的链式关系如图 6.3(c)所示.

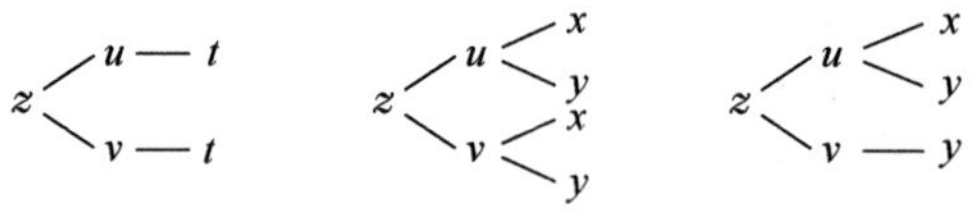

(a)　　(b)　　(c)

图 6.3

例 6.2.4　设 $z=\mathrm{e}^{2u-3v}$,其中 $u=x^2,v=\cos x$,求$\frac{\mathrm{d}z}{\mathrm{d}x}$.

解　因为

$$\frac{\partial z}{\partial u}=2\mathrm{e}^{2u-3v},\frac{\partial z}{\partial v}=-3\mathrm{e}^{2u-3v},$$

$$\frac{\mathrm{d}u}{\mathrm{d}x}=2x,\quad \frac{\mathrm{d}v}{\mathrm{d}x}=-\sin x,$$

所以

$$\frac{\mathrm{d}z}{\mathrm{d}x}=\frac{\partial z}{\partial u}\frac{\mathrm{d}u}{\mathrm{d}x}+\frac{\partial z}{\partial v}\frac{\mathrm{d}v}{\mathrm{d}x}=\mathrm{e}^{2x^2-3\cos x}(4x+3\sin x).$$

例 6.2.5　设 $z=\mathrm{e}^u\sin v$ 而 $u=xy,v=x+y$. 求$\frac{\partial z}{\partial x}$和$\frac{\partial z}{\partial y}$.

解　$$\frac{\partial z}{\partial x}=\frac{\partial z}{\partial u}\frac{\partial u}{\partial x}+\frac{\partial z}{\partial v}\frac{\partial v}{\partial x}=\mathrm{e}^u\sin v\cdot y+\mathrm{e}^u\cos v\cdot 1$$

$$=\mathrm{e}^{xy}[y\sin(x+y)+\cos(x+y)],$$

$$\frac{\partial z}{\partial y}=\frac{\partial z}{\partial u}\frac{\partial u}{\partial y}+\frac{\partial z}{\partial v}\frac{\partial v}{\partial y}=\mathrm{e}^u\sin v\cdot x+\mathrm{e}^u\cos v\cdot 1$$

$$=\mathrm{e}^{xy}[x\sin(x+y)+\cos(x+y)].$$

前面已经提出了隐函数的概念,并且指出了不经过显化直接由方程

$$F(x,y)=0$$

求它所确定的隐函数的方法. 现在介绍根据二元函数的偏导数求隐函数的导数公式.

设函数 $F(x,y)$在点 $P(x_0,y_0)$的某一邻域内具有连续的偏导数,且 $F(x_0,y_0)=0$, $F_y(x_0,y_0)\neq 0$,则方程 $F(x,y)=0$ 在点(x_0,y_0)的某一邻域内恒能唯一确定一个单值

连续且具有连续导数的函数 $y=f(x)$，它满足条件 $y_0=f(x_0)$，并有

$$\frac{\mathrm{d}y}{\mathrm{d}x}=-\frac{F_x}{F_y},$$

上式就是隐函数的求导公式.

6.2.3　二元函数的二阶偏导数

设函数 $z=f(x,y)$ 在区域 D 内具有偏导数

$$\frac{\partial z}{\partial x}=f_x(x,y),\quad \frac{\partial z}{\partial y}=f_y(x,y),$$

那么在 D 内 $f_x(x,y)$，$f_y(x,y)$ 都是 x,y 的函数. 如果这两个函数的偏导数也存在，则称它们是函数 $z=f(x,y)$ 的二阶偏导数. 按照对变量求导次序的不同有下列四个二阶偏导数：

$$\frac{\partial}{\partial x}\left(\frac{\partial z}{\partial x}\right)=\frac{\partial^2 z}{\partial x^2}=f_{xx}(x,y),\quad \frac{\partial}{\partial y}\left(\frac{\partial z}{\partial x}\right)=\frac{\partial^2 z}{\partial x\partial y}=f_{xy}(x,y),$$

$$\frac{\partial}{\partial x}\left(\frac{\partial z}{\partial y}\right)=\frac{\partial^2 z}{\partial y\partial x}=f_{yx}(x,y),\quad \frac{\partial}{\partial y}\left(\frac{\partial z}{\partial y}\right)=\frac{\partial^2 z}{\partial y^2}=f_{yy}(x,y),$$

其中第二、三个偏导数称为混合偏导数. 同样可得三阶、四阶以及 n 阶偏导数. 二阶及二阶以上的偏导数统称为高阶偏导数.

例 6.2.6　设 $z=x^3y^2-3xy^3-xy+1$，求 $\frac{\partial^2 z}{\partial x^2},\frac{\partial^2 z}{\partial y\partial x},\frac{\partial^2 z}{\partial x\partial y},\frac{\partial^2 z}{\partial y^2}$.

解　$\frac{\partial z}{\partial x}=3x^2y^2-3y^3-y$，　　$\frac{\partial z}{\partial y}=2x^3y-9xy^2-x$，

$\frac{\partial^2 z}{\partial x^2}=6xy^2$，　　$\frac{\partial^2 z}{\partial y\partial x}=6x^2y-9y^2-1$，

$\frac{\partial^2 z}{\partial x\partial y}-6x^2y-9y^2-1$，　　$\frac{\partial^2 z}{\partial y^2}=2x^3-18xy$.

可以看到，例 6.2.6 中两个二阶混合偏导数相等，即 $\frac{\partial^2 z}{\partial y\partial x}=\frac{\partial^2 z}{\partial x\partial y}$，这不是偶然的. 事实上，有下述定理：

定理 6.2.4　如果函数 $z=f(x,y)$ 的两个二阶混合偏导数 $\frac{\partial^2 z}{\partial y\partial x}$ 及 $\frac{\partial^2 z}{\partial x\partial y}$ 在区域 D 内连续，那么在该区域内这两个二阶混合偏导数必相等.

6.2.4　二元函数的全微分

一元函数的微分概念可以推广到二元函数，引出二元函数的全微分概念.

设函数 $z=f(x,y)$ 在点 $P(x,y)$ 的某一邻域内有定义，并设 $P'(x+\Delta x,y+\Delta y)$ 为这邻域内的任意一点，则称 $f(x+\Delta x,y+\Delta y)-f(x,y)$ 为函数在点 $P(x,y)$ 对应于自变量增量 $\Delta x,\Delta y$ 的全增量，记作 Δz，即

$$\Delta z = f(x+\Delta x, y+\Delta y) - f(x,y). \tag{6.3}$$

类似于一元函数，我们希望用自变量的增量 Δx，Δy 的线性函数来近似代替函数的全增量 Δz. 为此，引入如下定义：

定义 6.2.2 设函数 $z=f(x,y)$ 在点 $P(x,y)$ 的某邻域内有定义，如果函数 $z=f(x,y)$ 在点 $P(x,y)$ 的全增量

$$\Delta z = f(x+\Delta x, y+\Delta y) - f(x,y)$$

可表示为

$$\Delta z = A\Delta x + B\Delta y + o(\rho), \tag{6.4}$$

其中 A，B 不依赖于 Δx，Δy 而仅与 x，y 有关，$\rho=\sqrt{(\Delta x)^2+(\Delta y)^2}$，则称函数 $z=f(x,y)$ 在点 $P(x,y)$ 处可微分，而 $A\Delta x+B\Delta y$ 称为函数 $z=f(x,y)$ 在点 $P(x,y)$ 的全微分，记作 dz，即 $dz=A\Delta x+B\Delta y$.

由上述定义可知，如果函数 $z=f(x,y)$ 在点 $P(x,y)$ 可微分，那么函数在该点必定连续. 事实上，由式(6.4)可得

$$\lim_{\rho\to 0}\Delta z = 0,$$

从而

$$\lim_{\substack{\Delta x\to 0\\ \Delta y\to 0}} f(x+\Delta x, y+\Delta y) = \lim_{\rho\to 0}[f(x,y)+\Delta z] = f(x,y).$$

因此，函数 $z=f(x,y)$ 在点 $P(x,y)$ 处连续.

下面给出函数 $z=f(x,y)$ 在点 $P(x,y)$ 可微分的条件.

定理 6.2.5(必要条件) 如果函数 $z=f(x,y)$ 在点 $P(x,y)$ 可微分，则该函数在点 $P(x,y)$ 的偏导数 $\dfrac{\partial z}{\partial x}$，$\dfrac{\partial z}{\partial y}$ 必定存在，且函数 $z=f(x,y)$ 在点 $P(x,y)$ 的全微分为

$$dz = \frac{\partial z}{\partial x}dx + \frac{\partial z}{\partial y}dy. \tag{6.5}$$

证明从略.

对一元函数来说，函数在某点的导数存在是微分存在的充分必要条件. 但对于二元函数来说，当函数的两个偏导数都存在时，函数的全微分却不一定存在. 换句话说，偏导数的存在只是全微分存在的必要条件而不是充分条件.

例如，函数

$$z = f(x,y) = \sqrt{|xy|}$$

在点 $P(0,0)$ 处有 $f_x(0,0)=0$ 及 $f_y(0,0)=0$，所以

$$\Delta z - [f_x(0,0)\cdot\Delta x + f_y(0,0)\cdot\Delta y] = \sqrt{|\Delta x\Delta y|},$$

如果考虑点 $P'(\Delta x,\Delta y)$ 沿着直线 $y=x$ 趋于 $P(0,0)$，则

$$\frac{\sqrt{|\Delta x\Delta y|}}{\rho} = \frac{\sqrt{|\Delta x\Delta y|}}{\sqrt{(\Delta x)^2+(\Delta y)^2}} = \frac{|\Delta x|}{\sqrt{2}\,|\Delta x|} = \frac{1}{\sqrt{2}},$$

它不能随 $\rho\to 0$ 而趋于 0，这表示 $\rho\to 0$ 时，

$$\Delta z-[f_x(0,0)\cdot\Delta x+f_y(0,0)\cdot\Delta y]$$

并不是较 ρ 高阶的无穷小，因此函数在点 $P(0,0)$ 处的全微分并不存在，即函数在点 $P(0,0)$ 处是不可微分的.

由定理 6.2.5 及这个例子可知，偏导数存在是可微分的必要条件而不是充分条件. 但是，如果再加上函数的各个偏导数都连续的条件，则可以证明函数是可微分的，即有下面定理：

定理 6.2.6(充分条件)　如果函数 $z=f(x,y)$ 的偏导数 $\frac{\partial z}{\partial x},\frac{\partial z}{\partial y}$ 在点 $P(x,y)$ 处都连续，则函数在该点可微分.

证明从略.

例 6.2.7　计算函数 $z=e^{xy}$ 在点(1,2)处的全微分.

解　因为 $\frac{\partial z}{\partial x}=ye^{xy}$，$\frac{\partial z}{\partial y}=xe^{xy}$，

$$\left.\frac{\partial z}{\partial x}\right|_{\substack{x=1\\y=2}}=\left.ye^{xy}\right|_{\substack{x=1\\y=2}}=2e^2,\quad \left.\frac{\partial z}{\partial y}\right|_{\substack{x=1\\y=2}}=\left.xe^{xy}\right|_{\substack{x=1\\y=2}}=e^2,$$

所以

$$\left.dz\right|_{\substack{x=1\\y=2}}=2e^2dx+e^2dy.$$

例 6.2.8　计算函数 $z=\arctan\frac{x}{y}$ 的全微分.

解　因为

$$\frac{\partial z}{\partial x}=\frac{1}{1+\left(\frac{x}{y}\right)^2}\cdot\frac{1}{y}=\frac{y}{x^2+y^2},\quad \frac{\partial z}{\partial y}=\frac{1}{1+\left(\frac{x}{y}\right)^2}\cdot\left(-\frac{x}{y^2}\right)=-\frac{x}{x^2+y^2},$$

所以

$$dz=\left(\frac{y}{x^2+y^2}\right)dx+\left(-\frac{x}{x^2+y^2}\right)dy=\frac{1}{x^2+y^2}(ydx-xdy).$$

一元函数具有微分形式不变性. 与此类似，二元函数也具有全微分形式的不变性.

设函数 $z=f(u,v)$ 具有连续偏导数，则有全微分 $dz=\frac{\partial z}{\partial u}du+\frac{\partial z}{\partial v}dv$. 如果 u,v 又是 x,y 的函数，即 $u=\varphi(x,y)$，$v=\psi(x,y)$，且这两个函数也具有连续偏导数，则复合函数 $z=f(\varphi(x,y),\psi(x,y))$ 的全微分为 $dz=\frac{\partial z}{\partial x}dx+\frac{\partial z}{\partial y}dy$，其中，

$$\frac{\partial z}{\partial x}=\frac{\partial z}{\partial u}\frac{\partial u}{\partial x}+\frac{\partial z}{\partial v}\frac{\partial v}{\partial x},$$

$$\frac{\partial z}{\partial y}=\frac{\partial z}{\partial u}\frac{\partial u}{\partial y}+\frac{\partial z}{\partial v}\frac{\partial v}{\partial y}.$$

于是，

$$\begin{aligned}dz&=\left(\frac{\partial z}{\partial u}\frac{\partial u}{\partial x}+\frac{\partial z}{\partial v}\frac{\partial v}{\partial x}\right)dx+\left(\frac{\partial z}{\partial u}\frac{\partial u}{\partial y}+\frac{\partial z}{\partial v}\frac{\partial v}{\partial y}\right)dy\\&=\frac{\partial z}{\partial u}\left(\frac{\partial u}{\partial x}dx+\frac{\partial u}{\partial y}dy\right)+\frac{\partial z}{\partial v}\left(\frac{\partial v}{\partial x}dx+\frac{\partial v}{\partial y}dy\right)\\&=\frac{\partial z}{\partial u}du+\frac{\partial z}{\partial v}dv.\end{aligned}$$

由此可见，无论 z 是自变量 u,v 的函数或中间变量 u,v 的函数，它的全微分形式是一样的. 这就是二元函数的全微分形式不变性. 这个性质可以用来求二元函数的全微分和偏导数.

例 6.2.9 设 $z=u^2\ln v, u=\frac{x}{y}, v=3x-2y$，求 $dz, \frac{\partial z}{\partial x}, \frac{\partial z}{\partial y}$.

解 由全微分形式不变性，得

$$dz=\frac{\partial z}{\partial u}du+\frac{\partial z}{\partial v}dv=2u\ln v du+\frac{u^2}{v}dv.$$

因

$$du=d\left(\frac{x}{y}\right)=\frac{ydx-xdy}{y^2},$$

$$dv=d(3x-2y)=3dx-2dy.$$

代入 dz 的表达式，整理得

$$dz=\left[\frac{2x}{y}\ln(3x-2y)+\frac{3x^2}{(3x-2y)y^2}\right]dx+\left[-\frac{2x^2}{y^3}\ln(3x-2y)-\frac{2x^2}{(3x-2y)y^2}\right]dy.$$

将它与 $dz=\frac{\partial z}{\partial x}dx+\frac{\partial z}{\partial y}dy$ 比较，得

$$\frac{\partial z}{\partial x}=\frac{2x}{y}\ln(3x-2y)+\frac{3x^2}{(3x-2y)y^2},$$

$$\frac{\partial z}{\partial y}=-\frac{2x^2}{y^3}\ln(3x-2y)-\frac{2x^2}{(3x-2y)y^2}.$$

6.3 二元函数微分法的应用

本节主要讨论二元函数偏导数在数学和经济分析中的应用.

6.3.1 数学应用

在一元函数中，我们已经看到，利用函数的导数可以求得函数的极值，从而进一步解决与最大、最小值有关的应用问题. 在二元函数中也有类似的问题.

1. 二元函数的极值

定义 6.3.1 设函数 $z=f(x,y)$ 在点 (x_0,y_0) 的某个邻域内有定义，对于该邻域内

异于(x_0,y_0)的点(x,y)，如果都适合不等式

$$f(x,y)<f(x_0,y_0),$$

则称函数 $f(x,y)$在点(x_0,y_0)处取得极大值 $f(x_0,y_0)$. 如果都适合不等式

$$f(x,y)>f(x_0,y_0),$$

则称函数 $f(x,y)$在点(x_0,y_0)处取得极小值 $f(x_0,y_0)$. 极大值、极小值统称为极值. 使函数取得极值的点(x_0,y_0)称为极值点.

例 6.3.1　函数 $z=(x-1)^2+(y-2)^2-1$ 在点(1,2)处取得极小值. 因为对于点(1,2)的任一邻域内异于(1,2)的点(x,y)，都有

$$f(x,y)=(x-1)^2+(y-2)^2-1>-1=f(1,2).$$

例 6.3.2　函数 $z=-\sqrt{x^2+y^2}$在点(0,0)处取得极大值. 因为对于点(0,0)的任一邻域内异于(0,0)的点(x,y)，都有

$$f(x,y)=-\sqrt{x^2+y^2}<0=f(0,0).$$

例 6.3.3　函数 $z=xy$ 在点(0,0)处既不取得极大值也不取得极小值. 因为在点(0,0)处的函数值为零，而在点(0,0)的任一邻域内，总有使函数值为正的点，也有使函数值为负的点.

类似一元函数，我们有二元函数取极值的必要条件与充分条件：

定理 6.3.1(必要条件)　设函数 $z=f(x,y)$在点(x_0,y_0)具有偏导数，且在点(x_0,y_0)处取得极值，则它在该点的偏导数必然为零：

$$f_x(x_0,y_0)=0,\quad f_y(x_0,y_0)=0.$$

证明　不妨设 $z=f(x,y)$在点(x_0,y_0)处取得极大值. 依极大值的定义，在点(x_0,y_0)的某邻域内异于(x_0,y_0)的点都适合不等式

$$f(x,y)<f(x_0,y_0).$$

特别地，在该邻域内取 $y=y_0$，而 $x\neq x_0$ 的点，也应适合不等式

$$f(x,y_0)<f(x_0,y_0).$$

这表明一元函数 $f(x,y_0)$在 $x=x_0$ 处取得极大值，因此必有

$$f_x(x_0,y_0)=0.$$

类似地，可证

$$f_y(x_0,y_0)=0.$$

仿照一元函数，凡是能使 $f_x(x,y)=0$，$f_y(x,y)=0$ 同时成立的点(x_0,y_0)称为函数 $z=f(x,y)$的驻点，从定理 6.3.1 可知，具有偏导数的函数的极值点必定是驻点. 但是，函数的驻点却不一定是极值点，例如，可以验证点(0,0)是函数 $z=xy$ 的驻点，但是它并不是函数的极值点.

定理 6.3.2(充分条件)　设函数 $z=f(x,y)$在点(x_0,y_0)的某邻域内连续且有一阶及二阶连续偏导数，又 $f_x(x_0,y_0)=0$，$f_y(x_0,y_0)=0$，令

$$f_{xx}(x_0,y_0)=A,\quad f_{xy}(x_0,y_0)=B,\quad f_{yy}(x_0,y_0)=C,$$

则 $f(x,y)$在(x_0,y_0)处是否取得极值的条件如下：

(1) 当 $AC-B^2>0$ 时取得极值，且当 $A<0$ 时取得极大值，当 $A>0$ 时取得极小值；

(2) 当 $AC-B^2<0$ 时不取极值；

(3) 当 $AC-B^2=0$ 时可能取得极值，也可能不取极值，还需另作讨论.

证明从略.

由定理 6.3.1、定理 6.3.2，求具有二阶连续偏导数的函数 $z=f(x,y)$ 的极值的一般步骤为

第一步：解方程组 $f_x(x,y)=0$，$f_y(x,y)=0$，求得一切实数解，即可以得到一切驻点.

第二步：对于每一个驻点(x_0,y_0)，求出相应二阶偏导数的值 A,B,C.

第三步：定出 $AC-B^2$ 的符号，按定理 6.3.2 的结论判定 $f(x_0,y_0)$是否是极值、是极大值还是极小值.

例 6.3.4 求函数 $f(x,y)=x^3-y^3+3x^2+3y^2-9x$ 的极值.

解 先解方程组

$$\begin{cases}f_x(x,y)=3x^2+6x-9=0,\\ f_y(x,y)=-3y^2+6y=0,\end{cases}$$

求得驻点为$(1,0)$，$(1,2)$，$(-3,0)$，$(-3,2)$.

再求出二阶偏导数

$$A=f_{xx}(x,y)=6x+6,\quad B=f_{xy}(x,y)=0,\quad C=f_{yy}(x,y)=-6y+6.$$

在点$(1,0)$处，$AC-B^2=12\cdot 6>0$，又 $A>0$，所以函数在$(1,0)$处有极小值 $f(1,0)=-5$；

在点$(1,2)$处，$AC-B^2=12\cdot(-6)<0$，所以 $f(1,2)$不是极值；

在点$(-3,0)$处，$AC-B^2=-12\cdot 6<0$，所以 $f(-3,0)$不是极值；

在点$(-3,2)$处，$AC-B^2=-12\cdot(-6)>0$ 又 $A<0$ 所以函数在$(-3,2)$处有极大值 $f(-3,2)=31$.

2. 二元函数的最值

二元函数最值的求法类似一元函数.但不同的是二元函数的边界不是一、两个点，比较复杂.在处理实际问题时，如果根据问题的性质，知道函数的最值一定在区域内部取到，而函数在区域内部只有一个驻点，那么这个点也就是最值点.

例 6.3.5 某厂要用铁板作成一个体积为 2m^3 的有盖长方体水箱.问当长、宽、高各取怎样的尺寸时，才能使用料最省.

解 设水箱的长为 xm，宽为 ym，则其高应为$\dfrac{2}{xy}$m，水箱所用材料的面积为

$$A=2\left(xy+y\cdot\frac{2}{xy}+x\cdot\frac{2}{xy}\right),$$

即

$$A=2\left(xy+\frac{2}{x}+\frac{2}{y}\right),\quad x>0,y>0.$$

可见材料面积 A 是 x 和 y 的二元函数，这就是目标函数，下面求使这函数取得最小值的点 (x,y).

令

$$A_x=2\left(y-\frac{2}{x^2}\right)=0,\quad A_y=2\left(x-\frac{2}{y^2}\right)=0,$$

解这个方程组，得 $x=\sqrt[3]{2},y=\sqrt[3]{2}$.

根据题意可知，水箱所用材料表面积的最小值一定存在，并在开区域 $D=\{(x,y)\mid x>0,y>0\}$ 的内部取得. 又函数在 D 内只有唯一驻点 $(\sqrt[3]{2},\sqrt[3]{2})$，因此可以断定当 $x=\sqrt[3]{2},y=\sqrt[3]{2}$ 时，A 取得最小值. 即：当水箱的长为 $\sqrt[3]{2}$m、宽为 $\sqrt[3]{2}$m、高为 $\dfrac{2}{\sqrt[3]{2}\cdot\sqrt[3]{2}}=\sqrt[3]{2}$m 时，水箱所用的材料最省.

从此例还可进一步看出，在体积一定的长方体中，以立方体的表面积为最小.

例 6.3.6　某工厂生产 A、B 两种型号的产品，A 型产品的售价为 1000 元/件，B 型产品的售价为 900 元/件，生产 x 件 A 型产品和 y 件 B 型产品的总成本为 $40000+200x+300y+3x^2+xy+3y^2$ 元. 求 A，B 两种产品各生产多少时，利润最大？

解　设 $L(x,y)$ 为生产 x 件 A 型产品和 y 件 B 型产品时获得的总利润，则

$$\begin{aligned}L(x,y)&=1000x+900y-(40000+200x+300y+3x^2+xy+3y^2)\\&=-3x^2-xy-3y^2+800x+600y-40000.\end{aligned}$$

令

$$\begin{cases}L_x(x,y)=-6x-y+800=0,\\L_y(x,y)=-x-6y+600=0,\end{cases}$$

解方程组得 $x=120,y=80$.

由 $A=L_{xx}=-6<0,B=L_{xy}=-1,C=L_{yy}=-6$，可知 $AC-B^2=35>0$，故 $(120,80)$ 是 $L(x,y)$ 的一个极大值点. 又因为 $(120,80)$ 是 $L(x,y)$ 的唯一驻点，所以它必是 $L(x,y)$ 的最大值点. 即当 A、B 两种产品分别生产 120 件和 80 件时，利润最大.

3. 条件极值与拉格朗日乘数法

如果函数的自变量除了要求在定义域内取值外，还有其他的附加条件，那么在此情形下的函数极值称为条件极值. 为区分起见，我们把上述没有附加条件的极值称为无条件极值.

对于有些条件极值问题，通过消元法可以把它化为无条件极值问题加以解决. 但在很多情形下，这种转化并不简单. 下面介绍求条件极值的另一种方法，即拉格朗日乘数法.

拉格朗日乘数法　要求函数 $z=f(x,y)$ 在附加条件 $\varphi(x,y)=0$ 下的可能极值点，

可以先构造辅助函数

$$F(x,y)=f(x,y)+\lambda\varphi(x,y),$$

其中 λ 为某一常数. 求其对 x 与 y 的一阶偏导数,并使之为零, 然后与附加条件 $\varphi(x,y)=0$ 联立起来:

$$\begin{cases}f_x(x,y)+\lambda\varphi_x(x,y)=0,\\ f_y(x,y)+\lambda\varphi_y(x,y)=0,\\ \varphi(x,y)=0.\end{cases}\tag{6.6}$$

由这方程组解出 x,y 及 λ,则其中 x,y 就是函数 $f(x,y)$ 在附加条件 $\varphi(x,y)=0$ 下的可能极值点的坐标.

这方法还可以推广到自变量多于两个而附加条件多于一个的情形. 例如,要求函数 $u=f(x,y,z)$ 在附加条件

$$\varphi(x,y,z)=0,\quad \psi(x,y,z)=0\tag{6.7}$$

下的极值,可以先构造辅助函数

$$F(x,y,z)=f(x,y,z)+\lambda_1\varphi(x,y,z)+\lambda_2\psi(x,y,z),$$

其中 λ_1,λ_2 均为常数,求 $F(x,y,z)$ 的三个一阶偏导数,并使之为零,然后与(6.7)中的两个方程联立起来求解,这样得出的 x,y,z 就是函数 $f(x,y,z)$ 在附加条件(6.7)下的可能极值点的坐标.

至于如何确定所求得的点是否极值点,在实际问题中往往可根据问题本身的性质来判定.

例 6.3.7 求表面积为 a^2 而体积为最大的长方体的体积.

解 设长方体的三棱长为 x,y,z, 则问题就是在条件

$$\varphi(x,y,z)=2xy+2yz+2xz-a^2=0\tag{6.8}$$

下,求函数

$$V=xyz,\quad x>0,y>0,z>0$$

的最大值. 构造辅助函数

$$F(x,y,z)=xyz+\lambda(2xy+2yz+2xz-a^2).$$

求其对 x,y,z 的偏导数,并使之为零,得到

$$\begin{cases}yz+2\lambda(y+z)=0,\\ xz+2\lambda(x+z)=0,\\ xy+2\lambda(y+x)=0.\end{cases}\tag{6.9}$$

再与(6.8)联立求解.

因 x,y,z 都不等于零,所以由(6.9)可得

$$\frac{x}{y}=\frac{x+z}{y+z},\quad \frac{y}{z}=\frac{x+y}{x+z}.$$

由以上两式解得

$$x=y=z.$$

将此代入式(6.8),便得

$$x = y = z = \frac{\sqrt{6}}{6}a,$$

这是唯一可能的极值点.因为由问题本身的性质可知 V 的最大值一定存在,所以最大值就在这个可能的极值点处取得.也就是说,在表面积为 a^2 的长方体中,以棱长为$\frac{\sqrt{6}}{6}a$的正方体的体积为最大,最大体积为 $V=\frac{\sqrt{6}}{36}a^3$.

★6.3.2　经济应用

与经济分析有关的一元函数的边际与弹性等概念可以推广到二元函数中.下面介绍二元函数的偏边际、交叉边际以及偏弹性、交叉弹性.

设市场上有两种商品 A 和 B,价格分别为 P_A 和 P_B,如果它们互相关联,则商品 A 的销售量 Q_A 就不但受自身价格 P_A 的影响,而且受相关价格 P_B 的影响,即 Q_A 是 P_A 与 P_B 的二元函数;同理,Q_B 也是 P_A 与 P_B 的二元函数.

1. 偏边际、交叉边际

设 $Q_A=f(P_A,P_B)$,其中 Q_A 为 A 商品的销售量,P_A 为该商品的价格,P_B 为与之互相关联的 B 商品的价格.则$\frac{\partial Q_A}{\partial P_A}$称为 Q_A 对 P_A 的偏边际,$\frac{\partial Q_A}{\partial P_B}$称为 Q_A 对 P_B 的交叉边际.

偏边际$\frac{\partial Q_A}{\partial P_A}$表示当相关价格 P_B 保持不变时,自身价格 P_A 增加一个单位,需求量 Q_A 的增加量$\left(当\frac{\partial Q_A}{\partial P_A}>0\right)$或减少量$\left(当\frac{\partial Q_A}{\partial P_A}<0\right)$.而交叉边际$\frac{\partial Q_A}{\partial P_B}$则表示当自身价格 P_A 保持不变时,相关价格 P_B 增加一个单位,需求量 Q_A 的增加量$\left(当\frac{\partial Q_A}{\partial P_B}>0\right)$或减少量$\left(当\frac{\partial Q_A}{\partial P_B}<0\right)$.

例 6.3.8　设有 A,B 两种互相关联的商品,价格分别为 P_A 和 P_B,需求量分别为 Q_A 和 Q_B,且 $Q_A=90-3P_A+2P_B$,$Q_B=80+5P_A-2P_B$,求:

(1) 偏边际$\frac{\partial Q_A}{\partial P_A}$与$\frac{\partial Q_B}{\partial P_B}$;

(2) 交叉边际$\frac{\partial Q_A}{\partial P_B}$与$\frac{\partial Q_B}{\partial P_A}$.

解　(1) Q_A 对 P_A 的偏边际为$\frac{\partial Q_A}{\partial P_A}=-3$,$Q_B$ 对 P_B 的偏边际为$\frac{\partial Q_B}{\partial P_B}=-2$.

(2) Q_A 对 P_B 的交叉边际为$\frac{\partial Q_A}{\partial P_B}=2$,$Q_B$ 对 P_A 的交叉边际为$\frac{\partial Q_B}{\partial P_A}=5$.

2. 偏弹性、交叉弹性

设 $Q_A=f(P_A,P_B)$，其中 Q_A 为 A 商品的销售量，P_A 为该商品的价格，P_B 为与之互相关联的 B 商品的价格. 则称 $E_{AA}=\dfrac{\frac{\partial Q_A}{\partial P_A}}{\frac{Q_A}{P_A}}$ 为 Q_A 对 P_A 的偏弹性，称 $E_{AB}=\dfrac{\frac{\partial Q_A}{\partial P_B}}{\frac{Q_A}{P_B}}$ 为 Q_A 对 P_B 的交叉弹性.

偏弹性 E_{AA} 表示当相关价格 P_B 保持不变时，自身价格 P_A 上调 1%，将引起 A 商品的销售量增加或减少的百分比. 而交叉弹性 E_{AB} 则表示当自身价格 P_A 保持不变时，相关价格 P_B 上调 1%，将引起 A 商品的销售量增加或减少的百分比.

例 6.3.9 某种数码相机的销售量 Q_A，除与它自身的价格 P_A 有关外，还与彩色喷墨打印机的价格 P_B 有关，具体为 $Q_A=120+\dfrac{250}{P_A}-10P_B-P_B^2$，求当 $P_A=50,P_B=5$ 时：

(1) Q_A 对 P_A 的偏弹性 E_{AA}；

(2) Q_A 对 P_B 的交叉弹性 E_{AB}.

解 (1) Q_A 对 P_A 的偏弹性为

$$E_{AA}=\frac{\partial Q_A}{\partial P_A}\cdot\frac{P_A}{Q_A}=-\frac{250}{P_A^2}\cdot\frac{P_A}{120+\frac{250}{P_A}-10P_B-P_B^2}$$

$$=-\frac{250}{120P_A+250-P_A(10P_B+P_B^2)}.$$

当 $P_A=50,P_B=5$ 时，

$$E_{AA}=-\frac{250}{120\cdot 50+250-50(50+25)}=-\frac{1}{10}.$$

(2) Q_A 对 P_B 的交叉弹性为

$$E_{AB}=\frac{\partial Q_A}{\partial P_B}\cdot\frac{P_B}{Q_A}=-(10+2P_B)\cdot\frac{P_B}{120+\frac{250}{P_A}-10P_B-P_B^2}.$$

当 $P_A=50,P_B=5$ 时，

$$E_{AB}=-20\cdot\frac{5}{120+5-50-25}=-2.$$

6.4 二元函数积分法

本节将推广一元函数定积分的概念，引入二重积分的概念，并讨论二重积分的性质与计算方法.

6.4.1　二重积分的概念与性质

1. 二重积分的概念

我们从两个实际问题入手引入二重积分的概念.

问题 6.4.1　求曲顶柱体的体积 V.

设有一立体,它的底是 xOy 面上的闭区域 D,它的侧面是以 D 的边界曲线为准线而母线平行于 z 轴的柱面,它的顶是曲面 $z=f(x,y)$,这里 $f(x,y)\geqslant 0$ 且在 D 上连续(图 6.4),这种立体叫做**曲顶柱体**.

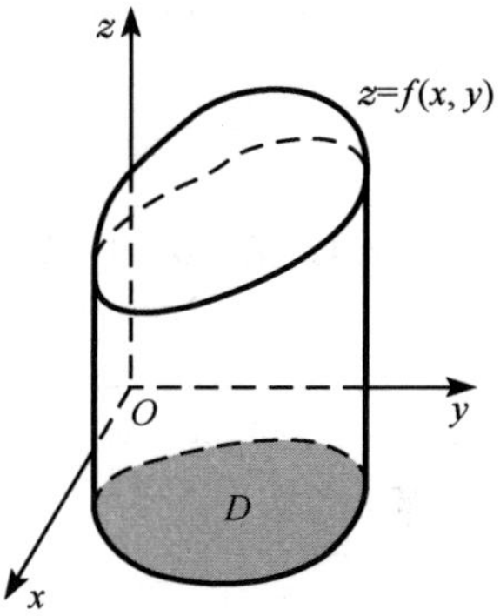

图 6.4

对于平顶柱体的体积,可以用公式来定义和计算:体积=高×底面积. 但是对于曲顶柱体,由于高是一个变量,其体积不能直接用上式公式来计算. 下面仿照曲边梯形面积的求法,来计算上述曲顶柱体的体积 V.

首先,对曲顶柱体进行分割. 用一组曲线网把 D 任意分成 n 个小区域:$\Delta\sigma_1,\Delta\sigma_2,\Delta\sigma_3,\cdots,\Delta\sigma_n$. 分别以这些小闭区域的边界曲线为准线,作母线平行于 z 轴的柱面,这些柱面把原来的曲顶柱体分为 n 个细曲顶柱体.

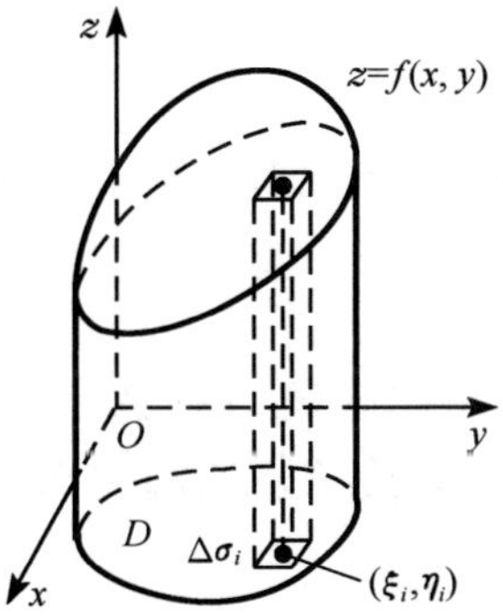

图 6.5

其次,求曲顶柱体体积的近似值. 当这些小闭区域的直径很小时,由于 $f(x,y)$ 连续,对同一个小闭区域来说,$f(x,y)$ 变化很小,这时细曲顶柱体可近似看作平顶柱体. 在每个 $\Delta\sigma_i$(这小闭区域的面积也记作 $\Delta\sigma_i$)中任取一点 (ξ_i,η_i),以 $f(\xi_i,\eta_i)$ 为高而底为 $\Delta\sigma_i$ 的平顶柱体(图 6.5)的体积为

$$f(\xi_i,\eta_i)\Delta\sigma_i,\quad i=1,2,\cdots,n.$$

从而

$$V\approx\sum_{i=1}^{n}f(\xi_i,\eta_i).$$

再次,求曲顶柱体体积的精确值. 令 n 个小闭区域的直径中的最大值(记作 λ)趋于零,因为 $f(x,y)$ 在 D 上连续,上述和的极限必存在,则该极限就是所求的曲顶柱体的体积 V,即

$$V=\lim_{\lambda\to 0}\sum_{i=1}^{n}f(\xi_i,\eta_i)\Delta\sigma_i.$$

问题 6.4.2　求非均匀平面薄片的质量 M.

设有一平面薄片占有 xOy 面上的闭区域 D,它在点 (x,y) 处的面密度为 $\mu(x,y)$,这里 $\mu(x,y)>0$ 且在 D 上连续.

对于均匀薄片的质量,可以用公式来定义和计算:质量=面密度×面积. 但是对于

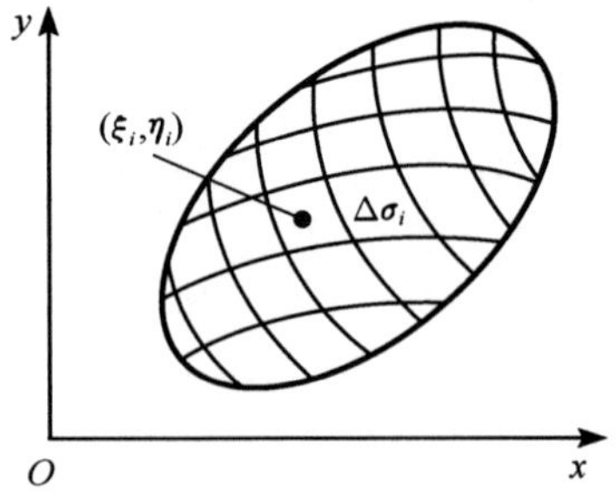

图 6.6

非均匀薄片的质量,由于面密度是一个变量,其面积不能直接用上式公式来计算.下面用处理曲顶柱体体积问题的方法处理本问题.

首先,对平面薄片进行分割.用一组曲线网把平面薄片所占有的闭区域 D 任意分成 n 个小区域(图 6.6):$\Delta\sigma_1,\Delta\sigma_2,\Delta\sigma_3,\cdots,\Delta\sigma_n$.相应地平面薄片也被分成 n 个小块.

其次,求平面薄片质量的近似值.只要小块所占的小闭区域 $\Delta\sigma_i$ 的直径很小,这些小块就可以近似的看作均匀薄片.在 $\Delta\sigma_i$ 上任取一点(ξ_i,η_i),则第 i 个小块 $\Delta\sigma_i$ 的质量可近似地表示为

$$\mu(\xi_i,\eta_i)\Delta\sigma_i,\quad i=1,2,\cdots,n,$$

从而

$$M\approx\sum_{i=1}^{n}\mu(\xi_i,\eta_i)\Delta\sigma_i.$$

再次,求平面薄片质量的精确值.令 n 个小闭区域的直径中的最大值(记作 λ)趋于零,因为 $\mu(x,y)$在 D 上连续,上述和的极限必存在,则该极限就是所求的平面薄片的质量 M,即

$$M=\lim_{\lambda\to 0}\sum_{i=1}^{n}\mu(\xi_i,\eta_i)\Delta\sigma_i.$$

上述两个问题的实际意义虽然不同,但所求量都归结为同一形式的和的极限.在物理、力学、几何和工程技术中,还有许多物理量或几何量都可归结为这一形式和的极限.对这种和式的极限进行抽象,我们得到下述二重积分的定义.

定义 6.4.1　设 $f(x,y)$是有界闭区域 D 上的有界函数.将闭区域 D 任意分成 n 个小闭区域:$\Delta\sigma_1,\Delta\sigma_2,\Delta\sigma_3,\cdots,\Delta\sigma_n$,其中 $\Delta\sigma_i$ 表示第 i 个小闭区域,也表示它的面积.在每个 $\Delta\sigma_i$ 上任取一点(ε_i,η_i),作乘积

$$f(\xi_i,\eta_i)\Delta\sigma_i,\quad i=1,2,\cdots,n,$$

并作和 $\sum\limits_{i=1}^{n}f(\xi_i,\eta_i)\Delta\sigma_i$.如果当各小闭区域的直径中的最大值(记作 λ) 趋于零时,若此和的极限总存在,则称此极限为函数 $f(x,y)$ 在闭区域 D 上的**二重积分**,记作$\iint\limits_D f(x,y)\mathrm{d}\sigma$,即

$$\iint\limits_D f(x,y)\mathrm{d}\sigma=\lim_{\lambda\to 0}\sum_{i=1}^{n}f(\xi_i,\eta_i)\Delta\sigma_i,$$

其中 $f(x,y)$叫做**被积函数**,$f(x,y)\mathrm{d}\sigma$ 叫做**被积表达式**,$\mathrm{d}\sigma$ 叫做**面积元素**,D 叫做**积分区域**, $\sum\limits_{i=1}^{n}f(\xi_i,\eta_i)\Delta\sigma_i$ 叫做**积分和**.

在二重积分的定义中对闭区域 D 的划分是任意的，如果在直角坐标系中用平行于坐标轴的直线网来划分 D，那么除了包含边界点的一些小闭区域外，其余的小闭区域都是矩形闭区域. 设矩形闭区域 $\Delta\sigma_i$ 的边长为 Δx_i 和 Δy_i，则 $\Delta\sigma_i=\Delta x_i\cdot\Delta y_i$. 因此在直角坐标系中，可把面积元素 $d\sigma$ 记作 $dxdy$，而把二重积分记作

$$\iint_D f(x,y)\mathrm{d}x\mathrm{d}y.$$

由二重积分的定义可知，曲顶柱体的体积是函数 $f(x,y)$ 在底 D 上的二重积分：

$$V=\iint_D f(x,y)\mathrm{d}\sigma.$$

平面薄片的质量是它的面密度 $\mu(x,y)$ 在薄片所占闭区域 D 上的二重积分：

$$M=\iint_D \mu(x,y)\mathrm{d}\sigma.$$

一般地，如果 $f(x,y)\geqslant 0$，二重积分 $\iint\limits_D f(x,y)\mathrm{d}x\mathrm{d}y$ 的几何意义就是以 D 为底，以 D 的边界曲线为准线而母线平行于 z 轴的柱面为侧面，以曲面 $z=f(x,y)$ 为顶的曲顶柱体的体积.

2. 二重积分的性质

二重积分有与定积分类似的性质.

性质 6.4.1（线性性）　设 α,β 为常数，则

$$\iint_D[\alpha f(x,y)+\beta g(x,y)]\mathrm{d}\sigma=\alpha\iint_D f(x,y)\mathrm{d}\sigma+\beta\iint_D g(x,y)\mathrm{d}\sigma.$$

性质 6.4.2（区域可加性）　如果闭区域 D 被有限条曲线分为有限个部分闭区域，则在 D 上的二重积分等于在各部分闭区域上的二重积分的和. 例如 D 分为两个闭区域 D_1 和 D_2，则

$$\iint_D f(x,y)\mathrm{d}\sigma=\iint_{D_1} f(x,y)\mathrm{d}\sigma+\iint_{D_2} f(x,y)\mathrm{d}\sigma.$$

这个性质表示二重积分对于积分区域具有可加性.

性质 6.4.3　如果在 D 上，$f(x,y)=1$，σ 为 D 的面积，则

$$\sigma=\iint_D 1\cdot\mathrm{d}\sigma=\iint_D \mathrm{d}\sigma.$$

该性质的几何意义是，高为 1 的平顶柱体的体积在数值上就等于平顶柱体的底面积.

性质 6.4.4（保号性）　如果在 D 上，$f(x,y)\leqslant g(x,y)$，则有

$$\iint_D f(x,y)\mathrm{d}\sigma\leqslant\iint_D g(x,y)\mathrm{d}\sigma.$$

特殊地，由于 $-|f(x,y)|\leqslant f(x,y)\leqslant|f(x,y)|$，故有

$$\left|\iint_D f(x,y)\mathrm{d}\sigma\right| \leqslant \iint_D |f(x,y)|\mathrm{d}\sigma.$$

性质 6.4.5(介值性) 设 M,m 分别是 $f(x,y)$ 在闭区域 D 上的最大值和最小值,σ 是 D 的面积,则有 $m\sigma \leqslant \iint_D f(x,y)\mathrm{d}\sigma \leqslant M\sigma$.

性质 6.4.6(二重积分的中值定理) 设函数 $f(x,y)$ 在闭区域 D 上连续,σ 是 D 的面积,则在 D 上至少存在一点 (ξ,η) 使得:$\iint_D f(x,y)\mathrm{d}\sigma = f(\xi,\eta)\sigma$.

证明 因为 $\sigma\neq 0$,把性质 6.4.5 中不等式各除以 σ,有

$$m \leqslant \frac{1}{\sigma}\iint_D f(x,y)\mathrm{d}\sigma \leqslant M.$$

由闭区域上连续函数的介值定理,在 D 上至少存在一点 (ξ,η),使得

$$\frac{1}{\sigma}\iint_D f(x,y)\mathrm{d}\sigma = f(\xi,\eta), \quad 即 \quad \iint_D f(x,y)\mathrm{d}\sigma = f(\xi,\eta)\sigma.$$

例 6.4.1 比较 $\iint_D (x+y)^2\mathrm{d}\sigma$ 与 $\iint_D (x+y)^3\mathrm{d}\sigma$ 的大小,其中积分区域 D 是由 x 轴、y 轴与直线 $x+y=1$ 所围成.

解 因为积分区域 D 在直线 $x+y=1$ 的下方,所以,在 D 上有 $0\leqslant x+y\leqslant 1$,从而有

$$(x+y)^2 \geqslant (x+y)^3.$$

由性质 6.4.4 得

$$\iint_D f(x+y)^2\mathrm{d}\sigma \geqslant \iint_D f(x+y)^3\mathrm{d}\sigma.$$

6.4.2 二重积分的计算方法

对一般的函数和区域来说,用二重积分的定义来计算二重积分未必可行,需要寻求其他方法.下面讨论将二重积分化为两次定积分的计算方法.

1. 直角坐标系中的计算法

假定 $f(x,y)\geqslant 0$,积分区域 D 可以用不等式:$\varphi_1(x)\leqslant y\leqslant \varphi_2(x)$,$a\leqslant x\leqslant b$ 来表示(图 6.7),其中函数 $\varphi_1(x)$,$\varphi_2(x)$ 在区间 $[a,b]$ 上连续.

由二重积分的几何意义知,二重积分 $\iint_D f(x,y)\mathrm{d}\sigma$ 的值等于以 D 为底,以曲面 $z=f(x,y)$ 为顶的曲顶柱体的体积.下面我们应用前面已介绍的计算"平行截面面积为已知的立体体积"的方法来计算这个曲顶柱体的体积.

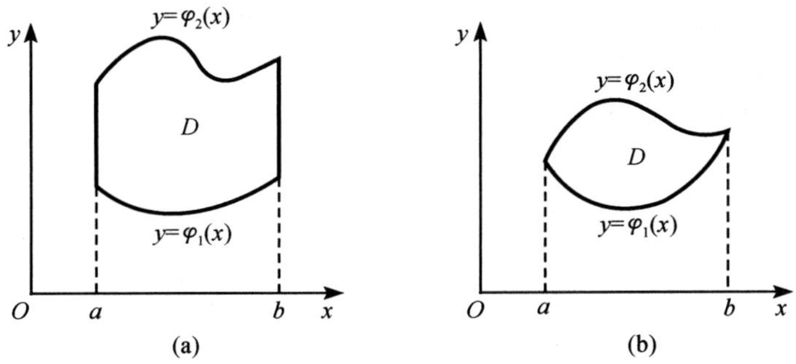

图 6.7

在区间$[a,b]$上任意取定一点 x_0，作平行于 yOz 平面的平面 $x=x_0$. 该平面截曲顶柱体所得的截面是一个以区间$[\varphi_1(x_0),\varphi_2(x_0)]$为底、曲线 $z=f(x_0,y)$为曲边的曲边梯形(图 6.8 中的阴影部分)，所以这截面的面积为

$$A(x_0)=\int_{\varphi_1(x_0)}^{\varphi_2(x_0)} f(x_0,y)\mathrm{d}y.$$

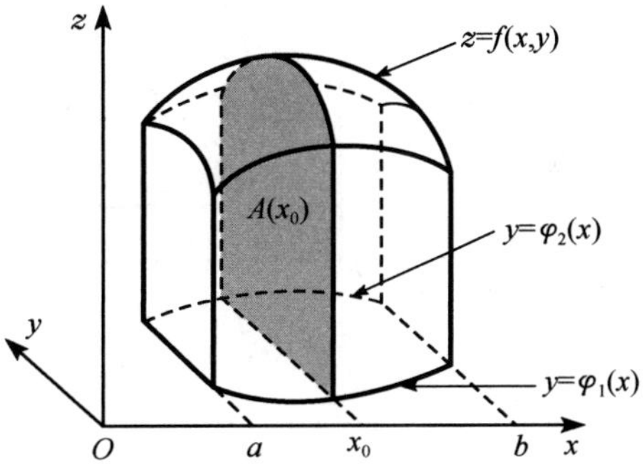

图 6.8

一般地，过区间$[a,b]$上任意一点 x 且平行于 yOz 平面的平面截曲顶柱体所得截面的面积为

$$A(x)=\int_{\varphi_1(x)}^{\varphi_2(x)} f(x,y)\mathrm{d}y.$$

应用计算平行截面面积为已知的立体体积的方法，得曲顶柱体体积为

$$V=\int_a^b A(x)\mathrm{d}x=\int_a^b\left[\int_{\varphi_1(x)}^{\varphi_2(x)} f(x,y)\mathrm{d}y\right]\mathrm{d}x.$$

故有

$$\iint_D f(x,y)\mathrm{d}\sigma=\int_a^b\left[\int_{\varphi_1(x)}^{\varphi_2(x)} f(x,y)\mathrm{d}y\right]\mathrm{d}x. \tag{6.10}$$

上式右端的积分叫做先对 y、后对 x 的二次积分，即先把 x 看作常数，把 $f(x,y)$只看作 y 的函数，并对 y 计算从 $\varphi_1(x)$到 $\varphi_2(x)$的定积分；然后把算得的结果(是 x 的函数)再对 x 计算在区间$[a,b]$上的定积分. 记为

$$\int_a^b \mathrm{d}x\int_{\varphi_1(x)}^{\varphi_2(x)} f(x,y)\mathrm{d}y.$$

因此，式(6.10)也写成

$$\iint_D f(x,y)\mathrm{d}\sigma=\int_a^b \mathrm{d}x\int_{\varphi_1(x)}^{\varphi_2(x)} f(x,y)\mathrm{d}y, \tag{6.10$'$}$$

这就是把二重积分化为先对 y、后对 x 的二次积分的公式，即 x 型公式.

在上述讨论中，我们假定 $f(x,y)\geqslant 0$，但实际上式(6.10)的成立并不受此条件的限制.

类似地，如果积分区域 D 可以用不等式

$$\psi_1(y)\leqslant x\leqslant \psi_2(y),\quad c\leqslant y\leqslant d$$

来表示(图 6.9)，其中函数 $\psi_1(y)$，$\psi_2(y)$ 在区间 $[c,d]$ 上连续，那么就有

$$\iint\limits_D f(x,y)\mathrm{d}\sigma=\int_c^d\left[\int_{\psi_1(y)}^{\psi_2(y)}f(x,y)\mathrm{d}x\right]\mathrm{d}y \tag{6.11}$$

上式右端的积分叫做先对 x、后对 y 的二次积分的公式，即 y 型公式.

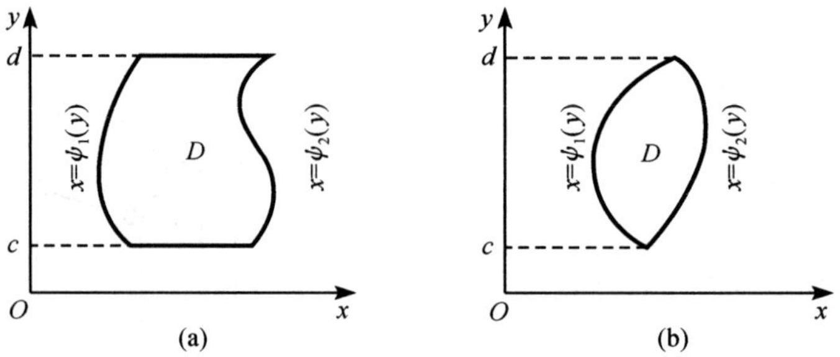

图 6.9

例 6.4.2　求 $I=\iint\limits_D xy\,\mathrm{d}\sigma$，其中 D 是由直线 $x=2,y=x,y=1$ 所围成的闭区域.

解法一　首先画出积分区域 D(图 6.10(a)). 由 $\begin{cases}y=x,\\x=2,\end{cases}$ 解得交点(2,2)；又由 $\begin{cases}y=x,\\x=1,\end{cases}$ 解得交点(1,1). 因此 D 可以表示为 $1\leqslant y\leqslant x,1\leqslant x\leqslant 2$.

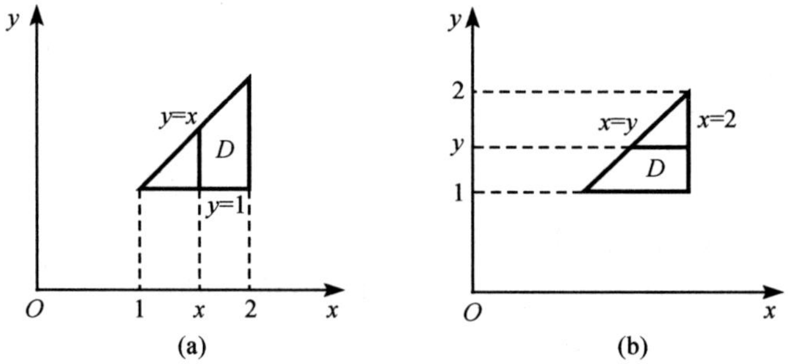

图 6.10

利用式(6.10)得

$$I=\int_1^2\mathrm{d}x\int_1^x xy\,\mathrm{d}y=\int_1^2\left[\frac{xy^2}{2}\right]_1^x\mathrm{d}x=\int_1^2\left(\frac{x^3}{2}-\frac{x}{2}\right)\mathrm{d}x=1\,\frac{1}{8}.$$

解法二　如图 6.10(b)所示，D 又可以表示为 $y\leqslant x\leqslant 2,1\leqslant y\leqslant 2$.

利用式(6.11)得

$$I=\int_1^2 \mathrm{d}y\int_y^2 xy\,\mathrm{d}x=\int_1^2\left[\frac{x^2y}{2}\right]_y^2\mathrm{d}y=\int_1^2\left(2y-\frac{y^3}{2}\right)\mathrm{d}y=1\frac{1}{8}.$$

例 6.4.3　求 $I=\iint\limits_D x\sqrt{y}\,\mathrm{d}\sigma$，其中 D 是由两条抛物线 $y=\sqrt{x}$，$y=x^2$ 所围成的闭区域.

解　画出积分区域 D(图 6.11). D 可表示为 $D=\{(x,y)\mid x^2\leqslant y\leqslant\sqrt{x},0\leqslant x\leqslant 1\}$，于是

$$I=\int_0^1\mathrm{d}x\int_{x^2}^{\sqrt{x}}x\sqrt{y}\,\mathrm{d}y=\int_0^1 x\left[\frac{2}{3}y^{\frac{3}{2}}\right]_{x^2}^{\sqrt{x}}\mathrm{d}x=\int_0^1\frac{2}{3}(x^{\frac{7}{4}}-x^4)\mathrm{d}x=\frac{6}{55}.$$

例 6.4.4　求 $I=\iint\limits_D \mathrm{e}^{-y^2}\mathrm{d}\sigma$，其中 D 是由直线 $y=x$，$y=1$ 及 y 轴所围成的闭区域.

解　画出积分区域 D(图 6.12). D 可表示为 $D=\{(x,y)\mid x\leqslant y\leqslant 1,0\leqslant x\leqslant 1\}$，于是

$$I=\int_0^1\mathrm{d}x\int_x^1\mathrm{e}^{-y^2}\mathrm{d}y.$$

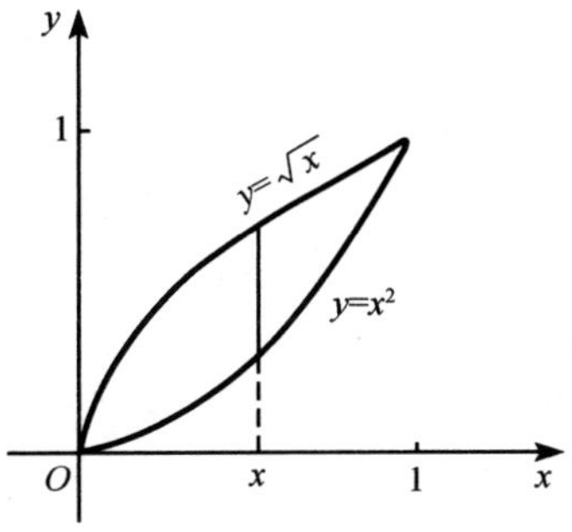

图 6.11

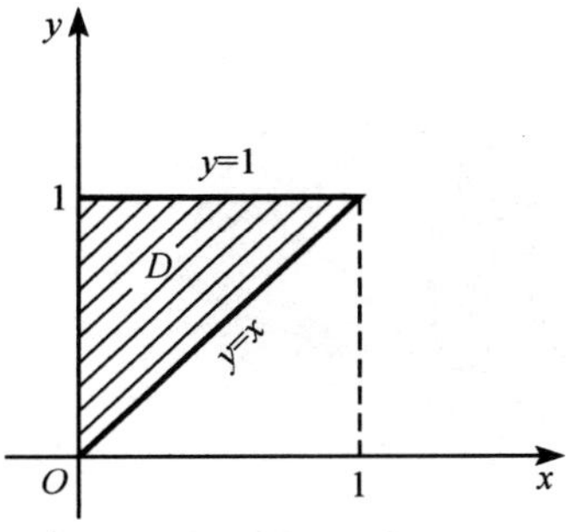

图 6.12

这样计算将无法继续下去！

但是 D 也可以表示为 $D=\{(x,y)\mid 0\leqslant y\leqslant 1,0\leqslant x\leqslant y\}$，于是

$$I=\int_0^1\mathrm{d}y\int_0^y\mathrm{e}^{-y^2}\mathrm{d}x=\int_0^1 y\mathrm{e}^{-y^2}\mathrm{d}y=\frac{1}{2}(1-\mathrm{e}^{-1}).$$

由例 6.4.4 的求解可见，在化二重积分为二次积分时，需要选择恰当的积分次序. 这时，既要考虑积分区域 D 的形状，又要考虑积分函数 $f(x,y)$ 的特点.

例 6.4.5　某城市受地理限制呈直角三角形分布，斜边临一条河. 由于交通关系，城市发展不太平衡，这一点可从税收情况反映出来. 若以两直角边为坐标轴建立直角坐标系，则位于 x 轴和 y 轴上的城市长度各为 16km 和 12km，且税收情况与地理位置的关系大体为

$$R(x,y)=20x+10y\quad(\text{万元 / 平方千米}),$$

试计算该城市总的税收收入.

解　这是一个二重积分应用问题. 积分区域 D 由 x 轴和 y 轴及直线 $\frac{x}{16}+\frac{y}{12}=1$ 围成:

$$D=\left\{(x,y)\mid 0\leqslant y\leqslant 12-\frac{3}{4}x,0\leqslant x\leqslant 16\right\}.$$

故总税收收入为

$$L=\iint_D R(x,y)\mathrm{d}\sigma=\int_0^{16}\mathrm{d}x\int_0^{12-\frac{3}{4}x}(20x+10y)\mathrm{d}y=14080(\text{万元}).$$

2. 极坐标系中的计算法

如果二重积分的积分区域 D 的边界曲线方程或被积函数 $f(x,y)$ 含有 x^2+y^2 或 $\sqrt{x^2+y^2}$,那么就可以考虑在极坐标系中来计算二重积分.

在直角坐标系下,二重积分的定义是

$$\iint_D f(x,y)\mathrm{d}\sigma=\lim_{\lambda\to 0}\sum_{i=1}^{n}f(\xi_i,\eta_i)\Delta\sigma_i.$$

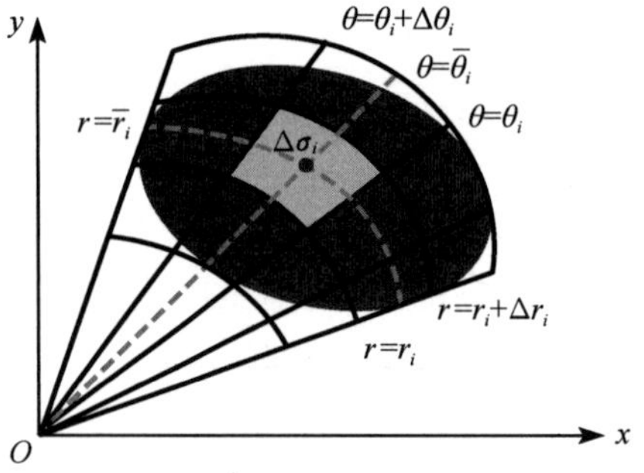

图 6.13

下面我们来研究二重积分在极坐标系下的形式. 在极坐标系下计算二重积分,需要将积分区域 D 和被积函数 $f(x,y)$ 都以极坐标来表示,并求出面积微元 $\mathrm{d}\sigma$ 在极坐标系中的形式.

假定从极点 O 出发且穿过闭区域 D 内部的射线与 D 的边界曲线相交不多于两点. 我们用以极点为中心的一族同心圆:$r=$常数,以及从极点出发的一族射线:$\theta=$常数,把 D 任意分为 n 个小闭区域(图 6.13).

除了包含边界点的一些小闭区域外,小闭区域的面积 $\Delta\sigma_i$ 可计算如下:

$$\begin{aligned}\Delta\sigma_i&=\frac{1}{2}(r_i+\Delta r_i)^2\Delta\theta_i-\frac{1}{2}r_i^2\Delta\theta_i=\frac{1}{2}(2r_i+\Delta r_i)\Delta r_i\Delta\theta_i\\&=\frac{r_i+(r_i+\Delta r_i)}{2}\Delta r_i\Delta\theta_i=\bar{r}_i\Delta r_i\Delta\theta_i,\end{aligned}$$

其中,$\bar{r}_i$ 表示相邻两圆弧半径的平均值. 又以 $\bar{\theta}_i$ 表示相邻两射线极角的平均值. 在这小闭区域内取一点$(\bar{r}_i,\bar{\theta}_i)$,该点的直角坐标设为$(\xi_i,\eta_i)$,则由直角坐标与极坐标之间的关系有:

$$\xi_i=\bar{r}_i\cos\bar{\theta}_i,\quad \eta_i=\bar{r}_i\sin\bar{\theta}_i.$$

于是

$$\lim_{\lambda\to 0}\sum_{i=1}^{n}f(\xi_i,\eta_i)\Delta\sigma_i=\lim_{\lambda\to 0}\sum_{i=1}^{n}f(\bar{r}_i\cos\bar{\theta}_i,\bar{r}_i\sin\bar{\theta}_i)\bar{r}_i\cdot\Delta r_i\cdot\Delta\theta_i,$$

即

$$\iint_D f(x,y)\mathrm{d}\sigma = \iint_D f(r\cos\theta, r\sin\theta) r\mathrm{d}r\mathrm{d}\theta.$$

由于在直角坐标系中 $\iint_D f(x,y)\mathrm{d}\sigma$ 也常记作 $\iint_D f(x,y)\mathrm{d}x\mathrm{d}y$，所以上式又可写成

$$\iint_D f(x,y)\mathrm{d}x\mathrm{d}y = \iint_D f(r\cos\theta, r\sin\theta) r\mathrm{d}r\mathrm{d}\theta.$$

这就是二重积分的变量从直角坐标变换为极坐标的变换公式，其中 $r\mathrm{d}r\mathrm{d}\theta$ 就是极坐标系中的面积元素.

极坐标系中的二重积分，同样可以化为二次积分来计算，下面就积分区域 D 分两种情况讨论：

(1) 极点 O 在积分区域 D 的外部或边界上(图 6.14). D 可以表示为 $\varphi_1(\theta) \leqslant r \leqslant \varphi_2(\theta), \alpha \leqslant \theta \leqslant \beta$，其中函数 $\varphi_1(\theta), \varphi_2(\theta)$ 在区间 $[\alpha,\beta]$ 上连续，则极坐标系中的二重积分化为二次积分的公式为

$$\iint_D f(r\cos\theta, r\sin\theta) r\mathrm{d}r\mathrm{d}\theta = \int_\alpha^\beta \mathrm{d}\theta \int_{\varphi_1(\theta)}^{\varphi_2(\theta)} f(r\cos\theta, r\sin\theta) r\mathrm{d}r.$$

(2) 极点 O 在积分区域 D 的内部(图 6.15). D 可以表示为 $0 \leqslant r \leqslant \varphi(\theta), 0 \leqslant \theta \leqslant 2\pi$，则极坐标系中的二重积分化为二次积分的公式为

$$\iint_D f(r\cos\theta, r\sin\theta) r\mathrm{d}r\mathrm{d}\theta = \int_0^{2\pi} \mathrm{d}\theta \int_0^{\varphi(\theta)} f(r\cos\theta, r\sin\theta) r\mathrm{d}r.$$

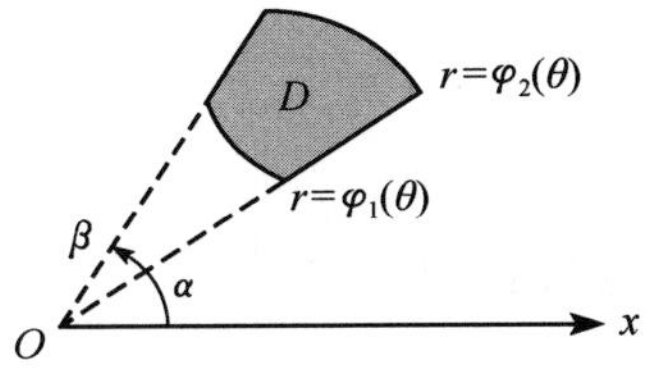

图 6.14

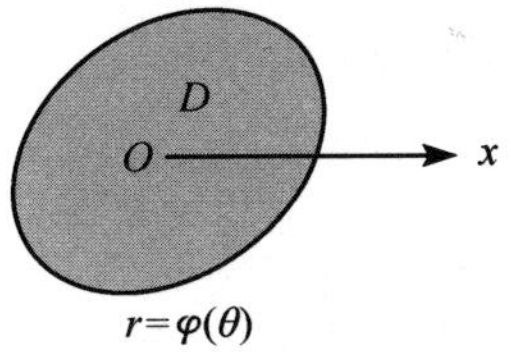

图 6.15

例 6.4.6　计算 $\iint_D \sqrt{x^2+y^2}\mathrm{d}\sigma$，其中 D 是圆环形闭区域 $\{(x,y) \mid a^2 \leqslant x^2+y^2 \leqslant b^2\}$.

解　在极坐标系中，$D=\{(r,\theta) \mid a \leqslant r \leqslant b, 0 \leqslant \theta \leqslant 2\pi\}$，所以

$$\iint_D \sqrt{x^2+y^2}\mathrm{d}\sigma = \iint_D r^2 \mathrm{d}r\mathrm{d}\theta = \int_0^{2\pi}\mathrm{d}\theta \int_a^b r^2 \mathrm{d}r = \frac{2}{3}\pi(b^3-a^3).$$

例 6.4.7　计算 $\iint_D \mathrm{e}^{-x^2-y^2}\mathrm{d}x\mathrm{d}y$，其中 D 是中心在原点、半径为 a 的圆周围成的闭区域.

解　在极坐标系中，$D=\{(r,\theta) \mid 0 \leqslant r \leqslant a, 0 \leqslant \theta \leqslant 2\pi\}$ 所以

$$\iint_D \mathrm{e}^{-x^2-y^2}\mathrm{d}x\mathrm{d}y = \iint_D \mathrm{e}^{-r^2} r\mathrm{d}r\mathrm{d}\theta = \int_0^{2\pi}\mathrm{d}\theta \int_0^a \mathrm{e}^{-r^2} r\mathrm{d}r = \pi(1-\mathrm{e}^{-a^2}).$$

习 题 6

1. 用不等式表示一个顶点在原点、边长为 a 而且一边位于 x 正半轴上的正三角形开区域.

2. 设 $f(x,y)=xy+\dfrac{x}{y}$,求 $f\left(\dfrac{1}{2},3\right)$的值.

3. 求下列函数的定义域并用图形表示:

(1) $z=\sqrt{1-x^2-y^2}$;　　(2) $z=\arcsin\dfrac{y}{x}$;

(3) $z=\ln(y^2-2x+1)$;　　(4) $z=\sqrt{x-\sqrt{y}}$.

4. 求下列函数的间断点或间断线:

(1) $z=\dfrac{1}{\sqrt{x^2+y^2}}$;　　(2) $z=\sin\dfrac{1}{xy}$.

5. 求下列各极限:

(1) $\lim\limits_{(x,y)\to(0,1)}\dfrac{1-xy}{x^2+y^2}$;　　(2) $\lim\limits_{(x,y)\to(0,0)}\dfrac{xy}{2-\sqrt{xy+4}}$.

6. 证明:当$(x,y)\to(0,0)$时,函数 $f(x,y)=\dfrac{x+y}{x-y}$不存在极限.

7. 求下列函数的偏导数:

(1) $z=y^x$;　　(2) $z=(1+xy)^y$;

(3) $z=\ln\tan\dfrac{x}{y}$;　　(4) $s=\dfrac{u^2+v^2}{uv}$;

(5) $z=\sin(xy)+\cos^2(xy)$;　　(6) $z=\arctan(x-y^2)$.

8. 设 $z=x^4+y^4-4x^2y^2$,求$\dfrac{\partial^2 z}{\partial x^2},\dfrac{\partial^2 z}{\partial y^2},\dfrac{\partial^2 z}{\partial x\partial y}$.

9. 求函数 $z=e^{xy}$ 当 $x=1,y=1,\Delta x=0.15,\Delta y=0.1$ 时的全微分.

10. 求下列复合函数的一阶导数或偏导数:

(1) $z=u^2v-uv^2,u=x\cos y,v=x\sin y$;

(2) $z=x^2\ln y,x=\dfrac{v}{u},y=3v-2u$;

(3) $z=\arcsin(x-y),x=3t,y=4t^3$;

(4) $z=f(u),u=xy+\dfrac{y}{x}$.

11. 求下列方程所确定的函数 $y=y(x)$的导数:

(1) $\sin y+e^x-xy^2=0$;　　(2) $\dfrac{x^2}{a^2}+\dfrac{y^2}{b^2}=1$.

12. 求下列函数的极值:

(1) $f(x,y)=x^4+y^4+32x-4y+52$;

(2) $f(x,y)=x^3+y^3-3axy$,其中 $a>0$ 为常数.

13. 分解已知正数 a 为三个正的因子,使它们的倒数之和最小.

14. 欲做一个容积为 1m^3 的有盖圆柱形铅桶,问尺寸如何选取才能使用料最省?

15. 计算下列二重积分：

(1) $\iint\limits_{D}(3x+2y)\mathrm{d}\sigma$，其中 D 是由两坐标轴及直线 $x+y=2$ 所围成的闭区域；

(2) $\iint\limits_{D}\frac{\sin x}{x}\mathrm{d}\sigma$，其中 D 是由直线 $y=x, y=\frac{x}{2}, x=\pi$ 所围成的闭区域；

(3) $\iint\limits_{D}x^2\mathrm{d}\sigma$，其中 D 是圆环：$1\leqslant x^2+y^2\leqslant 4$；

(4) $\iint\limits_{D}\ln(1+x^2+y^2)\mathrm{d}\sigma$，其中 D 是圆：$x^2+y^2=1$ 所包围的在第一象限部分的区域.

第 7 章 微分方程与差分方程

本章要点 微分方程和差分方程是一门独立的数学学科，有完整的理论体系. 本章主要介绍微分方程、差分方程的一些基本概念和几种较简单的微分方程(包括一阶微分方程、可降阶的高阶微分方程、二阶常系数线性微分方程等)以及一阶常系数线性差分方程的解法.

7.1 微分方程的基本概念

在研究科学技术和经济管理中某些现象的变化过程中，往往需要寻求变量之间的函数关系. 但在许多问题中，不能直接找出需要的函数关系，而可能根据问题所提的情况，列出含有要找的函数及其导数的关系式，这样的关系式就是所谓的微分方程. 微分方程建立后，对它进行研究，找出未知函数，这就是解微分方程. 本节主要介绍微分方程的一些基本概念以及几种较简单的微分方程的解法. 这里，微分方程主要指常微分方程.

首先，给出微分方程的一些基本概念.

7.1.1 引例

例 7.1.1 求过点(1,5)且切线斜率为 $2x$ 的曲线方程.

解 设所求的曲线方程为 $y=y(x)$，则根据题意，未知函数 $y(x)$满足的关系式为

$$\frac{\mathrm{d}y}{\mathrm{d}x}=2x. \tag{7.1}$$

此外，$y(x)$还满足条件：

$$y(1)=5. \tag{7.2}$$

要求出式(7.1)中的函数，只需将式(7.1)两端求一次不定积分，即得到

$$y=\int 2x\mathrm{d}x=x^2+C. \tag{7.3}$$

再将条件(7.2)代入式(7.3)中，得到

$$5=1^2+C,\quad C=4,$$

即得所求曲线方程为

$$y=x^2+4. \tag{7.4}$$

例 7.1.2 一质量为 m 的物体仅受重力的作用而下落，如果其初始位置和初始速度为 0，试确定物体下落的距离 s 与时间 t 的函数关系.

解 设物体在时刻 t 下落的距离为 $s(t)$，则 $a=s''=\frac{\mathrm{d}^2s}{\mathrm{d}t^2}$，由牛顿第二定律知

$$m\frac{\mathrm{d}^2 s}{\mathrm{d}t^2}=mg,$$

即

$$\frac{\mathrm{d}^2 s}{\mathrm{d}t^2}=g. \tag{7.5}$$

此时还应满足条件：

$$s(0)=0,\quad v(0)=\left.\frac{\mathrm{d}s}{\mathrm{d}t}\right|_{t=0}=0 \tag{7.6}$$

因物体的运动速度 $v=v(t)=s'$，所以式(7.5)可写为

$$\frac{\mathrm{d}v}{\mathrm{d}t}=g.$$

对上式两端积分有

$$v(t)=\frac{\mathrm{d}s}{\mathrm{d}t}=gt+c_1.$$

两边再积分一次得

$$s(t)=\frac{g}{2}t^2+c_1 t+c_2, \tag{7.7}$$

代入条件(7.6)得 $s(0)=c_2=0, v(0)=c_1=0$，于是

$$s=\frac{1}{2}gt^2, \tag{7.8}$$

即为所求的函数关系.

这两个例子中，关系式(7.1)、式(7.5)都含有未知函数的导数，它们都被称为微分方程.

7.1.2　微分方程的概念

定义 7.1.1　含有未知函数的导数或微分的方程，称为微分方程. 微分方程中出现的未知函数的各阶导数的最高阶数，称为微分方程的阶.

例如，方程(7.1)为一阶微分方程；方程(7.5)为二阶微分方程. 又如，

方程 $x^2y'-2y''+4xy'''=0$　为三阶微分方程；

方程 $x(y')^5-2y^{(4)}+4x=0$　为四阶微分方程.

通常把未知函数为一元函数的微分方程称为常微分方程. 例如，$y'=2x$ 为一阶常微分方程；未知函数为多元函数的微分方程称为偏微分方程. 例如，$z_{xy}-z_{yy}+2=0$ 为偏微分方程.

定义 7.1.2　如果把一个函数代入微分方程能使方程成为恒等式，则称这个函数为该微分方程的解.

例如，例 7.1.1 中，$y=x^2+C$(C 为任意常数)，$y=x^2+4$ 均为 $y'=2x$ 的解；例 7.1.2 中，

$$s=\frac{g}{2}t^2+c_1t+c_2\quad(c_1,c_2\text{ 为任意常数}),$$

$$s=\frac{1}{2}gt^2$$

都是 $s''=g$ 的解.

注　微分方程的解中可能含有也可能不含有任意常数.

定义 7.1.3　如果微分方程的解中含有任意常数,且相互独立的任意常数的个数与微分方程的阶数相同,这样的解叫做微分方程的通解. 确定了通解中的任意常数以后,就得到微分方程的特解,即不含任意常数的微分方程的解,叫做微分方程的特解.

例如,例 7.1.2 中,$s=\frac{g}{2}t^2+c_1t+c_2$ 为 $s''=g$ 的通解,而 $s=\frac{1}{2}gt^2$ 为 $s''=g$ 的一个特解.

为了得到合乎要求的特解,必须根据要求对微分方程附加一定的条件.

定义 7.1.4　用于确定微分方程解中任意常数的条件,称为初始条件.

若设微分方程中的未知函数为 $y=f(x)$,且微分方程是二阶的,则通常用来确定任意常数的条件有两个,

$$x=x_0\text{ 时},y=y_0,y'=y_1\quad\text{或}\quad y|_{x=x_0}=y_0,y'|_{x=x_0}=y_1,$$

其中 x_0,y_0,y_1 都是给定的值.

求微分方程满足初始条件的解的问题称为初值问题.

例如,求微分方程 $y'=f(x,y)$满足初始条件 $y|_{x=x_0}=y_0$ 的解的问题,记为

$$\begin{cases}y'=f(x,y),\\ y|_{x=x_0}=y_0.\end{cases}$$

称为一阶微分方程的初值问题.

7.2　一阶微分方程的解法

本节将根据一阶微分方程的不同类型,给出相应的解法. 主要介绍可分离变量的微分方程以及一些可以化为这类方程和借助这类方程可求解的微分方程,如齐次方程、一阶线性微分方程等.

一阶微分方程的一般形式为

$$F(x,y,y')=0,$$

其中,x 为自变量,y 为未知函数,y'为未知函数 y 的一阶导数.

7.2.1　可分离变量的微分方程

如式(7.1)的一阶微分方程

$$\frac{\mathrm{d}y}{\mathrm{d}x}=2x,$$

可写成

$$dy = 2x dx.$$

将上式两端积分，就得到这个方程的通解

$$y = x^2 + C.$$

但是，并不是所有的一阶微分方程都能这样求解，例如，对于一阶微分方程

$$\frac{dy}{dx} = x^2 y^2, \tag{7.9}$$

因为式(7.9)的右端含有未知函数 y，所以两端直接积分 $\int x^2 y^2 dx$ 求不出来.

但是，将方程两端同时乘以 $\frac{1}{y^2}dx$，得到

$$\frac{1}{y^2}dy = x^2 dx.$$

这样，使 x,y 分离在等式的两端，然后两端积分，得

$$-\frac{1}{y} = \frac{1}{3}x^3 + C,$$

即

$$y = -\frac{3}{x^3 + 3C} \quad (\text{其中 } C \text{ 为任意常数}).$$

由上例可以看到，在一个一阶微分方程中，若能将两个变量分离在等号两边，则可以通过对方程两端同时积分求出方程的通解.

定义 7.2.1　如果一个一阶微分方程能写成 $\frac{dy}{dx}=h(x)g(y)$（或写成 $\frac{1}{g(y)}dy=h(x)dx$，其中 $g(y)\neq 0$，$h(x)$，$g(y)$ 都是连续函数）的形式，那么原方程就称为可分离变量的微分方程.

对于可分离变量的微分方程 $\frac{dy}{dx}=h(x)g(y)$，其一般解法为

(1) 分离变量：$\frac{dy}{g(y)} = h(x)dx\,(g(y) \neq 0)$；

(2) 两边积分：$\int \frac{dy}{g(y)} = \int h(x)dx + C$；

(3) 简化结果：若 $G(y) = \int \frac{dy}{g(y)}$，$H(x) = \int h(x)dx$，则 $G(y) = H(x) + C$.

即得到可分离变量微分方程的通解，又叫隐式通解或通积分.

例 7.2.1　求微分方程 $\frac{dy}{dx}=xy^2$ 的通解.

解　此方程为可分离变量微分方程，分离变量得

$$\frac{1}{y^2}dy = x dx,$$

两边积分得

$$\int \frac{1}{y^2}\mathrm{d}y = \int x\mathrm{d}x,$$

即

$$-\frac{1}{y} = \frac{1}{2}x^2 + C \quad (\text{其中 } C \text{ 为任意常数}),$$

原方程的通解为

$$y = -\frac{2}{x^2 + 2C} \quad (\text{其中 } C \text{ 为任意常数}).$$

例 7.2.2　求微分方程 $x(1+y^2)\mathrm{d}x - y(1+x^2)\mathrm{d}y = 0$ 满足初始条件 $y(0)=1$ 的特解.

解　(1) 求该微分方程的通解.

此微分方程为可分离变量的,分离变量得

$$\frac{y}{1+y^2}\mathrm{d}y = \frac{x}{1+x^2}\mathrm{d}x,$$

两边积分得

$$\int \frac{y}{1+y^2}\mathrm{d}y = \int \frac{x}{1+x^2}\mathrm{d}x,$$

即

$$\ln|1+y^2| = \ln|1+x^2| + C_1 \quad (C_1 \text{ 为任意常数}),$$

$$1 + y^2 = \mathrm{e}^{C_1}(1+x^2).$$

因 e^{C_1} 仍为任意常数,于是记 $C=\mathrm{e}^{C_1}$,则得原方程的通解为

$$y^2 = C(1+x^2) - 1 \quad (\text{其中 } C \text{ 为任意常数}).$$

(2) 求微分方程满足条件的特解.

该方程满足初始条件 $y(0)=1$,将其代入方程的通解中,则有

$$1 = C(1+0^2) - 1 = C - 1, \quad \text{得} \quad C = 2.$$

故原微分方程满足初始条件的特解为

$$y^2 = 2(1+x^2) - 1.$$

注　(1) 对于变量可分离方程形式不明显的微分方程,需注意变形,灵活求解;

(2) 求解结果中,任意常数的处理要注意结果的简洁性. 如例 7.2.2 中任意常数的处理.

例 7.2.3　假设某产品的销售量 $x(t)$ 是时间 t 的可导函数,如果商品的销售量对时间的增长速率与销售量 $x(t)$ 及销售量接近于饱和水平的程度 $N-x(t)$ 的积成正比(N 为饱和水平,比例常数为 $k>0$),且当 $t=0$ 时,$x(t)=\frac{N}{4}$.

(1) 求 $x(t)$;　(2) 求 $x(t)$ 的增长最快的时刻 T.

解　(1) 由题意可知

$$\frac{\mathrm{d}x}{\mathrm{d}t} = kx(N-x), \quad k > 0, \tag{7.10}$$

$$x(0)=\frac{N}{4}. \tag{7.11}$$

显然是一个可分离变量的微分方程的初值问题.

不难求得方程(7.10)满足初始条件(7.11)的特解

$$x(t)=\frac{N}{1+3\mathrm{e}^{-Nkt}}.$$

(2) 求 $x(t)$的增长最快的时刻 T,即求使$\frac{\mathrm{d}x}{\mathrm{d}t}$取最大值的 T. 因

$$x(t)=\frac{N}{1+3\mathrm{e}^{-Nkt}},$$

且

$$\frac{\mathrm{d}x}{\mathrm{d}t}=kx(N-x)=\frac{3N^2k\mathrm{e}^{-Nkt}}{(1+3\mathrm{e}^{-Nkt})^2},$$

$$\frac{\mathrm{d}^2x}{\mathrm{d}t^2}=k(N-2x)\frac{\mathrm{d}x}{\mathrm{d}t}=\frac{-3N^3k^2\mathrm{e}^{-Nkt}(1-3\mathrm{e}^{-Nkt})}{(1+3\mathrm{e}^{-Nkt})^3}.$$

令$\frac{\mathrm{d}^2x}{\mathrm{d}t^2}=0$,得到 $T=\frac{\ln 3}{Nk}$.

当 $t<T$ 时,$\frac{\mathrm{d}^2x}{\mathrm{d}t^2}>0$;当 $t>T$ 时,$\frac{\mathrm{d}^2x}{\mathrm{d}t^2}<0$. 故当 $T=\frac{\ln 3}{Nk}$时,$x(t)$的增长最快.

注 式(7.10)称为逻辑斯谛(Logistic)曲线. 它常被应用于经济学、动植物的饲养与栽培等方面的模拟研究上.

7.2.2 齐次微分方程

定义 7.2.2 形如

$$\frac{\mathrm{d}y}{\mathrm{d}x}=f\left(\frac{y}{x}\right) \tag{7.12}$$

的一阶微分方程称为齐次微分方程,简称齐次方程.

例如,$xy'-y-\sqrt{y^2-x^2}=0$ 可化为

$$\frac{\mathrm{d}y}{\mathrm{d}x}=\frac{y+\sqrt{y^2-x^2}}{x}=\frac{y}{x}+\sqrt{\left(\frac{y}{x}\right)^2-1},$$

所以它是齐次微分方程. 而一阶微分方程 $\sqrt{2-x^3}\,y'=\sqrt{1-y^3}$不是齐次方程.

对于齐次微分方程$\frac{\mathrm{d}y}{\mathrm{d}x}=f\left(\frac{y}{x}\right)$,其一般解法为

(1) 变量代换:令 $v=\frac{y}{x}$,则 $y=vx$,$\frac{\mathrm{d}y}{\mathrm{d}x}=x\frac{\mathrm{d}v}{\mathrm{d}x}+v$,并代入原微分方程中,得到$x\frac{\mathrm{d}v}{\mathrm{d}x}=f(v)-v$;

(2) 分离变量:$\frac{\mathrm{d}v}{f(v)-v}=\frac{\mathrm{d}x}{x}$;

(3) 两端积分：$\int \frac{\mathrm{d}v}{f(v)-v}=\int \frac{\mathrm{d}x}{x}=\ln|x|-\ln c$；

(4) 回代：求出积分后，再用$\frac{y}{x}$代替v，便得所给齐次方程的通解.

例 7.2.4 解微分方程$\frac{\mathrm{d}y}{\mathrm{d}x}=-\frac{x+y}{x}$.

解 原方程写成

$$\frac{\mathrm{d}y}{\mathrm{d}x}=-1-\frac{y}{x},$$

原方程是齐次方程. 令$v=\frac{y}{x}$，则得$y=vx$，$\frac{\mathrm{d}y}{\mathrm{d}x}=x\frac{\mathrm{d}v}{\mathrm{d}x}+v$，并将其代入原微分方程中，得

$$x\frac{\mathrm{d}v}{\mathrm{d}x}=-1-2v.$$

分离变量，得

$$\frac{1}{1+2v}\mathrm{d}v=-\frac{\mathrm{d}x}{x},$$

两边积分，得

$$\frac{1}{2}\ln|1+2v|=-\ln|x|+C_1,$$

即

$$x\cdot\sqrt{1+2v}=\pm \mathrm{e}^{C_1},$$
$$x^2\cdot(1+2v)=\mathrm{e}^{2C_1}=C \quad (\text{其中 } C=\mathrm{e}^{2C_1}).$$

将$v=\frac{y}{x}$代入上式中，便得所给微分方程的通解

$$x^2+2xy=C \quad (\text{其中 } C \text{ 为任意常数}).$$

例 7.2.5 求微分方程$\frac{\mathrm{d}y}{\mathrm{d}x}=\frac{y^2}{xy-x^2}$满足初始条件$y(1)=1$的特解.

解 原方程化为

$$\frac{\mathrm{d}y}{\mathrm{d}x}=\frac{y^2}{xy-x^2}=\frac{\left(\frac{y}{x}\right)^2}{\frac{y}{x}-1},$$

原方程是齐次微分方程. 令$v=\frac{y}{x}$，则得

$$x\frac{\mathrm{d}v}{\mathrm{d}x}=\frac{v^2}{v-1}-v=\frac{v}{v-1},$$

分离变量，得

$$\frac{v-1}{v}\mathrm{d}v=\frac{\mathrm{d}x}{x},$$

两边积分，得

$$v-\ln|v|=\ln|x|+C_1,$$

即

$$v=\ln|xv|+C_1,$$
$$xv=\pm e^{v-C_1}=Ce^{v}\quad(\text{其中 } C=\pm e^{-C_1}).$$

将 $v=\frac{y}{x}$ 代入上式中，得所给微分方程的通解

$$y=Ce^{\frac{y}{x}}\quad(C\text{ 为任意常数}).$$

由初始条件 $y(1)=1$，即得 $C=\frac{1}{e}$.

故原方程满足初始条件的特解为

$$y=e^{\frac{y}{x}-1}.$$

对于齐次方程，通过变量代换把它化为可分离变量的方程，然后变量分离，经积分求得通解. 变量代换的方法是解常微分方程常用的方法. 所以在求解一个不能变量分离的微分方程时，常考虑寻求适当的变量代换，使其化为可分离变量的方程. 下面举一例子.

例 7.2.6　求解微分方程 $\frac{dy}{dx}=\frac{1}{x+y}$.

解　令 $v=x+y$，则得 $y=v-x$，$\frac{dy}{dx}=\frac{dv}{dx}-1$，则

$$\frac{dv}{dx}-1=\frac{1}{v},$$

即

$$\frac{dv}{dx}=\frac{v+1}{v},$$

分离变量，得

$$\frac{v}{v+1}dv=dx,$$

两边积分，得

$$v-\ln|1+v|=x+C_1,$$

将 $v=x+y$ 代入上式中，便得所给微分方程的通解

$$y-\ln|x+y+1|=C_1,\quad\text{或}\quad x=Ce^{y}-y-1\quad(C=\pm e^{-C_1}).$$

7.2.3　一阶线性微分方程

定义 7.2.3　形如

$$\frac{dy}{dx}+P(x)y=Q(x)\tag{7.13}$$

的微分方程称为一阶线性微分方程，其中 $P(x)$，$Q(x)$为已知函数.

如果 $Q(x)\equiv 0$，则方程(7.13)变为

$$\frac{\mathrm{d}y}{\mathrm{d}x}+P(x)y=0, \tag{7.14}$$

称为一阶线性齐次微分方程；如果 $Q(x)\not\equiv 0$，则方程(7.13)称为一阶线性非齐次微分方程.

1. 一阶线性齐次微分方程的解法

一阶线性微分方程$\frac{\mathrm{d}y}{\mathrm{d}x}+P(x)y=0$ 是可分离变量微分方程. 分离变量后得

$$\frac{\mathrm{d}y}{y}=-P(x)\mathrm{d}x,$$

两边积分，得

$$\ln|y|=-\int P(x)\mathrm{d}x+C_1,$$

即

$$y=C\mathrm{e}^{-\int P(x)\mathrm{d}x}\quad (C=\pm \mathrm{e}^{C_1}), \tag{7.15}$$

为方程(7.14)的通解.

2. 一阶线性非齐次微分方程的解法

采用常数变易法求非齐次线性微分方程(7.13)的通解. 其思想是：将与式(7.13)对应的齐次方程(7.14)的通解式(7.15)中的任意常数 C，换成待定的函数 $u=u(x)$，然后代入原微分方程(7.13)中，求解出 $u(x)$.

一阶线性微分方程(7.13)的求解过程为

(1) 解对应的齐次线性微分方程$\frac{\mathrm{d}y}{\mathrm{d}x}+P(x)y=0$ 的通解：

$$y=C\mathrm{e}^{-\int P(x)\mathrm{d}x}.$$

(2) 将上式中任意常数 C，换成待定的函数 $u=u(x)$，即设 $y=u(x)\mathrm{e}^{-\int P(x)\mathrm{d}x}$.

将其代入方程(7.13)中，得

$$u'(x)\mathrm{e}^{-\int P(x)\mathrm{d}x}-u(x)P(x)\mathrm{e}^{-\int P(x)\mathrm{d}x}+P(x)u(x)\mathrm{e}^{-\int P(x)\mathrm{d}x}=Q(x),$$

化简得

$$u'(x)=Q(x)\mathrm{e}^{\int P(x)\mathrm{d}x},$$

解之得

$$u(x)=\int Q(x)\mathrm{e}^{\int P(x)\mathrm{d}x}\mathrm{d}x+C_1,$$

其中 C_1 为任意常数，代入(2)中 y 的表达式，得

$$y = e^{-\int P(x)dx}\left(\int Q(x)e^{\int P(x)dx}dx + C_1\right) \quad (\text{其中 } C_1 \text{ 为任意常数}). \tag{7.16}$$

例 7.2.7　求方程 $\frac{dy}{dx}+\frac{y}{x+1}=x$ 的通解.

解法一　常数变易法.

(1) 这是一个一阶线性非齐次微分方程. 先求对应的齐次线性方程 $\frac{dy}{dx}+\frac{y}{x+1}=0$ 的通解. 分离变量得 $\frac{dy}{y}=-\frac{dx}{x+1}$，两边积分得

$$\ln|y| = -\ln|x+1| + C_1.$$

即齐次线性方程的通解为

$$y = C\frac{1}{x+1} \quad (C = \pm e^{C_1}).$$

(2) 常数变易. 把 C 换成待定函数 $u(x)$，即令 $y=u(x)\frac{1}{x+1}$，代入所给非齐次线性微分方程，得

$$u'\frac{1}{x+1} - u\frac{1}{(x+1)^2} + \frac{1}{x+1}u\frac{1}{x+1} = x,$$

即有 $u'=x(x+1)$，两边积分，得

$$u = \frac{1}{3}x^3 + \frac{1}{2}x^2 + C.$$

再把上式代入 $y=u(x)\frac{1}{x+1}$ 中，即得所求方程的通解为

$$y = \frac{1}{x+1}\left[\frac{1}{3}x^3 + \frac{1}{2}x^2 + C\right].$$

解法二　直接代公式法. 这里 $P(x)=\frac{1}{x+1}$，$Q(x)=x$. 因为

$$\int P(x)dx = \int\frac{1}{x+1}dx = \ln|x+1| + C_1,$$

$$e^{-\int P(x)dx} = e^{-\ln|x+1|} = \frac{1}{x+1}, \quad e^{\int P(x)dx} = x+1,$$

$$\int Q(x)e^{\int P(x)dx}dx = \int x(x+1)dx = \frac{1}{3}x^3 + \frac{1}{2}x^2,$$

所以所求微分方程通解为

$$y = e^{-\int P(x)dx}\left[\int Q(x)e^{\int P(x)dx}dx + C\right] = \frac{1}{x+1}\left(\frac{1}{3}x^3 + \frac{1}{2}x^2 + C\right).$$

例 7.2.8　求微分方程 $ydx+(2x-y^2)dy=0\ (y>0)$ 满足条件 $y(2)=1$ 的特解.

解　将方程改写为

$$\frac{dy}{dx}+\frac{y}{2x-y^2}=0,$$

显然这不是线性微分方程.

但若将方程改写为

$$\frac{dx}{dy}+\frac{2x-y^2}{y}=0,$$

即

$$\frac{dx}{dy}+\frac{2}{y}\cdot x=y \tag{7.17}$$

在方程中将 x 视为 y 的函数,则式(7.17)是未知函数 $x(y)$的一阶线性方程.

(1) 先求式(7.17)对应的齐次线性方程$\frac{dx}{dy}+\frac{2}{y}\cdot x=0$ 的通解.

分离变量得

$$\frac{dx}{x}=-\frac{2dy}{y},$$

两边积分得

$$\ln|x|=-2\ln|y|+C_1,$$

齐次线性方程的通解为

$$x=C\frac{1}{y^2}\quad (C=\pm e^{C_1}).$$

(2) 常数变易.把 C 换成 $u(y)$,即令 $x=u(y)\frac{1}{y^2}$,代入所给非齐次线性方程,得

$$u'\frac{1}{y^2}-2u\frac{1}{y^3}+\frac{2}{y}u\frac{1}{y^2}=y,$$

即有

$$u'=y^3,$$

两边积分,得

$$u=\frac{1}{4}y^4+C.$$

把上式代入 $x=u(y)\frac{1}{y^2}$中,即得所求方程的通解为

$$x=\left[\frac{1}{4}y^4+C\right]\cdot\frac{1}{y^2}=\frac{1}{4}y^2+Cy^{-2}.$$

代入初始条件 $y(2)=1$ 得 $C=\frac{7}{4}$.

故原方程满足条件的特解为

$$x=\frac{1}{4}y^2+\frac{7}{4}y^{-2}.$$

※7.3　可降阶的高阶微分方程

二阶以及二阶以上的微分方程称为高阶微分方程.高阶微分方程求解的基本思想是设法降低方程的阶数,但对一般的高阶微分方程没有普遍的解法.下面仅介绍三种易降阶的高阶微分方程的求解方法.

7.3.1　$y^{(n)}=f(x)$型的微分方程

形如

$$y^{(n)} = f(x) \tag{7.18}$$

的微分方程,可经过 n 次积分求得其通解.

例 7.3.1　求方程 $y''=\cos x$ 的通解.

解　对所给方程积分一次得

$$y' = \int \cos x \mathrm{d}x = \sin x + C_1,$$

再积分一次,得方程的通解为

$$y = -\cos x + C_1 x + C_2.$$

7.3.2　$y''=f(x,y')$型的微分方程

方程

$$y'' = f(x,y') \tag{7.19}$$

的特点为右端不显含未知函数 y.求解方法为

(1) 令 $y'=p(x)$,则 $y''=p'(x)$,原方程降阶为以 $p(x)$为未知函数的一阶微分方程

$$p' = f(x,p). \tag{7.20}$$

(2) 设式(7.20)的通解为

$$p = \varphi(x,C_1).$$

根据关系式 $y'=p$,又得到一个一阶微分方程

$$\mathrm{d}y = \varphi(x,C_1)\mathrm{d}x.$$

(3) 对上述微分方程两端积分,得原方程的通解

$$y = \int \varphi(x,C_1)\mathrm{d}x + C_2.$$

例 7.3.2　求微分方程 $xy''=y'$的通解.

解　令 $y'=p$,则 $y''=p'$,代入方程,得

$$\frac{\mathrm{d}p}{\mathrm{d}x} = \frac{1}{x}p,$$

分离变量,得

$$\frac{\mathrm{d}p}{p}=\frac{1}{x}\mathrm{d}x,$$

两边积分，得

$$\ln|p|=\ln|x|+C,$$

故有

$$y'=p=C_1x \quad (其中\ C_1=\pm e^C),$$

两边再积分，得原方程的通解

$$y=\frac{1}{2}C_1x^2+C_2 \quad (C_1,C_2\ 为任意常数).$$

7.3.3 $y''=f(y,y')$型的微分方程

方程

$$y''=f(y,y') \tag{7.21}$$

的特点为右端不显含自变量 x. 其求解方法为

(1) 在式(7.21)中，将 y'看成是 y 的函数，令 $y'=p(y)$. 于是，有

$$y''=\frac{\mathrm{d}p}{\mathrm{d}x}=\frac{\mathrm{d}p}{\mathrm{d}y}\cdot\frac{\mathrm{d}y}{\mathrm{d}x}=p\frac{\mathrm{d}p}{\mathrm{d}y}.$$

代入原方程可化为

$$p\frac{\mathrm{d}p}{\mathrm{d}y}=f(y,p). \tag{7.22}$$

这是一个关于变量 y,p 的一阶微分方程.

(2) 设式(7.22)的通解为

$$p=\varphi(y,C_1),$$

由$\frac{\mathrm{d}y}{\mathrm{d}x}=p=\varphi(y,C_1)$，对其分离变量且积分，得原方程的通解

$$\int\frac{\mathrm{d}y}{\varphi(y,C_1)}=x+C_2 \quad (C_1,C_2\ 为任意常数).$$

例 7.3.3 求微分方程 $y''-\frac{3}{2}y^2=0$ 满足初始条件 $y|_{x=3}=1,y'|_{x=3}=1$ 的特解.

解 令 $y'=p(y)$，则 $y''=p\frac{\mathrm{d}p}{\mathrm{d}y}$，将其代入方程，得

$$p\frac{\mathrm{d}p}{\mathrm{d}y}=\frac{3}{2}y^2,$$

分离变量，得

$$2p\mathrm{d}p=3y^2\mathrm{d}y,$$

两端积分，得

$$p^2=y^3+C_1.$$

由初始条件 $y|_{x=3}=1, y'|_{x=3}=1$，得 $C_1=0$，所以 $p^2=y^3$，即 $p=y^{\frac{3}{2}}$，从而

$$\frac{dy}{dx}=y^{\frac{3}{2}},$$

两端积分，得

$$-2y^{-\frac{1}{2}}=x+C_2.$$

由初始条件 $y|_{x=3}=1$，得 $C_2=-5$. 原方程满足条件的特解为

$$y=\frac{4}{(x-5)^2}.$$

7.4　二阶常系数线性微分方程

本节介绍二阶常系数线性微分方程的解法，主要包括齐次和非齐次两种情形. 首先，借助二阶常系数齐次线性微分方程的特征方程和特征根，给出其通解形式；其次，利用二阶常系数非齐次线性微分方程解的结构，针对常用的两种方程类型，给出其通解形式.

二阶常系数线性微分方程的一般形式为

$$y''+py'+qy=f(x), \tag{7.23}$$

其中，p,q 是常数，$f(x)$是 x 的已知函数. 对应于微分方程(7.23)的二阶常系数齐次线性微分方程是

$$y''+py'+qy=0. \tag{7.24}$$

7.4.1　二阶线性微分方程解的性质

定理 7.4.1　如果函数 $y_1(x)$与 $y_2(x)$是方程(7.24)的两个解，则

$$y=C_1y_1(x)+C_2y_2(x) \tag{7.25}$$

也是方程(7.24)的解，其中 C_1,C_2 是任意常数.

定理 7.4.2　如果 $y_1(x)$与 $y_2(x)$是方程(7.24)的两个解，且$\frac{y_1(x)}{y_2(x)}$不恒为常数，则

$$y=C_1y_1(x)+C_2y_2(x)$$

为方程(7.24)的通解，其中 C_1,C_2 是任意常数.

定理 7.4.3　设 $y=y^*(x)$是方程(7.23)的一个特解，而 $y=\bar{y}(x)$是其对应的齐次方程(7.24)的通解，则

$$y=\bar{y}(x)+y^*(x) \tag{7.26}$$

为二阶非齐次线性微分方程(7.23)的通解.

定理 7.4.4(解的叠加原理)　设二阶常系数非齐次微分方程(7.23)的右端 $f(x)$是几个函数之和，如

$$y''+py'+qy=f_1(x)+f_2(x).$$

而 y_1^* 与 y_2^* 分别是方程 $y''+py'+qy=f_1(x)$ 与 $y''+py'+qy=f_2(x)$ 的特解，则 $y_1^*+y_2^*$ 就是原方程 $y''+qy'+qy=f_1(x)+f_2(x)$ 的特解.

由上述定理可见，要给出二阶常系数非齐次线性微分方程的通解形式，必须先给出对应的齐次微分方程的通解. 下面，先来研究二阶常系数齐次线性微分方程的通解.

7.4.2　二阶常系数齐次线性微分方程的解

对于二阶常系数齐次线性微分方程(7.24)

$$y''+py'+qy=0 \quad (\text{其中 } p,q \text{ 都是常数})$$

的通解，由定理 7.4.2 可知，要找到方程(7.24)的两个解 $y_1(x)$ 与 $y_2(x)$，且满足 $\dfrac{y_1(x)}{y_2(x)}$ 不恒为常数.

著名数学家欧拉(L. Euler，1707—1783)当初根据上述方程的特点(线性、常系数、齐次)和指数函数 e^{rx} 的导数仍是指数函数，就把指数函数 $y=e^{rx}$ 代入上述方程试算，即

$$(e^{rx})''+p(e^{rx})'+q(e^{rx})=(r^2+pr+q)e^{rx}=0.$$

由于 $e^{rx}\neq 0$，可见，函数 $y=e^{rx}$ 是方程 $y''+py'+qy=0$ 的解，当且仅当 r 是代数方程

$$r^2+pr+q=0 \tag{7.27}$$

的根. 这个代数方程的系数正好是微分方程 $y''+py'+qy=0$ 的系数. 因此，式(7.27)称为二阶常系数齐次线性微分方程(7.24)的特征方程，其根称为方程(7.27)的特征根. 因为式(7.27)是关于 r 的二次方程，它有两个根，分别记为 r_1,r_2. 因此，求微分方程(7.24)的通解时，要根据方程(7.27)的特征根 r_1 与 r_2 是相异实根、重根还是一对共轭复根三种情形分别进行讨论.

1. 相异实根

若方程(7.24)的特征方程 $r^2+pr+q=0$ 有两个不相同的实数根，由一元二次方程求根公式，得

$$p^2-4q>0,$$

且

$$r_{1,2}=\frac{-p\pm\sqrt{p^2-4q}}{2},$$

则二阶常系数齐次线性微分方程(7.24)的两个解为

$$y_1=e^{r_1x},\quad y_2=e^{r_2x}.$$

由于 $\dfrac{y_1}{y_2}=\dfrac{e^{r_1x}}{e^{r_2x}}=e^{(r_1-r_2)x}$ 不恒等于常数，因此方程(7.24)的通解为

$$y_1=C_1e^{r_1x}+C_2e^{r_2x} \quad (C_1,C_2 \text{ 为任意常数}). \tag{7.28}$$

例 7.4.1　求方程 $y''+2y'-3y=0$ 的通解.

解　特征方程为

$$r^2+2r-3=(r+3)(r-1)=0,$$

特征根为 $r_1=-3, r_2=1$. 因此,原方程的通解为

$$y=C_1\mathrm{e}^{-3x}+C_2\mathrm{e}^x.$$

例 7.4.2　求方程 $y''-4y'=0$ 的通解.

解　特征方程为

$$r^2-4r=r(r-4)=0,$$

特征根为 $r_1=0, r_2=4$. 因此,原方程的通解为

$$y=C_1+C_2\mathrm{e}^{4x}.$$

2. 重根

若方程(7.24)特征方程 $r^2+pr+q=0$ 有二重根,此时

$$p^2-4q=0,$$

且

$$r_1=r_2=\frac{-p}{2},$$

则方程有特解 $y_1=\mathrm{e}^{r_1x}$. 同时,可以证明,$y_2=x\mathrm{e}^{r_1x}$ 是方程的另一特解,并且 $\dfrac{y_2}{y_1}=\dfrac{x\mathrm{e}^{r_1x}}{\mathrm{e}^{r_1x}}=x$ 不恒等于常数. 所以,此时方程(7.24)的通解为

$$y=C_1\mathrm{e}^{r_1x}+C_2x\mathrm{e}^{r_1x}=(C_1+C_2x)\mathrm{e}^{r_1x}\quad(C_1,C_2\text{ 为任意常数}).$$

例 7.4.3　求方程 $y''-2y'+y=0$ 的通解.

解　特征方程为

$$r^2-2r+1=(r-1)^2=0,$$

特征根为 $r_1=r_2=1$. 因此,原方程的通解为

$$y=(C_1+C_2x)\mathrm{e}^x\quad(C_1,C_2\text{ 为任意常数}).$$

3. 共轭复根

若方程(7.24)的特征方程有一对共轭复根,此时

$$p^2-4q<0,$$

且

$$r_{1,2}=\frac{-p\pm\mathrm{i}\sqrt{4q-p^2}}{2},$$

记为

$$r_1=\alpha+\mathrm{i}\beta,\quad r_2=\alpha-\mathrm{i}\beta(\beta\neq0),$$

则得微分方程(7.24)两个复值形式的解 $y_1=\mathrm{e}^{(\alpha+\mathrm{i}\beta)x}, y_2=\mathrm{e}^{(\alpha-\mathrm{i}\beta)x}$. 由欧拉公式 $\mathrm{e}^{\mathrm{i}\theta}=\cos\theta+\mathrm{i}\sin\theta$,得

$$y_1=\mathrm{e}^{(\alpha+\mathrm{i}\beta)x}=\mathrm{e}^{\alpha x}\cos\beta x+\mathrm{i}\mathrm{e}^{\alpha x}\sin\beta x,$$

$$y_2 = e^{(\alpha - i\beta)x} = e^{\alpha x}\cos\beta x - ie^{\alpha x}\sin\beta x.$$

利用定理 7.4.1,知

$$\tilde{y}_1 = \frac{1}{2}(y_1 + y_2) = e^{\alpha x}\cos\beta x,$$

$$\tilde{y}_2 = \frac{1}{2i}(y_1 - y_2) = e^{\alpha x}\sin\beta x$$

是方程(7.24)的两个解,且

$$\frac{y_1}{y_2} = \frac{e^{\alpha x}\cos\beta x}{e^{\alpha x}\sin\beta x} = \cot\beta x \text{ 不恒等于常数.}$$

因此,方程(7.24)的通解为

$$y = e^{\alpha x}(C_1\cos\beta x + C_2\sin\beta x) \quad (C_1, C_2 \text{ 为任意常数}).$$

例 7.4.4 求方程 $y''+4y'+29y=0$ 的通解.

解 特征方程为

$$r^2 + 4r + 29 = 0,$$

它有一对共轭复根

$$r_1 = -2 + 5i, \quad r_2 = -2 - 5i.$$

因此,原方程的通解为

$$y = e^{-2x}(C_1\cos 5x + C_2\sin 5x) \quad (C_1, C_2 \text{ 为任意常数}).$$

例 7.4.5 求方程 $y''+y=0$ 的通解.

解 特征方程为

$$r^2 + 1 = 0,$$

它有一对共轭复根

$$r_1 = i, \quad r_2 = -i.$$

因此,原方程的通解为

$$y = C_1\cos x + C_2\sin x \quad (C_1, C_2 \text{ 为任意常数}).$$

小结 综上所述,二阶常系数齐次线性微分方程的求解步骤,可归纳为

(1) 写出微分方程的特征方程,并求出其特征根;

(2) 根据特征根的不同情况,对应的写出微分方程的通解,如表 7.1 所列.

表 7.1

特征方程 $r^2+pr+q=0$ 的两个根 r_1, r_2	微分方程 $y''+py'+qy=0$ 的通解
两个不相等的实根 r_1, r_2	$y=C_1e^{r_1x}+C_2e^{r_2x}$
二重根 $r_1=r_2=r$	$y=e^{rx}(C_1+C_2x)$
一对共轭复根 $r_{1,2}=\alpha\pm i\beta$	$y=e^{\alpha x}(C_1\cos\beta x+C_2\sin\beta x)$

※7.4.3 二阶常系数非齐次线性微分方程的解

二阶常系数非齐次线性微分方程的形式如(7.23),为

$$y''+py'+qy=f(x),$$

其中，p,q 是常数，$f(x)$是 x 的已知函数.

由定理7.4.3及7.4.2小节，现关键是求出方程(7.23)的一个特解 $y^*(x)$. 本部分主要介绍利用待定系数法求右端函数 $f(x)$在两种特殊形式下的微分方程(7.23)的通解.

1. $f(x)=P_m(x)e^{\lambda x}$ 型

可以证明，当 $f(x)=P_m(x)e^{\lambda x}$时，二阶常系数非齐次线性微分方程(7.23)具有如下形式的特解：

$$y^*=x^kQ_m(x)e^{\lambda x},\tag{7.29}$$

其中 $Q_m(x)$是与 $P_m(x)$关于 x 的同次(m 次)的多项式，而 k 按 λ 不是对应齐次方程的特征方程的根、是特征方程的单根或是特征方程的重根依次取0、1或2，即

(1) 若 λ 不是特征方程 $r^2+pr+q=0$ 的根，则二阶常系数非齐次线性微分方程(7.23)的特解可设为

$$y^*=Q_m(x)e^{\lambda x}.$$

(2) 若 λ 是特征方程 $r^2+pr+q=0$ 的单根，则二阶常系数非齐次线性微分方程(7.23)的特解可设为

$$y^*=xQ_m(x)e^{\lambda x}.$$

(3) 若 λ 是特征方程 $r^2+pr+q=0$ 的重根，则二阶常系数非齐次线性微分方程(7.23)的特解可设为

$$y^*=x^2Q_m(x)e^{\lambda x}.$$

证明从略.

例 7.4.6　求微分方程 $y''-y=2x$ 的一个特解.

解　非齐次项 $2x$ 属 $P_m(x)e^{\lambda x}$ 型，且 $m=1$,$\lambda=0$. 特征方程为 $r^2-1=0$，由于 $\lambda=0$ 不是其特征根，所以设特解为

$$y^*=Q_1(x)e^{0x}=A_0+A_1x.$$

将 y^* 代入原方程，有

$$-(A_0+A_1x)=2x.$$

比较 x 同次幂的系数，得 $A_0=0$,$A_1=-2$. 所以，原方程的一个特解为

$$y^*=-2x.$$

例 7.4.7　求微分方程 $y''-2y'+y=(1+x)e^x$ 的通解.

解　(1) 求微分方程对应的齐次方程 $y''-2y'+y=0$ 的通解.

由特征方程 $r^2-2r+1=0$，得特征根

$$r_1=r_2=1,$$

所以，对应齐次方程的通解为

$$\tilde{y}(x)=C_1e^x+C_2xe^x.$$

(2) 求原微分方程的一个特解.

非齐次项$(1+x)e^x$属$P_m(x)e^{\lambda x}$型，且$m=1,\lambda=1$. 由于$\lambda=1$是特征方程的二重根，所以可设特解为

$$y^* = x^2Q_1(x)e^x = x^2(A_0+A_1x)e^x.$$

将它及

$$y^{*\prime} = [A_1x^3+(A_0+3A_1)x^2+2A_0x]e^x,$$
$$y^{*\prime\prime} = [A_1x^3+(A_0+6A_1)x^2+2(2A_0+3A_1)x+2A_0]e^x$$

代入原方程$y''-2y'+y=(1+x)e^x$，化简得

$$2A_0+6A_1x = 1+x.$$

于是，比较两端x同次幂的系数，得$A_0=\frac{1}{2}, A_1=\frac{1}{6}$.

因此，原方程有一个特解为

$$y^* = \frac{1}{6}x^2(3+x)e^x.$$

综合(1)，(2)得到，原微分方程的通解为

$$y = \frac{1}{6}x^2(3+x)e^x + C_1e^x + C_2xe^x \quad (C_1, C_2 \text{ 为任意常数}).$$

2. $f(x)=e^{\lambda x}(A\cos\omega x+B\sin\omega x)$型

当$f(x)=e^{\lambda x}(A\cos\omega x+B\sin\omega x)$时，二阶常系数非齐次线性微分方程(7.23)具有如下形式的特解：

$$y^* = x^ke^{\lambda x}(a\cos\omega x+b\sin\omega x), \tag{7.30}$$

其中k按$\lambda+i\omega$不是特征方程的根或是特征方程的根依次取0或1.

证明从略.

例 7.4.8 求微分方程$y''+3y=\sin 2x$的一个特解.

解 这里$f(x)=\sin 2x$属$e^{\lambda x}(A\cos\omega x+B\sin\omega x)$型，且$\omega=2,\lambda=0,A=0,B=1$.

特征方程为$r^2+3=0$，由于$\lambda+i\omega=2i$不是特征根，所以应取$k=0$，故设原方程特解为

$$y^* = a\cos 2x+b\sin 2x,$$

将它与

$$y^{*\prime} = -2a\sin 2x+2b\cos 2x, \quad y^{*\prime\prime} = -4a\cos 2x-4b\sin 2x$$

都代入原方程$y''+3y=\sin 2x$，经化简得

$$-a\cos 2x-b\sin 2x = \sin 2x.$$

比较两端同名三角函数的系数，得$a=0,b=-1$.

所求原方程的一个特解为

$$y^* = -\sin 2x.$$

★7.5　差分方程的基本概念

在经济、管理及其他实际问题中，许多数据都是以等间隔时间周期统计的. 例如，银行中的定期存款是按所设定的时间等间隔计息，外贸出口额按月统计，国民收入按年统计，产品的产量按月统计等. 这些量是变量，通常称这类变量为离散型变量. 描述离散型变量之间的关系的数学模型称为离散型模型. 差分方程是研究他们之间变化规律的有效方法. 本部分主要介绍差分方程的基本概念以及一阶常系数线性差分方程的解法. 差分方程的概念及其解法与常微分方程的非常类似，可对照微分方程的知识学习本部分内容.

首先，介绍差分方程的一些基本概念.

7.5.1　差分的概念

引例　设某公司经营一种商品，第 t 月初的库存量是 $R(t)$，第 t 月调进和销出这种商品的数量分别为 $P(t)$，$Q(t)$，则下月月初，即第 $t+1$ 月月初的库存量 $R(t+1)$ 应为

$$R(t+1)=R(t)+P(t)-Q(t).$$

若上式写为

$$R(t+1)-R(t)=P(t)-Q(t),$$

则等式两端就是相邻两月库存量的改变量. 若记

$$\Delta R(t)=R(t+1)-R(t),$$

这里库存量 $R(t)$ 是时间 t 的函数，则称上式为库存量 $R(t)$ 在时刻 t(此处 t 以月为单位)的差分.

对离散型变量，差分是一个重要概念. 下面给出差分的定义.

定义 7.5.1　设自变量 x 取离散的等间隔整数值：$x=0,\pm1,\pm2,\cdots$，y_x 是 x 的函数，记作 $y_x=f(x)$. 当自变量由 x 改变到 $x+1$ 时，相应的函数值之差称为函数 $y_x=f(x)$ 在点 x 的一阶差分，记作 Δy_x，即

$$\Delta y_x=y_{x+1}-y_x=f(x+1)-f(x).$$

由于函数 $y_x=f(x)$ 的函数值是一个序列，按一阶差分的定义，差分就是序列的相邻值之差. 当函数 $y_x=f(x)$ 的一阶差分为正值时，表明序列是增加的，而且其值越大，表明序列增加的越快；当一阶差分为负值时，表明序列是减少的.

按一阶差分的定义方式，可以定义函数的高阶差分. 函数 $y_x=f(x)$ 在 x 的一阶差分的差分为函数在点 x 的二阶差分，记作 $\Delta^2 y_x$，即

$$\begin{aligned}\Delta^2 y_x&=\Delta(\Delta y_x)=\Delta y_{x+1}-\Delta y_x=(y_{x+2}-y_{x+1})-(y_{x+1}-y_x)\\&=y_{x+2}-2y_{x+1}+y_x.\end{aligned}$$

依次定义函数 $y_x=f(x)$ 在点 x 的三阶差分

$$\Delta^3 y_x=\Delta(\Delta^2 y_x)=\Delta^2 y_{x+1}-\Delta^2 y_x=\Delta y_{x+2}-2\Delta y_{x+1}+\Delta y_x$$

$$= y_{x+3} - 3y_{x+2} + 3y_{x+1} - y_x.$$

一般地,函数 $y_x = f(x)$ 在点 x 的 n 阶差分定义为

$$\Delta^n y_x = \Delta(\Delta^{n-1} y_x) = \Delta^{n-1} y_{x+1} - \Delta^{n-1} y_x$$
$$= \sum_{k=0}^{n} (-1)^k \frac{n(n-1)\cdots(n-k+1)}{k!} y_{x+n-k}.$$

例 7.5.1　设 $y_x = x^2 + 2x - 1$,求 Δy_x,$\Delta^2 y_x$.

解　$\Delta y_x = y_{x+1} - y_x = [(x+1)^2 + 2(x+1) - 1] - [x^2 + 2x - 1] = 2x + 3$,

$$\Delta^2 y_x = \Delta(\Delta y_x) = \Delta y_{x+1} - \Delta y_x = y_{x+2} - 2y_{x+1} + y_x$$
$$= [(x+2)^2 + 2(x+2) - 1] - 2[(x+1)^2 + 2(x+1) - 1] + [x^2 + 2x - 1] = 2.$$

7.5.2　差分方程的基本概念

先看一个例子.

设 A_0 是初始存款($t=0$ 时的存款),年利率 $r(0<r<1)$,如以复利计息,试确定 t 年末的本利和 A_t.

在该问题中,如将时间 t(t 以年为单位)看作自变量,则本利和 A_t 可看成是 t 的函数:$A_t = f(t)$. 这个函数是要求的未知函数. 虽然不能立即写出函数关系 ,但可以写出相邻两个函数值之间的关系式

$$A_{t+1} = A_t + rA_t, \quad r = 0,1,2,\cdots, \tag{7.31}$$

即

$$\Delta A_t = rA_t. \tag{7.32}$$

由式(7.31)可算出 t 年末的本利和为

$$A_t = (1+r)^t \cdot A_0. \tag{7.33}$$

在式(7.31)和式(7.32)中,因含有未知函数 $A_t = f(t)$,所以这是一个函数方程;又由于在方程(7.31)中含有未知函数的两个函数值 A_{t+1} 和 A_t,在方程(7.32)中含有未知函数的差分 ΔA_t,像这样的函数方程称为差分方程. 在方程(7.32)中,仅含未知函数 $A_t = f(t)$的一阶差分;在方程(7.31)中,未知函数的下标最大差数是 1,即$(t+1)-t=1$,故方程(7.31)或方程(7.32)又称为一阶差分方程.

定义 7.5.2　含有自变量 x 和未知函数的两个或两个以上的时期值的符号 y_x,y_{x+1},…的函数方程,称为差分方程. 方程中,未知函数下标的最大值与最小值的差数称为差分方程的阶.

例如,$y_{x+2} - 5y_{x+1} + y_x - x = 0$ 为二阶差分方程,由函数 y_x 差分的定义,该差分方程又可表示为 $\Delta^2 y_x - 3\Delta y_x - 3y_x - x = 0$. 因此,差分方程也可以作如下定义.

定义 7.5.3　含有自变量、未知函数以及未知函数差分的函数方程,称为差分方程.

n 阶差分方程的一般形式为

$$F(x, y_x, y_{x+1}, \cdots, y_{x+n}) = 0 \tag{7.34}$$

或

$$F(x,y_x,\Delta y_x,\cdots,\Delta^n y_x)=0, \tag{7.35}$$

其中,$F(x,y_x,y_{x+1},\cdots,y_{x+n})$是 $x,y_x,y_{x+1},\cdots,y_{x+n}$ 的已知函数;$F(x,y_x,\Delta y_x,\cdots,\Delta^n y_x)$是 $x,y_x,\Delta y_x,\cdots,\Delta^n y_x$ 的已知函数.

注 (1) 差分方程的不同形式之间可以相互转化.

(2) 差分方程的阶按定义求,不能从形式上看.例如,方程 $\Delta^2 y_x+\Delta y_x=0$,由于 $\Delta^2 y_x+\Delta y_x=y_{x+2}-y_{x+1}=0$,根据定义 7.5.2,这应是一阶差分方程,而不是二阶差分方程.

(3) 由于定义 7.5.2 形式的差分方程更具备本质特点,定义 7.5.3 形式可以转化为这种形式.以下主要讨论形如(7.34)形式的差分方程.

定义 7.5.4 若把一个函数代入差分方程中,使其成为恒等式,则称此函数为差分方程的解.含有相互独立的任意常数的个数等于差分方程的阶数的解,称为差分方程的通解;通解中任意常数由初始条件确定后的解,称为差分方程的特解.用以确定通解中任意常数的条件称为初始条件.

例如,式(7.33)为差分方程(7.31)的特解.

★7.6 一阶常系数线性差分方程

本节主要介绍一阶常系数线性差分方程的概念及其解法.学习中,注意对比它与一阶常系数线性微分方程解法的异同.

一阶常系数线性差分方程的一般形式为

$$y_{x+1}+ay_x=f(x), \tag{7.36}$$

其中,a 为非零常数,$f(x)$为已知函数,y_x 为未知函数.

当 $f(x)\neq 0$ 时,方程(7.36)称为非齐次的;当 $f(x)=0$ 时,方程

$$y_{x+1}+ay_x=0 \tag{7.37}$$

称为方程(7.36)相应的齐次方程.

首先介绍线性差分方程解的结构.

7.6.1 线性差分方程解的结构与性质

定理 7.6.1 若函数 $y_1(x),y_2(x)$是一阶常系数齐次线性差分方程(7.37)的解,则

$$y(x)=C_1y_1(x)+C_2y_2(x)$$

也是该方程的解,其中 C_1,C_2 是任意常数.

定理 7.6.2(非齐次线性差分方程解的结构定理) 若 $y_x^*(x)$是一阶非齐次线性差分方程(7.36)的一个特解,$\tilde{y}_x(x)$是对应齐次线性差分方程(7.37)的通解,则差分方程(7.36)的通解为

$$y_x=\tilde{y}_x(x)+y_x^*(x).$$

定理 7.6.3(解的叠加原理) 若函数 $y_1^*(x),y_2^*(x)$分别是一阶非齐次线性差分

方程

$$y_{x+1}+a(x)y_x=f_1(x) \text{ 与 } y_{x+1}+a(x)y_x=f_2(x)$$

的特解，则 $y_1^*(x)+y_2^*(x)$是差分方程 $y_{x+1}+a(x)y_x=f_1(x)+f_2(x)$的特解.

由定理 7.6.2 可知，要给出差分方程(7.36)的通解，只要求出其一非零的特解与对应齐次方程(7.37)的通解即可.

下面，分别介绍方程(7.37)的通解及方程(7.36)的特解的求法.

7.6.2 一阶常系数齐次线性差分方程的求解

一阶常系数齐次线性差分方程的常用解法有两种：迭代法和特征值法.

1. 迭代法

设 y_0 已知，将 $x=0,1,2,\cdots$依次代入 $y_{x+1}+ay_x=0$ 中，得到

$$y_1=-ay_0,\quad y_2=-ay_1=(-a)^2y_0,\quad y_3=-ay_2=(-a)^3y_0,\quad \cdots.$$

一般地，$y_x=(-a)^xy_0(x=0,1,2,\cdots)$为差分方程的解.

2. 特征值(根)法

注意到方程(7.37)的特点，y_{x+1}是 y_x 的常数倍，而函数 $\lambda^{x+1}=\lambda\cdot\lambda^x$ 恰满足这个特点. 不妨设方程(7.37)有形如下式的特解：

$$y_x=\lambda^x,$$

代入方程(7.37)中，有

$$\lambda^{x+1}+a\lambda^x=0,$$

即

$$\lambda^x(\lambda+a)=0.$$

由于 $\lambda^x\neq0$，因此 $y_x=\lambda^x$ 是方程(7.37)的解的充要条件是 $\lambda+a=0$. 所以 $\lambda=-a$ 时，一阶齐次差分方程(7.37)的非零特解可设为

$$y_x=(-a)^x,$$

从而差分方程(7.37)通解为

$$\tilde{y}=C(-a)^x\quad (C\text{ 为任意常数}).$$

称一次代数方程 $\lambda+a=0$ 为差分方程(7.37)的特征方程；特征方程的根为特征根或特征值. 故这种求一阶常系数齐次线性差分方程(7.37)的方法叫做特征值(根)法. 其步骤为：

(1) 写出差分方程的特征方程，求出特征根；

(2) 写出通解.

例 7.6.1 求差分方程 $y_{x+1}+3y_x=0$ 的通解.

解 特征方程为

$$\lambda+3=0,$$

故其特征根为 $\lambda=-3$，因此，齐次差分方程的通解为

$$\tilde{y}=C(-3)^x \quad (\text{其中 } C \text{ 为任意常数}).$$

7.6.3 一阶常系数非齐次线性差分方程的求解

本小节介绍当 $f(x)$ 是某些特殊形式的函数时，差分方程(7.36)的解. 其解法主要有两种：迭代法和待定系数法.

1. $f(x)=b$ 为常数

1）迭代法

当 $f(x)=b$ 为常数时，非齐次差分方程(7.36)可写作

$$y_{x+1}=(-a)y_x+b, \tag{7.38}$$

分别以 $x=0,1,2,\cdots$ 代入上式，得

$$\begin{aligned} y_1 &= (-a)y_0+b, \\ y_2 &= (-a)y_1+b=(-a)^2y_0+b[1+(-a)], \\ y_3 &= (-a)y_2+b=(-a)^3y_0+b[1+(-a)+(-a)^2], \\ &\cdots\cdots \\ y_x &= (-a)^xy_0+b[1+(-a)+(-a)^2+\cdots+(-a)^{x-1}]. \end{aligned} \tag{7.39}$$

若 $-a\neq1$，则对式(7.39)用等比级数求和公式，得

$$y_x=(-a)^xy_0+b\,\frac{1-(-a)^x}{1+a}, \quad x=0,1,2,\cdots$$

或

$$y_x=(-a)^x\cdot\left(y_0-\frac{b}{1+a}\right)+\frac{b}{1+a}=C(-a)^x+\frac{b}{1+a}, \quad x=0,1,2,\cdots,$$

其中 $C=y_0-\dfrac{b}{1+a}$ 为任意常数.

若 $-a=1$，则由式(7.39)，得

$$y_x=y_0+bx=C+bx, \quad x=0,1,2,\cdots,$$

其中 $C=y_0$ 为任意常数.

综上讨论，差分方程 $y_{x+1}+ay_x=b$ 的通解为

$$y_x=\begin{cases} C(-a)^x+\dfrac{b}{1+a}, & a\neq-1, \\ C+bx, & a=-1. \end{cases} \tag{7.40}$$

上述通解的表达式是两项之和，其中第一项是齐次差分方程(7.37)的通解，第二项是非齐次差分方程(7.36)的一个特解.

2）待定系数法

设方程(7.38)具有形如 $y_x^*=kx^s$ 形式的特解.

当 $a\neq-1$ 时，取 $s=0$，代入方程(7.38)得 $k+ak=b$，即 $k=\frac{b}{1+a}$，即方程(7.38)的特解可设为 $y_x^*=\frac{b}{1+a}$. 又方程(7.37)的通解为 $\tilde{y}=C(-a)^x$，因此，方程(7.38)的通解为

$$y_x=\frac{b}{1+a}+C(-a)^x\quad(C\text{ 为任意常数}).$$

当 $a=-1$ 时，取 $s=1$，即 $y_x^*=kx$. 代入方程(7.38)得 $k=b$，也即方程(7.38)的特解可设为 $y_x^*=bx$. 又方程(7.37)的通解为 $\tilde{y}=C$，因此，方程(7.38)的通解为

$$y_x=bx+C\quad(C\text{ 为任意常数}).$$

例 7.6.2 求解差分方程 $y_{t+1}-\frac{2}{3}y_t=\frac{1}{5}$.

解 由于 $a=-\frac{2}{3}$，$b=\frac{1}{5}$，$\frac{b}{1+a}=\frac{3}{5}$. 由通解式(7.40)，差分方程的通解为

$$y_t=C\left(\frac{2}{3}\right)^t+\frac{3}{5}\quad(C\text{ 为任意常数}).$$

2. $f(x)=hb^x$（其中 h，$b\neq-1$ 均为常数）

此时，非齐次差分方程可写作

$$y_{x+1}=(-a)y_x+hb^x. \tag{7.41}$$

待定系数法：设方程(7.41)具有形如 $y_x^*=kx^sb^x$ 形式的特解.

当 $b\neq-a$ 时，取 $s=0$，即 $y_x^*=kb^x$. 代入方程(7.41)得 $k(b+a)=h$，即 $k=\frac{h}{a+b}$，也即方程(7.41)的特解可设为

$$y_x^*=\frac{h}{a+b}\cdot b^x.$$

此时方程(7.41)的通解为

$$y_x=\frac{h}{a+b}\cdot b^x+C(-a)^x\quad(C\text{ 为任意常数}).$$

当 $b=-a$ 时，取 $s=1$，即 $y_x^*=kxb^x$. 代入方程(7.41)得 $k=\frac{h}{b}$，因此，此时方程(7.41)的通解为

$$y_x=hxb^{x-1}+C(-a)^x\quad(C\text{ 为任意常数}).$$

例 7.6.3 求差分方程 $y_{x+1}+y_x=2^x$ 的通解.

解 特征方程为 $\lambda+1=0$，特征根 $\lambda=-1$. 齐次差分方程的通解为

$$\tilde{y}_x=C(-1)^x.$$

由于 $f(x)=2^x=hb^x$，$h=1$，$b=2\neq a=1$. 因此设非齐次差分方程特解形式为

$$y_x^*=k2^x.$$

将其代入已知方程,有

$$k2^{x+1}+k2^{x}=2^{x},$$

解得 $k=\frac{1}{3}$,所以 $y_x^*=\frac{1}{3}\cdot 2^x$. 于是,所求通解为

$$y_x=\tilde{y}_x+y_x^*=C(-1)^x+\frac{1}{3}\cdot 2^x \quad (C\text{ 为任意常数}).$$

3. $f(x)=hx^n$(其中 h 为常数)

此时,非齐次差分方程可写作

$$y_{x+1}=(-a)y_x+hx^n. \tag{7.42}$$

待定系数法:设方程(7.42)具有形如 $y_x^*=x^s(B_0+B_1x+\cdots+B_nx^n)$形式的特解.

当 $a\neq -1$ 时,取 $s=0$,即 $y_x^*=B_0+B_1x+\cdots+B_nx^n$. 代入方程(7.42),比较两端的同次项,确定出 $B_0,B_1,\cdots,B_n$,便得到方程(7.42)的特解.

当 $a=-1$ 时,取 $s=1$,即 $y_x^*=x(B_0+B_1x+\cdots+B_nx^n)$. 代入方程(7.42)比较两端的同次项,确定出 $B_0,B_1,\cdots,B_n$,便得到方程(7.42)的特解.

例 7.6.4 求差分方程 $y_{x+1}-y_x=2x$ 的通解.

解 特征方程为 $\lambda-1=0$,特征根 $\lambda=1$. 因此,方程对应的齐次差分方程的通解为

$$\tilde{y}_x=C,$$

由于 $f(x)=2x=hx^n$,故 $h=2,n=1,a=-1$. 因此非齐次差分方程的特解可设为

$$y_x^*=x(B_0+B_1x),$$

将其代入已知差分方程得

$$B_0+B_1+2B_1x=2x,$$

比较该方程的两端关于 x 的同次幂的系数,可解得 $B_0=-1,B_1=1$. 故 $y_x^*=x^2-x$.

所求通解为

$$y_x=\tilde{y}_x+y_x^*=C-x+x^2 \quad (C\text{ 为任意常数}).$$

注 综上所述,对于一阶常系数线性差分方程 $y_{x+1}+ay_x=f(x)$,其解法可归纳如下:若 $f(x)=\rho^xP_m(x)(\rho>0)$,且 $P_m(x)$是 m 次多项式,则

(1) 若 ρ 不是方程特征根,则 $y_x^*=\rho^xQ_m(x)$(其中 $Q_m(x)$是 m 次多项式);

(2) 若 ρ 是特征根,则 $y_x^*=x\rho^xQ_m(x)$(其中 $Q_m(x)$是 m 次多项式).

例 7.6.5 求差分方程 $y_{x+1}-y_x=3+2x$ 的通解.

解 特征方程为 $\lambda-1=0$,特征根 $\lambda=1$. 齐次差分方程的通解为

$$\tilde{y}_x=C.$$

由于 $f(x)=3+2x=\rho^xP_1(x)$,$\rho=1$ 是特征根. 因此非齐次差分方程的特解为

$$y_x^*=x(B_0+B_1x).$$

将其代入已知差分方程得

$$B_0+B_1+2B_1x=3+2x,$$

比较该方程的两端关于 x 的同次幂的系数,可解得 $B_0=2,B_1=1$. 故 $y_x^*=2x+x^2$.

所求通解为

$$y_x=\tilde{y}_x+y_x^*=C-x+x^2 \quad (C\text{ 为任意常数}).$$

例 7.6.6　求差分方程 $3y_x-3y_{x-1}=x3^x+1$ 的通解.

解　已知方程改写为 $3y_{x+1}-3y_x=(x+1)3^{x+1}+1$,即 $y_{x+1}-y_x=(x+1)3^x+\dfrac{1}{3}$.

由叠加定理知,只需求解如下两个方程:

$$y_{x+1}-y_x=3^x(x+1), \tag{7.43}$$

$$y_{x+1}-y_x=\frac{1}{3}. \tag{7.44}$$

(1) 求对应齐次方程 $y_{x+1}-y_x=0$ 的通解.

方程的特征方程为 $\lambda-1=0$,特征根 $\lambda=1$,即有对应齐次差分方程的通解为

$$\tilde{y}_x=C.$$

(2) 求非齐次差分方程的特解.

对方程(7.43):特征根 $\lambda=1$,$f(x)=3^x(x+1)=\rho^xP_1(x)$,$\rho=3$ 不是特征根,设特解为 $y_1^*=3^x(B_0+B_1x)$,将其代入方程(7.43)有

$$3^{x+1}[B_0+B_1(x+1)]-3^x(B_0+B_1x)=3^x(x+1),$$

可解得 $B_0=-\dfrac{1}{4}$,$B_1=\dfrac{1}{2}$. 故 $y_1^*=3^x\left(-\dfrac{1}{4}+\dfrac{1}{2}x\right)$.

对方程(7.44):特征根 $\lambda=1$,$f(x)=\dfrac{1}{3}=\rho^xP_0(x)$,$\rho=1$ 是特征根,设特解为 $y_2^*=Bx$. 将其代入方程(7.44)解得 $B=\dfrac{1}{3}$. 于是综合(1),(2)知,所求差分方程的通解为

$$y_x=\tilde{y}_x+y_1^*+y_2^*=C+3^x\left(\frac{1}{2}x-\frac{1}{4}\right)+\frac{1}{3}x \quad (C\text{ 为任意常数}).$$

★7.7　微分方程与差分方程的简单经济应用

前面已经介绍了几类常用微分方程及差分方程的概念和求解方法,本节将通过一些实例说明微分方程及差分方程的简单应用,主要介绍微分方程的简单经济应用.

利用微分方程解决实际问题的主要步骤如下:

(1) 分析问题,根据已知定律或公式以及某些等量关系列出微分方程和相应初值条件,建立微分方程初值问题(数学模型);

(2) 求出微分方程的通解;

(3) 根据初始条件确定通解中的任意常数,求出微分方程的特解,并通过已求得的解的性质,分析实际问题.

几个实例.

例 7.7.1　某银行账户，以连续复利方式计息，年利率为 2.5%，希望连续 10 年以每年 120000 元人民币的速率用这一账户支付职工工资，若 t 以年为单位，求账户上余额 $B=f(t)$ 所满足的微分方程，且问当初始存入的数额 B_0 为多少时，才能使 40 年后账户中的余额精确地减至 0.

解　显然，

$$\text{银行余额的变化速率} = \text{利息盈取速率} - \text{工资支付速率}.$$

因为时间 t 以年为单位，银行余额的变化速率为 $\frac{\mathrm{d}B}{\mathrm{d}t}$，利息盈取的速率为每年 $0.025B$ 元，工资支付的速率为每年 120000 元，于是，有

$$\frac{\mathrm{d}B}{\mathrm{d}t} = 0.025B - 120000.$$

利用分离变量法解此方程得

$$B = C\mathrm{e}^{0.025t} + 4800000.$$

由 $B|_{t=0}=B_0$，得 $C=B_0-4800000$，故

$$B = (B_0 - 4800000)\mathrm{e}^{0.025t} + 4800000.$$

由题意，令 $t=40$ 时，$B=0$，得

$$0 = (B_0 - 4800000)\mathrm{e} + 4800000.$$

由此得 $B_0=4800000-4800000\times\mathrm{e}^{-1}$ 时，40 年后银行的余额为零.

例 7.7.2　已知某商品的需求价格弹性为 $\frac{EQ}{EP}=-P(\ln P+6)$，且当 $P=1$ 时，需求量 $Q=\mathrm{e}$.

(1) 求商品对价格的需求函数；

(2) 当 $P\to+\infty$ 时，需求是否趋于稳定.

解　(1) 由 $\frac{EQ}{EP}=\frac{P}{Q}\cdot\frac{\mathrm{d}Q}{\mathrm{d}P}=-P(\ln P+6)$，得到

$$\frac{\mathrm{d}Q}{Q} = -(6 + \ln P)\mathrm{d}P.$$

两端积分得

$$\ln Q = C - P\ln P - 5P.$$

将初始条件 $P=1$ 时，$Q=\mathrm{e}$ 代入上式得 $C=6$.

于是所求的需求函数为

$$Q = \mathrm{e}^{6-5P} \cdot P^{-P}.$$

(2) 因为当 $P\to+\infty$ 时，$Q\to 0$，即需求趋于稳定.

例 7.7.3　假设某种商品的价格变化主要服从市场供求关系. 一般情况下，商品供给量 S 是价格 P 的单调递增函数，商品需求量 Q 是价格 P 的单调递减函数，为简单起见，分别设该商品的供给函数与需求函数分别为

$$S(P) = a + bP, \quad Q(P) = \alpha - \beta P, \tag{7.45}$$

其中 a,b,α,β 均为常数，且 $b>0,\beta>0$. 请分析价格的变化趋势.

解 当供给量与需求量相等，即 $S(P)=Q(P)$ 时，由式(7.45)可得供求平衡时的价格

$$P_e=\frac{\alpha-a}{\beta+b},$$

并称 P_e 为均衡价格.

一般地说，市场上一种商品处于供需均衡状态总是暂时的，大多时候处于供需非均衡状态. 当某种商品供不应求，即 $S<Q$ 时，该商品价格要涨；当供大于求，即 $S>Q$ 时，该商品价格要落. 因此，假设 t 时刻的价格 $P(t)$ 的变化率与超额需求量 $Q-S$ 成正比，于是有方程

$$\frac{\mathrm{d}P}{\mathrm{d}t}=k[Q(P)-S(P)],$$

其中 $k>0$，用来反映价格的调整速度.

将式(7.45)代入方程，可得

$$\frac{\mathrm{d}P}{\mathrm{d}t}=\lambda(P_e-P), \tag{7.46}$$

其中常数 $\lambda=(b+\beta)k>0$，一阶线性方程(7.46)的通解为

$$P(t)=P_e+C\mathrm{e}^{-\lambda t}.$$

假设初始价格 $P(0)=P_0$，代入上式，得 $C=P_0-P_e$，于是上述价格调整模型的解为

$$P(t)=P_e+(P_0-P_e)\mathrm{e}^{-\lambda t}.$$

由 $\lambda>0$ 知，$t\to+\infty$ 时，$P(t)\to P_e$. 说明随着时间不断推延，实际价格 $P(t)$ 将逐渐趋近均衡价格 P_e. 换言之，市场上这种商品会达到供需均衡状态，这就是亚当·斯密提出的著名的"看不见的手"调节市场的思想.

例 7.7.4 已知某地区在一个已知时期内国民收入的增长率为 $\frac{1}{5}$，国民债务的增长率为国民收入的 $\frac{1}{30}$. 若 $t=0$ 时，国民收入为 2 亿元，国民债务为 0.2 亿元. 试分别求出国民收入及国民债务与时间 t 的函数关系.

解 设该时期内任一时刻 t 的国民收入为 $y=y(t)$，国民债务为 $D=D(t)$，由题意

$$\frac{\mathrm{d}y}{\mathrm{d}t}=\frac{1}{5}, \tag{7.47}$$

$$\frac{\mathrm{d}D}{\mathrm{d}t}=\frac{1}{30}\cdot y. \tag{7.48}$$

由式(7.47)得

$$y=\frac{1}{5}t+C_1.$$

由 $t=0$ 时，$y=2$，得 $C_1=2$.

故

$$y=\frac{1}{5}t+2. \tag{7.49}$$

将式(7.49)代入式(7.48)得

$$\frac{\mathrm{d}D}{\mathrm{d}t}=\frac{1}{30}\left(\frac{1}{5}t+2\right),$$

于是

$$D(t)=\frac{1}{300}t^2+\frac{1}{15}t+C_2.$$

由 $t=0$ 时，$D=0.2$，可知 $C_2=\frac{1}{5}$，故

$$D(t)=\frac{1}{300}t^2+\frac{1}{15}t+\frac{1}{5}.$$

因此，国民收入为

$$y=\frac{1}{5}t+2.$$

国民债务为

$$D(t)=\frac{1}{300}t^2+\frac{1}{15}t+\frac{1}{5}.$$

例 7.7.5(新产品的推销问题)　设有某种耐用商品在某地区进行推销，最初商家会采取各种宣传活动以打开销路，假设该商品确实受欢迎，则消费者会相互宣传，使购买人数逐渐增加，销售速率逐渐增大，但由于该地区潜在消费总量有限，所以当购买者占到潜在消费总量的一定比例时，销售速率又会逐渐下降，且该比例越接近于 1，销售速率越低，这时商家就应更新商品了.

(1) 假设消费者总量为 N，任一时刻 t 已出售的新商品总量为 $x(t)$，试建立 $x(t)$ 所应满足的微分方程；

(2) 假设 $t=0$ 时，$x(t)=x_0$，求出 $x(t)$；

(3) 分析 $x(t)$ 的性态，给出商品的宣传和生产策略.

解　(1) 设在该地区 t 时刻已售出的该新商品的总量为 $x(t)$，由于潜在消费者总量为 N，则在销售初期或当 N 很大时，该商品销售速率主要受已购者数量 $x(t)$ 的影响，即每一个已购者在一定时间内吸引若干个欲购者，所以销售速率近似值正比于已购者的数量 $x(t)$.

但在销售后期或 N 很小时，该商品的销售速率将主要受未购者数量 $(N-x(t))$ 的影响，即销售速率近似值正比于未购者的数量 $(N-x(t))$. 综合考虑上述因素，可认为产品销售速率值正比于 $x(t)$ 与 $(N-x(t))$ 的乘积，即

$$\frac{\mathrm{d}x}{\mathrm{d}t}=Kx(N-x),$$

其中 K 是比例常数，这一模型正是 Logistic 模型，在许多情况下，统计资料证实它与实际情况相符得很好.

(2) 求出该方程的通解为

$$x(t)=\frac{N}{1+Be^{-NKt}} \quad (B\text{ 为任意常数}).$$

由初始条件 $x|_{t=0}=x_0$,可解得

$$B=\frac{N}{x_0}-1>0.$$

(3) 由(2)所求得的解,可画出 Logistic 模型的曲线(图略),对所求的解求导,

$$x'(t)=\frac{BN^2Ke^{-NKt}}{(1+Be^{-NKt})^2},$$

$$x''(t)=\frac{BN^3K^2e^{-NKt}(Be^{-NKt}-1)}{(1+Be^{-NKt})^3}.$$

易见,$x'(t)>0$,即 $x(t)$ 单调增加,从实际情况看,这是显然的.

令 $x''(t)=0$,有 $Be^{-NKt}-1=0$.

此时 $x(t)=\frac{N}{2}$,它所对应的是 t_0 时刻. 当 $t<t_0$ 时,$x''(t)>0$,曲线是凹的,显示销售率不断增大;当 $t>t_0$,$x''(t)<0$,曲线是凸的,显示销售率不断减少. 这说明,在销出量小于最大需求量的一半时,销售速率不断增大,而当售出量大于最大需求量的一半时,销售速率不断减少,销售量在最大需求量的一半左右时,商品最为畅销.

通过对 Logistic 模型的分析,普遍认为,20%到 80%的用户采用某种新产品的这段时期,应为该产品正式大批量生产的时期. 初期应以较小批量生产并加强宣传,而到后期则应适时转产了.

例 7.7.6 设某商品在 t 时期的供给量 S_t 与需求量 D_t 都是这一时期该商品的价格 P_t 的线性函数,已知 $S_t=2P_t-3$,$D_t=3-4P_t$. 且在 t 时期的价格 P_t 由 $t-1$ 时期的价格 P_{t-1} 及供给量与需求量之差 $S_{t-1}-D_{t-1}$ 按关系式 $P_t=P_{t-1}-\frac{1}{16}(S_{t-1}-D_{t-1})$ 确定,试求商品的价格随时间变化的规律.

解 将 $S_t=2P_t-3$,$D_t=3-4P_t$ 代入关系式

$$P_t=P_{t-1}-\frac{1}{16}(S_{t-1}-D_{t-1}),$$

得

$$P_t-\frac{5}{8}P_{t-1}=\frac{3}{8}.$$

解此一阶差分方程,得

$$P_t=C\left(\frac{5}{8}\right)^t+1.$$

习 题 7

1. 判断下列各给定的函数是否是其对应微分方程的解:

(1) $xy'=2y, y=5x^2$；

(2) $y''+k^2y=0(k\neq 0), y=C_1\cos kx+C_2\sin kx$；

(3) $y''-2y'+y=0, y=x^2e^x$；

(4) $xy''+2y'-xy=0, xy=C_1e^x+C_2e^{-x}$.

2. 求下列各微分方程的通解或在给定条件下的特解：

(1) $dy=2xydx$；

(2) $\sqrt{1-x^2}dy-\sqrt{1-y^2}dx=0$；

(3) $y'=-\frac{x}{y}, y|_{x=0}=2$；

(4) $y\ln xdx+x\ln ydy=0, y|_{x=1}=3$.

3. 求下列各微分方程的通解或在给定条件下的特解：

(1) $dy=\frac{y^2}{xy-x^2}dx$；

(2) $(y-x)dy-ydx=0$；

(3) $(xe^{\frac{y}{x}}+y)dx=xdy, y|_{x=1}=0$；

(4) $(y^2-3x^2)dy-2xydx=0, y|_{x=0}=1$.

4. 求下列各微分方程的通解或在给定条件下的特解：

(1) $y'-\frac{2y}{x+1}=(x+1)^{\frac{5}{2}}$；

(2) $y'+y\cos x=e^{-\sin x}$；

(3) $\frac{dy}{dx}-2xy=xe^{-x^2}$；

(4) $x\frac{dy}{dx}+y=\sin x, y|_{x=\pi}=1$.

※5. 求下列各微分方程的通解或在给定条件下的特解：

(1) $y'''=e^{2x}+\sin x$；

(2) $(1+x^2)y''=2xy'$；

(3) $\frac{d^2y}{dx^2}=1+\left(\frac{dy}{dx}\right)^2$；

(4) $y''=3\sqrt{y}, y|_{x=0}=1, y'|_{x=0}=2$；

(5) $xy''+y'=0, y|_{x=1}=1, y'|_{x=1}=2$.

6. 某商品的需求量 Q 对价格 P 的弹性为 $-3P^2$. 已知该商品的最大需求量为 1600(即当 $P=0$ 时, $Q=1600$), 求需求量 Q 对价格 P 的函数关系.

7. 求下列各微分方程的通解或在给定条件下的特解：

(1) $y''+2y'-3y=0$；

(2) $y''-6y'=0$；

(3) $\frac{d^2y}{dx^2}-4\frac{dy}{dx}+4y=0$；

(4) $y''+3y=0$；

(5) $y''-6y'+9y=0, y|_{x=0}=1, y'|_{x=0}=0$；

(6) $y''+2y'+5y=0, y|_{x=0}=1, y'|_{x=0}=1$.

※8. 求下列各微分方程的通解或在给定条件下的特解：

(1) $y''-5y'+6y=xe^{2x}$；

(2) $y''-y+5x=0$；

(3) $\dfrac{d^2y}{dx^2}+y=e^x\cos 2x$；

(4) $y''-2y'-3y=3x+1$；

(5) $y''-2y'+y=14, y|_{x=0}=1, y'|_{x=0}=2$；

(6) $y''-10y'+9y=e^{2x}, y|_{x=0}=1, y'|_{x=0}=2$.

★9. 求下列函数的差分：

(1) $y_x=x^2-2x$，求 $\Delta y_x, \Delta^2 y_x$；

(2) $y_x=a$（a 为常数），求 Δy_x；

(3) $y_x=\sin x$，求 Δy_x；

(4) $y_x=2^x$，求 $\Delta^3 y_x$.

★10. 验证函数 $y_x=C+2x$ 为差分方程 $y_{x+1}-y_x=2$ 的解，并求 $y_0=1$ 时方程的特解.

★11. 求下列差分方程的通解及特解：

(1) $y_{x+1}-3y_x=-2$；

(2) $y_{x+1}-\dfrac{1}{2}y_x=\left(\dfrac{5}{2}\right)^x$；

(3) $y_{x+1}-y_x=2x^2$；

(4) $y_{x+1}+4y_x=2x^2+x-1, y_0=1$.

第 8 章　无 穷 级 数

本章要点　无穷级数是研究函数的性质、函数表达以及进行数值计算的有力工具.研究无穷级数及其和,是研究数列及其极限的另一种形式,尤其在研究极限的存在性及计算极限方面显示出很大的优越性.无穷级数广泛地应用于工程技术、数理统计等领域,在经济、管理等方面也有着十分重要的应用.本章主要介绍无穷级数的概念、性质、收敛与发散的判别法、幂级数以及一些简单函数的幂级数展开式.

8.1　常数项级数的概念与性质

本节主要介绍常数项级数的一些基本概念以及无穷级数的性质.

8.1.1　常数项级数的概念

解决实际问题时往往有一个近似到精确的过程,在这一过程中,会遇到由有限个数量相加到无穷多个数量相加的问题.例如,用圆内接正多边形面积逼近圆面积的问题.

依次作圆内接正 $3\times 2^n(n=0,1,2,\cdots)$ 边形,设 a_0 表示圆内接正三边形的面积,$a_k(k=1,2,3,\cdots)$ 表示边数增加时增加的面积(图 8.1),则圆内接正 3×2^n 边形的面积为 $a_0+a_1+a_2+\cdots+a_n$,当 $n\to\infty$ 时,这个面积逼近圆的面积 A,即

$$A = a_0 + a_1 + a_2 + \cdots + a_n + \cdots, \quad (8.1)$$

称和式 $a_0+a_1+a_2+\cdots+a_n+\cdots$ 为无穷级数.

图 8.1

上面问题的解决,最终归结为无穷多个数量的和,像式(8.1)这样的和式,称为无穷级数.下面给出无穷级数的概念.

定义 8.1.1　给定数列 $u_1,u_2,\cdots,u_n\cdots$,则

$$u_1 + u_2 + \cdots + u_n + \cdots \quad (8.2)$$

称为常数项无穷级数,简称级数,记为 $\sum\limits_{n=1}^{\infty}u_n$,其中 u_n 称为级数的一般项(或通项).

定义 8.1.2　级数 $\sum\limits_{n=1}^{\infty}u_n$ 前 n 项之和

$$u_1 + u_2 + \cdots + u_n$$

称为该级数的部分和,记为 s_n,即 $s_n=u_1+u_2+\cdots+u_n$.当 n 依次取 $1,2,3,\cdots$时,它们构

成一个新的数列 $\{s_n\}$：

$$s_1, s_2, \cdots, s_n \cdots$$

称为级数 $\sum\limits_{n=1}^{\infty} u_n$ 的部分和数列，记为 $\{s_n\}$.

定义 8.1.3 若级数 $\sum\limits_{n=1}^{\infty} u_n$ 的部分和数列 $\{s_n\}$ 的极限存在，即 $\lim\limits_{n\to\infty} s_n = s$，则称级数 $\sum\limits_{n=1}^{\infty} u_n$ 收敛且和为 s，记为

$$s = \sum_{n=1}^{\infty} u_n = u_1 + u_2 + \cdots + u_n + \cdots.$$

若极限 $\lim\limits_{n\to\infty} s_n$ 不存在，则称级数 $\sum\limits_{n=1}^{\infty} u_n$ 发散.

定义 8.1.4 当级数收敛时，级数的和 s 与其部分和 s_n 的差 $s - s_n$ 称为级数的余项，记为

$$R_n = s - s_n = u_{n+1} + u_{n+2} + u_{n+3} + \cdots,$$

且 $|R_n|$ 是用 s_n 近似代替 s 所产生的误差.

注 （1）收敛与发散是级数讨论的核心问题，特别是收敛更为重要.

（2）级数 $\sum\limits_{n=1}^{\infty} u_n$ 收敛 $\Leftrightarrow$ 级数 $\sum\limits_{n=1}^{\infty} u_n$ 的部分和数列 $\{s_n\}$ 收敛 $\Leftrightarrow \lim\limits_{n\to\infty} R_n = 0$.

例 8.1.1 讨论级数

$$\sum_{n=1}^{\infty} a = a + a + a + \cdots \quad (a \text{ 为常数})$$

的敛散性.

解 因为级数的前 n 项部分和数列

$$s_n = \sum_{k=1}^{n} a = na,$$

则 $\lim\limits_{n\to\infty} s_n = \lim\limits_{n\to\infty} na = \infty$，故该级数发散.

例 8.1.2 判定几何级数（或等比级数）

$$\sum_{n=0}^{\infty} aq^n = a + aq + aq^2 + \cdots + aq^n + \cdots \quad (a \neq 0, q \text{ 为公比})$$

的敛散性.

解 （1）当 $|q| \neq 1$ 时，级数的前 n 项部分和

$$s_n = \sum_{k=0}^{n-1} aq^k = a + aq + aq^2 + \cdots + aq^{n-1} = \frac{a - aq^n}{1-q}.$$

若 $|q| < 1$，则因 $\lim\limits_{n\to\infty} q^n = 0$，故

$$\lim_{n\to\infty} s_n = \frac{a}{1-q},$$

即等比级数收敛，且和为$\frac{a}{1-q}$；

若$|q|>1$，则因$\lim\limits_{n\to\infty}q^n=\infty$，从而

$$\lim_{n\to\infty}s_n=\infty,$$

即等比级数发散.

(2) 当$|q|=1$时，分两种情况讨论.

若$q=1$，则级数的前n项部分和

$$s_n=\sum_{k=0}^{n-1}a\cdot 1^k=a+a+a+\cdots+a=n\cdot a\to\infty\quad(n\to\infty).$$

若$q=-1$，则

$$s_n=\sum_{k=0}^{n-1}(-1)^k\cdot a=a-a+a-a+\cdots+(-1)^{n-2}a+(-1)^{n-1}a.$$

显然，部分和$s_n=\begin{cases}0, & n\text{ 为偶数},\\ a, & n\text{ 为奇数},\end{cases}$即$\lim\limits_{n\to\infty}s_n$不存在.

所以当$|q|=1$时，等比级数是发散的.

综合(1)，(2)所述，得到如下结论：

当$|q|\geqslant 1$时，级数$\sum\limits_{n=0}^{\infty}aq^n$发散；当$|q|<1$时，级数$\sum\limits_{n=0}^{\infty}aq^n$收敛且收敛于$\frac{a}{1-q}$.

几何级数是一个重要的级数，它可以直接用来判定级数的敛散性.

例如，级数

$$\sum_{n=1}^{\infty}\frac{1}{2^n}=\frac{1}{2}+\frac{1}{2^2}+\frac{1}{2^3}+\cdots+\frac{1}{2^n}+\cdots,$$

公比$q=\frac{1}{2}<1$，所以它收敛，且其和为$s=\dfrac{\frac{1}{2}}{1-\frac{1}{2}}=1$.

级数

$$\sum_{n=1}^{\infty}(-1)^{n-1}=1-1+1-1+\cdots,$$

公比$q=-1$，故级数发散.

例 8.1.3　判断级数

$$\sum_{n=1}^{\infty}\frac{1}{(2n-1)(2n+1)}=\frac{1}{1\times 3}+\frac{1}{3\times 5}+\frac{1}{5\times 7}+\cdots+\frac{1}{(2n-1)(2n+1)}+\cdots$$

的敛散性. 若级数收敛，求此级数的和.

解　因为级数的部分和

$$s_n=\sum_{k=1}^{n}\frac{1}{(2k-1)(2k+1)}=\frac{1}{1\times 3}+\frac{1}{3\times 5}+\frac{1}{5\times 7}+\cdots+\frac{1}{(2n-1)(2n+1)}$$

$$= \frac{1}{2} \cdot \left[\left(\frac{1}{1} - \frac{1}{3}\right) + \left(\frac{1}{3} - \frac{1}{5}\right) + \left(\frac{1}{5} - \frac{1}{7}\right) + \cdots + \left(\frac{1}{2n-1} - \frac{1}{2n+1}\right)\right]$$

$$= \frac{1}{2} \cdot \left(1 - \frac{1}{2n+1}\right) = \frac{1}{2} - \frac{1}{2(2n+1)},$$

从而

$$\lim_{n\to\infty} s_n = \lim_{n\to\infty}\left(\frac{1}{2} - \frac{1}{2(2n+1)}\right) = \frac{1}{2}.$$

因此,级数 $\sum\limits_{n=1}^{\infty} \frac{1}{(2n-1)(2n+1)}$ 是收敛的,且收敛于 $\frac{1}{2}$.

例 8.1.4　讨论级数

$$\sum_{n=1}^{\infty} \frac{1}{\sqrt{n+1}+\sqrt{n}} = \frac{1}{\sqrt{2}+1} + \frac{1}{\sqrt{3}+\sqrt{2}} + \cdots + \frac{1}{\sqrt{n+1}+\sqrt{n}} + \cdots$$

的敛散性.

解　该级数的部分和

$$s_n = \sum_{k=1}^{n} \frac{1}{\sqrt{k+1}+\sqrt{k}} = \sum_{k=1}^{n} (\sqrt{k+1} - \sqrt{k})$$

$$= (\sqrt{2} - \sqrt{1}) + (\sqrt{3} - \sqrt{2}) + (\sqrt{4} - \sqrt{3}) + \cdots + (\sqrt{n+1} - \sqrt{n})$$

$$= \sqrt{n+1} - \sqrt{1}.$$

由此可得

$$\lim_{n\to\infty} s_n = \lim_{n\to\infty} (\sqrt{n+1} - \sqrt{1}) = +\infty.$$

因此,级数 $\sum\limits_{n=1}^{\infty} \frac{1}{\sqrt{n+1}+\sqrt{n}}$ 是发散的.

例 8.1.5　讨论调和级数

$$\sum_{n=1}^{\infty} \frac{1}{n} = 1 + \frac{1}{2} + \frac{1}{3} + \cdots + \frac{1}{n} + \cdots$$

的敛散性.

解　该级数的部分和为

$$s_n = 1 + \frac{1}{2} + \frac{1}{3} + \cdots + \frac{1}{n}.$$

因为 $x>0$ 时,$x>\ln(1+x)$,所以

$$\frac{1}{2} > \ln\left(1+\frac{1}{2}\right), \quad \frac{1}{3} > \ln\left(1+\frac{1}{3}\right), \quad \cdots, \quad \frac{1}{n} > \ln\left(1+\frac{1}{n}\right),$$

故

$$s_n > 1 + \ln\left(1+\frac{1}{2}\right) + \ln\left(1+\frac{1}{3}\right) + \cdots + \ln\left(1+\frac{1}{n}\right),$$

$$= 1 + \ln 3 - \ln 2 + \ln 4 - \ln 3 + \cdots + \ln(n+1) - \ln n.$$

即 $s_n > \ln(1+n)$.

从而，$\lim\limits_{n\to\infty}s_n=+\infty$. 故调和级数发散.

调和级数也是一常用的参照级数，在判别其他级数的敛散性时用作比照标准.

8.1.2 无穷级数的基本性质

定理 8.1.1 若级数 $\sum\limits_{n=1}^{\infty}u_n$，$\sum\limits_{n=1}^{\infty}v_n$ 分别收敛于 s，p，则级数

$$\sum_{n=1}^{\infty}u_n\pm\sum_{n=1}^{\infty}v_n=\sum_{n=1}^{\infty}(u_n\pm v_n)=(u_1\pm v_1)+(u_2\pm v_2)+\cdots+(u_n\pm v_n)+\cdots$$

也收敛，且收敛于 $s\pm p$.

定理 8.1.2 若级数 $\sum\limits_{n=1}^{\infty}u_n$ 收敛于 s，则级数

$$\sum_{n=1}^{\infty}ku_n=ku_1+ku_2+\cdots+ku_n+\cdots\quad(k\neq 0)$$

也收敛，且收敛于 ks.

推论 8.1.1 若级数 $\sum\limits_{n=1}^{\infty}u_n$ 和 $\sum\limits_{n=1}^{\infty}v_n$ 分别收敛于 s 和 p，α 和 β 是不为 0 的任意常数，则级数 $\sum\limits_{n=1}^{\infty}(\alpha u_n\pm\beta v_n)$ 收敛于 $\alpha s\pm\beta p$.

例 8.1.6 判断级数 $\sum\limits_{n=1}^{\infty}\left(\dfrac{1}{(2n-1)(2n+1)}+\dfrac{1}{2^n}\right)$的敛散性.

解 由例 8.1.3 知，级数 $\sum\limits_{n=1}^{\infty}\dfrac{1}{(2n-1)(2n+1)}$ 收敛，且其和为$\dfrac{1}{2}$；又几何级数

$$\sum_{n=1}^{\infty}\frac{1}{2^n}=1.$$

由定理 8.1.1 可得，级数 $\sum\limits_{n=1}^{\infty}\left(\dfrac{1}{(2n-1)(2n+1)}+\dfrac{1}{2^n}\right)$收敛，且满足

$$\sum_{n=1}^{\infty}\left(\frac{1}{(2n-1)(2n+1)}+\frac{1}{2^n}\right)=\frac{1}{2}+1=\frac{3}{2}.$$

定理 8.1.3 在一个级数中去掉、加上或改变有限项，级数的敛散性不变.

定理 8.1.4 若一个级数收敛，则对这级数的项任意加括号后所成的级数仍收敛，且与原级数有相同的和.

注 级数任意加括号与去括号之后所得新级数的敛散性比较复杂，下列事实以后常会用到：

(1) 若级数 $\sum\limits_{n=1}^{\infty}u_n$ 加括号后发散，则原级数 $\sum\limits_{n=1}^{\infty}u_n$ 必发散.

(2) 若级数 $\sum\limits_{n=1}^{\infty}u_n$ 加括号后收敛，则原级数 $\sum\limits_{n=1}^{\infty}u_n$ 未必收敛.

例如，发散级数

$$\sum_{n=1}^{\infty}(-1)^{n-1}=1-1+1-1+\cdots,$$

相邻两项加括号，得

$$(1-1)+(1-1)+\cdots+(1-1)+\cdots=0,$$

收敛.

定理 8.1.5（级数收敛的必要条件） 若级数 $\sum\limits_{n=1}^{\infty}u_n$ 收敛，则 $\lim\limits_{n\to\infty}u_n=0$.

证明 设$\lim\limits_{n\to\infty}s_n=s$，则

$$\lim_{n\to\infty}u_n=\lim_{n\to\infty}(s_n-s_{n-1})=\lim_{n\to\infty}s_n-\lim_{n\to\infty}s_{n-1}=s-s=0.$$

注 (1) $\lim\limits_{n\to\infty}u_n=0$ 只是级数收敛的必要条件，并不是级数收敛的充分条件. 当 $\lim\limits_{n\to\infty}u_n=0$ 时，$\sum\limits_{n=1}^{\infty}u_n$ 不一定收敛，如例 8.1.4 中的级数 $\sum\limits_{n=1}^{\infty}\dfrac{1}{\sqrt{n+1}+\sqrt{n}}$，满足条件 $\lim\limits_{n\to\infty}\dfrac{1}{\sqrt{n+1}+\sqrt{n}}=0$，但是该级数发散.

(2) 级数的一般项不趋向于零，则级数一定发散，即若$\lim\limits_{n\to\infty}u_n\neq 0$，则级数 $\sum\limits_{n=1}^{\infty}u_n$ 发散.

例 8.1.7 判定下列级数的敛散性：

(1) $1+2+3+\cdots+100+\dfrac{2}{3}+\left(\dfrac{2}{3}\right)^2+\left(\dfrac{2}{3}\right)^3+\left(\dfrac{2}{3}\right)^4+\cdots$；

(2) $\sum\limits_{n=1}^{\infty}(-1)^{n-1}\dfrac{n}{n+1}$.

解 (1) 因为几何级数

$$\sum_{n=1}^{\infty}\left(\frac{2}{3}\right)^n=\frac{2}{3}+\left(\frac{2}{3}\right)^2+\left(\frac{2}{3}\right)^3+\left(\frac{2}{3}\right)^4+\cdots$$

收敛，由定理 8.1.3 可知，原级数收敛.

(2) 由于

$$\lim_{n\to\infty}u_n=\lim_{n\to\infty}(-1)^{n-1}\frac{n}{n+1}\neq 0,$$

故由定理 8.1.5 知，原级数发散.

8.2 常数项级数的审敛法

一般情况下，利用级数的定义或性质来判别级数的敛散性是很困难的，可否有更简

单易行的判别方法呢？答案是肯定的. 本节主要介绍一些常用级数的审敛判别法，包括正项级数、交错级数及任意项级数.

8.2.1 正项级数

定义 8.2.1 如果级数 $\sum_{n=1}^{\infty} u_n$ 满足条件：$u_n \geqslant 0 (n=1,2,\cdots)$，即构成级数的项全为非负数，则称级数 $\sum_{n=1}^{\infty} u_n$ 为正项级数.

对于正项级数，由于 $u_n \geqslant 0$，因而 $s_{n+1}=s_n+u_{n+1}\geqslant s_n$，所以正项级数 $\sum_{n=1}^{\infty} u_n$ 的部分和数列 $\{s_n\}$ 必为单调增加数列，即

$$s_1 \leqslant s_2 \leqslant \cdots \leqslant s_{n-1} \leqslant s_n \leqslant \cdots.$$

由数列极限存在准则知道，如果部分和数列 $\{s_n\}$ 有上界，则 $\lim\limits_{n\to\infty} s_n$ 存在，从而级数 $\sum_{n=1}^{\infty} u_n$ 收敛，否则，它发散. 由此得到如下定理：

定理 8.2.1（正项级数收敛的基本定理） 正项级数 $\sum_{n=1}^{\infty} u_n$ 收敛的充分必要条件是其部分和数列 $\{s_n\}$ 有上界.

一般地，利用判别正项级数的部分和数列是否有界来判别正项级数是否收敛比较困难，因此得寻找其他好的判别方法. 根据上述充要条件，可以建立如下几个判定正项级数敛散性的判别法.

1. 比较判别法

定理 8.2.2（比较判别法） 对于两个正项级数 $\sum_{n=1}^{\infty} u_n$ 和 $\sum_{n=1}^{\infty} v_n$，若满足关系式

$$u_n \leqslant c v_n \quad (n=1,2,3,\cdots; c \text{ 是大于 0 的常数}),$$

那么

(1) 如果级数 $\sum_{n=1}^{\infty} v_n$ 收敛，则级数 $\sum_{n=1}^{\infty} u_n$ 也收敛；

(2) 如果级数 $\sum_{n=1}^{\infty} u_n$ 发散，则级数 $\sum_{n=1}^{\infty} v_n$ 也发散.

注 上述判别法可简记为“大敛则小敛，小散则大散”.

例 8.2.1 判定 p 级数

$$\sum_{n=1}^{\infty} \frac{1}{n^p} = 1+\frac{1}{2^p}+\frac{1}{3^p}+\cdots+\frac{1}{n^p}+\cdots$$

的敛散性.

解 (1) 当 $p>1$ 时，

$$\sum_{n=1}^{\infty}\frac{1}{n^p}=1+\left(\frac{1}{2^p}+\frac{1}{3^p}\right)+\left(\frac{1}{4^p}+\frac{1}{5^p}+\frac{1}{6^p}+\frac{1}{7^p}\right)+\left(\frac{1}{8^p}+\frac{1}{9^p}+\cdots+\frac{1}{15^p}\right)+\cdots$$
$$+\left(\frac{1}{(2^{n-1})^p}+\cdots+\frac{1}{(2^n-1)^p}\right)+\cdots$$
$$\leqslant 1+\left(\frac{1}{2^p}+\frac{1}{2^p}\right)+\left(\frac{1}{4^p}+\frac{1}{4^p}+\frac{1}{4^p}+\frac{1}{4^p}\right)+\left(\frac{1}{8^p}+\frac{1}{8^p}+\cdots+\frac{1}{8^p}\right)+\cdots$$
$$=1+\frac{1}{2^{p-1}}+\frac{1}{(2^{p-1})^2}+\frac{1}{(2^{p-1})^3}+\cdots+\frac{1}{(2^{p-1})^{n-1}}+\cdots,$$

而后一级数是一个以 $q=\frac{1}{2^{p-1}}<1$ 为公比的几何级数,所以它收敛. 由比较判别法可知,p 级数 $\sum_{n=1}^{\infty}\frac{1}{n^p}$ 也是收敛的.

(2) 当 $p\leqslant 1$ 时,因 $\frac{1}{n^p}\geqslant\frac{1}{n}$,而由例 8.1.5 可知,调和级数 $\sum\frac{1}{n}$ 发散,所以级数 $\sum_{n=1}^{\infty}\frac{1}{n^p}$ 发散.

综合(1),(2)可知

$$p\text{ 级数}\sum_{n=1}^{\infty}\frac{1}{n^p}\begin{cases}\text{收敛}, & p>1,\\ \text{发散}, & p\leqslant 1.\end{cases}$$

p 级数是一个很重要的级数,当 $p=1$ 时,它就是调和级数.

利用比较判别法判别一个正项级数的敛散性,关键是寻找一个适当的已知敛散性的正项级数,因而 p 级数、几何级数、调和级数经常充当比较判别法的比较对象. 因此要熟记它们的敛散性.

例 8.2.2 判别级数 $\sum_{n=1}^{\infty}\frac{1}{\sqrt{n(n+2)}}$ 的敛散性.

解 因级数的一般项满足

$$\frac{1}{\sqrt{n(n+2)}}=\frac{1}{\sqrt{n^2+2n}}\geqslant\frac{1}{\sqrt{n^2+3n^2}}=\frac{1}{2n}.$$

又 $\sum_{n=1}^{\infty}\frac{1}{2n}$ 发散,故级数 $\sum_{n=1}^{\infty}\frac{1}{\sqrt{n(n+2)}}$ 发散.

例 8.2.3 判别级数 $\sum_{n=1}^{\infty}\frac{1}{\sqrt{3n^4-1}}$ 的敛散性.

解 因级数的一般项满足

$$\frac{1}{\sqrt{3n^4-1}}\leqslant\frac{1}{\sqrt{3n^4-n^4}}=\frac{1}{\sqrt{2}n^2}\quad(n=1,2,3,\cdots),$$

又 $\sum_{n=1}^{\infty}\frac{1}{\sqrt{2}n^2}$ 收敛,故级数 $\sum_{n=1}^{\infty}\frac{1}{\sqrt{3n^4-1}}$ 收敛.

在应用比较判别法判定所给级数的敛散性时，需要将通项放大或缩小，以此得到适当的不等关系. 但是，很多情况下，这是比较困难的. 下面，我们给出比较判别法的极限形式.

推论 8.2.1(比较判别法的极限形式)　设 $\sum\limits_{n=1}^{\infty} u_n$ 与 $\sum\limits_{n=1}^{\infty} v_n$ 为两个正项级数，且满足 $\lim\limits_{n\to\infty}\dfrac{u_n}{v_n}=l$，则

(1) 当 $0<l<+\infty$ 时，级数 $\sum\limits_{n=1}^{\infty} u_n$ 与 $\sum\limits_{n=1}^{\infty} v_n$ 同时收敛或同时发散；

(2) 当 $l=0$ 时，若 $\sum\limits_{n=1}^{\infty} v_n$ 收敛，则 $\sum\limits_{n=1}^{\infty} u_n$ 也收敛；

(3) 当 $l=+\infty$ 时，若 $\sum\limits_{n=1}^{\infty} v_n$ 发散，则 $\sum\limits_{n=1}^{\infty} u_n$ 也发散.

例 8.2.4　判别级数 $\sum\limits_{n=1}^{\infty} 3^n\sin\dfrac{\pi}{4^n}$ 的敛散性.

解　令 $u_n=3^n\sin\dfrac{\pi}{4^n}$，因 $\sin\dfrac{\pi}{4^n}\sim\dfrac{\pi}{4^n}(n\to\infty)$，即 $\lim\limits_{n\to\infty}\dfrac{\sin\frac{\pi}{4^n}}{\frac{\pi}{4^n}}=1$. 因此可令 $v_n=\left(\dfrac{3}{4}\right)^n$，于是有

$$\lim_{n\to\infty}\frac{u_n}{v_n}=\lim_{n\to\infty}\frac{3^n\sin\frac{\pi}{4^n}}{\left(\frac{3}{4}\right)^n}=\pi>0.$$

又级数 $\sum\limits_{n=1}^{\infty}\left(\dfrac{3}{4}\right)^n$ 收敛，由比较判别法的极限形式知，级数 $\sum\limits_{n=1}^{\infty} 3^n\sin\dfrac{\pi}{4^n}$ 收敛.

例 8.2.5　判别级数 $\sum\limits_{n=1}^{\infty}\dfrac{\ln n}{n}$ 的敛散性.

解　因为 $\lim\limits_{n\to\infty}\dfrac{\frac{\ln n}{n}}{\frac{1}{n}}=+\infty$，且级数 $\sum\limits_{n=1}^{\infty}\dfrac{1}{n}$ 发散，所以由比较判别法的极限形式知，原级数 $\sum\limits_{n=1}^{\infty}\dfrac{\ln n}{n}$ 发散.

使用比较判别法或其极限形式，需要找到一个已知敛散性的级数作比较，这多少有些困难. 下面介绍几个可以利用级数自身的特点，来判断级数的收敛性的判别法.

2. 比值判别法

定理 8.2.3(达朗贝尔比值判别法)　如果正项级数 $\sum\limits_{n=1}^{\infty} u_n$ 满足条件

$$\lim_{n\to\infty}\frac{u_{n+1}}{u_n}=l,$$

则

（1）当 $l<1$ 时，级数收敛；

（2）当 $l>1\left(\text{或}\lim\limits_{n\to\infty}\frac{u_{n+1}}{u_n}=+\infty\right)$时，级数发散；

（3）当 $l=1$ 时，不能用此法判定级数的敛散性.

注 （1）当 $l=1$ 时，比值判别法失灵. 此时级数可能收敛，也可能发散，需用其他方法判定敛散性. 例如，级数 $\sum\limits_{n=1}^{\infty}\frac{1}{n}$，$\sum\limits_{n=1}^{\infty}\frac{1}{n^2}$ 的通项均满足 $\lim\limits_{n\to\infty}\frac{u_{n+1}}{u_n}=1$，但是级数 $\sum\limits_{n=1}^{\infty}\frac{1}{n}$ 发散，而级数 $\sum\limits_{n=1}^{\infty}\frac{1}{n^2}$ 收敛.

（2）当级数通项含有阶乘、幂次、乘方等因子形式时，常考虑用比值判别法.

例 8.2.6 判别下列级数的敛散性：

（1）$\sum\limits_{n=1}^{\infty}\frac{4^n-1}{3^n-2}$； （2）$\sum\limits_{n=1}^{\infty}\frac{2^n\cdot n!}{n^n}$.

解 （1）因

$$\lim_{n\to\infty}\frac{u_{n+1}}{u_n}=\lim_{n\to\infty}\frac{\dfrac{4^{n+1}-1}{3^{n+1}-2}}{\dfrac{4^n-1}{3^n-2}}=\lim_{n\to\infty}\frac{4^{n+1}-1}{4^n-1}\cdot\lim_{n\to\infty}\frac{3^n-2}{3^{n+1}-2}=\frac{4}{3}>1,$$

故由比值判别法知，级数 $\sum\limits_{n=1}^{\infty}\frac{4^n-1}{3^n-2}$ 发散.

（2）因

$$\lim_{n\to\infty}\frac{u_{n+1}}{u_n}=\lim_{n\to\infty}\frac{\dfrac{2^{n+1}(n+1)!}{(n+1)^{n+1}}}{\dfrac{2^n n!}{n^n}}=\lim_{n\to\infty}\frac{2}{\left(1+\dfrac{1}{n}\right)^n}=\frac{2}{\mathrm{e}}<1,$$

所以由比值判别法知，原级数 $\sum\limits_{n=1}^{\infty}\frac{2^n\cdot n!}{n^n}$ 收敛.

例 8.2.7 试讨论级数 $\sum\limits_{n=1}^{\infty}\frac{x^n}{n^2}(x>0)$ 的敛散性.

解 $\lim\limits_{n\to\infty}\frac{u_{n+1}}{u_n}=\lim\limits_{n\to\infty}\frac{\dfrac{x^{n+1}}{(n+1)^2}}{\dfrac{x^n}{n^2}}=\lim\limits_{n\to\infty}x\cdot\left(\frac{n}{n+1}\right)^2=x$，

所以，当 $0<x<1$ 时，原级数收敛；当 $x>1$ 时，原级数发散；当 $x=1$ 时，原级数成为 $\sum\limits_{n=1}^{\infty}\frac{1}{n^2}$，显然收敛.

综上所述，知

(1) 当 $0<x\leqslant 1$ 时，原级数收敛；

(2) 当 $x>1$ 时，原级数发散.

3. 根值判别法

定理 8.2.4(柯西根值判别法)　设级数 $\sum_{n=1}^{\infty}u_n$ 为正项级数，如果满足条件

$$\lim_{n\to\infty}\sqrt[n]{u_n}=\rho,$$

则

(1) 当 $\rho<1$ 时，级数 $\sum_{n=1}^{\infty}u_n$ 收敛；

(2) 当 $\rho>1$(或 $\lim_{n\to\infty}\sqrt[n]{u_n}=+\infty$)时，级数 $\sum_{n=1}^{\infty}u_n$ 发散；

(3) 当 $\rho=1$ 时，不能用此法判定级数的敛散性.

注　(1) 当 $\rho=1$ 时，根值判别法失效，即级数 $\sum_{n=1}^{\infty}u_n$ 可能收敛也可能发散；

(2) 当级数通项含有幂次等因子形式时，常考虑用根值判别法.

例 8.2.8　判定级数 $\sum_{n=1}^{\infty}\frac{3}{2^n(\arctan n)^n}$ 的敛散性.

解　$\lim_{n\to\infty}\sqrt[n]{u_n}=\lim_{n\to\infty}\sqrt[n]{\frac{3}{2^n(\arctan n)^n}}=\lim_{n\to\infty}\frac{\sqrt[n]{3}}{2(\arctan n)}=\frac{1}{\pi}<1.$

由根值判别法知，原级数收敛.

例 8.2.9　试讨论级数 $\sum_{n=1}^{\infty}\left(\frac{bn}{3n+1}\right)^n(b>0)$ 的敛散性.

解　$\lim_{n\to\infty}\sqrt[n]{u_n}=\lim_{n\to\infty}\sqrt[n]{\left(\frac{bn}{3n+1}\right)^n}=\lim_{n\to\infty}\frac{bn}{3n+1}=\frac{b}{3}.$

由根值判别法知：

当 $\frac{b}{3}<1$，即 $0<b<3$ 时，原级数收敛；当 $\frac{b}{3}>1$，即 $b>3$ 时，原级数发散；当 $\frac{b}{3}=1$，即 $b=3$ 时，利用根值判别法原级数敛散性无法判定. 但是，此时级数成为 $\sum_{n=1}^{\infty}\left(\frac{3n}{3n+1}\right)^n$，有

$$\lim_{n\to\infty}u_n=\lim_{n\to\infty}\left(\frac{3n}{3n+1}\right)^n=\lim_{n\to\infty}\frac{1}{\left(1+\frac{1}{3n}\right)^{3n\cdot\frac{1}{3}}}=\frac{1}{\sqrt[3]{e}}\neq 0.$$

所以，当 $b=3$ 时，原级数发散.

综上所述，知

(1) 当 $0<b<3$ 时，原级数收敛；

(2) 当 $b\geqslant 3$ 时,原级数发散.

8.2.2 交错级数

本小节主要来讨论交错级数及其收敛性的判定.下面首先给出交错级数的概念.

定义 8.2.2 各项正负相间的级数称为交错级数.它可用如下形式表示:

$$\sum_{n=1}^{\infty}(-1)^{n-1}u_n=u_1-u_2+u_3-u_4+\cdots+u_{2n-1}-u_{2n}+\cdots,$$

其中,$u_n>0,n=1,2,3,\cdots$.

关于交错级数的敛散性判定,由如下的定理

定理 8.2.5(莱布尼茨判别法) 如果交错级数 $\sum_{n=1}^{\infty}(-1)^{n-1}u_n$ 满足条件

(1) $u_n\geqslant u_{n+1},n=1,2,\cdots$;

(2) $\lim_{n\to\infty}u_n=0$,

则级数 $\sum_{n=1}^{\infty}(-1)^{n-1}u_n$ 收敛,且其和 $s\leqslant u_1$,其余项 R_n 满足 $|R_n|\leqslant u_{n+1}$.

例 8.2.10 判定交错级数 $\sum_{n=1}^{\infty}(-1)^{n-1}\frac{1}{n}$ 的敛散性.

解 对于交错级数 $\sum_{n=1}^{\infty}(-1)^{n-1}\frac{1}{n}$,$u_n=\frac{1}{n}$ 满足条件

(1) $1>\frac{1}{2}>\frac{1}{3}>\cdots>\frac{1}{n}>\frac{1}{n+1}>\cdots$,即数列 $\{u_n\}$ 单调递减;

(2) $\lim_{n\to\infty}u_n=\lim_{n\to\infty}\frac{1}{n}=0$.

由莱布尼茨判别法知,此交错级数收敛,且其和 $s\leqslant u_1=1$,余项 $|R_n|\leqslant u_{n+1}=\frac{1}{n+1}$.

注 注意区分调和级数 $\sum_{n=1}^{\infty}\frac{1}{n}$ 与交错级数 $\sum_{n=1}^{\infty}(-1)^{n-1}\frac{1}{n}$ 的敛散性.

例 8.2.11 判定交错级数 $\sum_{n=1}^{\infty}(-1)^{n-1}(\sqrt{n+1}-\sqrt{n})$ 的敛散性.

解 该交错级数中,通项 $u_n=\sqrt{n+1}-\sqrt{n}$ 满足条件

(1) $u_n=\sqrt{n+1}-\sqrt{n}=\frac{1}{\sqrt{n+1}+\sqrt{n}}>\frac{1}{\sqrt{n+2}+\sqrt{n+1}}=\sqrt{n+2}-\sqrt{n+1}=u_{n+1}$,即数列 $\{u_n\}$ 单调递减;

(2) $\lim_{n\to\infty}u_n=\lim_{n\to\infty}(\sqrt{n+1}-\sqrt{n})=\lim_{n\to\infty}\frac{1}{\sqrt{n+1}+\sqrt{n}}=0$.

由莱布尼茨判别法知,此交错级数收敛.

8.2.3　任意项级数

定义 8.2.3　若级数 $\sum_{n=1}^{\infty} u_n$ 中的每一项 $u_n(n=1,2,\cdots)$ 为任意实数，称该级数为任意项级数.

对任意项级数，给每项加上绝对值符号可构造一个正项级数

$$\sum_{n=1}^{\infty} |u_n| = |u_1| + |u_2| + \cdots + |u_n| + \cdots.$$

任意项级数的敛散性判定涉及该绝对值级数的敛散性. 因此，下面先给出相关概念.

定义 8.2.4　对于级数 $\sum_{n=1}^{\infty} u_n$，若其各项的绝对值所组成的级数 $\sum_{n=1}^{\infty} |u_n|$ 收敛，则称级数 $\sum_{n=1}^{\infty} u_n$ 绝对收敛；若级数 $\sum_{n=1}^{\infty} u_n$ 收敛，而对应的绝对值级数 $\sum_{n=1}^{\infty} |u_n|$ 发散，则称级数 $\sum_{n=1}^{\infty} u_n$ 条件收敛.

例如，级数 $\sum_{n=1}^{\infty} \frac{1}{n^2}$ 显然是绝对收敛的. 而对于级数 $\sum_{n=1}^{\infty}(-1)^{n-1}\frac{1}{n}$，由前面的例 8.2.10 知，级数是收敛的，但由它的各项绝对值所组成的级数 $\sum_{n=1}^{\infty}\left|(-1)^{n-1}\frac{1}{n}\right| = \sum_{n=1}^{\infty}\frac{1}{n}$ 发散，因此级数 $\sum_{n=1}^{\infty}(-1)^{n-1}\frac{1}{n}$ 是条件收敛的.

下面给出关于任意项级数与它的绝对值级数关系的定理.

定理 8.2.6　如果任意项级数 $\sum_{n=1}^{\infty} u_n$ 对应的绝对值级数 $\sum_{n=1}^{\infty} |u_n|$ 收敛，则原级数 $\sum_{n=1}^{\infty} u_n$ 也收敛.

注　(1) 若级数 $\sum_{n=1}^{\infty} |u_n|$ 发散，只能保证 $\sum_{n=1}^{\infty} u_n$ 非绝对收敛，而不能判定级数 $\sum_{n=1}^{\infty} u_n$ 也发散.

(2) 判别级数 $\sum_{n=1}^{\infty} u_n$ 是否绝对收敛，实际上就是判别正项级数 $\sum_{n=1}^{\infty} |u_n|$ 的收敛性，因此，对于前面介绍的用于正项级数敛散性判定的方法都可用于级数绝对收敛性的判定.

定理 8.2.7　如果任意项级数 $\sum_{n=1}^{\infty} u_n$ 满足条件

$$\lim_{n\to\infty}\left|\frac{u_{n+1}}{u_n}\right| = \rho,$$

则 (1) 当 $\rho<1$ 时,级数 $\sum\limits_{n=1}^{\infty}u_n$ 绝对收敛;

(2) 当 $\rho>1$ 时,级数 $\sum\limits_{n=1}^{\infty}u_n$ 发散;

(3) 当 $\rho=1$ 时,判别法失效.

注 这里只给出了判定级数绝对收敛的比值判别法,实际上,可以类似地给出比较判别法、根值判别法等用于级数绝对收敛的判定方法.

例 8.2.12 判定 $\sum\limits_{n=1}^{\infty}(-1)^{n-1}\dfrac{2n-1}{2^{n-1}}$ 的敛散性.

解 因 $\lim\limits_{n\to\infty}\left|\dfrac{u_{n+1}}{u_n}\right|=\lim\limits_{n\to\infty}\dfrac{\dfrac{2n+1}{2^n}}{\dfrac{2n-1}{2^{n-1}}}=\lim\limits_{n\to\infty}\dfrac{2n+1}{2(2n-1)}=\dfrac{1}{2}<1$,由定理 8.2.7 知,原级数是绝对收敛的.

例 8.2.13 判定级数 $\sum\limits_{n=1}^{\infty}(-1)^{n-1}\sin\dfrac{2}{n}$ 的敛散性.

解 一方面,因为 $\left|(-1)^{n-1}\sin\dfrac{2}{n}\right|=\sin\dfrac{2}{n}\sim\dfrac{2}{n}$ 即 $\lim\limits_{n\to\infty}\dfrac{\sin\dfrac{2}{n}}{\dfrac{2}{n}}=1$,而 $\sum\limits_{n=1}^{\infty}\dfrac{2}{n}$ 是发散的,根据比较判别法知 $\sum\limits_{n=1}^{\infty}\left|(-1)^{n-1}\sin\dfrac{2}{n}\right|$ 也发散,故原级数 $\sum\limits_{n=1}^{\infty}(-1)^{n-1}\sin\dfrac{2}{n}$ 非绝对收敛.

另一方面,因为级数 $\sum\limits_{n=1}^{\infty}(-1)^{n-1}\sin\dfrac{2}{n}$ 是交错级数,且满足莱布尼茨定理的条件,因此该级数是收敛的.

综上所述可知,原级数是条件收敛的.

例 8.2.14 判定级数 $\sum\limits_{n=1}^{\infty}\dfrac{\cos nx}{(n+1)^2}$(其中 $x\in(-\infty,+\infty)$)的敛散性.

解 该级数是任意项级数,对级数的通项取绝对值,得

$$\left|\frac{\cos nx}{(n+1)^2}\right|\leqslant\frac{1}{(n+1)^2}<\frac{1}{n^2},$$

而 $\sum\limits_{n=1}^{\infty}\dfrac{1}{n^2}$ 收敛,由比较判别法知 $\sum\limits_{n=1}^{\infty}\left|\dfrac{\cos nx}{(n+1)^2}\right|$ 收敛.

故由定理 8.2.6 知,级数 $\sum\limits_{n=1}^{\infty}\dfrac{\cos nx}{(n+1)^2}$ 收敛,且是绝对收敛.

例 8.2.15 判别级数 $\sum\limits_{n=1}^{\infty}\dfrac{x^n}{n}$ 的敛散性. 若收敛,请指明是条件收敛还是绝对收敛.

解　考虑绝对值级数 $\sum_{n=1}^{\infty}\left|\frac{x^n}{n}\right|=\sum_{n=1}^{\infty}\frac{|x|^n}{n}$，因为

$$\lim_{n\to\infty}\frac{\frac{|x|^{n+1}}{n+1}}{\frac{|x|^n}{n}}=\lim_{n\to\infty}\frac{n}{(n+1)}\cdot|x|=|x|,$$

故由定理 8.2.7 知，当 $|x|<1$ 时，级数绝对收敛；当 $|x|>1$ 时级数发散；当 $x=1$ 时，级数变为调和级数 $\sum_{n=1}^{\infty}\frac{1}{n}$，它发散；当 $x=-1$ 时，级数变为交错级数 $\sum_{n=1}^{\infty}(-1)^n\cdot\frac{1}{n}$，根据莱布尼茨定理可知，该级数收敛，且为条件收敛. 综上所述，可得

(1) 当 $|x|<1$ 时，级数 $\sum_{n=1}^{\infty}\frac{x^n}{n}$ 绝对收敛；

(2) 当 $|x|>1$ 或 $x=1$ 时，级数 $\sum_{n=1}^{\infty}\frac{x^n}{n}$ 发散；

(3) 当 $x=-1$ 时，级数 $\sum_{n=1}^{\infty}\frac{x^n}{n}$ 条件收敛.

8.3 幂　级　数

在自然科学与工程技术中常常要运用级数这一工具，但我们经常用到的不是常数项的级数，而是由函数所构成的级数. 本节将在前面介绍的常数项级数的基础之上，讨论应用更为广泛的幂级数，主要介绍幂级数的相关概念，敛散性的判定以及某些初等函数的幂级数展开.

8.3.1 幂级数及其敛散性

定义 8.3.1　形如

$$\sum_{n=0}^{\infty}a_n(x-x_0)^n=a_0+a_1(x-x_0)+a_2(x-x_0)^2+\cdots+a_n(x-x_0)^n+\cdots \tag{8.3}$$

的级数，称为 $x-x_0$ 的幂级数，其中 $a_0,a_1,a_2,\cdots,a_n\cdots$ 均为常数，称为幂级数的系数.

当 $x_0=0$ 时，级数

$$\sum_{n=0}^{\infty}a_nx^n=a_0+a_1x+a_2x^2+\cdots+a_nx^n+\cdots \tag{8.4}$$

称为 x 的幂级数.

注　幂级数(8.4)可看成是由函数列 $1,x,x^2,\cdots,x^n,\cdots$ 所构成的表达式.

下面着重讨论形如(8.4)的级数，因为只要把(8.4)中 x 换成 $x-x_0$，就可得到级数(8.3). 首先，先给出幂级数的一些常用概念.

定义 8.3.2　对于确定的值 $x=x_0$，幂级数变为下列常数项级数：

$$\sum_{n=0}^{\infty}a_nx_0^n = a_0 + a_1x_0 + a_2x_0^2 + \cdots + a_nx_0^n + \cdots. \tag{8.5}$$

若(8.5)收敛，则称幂级数 $\sum_{n=0}^{\infty}a_nx^n$ 在点 x_0 收敛，点 x_0 是幂级数 $\sum_{n=0}^{\infty}a_nx^n$ 的收敛点；若 $\sum_{n=1}^{\infty}a_nx_0^n$ 发散，则称幂级数 $\sum_{n=0}^{\infty}a_nx^n$ 在点 x_0 发散，点 x_0 是幂级数 $\sum_{n=0}^{\infty}a_nx^n$ 的发散点.

幂级数 $\sum_{n=0}^{\infty}a_nx^n$ 的全体收敛点的集合称为它的收敛域；幂级数 $\sum_{n=0}^{\infty}a_nx^n$ 的全体发散点的集合称为它的发散域.

定义 8.3.3　设幂级数 $\sum_{n=0}^{\infty}a_nx^n$ 的收敛域为 D，则对 D 内任意一点 x，幂级数 $\sum_{n=0}^{\infty}a_nx^n$ 有唯一的和 $S(x)$，于是 D 上定义了一个函数 $S(x)$，称为幂级数 $\sum_{n=0}^{\infty}a_nx^n$ 的和函数. $S(x)$ 的定义域就是幂级数的收敛域，并记为

$$S(x) = a_0 + a_1x + \cdots + a_nx^n + \cdots, \quad x \in D.$$

幂级数 $\sum_{n=0}^{\infty}a_nx^n$ 的前 n 项和 $S_n(x)=a_0+a_1x+\cdots+a_{n-1}x^{n-1}$ 称为它的部分和函数，则在收敛域 D 上，有

$$\lim_{n\to\infty}S_n(x) = S(x).$$

$r_n(x)=S(x)-S_n(x)$ 称为幂级数 $\sum_{n=0}^{\infty}a_nx^n$ 的余项，则对收敛域 D 上的每一点 x，有

$$\lim_{n\to\infty}r_n(x) = 0.$$

下面讨论幂级数的敛散性.

对于幂级数 $\sum_{n=0}^{\infty}a_nx^n$，显然它在 $x=0$ 处总是收敛的. 除此之外，它还在哪些点收敛呢？有下面的重要定理.

定理 8.3.1（阿贝尔定理）　若幂级数(8.4)在点 $x=x_0\neq 0$ 处收敛，则对于满足不等式 $|x|<|x_0|$ 的一切 x，幂级数 $\sum_{n=0}^{\infty}a_nx^n$ 收敛且是绝对收敛；若幂级数(8.4)在 $x=x_0\neq 0$ 时发散，则对于满足不等式 $|x|>|x_0|$ 的一切 x，幂级数 $\sum_{n=0}^{\infty}a_nx^n$ 发散.

由定理知道，如果幂级数 $\sum_{n=0}^{\infty}a_nx^n$ 在 $x=x_0\neq 0$ 处收敛，则对于开区间 $(-|x_0|, |x_0|)$ 内的任何 x，幂级数 $\sum_{n=0}^{\infty}a_nx^n$ 必收敛；如果幂级数 $\sum_{n=0}^{\infty}a_nx^n$ 在 $x=x_0\neq 0$ 处发散，则可断定在闭区间 $[-|x_0|, |x_0|]$ 之外的任何 x，幂级数 $\sum_{n=0}^{\infty}a_nx^n$ 必发散. 至此断定幂

级数的发散点不可能位于原点与收敛点之间(因原点必是幂级数的收敛点)，且幂级数的收敛域是以原点为中心的区间. 若以 $2R$ 表示区间的长度，则称 R 为幂级数的收敛半径，区间 $(-R,R)$ 称为幂级数的收敛区间.

注　若幂级数的收敛域为 D，则

$$(-R,R)\subseteq D\subseteq[-R,R],$$

即幂级数的收敛域是收敛区间与收敛端点的并集，即收敛域可能是下述区间之一：

$$(-R,R),\quad [-R,R],\quad (-R,R],\quad [-R,R).$$

怎样求幂级数 $\sum\limits_{n=0}^{\infty}a_nx^n$ 的收敛半径呢？给出下面的定理：

定理 8.3.2　若幂级数 $\sum\limits_{n=0}^{\infty}a_nx^n$ 的所有系数 $a_n\neq 0$，且满足

$$\lim_{n\to\infty}\left|\frac{a_{n+1}}{a_n}\right|=l,$$

则　(1) 当 $0<l<+\infty$ 时，该幂级数的收敛半径 $R=\dfrac{1}{l}$；

(2) 当 $l=0$ 时，该幂级数的收敛半径 $R=+\infty$；

(3) 当 $l=+\infty$ 时，该幂级数的收敛半径 $R=0$.

注　需要指出的是，本定理提供的求收敛半径的方法，是针对不缺项或仅缺有限项的幂级数，而对缺无穷多项的幂级数，结论并不适用.

例 8.3.1　求级数 $\sum\limits_{n=1}^{\infty}\dfrac{x^n}{n!}$ 的收敛半径以及收敛区间.

解　由

$$\lim_{n\to\infty}\left|\frac{a_{n+1}}{a_n}\right|=\lim_{n\to\infty}\frac{\dfrac{1}{(n+1)!}}{\dfrac{1}{n!}}=\lim_{n\to\infty}\frac{1}{n+1}=0$$

得到收敛半径 $R=+\infty$，且收敛区间为 $(-\infty,+\infty)$.

例 8.3.2　求级数 $\sum\limits_{n=1}^{\infty}(-1)^{n-1}\dfrac{x^n}{\sqrt{n}}$ 的收敛半径、收敛区间及收敛域.

解　由

$$\lim_{n\to\infty}\left|\frac{a_{n+1}}{a_n}\right|=\lim_{n\to\infty}\sqrt{\frac{n}{n+1}}=1=l$$

得到收敛半径 $R=1$，且收敛区间为 $(-1,1)$.

又在 $x=-1$ 时，幂级数成为 $\sum\limits_{n=1}^{\infty}(-1)^{2n-1}\dfrac{1}{\sqrt{n}}=-\sum\limits_{n=1}^{\infty}\dfrac{1}{\sqrt{n}}$，显然它是发散的；在 $x=1$ 时，幂级数成为交错级数 $\sum\limits_{n=1}^{\infty}(-1)^{n-1}\dfrac{1}{\sqrt{n}}$，显然它是收敛的. 故该幂级数的收敛域

为$(-1,1]$.

由定义知，幂级数在区域上的敛散性问题是指在该区域上的每一点的敛散性，其实质还是常数项级数的敛散性问题. 因此我们仍可以借用常数项级数敛散性的判别方法来判别幂级数的敛散性.

例 8.3.3 求级数 $\sum_{n=1}^{\infty}\frac{x^{2n-1}}{2n-1}$ 的收敛半径及收敛域.

解 此幂级数缺少偶次幂项 $x^2,x^4,\cdots$，因此不能再使用定理 8.3.2 求级数的收敛半径. 可直接使用比值判别法的原理(定理 8.2.7)来求收敛半径.

令 $u_n(x)=\frac{x^{2n-1}}{2n-1}$，则

$$\lim_{n\to\infty}\left|\frac{u_{n+1}(x)}{u_n(x)}\right|=\lim_{n\to\infty}\frac{2n-1}{2n+1}|x|^2=|x|^2.$$

由比值判别法，知

当$|x|^2<1$，即$|x|<1$时，幂级数绝对收敛；

当$|x|^2>1$，即$|x|>1$时，幂级数发散.

对于左端点 $x=-1$，此时幂级数成为 $\sum_{n=1}^{\infty}\frac{1}{2n-1}(-1)^{2n-1}=-\sum_{n=1}^{\infty}\frac{1}{2n-1}$，显然它是发散的；对于右端点 $x=1$，此时幂级数成为$\sum_{n=1}^{\infty}\frac{1}{2n-1}1^{2n-1}=\sum_{n=1}^{\infty}\frac{1}{2n-1}$，显然它是发散的. 故收敛区间、收敛域都为 $(-1,1)$，收敛半径为 $R=1$.

例 8.3.4 求级数 $\sum_{n=1}^{\infty}\frac{(2x-3)^n}{2^n n}$ 的收敛半径及收敛域.

解法一 设 $t=2x-3$，则原级数变为 $\sum_{n=1}^{\infty}\frac{t^n}{2^n n}$. 由

$$\lim_{n\to\infty}\left|\frac{a_{n+1}}{a_n}\right|=\lim_{n\to\infty}\frac{\frac{1}{2^{n+1}\cdot(n+1)}}{\frac{1}{2^n n}}=\lim_{n\to\infty}\frac{n}{2(n+1)}=\frac{1}{2}=l$$

可知，当$|t|<2$，即$\left|x-\frac{3}{2}\right|<1$时，原级数 $\sum_{n=1}^{\infty}\frac{(2x-3)^n}{2^n n}$ 收敛；当 $|t|>2$，即$\left|x-\frac{3}{2}\right|>1$时，原级数发散. 所以，原级数的收敛半径为 $R=1$，收敛区间为$\left(\frac{1}{2},\frac{5}{2}\right)$.

当 $x=\frac{1}{2}$时，它变为交错级数 $\sum_{n=1}^{\infty}\frac{(-1)^n}{n}$，该级数收敛；

当 $x=\frac{5}{2}$时，它变为调和级数 $\sum_{n=1}^{\infty}\frac{1}{n}$，显然该级数发散.

因此，原级数的收敛域为$\left[\frac{1}{2},\frac{5}{2}\right)$.

解法二　令 $u_n(x)=\dfrac{(2x-3)^n}{2^n n}$，则

$$\lim_{n\to\infty}\left|\frac{u_{n+1}(x)}{u_n(x)}\right|=\lim_{n\to\infty}\frac{n}{2(n+1)}\mid 2x-3\mid=\frac{1}{2}\mid 2x-3\mid.$$

由比值判别法的结果：

当 $\dfrac{1}{2}|2x-3|<1$，即 $\left|x-\dfrac{3}{2}\right|<1$ 时，幂级数收敛；

当 $\dfrac{1}{2}|2x-3|>1$，即 $\left|x-\dfrac{3}{2}\right|>1$ 时，幂级数发散.

所以该级数的收敛半径为 $R=1$，收敛区间为 $\left(\dfrac{1}{2},\dfrac{5}{2}\right)$.

对于左端点 $x=\dfrac{1}{2}$，此时幂级数成为交错级数 $\sum\limits_{n=1}^{\infty}\dfrac{(-1)^n}{n}$，显然它是收敛的；对于右端点 $x=\dfrac{5}{2}$，此时幂级数成为调和级数 $\sum\limits_{n=1}^{\infty}\dfrac{1}{n}$，显然该级数发散.

因此，原级数的收敛域为 $\left[\dfrac{1}{2},\dfrac{5}{2}\right)$.

8.3.2　幂级数的运算性质

下面不加证明的给出幂级数的几个运算性质.

性质 8.3.1(线性运算)　若幂级数 $\sum\limits_{n=0}^{\infty}a_nx^n$ 及 $\sum\limits_{n=0}^{\infty}b_nx^n$ 的收敛半径分别为 R_1 和 R_2，则有

$$k\sum_{n=0}^{\infty}a_nx^n=\sum_{n=0}^{\infty}ka_nx^n,\quad |x|<R_1,$$

$$\sum_{n=0}^{\infty}a_nx^n\pm\sum_{n=0}^{\infty}b_nx^n=\sum_{n=0}^{\infty}(a_n\pm b_n)x^n,\quad |x|<R,$$

其中 k 为常数，$R=\min\{R_1,R_2\}$.

性质 8.3.2(连续性)　幂级数 $\sum\limits_{n=0}^{\infty}a_nx^n$ 的和函数 $S(x)$ 在其收敛域 D 上连续.

性质 8.3.3(可导性)　幂级数 $\sum\limits_{n=0}^{\infty}a_nx^n$ 的和函数 $S(x)$ 在收敛区间 $(-R,R)$ 内任一点 x 可导，且有

$$S'(x)=\left(\sum_{n=0}^{\infty}a_nx^n\right)'=\sum_{n=0}^{\infty}(a_nx^n)'=\sum_{n=1}^{\infty}n\cdot a_nx^{n-1},\quad x\in(-R,R),$$

即幂级数在其收敛区间内可以逐项求导，并且求导后级数的收敛半径也是 R.

性质 8.3.4(可积性)　幂级数 $\sum\limits_{n=0}^{\infty}a_nx^n$ 的和函数 $S(x)$ 在其收敛域 D 上可积，且有

$$\int_0^x S(x)\mathrm{d}x = \int_0^x \left(\sum_{n=0}^{\infty} a_n x^n\right)\mathrm{d}x = \sum_{n=0}^{\infty}\int_0^x a_n x^n \mathrm{d}x = \sum_{n=0}^{\infty} \frac{a_n}{n+1} x^{n+1}, \quad x \in D,$$

即幂级数在其收敛域上可以逐项积分,并且积分后级数的收敛半径与原级数的相同.

从以上性质可见,幂级数在其收敛区间$(-R,R)$内就像普通的多项式一样,可以相加、相减、逐项积分、逐项求导.这些性质在求幂级数的和函数时,有着重要的应用.

例 8.3.5 求级数 $\sum\limits_{n=1}^{\infty} n(n+1)x^{n-1}$ 的收敛域及其和函数,并求级数 $\sum\limits_{n=1}^{\infty} \frac{n(n+1)}{2^n}$ 的和.

解 (1) 由

$$\lim_{n\to\infty}\left|\frac{a_{n+1}}{a_n}\right| = \lim_{n\to\infty}\frac{(n+1)(n+2)}{n(n+1)} = 1 = l$$

得到收敛半径 $R=1$.

对于端点 $x=\pm 1$,此时幂级数成为 $\sum\limits_{n=1}^{\infty}(\pm 1)^n n(n+1)$,因其通项满足:$\lim\limits_{n\to\infty}(\pm 1)^n n(n+1)=\infty$,由级数收敛的必要条件可知,此时级数发散.故该级数的收敛域为 $(-1,1)$.

设级数的和函数为 $S(x)$,即

$$S(x) = \sum_{n=1}^{\infty} n(n+1)x^{n-1}.$$

利用性质 8.3.4,对上式两边从 0 到 x 逐项积分得

$$\int_0^x S(x)\mathrm{d}x = \int_0^x\left(\sum_{n=1}^{\infty} n(n+1)x^{n-1}\right)\mathrm{d}x = \sum_{n=1}^{\infty}\int_0^x n(n+1)x^{n-1}\mathrm{d}x = \sum_{n=1}^{\infty}(n+1)x^n.$$

对上述级数再次利用性质 8.3.4,两边积分得

$$\int_0^x\left(\sum_{n=1}^{\infty}(n+1)x^n\right)\mathrm{d}x = \sum_{n=1}^{\infty}\int_0^x (n+1)x^n \mathrm{d}x = \sum_{n=1}^{\infty} x^{n+1} = \frac{x^2}{1-x}.$$

对上式两边求导得

$$\frac{\mathrm{d}}{\mathrm{d}x}\left[\int_0^x\left(\sum_{n=1}^{\infty}(n+1)x^n\right)\mathrm{d}x\right] = \left(\frac{x^2}{1-x}\right)' = \frac{2x-x^2}{(1-x)^2}.$$

再次求导,即得和函数

$$S(x) = \left(\frac{2x-x^2}{(1-x)^2}\right)' = \frac{2}{(1-x)^3}, \quad x \in (-1,1).$$

(2) 取 $x=\frac{1}{2}$,则有

$$\sum_{n=1}^{\infty}\frac{n(n+1)}{2^{n-1}} = \frac{2}{\left(1-\frac{1}{2}\right)^3} = 16,$$

所以

$$\sum_{n=1}^{\infty}\frac{n(n+1)}{2^n} = \frac{1}{2}\sum_{n=1}^{\infty}\frac{n(n+1)}{2^{n-1}} = 16\times\frac{1}{2} = 8.$$

8.4 泰勒级数

8.3 节讨论了幂级数的收敛域及幂级数在收敛域上的和函数(利用幂级数的运算性质求得),虽然幂级数的运算性质的利用价值很大,但对较复杂的幂级数在收敛域上的和函数的求法有较大的局限性.本节通过函数的幂级数展开,既可解决将函数在区间上展开成幂级数的问题,也可反过来寻求幂级数的和函数,为和函数问题的求解开辟了一个新的思路.

8.4.1 泰勒公式

对于一些较为复杂的函数,为了便于研究,往往希望用一些简单的函数来近似表达.一般常用多项式来近似表达函数,称为用多项式来逼近函数.

在微分应用中,我们已经知道,当变量 x 的绝对值很小时,有如下的近似公式:

$$\sin x \approx x,\quad e^x \approx 1+x,\quad \ln(1+x) \approx x.$$

但是这种表达式的不足之处就是精度不高,对于精度要求较高且需要估计误差的情形,就须用高次多项式来近似表达函数,同时给出误差公式.

8.3 节讨论了给定的幂级数 $\sum\limits_{n=0}^{\infty} a_n x^n$ 或 $\sum\limits_{n=0}^{\infty} a_n (x-x_0)^n$ 的收敛域及和函数问题.例如,$\sum\limits_{n=0}^{\infty} a_n (x-x_0)^n$ 的和函数是 $S(x)$,收敛域为 I,则有

$$\sum_{n=0}^{\infty} a_n (x-x_0)^n = S(x),\quad x \in I,$$

即

$$S(x) = \sum_{n=0}^{\infty} a_n (x-x_0)^n,\quad x \in I.$$

换一个角度看上述问题,就是对给定的一个函数 $f(x)$(用 $f(x)$ 表示 $S(x)$),去寻找一个幂级数 $\sum\limits_{n=0}^{\infty} a_n (x-x_n)^n$,使它在某区间 I 上收敛,且其和恰好就是 $f(x)$.这就是所谓将函数展开成幂级数问题.

如果能找到这样的幂级数,就得到了函数的一种新的表示形式.由于幂级数不仅形式简单,而且具有与多项式函数类似的性质,因此如果能将已知函数用幂级数表示,常常更有利于问题的研究与解决.

下面就来讨论怎样将一个在包含 x_0 的某区间 I 内具有任意阶导数的函数表示成幂级数的问题.首先给出泰勒(Taylor)公式的概念.

定义 8.4.1 设函数 $f(x)$ 在 x_0 的某邻域内具有直至 $n+1$ 阶导数,则对此邻域内任何一个 x,有

$$f(x)=f(x_0)+\frac{f'(x_0)}{1!}(x-x_0)+\frac{f''(x_0)}{2!}(x-x_0)^2+\cdots$$
$$+\frac{f^{(n)}(x_0)}{n!}(x-x_0)^n+R_n(x), \tag{8.6}$$

其中

$$R_n(x)=\frac{f^{(n+1)}(\xi)}{(n+1)!}(x-x_0)^{n+1}\quad(\xi\text{ 介于 }x\text{ 与 }x_0\text{ 之间}),$$

或令 $\xi=x_0+\theta(x-x_0)$, $0<\theta<1$,则

$$R_n(x)=\frac{f^{(n+1)}(x_0+\theta(x-x_0))}{(n+1)!}(x-x_0)^{n+1} \tag{8.7}$$

或

$$R_n(x)=o((x-x_0)^n), \tag{8.8}$$

则式(8.6)为 $f(x)$按 $x-x_0$ 幂展开的泰勒公式;

式(8.7)为拉格朗日(Lagrange)型余项;

式(8.8)为佩亚诺(Peano)型余项.

注 (1) 当 $x_0=0$ 时,

$$f(x)=f(0)+\frac{f'(0)}{1!}x+\frac{f''(0)}{2!}x^2+\cdots+\frac{f^n(0)}{n!}x^n+R_n(x), \tag{8.9}$$

其中

$$R_n(x)=\frac{f^{(n+1)}(\xi)}{(n+1)!}\cdot x^{n+1}(\xi\text{ 介于 }x\text{ 与 }0\text{ 之间})\quad\text{或}\quad R_n(x)=o(x^n)$$

称为麦克劳林(Maclaurin)公式.

(2) 当 $n=0$ 时,式(8.6)变为

$$f(x)=f(x_0)+f'(\xi)(x-x_0)\quad(\text{其中 }\xi\text{ 介于 }x\text{ 与 }x_0\text{ 之间}).$$

这就是前面介绍的拉格朗日中值定理.

(3) 对于固定的 n,若对邻域中的任意的 x,存在正常数 M,使得 $|f^{(n+1)}(x)|\leqslant M$,则

$$|R_n(x)|\leqslant\frac{M}{(n+1)!}\cdot|x-x_0|^{n+1}.$$

因此,可以利用上式估计误差的范围.

例 8.4.1 写出函数 $f(x)=e^x$ 的麦克劳林展开式.

解 因为

$$f'(x)=e^x,\quad f''(x)=e^x,\quad f'''(x)=e^x,\quad \cdots,\quad f^{(n)}(x)=e^x,\quad f^{(n+1)}(x)=e^x.$$

当 $x=0$ 时,得

$$f(0)=f'(0)=f''(0)=\cdots=f^{(n)}(0)=e^0=1,$$

所以,函数 $f(x)=e^x$的麦克劳林展开式为

$$e^x = 1 + x + \frac{1}{2!}x^2 + \frac{1}{3!}x^2 + \cdots + \frac{1}{n!}x^n + R_n(x),$$

其中，$R_n(x)$为余项，且

$$R_n(x) = \frac{f^{(n+1)}(\xi)}{(n+1)!} \cdot x^{n+1} = \frac{e^{\xi}}{(n+1)!} \cdot x^{n+1} \quad (\text{其中 } \xi \text{ 介于 } x \text{ 与 } 0 \text{ 之间}),$$

则

$$\lim_{n\to\infty} R_n(x) = 0,$$

即

$$e^x \approx 1 + x + \frac{1}{2!}x^2 + \frac{1}{3!}x^2 + \cdots + \frac{1}{n!}x^n.$$

8.4.2　泰勒级数

定义 8.4.2　设函数 $f(x)$在 x_0 的某邻域$U(x_0)$内具有任意阶导数 $f'(x)$，$f''(x)$，…，$f^{(n)}(x)$，…，则当 $x \in U(x_0)$时，称级数

$$\sum_{n=0}^{\infty} \frac{f^{(n)}(x_0)}{n!}(x-x_0)^n = f(x_0) + \frac{f'(x_0)}{1!}(x-x_0) + \frac{f''(x_0)}{2!}(x-x_0) + \cdots + \frac{f^{(n)}(x_0)}{n!}(x-x_0)^n + \cdots$$

为函数 $f(x)$在 x_0 的泰勒级数.

特别地，当 $x_0 = 0$ 时，$\sum\limits_{n=0}^{\infty} \frac{f^{(n)}(0)}{n!}x^n$ 称为函数 $f(x)$ 的麦克劳林级数.

注　泰勒级数实现了将函数在某邻域内任一点 x_0 展开成幂级数 $\sum\limits_{n=0}^{\infty} a_n(x-x_0)^n$，且 $a_n = \frac{f^{(n)}(x_0)}{n!}$.

泰勒级数是泰勒公式从有限项到无限项的推广，由此带来的问题是：泰勒级数或麦克劳林级数其是否收敛？在什么条件下收敛？如收敛，则在其收敛域内收敛于哪一个函数？是否唯一？等等，下面一一解决这些问题.

定理 8.4.1　设函数 $f(x)$在 x_0 的某邻域 $U(x_0)$内具有任意阶导数，则 $f(x)$在该邻域内一点 x_0 处能展开成泰勒级数 $f(x) = \sum\limits_{n=0}^{\infty} \frac{f^{(n)}(x_0)}{n!}(x-x_0)^n$ 的充分必要条件是 $f(x)$ 的泰勒公式中的余项 $R_n(x)$ 当 $n\to\infty$ 时的极限为零，即

$$\lim_{n\to\infty} R_n(x) = 0, \quad x \in U(x_0).$$

因此，当$\lim\limits_{n\to\infty} R_n(x) = 0$ 时，函数 $f(x)$的泰勒级数 $\sum\limits_{n=0}^{\infty} \frac{f^{(n)}(x_0)}{n!}(x-x_0)^n$ 就是 $f(x)$ 的另一种精确的表达式，即

$$f(x)=f(x_0)+\frac{f'(x_0)}{1!}(x-x_0)+\frac{f''(x_0)}{2!}(x-x_0)^2+\cdots+\frac{f^{(n)}(x_0)}{n!}(x-x_0)^n+\cdots,$$

称其为函数 $f(x)$ 在 $x=x_0$ 处可展开成泰勒级数.

特别地,当 $x_0=0$ 时,

$$f(x)=f(0)+\frac{f'(0)}{1!}x+\frac{f''(0)}{2!}x^2+\cdots+\frac{f^{(n)}(0)}{n!}x^n+\cdots$$

称为函数 $f(x)$ 可展开成麦克劳林级数.

8.4.3 初等函数的幂级数展开

由上面的讨论可知,一个函数 $f(x)$ 在区间 I 内一点 x_0 处能否展开成幂级数取决于它的各阶导数在点 $x=x_0$ 处是否存在,以及余项 $R_n(x)$ 当 $n\to\infty$ 时是否趋于零.下面将一些初等函数展开成幂级数.

1. 直接展开法

利用泰勒公式或泰勒级数将函数展开成幂级数可按以下步骤进行:

(1) 计算出 $f^{(n)}(0)$, $n=1,2,3,\cdots$;若函数在 $x=0$ 处某阶导数不存在,则不能展开为幂级数;

(2) 写出对应的麦克劳林级数

$$f(0)+\frac{f'(0)}{1!}x+\frac{f''(0)}{2!}x^2+\cdots+\frac{f^{(n)}(0)}{n!}x^n+\cdots$$

并求得其收敛区间 $(-R,R)$.

(3) 验证当 $x\in(-R,R)$ 时,对应函数的拉格朗日余项

$$R_n(x)=\frac{f^{(n+1)}(\theta x)}{(n+1)!}x^{n+1}\quad(0<\theta<1)$$

在 $n\to\infty$ 时,是否趋向于零.若 $\lim\limits_{n\to\infty}R_n(x)=0$,则(2)写得的级数就是该函数的麦克劳林展开式或幂级数;若 $\lim\limits_{n\to\infty}R_n(x)\neq0$,则该函数无法展开成麦克劳林级数.

例 8.4.2 将函数 $f(x)=\sin x$ 在 $x=0$ 处展开成幂级数.

解 因 $f^{(n)}(x)=\sin\left(x+n\cdot\frac{\pi}{2}\right)$, $n=0,1,2,\cdots$,则

$$f^{(n)}(0)=\sin\left(n\cdot\frac{\pi}{2}\right)=\begin{cases}0, & n=0,2,4,\cdots,\\(-1)^{\frac{n-1}{2}}, & n=1,3,5,\cdots.\end{cases}$$

于是得对应于 $\sin x$ 的幂级数为

$$\frac{x}{1!}-\frac{x^3}{3!}+\frac{x^5}{5!}-\cdots+(-1)^{n-1}\frac{x^{2n-1}}{(2n-1)!}+\cdots.$$

利用比较判别法可求出该幂级数的收敛半径为 $R=+\infty$.

又对任何有限的 x,ξ(ξ 在 0 与 x 之间),该幂级数的拉格朗日余项 $R_{2n}(x)$满足

$$|R_{2n}(x)|=\left|\frac{\sin\left(\xi+(2n+1)\frac{\pi}{2}\right)}{(2n+1)!}x^{2n+1}\right|\leqslant\frac{|x|^{2n+1}}{(2n+1)!}.$$

而对任意的 $x\in(-\infty,+\infty)$,级数 $\sum\limits_{n=0}^{\infty}\frac{|x|^{2n+1}}{(2n+1)!}$ 收敛,由级数收敛的必要条件知

$$\lim_{n\to\infty}\frac{|x|^{2n+1}}{(2n+1)!}=0,$$

故 $\lim\limits_{n\to\infty}R_n(x)=0$.

最后,我们得到 $\sin x$ 在 $x=0$ 处展开式为

$$\sin x=x-\frac{x^3}{3!}+\frac{x^5}{5!}-\cdots+(-1)^{n-1}\frac{x^{2n-1}}{(2n-1)!}+\cdots,\quad x\in(-\infty,+\infty).$$

同理可得

$$\cos x=1-\frac{x^2}{2!}+\frac{x^4}{4!}-\cdots+(-1)^n\frac{x^{2n}}{2n!}+\cdots,\quad x\in(-\infty,+\infty).$$

例 8.4.3 将函数 $f(x)=(1+x)^\alpha$ 展开成 x 的幂级数,其中 α 为任意实数.

解 因为

$$f'(x)=\alpha(1+x)^{\alpha-1},\quad f''(x)=\alpha(\alpha-1)(1+x)^{\alpha-2},\quad\cdots,$$
$$f^{(n)}(x)=\alpha(\alpha-1)\cdots(\alpha-n+1)(1+x)^{\alpha-n},\quad\cdots,$$

则

$$f(0)=1,\quad f'(0)=\alpha,\quad f''(0)=\alpha(\alpha-1),\quad\cdots,$$
$$f^{(n)}(0)=\alpha(\alpha-1)\cdots(\alpha-n+1),\quad\cdots.$$

于是得到对应于该函数的幂级数为

$$1+\frac{\alpha}{1!}\cdot x+\frac{\alpha(\alpha-1)}{2!}x^2+\cdots+\frac{\alpha(\alpha-1)\cdots(\alpha-n+1)}{n!}x^n+\cdots.$$

因该级数的通项系数 $a_n=\frac{\alpha(\alpha-1)\cdots(\alpha-n+1)}{n!}$,则

$$\lim_{n\to\infty}\left|\frac{a_{n+1}}{a_n}\right|=\lim_{n\to\infty}\left|\frac{\alpha-n}{n+1}\right|=1.$$

因此,对任意实数 α,幂级数的收敛半径为 $R=1$.

可以证明,对于函数 $f(x)=(1+x)^\alpha$ 展开成上述级数的余项满足:$\lim\limits_{n\to\infty}R_n(x)=0$. 因证明较烦琐,这里省去证明. 即有

$$(1+x)^\alpha=1+\frac{\alpha}{1!}\cdot x+\frac{\alpha(\alpha-1)}{2!}x^2+\cdots+\frac{\alpha(\alpha-1)\cdots(\alpha-n+1)}{n!}x^n+\cdots.\tag{8.10}$$

这个级数的收敛区间为(-1,1),对于收敛区间端点 $x=\pm1$ 的敛散性,它与 α 的取值有关, 当 $\alpha\leqslant-1$ 时,级数的收敛域为(-1,1);

当 $-1<\alpha<0$ 时，级数的收敛域为 $(-1,1]$；

当 $\alpha>0$ 时，级数的收敛域为 $[-1,1]$.

当(8.10)中 $\alpha=-1$ 时，得到

$$\frac{1}{1+x}=1-x+x^2+\cdots+(-1)^n x^n+\cdots,\quad -1<x<1,$$

$$\frac{1}{1-x}=1+x+x^2+\cdots+x^n+\cdots,\quad -1<x<1.$$

当(8.10)中 $\alpha=-\frac{1}{2}$ 时，得到

$$\frac{1}{\sqrt{1+x}}=1-\frac{1}{2}x+\frac{1}{2}\cdot\frac{3}{4}x^2-\frac{1}{2}\cdot\frac{3}{4}\cdot\frac{5}{6}x^3+\cdots,\quad -1<x\leqslant 1.$$

2. 间接展开法

以上将函数展开成幂级数的例子，是直接按公式 $a_n=\frac{f^{(n)}(0)}{n!}$ 计算级数的系数，最后考察余项 $R_n(x)$ 是否趋于零. 这种直接展开的方法一般说来计算量大，而且对许多函数估计余项 $R_n(x)$ 趋于零比较困难，下面介绍间接展开的方法，即利用已知的函数展开式，幂级数的四则运算，逐项求导，逐项积分和变量代换等方法，避开求 n 阶导数计算和讨论余项趋于零的困难，将所给函数展开成幂级数.

例 8.4.4　将函数 $f(x)=\ln(1+x)$ 展开成 x 的幂级数.

解　因为

$$f'(x)=\frac{1}{1+x}=1-x+x^2-\cdots+(-1)^n x^n+\cdots,\quad -1<x<1.$$

将上式从 0 到 x 逐项积分，得

$$\ln(1+x)=x-\frac{x^2}{2}+\frac{x^3}{3}-\cdots+(-1)^{n-1}\frac{x^n}{n}+\cdots.$$

由于 $x=1$ 时，右端级数收敛，故上式当 $x=1$ 时也成立，即收敛域为 $(-1,1]$.

例 8.4.5　将函数 $f(x)=\arctan x$ 展开成 x 的幂级数.

解　因为 $(\arctan x)'=\frac{1}{1+x^2}$，而 $\frac{1}{1+x^2}$ 展开为

$$\frac{1}{1+x^2}=1+(-x^2)+(-x^2)^2+\cdots+(-x^2)^n+\cdots,\quad x\in(-1,1).$$

利用幂级数的性质，对上式两边从 0 到 x 逐项积分得

$$\begin{aligned}\arctan x&=\int_0^x\frac{1}{1+x^2}\mathrm{d}x=x-\frac{1}{3}x^3+\frac{1}{5}x^5-\cdots+(-1)^n\frac{x^{2n+1}}{2n+1}+\cdots\\&=\sum_{n=0}^{\infty}(-1)^n\frac{x^{2n+1}}{2n+1},\quad x\in(-1,1).\end{aligned}$$

因为当 $x=1$ 时，级数 $\sum\limits_{n=0}^{\infty}(-1)^n\frac{1}{2n+1}$ 是收敛的，当 $x=-1$ 时，级数 $\sum\limits_{n=0}^{\infty}\frac{(-1)^{n+1}}{2n+1}$ 也是

收敛的，所以收敛域为[−1,1]，即有

$$\arctan x = x-\frac{1}{3}x^3+\frac{1}{5}x^5-\cdots+(-1)^n\frac{x^{2n+1}}{2n+1}+\cdots,\quad x\in[-1,1].$$

同理可得

$$\arcsin x=\int_0^x\frac{\mathrm{d}t}{\sqrt{1-t^2}}=x+\frac{1}{2}\cdot\frac{x^3}{3}+\frac{1}{2}\cdot\frac{3}{4}\cdot\frac{x^5}{5}+\frac{1}{2}\cdot\frac{3}{4}\cdot\frac{5}{6}\cdot\frac{x^7}{7}+\cdots,\quad x\in[-1,1].$$

例 8.4.6 将函数 $f(x)=\dfrac{1}{x^2+5x+4}$ 展开成 x 的幂级数.

解 $f(x)=\dfrac{1}{(1+x)(4+x)}=\dfrac{1}{3}\left(\dfrac{1}{1+x}-\dfrac{1}{4+x}\right)$.

由于

$$\frac{1}{1+x}=\sum_{n=0}^{\infty}(-1)^n x^n,\quad |x|<1,$$

$$\frac{1}{4+x}=\frac{\frac{1}{4}}{1+\frac{x}{4}}=\frac{1}{4}\sum_{n=0}^{\infty}\left(-\frac{x}{4}\right)^n=\sum_{n=0}^{\infty}(-1)^n\frac{x^n}{4^{n+1}},\quad |x|<4.$$

因此

$$f(x)=\frac{1}{3}\left(\frac{1}{1+x}-\frac{1}{4+x}\right)=\frac{1}{3}\sum_{n=0}^{\infty}(-1)^n\left(1-\frac{1}{4^{n+1}}\right)x^n,\quad x\in(-1,1).$$

例 8.4.7 将函数 $f(x)=\dfrac{1}{x}$ 展开成 $x-3$ 的幂级数.

解法一 因所求的幂级数具有 $\sum\limits_{n=0}^{\infty}a_n(x-3)^n$ 的形式，故可如下运算：

$$f(x)=\frac{1}{x-3+3}=\frac{1}{3}\cdot\frac{1}{1+\left(\frac{x-3}{3}\right)}=\frac{1}{3}\sum_{n=0}^{\infty}\left[-\frac{(x-3)}{3}\right]^n$$

$$=\sum_{n=0}^{\infty}(-1)^n\frac{1}{3^{n+1}}\cdot(x-3)^n,\quad 0<x<6.$$

此式即为 $f(x)=\dfrac{1}{x}$ 的关于 $x-3$ 的幂级数展开式.

解法二 作变量替换 $t=x-3$，则 $x=t+3$，有

$$f(x)=\frac{1}{x}=\frac{1}{t+3}=\frac{1}{3\left(1+\frac{t}{3}\right)}=\frac{1}{3}\sum_{n=0}^{\infty}\left(-\frac{t}{3}\right)^n$$

$$=\sum_{n=0}^{\infty}(-1)^n\frac{t^n}{3^{n+1}},\quad -1<\frac{t}{3}<1.$$

将 $t=x-3$ 代回即得 $f(x)=\frac{1}{x}$ 的关于 $x-3$ 的幂级数展开式为

$$f(x)=\sum_{n=0}^{\infty}(-1)^n\frac{(x-3)^n}{3^{n+1}},\quad 0<x<6.$$

例 8.4.8 将函数 $f(x)=6^{x+1}$ 展开成 $x-2$ 的幂级数.

解 $6^{x+1}=6\cdot e^{x\ln6}=6\cdot e^{\ln6(x-2+2)}=6e^{2\ln6}\cdot e^{(x-2)\ln6}$.

利用 e^x 的展开式得

$$e^{(x-2)\ln6}=1+\frac{[(x-2)\ln6]}{1!}+\frac{[(x-2)\ln6]^2}{2!}+\cdots+\frac{[(x-2)\ln6]^n}{n!}+\cdots,$$

故

$$\begin{aligned}6^{x+1}&=6e^{2\ln6}\cdot e^{(x-2)\ln6}\\&=216+216\cdot\ln6\cdot(x-2)+\frac{216\cdot(\ln6)^2}{2!}(x-2)^2+\cdots\\&\quad+\frac{216\cdot(\ln6)^n}{n!}(x-2)^n+\cdots,\quad x\in(-\infty,+\infty).\end{aligned}$$

注 几个常用的初等函数的幂级数展开式

(1) $\frac{1}{1-x}=1+x+x^2+\cdots+x^n+\cdots,x\in(-1,1)$;

(2) $e^x=1+x+\frac{x^2}{2!}+\cdots+\frac{x^n}{n!}+\cdots,x\in(-\infty,+\infty)$;

(3) $\sin x=x-\frac{x^3}{3!}+\frac{x^5}{5!}-\cdots+(-1)^{n-1}\frac{x^{2n-1}}{(2n-1)!}+\cdots,x\in(-\infty,+\infty)$,

$\cos x=1-\frac{x^2}{2!}+\frac{x^4}{4!}-\cdots+(-1)^n\frac{x^{2n}}{(2n)!}+\cdots,x\in(-\infty,+\infty)$;

(4) $(1+x)^\alpha=1+\frac{\alpha}{1!}\cdot x+\frac{\alpha(\alpha-1)}{2!}x^2+\cdots+\frac{\alpha(\alpha-1)\cdots(\alpha-n+1)}{n!}x^n+\cdots,x\in(-1,1)$;

(5) $\ln(1+x)=x-\frac{x^2}{2}+\frac{x^3}{3}-\cdots+(-1)^{n-1}\frac{x^n}{n}+\cdots,x\in(-1,1]$.

8.4.4 幂级数的应用

在经济和工程技术领域中,常常涉及近似计算问题,如在债券理论中,为了研究收益率对价格的影响,往往利用泰勒级数的前两项或前三项来近似计算,并根据近似计算公式研究债券的性质,为复杂的债券投资组合提供依据.

由函数产生的泰勒级数是函数的精确表达式:

$$f(x)=f(x_0)+\frac{f'(x_0)}{1!}(x-x_0)+\frac{f''(x_0)}{2!}(x-x_0)^2+\cdots+\frac{f^{(n)}(x_0)}{n!}(x-x_0)^n+\cdots.$$

只要 $|x|$ 适当小,可用级数前几项部分和来作近似计算,这种近似计算具有相当精确度,而且所产生的误差可以由余项 $R_n(x)$ 来估计.

利用直接或间接展开方法，可以把多数初等函数展开成幂级数. 有些函数不能用初等函数表示，但却可以用幂级数表示，这样就扩大了函数的类型.

例 8.4.9　用幂级数表示函数 $\Phi(x)=\int_0^x e^{-t^2}dt$，并计算定积分 $\int_0^1 e^{-x^2}dx$ 的近似值.

解　(1) 因为 e^{-x^2} 的原函数虽然存在，但却不是初等函数，因而找不到一个初等函数来表示 $\Phi(x)$，但把 e^{-x^2} 展开成幂级数，利用逐项积分，可以用幂级数表示 $\Phi(x)$.

$$\Phi(x)=\int_0^x e^{-t^2}dt=\int_0^x\left[\sum_{n=0}^{\infty}\frac{(-1)^n}{n!}t^{2n}\right]dt=\sum_{n=0}^{\infty}\frac{(-1)^n}{n!}\int_0^x t^{2n}dt$$
$$=\sum_{n=0}^{\infty}\frac{(-1)^n}{(2n+1)\cdot n!}x^{2n+1}$$
$$=x-\frac{x^3}{3\cdot 1!}+\frac{x^5}{5\cdot 2!}-\frac{x^7}{7\cdot 3!}+\cdots,\quad -\infty<x<+\infty.$$

(2) 令 $x=1$，得

$$\int_0^1 e^{-x^2}dx=1-\frac{1}{3\cdot 1!}+\frac{1}{5\cdot 2!}-\frac{1}{7\cdot 3!}+\cdots\approx 0.7667.$$

例 8.4.10　计算 π 的近似值.

解　取 $f(x)=\arctan x$，则其麦克劳林展开式为

$$\arctan x=x-\frac{1}{3}x^3+\frac{1}{5}x^5-\cdots+(-1)^n\frac{x^{2n+1}}{2n+1}+\cdots,\quad x\in[-1,1].$$

若令 $x=1$，则有

$$\frac{\pi}{4}=\arctan 1=1-\frac{1}{3}+\frac{1}{5}-\cdots+(-1)^n\frac{1}{2n+1}+\cdots,$$

即

$$\pi=4\left[1-\frac{1}{3}+\frac{1}{5}-\cdots+(-1)^n\frac{1}{2n+1}+\cdots\right].$$

由于误差 $|R_n|\leqslant\frac{1}{2n+1}$，如果要精确到 $\frac{1}{10^5}$，则要计算近 5 万项，这当然不太适宜. 因此，作近似计算时还要考虑收敛速度问题. 对于函数 $\arctan x$ 的展开式而言，当 $|x|$ 越小收敛越快，恰恰在端点 $x=\pm 1$ 处收敛最慢.

现若取 $x=\frac{\sqrt{3}}{3}$，这时 $\arctan x=\frac{\pi}{6}$，则得 π 的展开式如下：

$$\frac{\pi}{6}=\frac{1}{\sqrt{3}}-\frac{1}{3}\frac{1}{(\sqrt{3})^3}+\frac{1}{5}\frac{1}{(\sqrt{3})^5}-\frac{1}{7}\frac{1}{(\sqrt{3})^7}+\cdots$$

或

$$\pi=2\sqrt{3}\left(1-\frac{1}{3}\cdot\frac{1}{3}+\frac{1}{5}\cdot\frac{1}{3^2}-\frac{1}{7}\cdot\frac{1}{3^3}+\cdots\right).$$

显然，这个级数收敛速度稍快些. 例如，在这个展开式中取 9 项，就有

$$\pi \approx 2\sqrt{3}\left(1-\frac{1}{3}\cdot\frac{1}{3}+\frac{1}{5}\cdot\frac{1}{3^2}-\frac{1}{7}\cdot\frac{1}{3^3}+\cdots+\frac{1}{17}\cdot\frac{1}{3^8}\right)$$
$$\approx 3.14163,$$

所产生的误差

$$|R_9| = \frac{2\sqrt{3}}{19\cdot 3^9} < 10^{-5}.$$

前面几个例子主要说明幂级数在近似计算上的应用,在应用中要结合考虑级数的收敛速度.实际上由于幂级数的优良性质,它还有许多应用.比如在求(常)数项级数和的问题上就可以用上.

例 8.4.11 求数项级数 $\sum_{n=0}^{\infty}\frac{(n+1)^2}{n!}$ 的和.

解 (1) 考察幂级数 $\sum_{n=0}^{\infty}\frac{(n+1)^2}{n!}x^n$,当 $x=1$ 时即为所求常数项级数.

容易求得幂级数 $\sum_{n=0}^{\infty}\frac{(n+1)^2}{n!}x^n$ 的收敛域为$(-\infty,+\infty)$,且 $x=1\in(-\infty,+\infty)$.

因

$$\sum_{n=0}^{\infty}\frac{1}{n!}x^n = e^x,$$

上式两边同乘以 x,得

$$\sum_{n=0}^{\infty}\frac{1}{n!}x^{n+1} = xe^x.$$

上式两边求导,得

$$\sum_{n=0}^{\infty}\frac{n+1}{n!}x^n = (x+1)e^x,$$

在上式两边同乘以 x,然后求导,即

$$\left[\sum_{n=0}^{\infty}\frac{n+1}{n!}x^{n+1}\right]' = [x(x+1)e^x]',$$

得

$$\sum_{n=0}^{\infty}\frac{(n+1)^2}{n!}x^n = (x^2+3x+1)e^x,\quad x\in(-\infty,+\infty).$$

(2) 令 $x=1$,得

$$\sum_{n=0}^{\infty}\frac{(n+1)^2}{n!} = 5e.$$

通过例 8.4.11 可归纳出用幂级数及其和函数来求常数项级数 $\sum_{n=0}^{\infty}u_n$ 和的步骤如下:

(1) 找一个幂级数 $\sum_{n=0}^{\infty} a_n x^n$ 及点 x_0，使 $a_n x_0^n = u_n$；

(2) 求 $\sum_{n=0}^{\infty} a_n x^n$ 的收敛域；

(3) 求出幂级数 $\sum_{n=0}^{\infty} a_n x^n$ 的和函数 $S(x)$；

(4) $\sum_{n=0}^{\infty} u_n = S(x_0)$，其中 x_0 在收敛域内.

注　在设幂级数时,不仅要考虑到幂级数在某点 x_0 的值恰是所求问题,而且要使所设幂级数的和函数较易求出.

习　题　8

1. 写出下列级数的通项,并判断下列级数的敛散性:

(1) $\frac{2}{3}-\frac{2^2}{3^2}+\frac{2^3}{3^3}-\frac{2^4}{3^4}+\cdots$；

(2) $\frac{1}{1\cdot 2}+\frac{1}{2\cdot 3}+\frac{1}{3\cdot 4}+\cdots+\frac{1}{n\cdot(n+1)}+\cdots$；

(3) $\frac{1}{3}+\frac{2}{5}+\frac{3}{7}+\cdots+\frac{n}{2n+1}+\cdots$；

(4) $\ln\frac{2}{1}+\ln\frac{3}{2}+\ln\frac{4}{3}+\cdots+\ln\frac{n+1}{n}+\cdots$；

(5) $\left(\frac{1}{2}+\frac{1}{5}\right)+\left(\frac{1}{4}+\frac{1}{25}\right)+\left(\frac{1}{8}+\frac{1}{125}\right)+\cdots$；

(6) $1+\frac{1}{2}+\frac{2}{2^2}+\cdots+\frac{n}{2^n}+\cdots$.

2. 判断下列级数的敛散性:

(1) $\sum_{n=1}^{\infty}\frac{1}{\sqrt{n+1}+\sqrt{n}}$；

(2) $\sum_{n=1}^{\infty}\frac{1}{\sqrt{n(n^2+1)}}$；

(3) $\sum_{n=1}^{\infty}\ln\left(1+\frac{1}{n^2}\right)$；

(4) $\sum_{n=1}^{\infty}\frac{1}{2^n-1+\sin^2 n^3}$；

(5) $\sum_{n=1}^{\infty}\frac{n\cos^2\left(\frac{n\pi}{3}\right)}{2^n}$；

(6) $\sum_{n=1}^{\infty}\frac{1+n}{1+n^2}$；

(7) $\sum_{n=1}^{\infty}\frac{x^n}{\sqrt{n}}(x>0)$；

(8) $\sum_{n=1}^{\infty}\frac{4\cdot 7\cdot 10\cdot\cdots\cdot(3n+1)}{2\cdot 6\cdot 10\cdot\cdots\cdot(4n-2)}$；

(9) $\sum_{n=1}^{\infty}2^n\sin\frac{\pi}{3^n}$；

(10) $\sum_{n=1}^{\infty}\left(\frac{3n}{2n+1}\right)^n$；

(11) $\sum_{n=1}^{\infty}\frac{n!3^n}{n^n}$；

(12) $\sum_{n=1}^{\infty}\frac{n^2}{\left(1+\frac{1}{n}\right)^{n^2}}$；

(13) $\sum_{n=1}^{\infty}(-1)^{n-1}\frac{1}{n!}$；(14) $\sum_{n=1}^{\infty}(-1)^{n-1}\frac{n}{2^n}$；

(15) $\sum_{n=1}^{\infty}\frac{(-1)^{n-1}}{\sqrt{n+|x|}}$；(16) $\sum_{n=1}^{\infty}(-1)^{n-1}\frac{n}{\sqrt{2n^2-1}}$.

3. 判断下列级数的收敛性.若收敛,请说明是绝对收敛还是条件收敛：

(1) $\sum_{n=1}^{\infty}(-1)^{n-1}\frac{2n-1}{2^{n-1}}$；(2) $\sum_{n=1}^{\infty}(-1)^{n-1}\frac{n}{\sqrt{2n^3+1}}$；

(3) $\sum_{n=1}^{\infty}(-1)^{n-1}\frac{1}{\sqrt[n]{n}}$；(4) $\sum_{n=1}^{\infty}(-1)^{n-1}\frac{1}{\pi^n}\sin\frac{\pi}{n}$；

(5) $\sum_{n=1}^{\infty}(-1)^{n-1}\frac{1}{\ln(1+n)}$；(6) $\sum_{n=2}^{\infty}\frac{(-1)^{n-1}}{\sqrt[3]{n^2}}$.

4. 证明：$\lim\limits_{n\to\infty}\frac{n^n}{(n!)^2}=0$.

5. 求下列幂级数的收敛半径和收敛域：

(1) $\sum_{n=1}^{\infty}\frac{2n}{(n!)}x^n$；(2) $\sum_{n=1}^{\infty}\frac{x^n}{\sqrt{n}}$；

(3) $\sum_{n=1}^{\infty}\frac{2^n}{n}x^n$；(4) $\sum_{n=1}^{\infty}\frac{x^n}{(n+1)\cdot 5^n}$；

(5) $\sum_{n=1}^{\infty}(-1)^{n-1}x^{n-1}$；(6) $\sum_{n=1}^{\infty}\frac{(x-5)^n}{\sqrt{n}}$；

(7) $\sum_{n=1}^{\infty}\frac{(2x+1)^n}{n}$；(8) $\sum_{n=1}^{\infty}\left[\frac{(-1)^n}{2^n}x^n+6^nx^n\right]$；

(9) $\sum_{n=1}^{\infty}(-1)^{n-1}\frac{3^n\cdot x^{2n}}{n}$；(10) $\sum_{n=1}^{\infty}\frac{nx^{2n-1}}{2^n+(-3)^n}$.

6. 求下列级数的收敛域,并求其和函数：

(1) $1+2x+3x^2+\cdots+nx^{n-1}+\cdots$；

(2) $\frac{x}{4}+\frac{x^2}{2\cdot 4^2}+\frac{x^3}{3\cdot 4^3}+\cdots+\frac{x^n}{n\cdot 4^n}+\cdots$；

(3) $x-\frac{x^3}{3}+\frac{x^5}{5}-\frac{x^7}{7}+\cdots+(-1)^{n-1}\frac{x^{2n-1}}{2n-1}+\cdots$；

(4) $x^2+2x^3+3x^4+\cdots+nx^{n+1}+\cdots$.

7. 求幂级数 $\sum_{n=1}^{\infty}\left(\frac{1}{2n+1}-1\right)x^{2n}$ 在区间$(-1,1)$内的和函数 $S(x)$.

8. 将下列函数展开为 x 的幂级数：

(1) $f(x)=e^{-2x}$；(2) $f(x)=\frac{1}{3-x}$；

(3) $f(x)=\sqrt{1+x}$；(4) $f(x)=\sin^2 x$；

(5) $f(x)=\frac{1}{x^2+5x+6}$；(6) $f(x)=\frac{x}{x^2-x-2}$.

9. 将下列函数展开为 $x-2$ 的幂级数：

(1) $f(x)=e^x$；(2) $f(x)=\frac{1}{5-x}$；

(3) $f(x)=\dfrac{1}{x^2+3x+2}$；　　(4) $f(x)=\ln x$.

10. 用幂级数展开法近似计算下式各值(计算前三项)：

(1) $\sqrt[5]{1.2}$；　　(2) $\displaystyle\int_0^{0.5}\frac{\arctan x}{x}\mathrm{d}x$.

11. 用幂级数表示函数 $\Phi(X)=\displaystyle\int_0^x\frac{\sin x}{x}\mathrm{d}x$，并计算定积分$\displaystyle\int_0^1\frac{\sin x}{x}\mathrm{d}x$ 的近似值，精确到 10^{-4}.

12. 求级数 $\displaystyle\sum_{n=1}^{\infty}\frac{2n-1}{2^n}$ 的和.

第 9 章　微积分学中的数学实验

本章要点　本章力图在不大的篇幅中给读者提供 Matlab 软件的一个简要介绍和应用该软件来求解一些微积分问题. 本章是按 Matlab 7.1 版本编写的,但是也适用于其他 Matlab 版本.

9.1　Matlab 简介

Matlab 是由美国 MathWorks 公司推出的一套数学软件,是一种用于科学计算的、高效率的高级计算机编程语言,它主要包括:数值计算、符号计算、图形功能、计算机仿真和程序设计. 自 1984 年推向市场以来,历经二十多年的发展与竞争,现已成为国际公认的最优秀的工程应用开发软件.

9.1.1　Matlab 窗口环境

当 Matlab 7.1 安装完毕并首次启动时,展现在屏幕上的界面为 Matlab 的默认界面,如图 9.1 所示.

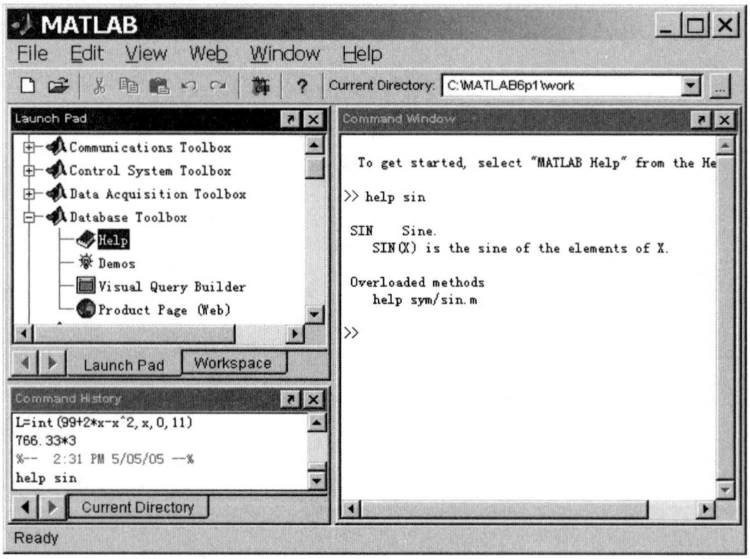

图 9.1　Matlab 的默认界面

在 Matlab 的默认界面中,主要包括 Matlab 主窗口、当前目录窗口(current directory)、工作空间窗口(work space)、命令历史窗口(command history)和命令窗口(command window).

9.1.2　Matlab 命令形式

Matlab 命令窗口中的>>为命令提示符,表示 Matlab 正在处于准备状态.在命令提示符后输入 Matlab 认可的任何命令,按回车键都可执行其操作.下面我们通过如下例子来体验 Matlab 语言简洁、高效的特点.

例 9.1.1　输入命令:

```
x=sqrt(5)                %求 5 的算术平方根,并将结果赋给变量 x
```

运行结果如下:

```
x=
  2.23606797749979
```

注　(1) %之后的内容为注释部分,主要是为了方便阅读命令,可以不输;

(2) 运行结果只需按 Enter 键.

例 9.1.2　求方程 $x^3+3x^2+6=0$ 的全部根.

解　输入命令:

```
p=[1  3  0  6];          %建立多项式系数向量
x=roots(p)               %求根
```

运行结果如下:

```
x=
  -3.49203330117182
   0.24601665058591+1.28750630313485i
   0.24601665058591-1.28750630313485i
```

例 9.1.3　绘制正弦曲线 $y=\sin(x), 0\leqslant x\leqslant 2\pi$.

解　输入命令:

```
x=0:pi/1200:2*pi;   %pi 是 Matlab 预定义的变量,代表圆周率 π,pi/1200 为
                    步长
plot(x,sin(x));     %plot()是 Matlab 中绘制二维图形的函数
```

运行结果得到如图 9.2 所示的图形.

9.1.3　基本数学运算

1. 变量与赋值

1) 变量命名原则

在 Matlab7.1 中,变量名是以字母开头,后面可以跟字母、数字和下划线的字符序列,但长度不超过 63 个字符.在 Matlab 中,变量名区分字母的大小写.

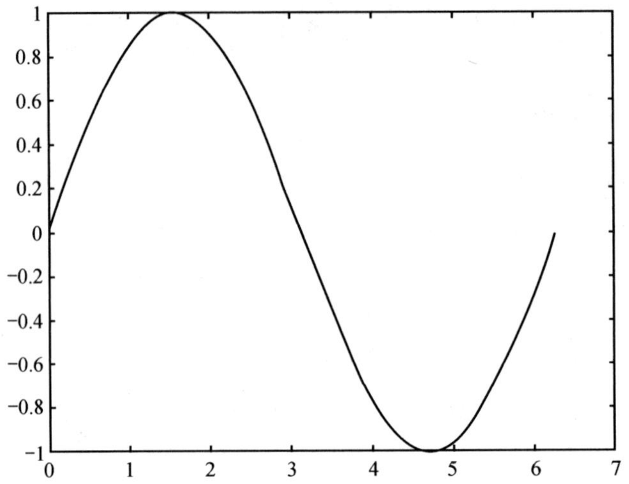

图 9.2　正弦曲线的图形

2）赋值语句

$$变量 = 表达式$$

其中表达式是用运算符将有关运算量连接起来的式子,其结果被赋给赋值号"＝"左边的变量.

3）分号和续行符的作用

(1) 若不想在屏幕上输出结果,可以在语句最后加分号;

(2) 如果语句很长,可用续行符"..."(三个点)＋按 Enter 键续行,续行符的前面最好留一个空格.

例 9.1.4　计算 1＋2－4＋5＋8 的值.

解　输入命令:`C=1+2-4+5+8`

运行结果如下:

```
C=
   12
```

如果输入命令:`C=1+2-4+5+8;`

运行结果如下:无结果

如果输入命令:

```
C=1+2-4+5+...
+8
```

运行结果如下:

```
C=
   12
```

2. 系统预定义变量

(1) pi　　圆周率 π；

(2) inf/Inf　　无穷大，如 1/0；

(3) nan/NaN　　Not-a-Number，一个不定值，如 0/0；

(4) eps　　浮点运算相对精度；

(5) i/j　　虚部单位，即 $\sqrt{-1}$；

(6) ans　　特殊变量，用于结果的缺省变量名.

注　应尽量避免给系统预定义变量重新赋值！

3. Matlab 常用数学函数

Matlab 提供了许多数学函数，见表 9.1.

表 9.1　常用数学函数表

函　数	含　义	函　数	含　义
abs(x)	纯量的绝对值或向量的长度	sqrt(x)	平方根
real(z)	复数 z 的实部	imag(z)	复数 z 的虚部
conj(z)	复数 z 的共轭复数	angle(z)	复数 z 的相角
round(x)	四舍五入至最近整数	floor(x)	地板函数，即舍去正小数至最近整数
fix(x)	无论正负，舍去小数至最近整数	ceil(x)	天花板函数，即加入正小数至最近整数
sign(x)	符号函数	sin(x)	正弦函数
cos(x)	余弦函数	asin(x)	反正弦函数
acos(x)	反余弦函数	tan(x)	正切函数
cot(x)	余切函数	atan(x)	反正切函数
exp(x)	指数函数	mean(x)	求元素的平均值
sum(x)	元素求和函数	log(x)	以 e 为底的自然对数
rem(x,y)	求出 x/y 的余数	log10(x)	以 10 为底的对数
max(x)	最大值函数	min(x)	最小值函数

注　(1) 三角函数以弧度为单位计算；
(2) 可以求实数的绝对值、复数的模、字符串的 ASCII 码；
(3) 用于取整的函数有 fix、floor、ceil、round，要注意它们的区别.

4. 数和算术表达式

Matlab 中数的表示方法和一般的编程语言没有区别. 如：

3　　−99　　0.0001

9.63972　　1.6021E−20　　6.02252e23

在计算中使用 IEEE 浮点算法其舍入误差是 eps，浮点数表示范围是 $10^{-308}\sim10^{308}$. 数学运算符有：

＋	加	－	减
*	乘	/	右除
\	左除	^	幂

这里 1/4 和 4\1 有相同的值都等于 0.25(注意比较:1\4＝4).

5. 比较运算

相关操作符见表 9.2.

表 9.2　相关操作符

运算符	含　义
<	小于
<=	小于等于
>	大于
>=	大于等于
==	等于
~=	不等于

比较两个元素的大小,结果是“1”表明为真,结果是“0”表明为假.

例如 2＋2~＝4

结果是“0”,表明为假.

6. 逻辑运算

逻辑运算符见表 9.3.

表 9.3　逻辑运算符

运算符	含　义
&	与
|	或
~	非

7. 字符串

在 Matlab 中,字符串是用单引号括起来的字符序列. Matlab 将字符串当作一个行向量,每个元素对应一个字符. 需要强调的是字符串以 ASCII 码存储的,因而区分大小写,可用 double 函数查看一个字符的 ASCII 码. 例如在命令窗口中输入:`s='Hello'`.

结果显示为

```
s=
  Hello
```

9.1.4　M 文件与函数调用

1. M 文件的建立

Matlab 的内部函数是有限的,有时为了研究某一个函数的各种性态,需要为 Matlab 定义新函数，为此必须编写函数文件.函数文件是文件名后缀为.m 的文件，这类文件的第一行必须是一特殊字符 function 开始，格式为

function　　因变量名=函数名(自变量名)

函数值的获得必须通过具体的运算实现，并赋给因变量.M 文件的建立方法：

(1) 在 Matlab 中，点：File→New→M-file；

(2) 在编辑窗口中输入程序内容；

(3) 点：File→Save，存盘，M 文件名必须与函数名一致.

例 9.1.5　定义函数 $f(x_1,x_2)=100(x_2-x_1^2)^2+(1-x_1)^2$.

解　(1) 建立 M 文件：fun.m

```
function  f=fun(x)
f=100*(x(2)-x(1)^2)^2+(1-x(1))^2
```

(2) 可以直接使用函数 fun.m.

2. M 文件的函数调用

在 Matlab 命令窗口中直接键入 M 文件名，即可调用.以上面的程序为例，例如：计算 $f(1,2)$，只需在 Matlab 命令窗口键入命令：

```
x=[1  2];
fun(x);
```

运行结果如下：

```
ans=
    100
```

9.1.5　符号工具箱的使用

数学运算中除了数值计算外，在数学、经济、应用工程和科学计算等方面的抽象运算也占了相当大的比例.所谓抽象运算就是计算式中带有符号变量和表达式的运算，Matlab 的符号数学工具箱，可以对符号表达式进行运算和处理，其基本运算包括复合、化简、微分、积分以及求解代数方程、微分方程等.

符号数学工具箱的功能建立在 Maple 软件的基础上，该软件最初是由加拿大的滑铁卢(Waterloo)大学开发的.当用户要求 Matlab 进行符号运算时，它就转入 Maple 去计算并将结果返回到 Matlab 命令窗口.因此，Matlab 中的符号运算是 Matlab 处理数字功能的自然扩展.

下面为了让大家掌握利用 Matlab 符号数学工具箱求解微积分问题，先介绍一些符号数学工具箱的基本知识.

1. 建立符号变量和符号常数

(1) sym 函数用来建立单个符号量，一般调用格式为

符号变量名 = sym('符号字符串')

例如,a=sym('a')建立符号变量 a,此后,用户可以在表达式中使用变量 a 进行各种运算.

(2) syms 函数.

函数 sym 一次只能定义一个符号变量,使用不方便. Matlab 提供了另一个可以定义一次多个符号变量的函数 syms,syms 函数的一般调用格式为:

syms 符号变量名 1　符号变量名 2　符号变量名 3　…

函数定义符号变量 var1,var2,…,等.用这种格式定义符号变量时不要在变量名上加字符分界符('),此外变量间用空格而不要用逗号分隔.

2. 建立符号表达式

建立符号表达式有以下 3 种方法:

(1) 利用单引号来生成符号表达式;

(2) 用 sym 函数建立符号表达式;

(3) 使用已经定义的符号变量组成符号表达式.

3. 基本的符号运算

一旦建立了一个符号表达式,符号运算功能可以完成如提取表达式的一部分、合并两个表达式、求表达式的数值以及表达式的加、减、乘、除等运算.

1) 符号表达式的四则运算

符号表达式的四则运算和其他表达式的运算并无不同,但要注意,其运算结果依然是一个符号表达式.符号表达式的加、减、乘、除运算可分别由函数 symadd、symsub、symmul 和 symdiv 来实现,幂运算可以由 sympow 来实现.

例 9.1.6 计算表达式 x^3-1 与表达式 $x-1$ 的和、差、积、商和乘方.

解 输入命令:

```
syms x,s1=x^3-1;s2=x-1;symadd(s1,s2),...
symsub(s1,s2),symmul(s1,s2),symdiv(s1,s2),sympow(s1,s2)
```

对应的结果为

```
ans=
    x^3-2+x
ans=
    x^3-x
ans=
    (x^3-1) * (x-1)
ans=
    (x^3-1)/(x-1)
```

```
ans=
    (x^3-1)^(x-1)
```

2）符号表达式的化简函数

符号数学工具箱提供了符号表达式的因式分解、展开、合并、化简、通分等函数，如表 9.4 所示.

表 9.4　符号表达式的化简函数

函　数	含　义	函　数	含　义
collect(f,x)	合并自变量 x 的同幂系数	simple(f)	寻找表达式的最简型
expand(f)	符号表达式 f 的展开	simplify(f)	符号表达式的化简
factor(f)	因式分解	radsimp(f)	对含根式的表达式 f 化简
numden(f)	符号表达式 f 的分式通分	horner(f)	符号表达式 f 的嵌套形式

例 9.1.7　对表达式 $f=x^3-1$ 进行因式分解.

解　在 M 文件输入命令：

```
syms x,                    %在命令窗口创建符号变量 x
f=factor(x^3-1)
```

执行命令后，得到如下结果：

```
f=
  (x-1) * (x^2+x+1)
```

例 9.1.8　展开三角表达式 $\sin(a+b)$.

解　在 M 文件输入命令：

```
s=sym('sin(a+ b)');        %用 sym 函数创建符号变量
expand(s)
```

执行命令后，得到如下结果：

```
ans=
    sin(a) * cos(b)+cos(a) * sin(b)
```

例 9.1.9　化简分式$\frac{4x^2+8x+3}{2x+1}$.

解　在 M 文件输入命令：

```
syms x
s=(4 * x^2+8 * x+3)/(2 * x+1);
simplify(s)
```

执行命令后，得到如下结果：

```
ans=
    2 * x+3
```

9.2 Matlab 求解微积分问题

牛顿和莱布尼茨创立的微积分学是很多科学分支的基础. 微积分问题主要包括极限问题、微分问题、积分问题、常微分方程问题、级数求和和泰勒幂级数展开等问题直接求解是微积分学的重要内容. 应用 Matlab 语言的符号工具箱可以非常方便快捷地求解上述问题. 为此下面给出基于 Matlab 符号工具箱的求解方法.

9.2.1 函数的计算

利用 Matlab 的内部函数来计算三角函数的一个值或一组值非常方便,就如同使用一个高级计算器,只需要给定自变量的数据,就立即获得对应函数值的数据. 常用的三角函数和反三角函数见表 9.1.

例 9.2.1 计算正弦函数在$\frac{\pi}{3}$的值和余弦函数分别在$\frac{\pi}{6}$,$\frac{\pi}{4}$,$\frac{\pi}{3}$处的值.

解 输入命令:

```
sin(pi/3)
```

执行命令后,得到如下结果:

```
ans=
    0.86602540378444
```

输入命令:

```
x=[pi/6,pi/4,pi/3];cos(x)
```

执行命令后,得到如下结果:

```
ans=
    0.86602540378444   0.70710678118655   0.50000000000000
```

注 如果函数不是 Matlab 的内部函数,则需在 M 文件中先定义函数.

9.2.2 函数作图

Matlab 提供了丰富的绘图功能,在命令窗口中输入"help graph2d"可得到所有画二维图形的命令;输入"help graph3d"可得到所有画三维图形的命令.

1. 平面直角坐标曲线

在平面直角坐标系中绘制曲线的基本绘图命令为

plot(x1,y1,option1,x2,y2,option2,…)

其中 x1,y1 是分别为给出的数据在 x 轴和 y 轴的坐标值,option1 为可选项参数(表 9.5 和表 9.6),以逐点连折线的方式绘制第 1 个二维图形;同时类似地绘制第 2 个二维图形. 当然,在实际应用中可以根据需要进行简化.

表 9.5　线型和颜色控制符号

线型		点标记		颜色	
—	实线	.	点	y	黄
:	虚线	o	小圆圈	m	棕色
—.	点划线	x	叉子符	c	青色
——	间断线	+	加号	r	红色
		*	星号	g	绿色
		s	方格	b	蓝色
		d	菱形	w	白色
		^	朝上三角	k	黑色
		v	朝下三角		
		>	朝右三角		
		<	朝左三角		
		p	五角星		
		h	六角星		

表 9.6　Matlab 图形命令

参数	含义
title	图形标题
xlabel	x 坐标轴标注
ylabel	y 坐标轴标注
text	在图形的指定坐标位置()处标示单引号括起来的字符串
gtext	利用鼠标在图形的某一位置标示说明文字
grid on	给图形加上坐标网格
grid off	取消坐标网格
hold on	把当前图形保持在屏幕上不变并允许在这个坐标内绘制另一个图形
hold off	使新图覆盖旧图
axis auto	自动模式，使得图形的坐标范围满足图中一切图元素
axis equal	严格控制各坐标的分度使其相等
axis square	使绘图区域为正方形

例如，如果 x，y 是同样长度的向量，用 plot(x，y)命令可画出相应的 x 元素与 y 元素的 x-y 坐标图.

例 9.2.2　绘制正弦曲线 $y=\sin(x)$，$0\leqslant x\leqslant 4\pi$.

解　输入命令：

```
x=0:0.05:4*pi;y=sin(x);
plot(x,y);
grid on;
title('y= sin(x)曲线图')
```

```
xlabel('x=0:0.05:4*pi')
```
执行该程序后,可以得到如图 9.3 所示的图形.

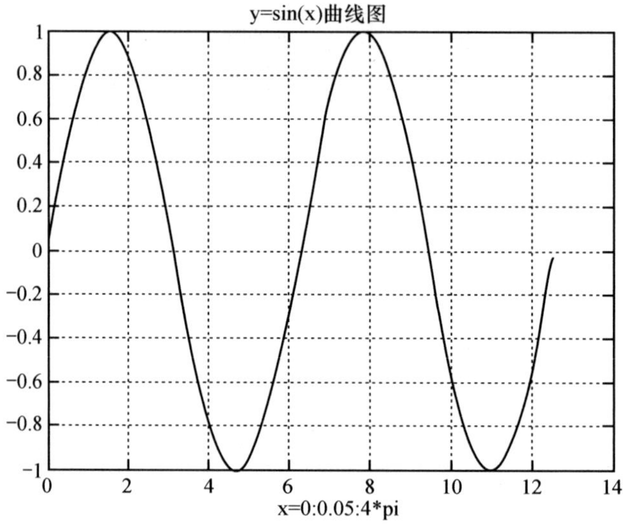

图 9.3 y=sin(x)的图形

除了用 plot(x,y)绘制平面直角坐标曲线外,我们也可以用 fplot()函数绘制,其调用格式为:

fplot(fname,lims) 绘制 fname 指定的函数的图形,通常是连续曲线图

注 fplot 函数的绘制区域为 lims=[xmin,xmax],也可以用 lims=[xmin,xmax,ymin,ymax]指定 x 轴和 y 轴的区域.

例 9.2.3 在平面直角坐标系中同时绘制下列曲线的图形:

$$y_1 = \sin(x),\quad y_2 = \cos(x),\quad y_3 = \tan(x),\quad -2\pi \leqslant x \leqslant 2\pi.$$

解 输入命令:

```
fplot('[sin(x),cos(x),tan(x)]',[-2*pi  2*pi  -2*pi  2*pi])
```
执行该程序后,可以得到如图 9.4 的图形.

2. 空间直角坐标曲线

在空间直角坐标系中绘制空间曲线图形的命令为 plot3,它与 plot 相比,只是多了一个维数而已.其调用格式如下:

```
plot3(x1,y1,z1,option1,x2,y2,z2,option2,…)
```

其中 x1,y1,z1 是分别为给出的数据在 x 轴、y 轴和 z 轴的坐标值,option1 为可选项参数(表 9.5 和表 9.6),以逐点连折线的方式绘制第 1 个三维图形;同时类似地绘制第 2 个三维图形.

例 9.2.4 利用 plot3 函数绘制三维螺旋线图形,其中 $y=\sin x, z=\cos x, x\in[0,20\pi]$.

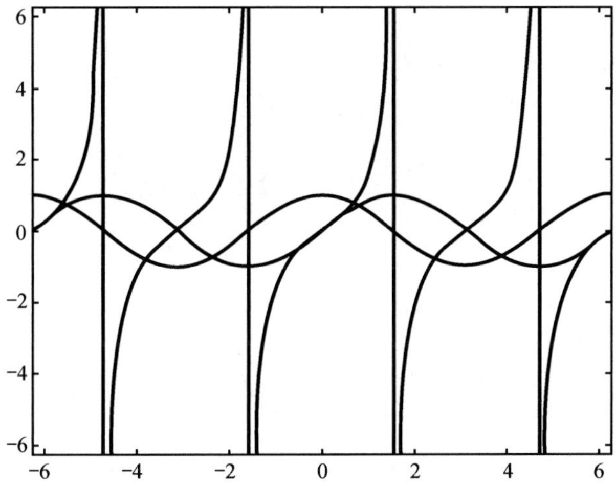

图 9.4　sin,cos,tan 函数图形

解　输入命令：

```
x=0:pi/30:20*pi;y=sin(x);z=cos(x);
plot3(x,y,z)
```

执行该程序后，可以得到如图 9.5 所示的三维螺旋线的图形.

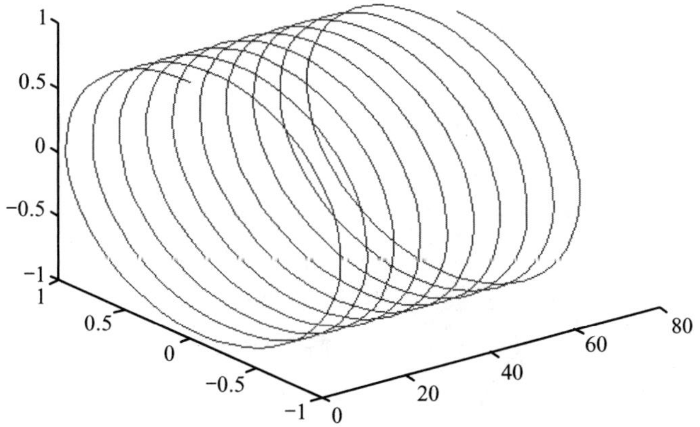

图 9.5　三维螺旋线的图形

3. 隐函数的曲线

满足方程 $f(x,y)=0$ 的 x 与 y 之间的关系式称为隐函数. 如果用前面介绍的 plot()函数绘制会有问题，主要是 x 与 y 之间不能显式表示. 幸运的是 Matlab 语言提供了 ezplot()命令绘制隐函数曲线，其调用格式为：

```
ezplot('隐函数表达式')
```

例 9.2.5　试绘制出隐函数 $f(x,y)=y^5+2y-x-3x^7=0$ 的曲线.

解 输入命令：

```
ezplot('y^5+2 * y-x-3 * x^7')
```

执行该程序后，可以得到如图 9.6 所示的图形：

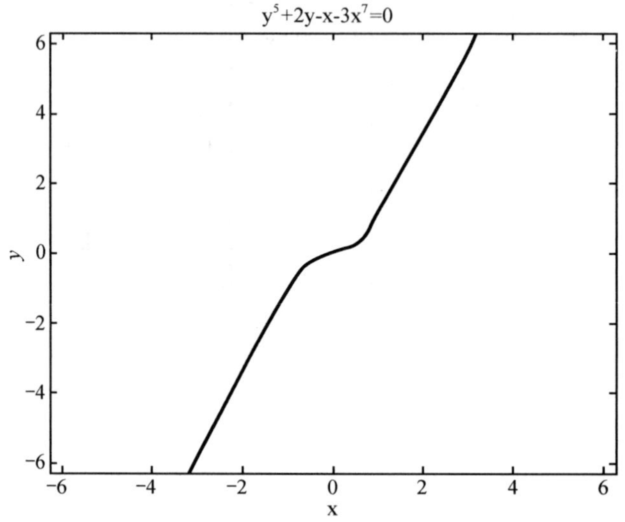

图 9.6 隐函数的曲线图

4. 极坐标的曲线

Matlab 中绘制极坐标曲线的图形命令为

```
polar(theta,rho)
```

其中：theta 为相角，rho 为相应半径，此外我们可使用 grid 命令画出极坐标网格.

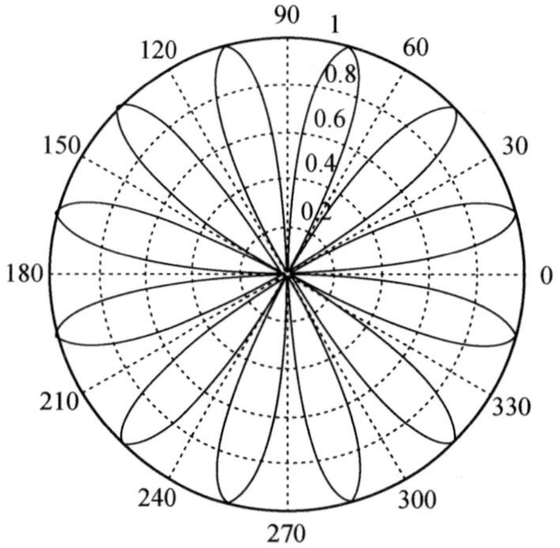

图 9.7 极坐标绘图

例 9.2.6 绘制出 $r=\sin(6t)$ 的图形，其中 $0\leqslant t\leqslant 2\pi$.

解 输入命令：

```
t=0:0.01:2 * pi;
polar(t,sin(6 * t))
```

执行该程序后，可以得到如图 9.7 所示的图形.

9.2.3 函数极限的计算

1. 一元函数的极限

假设已知函数 $f(x)$，则极限问题的一般描述为

$$L = \lim_{x \to x_0} f(x),$$

其中 x_0 可以是一个具体的数字，也可以是无穷大(∞)，对于有些函数在某点的极限可定义左右极限，即

$$L_1 = \lim_{x \to x_0^+} f(x) \text{ 和 } L_2 = \lim_{x \to x_0^-} f(x).$$

极限问题在 Matlab 符号工具箱中可以使用 limit()函数直接求出，该函数的调用格式如表 9.7 所示：

表 9.7　符号极限的函数格式

函　数	含　义
limit(f)	f 为符号表达式，在系统默认表达式中的自变量趋向于 0 时的极限
limit(f,a)	a 为常数，计算符号表达式 f 中由默认自变量趋向于 a 条件下的极限
limit(f,x,a)	计算符号表达式 f 在 x 趋向于 a 条件下的极限
limit(f,x,a,'right')	计算符号表达式 f 在 x 趋向于 a 条件下的右极限
limit(f,x,a,'left')	计算符号表达式 f 在 x 趋向于 a 条件下的左极限

例 9.2.7　分别计算极限 $\lim\limits_{x \to 0^+} \dfrac{1}{x}$，$\lim\limits_{x \to 0^-} \dfrac{1}{x}$ 和 $\lim\limits_{x \to 0} \dfrac{\sin(x)}{x}$ 的值.

解　(1) 先在命令窗口创建符号变量 x，再分别计算上面各表达式的极限：

```
syms x;
limit(1/x,x,0,'right')
```

结果如下：

```
ans=
    inf
```

```
(2) limit(1/x,x,0,'left')
```

结果如下：

```
ans=
    -inf
```

```
(3) limit (sin(x)/x)
```

结果如下：

```
ans=
    1
```

2. 二元函数的极限

二元函数的极限也可以用 Matlab 中的 limit()函数直接求解. 假设有二元函数 $f(x,y)$，若想求出二元函数的极限

$$L = \lim_{\substack{x \to x_0 \\ y \to y_0}} f(x,y),$$

则可以嵌套使用 limit()函数,其调用格式为

`L=limit(limit(f(x,y),x,x0),y,y0)`或`L=limit(limit(f(x,y),y,y0),x,x0)`

注 如果 x_0 或 y_0 不是的确定的值,而是另一个变量的函数,如 $x\to g(y)$,则上述极限求取顺序不能交换.

例 9.2.8 计算$\lim\limits_{\substack{x\to 0\\ y\to 0}}\dfrac{e^x\cos y}{1+x+y}$的值.

解 输入命令:

```
syms x y
f=exp(x) * cos(y)/(1+x+y);
limit(limit(f,x,0),y,0)
```

结果如下:

```
ans=
    1
```

9.2.4 导数的计算

1. 一元函数导数的计算

如果函数和自变量都已知,且均为符号变量,则可以用 diff()函数解出给定函数的各阶导数,其调用格式为

```
diff(f,x,n)
```

表示求函数 f 对变量 x 的 n 阶导数,n 的缺省值是 1.

例 9.2.9 已知函数 $y=\sin ax$,求 $A=\dfrac{dy}{dx},B=\dfrac{dy}{da},C=\dfrac{d^2y}{dx^2}$.

解 在 M 文件输入命令:

```
syms a x;
y=sin(a * x);
A=diff(y,x)
B=diff(y,a)
C=diff(y,x,2)
```

结果如下:

```
A=
  cos(a * x) * a
B=
  cos(a * x) * x
C=
  -sin(a * x) * a^2
```

例 9.2.10　已知椭圆参数方程 $\begin{cases} x = a\cos t, \\ y = b\sin t \end{cases}$ $(0 \leqslant t \leqslant 2\pi)$，求出方程确定的函数 $y = y(x)$ 的一阶 $\dfrac{dy}{dx}$ 和二阶导数 $\dfrac{d^2y}{dx^2}$.

解　在 M 文件输入命令：

```
syms t a b;x=a*cos(t);y=b*sin(t);...
f1=simple(diff(y,t)/diff(x,t)),...
f2=simple(diff(f1,t)/diff(x,t))
```

结果如下：

```
f1=
   -b/a/tan(t)
f2=
   b/a^2/sin(t)/(-1+cos(t)^2)
```

2. 二元函数偏导数的计算

Matlab 符号工具箱中并未提供求取偏导数的专门函数，这些函数仍然可以通过 diff()函数解出. 至于二阶偏导的调用格式为：

```
diff(diff(z,x),y)
```

表示 $z=f(x,y)$先对 x 再对 y 求二阶偏导，即$\dfrac{\partial^2 z}{\partial x \partial y}$.

例 9.2.11　已知方程 $xy - e^x + e^y = 0$ 确定隐函数 $y = y(x)$，求$\dfrac{dy}{dx}$.

解　这是一元隐函数的求导问题，令

$$f(x,y) = xy - e^x + e^y = 0,$$

利用隐函数偏导计算公式有$\dfrac{dy}{dx} = -\dfrac{\dfrac{\partial f}{\partial x}}{\dfrac{\partial f}{\partial y}}$. 输入如下命令：

```
syms x y;f=x*y-exp(x)+exp(y);f1=-diff(f,x)/diff(f,y)
```

结果如下：

```
f1=
   (-y+exp(x))/(x+exp(y))
```

例 9.2.12　设 $x^2 + y^2 + z^2 - 4z = 0$，求$\dfrac{\partial z}{\partial x}$.

解　这是二元隐函数的偏导问题，令

$$f(x,y,z) = x^2 + y^2 + z^2 - 4z = 0,$$

利用隐函数偏导计算公式有 $\frac{\partial z}{\partial x}=-\frac{\frac{\partial f}{\partial x}}{\frac{\partial f}{\partial z}}$. 输入如下命令：

```
syms x y z;f=x^2+y^2+z^2-4 * z;
f1=-diff(f,x)/diff(f,z)
```

结果如下：

```
f1=
    -2 * x/(2 * z-4)
```

9.2.5 函数极值的计算

Matlab 提供了求解函数极值的函数命令 fmin 和 fmins，它们分别用于单变量函数和多变量函数的最小值，其调用格式为

```
x=fmin('fname',x1,x2)
x=fmins('fname',x0)
```

这两个函数的调用格式相似. 其中 fmin 函数用于求单变量函数的最小值点. fname 是被最小化的目标函数名，x1 和 x2 限定自变量的取值范围. fmins 函数用于求多变量函数的最小值点，x0 是求解的初始值向量.

Matlab 没有专门提供求函数最大值的函数，但只要注意到 −f(x) 在区间 (a,b) 上的最小值就是 f(x) 在 (a,b) 的最大值，所以 fmin(f,x1,x2) 返回函数 f(x) 在区间 (x1,x2) 上的最大值.

例 9.2.13 求 $f=x^3-2x-5$ 在 $[0,5]$ 内的最小值点.

解 (1) 建立函数文件 mymin.m

```
function fx=mymin(x)
fx=x.^3-2 * x-5;
```

(2) 调用 fmin 函数求最小值点

```
x=fmin('mymin',0,5)
```

结果如下：

```
x=
   0.8165
```

9.2.6 积分的计算

1. 不定积分计算

积分算法是非结构性的，许多函数的原函数存在，但不可用有限解析表达式表示，即使可以求积分的函数，其求积分过程也可能很复杂，但利用 Matlab 求积分就非常容易. 在 Matlab 的符号数学工具箱中，表达式的积分由函数 int() 实现，该函数的调用格式为

int(f,x)

注　如果被积函数 f 中只有一个变量，则调用语句中的 x 可以省略.

例 9.2.14　分别计算下列表达式的积分：

(1) $\int(4-3x^2)^2\mathrm{d}x$；　(2) $\int\frac{x}{x+y}\mathrm{d}x$；　(3) $\int\frac{x}{x+y}\mathrm{d}y$.

解　在命令窗口创建符号变量 x 和 y，分别计算上面各表达式的积分：

```
syms x y
s=(4-3*x^2)^2;
int(s)
int(x/(x+y),x)
int(x/(x+y),y)
```

结果如下：

```
ans=
    9/5*x^5-8*x^3+16*x
ans=
    x-y*log(x+y)
ans=
    x*log(x+y)
```

2. 定积分计算

在 Matlab 语言中仍然可以使用函数 int()求解定积分，该函数的调用格式为

```
int(f,x,a,b)
```

其中 x 为积分变量，(a,b)为定积分的积分区间且允许将 a，b 设置成－inf 或 inf.

例 9.2.15　计算 $\int_1^3\frac{x^2}{x+2}\mathrm{d}x$ 的值.

解　输入命令：

```
syms x
int(x^2/(x+2),x,1,3)
```

结果如下：

```
ans=
    4*log(5)-4*log(3)
```

3. 二重积分计算

二重积分问题也可以在 Matlab 语言环境中直接求解，但需要根据实际情况先选择积分顺序，即先化成累次积分.

例 9.2.16　求二重积分 $\int_0^1\mathrm{d}y\int_y^{\sqrt{y}}x\sin x\mathrm{d}x$.

解　输入命令：

```
syms x y;
f=x*sin(x);
int(int(f,x,y,sqrt(y)),y,0,1)
```

结果如下:

```
ans=
    5*sin(1)-4*cos(1)-2
```

4. 定积分的近似计算

利用牛顿-莱布尼茨公式虽然可以精确地计算定积分的值,但它仅适用于被积函数的原函数能用初等函数表达出来的情形.如果这点办不到或者不容易办到,这就有必要考虑近似计算的方法.在定积分的很多应用问题中,被积函数甚至没有解析表达式,可能只是一条实验记录曲线,或者是一组离散的采样值,这时只能应用近似方法去计算相应的定积分.常用命令调用格式如下:

(1) quad():抛物线法求数值积分.

格式:`quad(fun,a,b)`

注意此处的 fun 是函数,并且为数值形式的,所以使用"*","/","^"等运算时要在其前加上小数点,即".*","./",".^"等.

(2) trapz():梯形法求数值积分.

格式:`trapz(x,y)`

其中 x 为带有步长的积分区间;y 为数值形式的运算(相当于上面介绍的函数 fun).

(3) dblquad():抛物线法求二重数值积分.

格式:`dblquad(fun,xmin,xmax,ymin,ymax)`

注　在 fun 两边必须加上单引号.

例 9.2.17　数值计算 $\int_0^1 \frac{dx}{1+x^2}$.

解　输入命令:

方法 1(符号求积分)

```
int('1/(1+x^2)','x',0,1)
```

结果如下:

```
ans=
    1/4*pi
```

方法 2(抛物线法求数值积分)

```
quad('1./(1+x.^2)',0,1)
```

结果如下:

```
ans=
    0.78539814924326
```

方法 3(梯形法求数值积分)

```
x=0:0.001:1;
y=1./(1+x.^2);
trapz(x,y)
```

结果如下：

```
ans=
     0.78539812173078
```

例 9.2.18　数值计算 $\int_0^2 dx\int_{-1}^1 (x+y^2)dy$.

解　输入命令：

方法 1(符号求积分)

```
int(int('x+y^2','y',-1,1),'x',0,2)
```

结果如下：

```
ans=
     16/3
```

方法 2(抛物线法二重数值积分)

```
dblquad(inline('x+y^2'),0,2,-1,1)
```

结果如下：

```
ans=
    5.33333333333333
```

9.2.7　方程的求解

1. 代数方程的计算

代数方程是指未涉及微积分运算的方程,相对比较简单.在 Matlab 符号数学工具箱中,求解用符号表达式表示的代数方程可由函数 solve 实现,其调用格式如表 9.8 所示.

表 9.8　符号方程的函数

函数格式	说　明
solve(f)	求解符号表达式 f=0 的代数方程,自变量为默认自变量
solve(f,x)	求解符号表达式 f=0 的代数方程,自变量为 x
solve(f1,f2,…,fn,x1,x2,…xn)	求解由符号表达式 f1,f2,…,fn 组成的代数方程组,自变量分别为 x1,x2,…,xn

例 9.2.19　求解代数方程 $ax^2+bx+c=0$.

解　在命令窗口创建符号变量 a,b,c 和 x：

```
syms a b c x;
f=a*x^2+b*x+c;
solve(f)
```

结果如下：

```
ans=
    [1/2/a * (-b+(b^2-4 * a * c)^(1/2))]
    [1/2/a * (-b-(b^2-4 * a * c)^(1/2))]
```

例 9.2.20 求解代数方程组：

$$\begin{cases}2x^2+y^2-3z=4,\\ y+z=3,\\ x-2y=3z.\end{cases}$$

解 在命令窗口创建符号变量 x,y,z,求解方程组：

```
syms x y z;
s1=2 * x^2+y^2-3 * z-4;
s2=y+z-3;
s3=x-2 * y-3 * z;
[x,y,z]=solve(s1,s2,s3)
```

结果如下：

```
x=
  [7/2+1/6 * i * 699^(1/2)]
  [7/2-1/6 * i * 699^(1/2)]
y=
  [11/2-1/6 * i * 699^(1/2)]
  [11/2+1/6 * i * 699^(1/2)]
z=
  [- 5/2+1/6 * i * 699^(1/2)]
  [-5/2-1/6 * i * 699^(1/2)]
```

2. 常微分方程的求解

Matlab 的符号运算工具箱中提供了功能强大的求解常微分方程的函数 dsolve,该函数的调用格式如表 9.9 所示.

表 9.9 微分方程的函数

函数	含义
dsolve('微分方程')	给出微分方程的解析解,表示为 t 的函数
dsolve('微分方程','初始条件')	给出微分方程初值问题的解,表示为 t 的函数
dsolve('微分方程','变量 x')	给出微分方程的解析解,表示为 x 的函数
dsolve('微分方程','初始条件','变量 x')	给出微分方程初值问题的解,表示为 x 的函数
dsolve('方程 1','方程 2',…,'方程 n')	给出微分方程组解析解的结构

注 微分方程在输入时,y'应输入为"Dy",y''应输入为"D2y"等,"D"应大写,若初始条件不止一个,它们之间用","分隔.

例 9.2.21　求微分方程 $\frac{\mathrm{d}y}{\mathrm{d}t}=\frac{t^2+y^2}{2t^2}$ 的通解.

解　在命令窗口分别输入表达式,求解方程:

```
y=dsolve('Dy-(t^2+y^2)/t^2/2','t')          %方程右端的零可以不写
```

结果如下:

```
y=
  t*(-log(t)+2+C1)/(-log(t)+C1)             %通解
```

例 9.2.22　求微分方程 $\frac{\mathrm{d}y}{\mathrm{d}x}=2xy^2$ 的通解,和当 $y(0)=1$ 时的特解.

解　在命令窗口输入表达式,求解方程:

```
y=dsolve('Dy=2*x*y^2','x')                  %求通解
```

结果如下:

```
y=
  -1/(x^2-C1)
y=dsolve('Dy=2*x*y^2','y(0)=1','x')         %求特解
```

结果如下:

```
y=
  -1/(x^2-1)
```

★3. 差分方程的求解

Matlab 符号工具箱中并未提供求取差分方程的专门函数,我们只能通过循环结构来求解,为此,先介绍一些 Matlab 软件中的循环结构.

1) 循环结构

循环结构:重复执行某一段相同的语句,用循环控制结构.如果已知循环次数,用 for 语句;如果未知循环次数,但有循环条件,则用 while 语句.

(1) for 语句.

for 语句的格式为

```
for 循环变量=表达式 1:表达式 2:表达式 3
   循环体语句
end
```

其中表达式 1 的值为循环变量的初值,表达式 2 的值为步长,表达式 3 的值为循环变量的终值.步长为 1 时,表达式 2 可以省略.

(2) while 语句.

while 语句的一般格式为

```
while(条件)
   循环体语句
```

```
end
```

其执行过程为：若条件成立，则执行循环体语句，执行后再判断条件是否成立，如果不成立则跳出循环.

2）一阶线性常系数差分方程

一阶线性常系数差分方程的一般形式为

$$a(n+1)=ra(n)+b,\quad n=1,2,\cdots,$$

其中 r,b 为常数，通常的调用格式为

```
a(1)=a0;                        %赋初值
b=b0;                           %赋初值
r=r0;                           %赋初值
n=n0;                           %赋初值
for i=1:n-1
a(i+1)=r*a(i)+b;                %通项公式
end
a                               %输出 a 数列的各项值
```

例 9.2.23　计算差分方程 $a(n+1)=0.85a(n)+11,a(1)=2.33$ 的前 10 项.

解　输入命令：

```
a(1)=2.33;                      %赋初值
b=11;                           %赋初值
r=0.85;                         %赋初值
n=10;                           %赋初值
for i=1:n-1                     %注意 i 不能取到 10,否则 n=10 时 a(i+
                                 1)=a(11).
a(i+1)=r*a(i)+b;                %通项公式
end
a                               %输出 a 数列的各项值
```

结果如下：

```
a=
  2.3300   12.9805   22.0334   29.7284   36.2691   41.8288   46.5545
  50.5713  53.9856   56.8878
```

3）二阶线性常系数差分方程

二阶线性常系数差分方程的一般形式为

$$f(n)=-pf(n-1)-qf(n-2)+b,\quad n=3,4,\cdots,$$

其中 $f(1),f(2),b,p,q$ 为常数，通常的调用格式为

```
f=[f(1),f(2)];                  %赋初值
p=p0;                           %赋初值
```

```
b=b0;                               %赋初值
q=q0;                               %赋初值
n=n0;                               %赋初值
for k=1:n
f(k+2)=-p*f(k+1)-q*f(k)+b;          %通项公式
end
f                                   %输出 x 数列的各项值
```

例 9.2.24　计算斐波那契(Fibonacci)数列的前 16 项：

$$f(n+2)=f(n)+f(n+1),\quad f(1)=1,\quad f(2)=1,\quad n=3,4,\cdots.$$

解　输入命令：

```
f=[1,1];
i=1;
for i=1:14
f(i+2)=f(i)+f(i+1);
end
f
```

结果如下：

```
f=
  1  1  2  3  5  8  13  21  34  55  89  144  233  377  610  987
```

注　事实上，我们在学习微积分的过程中会碰到更为复杂的差分方程，此时，更多的是采用有限差分方法[1].

9.2.8　无穷级数

1. 级数求和

数项级数和函数项级数是微积分的重点研究内容，也是经济学以及其他工程技术学科的重要理论基础和分析工具. 在 Matlab 符号数学工具中，级数表达式的求和由函数 symsum 实现，其调用格式为

```
symsum(f,k,k1,k2)
```

其中 f 表示一个级数的通项，是一个符号表达式，k 是级数自变量，k1，k2 是求和的开始项和末项.

例 9.2.25　分别计算表达式 $\sum k, \sum\limits_{0}^{10}(k^2-3), \sum\limits_{k=1}^{\infty}\frac{x^k}{k}$.

解　在命令窗口创建符号变量 x 和 k，分别计算上面各表达式：

```
syms x k;
symsum(k)
```

```
symsum(k^2-3,0,10)
symsum(x^k/k,k,1,inf)
```

结果如下：

```
ans=
    1/2 * k^2-1/2 * k
ans=
    352
ans=
    -log(1-x)
```

注 当通项公式的 Matlab 表达式较长时，表达式要加上单引号，后面的练习中会遇到此问题.

例 9.2.26 判别级数 $\sum_{k=1}^{\infty}\frac{1}{k(k+1)}$ 的敛散性.

解 在命令窗口创建符号变量 k：

```
syms k
symsum(1/(k* (k+1)),k,1,inf)
```

结果如下：

```
ans=
    1
```

已经求出和是 1，说明级数收敛.

例 9.2.27 计算如下极限：

$$\lim_{n\to\infty}\left[\frac{n}{(n+1)^2}+\frac{n}{(n+2)^2}+\cdots+\frac{n}{(n+n)^2}\right].$$

解 在命令窗口创建符号变量 m 和 n：

```
syms m n;
f=symsum(n/(n+m)^2,m,1,n);limit(f,n,inf)
```

结果如下：

```
ans=
    1/2
```

2. 级数展开

如果在 $x=0$ 点附近进行泰勒幂级数展开，则得出

$$f(x)=a_1+a_2x+a_3x^2+\cdots+a_kx^{k-1}+o(x^k),$$

其中系数 $a_i=\frac{1}{i-1}\lim_{x\to 0}\frac{\mathrm{d}^{i-1}f(x)}{\mathrm{d}x^{i-1}}$. 若关于 $x=x_0$ 点附近进行泰勒幂级数展开，则得出

$$f(x)=a_1+a_2(x-x_0)+a_3(x-x_0)^2+\cdots+a_k(x-x_0)^{k-1}+o((x-x_0)^k),$$

其中系数 $a_i=\dfrac{1}{i-1}\lim\limits_{x\to x_0}\dfrac{\mathrm{d}^{i-1}f(x)}{\mathrm{d}x^{i-1}}$. 泰勒幂级数展开可以用 Matlab 符号工具箱中的函数 taylor()直接导出,其调用格式如表 9.10 所示.

表 9.10　泰勒级数函数格式

函　数	含　义
taylor(f)	计算符号表达式 f 在默认自变量等于 0 处的 5 阶泰勒级数展开式
taylor(f,n)	计算符号表达式 f 在默认自变量等于 0 处的 n−1 阶泰勒级数展开式
taylor(f,n,a)	计算符号表达式 f 在默认自变量等于 a 处的 n−1 阶泰勒级数展开式
taylor(f,x,n,a)	计算符号表达式 f 在自变量 x 等于 a 处的 n−1 阶泰勒级数展开式

例 9.2.28　分别计算表达式 $\dfrac{1-x+x^2}{1+x+x^2}$ 的 5 阶泰勒级数展开式和 12 阶泰勒级数展开式.

解　在命令窗口创建符号变量 x,分别计算上面各表达式:

```
syms x
s=(1-x+x^2)/(1+x+x^2);
taylor(s)
taylor(s,x,12)
```

结果如下:

```
ans=
    1-2*x+2*x^2-2*x^4+2*x^5
ans=
    1-2*x+2*x^2-2*x^4+2*x^5-2*x^7+2*x^8-2*x^10+2*x^11
```

习　题　9

1. 求表达式 $z=x^2+\mathrm{e}^{x+y}-y\ln x-3$ 在 $x=2,y=4$ 时的值.

2. 求 $f(x)=3x^5-x^4+2x^3+x^2+3$ 的根.

3. 在 Matlab 中画出下列函数的图形:

(1) $y(x)=x^2\sin(x^2-x-2)$, $-2\leqslant x\leqslant 2$(分别用函数 plot,fplot);

(2) $\dfrac{x^2}{4}+\dfrac{y^2}{16}=1$(用参数方程);

(3) 圆柱螺线: $\begin{cases}x=a\cos t,\\ y=a\sin t,\\ z=bt,\end{cases}$ $-\infty<t<+\infty$;,

(4) $r^2=a^2\cos 2t$, $-\dfrac{\pi}{4}\leqslant t\leqslant\dfrac{\pi}{4}$.

4. 在 Matlab 中绘制出隐函数 $f(x,y)=x^2\sin(x+y^2)+y^2\mathrm{e}^{x+y}+5\cos(x^2+y)=0$ 的图形.

5. 在 Matlab 中求下列极限：

(1) $\lim\limits_{n\to\infty}\left(\sqrt{n+\sqrt{n}}-\sqrt{n}\right)$；　　(2) $\lim\limits_{x\to\infty}\left(1-\dfrac{2}{x}\right)^{3x}$；

(3) $\lim\limits_{x\to 0}\dfrac{\sin x}{x^3+3x}$；　　(4) $\lim\limits_{\substack{x\to 0\\ y\to 0}}\dfrac{e^x\cos y}{1-x+y}$.

6. 根据要求在 Matlab 中求下列函数的导数或偏导数：

(1) $y=x^{10}+10^x$，求 $\dfrac{dy}{dx}$；　　(2) $f(t)=\dfrac{1-\sqrt{t}}{1+\sqrt{t}}$，求 $f'(4)$；

(3) 设 $z=(1+x^2)\arctan x+y^2$，求 $\dfrac{\partial z}{\partial x},\dfrac{\partial z}{\partial y},\dfrac{\partial^2 z}{\partial x\partial y},\dfrac{\partial^2 z}{\partial x^2},\dfrac{\partial^2 z}{\partial y^2}$.

7. 在 Matlab 中求下列函数的极值：

(1) $f(x,y)=-x^4-y^4+4xy-1$；　　(2) $f(x,y)=e^{2x}(x+y^2+2y)$.

8. 在 Matlab 中计算下列不定积分：

(1) $\int\cos 2x\cos 3x\,dx$；　　(2) $\int\dfrac{dx}{x\left(\sqrt{\ln x+a}+\sqrt{\ln x+b}\right)}(a\neq b)$.

9. 在 Matlab 中计算下列定积分：

(1) $\int_0^{\pi}\sqrt{\sin^3 x-\sin^5 x}\,dx$；　　(2) $\int_0^{+\infty}e^{-\frac{x^2}{2}}\,dx$.

10. 在 Matlab 中计算下列重积分：

(1) $\int_0^1 dy\int_0^y\sin(y^2)\,dx$；　　(2) $\int_0^1 dy\int_0^y(y^2+2y)\,dx$；

11. 在 Matlab 中解下列微分方程：

(1) $(1+x)\dfrac{d^2y}{dx^2}+\dfrac{dy}{dx}=0$；　　(2) 计算初值问题：$\begin{cases}\dfrac{dy}{dx}=y+x,\\ y(0)=1.\end{cases}$

12. 在 Matlab 中解下列差分方程：

(1) 计算差分方程 $a(n+1)=0.85a(n)+11, a(1)=2$ 的前 10 项；

(2) 计算差分方程 $X(n+2)+3X(n+1)+2X(n)=0, X(0)=0, X(1)=1$ 的前 20 项.

13. 在 Matlab 中计算下列级数的和：

(1) $\sum\limits_{n=1}^{\infty}\dfrac{1}{n^2}$；　　(2) $\sum\limits_{n=1}^{\infty}(-1)^{n-1}\dfrac{x^{2n+1}}{4n^2-1}$ 的和函数(化简结果).

14. 在 Matlab 中求下列函数在指定点的泰勒展开式.

(1) $f(x)=x^5-x^3+2x+1$ 在 $x_0=-1$ 处 6 阶式；　(2) $f(x)=xe^x$ 在 $x=0$ 处的 n 阶式.

第 10 章　微积分学中的数学模型

本章要点　本章主要介绍数学模型的基本概念及其构造方法,并介绍几个利用前几章知识建立的数学模型.

10.1　数学模型的基本概念和主要方法

数学科学在实际中的重要地位和作用已普遍被人们所认识,它的生命力正在不断的增强,这主要是来源于它的应用地位.

10.1.1　原型与模型

原型与模型是一对对偶体,原型是指人们在现实世界里关心、研究或者从事生产、管理的实际对象.而模型是为了某个特定目的将原型的某一部分信息简缩、提炼而构造的原型替代物.模型不是原型,它既简单于原型又高于原型.例如,大家熟知的飞机模型,虽然在外观上比飞机原型简单,也不一定会飞,但是它很逼真,也足以让人想象飞机在飞行的过程中机翼的位置与形状的影响和作用.又如一个城市的交通图是该城市(原型)的模型,看模型比看原型要清楚得多.模型主要分为形象模型和抽象模型,抽象模型最主要的就是数学模型.

10.1.2　数学模型

当一个数学结构作为某种形式语言解释时,这个数学结构就称为数学模型.换言之:对于现实世界的一个特定对象,为了一个特定目的,根据特有的内在规律,作出一些必要的简化假设,应用适当的数学工具得到的一个数学结构就称之为数学模型.

数学模型并不是新的事物,自从有了数学也就有了数学模型.即要用数学去解决实际问题,就一定要使用数学的语言、方法去近似地刻画这个实际问题,这就是数学模型.例如:大家熟知的欧几里得几何、微积分、万有引力定律、能量转换定律、广义相对论等都是非常好的数学模型.

10.1.3　数学模型与数学

数学模型与数学是不完全相同的,主要体现在以下三个方面:

(1) 研究内容:数学主要是研究对象的共性和一般规律,而数学模型主要是研究对象的个性和特殊规律.

(2) 研究方法:数学的主要研究方法是演绎推理,即按照一般原理考察特定的对象，导出结论. 而数学模型的主要研究方法是归纳加演绎，归纳是依据个别现象推断一般规律. 归纳是演绎的基础，演绎是归纳的指导. 即数学模型是将现实对象的信息加以翻译、归纳的结果，经过求解、演绎，得到数学上的解答，再经过翻译回到现实对象，给出分析、预报、决策、控制的结果.

(3) 研究结果：数学的研究结果被证明了就一定是正确的，而数学模型的研究结果被证明了未必一定正确，这是因为它与模型的简化和模型的假设有关，因此，对数学模型的研究结果必须接受实践的检验.

10.1.4 评价数学模型的标准

鉴于数学模型和数学的关系和区别，评价一个数学模型优劣的标准主要是：模型是否有一定的实际背景、假设是否合理、推理是否正确、方法是否简单、论述是否深刻等.

10.1.5 数学建模常用方法

在数学建模过程中，常用以下方法建立数学模型.

1. 机理分析法

机理分析法是从物理、化学、生物等学科的基本定律以及系统的结构数据来推导出模型. 在应用机理分析方法建模时又常用以下数学方法建模：

(1) 比例分析法，这是建立变量之间函数关系的最基本最常用的方法.

(2) 代数方法，这是求解离散问题(离散的数据、符号、图形)的主要方法.

(3) 逻辑方法，这是数学理论研究的重要方法，对社会学和经济学等领域的实际问题有重要应用，在决策、对策等学科中也得到了广泛应用.

(4) 常微分方程，这是解决两个变量之间的变化规律的重要方法，关键是建立"瞬时变化率"的表达式.

(5) 偏微分方程，这是解决因变量与两个以上自变量之间的变化规律的基本方法.

2. 数据分析法

数据分析法就是从大量的观测数据中利用统计方法建立数学模型的基本方法. 在应用数据分析方法建模时又常用以下数学方法建模：

(1) 回归分析法，这主要用于对函数 $f(x)$ 的一组观测值 (x_i, y_i), $i=1,2,3,\cdots,n$，确定函数的表达式，由于处理的是静态的独立数据，故称为数理统计方法.

(2) 时序分析法，这是处理动态的相关数据的基本方法，又称为过程统计方法.

3. 仿真和其他方法

(1) 计算机仿真(模拟)，计算机仿真实质上是统计估计方法，它等效于抽样试验.

具体说来可分为两种系统仿真:①离散系统仿真,这适用于系统有一组状态变量;②连续系统仿真,这适用于系统有解析表达式或系统结构图.

(2) 因子试验法,因子试验法是在系统上做局部试验,再根据试验结果进行不断分析修改,求得所需的模型结构.

值得指出的是:在实际建模过程中,由于实际问题的复杂性,通常要借助于两种甚至多种数学建模方法,而不能拘泥于某一种数学建模方法.

10.2　连续函数性质的应用举例
——椅子能在不平的地面上放稳吗[2]

本节从生活中上的实例出发,以连续函数的性质为工具,结合数学建模例子,重点说明函数的性质在数学建模中的应用,以及在数学建模的过程中如何作出合理的、简单化的假设,用数学语言确切地表述实际问题,以及模型的结果怎样解释实际现象.

10.2.1　问题的提出

本节讨论的问题来源于日常生活中一件普通的事实:把椅子往不平的地面上一放,通常只有三个脚着地,放不稳,然而只需稍微挪动几次,就可以使四只脚同时着地,放稳了.这个看来与数学无关的现象能用数学语言给以表达,并用数学工具来证实吗? 让我们试一试.

10.2.2　模型假设

对椅子和地面应该作一些必要假设:

(1) 椅子四条腿一样长,椅脚与地面接触处可视为一点,四角的连线呈正方形;

(2) 地面高度是连续变化的,沿任何方向都不会出现间断(没有像台阶一样的情况),即地面可视为数学上的连续曲面;

(3) 对于椅脚的间距和椅脚的长度而言,地面是相对平坦的,使椅子在任何位置至少有三只脚同时着地.

假设(1)显然是合理的;假设(2)相当于椅子能放稳的条件,因为如果地面高度不连续,譬如有台阶的地方是无法使四只脚同时着地的;至于假设(3)是要排除这样的情况:地面与椅脚间距和椅脚长度的尺寸大小在相当的范围内,出现深沟或凸峰(即使是连续变化的),致使三脚无法同时着地.

10.2.3　模型建立

中心问题是把椅子四只脚同时着地的条件和结论表示出来.

首先要用变量表示椅子的位置.注意到椅脚呈正方形,以中心为对称点,正方形绕中心旋转正好表示了椅子的位置的改变,于是用旋转角度这个变量来表示椅子的位置.

读者可以自己画图分析，若图中椅脚连线为正方形 $ABCD$，对角 AC 与 x 轴重合，椅子绕中心点 O 旋转角度 θ 后正方形转至 $A'B'C'D'$ 的位置，对角线 AC 与 x 轴就表示了椅子的位置.

其次要将椅脚着地用数学符号表示出来. 如果用某个变量来表示椅脚与地面的竖直距离，那么这个距离为零时就是椅脚着地了. 椅子在不同位置时椅脚与地面的距离不同，所以这个距离是椅子位置变量 θ 的函数.

虽然椅子有四只脚，因而有四个距离，但是由正方形的中心对称性，只要设两个距离函数就行了，记 A,C 两脚与地面距离之和为 $f(\theta)$，记 B,D 两脚与地面距离之和为 $g(\theta)$（$f(\theta),g(\theta)\geqslant 0$）. 由假设(2)，$f$ 和 g 都是连续函数. 由假设(3)，椅子在任何位置至少有三只脚着地，所以对任意的 θ，$f(\theta)$ 和 $g(\theta)$ 至少有一个为零. 当 $\theta=0$ 时不妨设 $g(0)=0,f(0)>0$. 这样，改变椅子的位置使四只脚同时着地，就归结为证明如下数学命题：

已知 $f(\theta)$ 和 $g(\theta)$ 是 θ 的连续函数，对任意 θ，$f(\theta)\cdot g(\theta)=0$，且 $g(0)=0,f(0)>0$. 证明存在 θ_0 使 $f(\theta_0)=g(\theta_0)=0$.

10.2.4 模型求解

上述命题有许多证明方法，这里介绍其中比较简单的一种.

将椅子旋转 $90°(\pi/2)$，对角 AC 与 BD 互换. 有 $g(0)=0,f(0)>0$ 可知 $g(\pi/2)>0$ 和 $f(\pi/2)=0$.

另外令 $h(\theta)=f(\theta)-g(\theta)$，则 $h(0)>0,h(\pi/2)<0$. 由 f 和 g 的连续性知 h 也是连续函数. 根据连续函数的零点定理，必存在 θ_0（$0<\theta_0<\pi/2$）使 $h(\theta_0)=0$，即 $f(\theta_0)=g(\theta_0)$.

最后，因为 $f(\theta)\cdot g(\theta)=0$，所以 $f(\theta_0)=g(\theta_0)=0$.

由于这个实际问题非常直观和简单，模型解释和证明略去.

注 这个模型的巧妙之处在于用一元变量 θ 表示椅子的位置，用 θ 的两个函数表示椅子四脚与地面的距离，进而把模型假设和椅脚同时着地的结论用简单、精确的数学语言表达出来，构成了这个实际问题的数学模型.

10.3 导数与微分方程的应用举例
——边际收益模型[3]

本节利用导数为工具，研究经济学中的边际收益模型，说明导数在实际问题中的应用.

10.3.1 问题背景

在现代经济学中，由于数学方法的引入，使经济分析方法更为简洁、清晰，其中边际分析方法备受青睐. 边际分析最初用于价值分析，随后被广泛用于成本、收益、代替率等分析中.边际这个概念是在“增加的”或“额外的”意义上使用的,用来考察当某一经济总量增加后其增加部分对其他相关经济量的增量间的关系与影响.这正是微分学所研究的问题,因此用数学方法研究经济学中的边际问题,形成边际分析方法是很自然的事.

10.3.2　问题的提出

边际是经济数学中的一个重要概念,我们用边际收益为例来说明边际的应用.

厂家和商店以利润最大化为追求目标.一般来说,产量越多,利润会越高.然而,产量多了,成本也会随之而增加.如何利用微积分知识,确定最佳的生产量,确定价格,使利润最大?

10.3.3　模型的构建

在经济学中,函数的变化率称为边际变化.由微积分知识我们知道函数的导数就是变化率.所以,如果函数 $y=f(x)$ 在 $x=x_0$ 点的边际变化就是该点的导数 $f'(x_0)$.同时,其导函数 $f'(x)$ 称为函数 $f(x)$ 的边际函数.

一般地,函数的极大极小值点可以通过求函数驻点即导数为零的点的方法得到.因此前述厂商追求最大利润的问题也就可以用求边际函数的方法解决.

设生产 Q 单位产品的总成本函数为 $C_{\mathrm{T}}(Q)$,则边际成本函数就是 $C_{\mathrm{M}}=\dfrac{\mathrm{d}C_{\mathrm{T}}(Q)}{\mathrm{d}Q}$;若记总收益函数为 $R_{\mathrm{T}}(Q)=Q\cdot P(Q)$,则边际收益函数就是 $R_{\mathrm{M}}=\dfrac{\mathrm{d}R_{\mathrm{T}}(Q)}{\mathrm{d}Q}=P(Q)+Q\cdot P'(Q)$,其中 $P(Q)$ 是价格对于供应量(即这里的产量)的函数.生产厂家的利润为总收益减去总成本,即 $L(Q)=R_{\mathrm{T}}(Q)-C_{\mathrm{T}}(Q)$.为求得最大利润,由微积分知识,应有 $\dfrac{\mathrm{d}L(Q)}{\mathrm{d}Q}=0$,即 $\dfrac{\mathrm{d}(R_{\mathrm{T}}(Q)-C_{\mathrm{T}}(Q))}{\mathrm{d}Q}=0$,于是就有 $\dfrac{\mathrm{d}R_{\mathrm{T}}(Q)}{\mathrm{d}Q}=\dfrac{\mathrm{d}C_{\mathrm{T}}(Q)}{\mathrm{d}Q}$.也就是说应该按照使得边际收益等于边际成本的要求确定生产量 Q,才能获得最大利润.

在某些市场情况下,商品价格由生产厂家确定,而市场需求量受价格调节,即有 $Q=Q(P)$,则厂家的利润函数又成为 $L(Q)=L(Q(P))=P\cdot Q(P)-C_{\mathrm{T}}(Q(P))$,由极值的必要条件

$$\frac{\mathrm{d}L(P)}{\mathrm{d}P}=0,$$

可以得到

$$Q(P)+P\cdot\frac{\mathrm{d}Q}{\mathrm{d}P}-\frac{\mathrm{d}C_{\mathrm{T}}(Q)}{\mathrm{d}Q}\cdot\frac{\mathrm{d}Q}{\mathrm{d}P}=0, \tag{10.1}$$

这是由边际函数和边际成本确定的价格 P 的方程.又由函数取得极大值的充分条件 $L''(P)<0$,得

$$2\cdot Q'(P)+P\cdot Q''(P)-\frac{\mathrm{d}^2C_{\mathrm{T}}(Q)}{\mathrm{d}Q^2}\cdot(Q'(P))^2-\frac{\mathrm{d}C_{\mathrm{T}}(Q)}{\mathrm{d}Q}\cdot Q''(P)<0,$$

即

$$\left[2-Q'(P)\cdot\frac{\mathrm{d}^2C_{\mathrm{T}}(Q)}{\mathrm{d}Q^2}\right]\cdot Q'(P)+\left[P-\frac{\mathrm{d}C_{\mathrm{T}}(Q)}{\mathrm{d}Q}\right]\cdot Q''(P)<0. \qquad (10.2)$$

满足方程(10.1)和不等式(10.2)的解 P,将是生产厂商有望达到最大利润时的价格定位.

如果有两种或两种以上相关联的商品,价格定位问题将演变成一种博弈——微分博弈问题,在这里就不一一介绍了.

10.3.4 模型的求解

经济学中有许多总成本函数的表达形式,常见的有(其中 a,b,c,d 均为正的常数)

(1) $C_{\mathrm{T}}(Q)=aQ^2+bQ+c$;　　(2) $C_{\mathrm{T}}(Q)=\sqrt{aQ+b}$;

(3) $C_{\mathrm{T}}(Q)=aQ^3-bQ^2+cQ+d$;　　(4) $C_{\mathrm{T}}(Q)=\dfrac{aQ(Q+b)}{Q+c}+d$;

(5) $C_{\mathrm{T}}(Q)=\dfrac{aQ^2(Q+b)}{Q+c}+d$;　　(6) $C_{\mathrm{T}}(Q)=Q^a\cdot\exp(bQ+c)+d$.

以二次函数 $C_{\mathrm{T}}(Q)=aQ^2+bQ+c$ 为例,边际成本函数就是

$$C_{\mathrm{M}}=\frac{\mathrm{d}C_{\mathrm{T}}(Q)}{\mathrm{d}Q}=2aQ+b.$$

假设价格 P 关于生产量 Q 的函数 $P(Q)=s+tQ(s>0,t<0)$,于是边际收益函数

$$R_{\mathrm{M}}=\frac{\mathrm{d}R_{\mathrm{T}}(Q)}{\mathrm{d}Q}=P(Q)+Q\cdot P'(Q)=s+2tQ.$$

求解方程 $2aQ+b=s+2tQ$,得

$$Q=\frac{s-b}{2(a-t)},$$

这就是能取得最大利润时的产量.

※10.4 导数与微分的应用举例 ——最佳观赏角度问题

本书通过一个旅游中的常见问题,利用导数和微分,介绍其在实际问题中的应用.

10.4.1 问题背景

海洋公园中有一高为 a 米的美人鱼塑像,其底座高为 b 米.为了观赏时看得最清楚,问游客应该站在离底座脚多远的地方?

10.4.2 问题分析与求解

如图 10.1 所示,为了观赏时对塑像看得最清楚,即要求张成的夹角 α 最大,即将问

题转化为游客站在何处才能使 α 角最大的一个数学问题.

设游人的水平视线距地面 $c(c<b)$米,底座的高 b 与 c 之差为 h 米(图 10.1). 可以想到,如果站得很远,那么张角 α 一定很小;如果站得离底座脚很近,那么 α 也很小. 因此,一定有一最佳距离 $AO=x$,对于这个 x 所得张角 α 最大,并且 $\tan\alpha$ 也最大. 于是问题便转化为求 $\tan\alpha$ 的极值.

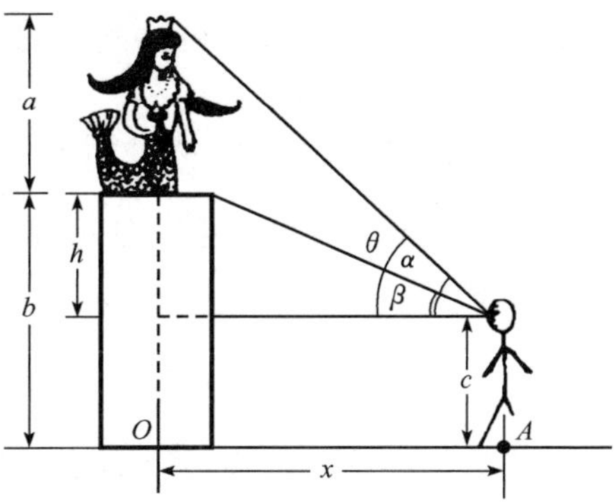

图 10.1

由 $\tan\theta=\dfrac{a+h}{x}$,$\tan\beta=\dfrac{h}{x}$,得

$$\tan\alpha=\tan(\theta-\beta)=\frac{\tan\theta-\tan\beta}{1+\tan\theta\tan\beta}=\frac{\dfrac{a+h}{x}-\dfrac{h}{x}}{1+\dfrac{a+h}{x}\cdot\dfrac{h}{x}}=\frac{ax}{x^2+(a+h)h}.$$

设

$$y=\tan\alpha=\frac{ax}{x^2+(a+h)h},$$

由

$$y'=\frac{a[x^2+(a+h)h]-ax\cdot 2x}{[x^2+(a+h)h]^2}=\frac{ah(a+h)-ax^2}{[x^2+(a+h)h]^2}=0,$$

得定义域内唯一驻点 $x=\sqrt{(a+h)h}$.

因此,游客应站在离底座脚 $\sqrt{(a+h)h}$ 处观赏鱼美人塑像为最好.

设 $a=3$ 米,$h=6$ 米,则 $\sqrt{(3+6)\times 6}=\sqrt{54}\approx 7.35$ 米,即游客应站在离底座脚处 7.35 米处观赏鱼美人塑像为最好.

★10.5　导数与微分的应用举例
——价格弹性模型[3]

本节通过经济学中的价格弹性模型说明导数与微分在经济学中的应用.

10.5.1　问题的提出

经济学中一个重要的概念是弹性. 前面已经看到边际是函数改变量和自变量改变量的比值的极限. 下面我们通过对价格弹性的分析了解什么是弹性,它有什么意义.

10.5.2　模型的构建

设函数为 $y=f(x)$,自变量从 x 变到 $x+\Delta x$,它的增幅即相对改变量为 $\dfrac{\Delta x}{x}$,相应

地，函数 $y=f(x)$ 也有相对改变量 $\dfrac{\Delta y}{y}=\dfrac{f(x+\Delta x)-f(x)}{f(x)}$. 这两个相对改变量之比 $\dfrac{\Delta y/y}{\Delta x/x}$ 称为函数 $y=f(x)$ 从 x 到 $x+\Delta x$ 两点间的弹性.

如果函数 $y=f(x)$ 在 x 处可导，则上述两点间的弹性当 $\Delta x\to 0$ 时的极限称为 $f(x)$ 在 x 处的弹性，记为 ε_{yx}，即

$$\varepsilon_{yx}=\lim_{\Delta x\to 0}\frac{\Delta y/y}{\Delta x/x}=f'(x)\cdot\frac{x}{y}$$

由弹性的定义可知，弹性是一个无量纲的量，它与 x 和 y 的计量单位都无关. 此外，由于弹性表示的是函数 y 对于自变量 x 变动的反映程度，于是就有

(1) 若 $|\varepsilon_{yx}|=1$，则称为单位弹性，这表明函数 y 和自变量 x 的变动的速率相同；

(2) 若 $|\varepsilon_{yx}|<1$，则称为低弹性，表明自变量 x 的变动对于函数 y 变动的影响不大；

(3) 若 $|\varepsilon_{yx}|>1$，则称为高弹性，表明自变量 x 的变动对于函数 y 变动的影响较大.

例如前面曾经说过，商品的供求量与价格的函数关系可以分别表示为 $Q_s=Q_s(P)$ 和 $Q_d=Q_d(P)$，于是其需求价格弹性和供给价格弹性分别为

$$\varepsilon_{Q_sP}=\frac{\dfrac{dQ_s(P)}{Q_s}}{\dfrac{dP}{P}}=\frac{dQ_s(P)}{dP}\cdot\frac{P}{Q_s},$$

$$\varepsilon_{Q_dP}=\frac{\dfrac{dQ_d(P)}{Q_d}}{\dfrac{dP}{P}}=\frac{dQ_d(P)}{dP}\cdot\frac{P}{Q_d}.$$

比如说商品的需求价格弹性 ε_{Q_dP} 为 2.5，这表明价格上涨 1%，需求量将下降 2.5%.（这里应当注意需求函数的导数 $Q_d'(P)<0$，也就是需求量的变化与价格的变化呈反方向. 经济学上规定需求价格弹性只取正值）. 有时，适当降低商品的价格，尽管单位商品收益减少了，然而降价会使销售量增大，反而可能使总的收益增加. 反映在需求价格弹性上，由 $R_T(Q)=Q\cdot P(Q)$，可得边际收益

$$R_M(Q)=\frac{dR_T(Q)}{dQ}=P(Q)+Q\cdot P'(Q)=P\cdot\left(1+\frac{1}{\dfrac{dQ_d(P)}{dP}\cdot\dfrac{P}{Q}}\right)=P\cdot\left(1-\frac{1}{\varepsilon_{Q_dP}}\right),$$

于是当 $\varepsilon_{Q_dP}>1$ 时，$R_M(Q)>0$，也就是说总收益会随着销售量的增大而增加. 对供应价格弹性也可作类似的分析.

10.5.3　模型的应用

弹性的概念也可用于对恩格尔(Engel)函数的分析.

经济学中考虑的另一种商品需求量的关系是对于消费者收入水平的依赖关系，即将消费者收入水平 x 视为主要因素. 把需求量看成是 x 的函数. 这就是著名的 Engel 函

数 $Q_d=Q_d(x)$.

Engel 函数和需求对于价格的函数不同，Engel 函数(即它的导函数可正可负. 如其边际为正，则说明消费者收入越高，对该种商品的需求量就越大，通常称这种商品为正常商品. 反之，则称为吉芬(Giffen)商品. 通常劣质产品属于 Giffen 商品，一些低端商品也可认为是 Giffen 商品. Engel 函数的弹性则表示消费者收入的变化对该种商品需求量的影响程度.

假设某种商品的 Engel 函数为

$$Q_d = Q_d(x) = a \cdot \exp\left(\frac{b}{x}\right), \quad a > 0,$$

它的边际函数为

$$Q'_d(x) = -\frac{a \cdot b}{x^2}\exp\left(\frac{b}{x}\right), \quad a > 0,$$

易见当 $b<0$ 时，$Q'_d(x)>0$，商品为正常商品，否则为 Giffen 商品. 而它的弹性

$$\varepsilon_{Q_d(x)} = Q'_d(x) \cdot \frac{x}{Q} = -\frac{a \cdot b}{x^2}\exp\left(\frac{b}{x}\right) \cdot \frac{x}{a \cdot \exp\left(\frac{b}{x}\right)} = -\frac{b}{x}.$$

因此，当 $b<0$ 即该种商品为正常商品时，需求量对于消费者收入的弹性将随着 x 的增加而递减. 也就是说消费者的收入水平越高，商品需求量相对于收入变化而言的影响就越小.

10.6　积分的应用举例
——“抢渡长江”问题的数学建模和求解[4]

本节以竞技体育中的“抢渡长江”问题介绍优化思想微积分和向量代数在实际生活中的应用.

10.6.1　问题背景

“渡江”是武汉的一张城市名片. 1934 年 9 月 9 日，武汉警备旅官兵与体育界人士联手，在武汉第一次举办横渡长江游泳竞赛活动，起点为武昌汉阳门码头，终点设在汉口三北码头，全程约 5000 米. 有 44 人参加横渡，40 人达到终点，张学良将军特意向冠军获得者赠送了一块银盾，上书“力挽狂澜”. 2001 年，“武汉抢渡长江挑战赛”重现江城. 2002 年起，正式命名为“武汉国际抢渡长江挑战赛”，于每年的 5 月 1 日进行. 由于水情、水性的不可预测性，这种竞赛更富有挑战性和观赏性. 2002 年 5 月 1 日，抢渡的起点设在武昌汉阳门码头，终点设在汉阳南岸咀，江面宽约 1160 米. 据报载，当日的平均水温 16.8℃，江水的平均流速为 1.89m/s. 参赛的国内外选手共 186 人(其中专业人员将近一半)，仅 34 人到达终点，第一名的成绩为 14 分 8 秒. 除了气象条件外，大部分选手由于路线选择错误，被滚滚的江水冲到下游，而未能准确到达终点.

下面我们针对不同的情况来研究以下几个问题：

(1) 假定在竞渡过程中游泳者的速度大小和方向不变，且竞渡区域每点的流速均为 1.89m/s. 如何根据游泳者自己的速度选择游泳方向？试为一个速度能保持在 1.5m/s 的人选择游泳方向，并估计他的成绩.

(2) 在(1)的假设下，如果游泳者始终以和岸边垂直的方向游，他(她)们能否到达终点？给出能够成功到达终点的选手的条件.

(3) 若流速沿离岸边距离的分布为(设从武昌汉阳门垂直向上为 y 轴正向)：

$$v(y)=\begin{cases}1.47\text{m/s}, & 0\text{m}\leqslant y\leqslant 200\text{m},\\ 2.11\text{m/s}, & 200\text{m}<y<960\text{m},\\ 1.47\text{m/s}, & 960\text{m}\leqslant y\leqslant 1160\text{m}.\end{cases}$$

游泳者的速度大小(1.5m/s)仍全程保持不变，试为他选择游泳方向和路线，估计他的成绩.

(4) 若流速沿离岸边距离为连续分布，例如

$$v(y)=\begin{cases}\dfrac{2.28}{200}y, & 0\leqslant y\leqslant 200,\\ 2.28, & 200<y<960,\\ \dfrac{2.28}{200}(1160-y), & 960\leqslant y\leqslant 1160.\end{cases}$$

又该如何处理这个问题？

10.6.2 问题分析

根据上述资料，经简单计算得知第一次的成功率约为 90.9%，第二次的成功率约为 18.3%，是什么原因使得两次比赛的成功率相差如此之大呢？

经相关资料说明，抢渡当日风速、水温、水流速度等都会对成功抢渡造成影响，另外，如果风速过大使水面形成漩涡也会影响抢渡成功率. 如果在给定这些制约因素下，那就只有在人的速度达到一定的情况下，方向要选择正确才能成功，如果方向选择不对，那么不论其速度多大也不可能以最短时间到达终点，甚至可能到达不了终点. 因此在一定的速度情况下，合理地选择游泳方向就是本问题解决的中心.

10.6.3 模型建立与求解

为了简化模型，假设在竞渡区域两岸为平行直线，它们之间的垂直距离为 1160m，从武昌汉阳门的正对岸到汉阳南岸咀的距离为 1000m，如图 10.2 所示.

1. 解答问题一

由速度的合成与分解建立模型一(图 10.3)：

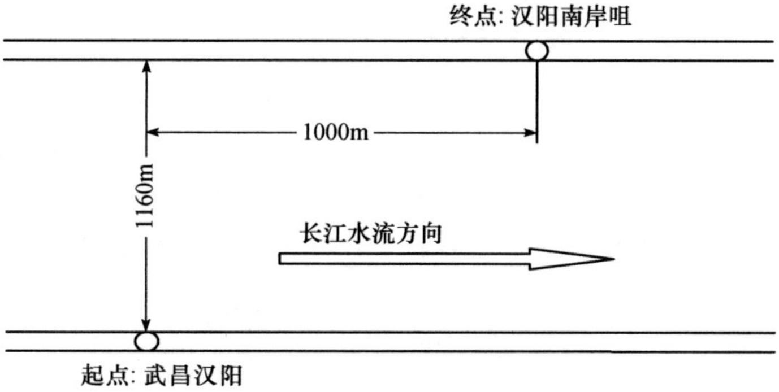

图 10.2

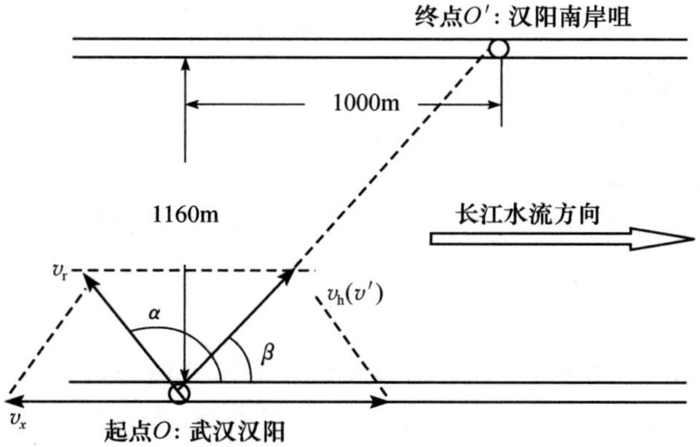

图 10.3

$$\begin{cases}\dfrac{1160}{v_r\sin\alpha}=T,\\[2mm]\dfrac{1000}{1.89+v_r\cos\alpha}=T,\end{cases}\tag{10.3}$$

故当 $T=848\text{s}$ 时,得

$$\begin{cases}v_r=1.54\text{m/s},\\ \alpha=117.46°,\end{cases}$$

当 $v_r=1.5\text{m/s}$ 时,得

$$\begin{cases}\alpha=121.86°,\\ T=910.51\text{s}.\end{cases}$$

故冠军的速度为 1.54m/s,和正河岸的夹角为 117.46°;一个速度保持在 1.5m/s 的人应选择的游泳方向为和正河岸成 121.86°,总时间为 15 分 10 秒.

2. 解答问题二

若游泳者以和岸边垂直的方向游,则 $\alpha=90°$. 由

$$\frac{1160}{v_r}=\frac{1000}{1.89}, \tag{10.4}$$

得到 $v=2.19\text{m/s}$.

要到达对岸,速度必须为 2.19m/s,而假设(1)中为 1.5m/s,所以不能到达终点.

(1) 在水流速度均不变的情况下,分析 L 对速度的影响:

由方程组(10.3)可知要使游泳者到达对岸必须满足条件(在水流速度均不变时):

$$\frac{1160}{v_r\sin\alpha}=\frac{L}{1.89+v_r\cos\alpha}, \tag{10.5}$$

其中 L 为起点到终点的水平距离.

由 Matlab 6.0 可得不同 L 值时的 v_r 的最小值.

$$\min v_r=v_s\sin\alpha=1.89\times\frac{1160}{\sqrt{1160^2+L^2}}.$$

当 $L=1000\text{m}$, $\min v_r=1.43\text{m/s}$;当 $L=\sqrt{5000^2-1600^2}=4863.58\text{m}$ 时,$\min v_r=0.44\text{m/s}$. 要到达对岸,不同的 L 所要求的最小速度不同. 若游泳者无法达到 1.43m/s,所则如何改变方向都不可能到达对岸.

(2) 在水流速度不变,人的速度一定的情况下,得出 L 对游泳角度的要求:

同时在游泳者游泳速度保持 1.5m/s 不变时,L 不同角度不同. 当 $L=1000\text{m}$ 时,$\alpha=117.49°$;当 $L=4863.58\text{m}$ 时,$\alpha=30.41°$.

(3) 总结:在两次比赛中,到岸比例如此悬殊的最关键原因是起点到终点的水平距离有很大的差距,1000m 远远小于 4863.58m 导致对游泳者的游泳速度和游泳方向的选择几乎都快到达极限. 除此之外,2002 年 4 月下旬,长江流域连日阴雨,“五一”那天,武汉水域水位 21.50m 比往年高,水温 16.8℃也比往年低,最大流速达到 2.06m/s,难度加大导致很多运动员败北.

3. 解答问题三

由于流速沿岸边分三段分布,且题目中假设人的速度大小不变,可以假定在每一段人的速度为一个不同的方向,他们的方向与岸的夹角分别为 $\alpha_1,\alpha_2,\alpha_3$,人游过三段的时间分别为 t_1,t_2,t_3,总时间为 $T=t_1+t_2+t_3$,其中 T 是一个关于 α_i 的函数. 由此可以求出总时间最小时的各个 α 的值.

建立模型二:目标函数:$T_{\min}=\sum_{i=1}^{3}t_i$,约束条件为

$$\begin{cases}v_r t_i\sin\alpha_i=y_i,\\(v_r\cos\alpha_i+v_s)t_i=x_i, & \dfrac{\pi}{2}\leqslant\alpha_i\leqslant\pi.\\\sum_{i=1}^{3}x_i=1000,\end{cases}$$

根据我们研究的第三个问题，用 Lingo 软件可以算出：

$$T_{\min} = 904.0228\text{s},\quad \alpha_1 = 126.11°,\quad \alpha_2 = 118.09°,\quad \alpha_3 = 126.11°.$$

由以上数据得 y 关于 x 的函数：

$$y = \begin{cases} 2.3x, & 0 \leqslant x \leqslant 86.81, \\ 0.94x + 118.4, & 86.81 < x < 895.32, \\ 2.3x - 1099.23, & 1895.32 < x < 1000. \end{cases}$$

用 Matlab 6.0 可画出 y 关于 x 的图形(图 10.4).

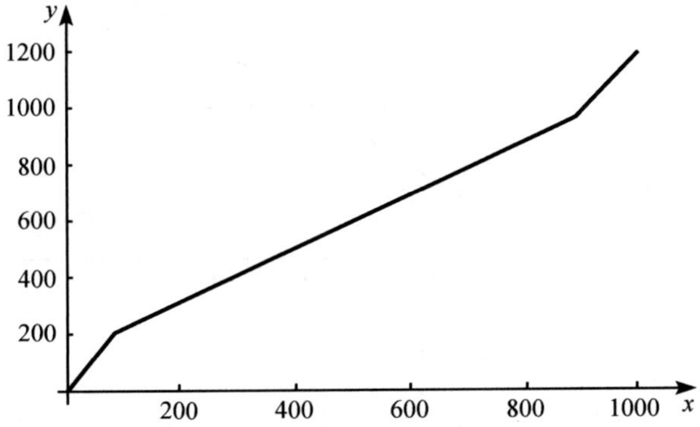

图 10.4

4. 解答问题四

由问题(4)所给条件，假设游泳者的速度大小全程不变. 游泳者成功抵达终点的方法有两个，一是游泳者在三个区域分别选择特定的前进方向，最终到达终点. 二是游泳者在前进过程中不断的改变方向，使前行的方向与 OO' 的方向一致. 由前一种想法建立以下模型.

建立模型三：目标函数为 $T_{\min} = \sum_{i=1}^{3} t_i$.

约束条件为

$$\begin{cases} v_r \sin\alpha_i = \dfrac{dy}{dt}, \\ v_r \cos\alpha_i + v_s = \dfrac{dx}{dt}, \quad \text{其中} \dfrac{\pi}{2} \leqslant \alpha_i \leqslant \pi, \quad v_r = 1.5\text{m/s}. \\ \sum_{i=1}^{3} x_i = 1000, \end{cases}$$

由第四问所给条件可得

$$T_{\min} = 892.4776\text{s},\quad \alpha_1 = 127.26°,\quad \alpha_2 = 114.59°,\quad \alpha_3 = 127.26°.$$

由以上数据得到

$$x\text{ 关于 }y\text{ 的函数}:x=\begin{cases}4.77\times10^{-3}\times y^2-0.7606y, & 0\leqslant y\leqslant200,\\ 1.214y-203.9509, & 200<y<960,\\ 10.3161y-4.77\times10^{-3}\times y^2-4541.8352, & 960\leqslant y\leqslant1160.\end{cases}$$

根据上面这个分段函数,可以得到函数 y 与 x 的函数图像,即游泳者前进路线.用 Matlab 6.0 画出图像,如图 10.5 所示.

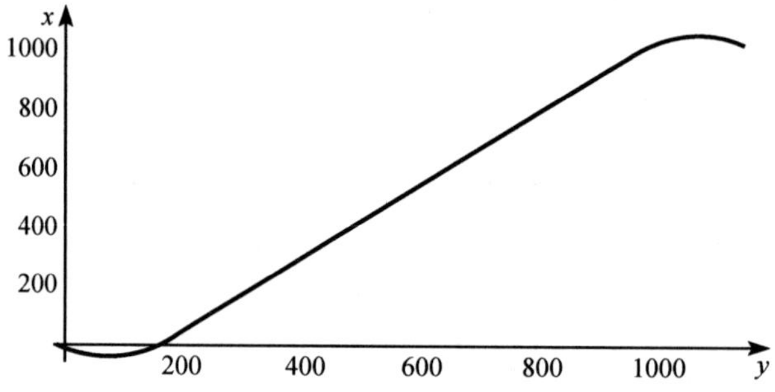

图 10.5

注 本模型灵活的应用了高等数学和向量代数知识研究了如何选择游泳方向的问题,充分说明了微积分和向量代数的应用性.

10.7 微分方程的应用举例
——双层玻璃的功效[2]

本节以微分方程为工具,以双层玻璃和单层玻璃对导热的对比问题为背景,介绍了微分方程的应用.

10.7.1 问题的提出

北方城镇的有些建筑物的窗户是双层的.即窗户上装两层玻璃且中间留有一定空隙,如图 10.6(a)所示,两层厚度为 d 的玻璃夹着一层厚度为 l 的空气.据说这样做是为了保暖,即减少室内向室外的热量流失.我们要建立一个模型来描述热量通过窗户的传导(即流失)过程,并将双层玻璃窗与用同样多材料做成的单层玻璃窗(如图 10.6(b)所示,玻璃厚度为 $2d$)的热量传导进行对比,对双层玻璃窗能减少多少热量损失给出定量分析结果.

10.7.2 模型假设

(1) 热量的传播过程只有传导,没有对流.即假定窗户的密封性能很好,两层玻璃之间的空气是不流动的.

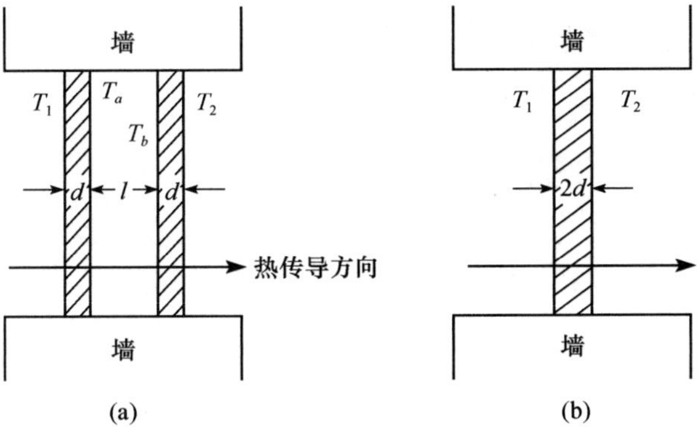

图 10.6

(2) 室内温度 T_1 和室外温度 T_2 保持不变，热传导过程已处于稳定状态. 即沿热传导方向，单位时间通过单位面积的热量是常数.

(3) 玻璃材料均匀，热传导系数是常数.

10.7.3　模型构成

在上述假设下热传导过程遵从下面的物理定律：

厚度为 d 的均匀介质，两侧温度差为 ΔT，则单位时间内由温度高的一侧向温度低的一侧通过单位面积的热量 Q 与 ΔT 成正比，与 d 成反比，即

$$Q = k\frac{\Delta T}{d}, \tag{10.6}$$

k 为热传导系数.

记双层窗内层玻璃的外侧温度是 T_a，外层玻璃的内侧温度是 T_b，如图 10.6(a)玻璃的热传导系数为 k_1，空气的热传导系数为 k_2，由式(10.6)单位时间单位面积的热量传导(即热量流失)为

$$Q_1 = k_1\frac{T_1 - T_a}{d} = k_2\frac{T_a - T_b}{l} = k_1\frac{T_b - T_2}{d}. \tag{10.7}$$

从式(10.7)中消去 T_a，T_b 可得

$$Q_1 = \frac{k_1(T_1 - T_2)}{d(s+2)}, \quad s = h\frac{k_1}{k_2}, \quad h = \frac{l}{d}. \tag{10.8}$$

对于厚度为 $2d$ 的单层玻璃窗，容易写出其热传导为

$$Q_2 = k_1\frac{T_1 - T_2}{2d}. \tag{10.9}$$

二者之比为

$$\frac{Q_1}{Q_2} = \frac{2}{s+2}. \tag{10.10}$$

显然 $Q_1 < Q_2$. 为了得到更具体的结果，我们需要 k_1 和 k_2 的数据. 从有关资料可知，常用玻璃的热传导系数 $k_1 = 4\times10^{-3} \sim 8\times10^{-3}$ J/(cm · s · kW · h)，不流通、干燥空气的

热传导系数 $k_2=2.5\times10^{-4}\text{J}/(\text{cm}\cdot\text{s}\cdot\text{kW}\cdot\text{h})$，于是

$$\frac{k_1}{k_2}=16\sim32.$$

在分析双层玻璃窗比单层玻璃窗可减少多少热量损失时，我们作保守的估计，即取 $k_1/k_2=16$，由式(10.8)，式(10.10)可得

$$\frac{Q_1}{Q_2}=\frac{1}{8h+1},\quad h=\frac{l}{d}. \tag{10.11}$$

比值 Q_1/Q_2 反映了双层玻璃窗在减少热量损失上的功效，它只与 $h=l/d$ 有关，当 h 增加时，Q_1/Q_2 迅速下降，而当 h 超过一定值(比如 $h>4$)后 Q_1/Q_2 下降变缓，可见 h 不必选择过大.

10.7.4　模型应用

这个模型具有一定应用价值. 制作双层玻璃窗虽然工艺复杂会增加一些费用，但它减少的热量损失却相当可观. 通常，建筑规范要求 $h=l/d\approx4$. 按照这个模型，$Q_1/Q_2\approx3\%$，即双层窗比同样多的玻璃材料制成的单层窗节约热量 97%左右. 不难发现，之所以有如此高的功效主要是由于层间空气的极低的热传导系数 k_2，而这要求空气是干燥、不流通的. 作为模型假设的这个条件在实际环境下当然不可能完全满足，所以实际上双层窗户的功效会比上述结果差一些. 另外，应该注意到，一个房间的热量散失，通过玻璃窗常常只占一小部分，热量还要通过天花板、墙壁、地面等流失.

★10.8　差分方程的应用举例
——房地产价格传导机制研究的蛛网模型[3]

本节以差分方程为工具，以房地产价格传导为背景，介绍差分方程模型的建立与应用.

10.8.1　问题的提出

房地产是一个热门的话题. 一般而言，老百姓和消费者多关心房价走势，政府部门、房地产企业多关心供求形势. 众所周知，房价和供求二者又是相互联系、相互影响、错综复杂的.

如何变复杂为清晰？如何稳定供求，挤走泡沫？本例试图用蛛网模型(cobweb model)这一数学工具，从研究房价着手，特别是从房价变化的传导机制着手，提出参考思路.

10.8.2　模型的构建和求解

利用蛛网模型分析房地产价格传导机制可分为不考虑“收入因素”和考虑“收入因素”两种情形.

1. 不考虑"收入因素"的影响

由需求和供给函数模型,有

$$D_t = a - bP_t,$$
$$S_t = d + eP_{t-1}.$$

设供求平衡,令 $D_t = S_t$,得到关于 P_t 的差分方程,求解得

$$P_t = \left(-\frac{e}{b}\right)^t P_0 + \frac{a-d}{b+e}\left[1-\left(-\frac{e}{b}\right)^t\right].$$

如果 $|e|<|b|$,即供给曲线的斜率小于需求曲线的斜率,则 P_t 是收敛的,对应于图 10.7. 如果 $|e|>|b|$,则 P_t 是发散的,对应于图 10.8. 如果 $|e|=|b|$,则 P_0 循环往复,对应于图 10.9. 由于在供求价格坐标下,P_t 的图形很像蜘蛛网,这一模型称为蛛网模型.

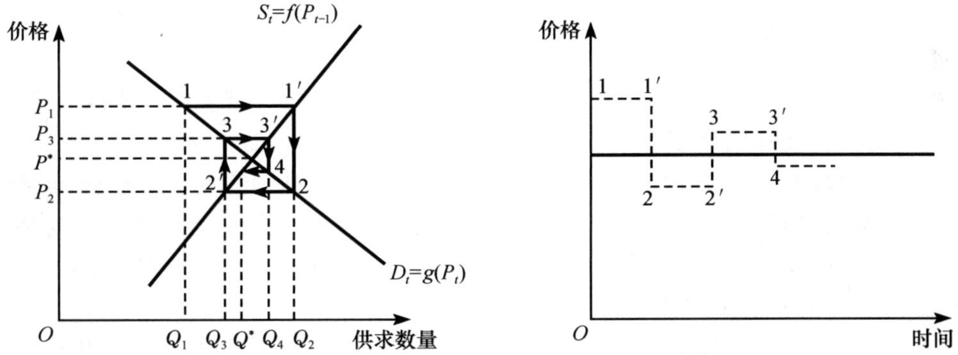

图 10.7

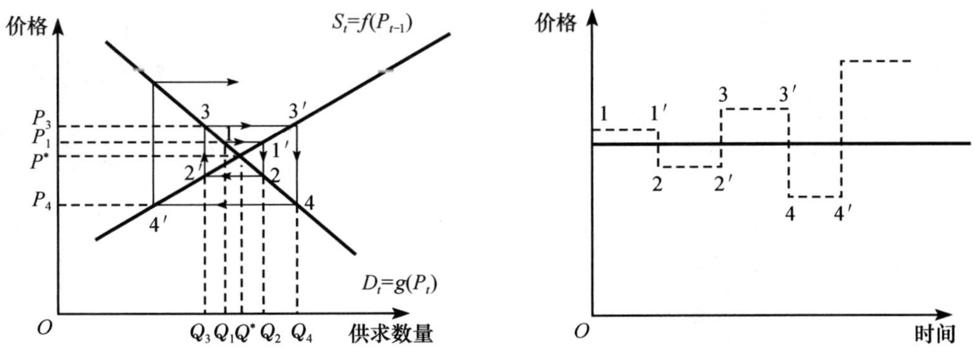

图 10.8

蛛网模型最初被应用于分析农产品的供求波动,是对供求关系最早的动态分析方法,例如著名的生猪-玉米循环(hog-corn cycle)模型. 后来经济学家对传统的蛛网模型给予改进、发展,使蛛网模型得以更广泛的应用,如房地产价格传导机制研究、农产品价格调控研究、货币市场调控研究等.

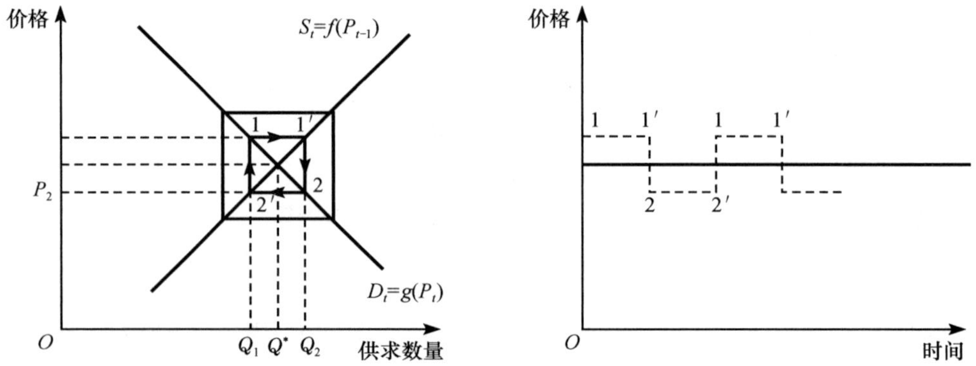

图 10.9

按照供(S:supply)、求(D:demand)与价格(P:price)相互作用关系的不同,蛛网模型可以分为三类:稳定蛛网、不稳定蛛网和循环往复蛛网.

图 10.7、图 10.8 分别是以上前两种不同类型蛛网模型(不考虑收入因素)的图示,同时它们揭示了在蛛网模型下的价格传导机制.

图 10.7 表明,当供给曲线 S 的斜率小于需求曲线 D 的斜率时,换言之,当某一成交价格对应的供给价格弹性小于需求价格弹性时,价格和供求变动的时间序列是向均衡点(Q^*,P^*)收敛的,市场机制会促使超额需求或超额供给的幅度不断减小,直至均衡状态,这是一种动态的稳定均衡.

图 10.8 中,供给曲线的斜率大于需求曲线的斜率,换言之,当某一成交价格对应的供给价格弹性大于需求价格弹性时,价格和供求变动按时间序列越来越偏离均衡点,呈发散状态,这是一种动态的不稳定均衡.

当供给曲线斜率与需求曲线斜率相等,换言之,某一成交价格对应的供给价格弹性等于需求价格弹性时,价格和供求变动按时间序列始终环绕着均衡点循环往复,这是一种循环往复的蛛网模型(图 10.9).

另外,利用 1990～2002 年某市房地产的有关数据进行回归分析,可以得到

需求曲线:

$$D_t=-2735.350+2.22744\times P_t.$$

供给曲线:

$$S_t=-2850.714+2.47402\times P_{t-1}.$$

可以看出,这里 $b=-2.22744<0$,即需求曲线不是向右下方倾斜,而是向右上方倾斜.由此供求关系决定的平衡点为 $P^*=467.856$.由于供给曲线的斜率大于需求曲线的斜率,这样的价格传导机制是一种正反馈的发散机制,类似于图 10.8 的供求关系.随着时间的推移,由于对均衡点的偏离越来越大,供求关系越来越不稳定.长此以往,将造成市场供求关系的崩溃,严重损害供应商和消费者的利益.

2. 考虑收入因素的影响

考虑收入因素的影响时，需求方程、供给方程的变化为如下：

$$D_t = a - bP_t + cY,$$

$$S_t = d + eP_{t-1},$$

其中 Y 为收入水平.

假设房价的变化受供求关系的影响，房价的涨幅正比于需求与供给之差 $D_t - S_t$，比例系数为 β，于是下式成立：

$$P_{t+1} = P_t + \beta(D_t - S_t),$$

其中 β 是常数. 将其与需求、供给方程联立，可得二阶差分方程

$$P_{t+1} - (1 - \beta b)P_t + \beta e P_{t-1} = \beta(a + cY - d).$$

对应的齐次方程为

$$P_{t+1} - (1 - \beta b)P_t + \beta e P_{t-1} = 0,$$

该方程的特征根为

$$\lambda_{1,2} = \frac{1}{2}[(1 - \beta b) \pm \sqrt{(1 - \beta b)^2 - 4\beta e}],$$

(1) 若 $(1-\beta b)^2 > 4\beta e$，则通解为 $P_t = c_1\lambda_1^t + c_2\lambda_2^t$，非齐次方程的通解为

$$P_t = c_1\lambda_1^t + c_2\lambda_2^t + \frac{a + cY}{b + e}.$$

(2) 若 $(1-\beta b)^2 < 4\beta e$，则特征根为共轭复根，$\lambda_{1,2} = a \pm \mathrm{i}r$，其中 $a = \frac{1}{2}(1-\beta b)$，$r = \frac{1}{2}\sqrt{4\beta e - (1-\beta b)^2}$. 记 $l = \sqrt{a^2 + r^2}$，$\theta = \arctan\frac{r}{a}$，得非齐次方程的通解为

$$P_t = l^t(c_1\cos\theta t + c_2\sin\theta t) + \frac{a + cY - d}{b + e}.$$

若 $l < 1$，则存在极限

$$\lim_{t\to\infty} P_t = \frac{a + cY - d}{b + e}.$$

另外，通过对商品住宅需求，供给关于价格的回归分析（1990～2002 年），我们有

需求函数：

$$D = -0.91152 \times P + 0.49088 \times Y;$$

供给函数：

$$S = -2850.714 + 2.474015 \times P(-1).$$

因此有 $a=0$，$b=0.91152$，$c=0.49088$，$d=-2850.714$，$e=2.47402$.

当 $(1-\beta b)^2 \leqslant 4\beta e$ 时，$\beta \geqslant 11.64779$ 或 $\beta \leqslant 0.07133$. 若价格 P_t 收敛，则要求 $|\lambda_{1,2}| \leqslant 1$，也就是说

$$-3 \leqslant -0.91152\beta \pm \sqrt{0.83087\beta^2 - 11.7191 + 1} \leqslant 1,$$

此时，$0\leqslant\beta\leqslant1.09707$. 于是只有当 $0\leqslant\beta\leqslant0.07133$ 时，价格 P_t 收敛.

当 $(1-\beta b)^2>4\beta e$ 时，$0.07133<\beta<11.64779$. 若价格 P_t 收敛，则要求 $l<1$，即 $0\leqslant\beta\leqslant0.4042$. 于是只有当 $0.07133\leqslant\beta\leqslant0.4042$ 时，价格 P_t 收敛. 综合上述两种情况，只有当 $0\leqslant\beta\leqslant0.4042$ 时，价格 P_t 收敛.

根据计算，1990～2001 年某市 β 值如表 10.1 所示.

表 10.1　1990～2001 年某市 β 值

年份	1990	1991	1992	1993	1994	1995	1996	1997	1998	1999	2000	2001
β	37.33	−3.30	−1.38	−9.64	−0.60	31.98	0.18	−0.14	−0.28	6.29	3.44	1.35

可以看出，其中只有 1996 年 β 值符合价格收敛条件. 由此可知，某市房地产发展在上述年份中呈发散态势，或者说加入收入因素后估计的市场需求关系模型依然是不稳定的.

10.8.3　模型的应用

在房地产价格传导机制的研究中，蛛网模型的实际应用有如下三点意义：

(1) 表 10.1 中的 β 数能表明一个地区以往年份的房地产供求关系是否稳定，是否存在一定程度的泡沫. 由于蛛网模型一般是滞后分析，精确预测今后的态势存在某些缺陷，但对近期的预测推断有一定作用.

(2) 价格对房地产的影响是即时的、迅速的，但对房地产供应的影响明显具有滞后作用. 这种滞后，对房地产供求关系的不平衡可能发生加剧作用，因此也就有可能引发泡沫.

(3) 蛛网模型告诉我们，既不要因为房产价格攀高现象而盲目扩大建造规模，也不要因为房产价格趋低而过分压缩建设规模.

总而言之，蛛网模型可以为我们均衡发展房地产市场，避免泡沫提供决策分析工具.

习 题 10

1. 在凌晨 1 时警察发现一具尸体，测得尸体的温度是 29℃，当时环境的温度是 21℃. 1h 后尸体温度下降到 27℃，若人体正常的体温是 37℃，估计死亡时间.

2. 如图 10.10 所示是一个容量为 2000m^3 的一个小湖的示意图，通过小河 A，水以 $0.1\text{m}^3/\text{s}$ 的速度流入，以相同的流量湖水经过 B 流出. 在上午 11:05 时，因交通事故一个盛有毒性化学物质的容器倾翻，在图中 X 点处注入湖中. 在采取紧急措施后，于 11:35 事故得到控制，但数量不详的化学物质 Z 已泄入湖中，初步估计 Z 的量为 $5\sim20\text{m}^3$. 请建立一个模型，通过它来估计湖水污染程度随时间的变化并估计：

(1) 湖水何时到达污染高峰？

(2) 何时污染程度可降至安全水平(不大于 0.05%).

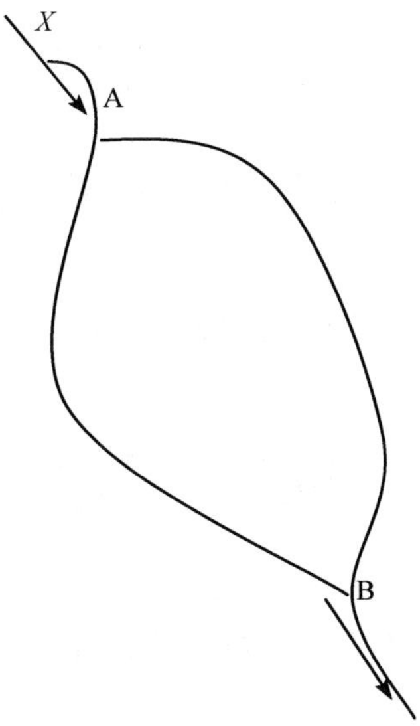

图 10.10

3. 张阿婆携一篓鸡蛋到集市上去出售，若 9 个一堆则余 2 个，若 12 个一堆则余 7 个，问共有鸡蛋多少个？

4. 兔子繁殖问题：如果一对兔子每月生一对小兔子，而小兔子在出生后第二个月就能生小兔子，一对兔子繁殖一年后共有多少对小兔子？

5. 买水问题：假设 5 个空瓶能换 1 瓶水. 要喝 161 瓶水需最少买几瓶水？

6. 细菌的增长率与总数成正比. 如果培养的细菌总数在 24 小时内由 100 变为 400，那么前 12 小时后总数为多少？

7. 淋雨问题：你要在雨中从一处走到另外一处，雨速是常数，方向不变. 你是否走得越快，淋雨量越少呢？

数学二考研模拟试题一

一、选择题(本题含 8 小题,每小题 4 分,满分 32 分)

1. $\dfrac{\mathrm{d}}{\mathrm{d}x}\int_0^x \tan(2t-t)^2\,\mathrm{d}t=$ （　　）

A. $\tan(2x-t)^2$　　B. $\tan 4x^2-\tan x^2$

C. $\tan x^2$　　D. $2\tan 4x^2-\tan x^2$

2. 设 $f(x)$在 $x=0$ 某邻域内有二阶连续导数,且 $f'(0)=0,\lim\limits_{x\to 0}\dfrac{xf''(x)}{1-\cos x}=1$,则 （　　）

A. $f''(0)\neq 0$,但$(0,f(0))$是曲线 $y=f(x)$的拐点

B. $f''(0)=0$ 且 $f(0)$是 $f(x)$的极小值

C. $f''(0)=0$,且$(0,f(0))$是曲线 $y=f(x)$的拐点

D. $f''(0)\neq 0$ 且 $f(0)$是 $f(x)$的极小值

3. 设广义积分$\int_0^{\pi}\dfrac{\mathrm{d}x}{\sqrt{\sin x}}=A$,则$\int_0^{\frac{\pi}{2}}\dfrac{\mathrm{d}x}{\sqrt{\sin x}}=$ （　　）

A. $\dfrac{A}{3}$　　B. $\dfrac{A}{2}$　　C. A　　D. $2A$

4. 设 D 为有界闭区域,$f(x,y)$在 D 上连续,在 D 内可偏导,且$\dfrac{\partial f}{\partial x}+2\dfrac{\partial f}{\partial y}=-f(x,y)$,若 $f(x,y)$在 D 的边界上恒为零,则 $f(x,y)$在 D 上 （　　）

A. 存在非零的最大值　　B. 存在非零的最小值

C. 只在边界上取得最大和最小值　　D. 能在边界上取得最大和最小值

5. 方程 $x+6x^2y-y^2=0$ 可以确定隐函数 $y=y(x)$的条件是 （　　）

A. $x\neq 0$　　B. $y-3x^2\neq 0$　　C. $x+3y^2\neq 0$　　D. $y-2x^2\neq 0$

6. 设函数 $z=f(x,y)$满足$\dfrac{\partial^2 z}{\partial x^2}=4$,且 $f(0,y)=1,f'_x(0,y)=y$,则 $f(x,y)$为 （　　）

A. $1-xy+x^2$　　B. $1+xy+2x^2$　　C. $4-x^2y$　　D. $2+xy^2+y^2$

7. 设 $\boldsymbol{A}=(\boldsymbol{\alpha}_1,\boldsymbol{\alpha}_2,\boldsymbol{\alpha}_3,\boldsymbol{\alpha}_4)$,其中 $\boldsymbol{\alpha}_i$ 是 n 维列向量$(i=1,2,3,4)$,已知齐次线性方程组 $\boldsymbol{AX}=\boldsymbol{0}$ 的基础解系为 $\boldsymbol{\xi}_1=(-2,0,1,0)^{\mathrm{T}},\boldsymbol{\xi}_2=(1,0,0,1)^{\mathrm{T}}$,则 （　　）

A. $\boldsymbol{\alpha}_1,\boldsymbol{\alpha}_2$ 线性无关　　B. $\boldsymbol{\alpha}_1,\boldsymbol{\alpha}_3$ 线性无关

C. $\boldsymbol{\alpha}_1,\boldsymbol{\alpha}_4$ 线性无关　　D. $\boldsymbol{\alpha}_3,\boldsymbol{\alpha}_4$ 线性无关

8. 设 $\boldsymbol{A}$ 为 n 阶方阵,满足 $\boldsymbol{A}^2+3\boldsymbol{A}-5\boldsymbol{E}=\boldsymbol{O}$,则 $(\boldsymbol{A}-\boldsymbol{E})^{-1}=$ ( )

A. $4\boldsymbol{E}-\boldsymbol{A}$　　B. $4\boldsymbol{E}+\boldsymbol{A}$　　C. $\frac{1}{4}(\boldsymbol{A}+\boldsymbol{E})$　　D. $\frac{3\boldsymbol{A}+\boldsymbol{E}}{\boldsymbol{A}-\boldsymbol{E}}$

二、填空题(本题含 6 小题,每小题 4 分,满分 24 分)

9. $\lim\limits_{x\to 0}(1-3\sin x)^{\frac{1}{5x}}=$________.

10. $f(x)=\frac{x^3+6}{x^2}$的渐近线为________.

11. 若某二阶线性非齐次微分方程的两个解为 $3+x^2$,$\mathrm{e}^{-x}+3+x^2$,且相应齐次方程的一个解为 x,则该非齐次方程的通解为________.

12. $\int_0^1 \frac{\ln(1+x)}{(2-x)^2}\mathrm{d}x=$ ________.

13. 已知 $f(x,y)$具有二阶连续偏导数,若 $z=f(x,v)$,$v=x+y$,则$\frac{\partial^2 z}{\partial x^2}=$________.

14. 设 $\boldsymbol{A}=\begin{pmatrix}1&1&0\\1&k&0\\0&0&k^2\end{pmatrix}$为正定矩阵,则 k 应满足的条件是________.

三、解答题(本题含 9 小题,满分 94 分)

15.(本题满分 10 分)

计算极限 $\lim\limits_{x\to 0}\frac{\arctan x-\tan x}{\arcsin x-\sin x}$.

16.(本题满分 10 分)

在中午 12 点整,甲船以 6km/h 的速度向东行驶,乙船在甲船之北 16km 处以 8km/h 的速度向南行驶,求下午 1 点整两船之间的距离的变化速度.

17.(本题满分 11 分)

设函数满足:

$$f'(x)=g(x),\quad g'(x)=2\mathrm{e}^x-f(x),\quad f(0)=0,\quad g(0)=2,$$

求$\int_0^{\pi}\left[\frac{g(x)}{1+x}-\frac{f(x)}{(1+x)^2}\right]\mathrm{d}x$.

18.(本题满分 10 分)

求解常微分方程 $xy'-y[\ln(xy)-1]=0$ 满足初始条件 $y|_{x=1}=\mathrm{e}$ 的特解.

19.(本题满分 12 分)

设 $D=\{(x,y)\,|\,|x|\leqslant a,|y|\leqslant b,a>0,b>0\}$,$f(x,y)$在有界闭区域 D 上二阶连续可偏导,且在 D 内满足$\frac{\partial^2 f}{\partial x^2}+\frac{\partial^2 f}{\partial y^2}=0$,$\frac{\partial^2 f}{\partial x\partial y}\neq 0$.

证明:$f(x,y)$的最大值和最小值只能在 D 的边界上取到.

20.（本题满分 11 分）

计算重积分：$\iint\limits_D \frac{\sqrt{x^2+y^2}}{\sqrt{4-x^2-y^2}}\mathrm{d}\sigma$，其中 $D=\{(x,y)\mid -1\leqslant x\leqslant 0, 1-\sqrt{1-x^2}\leqslant y\leqslant -x\}$.

21.（本题满分 12 分）

设 $f(x)$在$[0,1]$上连续，在$(0,1)$内可导，且 $f(0)=f(1)=0$，$f\left(\frac{1}{2}\right)=1$. 试证明：至少存在一点 $\xi\in(0,1)$，使得 $f'(\xi)=1$.

22.（本题满分 9 分）

确定 a 的值使得下列线性方程组有解，并求其解：

$$\begin{cases} ax_1+x_2+x_3=1, \\ x_1+ax_2+x_3=a, \\ x_1+x_2+ax_3=a^2. \end{cases}$$

23.（本题满分 9 分）

已知 $\mathbf{X}=(1,1,-1)^{\mathrm{T}}$ 是 $\mathbf{A}=\begin{pmatrix} 2 & -1 & 2 \\ 5 & a & 3 \\ -1 & b & -2 \end{pmatrix}$的一个特征向量，

（1）确定 a，b 及特征向量 $\mathbf{X}$ 所对应的特征值；

（2）$\mathbf{A}$ 能否相似于对角矩阵？为什么？

数学二考研模拟试题二

一、选择题(本题含 8 小题,每小题 4 分,满分 32 分)

1. 若存在 N,使得 $n>N$ 时有 $a_n\leqslant A\leqslant b_n$,且 $\lim\limits_{n\to\infty}(b_n-a_n)=0$,则 ( )

A. $\lim\limits_{n\to\infty}a_n=A$,但 $\lim\limits_{n\to\infty}b_n$ 不一定存在

B. $\lim\limits_{n\to\infty}a_n$ 与 $\lim\limits_{n\to\infty}b_n$ 都存在,但是不一定相等

C. $\lim\limits_{n\to\infty}a_n$ 与 $\lim\limits_{n\to\infty}b_n$ 都不一定存在

D. $\lim\limits_{n\to\infty}a_n=\lim\limits_{n\to\infty}b_n=A$

2. $\lim\limits_{x\to 1}\dfrac{f(x)-f(1)}{(x-1)^{\frac{8}{3}}}=10$,则 $f(x)$ 在 $x=1$ 处 ( )

A. 连续但是不一定可导　　B. 必可导,但 $f'(1)\neq 0$

C. $f'(1)=0$,但 $f(1)$ 不是 $f(x)$ 极值　　D. $f'(1)=0$,但 $f(1)$ 是 $f(x)$ 极小值

3. 若 $f'(x)=\mathrm{e}^{2-x^2}$,则 $\int_0^1 x^2\mathrm{e}^{2-x^2}\mathrm{d}x=$ ( )

A. $\dfrac{1}{2}[\mathrm{e}+f(1)-f(0)]$　　B. $\dfrac{1}{2}[\mathrm{e}-f(1)+f(0)]$

C. $\dfrac{1}{2}[f(1)-f(0)-\mathrm{e}]$　　D. $\dfrac{1}{2}[f(0)-f(1)-\mathrm{e}]$

4. 设 $f(x)$ 在 $[a,b]$ 上连续,在 (a,b) 内二阶可导,且 $f(a)=f(b)$,$f'_+(a)>0$,则下列命题错误的是 ( )

A. 存在 $\xi\in(a,b)$,使得 $f''(\xi)<0$

B. 存在 $x_0\in(a,b)$,使得 $f'(x_0)=0$

C. 存在 $x_1\in(a,b)$,使得 $f(x_1)>f(b)$

D. 存在 $\delta>0$,对任意的 $x\in(a,a+\delta)$,$f(x)$ 单调增加

5. 函数 $f(x,y)=x^2-xy+y^2$ 在区域 $D=\{(x,y)\in\mathbf{R}^2\,|\,|x|+|y|\leqslant 1\}$ 上 ( )

A. 有局部极小值 $f(0,0)=0$,最大值是 1,最小值是 0

B. 有局部极大值 $f(0,0)=1$,最大值是 1,最小值是 0

C. 有局部极小值 $f(0,0)=0$,最大值是 1,最小值是 -1

D. 有局部极大值 $f(0,0)=1$,最大值是 1,最小值是 -1

6. 设 $y_1=\mathrm{e}^x$,$y_2=x$ 是二阶线性常微分方程 $y''+ay'+by=0$ 的两个特解,则 ( )

A. $a=1,b=0$　　B. $a=-1,b=1$　　C. $a=-1,b=0$　　D. $a=1,b=1$

7. 已知 $\boldsymbol{A}^2\boldsymbol{B}-6\boldsymbol{A}-4\boldsymbol{B}=12\boldsymbol{E}$,其中 $\boldsymbol{A}=\begin{pmatrix}2&0&3\\0&4&0\\1&0&2\end{pmatrix}$,则 $\boldsymbol{B}=$ （　　）

A. $\begin{pmatrix}0&0&2\\0&3&0\\6&0&0\end{pmatrix}$　　B. $\begin{pmatrix}0&0&6\\0&3&0\\2&0&0\end{pmatrix}$　　C. $\begin{pmatrix}2&0&0\\0&3&0\\0&0&6\end{pmatrix}$　　D. $\begin{pmatrix}6&0&0\\0&3&0\\0&0&2\end{pmatrix}$

8. 设向量组 $\boldsymbol{\alpha}_1,\boldsymbol{\alpha}_2,\boldsymbol{\alpha}_3$ 线性无关,则下列向量组线性相关的是 （　　）

A. $\boldsymbol{\alpha}_1-\boldsymbol{\alpha}_2,\boldsymbol{\alpha}_2-\boldsymbol{\alpha}_3,\boldsymbol{\alpha}_3-\boldsymbol{\alpha}_1$　　B. $\boldsymbol{\alpha}_1+\boldsymbol{\alpha}_2,\boldsymbol{\alpha}_2+\boldsymbol{\alpha}_3,\boldsymbol{\alpha}_3+\boldsymbol{\alpha}_1$

C. $\boldsymbol{\alpha}_1-2\boldsymbol{\alpha}_2,\boldsymbol{\alpha}_2-2\boldsymbol{\alpha}_3,\boldsymbol{\alpha}_3-2\boldsymbol{\alpha}_1$　　D. $\boldsymbol{\alpha}_1+2\boldsymbol{\alpha}_2,\boldsymbol{\alpha}_2+2\boldsymbol{\alpha}_3,\boldsymbol{\alpha}_3+2\boldsymbol{\alpha}_1$.

二、填空题(本题含 6 小题,每小题 4 分,满分 24 分)

9. 若 $f(x)$ 在$[0,+\infty)$ 上连续,且满足等式 $f(x)=\dfrac{1+\int_0^x f(t)\mathrm{d}t}{2x+1}$,则 $f(x)=$ ________.

10. 设 $f(u,v)$为二元可微函数,$z=f(x^y,y^x)$,则$\dfrac{\partial z}{\partial x}=$________.

11. 设函数 $f(x)=\begin{cases}-1, & x<0,\\0, & x=0,\\1, & x>0\end{cases}$ 与 $g(x)=\mathrm{e}^{2-x}-1$,则 $\int_0^4 f(g(x))\mathrm{d}x=$ ________.

12. 设矩阵 $\boldsymbol{A}=\begin{pmatrix}0&1&0&0\\0&0&1&0\\0&0&0&1\\0&0&0&0\end{pmatrix}$,则 $\boldsymbol{A}^3$ 的秩为________.

13. 数列$\{\sqrt[n]{n}\}$的最大项是________.

14. 设二元函数 $z=\mathrm{e}^{xy}-f(x-y)$,其中 $f(u)$具有连续导数,且 $f'(0)=1$,则 z 在点$(1,1)$处的全微分 $\mathrm{d}z|_{(1,1)}=$________.

三、解答题(本题含 9 小题,满分 94 分)

15. (本题满分 10 分)

求极限 $\lim\limits_{x\to+\infty}\int_x^{2x}\dfrac{\left(\sqrt{1+\mathrm{e}^{-t}}-1\right)\ln t}{\sqrt{t}}\mathrm{d}t$.

16. (本题满分 10 分)

计算定积分$\int_{-\frac{\pi}{4}}^{\frac{\pi}{4}}\dfrac{\sin^2 x}{1+\mathrm{e}^{-x}}\mathrm{d}x$ 的值.

17.（本题满分 10 分）

求方程 $xy''+y'=3$ 满足条件 $y(1)=0,y'(1)=1$ 的解.

18.（本题满分 11 分）

设 $f(x)$ 在 $(0,+\infty)$ 内一阶连续可微，且对 $\forall x\in(0,+\infty)$，满足 $x\int_0^1 f(xt)\mathrm{d}t = 2\int_0^x f(t)\mathrm{d}t + xf(x)+x^3$，又 $f(1)=0$，求 $f(x)$.

19.（本题满分 12 分）

设 $f(x)$ 在 $[a,b]$ 上连续 $(0<a<b)$，在 (a,b) 内可导，试证：在 (a,b) 内存在 ξ,η，使 $f'(\xi)=\dfrac{\eta^2 f'(\eta)}{ab}$.

20.（本题满分 11 分）

欲用围墙围成一个面积为 $216\mathrm{m}^2$ 的矩形土地，并在正中用一堵墙将其隔成两块，问这块土地的长、宽选取多大尺寸时，才能使所用的建筑材料最省？

21.（本题满分 12 分）

设函数 $f(t)=\iint\limits_D |xy-t|\,\mathrm{d}\sigma, t\in[0,1]$，其中 $D=\{(x,y):0\leqslant x\leqslant 1,0\leqslant y\leqslant 1\}$.

(1) 求 $f(t)$ 的初等函数表达式；

(2) 证明存在 $t_0\in[0,1]$，使得 $f(t_0)$ 为 $f(t)$ 在 $[0,1]$ 内的唯一最小值点.

22.（本题满分 9 分）

设 $\boldsymbol{A}$ 是 3 阶实对称矩阵，已知 $\boldsymbol{\alpha}=(1,1,-1)^{\mathrm{T}}$ 是 $\boldsymbol{A}$ 的属于特征值 3 的特征向量，0 是 $\boldsymbol{A}$ 的二重特征值.

(1) 求 $\boldsymbol{A}$ 的属于特征值 0 的特征向量；

(2) 求矩阵 $\boldsymbol{A}$.

23.（本题满分 9 分）

设方程组 $\begin{cases}x_1-x_2+ax_3=1,\\-x_1+x_2+x_3=b,\\x_1-x_2-x_3=1,\end{cases}$ 讨论 a,b 为何值时，方程组无解？有唯一解？并在有解时求出全部解.

数学二考研模拟试题三

一、选择题(本题含 8 小题,每小题 4 分,满分 32 分)

1. 设存在 $\delta>0$,$f(x)$ 在 $[-\delta,\delta]$ 上三阶连续可导,且 $f'(0)=f''(0)=0$,$\lim\limits_{x\to0}\dfrac{f'''(x)}{1-\cos(1-e^x)}=2$,则以下正确的是 ( )

A. $f(0)$ 是 $f(x)$ 的极大值

B. $f(0)$ 是 $f(x)$ 的极小值

C. $(0,f(0))$ 为 $y=f(x)$ 的拐点

D. $x=0$ 不是 $f(x)$ 的极值点,$(0,f(0))$ 也不是 $y=f(x)$ 的拐点

2. 设 $z=h(x,y)$ 由方程 $e^{xyz}=x+y+z$ 确定,则 $h(x,y)$ 在 $P_0(0,1)$ 的两个偏导数 $\dfrac{\partial h(0,1)}{\partial x}$ 与 $\dfrac{\partial h(0,1)}{\partial y}$ ( )

A. 分别等于 0 和 1　　B. 分别等于 -1 和 0

C. 都等于 0　　D. 都等于 -1

3. 设 $f(x)$,$g(x)$ 是大于零的可导函数且 $f'(x)g(x)-f(x)g'(x)<0$,则当 $a<x<b$ 时,有 ( )

A. $f(x)g(b)>f(b)g(x)$　　B. $f(x)g(a)>f(a)g(x)$

C. $f(x)g(x)>f(b)g(b)$　　D. $f(x)g(x)>f(a)g(a)$

4. 设 $f(x)$ 在 R 上非负可积(即在任意闭区间上定积分存在),且 $f(x)=\int_0^x f(t)\mathrm{d}t$,考虑对 $f(x)$ 在 $[0,+\infty)$ 上的下列四个结论:

①可微;②严格单调增加;③有任意阶导数;④恒为零,则 ( )

A. ①②③正确　　B. ①③④正确　　C. ②③④正确　　D. ①②④正确

5. 极限 $\lim\limits_{x\to+\infty}\left(\cos\dfrac{1}{x}+\sin\dfrac{1}{x}\right)^x=$ ( )

A. 1　　B. 2　　C. e　　D. $\dfrac{1}{e}$

6. 在曲线 $y=(x-1)^2$ 上点 $(2,1)$ 处引曲线的法线,由该法线、x 轴及该曲线所围成区域 $D(y>0)$,则 D 绕 x 轴旋转一周所生成的体积为 ( )

A. $\dfrac{\pi}{5}$　　B. $\dfrac{2\pi}{3}$　　C. $\dfrac{8\pi}{15}$　　D. $\dfrac{13\pi}{15}$

7. 设矩阵 $\boldsymbol{A}=(\boldsymbol{\alpha}_1,\boldsymbol{\alpha}_2,\boldsymbol{\alpha}_3,\boldsymbol{\alpha}_4)$ 经行初等变换为矩阵 $\boldsymbol{B}=(\boldsymbol{\beta}_1,\boldsymbol{\beta}_2,\boldsymbol{\beta}_3,\boldsymbol{\beta}_4)$,且 $\boldsymbol{\alpha}_1,\boldsymbol{\alpha}_2,\boldsymbol{\alpha}_3$ 线性无关,$\boldsymbol{\alpha}_1,\boldsymbol{\alpha}_2,\boldsymbol{\alpha}_3,\boldsymbol{\alpha}_4$ 线性相关,则 ( )

A. $\boldsymbol{\beta}_4$ 不能由 $\boldsymbol{\beta}_1,\boldsymbol{\beta}_2,\boldsymbol{\beta}_3$ 线性表示

B. $\boldsymbol{\beta}_4$ 能由 $\boldsymbol{\beta}_1,\boldsymbol{\beta}_2,\boldsymbol{\beta}_3$ 线性表示,但表示法不唯一

C. $\boldsymbol{\beta}_4$ 能由 $\boldsymbol{\beta}_1,\boldsymbol{\beta}_2,\boldsymbol{\beta}_3$ 线性表示,且表示法唯一

D. $\boldsymbol{\beta}_4$ 能否由 $\boldsymbol{\beta}_1,\boldsymbol{\beta}_2,\boldsymbol{\beta}_3$ 线性表示不能确定

8. 已知矩阵 $\boldsymbol{A}=\begin{pmatrix}2 & 1 & 1\\ 4 & 2 & a+1\\ 2 & 1 & 1\end{pmatrix}$,且 $r(\boldsymbol{A})=2$,则 a 满足 ( )

A. $a=-1$　　B. $a\neq 1$　　C. $a\neq 2$　　D. $a=0$

二、填空题(本题含 6 小题,每小题 4 分,满分 24 分)

9. $\int_1^2 \frac{1}{x^3}e^{\frac{1}{x}}dx=$ ________.

10. 设 $z=\int_x^y e^{-(x^2+y^2+u^2)}du$,则 $\left.\frac{\partial^2 z}{\partial y\partial x}\right|_{(0,1)}=$ ________.

11. 微分方程 $y''-3y'+2y=2e^x$ 满足 $\lim\limits_{x\to 0}\frac{y(x)}{x}=1$ 的特解为________.

12. 设 $\boldsymbol{A},\boldsymbol{B}$ 为三阶矩阵,且 $\boldsymbol{AB}=2\boldsymbol{A}+\boldsymbol{B}$,$\boldsymbol{B}=\begin{pmatrix}2 & 0 & 2\\ 0 & 4 & 0\\ 2 & 0 & 2\end{pmatrix}$,则 $(\boldsymbol{A}-\boldsymbol{E})^{-1}=$ ________.

13. 设曲面 Σ: $|x|+|y|+|z|=1$,则 $\oint\!\!\!\oint_{\Sigma}(x+|y|)dS=$ ________.

14. 设 A 为一个装满水的半球形水池,半径为 R,若用水泵将 A 中水全部抽出,则克服重力所做的功为________.

三、解答题(本题含 9 小题,满分 94 分)

15. (本题满分 10 分)

计算不定积分 $\int\frac{dx}{x^2\sqrt{2x-4}}$.

16. (本题满分 11 分)

设函数 $\varphi(x)>0$,$\varphi'(x)$ 连续,且函数 $f(x)=\begin{cases}\dfrac{\int_0^x t\varphi(t)dt}{\int_0^x \varphi(t)dt}, & x\neq 0,\\ 0, & x=0,\end{cases}$

求 $f'(x)$,并讨论 $f(x)$的单调性.

17. (本题满分 10 分)

计算定积分 $\int_0^1 x\arcsin 2\sqrt{x(1-x)}\,dx$ 的值.

18.（本题满分 12 分）

设 $f(x)$在$[0,+\infty)$内可微，其反函数为$g(x)$，且满足$f(0)=1$与$\int_x^{x+f(x)} g(t-x)\mathrm{d}t=(2x+1)f(x)$.

求：(1) $\int_0^1 g(t)\mathrm{d}t$；(2) $f(x)$.

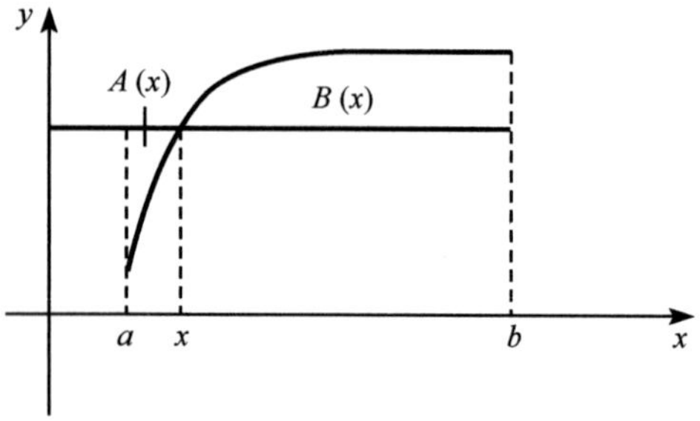

第 19 题图

19.（本题满分 12 分）

设 $f(x)$在$[a,b]$上可导，且 $f'(x)>0$，$f(a)>0$.

试证：对图中的两个面积 $A(x)$和$B(x)$，存在唯一的 $\xi\in(a,b)$，使得$\dfrac{A(\xi)}{B(\xi)}=2010$.

20.（本题满分 11 分）

计算二重积分$\iint\limits_D \sqrt{x^2+y^2}\mathrm{d}\sigma$ 的值，其中 D 为圆 $x^2+y^2=2y$ 围成的区域.

21.（本题满分 10 分）

设 $f(x)$有二阶连续的导数，$z=f(\mathrm{e}^x\sin y)$满足方程：$\dfrac{\partial^2 z}{\partial x^2}+\dfrac{\partial^2 z}{\partial y^2}=\mathrm{e}^{2x}z$，求 $f(x)$.

22.（本题满分 9 分）

设 3 元二次型 $f(x_1,x_2,x_3)=2x_1^2+3x_2^2+3x_3^2+2ax_2x_3(a>0)$. 已知 1 是二次型矩阵 $\boldsymbol{A}$ 的一个特征值，则

(1) 求常数 a 的值；

(2) 求在条件 $x_1^2+x_2^2+x_3^2=1$ 下，$f(x_1,x_2,x_3)$的最大值.

23.（本题满分 9 分）

设 $\boldsymbol{\alpha},\boldsymbol{\beta}$ 是三维列向量，满足$|\boldsymbol{\alpha}|=|\boldsymbol{\beta}|=1$，$(\boldsymbol{\alpha},\boldsymbol{\beta})=0$. 令 $\boldsymbol{A}=\boldsymbol{\alpha}\boldsymbol{\beta}^{\mathrm{T}}+\boldsymbol{\beta}\boldsymbol{a}^{\mathrm{T}}$，证明：

(1) $|\boldsymbol{A}|=0$；

(2) $\boldsymbol{\alpha}+\boldsymbol{\beta}$，$\boldsymbol{\alpha}-\boldsymbol{\beta}$ 分别为 $\boldsymbol{A}$ 的特征向量；

(3) $\boldsymbol{A}\sim\boldsymbol{\Lambda}$，其中 $\boldsymbol{\Lambda}=\begin{pmatrix}1 & 0 & 0\\ 0 & -1 & 0\\ 0 & 0 & 0\end{pmatrix}$.

数学二考研模拟试题四

一、选择题(本题含 8 小题,每小题 4 分,满分 32 分)

1. 已知 $f(x+y,x-y)=x^2-y^2$,则 $\dfrac{\partial f(x,y)}{\partial x}+\dfrac{\partial f(x,y)}{\partial y}=$ ( )

A. $2x-2y$ B. $x-y$

C. $2x+2y$ D. $x+y$

2. 设 $y=f(x)$ 连续,且 $f'(x)$ 如图所示,则 ( )

A. $y=f(x)$ 有 3 个极小值点,1 个极大值点,1 个拐点

B. $y=f(x)$ 有 2 个极小值点,2 个极大值点,无拐点

C. $y=f(x)$ 有 2 个极小值点,2 个极大值点,1 个拐点

D. $y=f(x)$ 有 1 个极小值点,2 个极大值点,1 个拐点

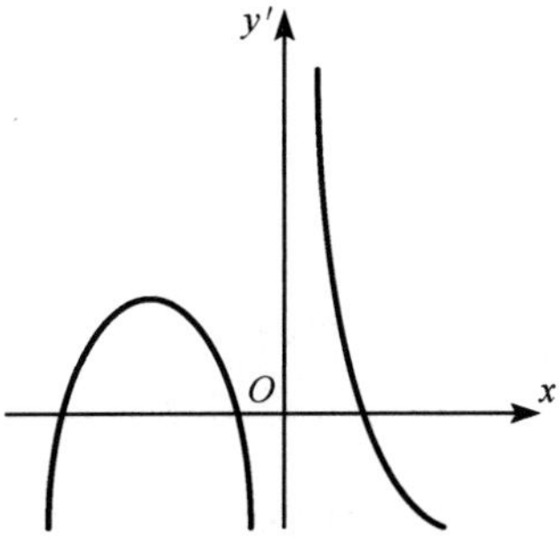

第 2 题图

3. 设 $f(x)=\int_0^{\sin x}\sin t^2\,dt$,$g(x)=x^3+x^4$,当 $x\to 0$ 时,$f(x)$ 是 $g(x)$ 的 ( )

A. 等价无穷小量 B. 同阶但非等价无穷小量

C. 高阶无穷小量 D. 低阶无穷小量

4. 设 $D_t=\{(x,y)\mid x^2+y^2\leqslant t^2,t>0\}$,$f(x)$ 满足 $\int_0^1 f(x)\,dx=1$ 的连续函数,$F(t)=\iint\limits_{D_t} f(t-\sqrt{x^2+y^2})\,dx\,dy$,则 $F'(1)=$ ( )

A. π B. 2π C. -2π D. $-\pi$

5. $\int_{-\frac{\pi}{2}}^{\frac{\pi}{2}}\dfrac{e^x}{1+e^x}\cos x\,dx=$ ( )

A. 2 B. -2 C. 1 D. $\dfrac{3}{4}$

6. 设 $f(x,y)=e^{-xy}$,则 $f(x,y)$ 在 $D=\{(x,y)\mid x^2+4y^2\leqslant 1\}$ 上 ( )

A. 有最大值 $e^{\frac{1}{4}}$ 与最小值 $e^{-\frac{1}{4}}$ B. 有最大值 $e^{\frac{1}{4}}$ 与最小值 e^{-1}

C. 有最大值 e 与最小值 e^{-1} D. 有最大值 e 与最小值 $e^{-\frac{1}{4}}$

7. 若二次型 $f(x_1,x_2,x_3)=t(x_1^2+x_2^2+x_3^2)+2x_1x_3+2x_1x_2-2x_2x_3$ 为正定的,则 t 的范围是 ( )

A. $(2,+\infty)$ B. $(-\infty,2)$ C. $(-1,1)$ D. $(-\sqrt{2},\sqrt{2})$

8. 设 $\boldsymbol{A}=(\boldsymbol{\alpha}_1,\boldsymbol{\alpha}_2,\cdots,\boldsymbol{\alpha}_m)$,其中 $\boldsymbol{\alpha}_i(i=1,2,\cdots,m)$ 为 n 维列向量,已知对任意不全

为零的 $x_1,x_2,\cdots,x_m$，都有 $x_1\boldsymbol{\alpha}_1+x_2\boldsymbol{\alpha}_2+\cdots+x_m\boldsymbol{\alpha}_m\neq\mathbf{0}$，则必有 （ ）

A. $m>n$

B. $\boldsymbol{\alpha}_1,\boldsymbol{\alpha}_2,\cdots,\boldsymbol{\alpha}_m$ 线性相关

C. 存在 m 阶可逆矩阵 $\boldsymbol{P}$，使得 $\boldsymbol{AP}=\begin{pmatrix}\boldsymbol{E}\\ \boldsymbol{O}\end{pmatrix}$

D. 若 $\boldsymbol{B}$ 满足 $\boldsymbol{AB}=\boldsymbol{O}$，则 $\boldsymbol{B}=\boldsymbol{O}$

二、填空题(本题含 6 小题，每小题 4 分，满分 24 分)

9. 若 $\lim\limits_{x\to 0}\dfrac{ax-\sin x}{\displaystyle\int_b^x\frac{\ln(1+t^3)}{t}\mathrm{d}t}=c(c\neq 0)$，则 $a=$________，$b=$________，$c=$________.

10. 微分方程 $xy'+2y=0$ 满足初始条件 $y(1)=2$ 的特解为________.

11. 设矩阵 $\boldsymbol{A}$ 与 $\boldsymbol{B}$ 相似，其中 $\boldsymbol{A}=\begin{pmatrix}1&2&3\\-1&x&2\\0&0&1\end{pmatrix}$，已知矩阵 $\boldsymbol{B}$ 有特征值 1，2，3，则 $x=$________.

12. 设 $f(x)$ 为连续奇函数，且 $\int_0^1 f(t)\mathrm{d}t=a$，则 $\int_0^{\frac{\pi}{2}}\sin(2x)f(-\sin^2 x)\mathrm{d}x=$________.

13. 设函数 $z=f(x,y)$ 是由方程 $xyz+\sqrt{x^2+y^2+z^2}=\sqrt{2}$ 确定的，则函数 $z=f(x,y)$ 在点 $(1,0,-1)$ 的微分 $\mathrm{d}z=$________.

14. 由 $x^2+y^2\leqslant 2x$ 与 $y\geqslant x$ 确定的平面图形绕直线 $x=2$ 旋转一周而成的旋转体的体积为________.

三、解答题(本题含 9 小题，满分 94 分)

15. (本题满分 10 分)

计算不定积分 $\displaystyle\int\frac{x^2\arctan x}{1+x^2}\mathrm{d}x$.

16. (本题满分 10 分)

设 $f(x)$ 在 $x=0$ 某邻域内可导，且 $f(0)=1$，$f'(0)=3$，求极限 $\lim\limits_{x\to 0}(f(x))^{\frac{2x}{1-\cos x}}$.

17. (本题满分 11 分)

设 $f(x)$，$g(x)$ 在 $[a,b]$ 上连续，在 (a,b) 内可导，且对于 $\forall x\in(a,b)$，恒有 $f'(x)g(x)-f(x)g'(x)\neq 0$，则介于 $f(x)$ 在 (a,b) 内的两个零点之间，$g(x)$ 至少有一个零点.

18. (本题满分 11 分)

设 $f(x)=\displaystyle\int_0^x\frac{\ln(1-t)}{t}\mathrm{d}t$ 在 $-1<x<1$ 时有意义，证明：$f(x)+f(-x)=\dfrac{1}{2}f(x^2)$.

19. (本题满分 12 分)

设 $f(x)$ 在 $[0,a]$ 上非负，$f(0)=0$，$f''(x)>0$，(X,Y) 为 $y=f(x)$，$y=0$ 及 $x=a$ 围

成区域的形心，证明：$X>\frac{2a}{3}$.

20.（本题满分 11 分）

在某池塘内养鱼，该池塘内最多能养 1000 尾，设在 t 时刻该池塘内鱼数 y 是时间 t 的函数 $y=y(t)$，其变化率与鱼数 y 及 $1000-y$ 的乘积成正比，比例常数为 $k>0$. 已知在池塘内放养鱼 100 尾，3 个月后池塘内有鱼 250 尾，求放养 t 个月后池塘内鱼数 $y(t)$ 的公式以及放养 6 个月后有多少鱼？

21.（本题满分 11 分）

计算重积分 $I=\iint\limits_D \frac{\sin x}{x}\mathrm{d}x\mathrm{d}y$，其中 D 是由 $y=x$ 及抛物线 $y=x^2$ 围成的区域.

22.（本题满分 9 分）

设 $\boldsymbol{\alpha}_1,\boldsymbol{\alpha}_2,\boldsymbol{\alpha}_3,\boldsymbol{\alpha}_4,\boldsymbol{\beta}$ 为四维列向量组，$\boldsymbol{A}=(\boldsymbol{\alpha}_1,\boldsymbol{\alpha}_2,\boldsymbol{\alpha}_3,\boldsymbol{\alpha}_4)$，已知方程组 $\boldsymbol{Ax}=\boldsymbol{\beta}$ 的通解为 $\boldsymbol{x}=\begin{pmatrix}-1\\1\\0\\2\end{pmatrix}+k\begin{pmatrix}1\\-1\\2\\0\end{pmatrix}$.

问：(1) $\boldsymbol{\beta}$ 能否由 $\boldsymbol{\alpha}_1,\boldsymbol{\alpha}_2,\boldsymbol{\alpha}_3$ 线性表示？

(2) 求 $\boldsymbol{\alpha}_1,\boldsymbol{\alpha}_2,\boldsymbol{\alpha}_3,\boldsymbol{\alpha}_4,\boldsymbol{\beta}$ 的一个极大线性无关组.

23.（本题满分 9 分）

设 $\boldsymbol{A}$ 是三阶矩阵，$\boldsymbol{\alpha}_1,\boldsymbol{\alpha}_2,\boldsymbol{\alpha}_3$ 是三维向量，若向量组 $\boldsymbol{\alpha}_1,\boldsymbol{\alpha}_2,\boldsymbol{\alpha}_3$ 线性无关，且 $\boldsymbol{A\alpha}_1=-\boldsymbol{\alpha}_1+2\boldsymbol{\alpha}_2+2\boldsymbol{\alpha}_3$，$\boldsymbol{A\alpha}_2=2\boldsymbol{\alpha}_1-\boldsymbol{\alpha}_2-2\boldsymbol{\alpha}_3$，$\boldsymbol{A\alpha}_3=2\boldsymbol{\alpha}_1-2\boldsymbol{\alpha}_2-\boldsymbol{\alpha}_3$，

(1) 求矩阵 $\boldsymbol{A}$ 的特征值；

(2) 设 $\boldsymbol{B}=2\boldsymbol{A}^*-\boldsymbol{E}$，其中 $\boldsymbol{E}$ 是三阶单位矩阵，$\boldsymbol{A}^*$ 是 $\boldsymbol{A}$ 的伴随矩阵，求 $\boldsymbol{B}$ 的行列式 $|\boldsymbol{B}|$ 的值.

数学二考研模拟试题五

一、选择题(本题含 8 小题,每小题 4 分,满分 32 分)

1. 设 $f(x,y)$ 连续,且 $f(x,y)=xy+\iint\limits_D f(u,v)\mathrm{d}u\mathrm{d}v$,其中 D 是由 $y=0,y=x^2$,$x=1$ 所围成的区域,则 $f(x,y)=$ ( )

A. xy　　B. $2xy$　　C. $xy+\dfrac{1}{8}$　　D. $xy+1$

2. 当 $x\to 0$ 时,$(1+ax^2)^{\frac{1}{4}}-1$ 与 $\cos x-1$ 为等价无穷小,则常数 $a=$ ( )

A. 1　　B. 3　　C. -2　　D. 0

3. 设 $f(x)$ 二阶可导,且满足方程 $y'-y^2+2x=0$,又 $f'(x_0)=0$,则 ( )

A. $f(x)$ 在 x_0 处取极大值　　B. $f(x)$ 在 x_0 处取极小值

C. $f(x)$ 在 x_0 处不取极值　　D. $(x_0,f(x_0))$ 为拐点

4. 设 $\int xf(x)\mathrm{d}x=\arcsin x+C$,则 $\int\dfrac{1}{f(x)}\mathrm{d}x=$ ( )

A. $-\dfrac{3}{4}\sqrt{(1-x^2)^3}+C$　　B. $-\dfrac{1}{3}\sqrt{(1-x^2)^3}+C$

C. $\dfrac{3}{4}\sqrt[3]{(1-x^2)^2}+C$　　D. $\dfrac{2}{3}\sqrt[3]{(1-x^2)^2}+C$

5. 关于函数 $y=\dfrac{x^3}{1-x^2}$ 的叙述结论错误的是 ( )

A. 有一个零点　　B. 有两个极值点　　C. 有一个拐点　　D. 有两条渐近线

6. 设函数 $f(x,y)$ 在有界闭区域 D 上二阶连续可偏导,且 $\dfrac{\partial^2 f}{\partial x\partial y}>0$,$\dfrac{\partial^2 f}{\partial x^2}+\dfrac{\partial^2 f}{\partial y^2}=0$,则 ( )

A. $f(x,y)$ 的最大值点和最小值点都在 D 内取得

B. $f(x,y)$ 的最大值点和最小值点都在 D 的边界上取得

C. $f(x,y)$ 的最小值点在 D 内取得,最大值点都在 D 的边界上取得

D. $f(x,y)$ 的最大值点在 D 内取得,最小值点都在 D 的边界上取得

7. 设三阶矩阵 $\boldsymbol{A}$ 的特征值为 $-2,1,3$. 则下列矩阵中是非奇异矩阵的是 ( )

A. $2\boldsymbol{E}-\boldsymbol{A}$　　B. $2\boldsymbol{E}+\boldsymbol{A}$　　C. $\boldsymbol{E}-\boldsymbol{A}$　　D. $\boldsymbol{A}-3\boldsymbol{E}$

8. 设 $\boldsymbol{A}$ 为 n 阶矩阵,且 $|\boldsymbol{A}|=0$,则 ( )

A. $\boldsymbol{A}$ 的列秩等于零

B. $\boldsymbol{A}$ 的秩为零

C. $\boldsymbol{A}$ 的任一列向量可由其他列向量线性表示

D. $\boldsymbol{A}$ 中必有一列向量可由其他列向量线性表示

二、填空题(本题含 6 小题,每小题 4 分,满分 24 分)

9. 设 $f\left(\dfrac{1}{2}x\right)=\sin x$,则 $f'(f(x))=$________,$\{f(f(x))\}'=$________.

10. 设 $x=R\sin\theta\cos\varphi, y=R\sin\theta\sin\varphi, z=R\cos\theta$($R$ 为常数),则 $\dfrac{\partial\theta}{\partial x}=$________,$\dfrac{\partial\varphi}{\partial y}=$________.

11. 不定积分 $\int \mathrm{e}^x\left(\dfrac{1}{\sqrt{1-x^2}}+\arcsin x\right)\mathrm{d}x=$________.

12. 二阶常系数非齐次线性微分方程 $y''-4y'+4y=3\mathrm{e}^x$ 的通解为________.

13. 设积分区域 $D: x^2+y^2\leqslant r^2$,则二重积分 $\iint\limits_D (x^3+\sin y+1)\mathrm{d}x\mathrm{d}y=$________.

14. 设 $\boldsymbol{A}$ 为三阶方阵,且 $|\boldsymbol{A}+3\boldsymbol{E}|=|3\boldsymbol{A}+2\boldsymbol{E}|=|\boldsymbol{A}-\boldsymbol{E}|=0$,则 $|3\boldsymbol{A}^*+5\boldsymbol{E}|=$________.

三、解答题(本题含 9 小题,满分 94 分)

15. (本题满分 10 分)

计算极限 $\lim\limits_{x\to 0}\dfrac{\int_0^{\sin^2 x}\ln(1+t)\mathrm{d}t}{\mathrm{e}^{2x^2}-2\mathrm{e}^{x^2}+1}$.

16. (本题满分 10 分)

设由 $2x-\tan(x-y)=\int_0^{x-y}\sec^2 t\mathrm{d}t$ 确定了函数 $y=y(x)$,求 $\dfrac{\mathrm{d}y}{\mathrm{d}x}$.

17. (本题满分 11 分)

计算积分

$$I=\iint\limits_D \sqrt{|1-x^2-y^2|}\mathrm{d}\sigma,$$

其中积分区域 $D: \max\{|x|,|y|\}\leqslant 1$.

18. (本题满分 11 分)

设 $f(x)$ 在 $[0,1]$ 上二阶可导,且 $f(0)=f(1)$,试证:至少存在一点 $\xi\in(0,1)$,使得 $f''(\xi)=\dfrac{2f'(\xi)}{1-\xi}$.

19. (本题满分 11 分)

已知平面图形 D 由曲线 $y=\sqrt{x-1}$ 与其过原点的切线及 x 轴围成.

(1) 求 D 的面积 A；

(2) 求 D 绕 x 轴旋转一周所成的旋转体的体积 V.

20. (本题满分 12 分)

设 $y=y(x)$ 是初始问题 $\begin{cases} y'+a(x)y=f(x), \\ y(0)=y_0 \end{cases}$ 的解，其中 $a(x)$，$f(x)$ 是连续函数，且 $\int_0^{+\infty} a(x)\mathrm{d}x=+\infty$，$\lim\limits_{x\to+\infty}\dfrac{f(x)}{a(x)}=0$. 证明：$\lim\limits_{x\to+\infty}y(x)=0$.

21. (本题满分 11 分)

设 $f(x)$ 在 $[a,b]$ 上二阶连续可导，且 $f\left(\dfrac{a+b}{2}\right)=0$. 证明存在 $\xi\in(a,b)$，使得 $f''(\xi)=\dfrac{24}{(b-a)^3}\int_a^b f(x)\mathrm{d}x$.

22. (本题满分 9 分)

设 $\boldsymbol{A}=\begin{pmatrix} 1 & 1 & a \\ 1 & a & 1 \\ a & 1 & 1 \end{pmatrix}$，$\boldsymbol{B}=\begin{pmatrix} 1 \\ 1 \\ -2 \end{pmatrix}$. 若矩阵方程 $\boldsymbol{AX}=\boldsymbol{B}$ 有解，但解不唯一，试确定参数 a.

23. (本题满分 9 分)

设 $\boldsymbol{A}=\begin{pmatrix} 2 & -2 & 0 \\ -2 & 1 & -2 \\ 0 & -2 & 0 \end{pmatrix}$，试计算 $\boldsymbol{A}^{2011}$.

数学三考研模拟试题一

一、选择题(本题含 8 小题,每小题 4 分,满分 32 分)

1. 设函数 $f(x)=\begin{cases}x^2-1, & -1\leqslant x<0,\\ x, & 0\leqslant x<1,\\ 2-x, & 1\leqslant x\leqslant 2,\end{cases}$ 则下列结论正确的是 (　　)

A. 在 $x=0,x=1$ 处间断　　B. 在 $x=0,x=1$ 处连续

C. 在 $x=0$ 处间断,在 $x=1$ 处连续　　D. 在 $x=0$ 处连续,在 $x=1$ 处间断

2. 函数 $f(x)=\int_0^x \ln(t+\sqrt{1+t^2})\mathrm{d}t$ 为 (　　)

A. 偶函数且在 $(0,+\infty)$ 上为单调减　　B. 偶函数且在 $(0,+\infty)$ 上为单调增

C. 奇函数且在 $(0,+\infty)$ 上为单调减　　D. 奇函数且在 $(0,+\infty)$ 上为单调增

3. 设变换 $\begin{cases}u=x-2y,\\ v=x+ay\end{cases}$ 可把方程 $6\dfrac{\partial^2 z}{\partial x^2}+\dfrac{\partial^2 z}{\partial x\partial y}-\dfrac{\partial^2 z}{\partial y^2}=0$ 化为 $\dfrac{\partial^2 z}{\partial u\partial v}=0$,则数 $a=$ (　　)

A. 0　　B. -2　　C. 3　　D. -2 或 3

4. 级数 $\sum\limits_{n=1}^{\infty}\left[1-\cos\dfrac{1}{n}+\ln\left(1+\dfrac{(-1)^n\lambda}{n}\right)\right]$ (　　)

A. 条件收敛　　B. 绝对收敛　　C. 发散　　D. 收敛性与参数 λ 有关

5. 设 $\boldsymbol{A}$ 为 n 阶方阵,满足 $\boldsymbol{A}^2+3\boldsymbol{A}-5\boldsymbol{E}=\boldsymbol{O}$,则 $(\boldsymbol{A}-\boldsymbol{E})^{-1}=$ (　　)

A. $4\boldsymbol{E}-\boldsymbol{A}$　　B. $4\boldsymbol{E}+\boldsymbol{A}$　　C. $\dfrac{1}{4}(\boldsymbol{A}+\boldsymbol{E})$　　D. $\dfrac{3\boldsymbol{A}+\boldsymbol{E}}{\boldsymbol{A}-\boldsymbol{E}}$

6. 设线性方程组 $\boldsymbol{AX}=\boldsymbol{b}$ 有通解 $k_1(1,2,0,-2)^{\mathrm{T}}+k_2(4,-1,-1,-1)^{\mathrm{T}}+(1,0,-1,1)^{\mathrm{T}}$,其中 k_1,k_2 为任意常数. 则下列向量中也是 $\boldsymbol{AX}=\boldsymbol{b}$ 解向量的是 (　　)

A. $\boldsymbol{\alpha}_1=(1,2,0,-2)^{\mathrm{T}}$　　B. $\boldsymbol{\alpha}_2=(6,1,-2,-2)^{\mathrm{T}}$

C. $\boldsymbol{\alpha}_3=(3,1,-2,-4)^{\mathrm{T}}$　　D. $\boldsymbol{\alpha}_4=(5,1,-1,-3)^{\mathrm{T}}$

7. 假设事件 A,B 满足 $0<P(B)<1,P(A)>0$,且 $P(B|A)=1$,则 (　　)

A. $P(A|B)=1$　　B. $P(\bar{A}|B)=1$　　C. $P(A|\bar{B})=0$　　D. $P(\bar{A}|B)=0$

8. 设随机变量 X 服从均值为 2 的指数分布,Y 服从参数为 1 的 Poisson 分布,且它们的相关系数为 0.5,则 $P(X>E(XY))=$ (　　)

A. e^{-2}　　B. $\mathrm{e}^{-\frac{3}{2}}$　　C. e^{-1}　　D. $\mathrm{e}^{-\frac{1}{2}}$

二、填空题(本题含 6 小题,每小题 4 分,满分 24 分)

9. 已知 $f'(0)=a$, $f(0)=0$,则 $\lim\limits_{x\to 0}\dfrac{f(1-\cos x)}{\tan(5x^2)}=$________.

10. 已知函数 f 具有二阶连续导数,且 $z=\dfrac{y}{x}f(e^{xy})$,则 $\dfrac{\partial z}{\partial x}=$________;$\dfrac{\partial z}{\partial y}=$________.

11. 若某二阶常系数线性非齐次微分方程的三个解为 $e^x\cos x+e^x$, $e^x(\sin x+\cos x)+e^x$, $e^x\sin x+e^x$,则此微分方程为________.

12. $\int_0^1\dfrac{\ln(1+x)}{(2-x)^2}dx=$________.

13. 设 3 元实二次型 $f=x_1^2+x_2^2+x_3^2+ax_1x_2+2ax_1x_3$,则当 a 的取值范围是________时,f 是正定二次型.

14. 设随机变量 X,Y 相互独立,且 $X\sim N(0,2)$, $Y\sim N(0,3)$. 则 $D(X^2+Y^2)=$________.

三、解答题(本题含 9 小题,满分 94 分)

15. (本题满分 10 分)

设 $\lim\limits_{x\to 0}\dfrac{(1+\sin 2x^2)^{\frac{1}{x^2}}-e^2}{x^n}=a(a\neq 0)$,求 n 及 a 的值.

16. (本题满分 10 分)

设 $f(x)$在$[a,b]$上连续,$f(a)=f(b)$,证明:至少存在一点 $\xi\in[a,b]$,使得 $f(\xi)=f\left(\xi+\dfrac{b-a}{2}\right)$.

17. (本题满分 11 分)

已知函数 $f(x,y)=\begin{cases}6x, & 0\leqslant x\leqslant y\leqslant 1,\\ 0, & \text{其他}.\end{cases}$

(1) 写出 $f(x,y)$在区域 $D=\{(x,y)\mid |x|+|y|\leqslant 1,(x,y)\in\mathbf{R}^2\}$上的表达式;

(2) 计算$\iint\limits_D f(x,y)dxdy$.

18. (本题满分 12 分)

已知函数 $y=f(x)=x\ln x+\sum\limits_{n=0}^{\infty}\dfrac{x^{n+2}}{(n+1)\cdot(n+1)!}$,则

(1) 求函数 $f(x)$的定义域,并证明它是初值问题$\begin{cases}xy'-y=xe^x,\\ \lim\limits_{x\to 0^+}y(x)=0\end{cases}$之解;

(2) 求级数$\sum\limits_{n=0}^{\infty}\dfrac{n+1}{n!}$之和.

19.（本题满分 11 分）

设有微分方程 $y'-2y=f(x)$，其中 $f(x)=\begin{cases}0, & 0\leqslant x\leqslant 1,\\ x, & x>1.\end{cases}$ 试求在 $[0,+\infty)$ 内的连续函数 $y=y(x)$，使其在 $[0,1)$ 和 $(1,+\infty)$ 内满足所给的微分方程，且满足 $y(0)=1$.

20.（本题满分 10 分）

若 X 与 Y 的联合密度函数为 $f_{X,Y}(x,y)=\begin{cases}8xy, & 0<x\leqslant y,0<y\leqslant 1,\\ 0, & \text{其他}.\end{cases}$

(1) 求 $P(X+Y\leqslant 1)$；

(2) 求 $Z=\dfrac{Y}{X}$ 的密度函数 $f_Z(z)$.

21.（本题满分 10 分）

三双不同的鞋共 6 只，现从中一次一个不放回地随机抽取. 设抽到第 X 次时恰巧能凑成一双，试求 X 的概率分布与数学期望.

22.（本题满分 10 分）

设 $\boldsymbol{A}=\begin{pmatrix}1 & -2 & 3\\ a_{21} & a_{22} & a_{23}\\ a_{31} & a_{32} & a_{33}\end{pmatrix}$ 有特征向量 $\boldsymbol{\xi}_1=\begin{pmatrix}1\\2\\1\end{pmatrix}$，$\boldsymbol{\xi}_2=\begin{pmatrix}-1\\1\\1\end{pmatrix}$，$\boldsymbol{\xi}_3=\begin{pmatrix}-1\\2\\2\end{pmatrix}$.

(1) 求 $\boldsymbol{A}$ 对应于 $\boldsymbol{\xi}_i(i=1,2,3)$ 的特征值；

(2) 求 $\boldsymbol{AX}=\boldsymbol{\xi}_3$ 的通解；

(3) 求矩阵 $\boldsymbol{A}$.

23.（本题满分 10 分）

设四元齐次线性方程组(1)为 $\begin{cases}2x_1+3x_2-x_3=0,\\ x_1+2x_2+x_3-x_4=0,\end{cases}$ 又已知四元齐次线性方程组(2)的一个基础解系为 $\boldsymbol{\xi}_1=\begin{pmatrix}2\\-1\\a+2\\1\end{pmatrix}$，$\boldsymbol{\xi}_2=\begin{pmatrix}-1\\2\\4\\a+8\end{pmatrix}$.

问：当 a 为何值时，方程组(1)和(2)有非零公共解？在有非零公共解时，求出所有的非零公共解.

数学三考研模拟试题二

一、选择题(本题含 8 小题,每小题 4 分,满分 32 分)

1. 设 $f(x)$在 $x=0$ 的某邻域内有二阶连续导数,且满足$\lim\limits_{x\to 0}\dfrac{f(x)}{\ln(1+x^3)}=1$,则 ( )

A. $f'(0)=0, f''(0)\neq 0, f(x)$在 $x=0$ 处有极值

B. $f'(0)=f''(0)=0, f(x)$在 $x=0$ 处有极值

C. $f'(0)=f''(0)=0, f(x)$在 $x=0$ 处取得拐点

D. $f'(0)\neq 0, f''(0)=0, f(x)$在 $x=0$ 处取得拐点

2. $f(x)$和 $g(x)$在$(-\infty,+\infty)$内可导,且 $f(x)>g(x)$,则必有 ( )

A. $f(-x)\leqslant g(-x)$　　B. $f'(x)>g'(x)$

C. $\lim\limits_{x\to x_0}f(x)\geqslant\lim\limits_{x\to x_0}g(x)$　　D. $\int_0^x f(t)\mathrm{d}t>\int_0^x g(t)\mathrm{d}t$

3. 函数 $f(x)=\begin{cases}x^2-3, & 0\leqslant x\leqslant 1,\\ -\dfrac{2}{x}, & 1<x\leqslant 2,\end{cases}$则在区间$(0,2)$内适合 $f(2)-f(0)=f'(\xi)(2-0)$的 ξ 值 ( )

A. 只有一个　　B. 恰有两个　　C. 至少有三个　　D. 没有

4. 设函数 $f(x)$在$(0,+\infty)$上具有二阶导数,且 $f''(x)>0$. 令 $u_n=f(n)(n=1,2,\cdots)$,则下列结论正确的是 ( )

A. 若 $u_1>u_2$,则$\{u_n\}$必收敛　　B. 若 $u_1>u_2$,则$\{u_n\}$必发散

C. 若 $u_1<u_2$,则$\{u_n\}$必收敛　　D. 若 $u_1<u_2$,则$\{u_n\}$必发散

5. 设 $\boldsymbol{A}$ 为 n 阶方阵,则下列说法错误的是 ( )

A. 对任意的 n 维列向量 $\boldsymbol{\xi}$,有 $\boldsymbol{A\xi}=\boldsymbol{0}$,则 $\boldsymbol{A}=\boldsymbol{O}$

B. 对任意的 n 维列向量 $\boldsymbol{\xi}$,有 $\boldsymbol{\xi}^{\mathrm{T}}\boldsymbol{A\xi}=0$,则 $\boldsymbol{A}=\boldsymbol{O}$

C. 对任意的 n 阶矩阵 $\boldsymbol{B}$,有 $\boldsymbol{AB}=\boldsymbol{O}$,则 $\boldsymbol{A}=\boldsymbol{O}$

D. 对任意的 n 阶矩阵 $\boldsymbol{B}$,有 $\boldsymbol{B}^{\mathrm{T}}\boldsymbol{AB}=\boldsymbol{O}$,则 $\boldsymbol{A}=\boldsymbol{O}$

6. 矩阵 $\boldsymbol{A}=\begin{pmatrix}2&0&0\\0&2&1\\-2&3&4\end{pmatrix}$,$\boldsymbol{B}=\begin{pmatrix}1&4&-2\\4&2&1\\-2&1&3\end{pmatrix}$,$\boldsymbol{C}=\begin{pmatrix}2&1&1\\0&2&1\\0&0&5\end{pmatrix}$,$\boldsymbol{D}=\begin{pmatrix}2&0&0\\0&2&0\\3&1&5\end{pmatrix}$中能与对角矩阵相似的是 ( )

A. $\boldsymbol{A},\boldsymbol{B},\boldsymbol{C}$　　B. $\boldsymbol{A},\boldsymbol{B},\boldsymbol{D}$　　C. $\boldsymbol{B},\boldsymbol{C},\boldsymbol{D}$　　D. $\boldsymbol{A},\boldsymbol{C},\boldsymbol{D}$

7. 某人向同一目标独立重复射击，每次射中目标的概率为 $p(0<p<1)$，则此人第 4 次射击恰好第 2 次击中目标的概率为　　(　　)

A. $3p(1-p)^2$　　B. $6p(1-p)^2$　　C. $3p^2(1-p)^2$　　D. $6p^2(1-p)^2$

8. 若随机变量 X 服从几何分布，且其数学期望为 3，则方差 $D(X)=$　　(　　)

A. 6　　B. 3　　C. $\dfrac{1}{3}$　　D. $\dfrac{1}{6}$

二、填空题(本题含 6 小题，每小题 4 分，满分 24 分)

9. 极限 $\lim\limits_{n\to\infty}\left(\sum\limits_{k=1}^{n}\dfrac{n}{n+k}\right)\left(1-\cos\dfrac{\pi}{\sqrt{n}}\right)=$ ________.

10. 已知函数 $f(x)$ 可导，且 $z=\displaystyle\int_0^{\sqrt{x^2+y^2}} tf(x^2+y^2-t^2)\mathrm{d}t$，则 $\dfrac{\partial z}{\partial x}=$ ________.

11. 二阶常系数非齐次线性微分方程 $y''-4y'+3y=2\mathrm{e}^{2x}$ 的通解为________.

12. 曲线 $y=\sin x(0\leqslant x\leqslant\pi)$ 与 x 轴所围成的平面图形绕 y 轴旋转一周，所得旋转体的体积为________.

13. 已知 $\boldsymbol{A}$ 为 n 阶矩阵，$|\boldsymbol{A}|=2$，$(\boldsymbol{A}+\boldsymbol{E})^3=\boldsymbol{E}$，则 $\boldsymbol{A}^*$ 由 $\boldsymbol{A},\boldsymbol{E}$ 得表出式是________.

14. 设总体 $X\sim N(0,1)$，$X_1,X_2,\cdots,X_n$ 是一简单随机样本，且 $Y=(X_1+X_2+X_3)^2+(X_4+X_5+X_6)^2$，则 $EY=$ ________.

三、解答题(本题含 9 小题，满分 94 分)

15. (本题满分 10 分)

设 $f(x)=\dfrac{x}{1+\cos^2 x}+\displaystyle\int_0^{\pi} f(x)\sin x\mathrm{d}x$，求 $f(x)$.

16. (本题满分 10 分)

设 $f(x),g(x)$ 在 $[a,b]$ 上连续，且 $f(x)\neq 0$，证明：至少存在一点 $\xi\in(a,b)$，使得 $\dfrac{\int_\xi^b g(x)\mathrm{d}x}{\int_a^\xi f(x)\mathrm{d}x}=\dfrac{g(\xi)}{f(\xi)}$.

17. (本题满分 11 分)

计算积分 $I=\displaystyle\iint_D\sqrt{x^2+y^2}\mathrm{d}x\mathrm{d}y$，其中 D 是由曲线 $x=\sqrt{4-y^2}$，$x=\sqrt{2y-y^2}$ 及直线 $y=-x$ 围成的闭区域.

18. (本题满分 11 分)

已知数列 $\{x_n\}=\{na_n\}$ 收敛，级数 $\sum\limits_{n=1}^{\infty}n(a_n-a_{n-1})$ 收敛，判定级数 $\sum\limits_{n=1}^{\infty}a_n$ 的敛散性.

19. (本题满分 12 分)

设某商品的价格和需求量之间具有线性关系,当价格从 2 元上升到 4 元时,产品的需求量从 1000 件下降到 800 件.

(1) 求需求函数;

(2) 求当价格为 10 元时的需求弹性并说明其经济意义.

20. (本题满分 10 分)

设随机变量 X,Y 相互独立,X 服从于 $\lambda=4$ 的指数分布,Y 在$[0,2]$上服从于均匀分布,求

(1) 二维随机变量(X,Y)的概率密度函数;

(2) 求 $P(X\geqslant Y)$.

21. (本题满分 10 分)

设总体 X 的概率分布为

X	0	1	2
P	$2\theta(1-\theta)$	$2\theta^2$	$1-2\theta$

其中 $\theta\left(0<\theta<\dfrac{1}{2}\right)$是未知参数,利用总体 X 的样本值:0,1,2,0,2,1,0,2,求 θ 的矩估计值和最大似然估计值.

22. (本题满分 10 分)

设 $\boldsymbol{A}$ 为三阶实对称矩阵,秩为 1,满足 $\boldsymbol{A}^2-3\boldsymbol{A}=\boldsymbol{O}$. 已知 $\boldsymbol{A}$ 的非零特征值的一个特征向量为 $\boldsymbol{\alpha}=(1,1,-1)^{\mathrm{T}}$.

(1) 求 $\boldsymbol{A}$ 的特征值;

(2) 求 $\boldsymbol{A}$ 的属于特征值 0 的特征向量;

(3) 求矩阵 $\boldsymbol{A}$.

23. (本题满分 10 分)

设齐次线性方程组$\begin{cases}x_1+x_2+x_3=0,\\x_1+2x_2+ax_3=0,\\x_1+4x_2+a^2x_3=0\end{cases}$与方程 $x_1+2x_2+x_3=a-1$ 有公共解,求 a 的值以及所有的公共解.

数学三考研模拟试题三

一、选择题(本题含8小题,每小题4分,满分32分)

1. 若函数 $f(x)$ 满足条件 $f(x+y)=f(x)f(y)$,且 $f(x)=1+xg(x)$,其中 $g(x)$ 满足 $\lim\limits_{x\to 0}g(x)=1$,则 ( )

A. $f(x)=ax$　　B. $f(x)=\ln x$　　C. $f(x)=e^x$　　D. $f(x)=e^{-x}$

2. 若 $\lim\limits_{n\to\infty}\dfrac{e^{1-\cos\frac{1}{n}}-1}{\tan(n^{-k}\pi)}=a\neq 0$,则 ( )

A. $k=2$ 且 $a=\dfrac{1}{2\pi}$　　B. $k=-2$ 且 $a=\dfrac{1}{2\pi}$

C. $k=2$ 且 $a=-\dfrac{1}{2\pi}$　　D. $k=-2$ 且 $a=-\dfrac{1}{2\pi}$

3. 设函数 $f(x)=\int_0^x dt\int_0^t \arctan^2 u\,du$,$g(x)=\int_0^x(\sin t-t)dt$,则当 $x\to 0$ 时,$f(x)$ 是 $g(x)$ 的 ( )

A. 同阶但不等价无穷小　　B. 等价无穷小

C. 低阶无穷小　　D. 高阶无穷小

4. 设二阶常系数齐次线性微分方程 $y''+by'+c^2y=0$(c,b 为常数)的每一个解 $y(x)$ 在区间 $(0,+\infty)$ 有界,则实数 c,b 的取值范围是 ( )

A. $b\geqslant 0,c\neq 0$　　B. $b\leqslant 0,b^2\geqslant 4c^2$

C. $b\geqslant 0,b^2+c^2\neq 0$　　D. $b^2\geqslant 4c^2$

5. 设 $\boldsymbol{A},\boldsymbol{B}$ 为 n 阶可逆矩阵,且 $(\boldsymbol{AB})^2=\boldsymbol{E}$,其中 $\boldsymbol{E}$ 是 n 阶单位矩阵,则以下选项中错误的是 ( )

A. $\boldsymbol{B}^{-1}=\boldsymbol{A}$　　B. $\boldsymbol{B}^{-1}\boldsymbol{A}^{-1}=\boldsymbol{AB}$　　C. $(\boldsymbol{BA})^2=\boldsymbol{E}$　　D. $\boldsymbol{A}^{-1}=\boldsymbol{BAB}$

6. n 维向量组 $\boldsymbol{\alpha}_1,\boldsymbol{\alpha}_2,\cdots,\boldsymbol{\alpha}_s$ 线性无关,且 $\boldsymbol{\beta}=k_1\boldsymbol{\alpha}_1+k_2\boldsymbol{\alpha}_2+\cdots+k_s\boldsymbol{\alpha}_s$,其中 $k_1,k_2,\cdots,k_s$ 全不为零,则 ( )

A. 向量组 $\boldsymbol{\alpha}_1,\boldsymbol{\alpha}_2,\cdots,\boldsymbol{\alpha}_{s-1},\boldsymbol{\beta}$ 线性相关

B. 向量组 $\boldsymbol{\alpha}_1,\boldsymbol{\alpha}_2,\cdots,\boldsymbol{\alpha}_s,\boldsymbol{\beta}$ 线性无关

C. 向量组 $\boldsymbol{\alpha}_2,\boldsymbol{\alpha}_3,\cdots,\boldsymbol{\alpha}_s,\boldsymbol{\beta}$ 线性相关

D. 向量组 $\boldsymbol{\alpha}_1,\boldsymbol{\alpha}_2,\cdots,\boldsymbol{\alpha}_{i-1},\boldsymbol{\beta},\boldsymbol{\alpha}_{i+1},\cdots,\boldsymbol{\alpha}_s$ 线性无关

7. 若随机变量 X,Y 均服从正态分布 $N(0,1)$,则 ( )

A. X^2+Y^2 服从 $\chi^2(2)$ 分布　　B. $X-Y$ 服从 $N(0,2)$ 分布

C. $\dfrac{X^2}{Y^2}$服从 $F(1,1)$分布　　D. $(X,-Y)$不一定服从正态分布

8. A,B,C 三随机事件必相互独立,如果满足条件　（　）

A. A,B,C 两两独立　　B. $P(ABC)=P(A)P(B)P(C)$

C. $P(A\cup B)=1$　　D. $P(A\cup B)=0$

二、填空题(本题含 6 小题,每小题 4 分,满分 24 分)

9. 设 $f(x)$ 连续,且满足$\int_0^y f(x-t)\mathrm{d}t=\dfrac{\sin x}{x}$,则$\int_0^{\frac{\pi}{2}} f(x)\mathrm{d}x=$________.

10. 曲线 $y=\dfrac{1}{x}+\ln(1+\mathrm{e}^x)$的渐近线为________.

11. 若级数$\sum\limits_{n=1}^{\infty}a_n(x+1)^n$ 在 $x=1$ 处条件收敛,则它的收敛半径为________.

12. 若方程 $x^3+3x^2-18x+a=0$ 恰有三个实根,则 a 的范围是________.

13. 已知 n 阶矩阵 $\boldsymbol{A}$ 的各列元素之和为 2,$|\boldsymbol{A}|=4$,则它的伴随矩阵 $\boldsymbol{A}^*$ 的各列元素之和为________.

14. 设 X 表示在 n 次独立重复试验中事件 A 发生的次数,若 $P(A)=0.5$,$E[X(X-1)]=5$,则 $n=$________.

三、解答题(本题含 9 小题,满分 94 分)

15. (本题满分 10 分)

求极限 $\lim\limits_{x\to 0^+}\left(\dfrac{x}{1-\mathrm{e}^{-x^2}}-\dfrac{1}{\ln(1+x)}\right)$.

16. (本题满分 10 分)

计算积分 $I=\iint\limits_D|\cos(x+y)|\,\mathrm{d}\sigma$,其中平面区域 $D=\{(x,y)\mid 0\leqslant x,y\leqslant\pi\}$.

17. (本题满分 10 分)

设函数 $f(x)$的一阶导数在$[0,1]$上连续,且 $f(0)=f(1)=0$,证明:

$$\left|\int_0^1 f(x)\mathrm{d}x\right|\leqslant\frac{1}{4}\max_{0\leqslant x\leqslant 1}|f'(x)|.$$

18. (本题满分 12 分)

已知函数 $y=f(x)$在(a,b)内可导,且满足$|f'(x)|\leqslant r<1$(r 为常数),$a<f(x)<b$. 设 $u_0\in(a,b)$为任意一点,$u_n=f(u_{n-1})(n=1,2,\cdots)$. 证明:

(1) 级数$\sum\limits_{n=1}^{\infty}|u_n-u_{n-1}|$收敛;

(2) $\lim\limits_{n\to\infty}u_n$ 存在.

19. (本题满分 12 分)

某地区研究消费需求量时,发现在稳定条件下,需求量 y 只与消费者个人收入 x 有关.经测算,消费需求增长率对消费者个人收入增长率之比的平均弹性为 0.5,且当消费者收入 $x=1$ 时,消费需求量 $y=\mathrm{e}$.

(1) 求需求量 y 与个人收入 x 之间的函数关系;

(2) 求消费者个人收入为 3 时的消费需求量.

20. (本题满分 10 分)

设 X,Y 相互独立,且同服从于参数为 p 的 0-1 分布,设 $Z=\begin{cases}0, & X+Y\text{ 为奇数},\\1, & X+Y\text{ 为其他数}.\end{cases}$

(1) 求 X,Z 的联合分布律;

(2) 若 X,Z 相互独立,求 p.

21. (本题满分 10 分)

设 $X_1,X_2,\cdots,X_n$ 是来自总体 X 的容量为 n 的简单样本.

(1) 设总体 $X\sim N(\mu,0.9^2)$,为使 μ 的 0.95 双侧置信区间长度不超过 1,则样本容量 n 至少应取多少?说明理由.

(2) 设总体 $X\sim N(\mu,\sigma^2)$,σ^2 未知.若取 $n=9$,测得 $\bar{x}=3.64$,$s^2=0.64$,试在显著水平 $\alpha=0.05$ 下作 μ 不少于 $\mu_0=4.00$ 的假设检验.

附表:$z_{0.05}=1.64$,$z_{0.025}=1.96$

$\chi_\alpha^2(n)$	$n=8,n=9$		$\chi_\alpha^2(n)$	$n=8,n=9$		$t_\alpha(n)$	$n=8,n=9$	
$\alpha=0.95$	2.733	3.325	$\alpha=0.05$	15.507	16.919	$\alpha=0.05$	1.8595	1.8331
$\alpha=0.975$	2.180	2.700	$\alpha=0.0255$	17.535	19.023	$\alpha=0.0255$	2.3060	2.2622

22. (本题满分 10 分)

已知二维非零向量 $\boldsymbol{X}$ 不是 2 阶方阵 $\boldsymbol{A}$ 的特征向量.

(1) 证明:$\boldsymbol{X},\boldsymbol{AX}$ 线性无关;

(2) 若 $\boldsymbol{X},\boldsymbol{AX}$ 适合 $\boldsymbol{A}^2\boldsymbol{X}+\boldsymbol{AX}-6\boldsymbol{X}=\boldsymbol{0}$,求 $\boldsymbol{A}$ 的全部特征值和特征向量,并由此判断 $\boldsymbol{A}$ 能否与对角矩阵相似,若能,请写出该对角矩阵.

23. (本题满分 10 分)

用配方法将二次型 $f(x_1,x_2,x_3)=(x_1-x_2)^2+(x_2-x_3)^2+(x_3-x_1)^2$ 化成标准形,并求出可逆线性变换 $\boldsymbol{X}=\boldsymbol{PY}$ 的可逆矩阵 $\boldsymbol{P}$.

数学三考研模拟试题四

一、选择题(本题含 8 小题,每小题 4 分,满分 32 分)

1. 若 $f(x)$ 为 $(-\infty,+\infty)$ 内的二阶可导的奇函数,在 $(-\infty,0)$ 内满足 $f'(x)>0$,且 $f''(x)<0$,则在 $(0,+\infty)$ 内必有 ( )

A. $f'(x)>0$,且存在常数 $k>0$ 使得 $y=f(x)$ 与 $y=kx$ 有唯一交点

B. $f'(x)>0$,且存在常数 $k>0$ 使得 $y=f(x)$ 与 $y=kx$ 有两个交点

C. $f'(x)<0, f''(x)<0$

D. $f'(x)<0, f''(x)>0$

2. 设 $f(x)$ 为严格单调可导函数,$g(x)$ 为 $f(x)$ 的反函数,令 $F(x)=\int_0^{x-g(x)} f(x-t)\mathrm{d}t$,则 $F'(x)=$ ( )

A. $f(x)-\dfrac{x}{f'(x)}$　　B. $f(x)-\dfrac{g(x)}{f'(x)}$

C. $f(x)-xg'(x)$　　D. $f(x)-\dfrac{g'(x)}{x}$

3. 二重积分 $I=\int_0^{\frac{\sqrt{2}}{2}}\mathrm{d}y\int_0^y \sin(x^2+y^2)\mathrm{d}x+\int_{\frac{\sqrt{2}}{2}}^1\mathrm{d}y\int_0^{\sqrt{1-y^2}}\sin(x^2+y^2)\mathrm{d}x$ 在极坐标系下的表达式为 ( )

A. $\int_{\frac{\pi}{4}}^{\frac{\pi}{2}}\mathrm{d}\theta\int_0^{\frac{1}{2}} r\sin r^2\mathrm{d}r$　　B. $\int_{-\frac{\pi}{2}}^{\frac{\pi}{2}}\mathrm{d}\theta\int_0^1 r\sin r^2\mathrm{d}r$

C. $\int_0^{\frac{\pi}{2}}\mathrm{d}\theta\int_0^1 r\sin r^2\mathrm{d}r$　　D. $\int_{\frac{\pi}{4}}^{\frac{\pi}{2}}\mathrm{d}\theta\int_0^1 r\sin r^2\mathrm{d}r$

4. 设 $z=h(x,y)$ 由方程 $\mathrm{e}^{xyz}=x+y+z$ 确定,则 $h(x,y)$ 在点 $P_0(0,1)$ 的两个偏导数 $\dfrac{\partial h(0,1)}{\partial x}$ 和 $\dfrac{\partial h(0,1)}{\partial y}$ ( )

A. 分别等于 0 和 -1　　B. 分别等于 -1 和 0

C. 都等于 0　　D. 都等于 -1

5. 已知 $\boldsymbol{a}_1,\boldsymbol{a}_2,\boldsymbol{a}_3$ 是齐次线性方程组 $\boldsymbol{Ax}=\boldsymbol{0}$ 的基础解系,那么 $\boldsymbol{Ax}=\boldsymbol{0}$ 的基础解系还可以是 ( )

A. $\boldsymbol{a}_1+2\boldsymbol{a}_2-\boldsymbol{a}_3, 3\boldsymbol{a}_1+5\boldsymbol{a}_2+4\boldsymbol{a}_3$

B. $\boldsymbol{a}_1+2\boldsymbol{a}_2, 3\boldsymbol{a}_3+7\boldsymbol{a}_1, 5\boldsymbol{a}_1-4\boldsymbol{a}_3$

C. $\boldsymbol{a}_1+2\boldsymbol{a}_2-\boldsymbol{a}_3, 3\boldsymbol{a}_2+2\boldsymbol{a}_3, 4\boldsymbol{a}_3-2\boldsymbol{a}_1-\boldsymbol{a}_2$

D. $\boldsymbol{a}_1+2\boldsymbol{a}_3, 3\boldsymbol{a}_2+5\boldsymbol{a}_3+\boldsymbol{a}_1, \boldsymbol{a}_3+2\boldsymbol{a}_1+\boldsymbol{a}_2$

6. 设 $\boldsymbol{A}$ 是三阶矩阵，特征值是 $\lambda_1=2,\lambda_2=-1,\lambda_3=0$，对应的特征向量分别是 $\boldsymbol{a}_1$，$\boldsymbol{a}_2,\boldsymbol{a}_3$，若 $\boldsymbol{P}=(\boldsymbol{a}_3,3\boldsymbol{a}_2,-\boldsymbol{a}_1)$，则 $\boldsymbol{P}^{-1}\boldsymbol{AP}=$ （　　）

A. $\begin{pmatrix}2&&\\&-1&\\&&0\end{pmatrix}$　　B. $\begin{pmatrix}0&&\\&-3&\\&&-2\end{pmatrix}$

C. $\begin{pmatrix}0&&\\&-1&\\&&2\end{pmatrix}$　　D. $\begin{pmatrix}0&&\\&1&\\&&-2\end{pmatrix}$

7. 若 $(X,Y)\sim N(0,0,\sigma^2,\sigma^2,0)$，令 $U=\frac{1}{2}(X+Y)$，$V=X-\frac{1}{2}Y$，则下列结论中不正确的为 （　　）

A. U,V 均为正态分布　　B. U,V 同分布

C. $D(V)=\frac{5}{4}\sigma^2$　　D. U,V 不独立

8. 设 $P(A)>0,P(B)>0$，且 A 与 B 二事件互斥，下列关系式正确的是 （　　）

A. $P(B)=P(B|A)$　　B. $P(A\bar{B})=P(A)P(\bar{B})$

C. $P(A|\bar{B})=\frac{P(A)}{1-P(B)}$　　D. $P(B)=1-P(A)$

二、填空题(本题含 6 小题，每小题 4 分，满分 24 分)

9. 已知 $f'(0)=2,f(0)=0$，则 $\lim\limits_{x\to 0}\frac{\sin(3x^2)}{f(1-\cos x)}=$________.

10. 计算广义积分 $\int_1^{+\infty}\frac{\ln x}{x^2}\mathrm{d}x=$________.

11. 幂级数 $\sum\limits_{n=1}^{\infty}\frac{2+(-1)^n}{2^n}x^n$ 的收敛区间为________.

12. 由 $x^2+y^2\leqslant 2x$ 与 $y\geqslant x$ 确定平面图形绕直线 $x=2$ 旋转而成的旋转体体积 $V=$________.

13. 已知 n 阶矩阵 $\boldsymbol{A}$ 满足 $2\boldsymbol{A}(\boldsymbol{A}-\boldsymbol{E})=\boldsymbol{A}^3$，则 $(\boldsymbol{E}-\boldsymbol{A})^{-1}=$________.

14. 袋中有 m 个白球，n 个红球，从中依次随机地取出 k 个球($1\leqslant k\leqslant m+n$，取后不放回)，则第 k 个球是白球的概率为________.

三、解答题(本题含 9 小题，满分 94 分)

15. (本题满分 10 分)

设函数 $f(x)=\int_0^{\sin^2 x}\arcsin\sqrt{t}\,\mathrm{d}t+\int_0^{\cos^2 x}\arccos\sqrt{t}\,\mathrm{d}t$.

(1) 求 $f'(x)\left(0\leqslant x\leqslant\frac{\pi}{2}\right)$;

(2) 求 $f(x)\left(0\leqslant x\leqslant\frac{\pi}{2}\right)$.

16. (本题满分 10 分)

设 $f(x)$在$[a,b]$上连续,在(a,b)内可导,且 $f(a)\cdot f(b)>0$,$f(a)\cdot f\left(\frac{a+b}{2}\right)<0$,求证:对任意给定的 $k\in(-\infty,+\infty)$,存在 $\xi\in(a,b)$,使得 $f'(\xi)=kf(\xi)$.

17. (本题满分 11 分)

计算二重积分$\iint\limits_D x(y+1)\mathrm{d}\sigma$,其中积分区域 D 由 y 轴与曲线 $y=\sqrt{4-x^2}$,$y=\sqrt{2x-x^2}$ 围成.

18. (本题满分 12 分)

某公司的一个研发部门研发甲乙两类高科技产品,甲类产品可有 x 个品种选择,乙类产品可有 y 个品种选择,限于研发能力,甲乙两类产品的品种需满足 $x+y\leqslant 9$,若每季度研发甲乙两类产品对该公司产生的效益函数为 $f(x,y)=4+2x+2y-x^2-y^2$(百万元),问:该研发部门每个季度应如何制定研发策略使其效益最大?该研发部门每个季度潜在的最大风险(亏损最大)是什么?

19. (本题满分 11 分)

设函数 $u(x,y)$的全微分为 $\mathrm{d}u=[\sin x+2f'(x)-f(x)]y\mathrm{d}x+f'(x)\mathrm{d}y$,其中 f 在$(-\infty,+\infty)$内具有二阶连续导数,且 $f(0)=f'(0)=0$,求 $f(x)$.

20. (本题满分 10 分)

设二维随机变量(X,Y)的概率密度函数为

$$f(x,y)=\begin{cases}2\mathrm{e}^{-(x+y)}, & 0<x<y,\\ 0, & \text{其他}.\end{cases}$$

(1) 求(X,Y)的边缘密度函数 $f_X(x)$,$f_Y(y)$;

(2) 如果记$U=X$,$V=Y-X$,试求(U,V)的联合分布函数 $F(u,v)$,并问U,V 是否独立,为什么?

21. (本题满分 10 分)

将一枚硬币重复掷 3 次,以 X,Y 分别表示 3 次投掷中正面、反面出现的总次数,记

$$z=\begin{cases}1, & X>Y,\\ -1, & X\leqslant Y.\end{cases}$$

试求:(1) X 与 Z 的联合分布;

(2) X 与 Z 的相关系数.

22. (本题满分 10 分)

设矩阵$\boldsymbol{A}=\begin{pmatrix}1 & 2a & -4a\\ 0 & 9 & -20\\ 0 & 4 & -9\end{pmatrix}$,试讨论 a 取什么值时,矩阵 $\boldsymbol{A}$ 与对角矩阵相似,并求

出可逆矩阵 $\boldsymbol{P}$ 和对角矩阵 $\boldsymbol{D}$，使得 $\boldsymbol{P}^{-1}\boldsymbol{A}\boldsymbol{P}=\boldsymbol{D}$.

23.（本题满分 10 分）

已知矩阵 $\boldsymbol{A}=\begin{pmatrix}1 & 2 & -2\\ 2 & -a & 2\\ 3 & 0 & 4\end{pmatrix}$ 可逆，$\boldsymbol{A}^*$ 是 $\boldsymbol{A}$ 的伴随矩阵，$\boldsymbol{a}=\begin{bmatrix}1\\ a\\ -1\end{bmatrix}$ 是 $\boldsymbol{A}^*$ 的特征向量，求 $\boldsymbol{A}^*$ 的特征值与特征向量.

数学三考研模拟试题五

一、选择题(本题含 8 小题,每小题 4 分,满分 32 分)

1. 已知 $f(x)$ 是 $(-\infty,+\infty)$ 上的奇函数,且 $f'(0)$ 存在,设 $F(x)=\begin{cases}\dfrac{f(x)}{x}\sin 2x, & x\neq 0,\\ 0, & x=0,\end{cases}$ 则函数 $F(x)$ 在点 $x=0$ 处　(　　)

A. 极限不存在　　B. 极限存在,但不连续

C. 连续,但不可导　　D. 可导

2. 设 $f(x)$ 二阶可导,且 $y=f(\ln x)$,则 $y''=$　(　　)

A. $f''(\ln x)$　　B. $f''(\ln x)\dfrac{1}{x^2}$

C. $\dfrac{1}{x^2}[f''(\ln x)+f'(\ln x)]$　　D. $\dfrac{1}{x^2}[f''(\ln x)-f'(\ln x)]$

3. 设函数 $f(x,y)$ 具有连续的偏导数,且 $f(x,x^2)=x^4$,$f'_y(1,1)=1$,则 $f'_x(1,1)=$(　　)

A. 2　　B. 1　　C. -1　　D. -2

4. 设 $f(x)$ 满足 $\int_0^x f(t-x)\mathrm{d}t=-\dfrac{x^2}{2}+\mathrm{e}^{-x}-1$,则 $f(x)$　(　　)

A. 有极大值 $f(0)=-1$ 及渐近线 $y=x$

B. 有极小值 $f(0)=-1$ 及渐近线 $y=x$

C. 有极大值 $f(0)=-1$ 及渐近线 $y=-x$

D. 有极小值 $f(0)=-1$ 及渐近线 $y=-x$

5. 已知 $\boldsymbol{A}$ 是 $m\times n$ 矩阵,$\boldsymbol{C}$ 是 n 阶可逆矩阵,$\boldsymbol{A}$ 的秩为 r,矩阵 $\boldsymbol{B}=\boldsymbol{AC}$ 的秩为 r_1,则　(　　)

A. $r>r_1$　　B. $r<r_1$　　C. $r=r_1$　　D. 两者关系不确定

6. 已知 $\boldsymbol{a}_1,\boldsymbol{a}_2,\boldsymbol{a}_3$ 为 $n(n\geqslant 3)$ 维向量且线性无关,若向量组 $\boldsymbol{a}_1-5\boldsymbol{a}_2+a\boldsymbol{a}_3$,$\boldsymbol{a}_1+2\boldsymbol{a}_2-3\boldsymbol{a}_3$,$2\boldsymbol{a}_1-3\boldsymbol{a}_2$ 线性相关,则 $a=$　(　　)

A. 1　　B. 2　　C. 3　　D. 4

7. 已知 A,B,C 为事件,$P(ABC)>0$,$P(C)\neq 1$,与 $P(AB|C)=P(A|C)P(B|C)$ 不等价的是　(　　)

A. $P(A|C)=P(A|BC)$　　B. $P(B|C)=P(B|AC)$

C. $P(AB)=P(A)P(B)$　　D. $P(ABC)=P(AC)P(B|C)$

8. 设随机变量 X 与 Y 相互独立,且方差 $DX>0$,$DY>0$,则　(　　)

A. X 与 $X+Y$ 一定相关　　B. X 与 $X+Y$ 一定不相关

C. X 与 XY 一定相关　　D. X 与 XY 一定不相关

二、填空题(本题含 6 小题,每小题 4 分,满分 24 分)

9. 已知当 $x\to 0^+$ 时,$f(x)=\int_0^{1-\cos\sqrt{x}}\sin t^2\,\mathrm{d}t$ 是 x 的 k 阶无穷小,则 $k=$ ________.

10. 计算广义积分$\int_0^{+\infty}\frac{1}{\sqrt{x(x+1)^3}}\mathrm{d}x=$ ________.

11. 级数$\sum_{n=1}^{\infty}\frac{n^2}{n!}=$ ________.

12. 设 $f(u,v)$为二元可微函数,$z=f\left(x^{2y},\frac{y}{x}\right)$,则$\frac{\partial z}{\partial x}=$ ________.

13. 设$\boldsymbol{A}=\begin{pmatrix}1 & 2 & -2\\ 2 & a & 1\\ 3 & -1 & 1\end{pmatrix}$,其中 a 为常数,已知存在三阶非零矩阵 $\boldsymbol{B}$ 满足 $\boldsymbol{AB}=\boldsymbol{O}$,则矩阵 $\boldsymbol{A}$ 的秩 $r(\boldsymbol{A})=$ ________.

14. 设 3 个袋子各装有 $r+b$ 只球,其中红球 r 只. 今从第 1 个袋子中随机取出一个球,放入第 2 个袋子,再从第 2 个袋子随机取一球,放入第 3 袋子并从中随机取一球. 令 $X=\begin{cases}1, & \text{当第 3 次取出红球},\\ -1, & \text{反之},\end{cases}$ 则 $EX=$ ________.

三、解答题(本题含 9 小题,满分 94 分)

15. (本题满分 10 分)

设 $f(x)$在 $x=0$ 二阶可导,又$\lim\limits_{x\to 0}\frac{f(x)}{1-\cos x}=A$.

(1) 求 $f'(0)$与 $f''(0)$.

(2) 求 $J=\lim\limits_{x\to 0}\frac{\int_0^x tf(x^2-t^2)\,\mathrm{d}t}{x^6}$.

16. (本题满分 10 分)

求幂级数$\sum_{n=1}^{\infty}\frac{x^{2n}}{n(2n-1)}$的收敛半径与收敛域,并在此幂级数的收敛区间内求它的和函数.

17. (本题满分 11 分)

计算二重积分

$$\iint\limits_D \sin x\sin y\max\{x,y\}\,\mathrm{d}x\mathrm{d}y,$$

其中积分区域 $D=\{(x,y)\mid 0\leqslant x\leqslant\pi,0\leqslant y\leqslant\pi\}$.

18. (本题满分 12 分)

设甲、乙两种产品的需求函数分别是 $P_1=9-Q_1$，$P_2=25-4Q_2$，其中 P_1 和 P_2 分别表示甲，乙两种产品的价格(单位：万元/吨)，Q_1 和 Q_2 分别表示甲，乙两种产品的销售量(即需求量，单位：吨)，并且生产这两种产品的总成本函数是 $C=Q_1+Q_2+15$(单位：万元)

(1) 要取得最大利润，应分别生产甲，乙两种产品各多少吨？

(2) 如果限制甲，乙两种产品的总销售量为 6 吨，试确定甲，乙两种产品的销售量，使获得的利润最大.

19. (本题满分 11 分)

求二元函数 $z=x^2y(4-x-y)$ 在直线 $x+y=6$，x 轴和 y 轴所围成的闭域 D 上的最大值和最小值.

20. (本题满分 10 分)

设二维随机变量 X,Y 分别服从 $B\left(1,\dfrac{1}{4}\right)$ 和 $B\left(1,\dfrac{1}{3}\right)$，已知 $P\{X=0,Y=0\}=\dfrac{7}{12}$.

(1) 求 (X,Y) 的分布；

(2) 求 X 和 Y 相关系数 ρ_{XY}；

(3) 求 $P\{X=1\mid X^2+Y^2=1\}$.

21. (本题满分 10 分)

设二维随机变量 (X,Y) 的概率密度为

$$f(x,y)=\begin{cases}2-x-y, & 0<x<1,0<y<1,\\ 0, & \text{其他}.\end{cases}$$

(1) 求 $P\{X>2Y\}$；

(2) 求 $Z=X+Y$ 的概率密度 $f_Z(z)$.

22. (本题满分 10 分)

三元二次型 $\boldsymbol{x}^{\mathrm{T}}\boldsymbol{A}\boldsymbol{x}$ 经正交变换 $\boldsymbol{x}=\boldsymbol{Q}\boldsymbol{y}$ 化为标准形 $y_1^2+y_2^2-5y_3^2$，又知 $\boldsymbol{A}\boldsymbol{a}+5\boldsymbol{a}=\boldsymbol{0}$，其中 $\boldsymbol{a}=(1,-1,-1)^{\mathrm{T}}$，求此二次型的表达式并写出所用坐标变换.

23. (本题满分 10 分)

设 $\boldsymbol{A}$ 为三阶矩阵，$\boldsymbol{A}\sim\boldsymbol{B}$，其中 $\boldsymbol{B}=\begin{pmatrix}1&2&3\\2&4&6\\3&6&9\end{pmatrix}$.

(1) 若 $\boldsymbol{A}$ 对应于特征值 $\lambda_1=\lambda_2=0$ 的特征向量有

$$\boldsymbol{\xi}_1=\begin{pmatrix}1\\1\\0\end{pmatrix},\quad \boldsymbol{\xi}_2=\begin{pmatrix}2\\2\\0\end{pmatrix},\quad \boldsymbol{\xi}_3=\begin{pmatrix}0\\2\\1\end{pmatrix},\quad \boldsymbol{\xi}_4=\begin{pmatrix}5\\-1\\-3\end{pmatrix},$$

求 $\boldsymbol{A}$ 对应于特征值 λ_3 的特征向量；

(2) 求矩阵 $\boldsymbol{A}$.

习题参考答案

习　题　1

1. $\delta=\frac{\varepsilon}{2}$,0.05,0.005,0.0005

2. (1) $[-1,1]$； (2) $(-1,0)\cup(0,1)$； (3) $(-1,0)\cup(0,+\infty)$；
   (4) $(-\infty,2)\cup(2,3)\cup(3,+\infty)$

3. (1) 不同； (2) 相同； (3) 不同； (4) 不同

4. $f(0)=1,f(1)=\sqrt{2},f(-1)=\sqrt{2},f\left(\frac{1}{a}\right)=\frac{1}{|a|}\sqrt{a^2+1},f(x_0)=\sqrt{1+x_0^2},f(x_0+h)=\sqrt{1+(x_0+h)^2}$

5. (1) 奇函数； (2) 偶函数； (3) 非奇非偶函数； (4) 偶函数

6. (1) 是周期函数,周期 $l=1$； (2) 是周期函数,周期 $l=2\pi$；
   (3) 不是周期函数； (4) 是周期函数,周期 $l=\pi$

7. (1) $y=u^3,u=1+v^2,v=\sin x$； (2) $y=\mathrm{e}^u,u=\sqrt{v},v=\tan w,w=x-1$；
   (3) $y=\sqrt{u},u=\cos v,v=\frac{1}{w},w=x^3-1$

8. (1) $f(2)=2l,f(5)=5l$； (2) $l=0$

9. $f(f(x))=\frac{(1+x^2)^2}{1+(1+x^2)^2},f\left(\frac{1}{f(x)}\right)=\frac{1}{1+(1+x^2)^2}$

10. $f(f(x))=0,g(g(x))=g(x),f(g(x))=f(x),g(f(x))=0$

11. (1) $P=\begin{cases}100, & 0\leqslant x\leqslant 100,\\ 100-(x-100)\cdot 0.02, & 100<x<1100,\\ 80, & x\geqslant 1100;\end{cases}$

    (2) $L=(P-60)x=\begin{cases}40x, & 0\leqslant x\leqslant 100,\\ 42x-0.02x^2, & 100<x<1100,\\ 20x, & x\geqslant 1100;\end{cases}$

    (3) $L=22000$(元)

12. $V=\frac{1}{12\pi}R^3\alpha^2\sqrt{1-\left(\frac{\alpha}{2\pi}\right)^2}$

13. $y=60000\left(\frac{2}{3}\right)^t$

14. 存一年期的存款收益较多,多 $0.0033a$

15. (1) 必要,充分； (2) 必要,充分； (3) 必要,充分； (4) 充分且必要； (5) 必要,充分

16. (1) $a=1,b=-1$； (2) $a=1,b=1$； (3) $a=0,b=4$

17. (1) 2； (2) $\frac{1}{3}$； (3) $\frac{1}{2}$； (4) $\frac{8}{3}$； (5) 1； (6) $\frac{1}{2}$； (7) $\frac{4}{3}$； (8) $6x^2$；

(9) $\frac{m}{n}$； (10) 1； (11) $\frac{1}{2}$； (12) $\frac{1}{4}$； (13) 1； (14) 0； (15) 0； (16) 1

18.19. 略

20. (1) 高阶； (2) 低阶； (3) 同阶； (4) 等价

21. $a=1$

22. (1) (B)； (2) (B)

23. (1) $x=0$ 可去间断点,补充 $f(0)=2$；

(2) $x=0$ 第二类间断点,$x=-1$ 可去间断点,补充 $f(-1)=\frac{\pi}{2}$；

(3) $x=0$ 可去间断点,补充 $f(0)=0$；

(4) $x=4$ 第二类间断点,$x=1$ 可去间断点,补充 $f(1)=-\frac{2}{3}$；

(5) $x=1$ 是第一类跳跃间断点；

(6) $x=0$ 是第一类跳跃间断点

24.25. 提示:用根的存在性定理或零点定理即可

26.27. 提示:用介值定理即可

28. (1) 药量可达$\frac{q_0 e^{kT}}{e^{kT}-1}$；

(2) $k=0.1733$,药量为 2.67mg

习 题 2

1. (1) $4+\Delta t$； (2) 4

2. 2,2

3. 提示:利用偶函数与导数的定义

4. $\left(\frac{1}{2},-\ln 2\right)$

5. (1) 连续但不可导； (2) 连续且可导,$f'(0)=0$； (3) 连续且可导,$f'(0)=1$

6. $a=2,b=-1$

7. (1) $y'=4x+3$； (2) $y'=\frac{3}{2\sqrt{x}}+\frac{1}{x^2}$；

(3) $y'=2011x^{2010}+2011^x\ln 2011$； (4) $y'=2e^x\cos x$；

(5) $y'=x(2\ln x+1)$；

(6) $y'=(x-2)(x-3)+(x-1)(x-3)+(x-1)(x-2)$；

(7) $y'=6(3x+1)$； (8) $y=\frac{2}{(x+1)^2}$；

(9) $y=-\frac{1}{\sqrt{x}(1+\sqrt{x})^2}$； (10) $y=\frac{\cos x-x}{1+\sin x}$

8. $x-y-\pi=0,x+y-\pi=0$

9. (1) $y'=6(2x+1)^2$; (2) $y'=-\tan x$;

(3) $y'=4xe^{2x^2}$; (4) $y'=3^{\sin x}\cos x\ln 3$;

(5) $y'=-\dfrac{1}{x^2}\sec\dfrac{1}{x}\tan\dfrac{1}{x}$; (6) $y'=\dfrac{1}{\sqrt{x^2+a^2}}$;

(7) $y'=\dfrac{1}{6\sqrt{\tan\dfrac{x}{3}}}\sec^2\dfrac{x}{3}$; (8) $y'=\tan^2 x+2x\tan x\sec^2 x-\dfrac{x}{\sqrt{1+x^2}}$;

(9) $y'=\dfrac{24x^2}{(1+3x)^4}$; (10) $y'=\dfrac{1}{x\ln 2x}$

10. (1) $y''=\dfrac{2(2-x^2)}{(2+x^2)^2}$; (2) $y''=\dfrac{2}{(1+x^2)^2}$;

(3) $y''=\dfrac{2e^{2x}(2x^2-2x+1)}{x^3}$; (4) $y''=\dfrac{2(1+x^4)}{(1-x^4)^{\frac{3}{2}}}$

11. $y^{(10)}=-x^2\sin x+20x\cos x+90\sin x$

12. (1) $\dfrac{dy}{dx}=\dfrac{1}{x}f'(\ln x)$; (2) $y''=e^{f(x)}[2f'(x)+xf''(x)+xf'^2(x)]$

13. (1) $y'=\dfrac{y\ln y}{y-x}$; (2) $y'=-\dfrac{x^2+2xy}{x^2+y^2}$;

(3) $y'=\dfrac{ye^{xy}-1}{1-xe^{xy}}$; (4) $y'=\dfrac{\sin y}{1-x\cos y}$

14. (1) $y'=x^{\sin x}\left(\cos x\ln x+\dfrac{\sin x}{x}\right)$;

(2) $y=\dfrac{\sqrt{x-1}\cdot\sqrt[3]{2-x}}{\sqrt[4]{2x-3}\cdot\sqrt[5]{x-4}}\left(\dfrac{1}{2(x-1)}-\dfrac{1}{3(2-x)}-\dfrac{1}{2(2x-3)}-\dfrac{1}{5(x-4)}\right)$;

(3) $y=(\cos x)^{\tan x}[\sec^2 x\ln\cos x-\tan^2 x]$; (4) $y=x\sqrt{\dfrac{x}{1+x}}\left[\dfrac{3}{2x}-\dfrac{1}{2(1+x)}\right]$

15. (1) $y'=\dfrac{\sin 2t+2\cos 2t}{\cos t-\sin t}$; (2) $y'=\dfrac{2-2t}{3at^2}$

16. (1) $dy=6x^2dx$; (2) $dy=(1+2x^2)e^{x^2}dx$;

(3) $dy=e^x(\cos 2x-2\sin 2x)dx$; (4) $dy=mn\sin^{n-1}mx\,dx$;

(5) $dy=-\dfrac{1}{2}\csc^2\dfrac{x}{2}dx$; (6) $dy=-\dfrac{\sqrt{2x}}{2x(1+2x)}dx$

17. (1) 2.0025; (2) 0.02; (3) 1.06; (4) 0.502518

习　题　3

1. 0

2. $\dfrac{1}{\ln 2}-1$

3. 提示:利用介值定理和罗尔定理

4. 提示:利用拉格朗日中值定理

5. 提示:令 $F(x)=f(x)\sin x$,对 $F(x)$使用拉格朗日中值公式

6. (1) 4；(2) 2；(3) $\frac{2}{7}$；(4) 0；(5) 1；(6) 1；(7) ∞；(8) 1；(9) $\frac{1}{6}$；(10) 0

7. (1) $(-\infty,1]$及$(2,+\infty)$单调增加，$(1,2]$单调减少；
(2) $(-\infty,-1]$及$(1,+\infty)$单调减少，$(-1,1]$单调增加；
(3) $(0,+\infty)$单调增加，$(-\infty,0]$单调减少；
(4) $(0,+\infty)$单调增加，$(-\infty,0]$单调减少

8. 提示：令 $F(x)=\ln(1+x)-\frac{x}{1+x}$，利用导数判断 $F(x)$的单调性

9. (1) 在 $x=0$ 处有最小值 $\ln 2$，在 $x=3$ 处有最大值 $\ln 11$；
(2) 在 $x=1$ 处有最小值 0，在 $x=-1$ 处有最大值 8；
(3) 在 $x=-1$ 处有最小值 $-\frac{5}{2}$，在 $x=0$ 及 $\frac{27}{8}$ 处有最大值 0

10. (1) $(-\infty,2)$凸，$(2,+\infty)$凹，拐点为$(2,0)$；
(2) $\left(-\infty,\frac{2}{3}\right)$凸，$\left(\frac{2}{3},+\infty\right)$凹，拐点为$\left(\frac{2}{3},\frac{11}{27}\right)$；
(3) $(-\infty,-2)$凸，$(-2,+\infty)$凹，拐点为$\left(-2,-\frac{2}{e^2}\right)$

11. 底边长为 6m，高为 3m

12. 底半径为$\sqrt[3]{\frac{V}{\pi}}$，高等于底半径

13. 略

14. $\frac{\sqrt{2}}{2}$

15. $\frac{4\sqrt{5}}{25}$

16. 1246N

17. $\sqrt{\frac{2ab}{c}}$

18. (1) $C'(10)=3, R'(10)=15, L'(Q)=12$；(2) $Q=34$

19. (1) $\xi(P)=\frac{P}{20-P}$；(2) $\frac{3}{17}$；(3) 增加；
(4) $P=10$ 时，总收益最大，最大的总收益为 50

习　题　4

1. $y=\ln x+1$

2. (1) 27(m)；(2) $\sqrt[3]{360}\approx 7.11(\mathrm{s})$

3. $P(t)=\frac{a}{2}t^2+bt$

4. (1) $8x-6x^2+2x^3-\frac{1}{4}x^4+C$；(2) $\frac{2^x}{\ln 2}-\frac{x^3}{3}+C$；(3) $\frac{6}{11}x^{\frac{11}{6}}-\frac{3}{4}x^{\frac{4}{3}}+\frac{2}{3}x^{\frac{3}{2}}-x+C$；
(4) $\frac{2}{3}x^{\frac{3}{2}}-\ln|x|-2x^{-\frac{1}{2}}+C$；(5) $\frac{8}{15}x^{\frac{15}{8}}+C$；(6) $e^x-\frac{1}{\ln 3-1}\left(\frac{3}{e}\right)^x+C$；

(7) $3\arctan x-2\arcsin x+C$; (8) $\sin x+\cos x+C$; (9) $-\frac{2}{x}-\arctan x+C$;

(10) $-\cot x-x+C$

5. (1) $\frac{1}{16}(4x-3)^4$; (2) $-\sqrt{1-2x}+C$; (3) $\frac{1}{2}\sin x^2+C$; (4) $-\sqrt{2-x^2}+C$;

(5) $\ln|1+x^3|+C$; (6) $\frac{1}{3}e^{x^3}+C$; (7) $-2\cos\sqrt{x}+C$; (8) $2e^{\sqrt{x}}+C$; (9) $-\frac{1}{\ln 3}3^{\frac{1}{x}}+C$;

(10) $-\tan\frac{1}{x}+C$; (11) $\ln(1+e^x)+C$; (12) $e^x+\frac{1}{2}e^{2x}+C$; (13) $\frac{1}{3}\ln^3 x+C$;

(14) $\frac{2}{3}(1+\ln x)^{\frac{3}{2}}+C$; (15) $\ln|1+\ln x|+C$; (16) $\arctan(\ln x)+C$;

(17) $-\frac{1}{7}(1-\sin x)^7+C$; (18) $-\ln|2+\cos x|+C$; (19) $2\arctan\frac{x}{2}+C$;

(20) $\frac{1}{\sqrt{3}}\arcsin\left(\frac{\sqrt{3}}{2}x\right)+C$; (21) $\tan^2 x+C$; (22) $-\cot^2 x-3\cot x+C$;

(23) $\arctan^3 x+C$; (24) $-\arcsin^{-1}x+C$; (25) $\frac{x}{2}+\frac{1}{8}\sin 4x+C$;

(26) $\frac{1}{5}\sin^5 x-\frac{1}{7}\sin^7 x+C$; (27) $-\frac{1}{16}\sin 8x+\frac{1}{4}\sin 2x+C$;

(28) $\sqrt{2x-3}-\ln\left(\sqrt{2x-3}+1\right)+C$; (29) $x+2\sqrt{x}+\ln\left(\sqrt{x}-1\right)^2+C$;

(30) $3\sqrt[3]{x}-6\sqrt[6]{x}+6\ln\left(\sqrt[6]{x}+1\right)+C$; (31) $-\frac{\sqrt{1-x^2}}{x}+C$; (32) $\ln(\sqrt{1+x^2}+x)+C$;

(33) $\arccos\frac{1}{x}+C$; (34) $\sqrt{x^2-1}-\arccos\frac{1}{x}+C$

6. (1) $-xe^{-x}-e^{-x}+C$; (2) $-\frac{1}{3}x\cos 3x+\frac{1}{9}\sin 3x+C$; (3) $\frac{1}{3}x^3\ln x+x\ln x-\frac{1}{9}x^3-x+C$;

(4) $-\sqrt{1-x^2}\arcsin x+x+C$; (5) $x(\arcsin x)^2+2\sqrt{1-x^2}\arcsin x-2x+C$;

(6) $\frac{1}{4}x^4\ln x-\frac{1}{16}x^4+C$; (7) $\frac{e^{3x}}{10}(3\sin x-\cos x)+C$; (8) $2e^{\sqrt{x}}\left(\sqrt{x}-1\right)+C$;

(9) $\ln x(\ln\ln x-1)+C$; (10) $\frac{x^4}{32}(8\ln^2 x-4\ln x+1)+C$

7. (1) $\frac{5}{7}\ln|x-2|+\frac{9}{7}\ln|x+5|+C$; (2) $\ln|x+1|-\frac{1}{2}\ln(x^2-x+1)+\sqrt{3}\arctan\frac{2x-1}{\sqrt{3}}+C$;

(3) $\frac{1}{x+1}+\frac{1}{2}\ln|x^2-1|+C$; (4) $\ln|x|-\frac{1}{2}\ln(x^2+1)+C$;

(5) $-\frac{1}{2}\ln\frac{1+x^2}{1+x+x^2}+\frac{\sqrt{3}}{3}\arctan\frac{2x+1}{\sqrt{3}}+C$; (6) $\frac{1}{2\sqrt{3}}\arctan\frac{2\tan x}{\sqrt{3}}+C$;

(7) $\frac{1}{\sqrt{2}}\arctan\frac{\tan\frac{x}{2}}{\sqrt{2}}+C$; (8) $\ln\left|1+\tan\frac{x}{2}\right|+C$; (9) $\frac{1}{2}x^2-\frac{2}{3}x\sqrt{x}+x+C$;

(10) $2\sqrt{x}-4\sqrt[4]{x}+4\ln\left(\sqrt[4]{x}+1\right)+C$; (11) $-\frac{3}{2}\sqrt[3]{\frac{x+1}{x-1}}+C$;

(12) $2(x+1)^{\frac{3}{2}}\left(-\frac{1}{5}x+\frac{2}{15}\right)+2x^{\frac{3}{2}}\left(\frac{1}{5}x+\frac{1}{3}\right)$

8. $\int f(x)\mathrm{d}x=\begin{cases}\dfrac{1}{2}x^2+2x, & x\leqslant 0,\\ \dfrac{3}{2}x^2, & x>0\end{cases}$

9. 提示:利用分部积分法

10. $f(x)=x+\dfrac{x^3}{3}$

11. $Q=1000\left(\dfrac{1}{3}\right)^P$

习　题　5

1. (1) $\int_0^1 x^2\mathrm{d}x+\int_1^{\frac{4}{3}}(4-3x)\mathrm{d}x$； (2) $\int_2^5(s^2+1)\mathrm{d}s$； (3) $\int_0^3(t^2+4)\mathrm{d}t$

2. (1) $\dfrac{\pi}{4}$； (2) 1

3. (1) 28； (2) $\mathrm{e}-1$

4. (1) $\geqslant$； (2) $\geqslant$； (3) $\leqslant$； (4) $\geqslant$

5. (1) $[2\mathrm{e}^{-\frac{1}{4}},2\mathrm{e}^2]$； (2) $[\pi,2\pi]$

6. (1) $F'(x)=\sqrt{1+x^2}$； (2) $F'(x)=-x\mathrm{e}^{-x}$； (3) $F'(x)=\dfrac{2x}{\sqrt{1+x^4}}$；

(4) $F'(x)=4x^3-2\sin x\cdot\cos x$

7. (1) 1； (2) 2； (3) $\dfrac{3}{4}$； (4) $2\cos x^2$

8. 在$[-1,0)$单调递增,在$(0,2)$单调递减,在$(2,4)$单调递减,在$(4,5]$单调递增;$x=0$处有极大值0,$x=4$处有极小值$-\dfrac{32}{3}$

9. (1) $\dfrac{196}{3}$； (2) $\dfrac{1}{15}a^2\sqrt{a}$； (3) $\dfrac{1}{12}$； (4) $\dfrac{\pi}{2}$； (5) $1-\dfrac{\pi}{4}$； (6) $\dfrac{\pi}{6}$； (7) -1；

(8) $1+\dfrac{\pi}{4}$； (9) 4； (10) $\dfrac{11}{6}$

10. $\dfrac{8}{3}$

11. (1) 0； (2) $\dfrac{51}{512}$； (3) $\dfrac{15}{64}$； (4) $\pi-\dfrac{4}{3}$； (5) $\dfrac{\pi}{8}-\dfrac{1}{4}$； (6) $\dfrac{\pi}{3}+\dfrac{\sqrt{3}}{2}$；

(7) $4-2\arctan 2$； (8) $3\ln 3$； (9) $2-\dfrac{\pi}{2}$； (10) $2\sqrt{3}-2$； (11) $\dfrac{\pi}{6}$；

(12) $\arctan \mathrm{e}-\dfrac{\pi}{4}$； (13) $\dfrac{4}{3}$； (14) $2\sqrt{2}$

12. $\dfrac{1}{2}\left(\dfrac{1}{\mathrm{e}}-1\right)$

13. (1) 0； (2) $\dfrac{3\pi}{2}$； (3) -6π； (4) $\dfrac{\pi^3}{96}$

14. (1) 提示:作变换 $x=-t$; (2) 当且仅当 $\int_0^a f(x)\mathrm{d}x=0$ 时 $F(x)$ 是奇函数

15. (1) 提示:作变换 $\theta=\frac{\pi}{2}-t$; (2) 提示:作变换 $x=1-t$

16. (1) $\frac{1}{4}(\mathrm{e}^2+1)$; (2) $\frac{1}{4}$; (3) $\frac{\pi^2}{4}-2$; (4) $\frac{2}{5}(\mathrm{e}^{4\pi}-1)$; (5) $\ln 2-2+\frac{\pi}{2}$;

(6) $\frac{\pi^2}{4}-2$; (7) $2-\frac{3}{4\ln 2}$; (8) $\frac{\pi^3}{6}-\frac{\pi}{4}$; (9) $2\left(1-\frac{1}{\mathrm{e}}\right)$; (10) π^2

17. 提示:从右到左利用分部积分法

18. (1) 收敛,$\frac{1}{2}$; (2) 收敛,$\frac{1}{2}$; (3) 收敛,$\frac{\pi}{3}$; (4) 收敛,1; (5) 收敛,$\frac{1}{3}$;

(6) 收敛,$\frac{\pi^2}{8}$; (7) 收敛,-1; (8) 收敛,$\frac{\pi}{2}$

19. 当 $k>1$ 时收敛,且广义积分的值为$\frac{1}{k-1}(\ln 2)^{1-k}$;当 $k\leqslant 1$ 时发散

20. (1) $\frac{28}{3}$; (2) $\frac{1}{2}(\mathrm{e}^2-3)$; (3) $\frac{8}{3}$; (4) $\frac{4}{3}$; (5) $2\sqrt{2}-2$; (6) $2\left(\pi-\frac{2}{3}\right)$; (7) $\frac{64}{3}$;

(8) $\frac{4}{3}$; (9) 4

21. $\frac{5\pi}{4}$

22. $\frac{38}{3}$

23. $\frac{y}{2p}\sqrt{p^2+y^2}+\frac{p}{2}\ln\frac{y+\sqrt{p^2+y^2}}{p}$

24. $\frac{a\pi^2}{2}$

25. (1) $V_x=\frac{15}{2}\pi,V_y=\frac{124}{5}\pi$; (2) $V_x=\frac{1}{4}\pi^2,V_y=2\pi$; (3) $V_x=\frac{128}{7}\pi,V_y=\frac{64}{5}\pi$;

(4) $V_x=\frac{19}{48}\pi,V_y=\frac{7\sqrt{3}}{10}\pi$

26. $\frac{1}{6}\pi h[2(ab+AB)+aB+bA]$

27. $\frac{4\sqrt{3}}{3}R^3$

28. $1-\frac{3}{\mathrm{e}^2}$

29. $800\pi\ln 2$(J)

30. $\frac{27}{7}kc^{\frac{2}{3}}a^{\frac{7}{3}}$(其中 k 为比例常数)

31. $\sqrt{2}-1$(cm)

32. 5500π(N)

33. 1.65(N)

34. 取 y 轴通过细直棒,$F_y=Gm\mu\left(\frac{1}{a}-\frac{1}{\sqrt{a^2+l^2}}\right)$,$F_x=-\frac{Gm\mu}{a\sqrt{a^2+l^2}}$

35. $x=4$(百台)时,总利润最大

36. 50,100

习 题 6

1. $0<y<\frac{\sqrt{3}}{2}a,\frac{y}{\sqrt{3}}<x<a-\frac{y}{\sqrt{3}}$或$-\frac{\sqrt{3}}{2}a<y<0,-\frac{y}{\sqrt{3}}<x<a+\frac{y}{\sqrt{3}}$

2. $\frac{5}{3}$

3. (1) $x^2+y^2\leqslant 1$; (2) $|y|\leqslant|x|,x\neq 0$; (3) $y^2-2x+1>0$; (4) $x\geqslant\sqrt{y}$

4. (1) (0,0)是间断点; (2) $x=0$ 与 $y=0$ 都是间断线

5. (1) 1; (2) -4

6. 略

7. (1) $\frac{\partial z}{\partial x}=y^x\ln y,\frac{\partial z}{\partial y}=xy^{x-1}$;

(2) $\frac{\partial z}{\partial x}=y^2\,(1+xy)^{y-1},\frac{\partial z}{\partial y}=(1+xy)^y\left[\ln(1+xy)+\frac{xy}{1+xy}\right]$;

(3) $\frac{\partial z}{\partial x}=\frac{2}{y}\csc\frac{2x}{y},\frac{\partial z}{\partial y}=-\frac{2x}{y^2}\csc\frac{2x}{y}$;

(4) $\frac{\partial s}{\partial u}=\frac{1}{v}-\frac{v}{u^2},\frac{\partial s}{\partial v}=\frac{1}{u}-\frac{u}{v^2}$;

(5) $\frac{\partial z}{\partial x}=y[\cos(xy)-\sin(2xy)],\frac{\partial z}{\partial y}=x[\cos(xy)-\sin(2xy)]$;

(6) $\frac{\partial z}{\partial x}=\frac{1}{1+(x-y^2)^2},\frac{\partial z}{\partial y}=-\frac{2y}{1+(x-y^2)^2}$

8. $\frac{\partial^2 z}{\partial x^2}=12x^2-8y^2,\frac{\partial^2 z}{\partial y^2}=12y^2-8x^2,\frac{\partial^2 z}{\partial x\partial y}=-16xy$

9. 0.25e

10. (1) $\frac{\partial z}{\partial x}=\frac{3}{2}x^2\sin 2y(\cos y-\sin y),\frac{\partial z}{\partial y}=x^3(\cos y+\sin y)(1-3\sin y\cos y)$;

(2) $\frac{\partial z}{\partial u}=\frac{2v^2}{u^2(2u-3v)}-\frac{2v^2}{u^3}\ln(3v-2u),\frac{\partial z}{\partial v}=\frac{3v^2}{u^2(3v-2u)}+\frac{2v}{u^2}\ln(3v-2u)$;

(3) $\frac{\mathrm{d}z}{\mathrm{d}t}=\frac{3(1-4t^2)}{\sqrt{1-(3t-4t^3)^2}}$;

(4) $\frac{\partial z}{\partial x}=f'(u)\left(y-\frac{y}{x^2}\right),\frac{\partial z}{\partial y}=f'(u)\left(x+\frac{1}{x}\right)$

11. (1) $\frac{y^2-\mathrm{e}^x}{\cos y-2xy}$; (2) $-\frac{b^2x}{a^2y}$

12. (1) 极小值为 $f(-2,1)=1$,极大值不存在; (2) 极小值为 $f(a,a)=-a^3$

13. 三个因子都为$\sqrt[3]{a}$,最小值为$\frac{3}{\sqrt[3]{a}}$

14. 底半径为$\frac{1}{\sqrt[3]{2\pi}}$m,高为$\frac{2}{\sqrt[3]{2\pi}}$m

15. (1) $\frac{20}{3}$； (2) 1； (3) $\frac{15}{4}\pi$； (4) $\frac{\pi}{4}(\ln 4-1)$

习 题 7

1. (1) 是； (2) 是； (3) 不是； (4) 是
2. (1) $y=Ce^{x^2}$； (2) $\arcsin y=\arcsin x+C$； (3) $x^2+y^2=4$； (4) $\ln^2 x+\ln^2 y=\ln^2 3$
3. (1) $y=Ce^{\frac{y}{x}}$； (2) $2xy-y^2=C$； (3) $e^{-\frac{y}{x}}+\ln|x|=1$； (4) $y^5-5x^2y^3=1$
4. (1) $y=C(x+1)^2+\frac{2}{3}(x+1)^{\frac{7}{2}}$； (2) $y=(x+C)e^{-\sin x}$； (3) $y=-\frac{1}{4}e^{-x^2}+Ce^{x^2}$；

   (4) $y=\frac{1}{x}(\pi-1-\cos x)$
5. (1) $y=\frac{1}{8}e^{2x}+\cos x+\frac{1}{2}C_1x^2+C_2x+C_3$； (2) $y=C_1(3x+x^3)+C_2$；

   (3) $y=-\ln|\cos(x+C_1)|+C_2$； (4) $2y^{\frac{1}{4}}=x+2$； (5) $y=2\ln|x|+1$
6. $Q=1600\cdot e^{-\frac{3}{2}P^2}$
7. (1) $y=C_1e^x+C_2e^{-3x}$； (2) $y=C_1+C_2e^{6x}$； (3) $y=C_1e^{2x}+C_2xe^{2x}$；

   (4) $y=C_1\cos\sqrt{3}x+C_2\sin\sqrt{3}x$； (5) $y=e^{3x}-3xe^{3x}$； (6) $y=e^{-x}(\cos 2x+\sin 2x)$
8. (1) $y=\left(C_1-x-\frac{1}{2}x^2\right)e^{2x}+C_2e^{3x}$； (2) $y=5x+C_1e^{-x}+C_2e^x$；

   (3) $y=e^x\left(-\frac{1}{10}\cos 2x+\frac{1}{5}\sin 2x\right)+C_1\cos x+C_2\sin x$； (4) $y=-x+\frac{1}{3}+C_1e^{3x}+C_2e^{-x}$；

   (5) $y=14-13e^x+15xe^x$；

   (6) $y=e^x+\frac{1}{7}e^{9x}-\frac{1}{7}e^{2x}$
9. (1) $2x-1,2$； (2) 0； (3) $2\cos\left(x+\frac{1}{2}\right)\cdot\sin\frac{1}{2}$； (4) 2^x
10. 略
11. (1) $y_x=1+A\cdot 3^x$(A 为任意常数)； (2) $y_x=\frac{1}{2}\left(\frac{5}{2}\right)^x+A\cdot\left(\frac{1}{2}\right)^x$($A$ 为任意常数)；

   (3) $y_x=\frac{2}{3}x^3-x^2+\frac{1}{3}x+A$($A$ 为任意常数)；

   (4) $y_x=-\frac{36}{125}+\frac{1}{25}x+\frac{2}{5}x^2+\frac{161}{125}(-4)^x$

习 题 8

1. (1) $\sum_{n=1}^{\infty}(-1)^{n-1}\left(\frac{2}{3}\right)^n$，收敛； (2) $\sum_{n=1}^{\infty}\frac{1}{n(n+1)}$，收敛； (3) $\sum_{n=1}^{\infty}\frac{n}{2n+1}$，发散；

   (4) $\sum_{n=1}^{\infty}\ln\frac{n+1}{n}$，发散； (5) $\sum_{n=1}^{\infty}\left(\frac{1}{2^n}+\frac{1}{5^n}\right)$，收敛； (6) $1+\sum_{n=1}^{\infty}\frac{n}{2^n}$，收敛
2. (1) 发散； (2) 收敛； (3) 收敛； (4) 收敛； (5) 收敛； (6) 发散；

(7) 当 $0<x<1$ 时,收敛;当 $x\geqslant 1$ 时,发散； (8) 收敛； (9) 收敛； (10) 发散；
(11) 发散； (12) 收敛； (13) 收敛； (14) 收敛； (15) 收敛； (16) 发散

3. (1) 绝对收敛； (2) 条件收敛； (3) 发散； (4) 绝对收敛； (5) 条件收敛； (6) 条件收敛

4. 提示:利用级数收敛的必要条件

5. (1) $R=+\infty,(-\infty,+\infty)$； (2) $R=1,[-1,1)$； (3) $R=\frac{1}{2},\left[-\frac{1}{2},\frac{1}{2}\right)$；
(4) $R=5,[-5,5)$； (5) $R=1,(-1,1)$； (6) $R=1,[4,6)$；
(7) $R=\frac{1}{2},[-1,0)$； (8) $R=\frac{1}{6},\left(-\frac{1}{6},\frac{1}{6}\right)$； (9) $R=\frac{1}{\sqrt{3}},\left[-\frac{1}{\sqrt{3}},\frac{1}{\sqrt{3}}\right]$；
(10) $R=\sqrt{3},(-\sqrt{3},\sqrt{3})$

6. (1) $\frac{1}{(1-x)^2},x\in(-1,1)$； (2) $\ln 4-\ln|4-x|,x\in[-4,4)$； (3) $\arctan x,x\in[-1,1]$；
(4) $\frac{x^2}{(1-x)^2},x\in(-1,1)$

7. $S(x)=\frac{1}{2x}\ln\left|\frac{1+x}{1-x}\right|-\frac{1}{1-x^2},(x\neq 0)$,且 $S(0)=0$

8. (1) $\sum_{n=0}^{\infty}\frac{(-1)^n\cdot 2^n}{n!}x^n,x\in(-\infty,+\infty)$； (2) $\sum_{n=0}^{\infty}\frac{x^n}{3^{n+1}},x\in(-3,3)$；
(3) $1+\frac{1}{2}x+\sum_{n=2}^{\infty}\frac{(-1)^{n-1}\cdot(2n-3)!!}{(2n)!!}x^n,x\in[-1,1]$；
(4) $\sum_{n=1}^{\infty}\frac{(-1)^{n+1}\cdot 2^{2n-1}}{(2n)!}x^{2n},x\in(-\infty,+\infty)$；
(5) $\sum_{n=0}^{\infty}(-1)^n\left(\frac{1}{2^{n+1}}-\frac{1}{3^{n+1}}\right)x^n,x\in(-2,2)$； (6) $\frac{1}{3}\sum_{n=0}^{\infty}\left[(-1)^n-\frac{1}{2^n}\right]x^n,x\in(-1,1)$

9. (1) $e^2\sum_{n=0}^{\infty}\frac{(x-2)^n}{n!},x\in(-\infty,+\infty)$； (2) $\sum_{n=0}^{\infty}\frac{(x-2)^n}{3^{n+1}},x\in(-1,5)$；
(3) $\sum_{n=0}^{\infty}(-1)^n\left(\frac{1}{3^{n+1}}-\frac{1}{4^{n+1}}\right)(x-2)^n,x\in(-1,5)$；
(4) $\ln 2+\sum_{n=1}^{\infty}(-1)^{n-1}\frac{(x-2)^n}{n\cdot 2^n},x\in(0,4]$

10. (1) 1.0368； (2) 0.487

11. $\Phi(x)=\int_0^x\frac{\sin x}{x}dx=x-\frac{x^3}{3\cdot 3!}+\frac{x^5}{5\cdot 5!}-\frac{x^7}{7\cdot 7!}+\cdots,x\in(-\infty,+\infty)$,
$\int_0^1\frac{\sin x}{x}dx\approx 0.9461$

12. 3

习　题　9

1. (1) 首先在 M 文件定义函数：

```
function z=f(x,y)
z=x^2+exp(x+ y)-y * log(x)-3
```

(2) 然后在命令窗口中输入:f(2,4)

2. solve('3 * x^5-x^4+2 * x^3+x^2+3=0')

3. (1) x=-2:0.02:2;y=x.^2. * sin(x.^2-x-2);plot(x,y)和 fplot('x^2 * sin(x^2-x-2)',[-2,2])

(2) t=0:0.02:2 * pi;x=2 * cos(t);y=4 * sin(t);plot(x,y)

(3) 取 a=3,b=5,0≤t≤50,命令为

t=0:0.1:50;x=3 * cos(t);y=3 * sin(t);z=5 * t;plot3(x,y,z);

(4) 取 a=2,命令为

```
t=-pi./4:0.01: pi./4;r1=2 * sqrt(cos(2 * t));polar(t,r1);hold on;...
r2=-2 * sqrt(cos(2 * t));polar(t,r2);hold off;
```

4. ezplot('x^2 * sin(x+y^2)+y^2 * exp(x+y)+5 * cos(x^2+y)');

5. (1) syms n,limit(sqrt(n+sqrt(n))-sqrt(n),n,inf)

(2) syms x,limit((1-2/x)^3 * x,x,inf)

(3) syms x,limit(sin(x)/(x^3+3 * x),x,0)

(4) syms x y,limit(limit(exp(x) * cos(y)/(1-x+y),x,0),y,0)

6. (1) syms x y;y=x^10+10^x;diff(y,x,1)

(2) syms t;f=(1-sqrt(t))/(1+sqrt(t));simplify(diff(f,t,4))

(3) syms x y;z=(1+x^2) * atan(x)+y^2;diff(z,x),...

diff(z,y),diff(diff(z,x),y),diff(diff(z,x),x),diff(diff(z,y),y)

7. (1) 首先在 M 文件建立函数:

```
function f=mymin(x)
f=-x(1)^4-x(2)^4+4 * x(1) * x(2)-1;
```

然后在命令窗口中编辑:

x0=[1 1],[x,fval]=fminunc('mymin',x0)

(2) 首先在 M 文件建立函数:

```
function f=mymin(x)
f=exp(2 * x(1)) * (x(1)+x(2)^2+2 * x(2));
```

然后在命令窗口中编辑:

x0=[1 1],[x,fval]=fminunc('mymin',x0)

8. (1) syms x,int(cos(2 * x) * cos(3 * x),x)

(2) syms x a b,int(1/(x * (sqrt(log(x)+a)+sqrt(log(x)+b))),x)

9. (1) syms x,int(sqrt(sin(x)^3-sin(x)^5),x,0,pi)

(2) syms x,int(exp(-x^2/2),x,0,inf)

10. (1) syms x y,int(int(sin(y^2),x,0,y),y,0,1)

(2) syms x y,int(int(y^2+2 * y,x,0,y),y,0,1)

11. (1) y=dsolve('(1+x) * D2y+Dy','x')

(2) y=dsolve('Dy=y+x','y(0)=1','x')

12. (1) a(1)=2;

n=10;

```
for i=1:n-1
a(i+1)=0.85*a(i)+11;
end
a
(2) f=[0,1];
for k=1:18
f(k+2)=-3*f(k+1)-2*f(k);
end
f
```

13. (1) `syms n,symsum(1/n^2,n,1,inf)`

(2) `syms n x,f=symsum((-1)^(n-1)*x^(2*n+1)/(4*n^2-1),n,1,inf);simplify(f)`

14. (1) `syms x;f=x^5-x^3+2*x+1;taylor(f,x,-1,6)`

(2) `syms x n;f=x*exp(x);taylor(f,x,0,n)`

习　题　10

1. 设 $T(t)$ 为 t 时刻被杀害者的体温，k 为比例系数. 由 Newton 冷却定理(将温度为 T 的物体放入处于常温 T_0 的介质中，T 的变化速率正比于 T 与周围介质的温度差：

$$\frac{\mathrm{d}T(t)}{\mathrm{d}t}=-k(T(t)-T_0),$$

$$T(0)=37,\quad T(t)=29,\quad T(t+1)=27.$$

解方程得

$$T(t)=C\mathrm{e}^{-kt}+21.$$

根据初始条件可得

$$T(t)=16\left(\frac{4}{3}\right)^{-t}+21,$$

$$T(t)=29\text{ 时},\quad t=2.4094.$$

这时求得的 t 是死者从死亡时间到尸体被发现所经历的时间. 因此可得，死者的死亡时间大致在前一天晚上的 10:35

2. 湖水在时间 t 时的污染程度，可用污染度 $C(t)$ 表示，即每立方米受污染的水中含有 $C\mathrm{m}^3$ 的化学污染物质和 $(1-C)\mathrm{m}^3$ 的清洁水. 用分钟作为时间 t 的单位. 在 $0<t<30$ 的时间内，污染物流入湖中的速率是 $Z/30(\mathrm{m}^3/\mathrm{min})$，而排出湖外的污染物的速率是 $60\times 0.1C(\mathrm{m}^3/\mathrm{min})$，因为每立方流走的水中含有 $C\mathrm{m}^3$ 的污染物，而湖水始终保持 $2000\mathrm{m}^3$ 的容积不变，所以列方程：

湖水中含污染物的变化率＝污染物流入量－污染物排出量，

$$\begin{cases}2000\dfrac{\mathrm{d}C}{\mathrm{d}t}=\dfrac{Z}{30}-6C,\\ C(0)=0,\end{cases}$$

求解得一特解为

$$C(t)=Z(1-\mathrm{e}^{-6t/2000})/180.$$

在 $0<t<30$ 之间求 t 为多少时，$C(t)$ 最大.

显然是 $t=30$,污染达到高峰.此时的污染浓度为

$$C(30)=Z(1-e^{-6\times30/2000})/180=(4.728\times10^{-4})Z.$$

然后污染物被截断,故方程改为

$$2000\frac{dC}{dt}=-6C,\quad C(t)=C(30)e^{-6(t-30)/2000}.$$

当它达到安全水平时,即 $C(t)=0.05\%$,可求出 $t=T$,

$$T=30+(2000/6)\ln(0.9564Z).$$

Z 取不同值时的浓度 $C(30)$ 和时间 T 如下表所示:

Z/m^3	$C(30)/\mathrm{m}^3$	T/min
5	0.00239	552
10	0.00478	738
15	0.00717	918
20	0.00956	1014

3. 设鸡蛋分成 9 个一堆共 x 堆,12 个一堆共 y 堆,则 $9x+2=12y+7$,解得 $x=19$, $y=13$.故张阿婆共携鸡蛋 $9\times19+2=173$(个)

4. 考虑斐波那契级数

5. 129 瓶

6. 200

7. 是

数学考研模拟试题答案

数学二考研模拟试题一

一、选择题

1～8. C　C　B　D　B　B　A　B

二、填空题

9. $e^{-\frac{3}{5}}$　　10. $y=x$ 和 $x=0$　　11. $C_1x+C_2e^{-x}+x^2+3$(其中 C_1,C_2 为任意常数)

12. $\frac{1}{3}\ln 2$　　13. $f''_{11}+f''_{12}+f''_{21}+f''_{22}$　　14. $k>1$

三、解答题

15. 提示：利用泰勒展开式，将函数 $\arctan x$，$\tan x$，$\arcsin x$，$\sin x$ 展开得到原式$=-2$

16. -2.8km/h

17. $\frac{1+e^{\pi}}{1+\pi}$

18. $\ln(xy)=x$

19. 提示：设 $f(x,y)$在 D 内的 P 点取到最大值或最小值，则因 $f(x,y)$可微，故 P 点必为极值点，令 $A=\left.\frac{\partial^2 f}{\partial x^2}\right|_P$，$B=\left.\frac{\partial^2 f}{\partial x\partial y}\right|_P$，$C=\left.\frac{\partial^2 f}{\partial y^2}\right|_P$，则 $A+C=0$，$B\neq 0$. 故 $AC-B^2<0$，这与"P 点为极值点"矛盾. 故原结论成立

20. $-\frac{1}{16}\pi^2+\frac{1}{2}$

21. 提示：令 $F(x)=f(x)-x$ 对 $F(x)$ 在 $\left[\frac{1}{2},1\right]$ 上应用介值定理，得：至少存在一点 $\eta\in\left(\frac{1}{2},1\right)$，使得 $F(\eta)=0$. 又 $F(0)=0$，故由罗尔定理知，原结论成立.

22. (1) 当 $a\neq 1$ 且 $a\neq 2$ 时，方程组有唯一解 $\begin{cases}x_1=-\frac{a+1}{a+2},\\ x_2=\frac{1}{a+2},\\ x_1=\frac{(a+1)^2}{a+2};\end{cases}$

(2) 当 $a=1$ 时，方程组的无穷多个解 $\begin{cases}x_1=1-c_1-c_2,\\ x_2=c_1,\\ x_3=c_2\end{cases}$　(其中 c_1,c_2 为任意常数)；

(3) 当 $a=-2$ 时，方程组无解

23. (1) $\lambda=-1$，$a=-3$，$b=0$；

(2) 由 $|\lambda \boldsymbol{I}-\boldsymbol{A}|=0$ 得到 $(\lambda+1)^3=0$,即:$\lambda=-1$ 为矩阵 $\boldsymbol{A}$ 的三重特征根. 又 $r(\lambda\boldsymbol{I}-\boldsymbol{A})=2$,故 $\lambda=-1$ 对应的线性无关的特征向量只有一个. 因此,矩阵 $\boldsymbol{A}$ 不能对角化.

数学二考研模拟试题二

一、选择题

1~8. D D C D A C B A

二、填空题

9. $\dfrac{1}{\sqrt{2x+1}}$ 10. $yx^{y-1}f_1'+y^x\ln y f_2'$ 11. 0 12. 1 13. $\sqrt[3]{3}$ 14. $(\mathrm{e}-1)\mathrm{d}x+(\mathrm{e}+1)\mathrm{d}y$

三、解答题

15. 提示:$0\leqslant\left|\int_x^{2x}\dfrac{(\sqrt{1+\mathrm{e}^{-t}}-1)\ln t}{\sqrt{t}}\mathrm{d}t\right|\leqslant\dfrac{(\sqrt{1+\mathrm{e}^{-x}}-1)\ln 2x}{\sqrt{x}}x$,

而

$$\lim_{x\to+\infty}\frac{(\sqrt{1+\mathrm{e}^{-x}}-1)\ln 2x}{\sqrt{x}}x=\lim_{x\to+\infty}\frac{x\cdot\dfrac{\mathrm{e}^{-x}}{2}\ln 2x}{\sqrt{x}}=0.$$

由两边夹准则,得到

$$\lim_{x\to+\infty}\int_x^{2x}\frac{(\sqrt{1+\mathrm{e}^{-t}}-1)\ln t}{\sqrt{t}}\mathrm{d}t=0$$

16. $\dfrac{\pi}{8}-\dfrac{1}{4}$

17. $y=3x-3-2\ln|x|$

18. $f(x)=\dfrac{3}{4}\left(\dfrac{1}{x^2}-x^2\right)$

19. 提示:(1) 对 $F(x)=f(x)$,$G(x)=\dfrac{1}{x}$在$[a,b]$应用柯西中值定理;

(2) 对 $F(x)=f(x)$在$[a,b]$应用拉格朗日中值定理

20. 长为 18m,宽为 12m.

21. (1) $\dfrac{1}{4}-t+t^2\left(\dfrac{3}{2}-\ln t\right)$;

(2) 提示

$$f'(t)=-1+2t\left(\frac{3}{2}-\ln t\right)+t^2\left(-\frac{1}{t}\right)=-1+2t(1-\ln t),$$
$$f''(t)=-2\ln t\geqslant 0,\quad \forall t\in(0,1).$$

又 $f(0^+)=\dfrac{1}{4}$,$f(1)=\dfrac{3}{4}$,$f'(0^+)=-1$,$f'(1)=1$,所以,$f'(t)=-1+2t(1-\ln t)=0$ 有唯一的驻点满足:$\ln t_0=1-\dfrac{1}{2t_0}$,$t_0\in(0,1)$,即存在 $t_0\in[0,1]$,使得 $f(t_0)$时 $f(t)$在$[0,1]$内的唯一最小值点

22. (1) $\boldsymbol{A}$ 的属于特征值 0 的特征向量为$(0,1,1)^{\mathrm{T}}$ 及$(-2,1,-1)^{\mathrm{T}}$;

(2) 矩阵 $\boldsymbol{A}=\begin{pmatrix}1&1&-1\\1&1&-1\\-1&-1&1\end{pmatrix}$

23. (1) 当 $b\neq -1$ 时，原方程组无解；

(2) 若 $b=-1$ 且 $a\neq -1$，则 $r(\boldsymbol{A})=r(\boldsymbol{A}\boldsymbol{b})=2<3$，方程组有无穷多个解，且解为

$$k\begin{pmatrix}1\\1\\0\end{pmatrix}+\begin{pmatrix}1\\0\\0\end{pmatrix}\quad(\text{其中 } k \text{ 为任意常数})；$$

(3) 若 $b=-1$ 且 $a=-1$，则此时 $r(\boldsymbol{A})=r(\boldsymbol{A}\boldsymbol{b})=1<3$，方程组有无穷多个解，且解为

$$k_1\begin{pmatrix}1\\1\\0\end{pmatrix}+k_2\begin{pmatrix}1\\0\\1\end{pmatrix}+\begin{pmatrix}1\\0\\0\end{pmatrix}\quad(\text{其中 } k_1,k_2 \text{ 为任意常数})；$$

(4) 无论 a,b 取何值，方程组无唯一解

数学二考研模拟试题三

一、选择题

1～8. C D A B C D C B

二、填空题

9. $\frac{1}{2}\sqrt{e}$ 10. $\frac{2}{e}$ 11. $-3e^x+3e^{2x}-2xe^x$ 12. $\begin{pmatrix}0&0&1\\0&1&0\\1&0&0\end{pmatrix}$

13. $\frac{4}{3}\sqrt{3}$ 14. $\frac{\pi}{4}\rho g R^4$

三、解答题

15. $\frac{1}{4}\arctan\frac{\sqrt{2x-4}}{2}+\frac{\sqrt{2x-4}}{4x}+C$

16. $f'(x)=\begin{cases}\dfrac{\varphi(x)\left[\int_0^x (x-t)\varphi(t)\mathrm{d}t\right]}{\left(\int_0^x \varphi(t)\mathrm{d}t\right)^2}, & x\neq 0,\\ \dfrac{1}{2}, & x=0,\end{cases}$ $f(x)$ 为单调递增函数

17. $\frac{1}{2}$

18. (1)1； (2) $\frac{1}{(1+x)^2}$

19. 提示：令 $F(x)=A(x)-2010B(x)$，其中 $A(x)=f(x)(x-a)-\int_a^x f(t)\mathrm{d}t$，$B(x)=\int_x^b f(t)\mathrm{d}t-f(x)(b-x)$，利用零点定理证明.

20. $\frac{32}{9}$

21. $f(x)=C_1e^x+C_2e^{-x}$

22. (1) $a=2$； (2) 5

23. 提示：(1) 利用秩的运算性质：$r(\boldsymbol{A})\leqslant r(\boldsymbol{\alpha}\boldsymbol{\beta}^{\mathrm{T}})+r(\boldsymbol{\beta}\boldsymbol{\alpha}^{\mathrm{T}})\leqslant 2r(\boldsymbol{\alpha})=2$；

(2) $\boldsymbol{A}(\boldsymbol{\alpha}+\boldsymbol{\beta})=\boldsymbol{\alpha}+\boldsymbol{\beta}, \boldsymbol{A}(\boldsymbol{\alpha}-\boldsymbol{\beta})=-(\boldsymbol{\alpha}-\boldsymbol{\beta})$；

(3) 因为 1，−1，0 为矩阵 $\boldsymbol{A}$ 的三个不同的特征根，故矩阵 $\boldsymbol{A}$ 可以对角化

数学二考研模拟试题四

一、选择题

1～8. D C B B C A A C

二、填空题

9. $1,0,\frac{1}{2}$　10. $yx^2=2$　11. 4　12. $-a$　13. $\mathrm{d}x-\sqrt{2}\mathrm{d}y$　14. $\frac{\pi^2}{2}-\frac{2}{3}$

三、解答题

15. $x\arctan x-\frac{1}{2}\ln(1+x^2)-\frac{1}{2}(\arctan x)^2+C$

16. e^{12}

17. 提示(反证法)：令 $F(x)=\frac{f(x)}{g(x)}$

18. 略

19. 提示：因 $X=\frac{\int_0^a xf(x)\mathrm{d}x}{\int_0^a f(x)\mathrm{d}x}$，故考虑令 $F(x)=\int_0^x\left(t-\frac{2}{3}x\right)f(t)\mathrm{d}t$

20. $\frac{1000}{9+3^{\frac{t}{3}}}\cdot 3^{\frac{t}{3}}$；　500

21. $1-\sin 1$

22. (1) 不能；(2) $\boldsymbol{\alpha}_2,\boldsymbol{\alpha}_3,\boldsymbol{\alpha}_4$

23. (1)1，1，−5；(2) 121

数学二考研模拟试题五

一、选择题

1～8. C C A B D B A D

二、填空题

9. $2\cos2(\sin2x), 4\cos2(\sin2x)\cos2x$　10. $\frac{\cos\varphi}{R\cos\theta},\frac{\cos\varphi}{R\sin\theta}$　11. $\mathrm{e}^x\arcsin x+C$

12. $y=C_1\mathrm{e}^{2x}+C_2x\mathrm{e}^{2x}+3\mathrm{e}^x$　13. πr^2　14. −132

三、解答题

15. $\frac{1}{2}$

16. $\frac{\sec^2(x-y)-1}{\sec^2(x-y)}$

17. $\frac{\pi}{6}+\frac{1}{3}-\frac{1}{3}\ln 2$

18. 提示：令 $F(x)=f'(x)(1-x)^2$，利用罗尔定理证明

19. (1) $\frac{1}{3}$；　(2) $\frac{1}{6}\pi$

20. 提示：解出微分方程的解，再代入求极限

21. 提示：将 $f(x)$ 在点 $x_0=\frac{a+b}{2}$ 处泰勒展开

22. $a=-2$

23. $$\begin{pmatrix}\frac{2}{3} & \frac{2}{3} & \frac{1}{3}\\ \frac{1}{3} & -\frac{2}{3} & \frac{2}{3}\\ -\frac{2}{3} & \frac{1}{3} & \frac{2}{3}\end{pmatrix}\begin{pmatrix}1 & 0 & 0\\ 0 & 4^{2011} & 0\\ 0 & 0 & -2^{2011}\end{pmatrix}\begin{pmatrix}\frac{2}{3} & \frac{1}{3} & -\frac{2}{3}\\ \frac{2}{3} & -\frac{2}{3} & \frac{1}{3}\\ \frac{1}{3} & \frac{2}{3} & \frac{2}{3}\end{pmatrix}$$

数学三考研模拟试题一

一、选择题

1～8. C　B　B　D　B　B　C　B

二、填空题

9. $\frac{a}{10}$　　10. $-\frac{y}{x^2}f(e^{xy})+\frac{y^2e^{xy}}{x}f'(e^{xy})$，$\frac{1}{x}f(e^{xy})+yf'(e^{xy})e^{xy}$

11. $y''-2y'+2y=e^x$　　12. $\frac{1}{3}\ln2$　　13. $\left(-\frac{2\sqrt{5}}{5},\frac{2\sqrt{5}}{5}\right)$　　14. 26

三、解答题

15. $n=2$；$a=-2e^2$

16. 令 $F(x)=f(x)-f\left(x+\frac{b-a}{2}\right)$，将 $F(x)$ 在 $\left[a,\frac{a+b}{2}\right]$ 上验证零点定理

17. (1) $f(x,y)=\begin{cases}6x, & 0\leqslant x\leqslant\frac{1}{2},x\leqslant y\leqslant 1-x,\\ 0, & 其他；\end{cases}$　(2) $\frac{1}{4}$

18. (1) $(0,+\infty)$；　(2) $2e$

19. $y(x)=\begin{cases}e^{2x}, & 0\leqslant x\leqslant 1,\\ -\frac{1}{2}x-\frac{1}{4}+\frac{3}{4}e^{2x}, & x>1；\end{cases}$

20. (1) $\frac{1}{6}$；　(2) $f_Z(z)=\begin{cases}2z^{-3}, & z>1,\\ 0, & z\leqslant 1\end{cases}$

21. (1)

X	2	3	4
P	$\frac{1}{5}$	$\frac{2}{5}$	$\frac{2}{5}$

(2) $EX=\frac{16}{5}$

22. (1) 0,0,−1;　(2) $k_1\xi_1+k_2\xi_2-\xi_3$(其中 k_1,k_2 为任意常数);

(3) $\boldsymbol{A}=\begin{pmatrix}1&-2&3\\-2&4&-6\\-2&4&-6\end{pmatrix}$

23. $a=-1$;$k_1(2,-1,1,1)^{\mathrm{T}}+k_2(-1,2,4,7)^{\mathrm{T}}$(其中 k_1,k_2 为任意不全为零的常数)

数学三考研模拟试题二

一、选择题

1~8. C　C　B　D　B　B　C　A

二、填空题

9. $\dfrac{\pi^2}{2}\ln 2$　　10. $xf(x^2+y^2)$　　11. $y=C_1\mathrm{e}^x+C_2\mathrm{e}^{3x}-2\mathrm{e}^{2x}$

12. $2\pi^2$　　13. $2\left(-\dfrac{1}{3}\boldsymbol{A}-\boldsymbol{E}\right)$　　14. 6

三、解答题

15. $\dfrac{x}{1+\cos^2 x}+\dfrac{\pi^2}{2}$

16. 提示:令 $F(x)=\int_a^x f(t)\mathrm{d}t\int_x^b g(t)\mathrm{d}t$, 将 $F(x)$在$[a,b]$上应用罗尔定理

17. $2\pi-\dfrac{16}{9}$

18. 收敛

19. (1) $Q=1200-100P$;

(2) 5;经济意义为:当价格为 10 元时,价格增加(减少)1%,需求量减少(增加)5%

20. (1) $f(x,y)=\begin{cases}2\mathrm{e}^{-4x}, & 0<x<\infty, 0\leqslant y\leqslant 2,\\ 0, & \text{其他};\end{cases}$　(2) $\dfrac{1}{8}(1-\mathrm{e}^{-8})$

21. (1) $1-\dfrac{\sqrt{2}}{2}$;　(2) $\dfrac{15-\sqrt{48}}{26}$

22. (1) 0,0,3;　(2) $(0,1,1)^{\mathrm{T}}$ 和$(-2,1,-1)^{\mathrm{T}}$;　(3) $\boldsymbol{A}=\begin{pmatrix}1&1&-1\\1&1&-1\\-1&-1&1\end{pmatrix}$

23. 当 $a=1$ 时,全部公共解为 $k(-1,0,1)^{\mathrm{T}}$(其中 k 为任意不为零的常数)

当 $a=2$ 时,解为唯一的,且唯一解为$(0,1,-1)^{\mathrm{T}}$

数学三考研模拟试题三

一、选择题

1~8. C　A　A　C　A　D　D　D

二、填空题

9. $\dfrac{2}{\pi}$　10. $x=0,y=0,y=x$　11. 2　12. $-14\sqrt{7}-20<a<18\sqrt{7}-20$　13. 2　14. 5

三、解答题

15. $-\frac{1}{2}$

16. 2π

17. 提示:对 $f(x)$分别在$[0,x]$和$[x,1]$上应用拉格朗日中值定理

18. 略

19. (1) $y=\sqrt{e}e^{0.5x}$; (2) $y\approx 7.4$

20. (1)

Z \ X	0	1	
0	$p(1-p)$	$p(1-p)$	$(1-p)$
1	$(1-p)^2$	p^2	p
	$2p(1-p)$	$p^2+(1-p)^2$	

(2) $p=\frac{1}{2}$

21. (1) 13;

(2) $H_0:\mu\geqslant\mu_0=4, H_1:\mu<\mu_0=4$,则在假设 H_0 下,取统计量 $T=\frac{\sqrt{n}(\overline{X}-\mu_0)}{s}\sim t(n-1)$,统计量的拒绝域为$(-\infty,t_\alpha(n-1))$,$t_\alpha(n-1)=t_{0.05}(8)=1.8595$,拒绝域为$(-\infty,-1.8595)$,又计算的观察值为 $t=\frac{\sqrt{9}(3.64-4.00)}{0.8}=-1.35$,不在拒绝域内,所以接受 H_0,即认为 μ 不少于 4

22. (1) 反证; (2) 可以,$\lambda=2$ 或 -3 且当 $\lambda=2$ 时,特征向量为 $3\boldsymbol{X}+\boldsymbol{AX}$;当 $\lambda=-3$ 时,特征向量为 $-2\boldsymbol{X}+\boldsymbol{AX}$

23. $2y_1^2+\frac{3}{2}y_2^2$, $\boldsymbol{P}=\begin{pmatrix}1 & \frac{1}{2} & 1\\ 0 & 1 & 1\\ 0 & 0 & 1\end{pmatrix}$

数学三考研模拟试题四

一、选择题

1~8. A　C　D　D　D　C　D　C

二、填空题

9. 3　　10. 1　　11. $(-2,2)$　　12. $\frac{\pi^2}{2}-\frac{2}{3}\pi$　　13. $\boldsymbol{A}^2-\boldsymbol{A}+\boldsymbol{E}$　　14. $\frac{m}{m+n}$

三、解答题

15. (1) $f'(x)=0$; (2) $f(x)=\frac{\pi}{4}$

16. 令 $F(x)=e^{-kx}f(x)$,将 $F(x)$在$[a,b]$上应用罗尔定理

17. $4-\frac{\pi}{2}$

18. 最优策略为:每个季度甲乙两类各研发一个品种,获利为 600 万元;最大风险为:单一产品研

发,导致亏损 5900 万元

19. $y=-\frac{1}{2}e^x+\frac{1}{2}xe^x+\frac{1}{2}\cos x$

20. (1) $f_X(x)=\int_{-\infty}^{\infty}f(x,y)dy=\begin{cases}0, & x\leqslant 0,\\ \int_x^{\infty}2e^{-x}e^{-y}dy=2e^{-2x}, & x>0,\end{cases}$

$$f_Y(y)=\int_{-\infty}^{\infty}f(x,y)dx=\begin{cases}0, & y\leqslant 0,\\ \int_0^{y}2e^{-x}e^{-y}dx=2e^{-2y}(1-e^{-y}), & y>0;\end{cases}$$

(2) $F(u,v)=\begin{cases}(1-e^{-2u})(1-e^{-v}), & u>0,v>0,\\ 0, & \text{其他},\end{cases}$

又因为 $F(u,v)=F_U(u)F_V(v)$,故 U 与 V 独立

21. (1)

Z \ X	0	1	2	3	
−1	$\frac{1}{8}$	$\frac{1}{8}$	0	0	$\frac{1}{2}$
1	0	0	$\frac{3}{8}$	$\frac{1}{8}$	$\frac{1}{2}$
	$\frac{1}{8}$	$\frac{3}{8}$	$\frac{3}{8}$	$\frac{1}{8}$	

提示:如果将样本空间(一共有 $2^3=8$ 个样点)以及 X 与 Z 的取值情况写出,便可直接求得 X 与 Z 的联合分布.

样本点	正正正	正正反	正反正	反正正	正反反	反正反	反反正	反反反
X 取值	3	2	2	2	1	1	1	0
Z 取值	1	1	1	1	−1	−1	−1	−1

由此即可求得 X 与 Z 的联合分布.

$$P(X=3,Z=1)=\frac{1}{8},\quad P(X=2,Z=1)=\frac{3}{8},$$

$$P(X=1,Z=-1)=\frac{3}{8},\quad P(X=0,Z=-1)=\frac{1}{8};$$

(2) $\frac{\sqrt{3}}{2}$

22. $a=0,\boldsymbol{P}=\begin{pmatrix}1&0&0\\0&5&2\\0&2&1\end{pmatrix},\quad \boldsymbol{D}=\begin{pmatrix}1&0&0\\0&1&0\\0&0&-1\end{pmatrix}$

23. 6,3,2;属于特征根 6 的特征向量为 $k_1(-1,1,1)^T$,属于特征根 3 的特征向量为 $k_2(-2,2,3)^T$,属于特征根 2 的特征向量为 $k_3(-1,2,3)^T$(其中 k_1,k_2,k_3 为任意不为零的常数).

数学三考研模拟试题五

一、选择题

1～8. D D A A C C C A

二、填空题

9. 3　10. 2　11. 2e　12. $2yx^{2y-1}f_1'-\frac{y}{x^2}f_2'$　13. 2　14. $\frac{r-b}{r+b}$

三、解答题

15. (1) $f'(0)=0, f''(0)=A$; (2) $\frac{1}{12}A$

16. (1) 收敛半径 $R=1$;收敛域为$[-1,1]$;

(2) 和函数为 $S(x)=(x+1)\ln(1+x)+(1-x)\ln(1-x), x\in(-1,1)$

17. $\frac{5}{2}\pi$

18. (1) 甲生产 4 吨,乙生产 3 吨; (2) 甲生产 3.2 吨,乙生产 2.8 吨

19. 最大值为 4,最小值为 −64

20. (1)

Z \ X	0	1	
0	$\frac{7}{12}$	$\frac{1}{6}$	$\frac{3}{4}$
1	$\frac{1}{12}$	$\frac{1}{6}$	$\frac{1}{4}$
	$\frac{2}{3}$	$\frac{1}{3}$	

(2) $\frac{1}{\sqrt{6}}$; (3) $\frac{1}{3}$

21. (1) $\frac{7}{24}$; (2) $f_Z(z)=\begin{cases}2z-z^2, & 0<z<1,\\(z-2)^2, & 1\leqslant z<2,\\0, & \text{其他}\end{cases}$

22. 二次型的表达式为 $\boldsymbol{x}^{\mathrm{T}}\boldsymbol{A}\boldsymbol{x}=-x_1^2-x_2^2-x_3^2+4x_1x_2+4x_1x_3-4x_2x_3$,且所用的坐标变换为

$$\begin{pmatrix}x_1\\x_2\\x_3\end{pmatrix}=\begin{pmatrix}\frac{1}{\sqrt{2}} & \frac{1}{\sqrt{6}} & \frac{1}{\sqrt{3}}\\ \frac{1}{\sqrt{2}} & -\frac{1}{\sqrt{6}} & -\frac{1}{\sqrt{3}}\\ 0 & \frac{2}{\sqrt{6}} & -\frac{1}{\sqrt{3}}\end{pmatrix}\begin{pmatrix}y_1\\y_2\\y_3\end{pmatrix}$$

23. (1) 矩阵 $\boldsymbol{A}$ 对应于特征值 $\lambda_3=14$ 的特征向量为 $(1,-1,2)^{\mathrm{T}}$;

(2) $\boldsymbol{A}=\frac{7}{3}\begin{pmatrix}1 & -1 & 2\\-1 & 1 & -2\\2 & -2 & 4\end{pmatrix}$

参 考 文 献

[1] 苏金明,王永利. MATLAB7.0实用指南[M]. 北京:电子工业出版社,2007

[2] 姜启源,谢金星,叶俊. 数学模型[M]. 第三版. 北京:高等教育出版社,2003

[3] 谭永基,朱晓明等. 经济管理数学模型案例教程[M]. 北京:高等教育出版社,2006

[4] 陈丽,潘海莉,郭凌等. 抢渡长江的数学模型[J]. 工程数学学报,2003,20(7):108-114

[5] 彭富连,刘迪芬. 基础高等数学[M]. 长沙:湖南教育出版社,2006

[6] 毛纲源. 高等数学解题方法技巧归纳经济管理数学模型案例教程[M]. 武汉:华中科技大学出版社,2010

[7] 艾冬梅. MATLAB与数学实验[M]. 北京:机械工业出版社,2010

[8] 李宏艳,王雅芝. 数学实验[M]. 北京:清华大学出版社,2009

[9] 同济大学数学系. 高等数学(上、下册)[M]. 第六版. 北京:高等教育出版社,2007

[10] 同济大学应用数学系. 高等数学(上、下册)[M]. 第三版,少学时版. 北京:高等教育出版社,2006

[11] 万福永,戴浩晖,潘建瑜. 数学实验教程(Matlab版)[M]. 北京:科学出版社,2006

[12] 汪晓银,邹庭荣. 数学软件与数学实验[M]. 北京:科学出版社,2009

[13] 吴传生. 经济数学——微积分[M]. 第二版. 北京:高等教育出版社,2009

[14] 吴赣昌. 高等数学[M]. 北京:中国人民大学出版社,2009

[15] 夏大峰. 高等数学的反问题与举例[M]. 北京:北京理工大学出版社,2010

[16] 赵树嫄. 微积分[M]. 第三版. 北京:中国人民大学出版社,2007

[17] 赵文玲. 高等数学[M]. 北京:科学出版社,2004

[18] 周本虎,瞿勇,李薇等. MATLAB与数学实验[M]. 北京:中国林业出版社,2007

[19] 朱来义. 微积分[M]. 第二版. 北京:高等教育出版社,2004

附　　录

A.1　常用数学公式

A.1.1　代数

1. 指数和对数运算

$a^x a^y = a^{x+y}$，$\frac{a^x}{a^y} = a^{x-y}$，$(a^x)^y = a^{xy}$，$\sqrt[y]{a^x} = a^{\frac{x}{y}}$.

$\log_a 1 = 0$，$\log_a a = 1$，$\log(N_1 N_2) = \log N_1 + \log N_2$，

$\log \frac{N_1}{N_2} = \log N_1 - \log N_2$，$\log(N^n) = n\log N$，

$\log \sqrt[n]{N} = \frac{1}{n}\log N$，$\log_b N = \frac{\log_a N}{\log_a b}$.

2. 有限项和的公式

(1) $1+2+3+\cdots+(n-1)+n = \frac{n(n+1)}{2}$；

(2) $1^2+2^2+3^2+\cdots+(n-1)^2+n^2 = \frac{n(n+1)(2n+1)}{6}$；

(3) $1^3+2^3+3^3+\cdots+(n-1)^3+n^3 = \frac{n^2(n+1)^2}{4}$；

(4) $a+aq+aq^2+\cdots+aq^{n-1} = a\,\frac{1-q^n}{1-q}\,(q\neq 1)$.

3. 牛顿公式

$$(a+b)^n = a^n + na^{n-1}b + \frac{n(n-1)}{2!}a^{n-2}b^2 + \frac{n(n-1)(n-2)}{3!}a^{n-3}b^3 + \cdots + \frac{n(n-1)\cdots(n-m+1)}{m!}a^{n-m}b^m + \cdots + nab^{n-1} + b^n.$$

4. 因式分解公式

$(x\pm y)^2 = x^2 \pm 2xy + y^2$；

$(x\pm y)^3=x^3\pm 3x^2y+3xy^2\pm y^3$；
$x^2-y^2=(x+y)(x-y)$；
$x^3-y^3=(x-y)(x^2+xy+y^2)$；
$x^3+y^3=(x+y)(x^2-xy+y^2)$.

A.1.2　三角

1. 基本公式

$$\sin^2\alpha+\cos^2\alpha=1,\quad \tan\alpha=\frac{\sin\alpha}{\cos\alpha},\quad \csc\alpha=\frac{1}{\sin\alpha},$$
$$1+\tan^2\alpha=\sec^2\alpha,\quad \cot\alpha=\frac{\cos\alpha}{\sin\alpha},\quad \sec\alpha=\frac{1}{\cos\alpha},$$
$$1+\cot^2\alpha=\csc^2\alpha,\quad \cot\alpha=\frac{1}{\tan\alpha}.$$

2. 和差公式

$$\sin(\alpha\pm\beta)=\sin\alpha\cos\beta\pm\cos\alpha\sin\beta,$$
$$\cos(\alpha\pm\beta)=\cos\alpha\cos\beta\mp\sin\alpha\sin\beta,$$
$$\tan(\alpha\pm\beta)=\frac{\tan\alpha\pm\tan\beta}{1\mp\tan\alpha\tan\beta},$$
$$\cot(\alpha\pm\beta)=\frac{\cot\alpha\cot\beta\mp 1}{\cot\beta\pm\cot\alpha},$$
$$\sin\alpha+\sin\beta=2\sin\frac{\alpha+\beta}{2}\cos\frac{\alpha-\beta}{2},$$
$$\sin\alpha-\sin\beta=2\cos\frac{\alpha+\beta}{2}\sin\frac{\alpha-\beta}{2},$$
$$\cos\alpha+\cos\beta=2\cos\frac{\alpha+\beta}{2}\cos\frac{\alpha-\beta}{2},$$
$$\cos\alpha-\cos\beta=-2\sin\frac{\alpha+\beta}{2}\sin\frac{\alpha-\beta}{2}.$$
$$\cos\alpha\cos\beta=\frac{1}{2}[\cos(\alpha-\beta)+\cos(\alpha+\beta)],$$
$$\sin\alpha\sin\beta=\frac{1}{2}[\cos(\alpha-\beta)-\cos(\alpha+\beta)],$$
$$\sin\alpha\cos\beta=\frac{1}{2}[\sin(\alpha-\beta)+\sin(\alpha+\beta)].$$

3. 倍角和半角公式

$$\sin 2\alpha=2\sin\alpha\cos\alpha,\quad \tan 2\alpha=\frac{2\tan\alpha}{1-\tan^2\alpha},$$

$\cos 2\alpha=\cos^2\alpha-\sin^2\alpha=2\cos^2\alpha-1=1-2\sin^2\alpha$,

$\sin\frac{\alpha}{2}=\sqrt{\frac{1-\cos\alpha}{2}}$,　$\tan\frac{\alpha}{2}=\sqrt{\frac{1-\cos\alpha}{1+\cos\alpha}}$,

$\cos\frac{\alpha}{2}=\sqrt{\frac{1+\cos\alpha}{2}}$,　$\cot\frac{\alpha}{2}=\sqrt{\frac{1+\cos\alpha}{1-\cos\alpha}}$,

4. 特殊角的三角函数值

α	0	$\frac{\pi}{6}$	$\frac{\pi}{4}$	$\frac{\pi}{3}$	$\frac{\pi}{2}$	π	2π
$\sin\alpha$	0	$\frac{1}{2}$	$\frac{\sqrt{2}}{2}$	$\frac{\sqrt{3}}{2}$	1	0	0
$\cos\alpha$	1	$\frac{\sqrt{3}}{2}$	$\frac{\sqrt{2}}{2}$	$\frac{1}{2}$	0	-1	1
$\tan\alpha$	0	$\frac{\sqrt{3}}{3}$	1	$\sqrt{3}$	—	0	0
$\cot\alpha$	—	$\sqrt{3}$	1	$\frac{\sqrt{3}}{3}$	0	—	—

A.1.3 初等几何

在下列公式中,字母 R,r 表示半径,h 表示高,l 表示斜高.

1. 圆;圆扇形

圆:周长$=2\pi r$;面积$=\pi r^2$.

圆扇形:面积$=\frac{1}{2}r^2\alpha$(式中 α 为扇形的圆心角,以弧度计).

2. 圆柱

体积$=\pi r^2 h$; 侧面积$=2\pi rh$; 全面积$=2\pi r(r+h)$.

3. 正圆锥

体积$=\frac{1}{3}\pi r^2 h$; 侧面积$=\pi rl$; 全面积$=\pi r(r+l)$.

4. 球

体积$=\frac{4}{3}\pi r^3$;面积$=4\pi r^2$.

A.2　基本初等函数的图形和主要性质

函　数	图　形	定义域	值　域	主要性质
幂函数 $y=x^{\mu}$ (μ 是常数)	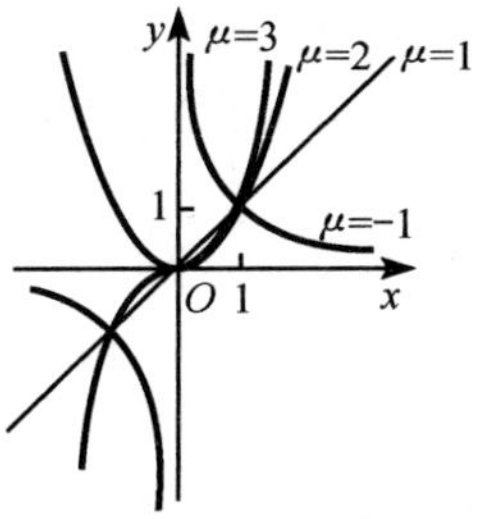	随 μ 不同而不同,但不论 μ 取什么值,x^{μ} 在 $(0,+\infty)$ 内总有定义	随 μ 不同而不同	若 $\mu>0$,x^{μ} 在 $[0,+\infty)$ 内单调增加. 若 $\mu<0$,x^{μ} 在 $(0,+\infty)$ 内单调减少
指数函数 $y=a^{x}$ (a 是常数,$a>0,a\neq1$)	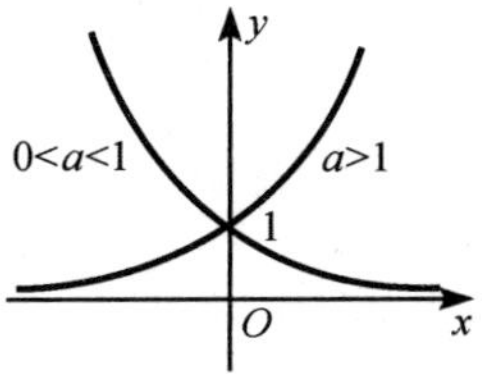	$(-\infty,+\infty)$	$(0,+\infty)$	$a^{0}=1$. 若 $a>1$,a^{x} 单调增加. 若 $0<a<1$,a^{x} 单调减少. 直线 $x=0$ 为函数图形的水平渐近线
对数函数 $y=\log_a x$ (a 是常数,$a>0,a\neq1$)	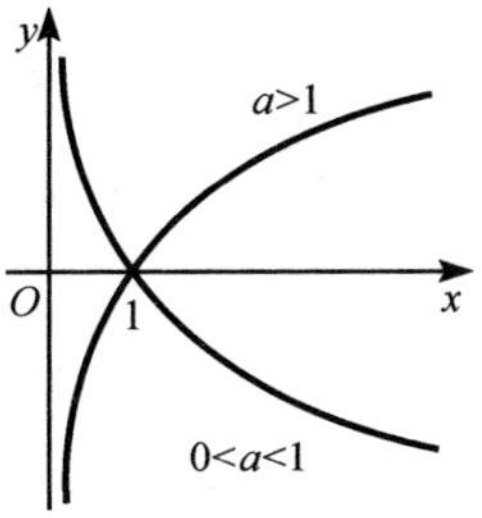	$(0,+\infty)$	$(-\infty,+\infty)$	$\log_a 1=0$. 若 $a>1$,$\log_a x$ 单调增加. 若 $0<a<1$,$\log_a x$ 单调减少. 直线 $x=0$ 为函数图形的垂直渐近线
正弦函数 $y=\sin x$	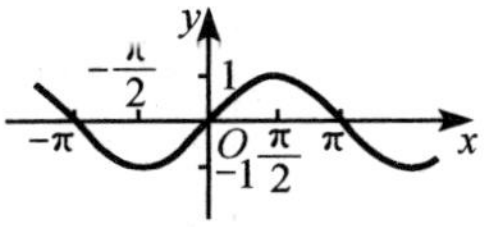	$(-\infty,+\infty)$	$[-1,1]$	以 2π 为周期的周期函数. 在 $\left[-\frac{\pi}{2},\frac{\pi}{2}\right]$ 上单调增加. 奇函数
余弦函数 $y=\cos x$	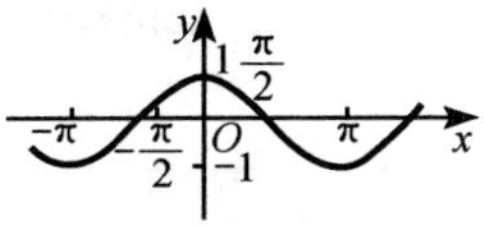	$(-\infty,+\infty)$	$[-1,1]$	以 2π 为周期的周期函数. 在 $[0,\pi]$ 上单调减少. 偶函数
正切函数 $y=\tan x$	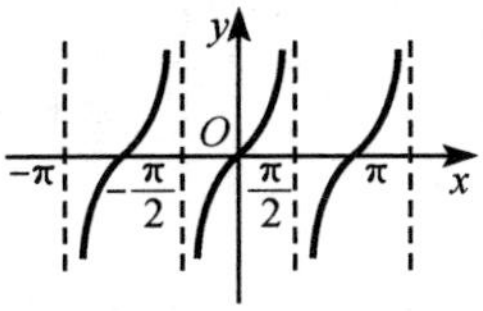	$(2n-1)\frac{\pi}{2}<x<(2n+1)\frac{\pi}{2}$ $(n=0,\pm1,\pm2,\cdots)$	$(-\infty,+\infty)$	以 π 为周期的周期函数. 在 $\left(-\frac{\pi}{2},\frac{\pi}{2}\right)$ 内单调增加. 奇函数. 直线 $x=(2n+1)\frac{\pi}{2}$ 为函数图形的垂直渐近线 $(n=0,\pm1,\pm2,\cdots)$

续表

函　数	图　形	定义域	值　域	主要性质
余切函数 $y=\cot x$	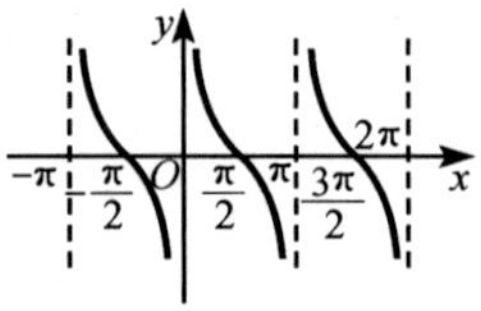	$n\pi<x<(n+1)\pi(n=0,\pm 1,\pm 2,\cdots)$	$(-\infty,+\infty)$	以 π 为周期的周期函数. 在 $(0,\pi)$ 内单调减少. 奇函数. 直线 $x=n\pi$ 为函数图形的垂直渐近线 $(n=0,\pm 1,\pm 2,\cdots)$
反正弦函数 $y=\arcsin x$	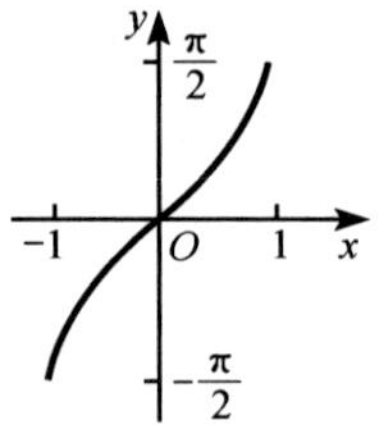	$[-1,1]$	$\left[-\frac{\pi}{2},\frac{\pi}{2}\right]$	单调增加. 奇函数
反余弦函数 $y=\arccos x$	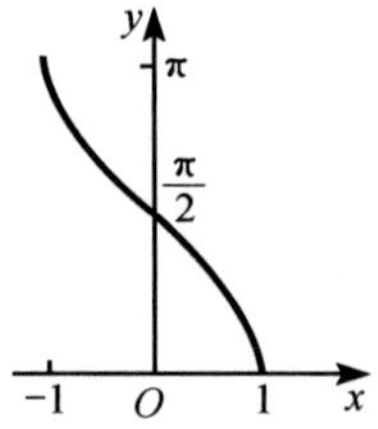	$[-1,1]$	$[0,\pi]$	单调减少
反正切函数 $y=\arctan x$	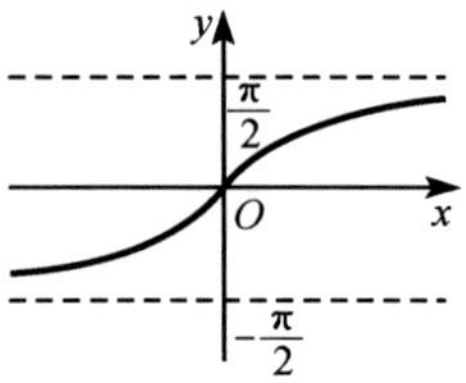	$(-\infty,+\infty)$	$\left(-\frac{\pi}{2},\frac{\pi}{2}\right)$	单调增加. 奇函数. 直线 $y=-\frac{\pi}{2}$ 及 $y=\frac{\pi}{2}$ 为函数图形的水平渐近线
反余切函数 $y=\operatorname{arccot} x$	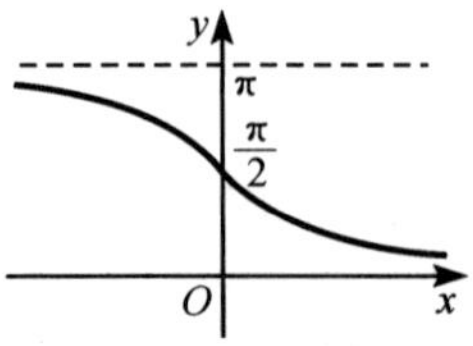	$(-\infty,+\infty)$	$(0,\pi)$	单调减少. 直线 $y=0$ 及 $y=\pi$ 为函数图形的水平渐近线

A.3 几种常用的曲线

1. 三次抛物线 $y=ax^3$.

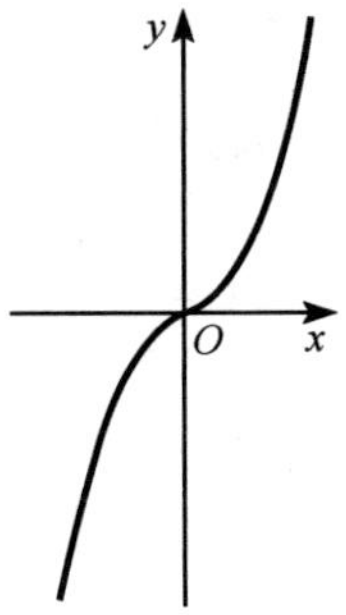

2. 摆线 $\begin{cases} x=a(\theta-\sin\theta), \\ y=a(1-\cos\theta). \end{cases}$

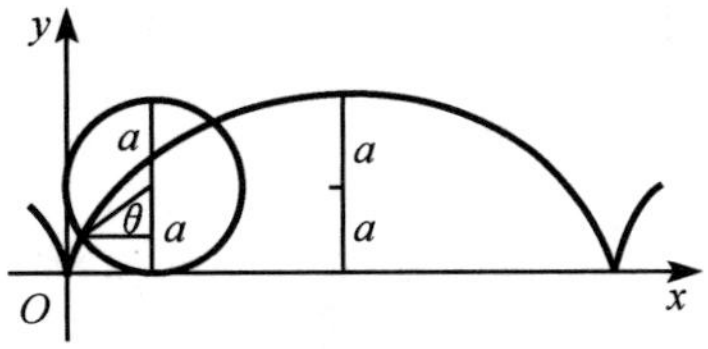

3. 心形线(外摆线的一种)

$$x^2+y^2+ax=a\sqrt{x^2+y^2},$$

$$\rho=a(1-\cos\varphi).$$

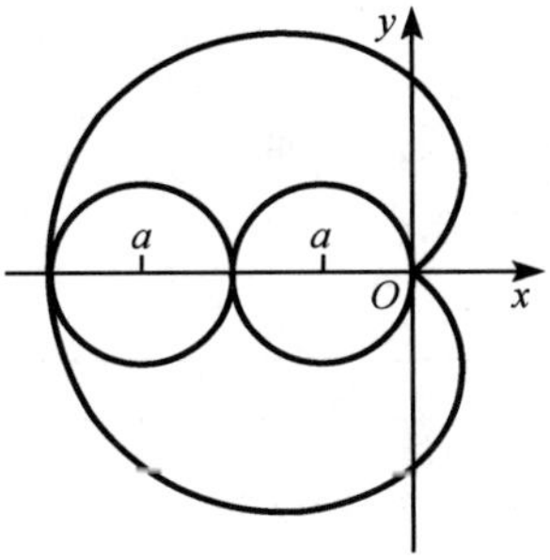

4. 阿基米德螺线 $\rho=a\varphi$.

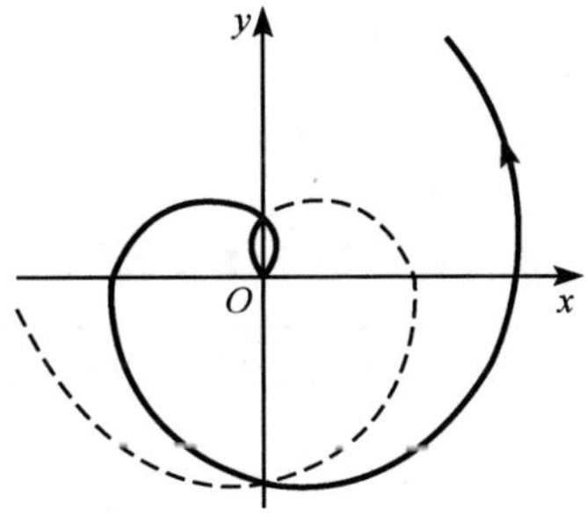

5. 星形线(内摆线的一种)$x^{\frac{2}{3}}+y^{\frac{2}{3}}=a^{\frac{2}{3}}$,

$\begin{cases} x=a\cos^3\theta, \\ y=a\sin^3\theta. \end{cases}$

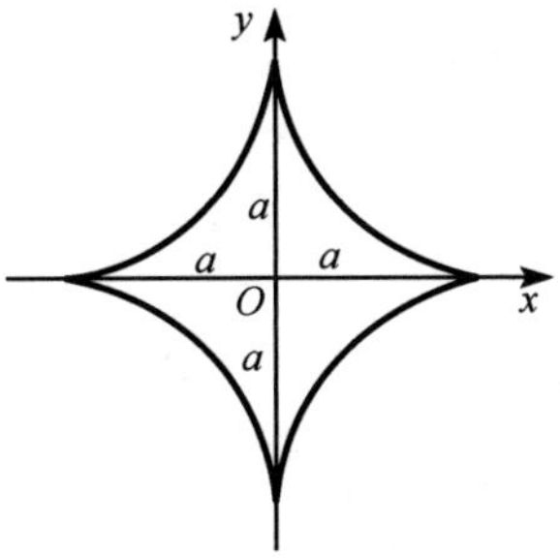

6. 概率曲线 $y=a^{-x^2}$.

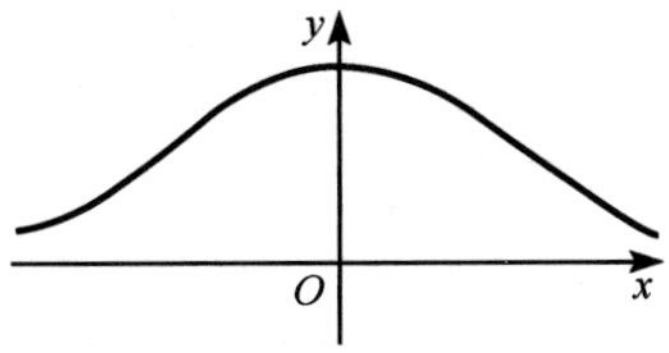

7. 三叶玫瑰线 $\rho=a\cos3\varphi$.

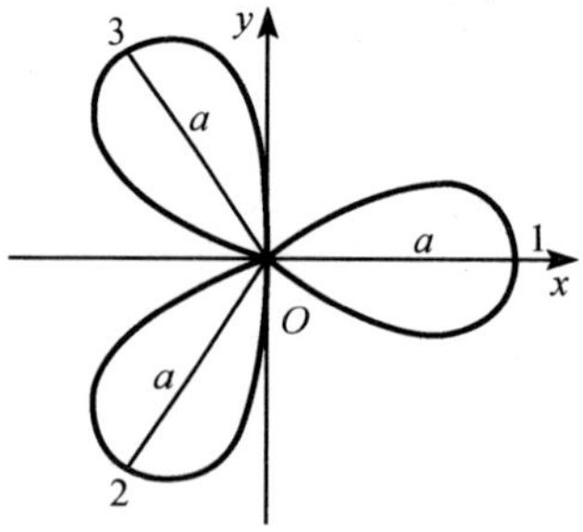

8. 三叶玫瑰线 $\rho=a\sin3\varphi$.

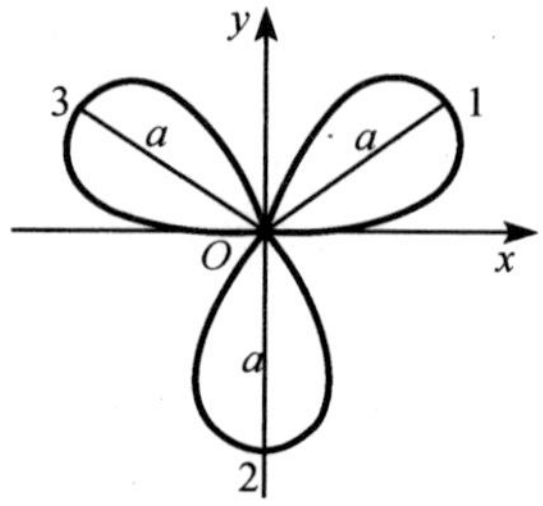

9. 伯努利双纽线 $(x^2+y^2)^2=2a^2xy$,

$\rho^2=a^2\sin2\varphi$.

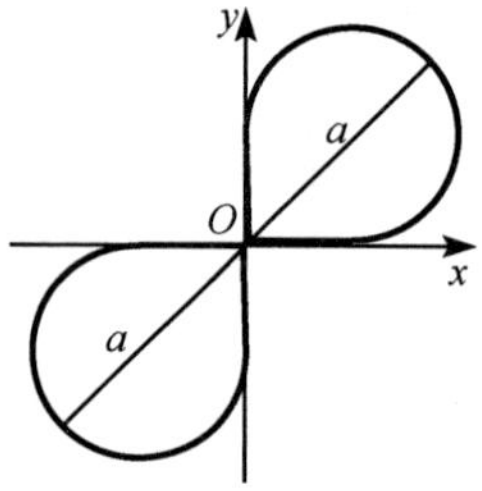

10. 伯努利双纽线

$(x^2+y^2)^2=a^2(x^2-y^2)$,

$\rho^2=a^2\cos2\varphi$.

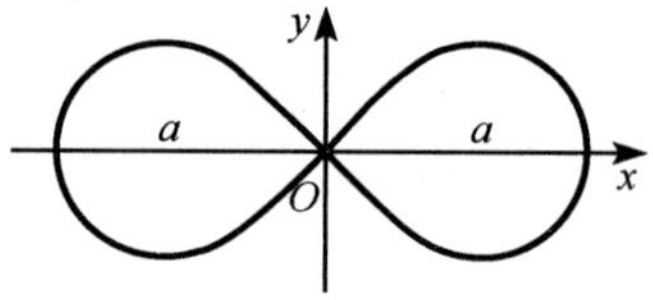

A.4　导数与微分的基本公式和法则

1. 导数与微分的基本公式

导数基本公式	微分基本公式
$(C)'=0$,其中 C 是常数	$dC=0$,其中 C 是常数
$(x^\alpha)'=\alpha x^{\alpha-1}$,其中 α 是实数	$d(x^\alpha)=\alpha x^{\alpha-1}\cdot dx$,其中 α 是实数
$(\log_a x)'=\frac{1}{x\ln a}$,$(\ln x)'=\frac{1}{x}$	$d(\log_a x)=\frac{1}{x\ln a}dx$
$(a^x)'=a^x\ln a$,$(e^x)'=e^x$	$d(\ln x)=\frac{1}{x}dx$
$(\sin x)'=\cos x$,	$d(a^x)=a^x\ln a dx$
$(\cos x)'=-\sin x$	$d(e^x)=e^x dx$
$(\tan x)'=\sec^2 x$,	$d(\sin x)=\cos x dx$
$(\cot x)'=-\csc^2 x$	$d(\cos x)=-\sin x dx$
$(\sec x)'=\sec x\tan x$	$d(\tan x)=\sec^2 x dx$
$(\csc x)'=-\csc x\cot x$	$d(\cot x)=-\csc^2 x dx$
$(\arcsin x)'=\frac{1}{\sqrt{1-x^2}}$,	$d(\sec x)=\sec x\tan x dx$
$(\arccos x)'=-\frac{1}{\sqrt{1-x^2}}$	$d(\csc x)=-\csc x\cot x dx$
$(\arctan x)'=\frac{1}{1+x^2}$	$d(\arcsin x)=\frac{1}{\sqrt{1-x^2}}dx$